[MIRROR]
理想国译丛
067

想象另一种可能

理
想
国
imaginist

理想国译丛序

"如果没有翻译,"批评家乔治·斯坦纳(George Steiner)曾写道,"我们无异于住在彼此沉默、言语不通的省份。"而作家安东尼·伯吉斯(Anthony Burgess)回应说:"翻译不仅仅是言词之事,它让整个文化变得可以理解。"

这两句话或许比任何复杂的阐述都更清晰地定义了理想国译丛的初衷。

自从严复与林琴南缔造中国近代翻译传统以来,译介就被两种趋势支配。

它是开放的,中国必须向外部学习;它又有某种封闭性,被一种强烈的功利主义所影响。严复期望赫伯特·斯宾塞、孟德斯鸠的思想能帮助中国获得富强之道,林琴南则希望茶花女的故事能改变国人的情感世界。他人的思想与故事,必须以我们期待的视角来呈现。

在很大程度上,这套译丛仍延续着这个传统。此刻的中国与一个世纪前不同,但她仍面临诸多崭新的挑战。我们迫切需要他人的经验来帮助我们应对难题,保持思想的开放性是面对复杂与高速变化的时代的唯一方案。但更重要的是,我们希望保持一种非功利的兴趣:对世界的丰富性、复杂性本身充满兴趣,真诚地渴望理解他人的经验。

理想国译丛主编

梁文道　刘瑜　熊培云　许知远

[巴勒斯坦] 萨里·努赛贝 著

[美] 安东尼·戴维 文字协助

何雨珈 译

故国曾在：
我的巴勒斯坦人生

SARI NUSSEIBEH

WITH ANTHONY DAVID

ONCE UPON A COUNTRY: A PALESTINIAN LIFE

ONCE UPON A COUNTRY: A Palestinian Life by Sari Nusseibeh with Anthony David
Copyright © 2007 by Sari Nusseibeh
Published by arrangement with Farrar, Straus and Giroux, New York.
All rights reserved.

版权登记号 图字：01-2024-2235号

图书在版编目（CIP）数据

故国曾在：我的巴勒斯坦人生 / (巴勒) 萨里·努赛贝著；(美) 安东尼·戴维文字协助，何雨珈译. --北京：当代世界出版社，2024.7
书名原文：Once Upon a Country: A Palestinian Life
ISBN 978-7-5090-1793-7

Ⅰ.①故… Ⅱ.①萨… ②安… ③何… Ⅲ.①萨里·努赛贝—自传 Ⅳ.①B338.1

中国国家版本馆CIP数据核字(2023)第230687号

书　　名：	故国曾在：我的巴勒斯坦人生
作　　者：	（巴勒斯坦）萨里·努赛贝/著，（美）安东尼·戴维/文字协助
译　　者：	何雨珈
出 品 人：	李双伍
监　　制：	吕　辉
责任编辑：	高　冉
出版发行：	当代世界出版社有限公司
地　　址：	北京市东城区地安门东大街70-9号
邮　　编：	100009
邮　　箱：	ddsjchubanshe@163.com
编务电话：	(010) 83907528
发行电话：	(010) 83908410转812
传　　真：	(010) 83908410转806
经　　销：	新华书店
印　　刷：	山东临沂新华印刷物流集团有限责任公司
开　　本：	965毫米×635毫米　1/16
印　　张：	40
字　　数：	531千字
版　　次：	2024年7月第1版
印　　次：	2024年7月第1次
书　　号：	ISBN 978-7-5090-1793-7
定　　价：	128.00元

法律顾问：北京市东卫律师事务所 钱汪龙律师团队（010）65282827
版权所有，翻印必究；未经许可，不得转载。

献给我的父亲

导读
曾经有一个国家

梁文道

在我看来，最可怕的悲剧就是过度沉迷于自己的悲剧，这时候我们很容易就会忘记其他人的故事，忘记了对其他人的好奇，以及对其他人可能经历过的悲剧的了解。

一

在西方世界有个家喻户晓的故事，是犹太人历史上最伟大的国王之一大卫王的故事。大卫王少年时是个牧羊人，在他那个时候，犹太人常常被另一个部族——非利士人——欺负。非利士人很好斗，有一天，他们派出大军压境，而带头的是第一号勇士歌利亚。歌利亚是个巨人，他站在阵前，以色列这边没人敢上去应战。这时候牧羊少年大卫出来了。他用树丫做了一个弹弓，用来投石块，把大巨人歌利亚打昏了。大卫上去一剑割下他的首级，一战成名，后来建立起不朽的功业。这是一个典型的以小胜大、以弱搏强的故事，很鼓舞人心，不愧是以色列国王中被传颂的英雄事迹。

但是犹太人这种弱者反抗强者的形象，在今天却是怎么样呢？不再是以色列这个小国家，这个由难民跟难民的后代组成的小小的城邦国家，在以耶路撒冷为主的一小片地方，以一己之力去对抗周边敌对的强邻。恰恰相反，在以色列境内，或者它的占领区之内，是那些巴勒斯坦的青年人站在街上，对着技术先进的、强大的以色列军队扔石块。

我说这些是为了强调有时候命运真是很奇怪，想当初以色列人那么崇拜大卫王，一直到现代建国的时候，大卫王的故事仍然激励着他们。因为当时以色列人觉得自己很弱小，强邻环伺，被人欺负。但是到了今天，形象整个颠倒过来，以色列自己像是个巨人，而巴勒斯坦人，或者说巴勒斯坦土地上的阿拉伯人，却反而像当年那个拿石头去对付巨人的大卫王。

通过这样一个故事，当把各种形象、角色套进去的时候，我们可能会对什么是弱、什么是强有更不一样的理解。但是更重要的就是，对那些把自己当成弱者、当成灰姑娘、当成黑马的人，你有没有进入到他的心里去理解他？反过来，对那些被打倒的巨人，我们又了解多少呢？这就是介绍《故国曾在：我的巴勒斯坦人生》（下简称《故国曾在》）*这本书之前的一段长长的引子。

这本书也恰好对应了以色列作家阿摩司·奥兹的《爱与黑暗的故事》。在那本半自传、半虚构的作品里，我们读到了一个以色列人的成长故事，这个故事背负着多么深远、多么沉重的犹太人的苦难历史。但是，《故国曾在》换了一个角度，从一个几乎跟阿摩司·奥兹同代的巴勒斯坦人的角度，来讲述"我方"的故事。

阿摩司·奥兹是备受尊重的以色列作家，他不只在以色列国民之中享有很高的地位，甚至在平常仇视以色列的阿拉伯世界里，也

---

* 本书原著 *Once Upon a Country: A Palestinian Life* 出版于 2007 年。——编注

有许多人爱读阿摩司·奥兹的书。他是一个双方都有很多人尊重的作家,当然双方也都有人很讨厌他,觉得他的立场不够坚定。

而《故国曾在》的作者萨里·努赛贝则恰好是巴勒斯坦人中一位可以和阿摩司·奥兹对位的代表。他是巴勒斯坦最有名的学者,他不是专职作家,他是哲学家,在巴勒斯坦人心目中有很高的地位,在以色列的犹太人中也有很多人尊敬他。但是在巴勒斯坦人这边,也有很多人讨厌他,甚至计划要暗杀他。而在以色列的右派,或者以色列政府中,也有很多人讨厌他,甚至还抓他坐过牢。

两个人相似的地方还不只是上述这些,他们都是鸽派,都主张某种对对方的理解,都在思考双方最终如何能够和平共处。还有一点,这本书也是一部自传,而这部自传所覆盖的年代要比《爱与黑暗的故事》覆盖的年代长得多,但是两本书中前半部分的时段几乎是重叠的。两个人年龄相差十年,但几乎是在同一个地方长大。更有趣的是,他们两个原来彼此相隔不过几条马路,但是年轻的时候彼此都不知道,直到很多年后,萨里·努赛贝真的认识了阿摩司·奥兹本人,才发现他们小时候原来是在同一个地方长大。等萨里·努赛贝看过《爱与黑暗的故事》之后,更赫然发现,尽管他们两个人只隔几条马路,但是就像活在两个世界里一样,完全不知道对方的世界是什么状态,对方是怎么样生活、怎么样感受、怎么样思考的,背后承载了多少历史。

能想象吗?就在那么小的地方,两个小孩子会有那么不一样的遭遇,那么不一样的世界观和人生经历;只因为其中一个是犹太人,而另一个是巴勒斯坦的阿拉伯人。萨里·努赛贝在这本书中有一小段自述家族的历史,这一段开头写得非常有趣,从这里我们就能够开始透视一个阿拉伯人在耶路撒冷的生活。

童年时代,不管在耶路撒冷的哪个角落,我总会无意中发现自己家族历史的蛛丝马迹。父亲告诉我，我们努赛贝家族的祖先是一连串的窃贼。他半认真半开玩笑地解释说，所有家族王朝的历史都能回溯到某种强盗行为。我想，他之所以这么说，是因为阿拉伯人通常都为自己源远流长的家族史而骄傲。'你必须活在当下'，父亲一遍又一遍地教导年幼的我。我无法确切地知道那些窃贼到底是谁，却可以轻而易举地找到一些古老的墓碑，风霜侵蚀的石灰岩上凿刻着一些姓名。在我的想象里，这些姓名魔法般地关联起了我和一千三百年来的历代祖先，一直回溯到阿拉伯半岛的滚烫沙土上。

读完这一段，你大概会以为这个努赛贝家族的祖先都干了些见不得人的事，很没光彩。作者的爸爸居然教导儿子：我们努赛贝家族的祖先是一连串的窃贼。是不是这样呢？我们先来看一看萨里·努赛贝本人是个什么样的人物。

他十几岁就去英国留学，那个时候很多阿拉伯人都去英国留学。当年住在以色列的犹太人，绝大部分是逃难来的人，穷得叮当响，阿拉伯人之中倒是不乏一些有财有势的贵族和地主。他们的生活方式都非常西化，跟我们今天一想到阿拉伯人就觉得是男人戴着头巾、女人戴着头纱甚至蒙面的形象完全不一样。他们很开放，所以很多人会去欧洲留学。萨里·努赛贝有个姐姐就在巴黎学绘画，他的父亲也在英国念过书，而他自己后来到了牛津念书。

他在牛津时认识了未来的太太露西。这个太太的家族很厉害，假如你念哲学的话，一定听过她爸爸的名字，J. L. 奥斯汀（J. L. Austin），牛津语言分析学派的一代宗师。萨里·努赛贝在牛津念书时参加过学生运动，后来又获得哈佛大学的博士学位，他在世界各地游走，最后回到故土。他在犹太人办的希伯来大学当过哲学教授，后来又做了阿拉伯人在耶路撒冷办的大学——圣城大学（Al-Quds

University）——的校长。他不但学术生涯辉煌，在政治上也十分活跃。在历史上，巴勒斯坦人反抗以色列人有两次大起义，他是第一次大起义的重要参与者。那是20世纪80年代末期，有四个犹太人开着卡车，冲进巴勒斯坦人的难民营。那些难民过去就住在犹太人现在住的地方，祖祖辈辈生活在那儿，后来他们逃离家园，被迫住在难民营里。卡车冲进去，撞死了一些难民。巴勒斯坦人再也无法忍受，拾起石头砸那些用枪口对准他们的以色列士兵，还发动了罢工、示威、游行等各种各样的非暴力抗争。努赛贝呼吁大家不要用暴力，他帮助很多逃亡的人募款，找律师为那些被捕的人辩护，在整个抗争行动里起到非常大的作用。阿拉法特在世时，他做过巴勒斯坦解放组织（下简称"巴解组织"）的高级顾问，参与过《奥斯陆协议》的商议和起草，后来还成为巴解组织驻耶路撒冷的代表。他是一个有很多了不起的经历的人。

但是，比起他家族的过去，萨里·努赛贝的这些经历都算不了什么。他的父亲当过耶路撒冷市长；做过约旦的国防部部长，约旦今天的一个政党就是他父亲创办的；还做过约旦驻英国的大使。不只如此，他的家族在耶路撒冷住了一千三百年，是个望族。先知穆罕默德离开麦加，往麦地那方向走的时候，有十四个部族的首领皈依伊斯兰教，愿意跟随他。这些首领中有四个是女人。我们今天总觉得阿拉伯世界或者伊斯兰教对女性地位好像没那么看重，其实追溯它的历史你会发现，事实正好相反。就像刚刚说的，当年阿拉伯游牧民族中有四个部族由女性领导，而其中的一个女性就是努赛贝。她不仅当老大，还是个战士，替早期伊斯兰世界的扩张立下汗马功劳。穆罕默德逝世之后，他的第二任哈里发，"公正者"奥马尔带领大军围困耶路撒冷的时候，努赛贝家族当然也在场。那个时候发生过一个有意思的故事，在今天看起来仍然值得深思，这本书里也写得相当详尽。

耶路撒冷当时是东罗马帝国控制的城市，奥马尔围困这座城市很多年。城里的人最后终于打算投降，就派大主教出来投降。奥马尔进城没有杀一个人，和平攻下耶路撒冷。今天全世界犹太人当然都以耶路撒冷为圣地，这不用说。基督徒，无论是天主教徒、新教徒、东正教徒，还是叙利亚正教、埃塞俄比亚正教、埃及科普特正教，都觉得那是圣地，这也不用说。为什么穆斯林也说它是自己的三大圣地之一呢？那是因为，传说中先知穆罕默德曾经有一段很神奇的经历。有天晚上，有一匹长着人头、生着翅膀的飞马，一夜之间把穆罕默德从麦加载到耶路撒冷的一块石头上。那是块圣石，传说中，地球的诞生是由那块石头开始。这个传说是犹太教、基督教、伊斯兰教共同拥有的。穆罕默德就在那里登上了天梯，见到真主安拉。这就是有名的穆斯林故事"夜行登霄"。奥马尔进城就是为了这片圣地。

奥马尔进城之后，发现圣地下面就是犹太人第二圣殿的废墟。而那个时候，这个地方被基督徒占领，已经变成垃圾堆。奥马尔跪下来，用自己的袍子将那里清理干净，终于找到那块石头。然后他又被人引向基督徒心中一片比梵蒂冈还要厉害的圣地，圣墓教堂，传说中耶稣受难、被埋葬以及三天后复活的所在地。奥马尔进入圣墓教堂参观，当地人就说："这个地方被你征服了，你可以来这里祈祷了。"但是奥马尔说："我绝对不能在这里祈祷，不是因为这是异教徒的教堂，而是因为如果我今天在这里祈祷，以后的穆斯林都会这么做。这片基督徒的圣地，就会变成清真寺，以后会流血不断，有无穷的冲突。"

他把教堂大门的钥匙交给身边一个很重要的伙伴。基督徒当然可以继续进去，但钥匙要掌握在一个人手上。这个人必须公正地对待基督徒。掌握钥匙的守门人就是努赛贝家族的人。于是，努赛贝家族的历史上出过苏非派的圣人，出过耶路撒冷的大法官……代代以来都是这样；但其中一个主要的身份，就是全球几十亿基督徒心中最重要的圣地——圣墓教堂——的钥匙掌管人，直到作者努赛贝这一代。

为什么他们家族这么厉害——想想看耶路撒冷老城里有几条街从前都是他家的——可是他爸爸却又跟儿子说，我们家是做贼的？那就是希望这个儿子不要把过去辉煌的历史挂在心上，永远要看着眼前这一刻的现实。现实就是今天的巴以问题。

而为什么这本书叫《故国曾在》呢？那是因为从作者的童年回忆中可以看到，在今天的以色列之前，在巴勒斯坦还是英国托管地的时候，甚至更早，在奥斯曼帝国控制的时候，耶路撒冷不是现在这样的状况。要知道民族国家是现代产物，我们现代人相信，一个民族就应该拥有一片国土，在这里成立政府，别的民族要在这里生活，要问主导民族的意思。可是帝国不是这个样子的，帝国往往是多民族、多宗教、多文化共存的。我不是在夸过去的帝国有多好，而是说管制的方法不一样。英国也好，奥斯曼帝国也好，在这里实行的政策相对而言是比较宽松的。

当年的穆斯林会去参加基督徒的复活节，因为大家都是邻居，你们这么热闹，我们也来帮帮忙。像努赛贝，他说那时候纯粹就是觉得基督教的仪式特别好看，而且信基督教的女孩都长得好看。反过来，穆斯林搞庆典活动，犹太教徒也过来一起玩。犹太人过安息日的时候，其他人也会去参加安息日的晚餐。

那是一个和平世界。在这里，这样一个国度曾经就存在过。

二

在阿拉伯文里，见面打招呼第一句会说"As-salamu alaykum"，意思就是"愿平安降临在你身上"。在希伯来文里跟人打招呼，见面第一句话是"Shalom",也是和平、平安的意思。而希伯来文里的Shalom,或者是阿拉伯文里的As-salamu alaykum,其实考其根源,都是一样的。两个民族用来打招呼的语言都是愿人平安,但是为什么这两个民族今天没办法和平相处呢?

再看一看,犹太人的经典中最重要的是《妥拉》。整部《妥拉》被基督教信仰接受为《圣经》的《旧约》,完完整整地保留了下来。而《旧约》里所讲的故事,也被穆斯林接受下来。所以,双方有许多共有的神话,比如亚伯拉罕要把自己的儿子祭献给神,但是神派天使来制止他:我是考验你的信心,你绝对不能够牺牲自己的孩子来祭献神。这个故事就是三大宗教共同拥有的,亚伯拉罕受三大宗教共同尊崇。所以,在后来西方世界基督教文化影响的地方,亚伯拉罕都是一个常见的名字,林肯的名字就叫亚伯拉罕。而穆斯林里很多人叫易卜拉欣,其实也是亚伯拉罕的阿拉伯文译名。犹太人和穆斯林相似的地方实在太多了,连日常的吃喝住行也有很多共通之处,都喜欢吃鹰嘴豆泥,都不吃猪肉等。为什么这么相似的宗教,这么相似的民族,却不能够好好和平相处呢?

其实很多时候,人类历史上越是有血缘关系的文化,彼此屠戮起来才越是残暴。在基督教的历史上,天主教徒当初怎么样迫害新教徒,东正教徒和天主教徒之间又怎么彼此仇视,伊斯兰教中的什叶派跟逊尼派又如何水火不容,这不都是一些很明显的证据吗?这样看起来,巴以不能够成为兄弟也是非常清楚的一件事。而这些事情背后种种的文化根源,在《故国曾在》这本书里得到了第一手的见证。

作者萨里·努赛贝,这位巴勒斯坦极有影响力的知识分子和哲学家提到,曾经存在那么一个国度,在那里巴勒斯坦人也好,犹太人也好,西方人也好,是能够共存的。甚至最早主张阿拉伯民族主义,号召阿拉伯人摆脱殖民帝国的控制和影响,建立阿拉伯国家的人竟

导读　曾经有一个国家

然不是穆斯林，而是阿拉伯人中的基督徒。因为他们的西化程度最深，所以最早接受由西方传来的民族主义。

但是今天一想到阿拉伯人，你可能不会想到上述这些基督徒。那样一个世界，已经离开我们很远很远了。那样一个世界，是一个我们今天无法想象的世界。但是站在今天，也许我们可以回顾一下，到底是什么阻碍我们去了解过去的世界？又是什么把我们推到今天这样一个地步？这也是这本书要回答的一个问题。但是一回答这个问题就会碰到一个大麻烦，这个麻烦就是我远远无法在短短的篇幅里讲清楚所谓的"中东冲突"，或者直接讲，"巴以冲突"的来源。它太复杂了。

我们多少知道一些犹太人经历的苦难，他们在欧洲怎么被赶到隔离区里，被困在一起不得外出，这种情况不也是今天巴勒斯坦人的情况吗？他们被隔离墙隔离起来，每天从隔离区的这一边到那一边看望自己的亲人，去一趟，过关检查可能要三个小时，回来再三个小时。你不觉得自己是一个平等的人，而是这片土地上的二等公民。但是站在犹太人的角度讲，不建隔离墙，每天不就有很多恐怖分子混进来吗？吃着吃着饭，餐厅爆炸了该怎么办？

过去在欧洲，曾有几百万犹太人被当成牲口一样屠杀，那又怎么来看今天巴勒斯坦人念兹在兹的代尔亚辛村大屠杀呢？在英国托管时期的末期，一批犹太武装分子——其中一个领导者就是以色列建国之后的第二任总理贝京——冲入阿拉伯人居住的代尔亚辛村，逐家逐户屠杀村民，最后还抓了几十个人，带到耶路撒冷游街之后也都杀掉。这件事情震动了当时这片土地上的阿拉伯人，大家害怕透了，觉得这些犹太人太疯狂了，于是集体放弃自己祖祖辈辈生活的家园逃离了。

可是如果从巴勒斯坦人的角度谴责犹太人不人道，那又怎么去理解，当以色列被联合国承认，宣布建国的第一天，叙利亚、伊拉克、埃及和约旦四国联军进攻以色列，背后还有摩洛哥，还有阿拉伯世界的各个国家武装起来的联合部队想要消灭以色列的行为和想法呢？今天的巴勒斯坦人觉得虽然名义上自己建国了，但领土始终是割裂的，食物、水源都得不到保障；可是从以色列的角度来看，他们一天到晚听到那些阿拉伯人说，"要抹除掉这片土地上的犹太人，要彻底消灭这个国家"。他们成天提心吊胆的恐惧感又如何被理解呢？

这一切问题的根源，就在于能不能够理解其他人。尤其是我们把他人当成仇敌的时候，我们有没有能力进入他们的生活呢？

曾经有一位佛教法师说，我们常讲慈悲心，什么叫慈悲心？慈悲心不只是可怜，不只是同情，那种可怜和同情都是虚泛的，真正的慈悲心维系于一点好奇心。你对其他人会不会好奇？你见到人在路边乞讨，会不会好奇他为什么成为这样子？他每天的经历是怎么样的？他的感受是怎么样的？同样，今天的犹太人和阿拉伯人，对彼此有好奇心吗？

萨里·努赛贝就有这样的好奇心。所以当他在牛津大学念完书之后，他开始学习希伯来文，试图理解那些从小到大就住在他隔壁，但他完全听不懂他们在说什么的人到底在想些什么。他甚至回到以色列，加入基布兹。

犹太人是最早的社会主义支持者之一，马克思就是犹太人，托洛茨基也是犹太人。所以到20世纪早期，有许多逃到以色列这片土地的犹太人，仍然怀抱着社会主义的理念。他们建立起以色列版本的人民公社。在荒漠之上，在旷野之上，开垦、灌溉、建起农庄，乃至森林。在这种公社里，孩子被一起养大，在食堂吃大锅饭，所有人的劳动所得都是平均分配。这是一个社会主义天堂，充满人道主义精神。努赛贝当时就加入了这么一个基布兹，想去看看那些以色列人到底在干什么。

他很为他们感动，觉得他们的理想非常远大。但是他知道这些人随时准备武装起来对抗外敌，而所谓的外敌就是像他这样的巴勒斯坦年轻人。他发现这些人心中都有很崇高的人道主义热情和理念，只不过那个人道主义所谈的"人"好像并不包括阿拉伯人。他再回看自己的同胞，好像也从来没把犹太人当人。于是他转变为一个和平主义者。没错，他推动过巴勒斯坦建国过程中许多十分重要的运动。

但是到后来，他成了一个双方都不太欢迎的人物。一方面，他了解那些犹太人在世界上无处容身，终于回到这片两千年前属于他们的土地，在那里建立家园，他们无论如何不可能再搬走。以色列这个国家已经成为现实，不可能再让它消失。但是另一方面，那些已经被驱赶出来的巴勒斯坦人，是否应该放弃自己回归故土的权利呢？他认为是的。我们就住在现在拥有的土地上，让以色列接纳我们，双方拆下围墙，恢复所有正常的往来，这才是解决问题的方案，这也就是巴以问题的"两国论"。他是持这种主张的人。所以很多巴勒斯坦人，尤其是激进主义者，特别是武装分子，像"哈马斯"，很讨厌他，想暗杀他。而以色列那边，当然有些人很欢迎他的意见，但是也有人很讨厌他，其中最讨厌他的人，恰恰是以色列政府中的鹰派，尤其是国家安全部门。

为什么安全部门会讨厌一个巴勒斯坦人递过来橄榄枝呢？理由很简单，政府中的鹰派都会讨厌主张和平、非暴力的人。因为这意味着双方要坐下来谈判，要谈判就要让步，才能达成和平。不，我们不要这样的和平，我们不要妥协，不要让步，我们要的是敌人，要的是穷凶极恶的敌人。越能够把敌人描绘得十恶不赦，全民才越能够团结起来，支持我任何强硬的主张。最后怎么样达到和平呢？消灭你。

所以，以色列的安全部门在巴勒斯坦发传单，讲萨里·努赛贝怎么样出卖阿拉伯人的权利，怎么样背叛巴勒斯坦人。看起来像是阿拉伯人自己的激进派在抹黑他，但万万没想到，其实是以色列安全人员干的事情。终于到后来，第一次海湾战争爆发，伊拉克空袭以色列，趁着这个机会，以色列逮捕了努赛贝，罪名是他是伊拉克间谍。这个事件当时轰动整个国际知识界，有许多作家和学者，像苏珊·桑塔格、萨义德、乔姆斯基，都联名签署公开信，谴责以色列政府，说他们把一个良心犯抓起来。美国向来是以色列坚定的支持者，这回连美国的国务院都谴责以色列。

在这本书里，我们能看到努赛贝的许多战友被逮捕之后的下场。其中一个也是和平运动的支持者，他的下场就是被以色列安全人员绑在门口，维持直立的姿态，整整一个月，每天只被放下来一小段时间洗洗身子，因为他拉屎拉尿都在裤子里，同时吃点东西。萨里·努赛贝这么一个德高望重的人，当然没有受到这样的"款待"。他在监狱里面还意外地得到了以前没有想过的待遇。

在拉姆勒的 3 个月，让我对囚犯们精心设计的文化和政治生活来了个全面鸟瞰——可以说是"囚鸟之瞰"，我对这个主题的兴趣已经持续多年了。不可思议的是，我竟然有种自在如家的感觉，就像"邮车"里那些说自己是去参加夏令营的小伙子一样。狱友们对我的案子了如指掌，他们建立了非凡卓越的通信系统，比任何报纸都要更详细、更准确。他们欢迎我进入他们的"俱乐部"，我觉得特别光荣，比塞在家中不知道哪个箱子里的哈佛大学浮雕文凭更可贵。我几乎每天都会听到有人在俯瞰院子的那扇布满铁丝网的窗户前大喊大叫。窗户另一边的囚犯认出了我，叫喊着表示问候。我只能看到他们的指尖穿过铁丝网，但有些人会把自己的名字喊出来，说"还记得我吗？我上过你讲法拉比的课"。

所以我们看到，萨里·努赛贝在监狱里的生活还不算太坏，但是他也绝对有理由仇恨以色列人，因为是他们把他莫名其妙地投入监狱，坐了几个月的牢。而离这个监狱所在的地方不远，就是他外祖父下葬的地方，现在则完全被犹太人占领了。类似的羞辱甚至延伸到他妈妈的身上。他妈妈八十六岁的时候，要去伦敦和家人团聚，因为他们家很多人在欧洲。上飞机之前，在以色列的本—古里安机场，一家人被保安"安检"了两个多钟头。一个八十六岁的老太太，衣服被翻出来一件一件地看，仿佛里面藏了炸弹。这是何必呢？他妈妈曾是耶路撒冷市的市长夫人，他们的家族曾经在这个地方有过那么高的地位，整个家族过去拥有的土地都被侵占了，到了老年，还要受到这样的盘查吗？

但是，正是因为有这样的背景，才使得萨里·努赛贝提出的各种和平方案分外感人，分外有说服力。因为他居然告诉自己的同胞：算了，我们放弃回归的权利吧。这话一说出来，马上就牵涉到什么叫领土、什么叫神圣不可侵犯的权利这些令人迷惑的问题的核心。

前阵子去以色列时，有个朋友跟我讲："这么旅游下来，我发现这片土地果然就是以色列人的。你看，到处都是犹太人的遗迹，犹太人两千多年前就住在这个地方，后来才流散到各地。今天他们回来，那不是应该的吗？这片土地本来就是他们的，是后来那些阿拉伯人侵占了他们的土地。"可是如果换个角度来想，什么叫侵占？那些阿拉伯人就算是侵占，所谓的侵占，也已经一千三百多年了。想象一下，你的祖先搬到一个地方，代代繁衍到现在，今天来了一个人说，你们家住的这个地方在一千年前是我们家的，现在我们回来了，你走吧。你有什么感觉？再想象一下，如果今天美国所有的原住民都站出来，说这地方是我们的，你们白人滚回欧洲吧，这个世界会怎么样？

居住的权利是属于一千多年来连续在这儿居住的人，还是反过来，属于那些两千年前从这里离开，宣称自己的根在这儿的犹太人呢？这种问题可以无休止地辩论下去。但如果真正想要获得和平的话，是不是应该看清楚眼下的情况？眼下的情况是，以色列这个国家是现实存在的，谁也别想把它从地图上抹掉；那些巴勒斯坦人也确实存在，几十年前这里是他们的家，今天他们有了一个新的聚居地，这也无法抹除。

到底应该如何共存？萨里·努赛贝曾经主张把"两国论"作为解决中东问题的一个终极方案。但是后来他提出应该用"一国论"解决这个问题。其实同样的方法，另一个已故的巴勒斯坦大知识分子，长期在美国做研究的爱德华·萨义德也提出过，真正解决巴以问题的方法不是"两国论"，而是"一国论"。所谓的"一国论"就是，由两个民族共同构建一个不分种族、信仰和文化的国家，共同支持他们生活在这片土地上的理由。一个真正的民主国家不是以种族为基础，不是以宗教信仰为基础的。

其实努赛贝绝对有仇恨以色列人的理由，他目睹了历届以色列领导人从来没有诚意真正地跟巴勒斯坦人和解。他也经受了以色列安全部门对他生活的骚扰，甚至他的一些朋友还被暗杀，更不用说他还有多少朋友无辜地被抓进监狱坐牢，又有多少同乡被迫离开家园。尤其是他家，一个这样的豪门望族，今天丧失掉了一切。但是不要以为他就是单方面地站在巴勒斯坦的角度谴责以色列，他也毫不留情地、强烈地抨击巴勒斯坦自治政府的"腐败"和"无能"。同时他也强烈地谴责阿拉伯人中的鹰派，因为他们永远以为自己是最正确的，永远只看到自己受到的苦难。

像他这样一个人，左右为难，不合时宜，无论放到哪边都不会受欢迎。他还能够乐观吗？他还能够相信这个地方会出现一个奇迹般的解决方案吗？说到这儿，就回到他的老本行：哲学。他原来学的是正儿八经的逻辑和分析哲学，但是后来转行研究伊斯兰哲学、阿拉伯哲学，其中一个给过他很大启发的人，是伊斯兰历史上很重要的神学家加扎利。他注意到在加扎利的著作里面谈论过到底什么叫作奇迹。

我们知道古典的希腊哲学家,像亚里士多德,是不认为会有奇迹出现的,因为奇迹总是意味着事物发生突然的本质变化,但是事物是不可能有本质变化的。一滴水,它就是水的成分,再怎么变,也不会像耶稣行神迹那样变成酒。但是加扎利却说,奇迹有可能发生,因为任何一滴水其实都是由各种原子构成的,而那些原子是可以有其他排列组合方式的。

萨里·努赛贝认为人类的事情也是这样。很多时候我们都认为是有本质上的东西固定着我们,让我们无法变化。但是当把这些事情,尤其是人为的事情全拆开,再来看看,到底什么叫本质?什么叫犹太人的本质?什么叫阿拉伯人的本质?仔细拆开来就会发现,其实有很多构成所谓本质的元素都是共有的。而有一些元素,当重新组合起来,就能够产生新的变化。也许会有一种新的人类,能够融合以色列人和阿拉伯人共有的一些元素,尽量减少给彼此造成冲突的元素。有没有这种可能呢?

萨里·努赛贝仍然相信,这种奇迹是存在的。

有一篇刊登在《纽约时报》上的书评,里面有一个很有趣的引用,引述的是古罗马思想家塞涅卡的一句话——"当我们面对一个很糟糕的世界时,要不就加入它,成为它的一分子,要不就彻底地拒绝、回头、逃离,假装这个世界不存在,成为一个隐世者,把自己困在犬儒的小圈子里"。但是萨里·努赛贝相信做人还有第三条路。就像他的好朋友,《爱与黑暗的故事》的作者,以色列的大文豪阿摩司·奥兹一样,他们都是相信这个世界上还有第三种选择的人。

目 录

导　　读　曾经有一个国家 / 梁文道 i

序　　言　一个童话 001

第 一 章　钥匙 015
第 二 章　泛阿拉伯国家 021
第 三 章　两面三刀的承诺 027
第 四 章　希律门委员会 043
第 五 章　胡椒树 063
第 六 章　葡萄藤 091
第 七 章　粉碎旧思想 111
第 八 章　向日葵 139
第 九 章　蒙蒂塞洛 149
第 十 章　柠檬树咖啡馆 163
第十一章　沙龙 183
第十二章　854 号军令 197
第十三章　化装舞会 215
第十四章　苦路杀人事件 229
第十五章　费萨尔·侯赛尼 243
第十六章　吞并我们吧！................................249

第十七章	棍棒和石头	263
第十八章	驱魔	281
第十九章	一份独立宣言	299
第二十章	审讯	317
第二十一章	拉姆勒监狱	341
第二十二章	马德里	365
第二十三章	影子政府	383
第二十四章	奥斯陆	395
第二十五章	消失	415
第二十六章	豪猪与公鸡	433
第二十七章	圣中之圣	453
第二十八章	群魔	461
第二十九章	盟友	479
第三十章	将军	491
第三十一章	铁拳	513
第三十二章	"老虎"	533
第三十三章	完美犯罪	547

尾声	夜行	565

注释		573
致谢		581
索引		583

序言
一个童话

      将近四十年前，以色列军队攻占了耶路撒冷，这是我的家族从奥马尔大帝（Omar the Great）[*]时代起就世代居住的城市。那之后不久，我便与露西（Lucy）坠入爱河。当时，包括我们俩在内的所有人都觉得，我们走到一起真是奇怪。我和露西都是牛津大学的学生，但我们的共同点也就到此为止了，至少从表面来看是这样。露西的父亲是约翰·奥斯汀（John Austin），英国当代最权威的哲学家之一；而当时19岁的我，父亲在过去二十年里服务于约旦人治下的巴勒斯坦——在1967年，这个地方在短短六天内就完全消失在地图上。露西本应该嫁入英国知识阶层，追求自己绚烂夺目的学术事业；相形之下，我故国不再，我父亲所代表的旧统治阶层突然间陷入永远无法恢复的危机。那些出身于受过良好教育的特权阶层的孩子，包括我的五个兄弟姐妹，如今都要黯然退场，去国离乡。

---

* 奥马尔大帝（约586—644），伊斯兰教历史上的第二任哈里发。——译注（以下除特别标明，均为译注）

如果我继续偏居异国,我和露西之间的恋爱也许不会受到那么强烈的指责。但我想要回国,还想要她和我一起走。然而,一个牛津大学教授的女儿,你让她跟着你回到满目疮痍、四面楚歌、贫穷落后且被他国占领的耶路撒冷,该怎么开口?该怎么向她讲,你自己的命运将会与这个星球上最不稳定的角落交织在一起?毕竟,那里才发生过两场大战,而全世界的阿拉伯领导人都希望再战一场。光是尝试去讲,就已经显得荒谬可笑了。所以,我没有讲,而是写了一个童话。

我习惯于用虚构的故事来解释这种特别重要的事。我那时沉迷于刘易斯·卡罗尔(Lewis Carroll)的《爱丽丝漫游奇境》(*Alice's Adventures in Wonderland*),直到今天也痴心未改。因为在这奇境中,我发现,天马行空的童话故事比十几篇哲学论文还要意义深远。

写童话也是我与生俱来的本能,毕竟我成长在那样一片永恒而神奇的土地上。十三个世纪前,我的祖先从阿拉伯半岛刚刚来到耶路撒冷时,这座城市的历史就已经在时间长河中无比神圣——当然,那些曾经漫步在这里的大街小巷的古代犹太先知也为这种神圣添砖加瓦——让初来乍到的沙漠子民敬畏不已。这敬畏的力量太过强烈,一千三百年之后,孩提时代的我每每走到街角的集市,也会感到同样的敬畏传遍全身,直至指尖。有时候,我会看着叔叔的那些骆驼在金匠市场(Goldsmith's Souk [Suq al-Khawajat])的废墟上吃草,这里自古以来都是努赛贝家族的土地,这让我觉得自己是远古传说中的人物,激动不已;我还会同样激动地看着另一个叔叔——圣墓教堂(Church of the Holy Sepulcher)的看门人——拿着一把三十多厘米长的万能钥匙,像我那些信仰基督教的朋友所讲述的圣彼得打开天国之门那样,打开一扇厚重得能承受住攻城槌的大门。在这座城市,街道太过狭窄弯曲,坦克进不来,这扇巨大的橡木门依然诉说着坚不可破的威严。

公元7世纪，奥马尔大帝从拜占庭帝国手里夺走了这座城市，之后任命我的祖先为耶路撒冷大法官。从那时起，我的家人们做过这座圣城的法官、教师、苏非（Sufi）派贤哲、政客，以及圣墓教堂的看门人。

有了这些出身背景，我这个童话故事的开篇第一句既情真意切，又简单直白——"哦，我多么希望能去圣地。"故事写的是一位天使骑着飞天毛驴，带着一个名叫露易丝（Louise）的英国女孩去耶路撒冷。故事参考了"穆罕默德夜行登霄"（Mohammed's Night Journey to Jerusalem），我童年时代最爱的寓言。寓言里说，一天傍晚，先知穆罕默德跨上一匹名叫"al-Buraq"——阿拉伯语"闪电"之意——的双翼骏马，开始了一场奇幻之旅。这个寓言后来又催生了关于飞毯的各种故事。在《古兰经》（Koran）上的种种传说之外，与这位穆斯林先知有关的奇迹仅此一个，就是他骑在"闪电"的背上，飞过阿拉伯的沙漠中的山丘与土石，到了《古兰经》中的神圣与福佑之地。

穆罕默德夜行的目的地是耶路撒冷的所罗门圣殿，根据犹太教的传说，这里是亚伯拉罕（Abraham）献祭*的地方。更准确一点来说，穆罕默德和他的飞马降落在一块巨石上——有人说上帝就是在这块石头上创造了亚当，而亚当被驱逐出天堂后落入凡间，这块石头也是他的第一个落脚处（他们还会告诉你，你要是看得够仔细，会看到他的脚印）。先知穆罕默德从这块石头上踏足登天，去聆听亚伯拉罕传递的伊斯兰教启示。"伊斯兰"，意思是"信奉唯一的真主"。

在我写给露西的故事里，露易丝跟着那位裹着头巾的天使，骑

---

* 亚伯拉罕献祭，指犹太教、基督教和伊斯兰教传说中的先知亚伯拉罕将爱子以撒作为祭品献给耶和华的故事。

着飞驴，迅速地到达了遥远的耶路撒冷。之后她遇到了形形色色的人物，包括"好像先生"——他的真面目绝不像他看上去的那样。她遇到的另一个人物是一位坚守着圣墓教堂的骑士，从十字军东征（Crusades）的时代起，他就一直在同一个地方沉睡。他和《绿野仙踪》（The Wizard of Oz）里的铁皮人一样固执，也一样有着热泪盈眶的双眼，因为他曾在一千年前发誓，圣地一日不得和平，他便一日寸步不移。

在牛津的时候，我没能写完这个童话。我写到了露易丝到达耶路撒冷，但她到了之后该怎么写呢？我想不清楚。她会帮忙唤醒圣墓教堂门口的那位东征骑士吗？她会对圣地的和平作出贡献吗？我文思枯竭。

不过，露西本来就爱着耶路撒冷，不差这一个童话——在我写这个童话之前，她已经随牛津的一个合唱团去过那座圣城，充满热情地融入了那里的风景、历史、语言和人群，俨然一个本地人。

因此，之后至少有三十五年，我这个故事都被尘封在某个抽屉里，没有起名字，也没有写完，那位骑士也一直在沉睡。学术工作、家庭生活、三十年的战争与动荡，这些更紧要的事阻碍了我再次提笔。一直到去年，我准备奔赴哈佛大学拉德克利夫研究院（Radcliffe Institute）参与研究项目的时候，才重拾这个故事。那时我12岁的女儿努扎（Nuzha）正因为流感卧床休息，我便请她给出评价。努扎是个挑剔的故事迷，自己也有志于写作，她看了之后向我竖起大拇指。于是，我把这个故事装进行囊，一起带去了美国。当研究院里那些出色的数学家、历史学家和生物学家在孜孜以求地进行着学术事业时，我在写我的童话。

当然，我的写作目的再也不是说服露西跟着我跑去耶路撒冷，我已经有了新的动力。露西和我已经有了孩子，他们必须要自己作出决定，是否留在这片土地上——毕竟，"六日战争"（Six-Day

War）*之后，这片土地更加深陷悲剧，怨气和敌意四处沸腾。我还能像那时我对露西说的一样对我的孩子们说，在巴勒斯坦的生活将会是一场历险吗？就算我试着开这个口，他们也绝不会像我写的童话里的露易丝那样回应。（"光是想想……就很激动了。"她期待地说，双手紧紧合十，做出祈祷的姿势。）让他们愿意未来留在巴勒斯坦的唯一方法，就是有理有据地说明，我们和以色列之间的冲突是可以解决的。反正，我得唤醒圣墓教堂门口那位沉睡的骑士了。

经过几个星期的写作，故事里又多了些新的人物，增加了两三个神秘的苏非派谜语。但我仍然不知如何唤醒沉睡的骑士。这并不奇怪，因为经过数十年的努力后，解决巴以冲突的神奇公式反而变得前所未有地难以捉摸。我小时候最爱去的金匠市场一带，已经被一群弥赛亚派的以色列居民占据，他们把那片地震后的废墟变成了一片繁荣兴旺的殖民地，但从战略上来说，也变成了一把插进穆斯林聚居区的匕首。更严重的是，整个国家武装冲突四起，满目疮痍。人体炸弹在以色列的各个城市肆虐，以色列军队则以占领约旦河西岸地区作为回应。《奥斯陆协议》（Oslo Agreement）†早已是一纸空文，阿拉法特（Arafat）在被占领土‡的统治规则也时时遭到伊斯兰极端主义的威胁。同时，以色列人也以反恐怖主义为托词，建起所谓的"安全屏障"——在有些地方，六米多高的水泥墙沿着约旦河西岸拔地而起，越建越长，如同一条恶毒的巨蛇。我任职于耶路撒冷的圣城大学（Al-Quds University），每次回校参加重要会议时，都必须有两个保镖如影随形，就像卡夫卡的小说《城堡》（The Castle）中的人物。远离和平安静的新英格兰，这两个保镖时时提

---

* 六日战争，即第三次中东战争，发生于1967年6月5日至10日，最终以色列获胜。
† 《奥斯陆协议》签订于1993年，是以色列总理拉宾和巴勒斯坦解放组织主席阿拉法特在挪威首都奥斯陆秘密会面后达成的和平协议。
‡ "被占领土"指六日战争后被以色列占据的约旦河西岸、加沙地带和戈兰高地。

醒着我，我故事中的那个骑士，睡得有多么沉。

如何唤醒那位沉睡的骑士？参加完阿拉法特主席的葬礼后，在回波士顿的航班上，我想到了这个谜题的答案。

在此之前，我正在斯基德莫尔学院（Skidmore College）的宿舍里准备第二天的讲座，突然收到从耶路撒冷发来的加急电报。被以色列坦克包围在残破不堪的宅邸中虚弱无助的阿拉法特主席，突然以奇怪的病因去世了。阿拉法特主席身体状况不佳已有好些年，我上次休假前去见他时，他就是一副瘦削憔悴的样子。这一次，他最后一次生病，被送往巴黎后过了几天就去世了。这位被人们尊称为"阿翁"的老人，永远地离开了。他去世的当天傍晚，我中止了在萨拉托加矿泉城（Saratoga Springs）美景中的休假，连夜赶回耶路撒冷。

意料之中，阿拉法特之死引发了各种疯狂的猜想。有些人说是以色列秘密安全机构辛贝特（Shin Bet）毒死了他，有些人宣称他死于艾滋病，还有些人指责与他敌对的一些巴勒斯坦派系，或是指责巴勒斯坦解放组织（Palestine Liberation Organization）*本身。一些以色列人觉得这是上帝的正义审判终于降临，齐声欢呼"哈利路亚"。"东方的邪恶巫师终于死了。"一位出生于布鲁克林的德高望重的犹太拉比如是说。不过，无论阿拉法特的死因是什么，人人都同意，他的死亡让整个局面重新洗牌。

在我们这样的古国，现实总是不可避免地被蒙上一层浓厚的传奇色彩。从不同的立场来看，阿拉法特可以是自由斗士，也可以是恐怖分子，或者两者兼而有之。（他第一次出现在联合国，面向全世界发言时，似乎是想让那些总要对他持非黑即白看法的人摸不准

---

* 简称PLO，即"巴解组织"。

路数,他带着皮枪套,里面却是空的,他在发言里提到了"枪炮",也提到了"橄榄枝"。)他象征着散落在异国他乡,在战火中被打败、被羞辱的巴勒斯坦人民。这些人本来群龙无首,被派系、地理、宗教和阶层因素所分隔,他们当中的很多人是生活在悲惨、污秽与绝望中的难民;而他,通过鼓舞人心的口号和各种正当或不正当的手段,为这些人硬生生地锻造出一个国家。他让他们重新燃起了民族认同感,为他们带去了希望。任何人都无法否认这些成就。

第二天早上,我一到达本—古里安机场(Ben-Gurion Airport),两个保镖就来接我,我们直接开车去了拉姆安拉(Ramallah)。三小时后,从开罗来的直升机会把阿拉法特的遗体运到这里。

我们预料耶路撒冷到拉姆安拉常走的路线一定会堵得水泄不通,于是从西边开到拉姆安拉。以色列军队做好了迎接外国高官和持友善态度的以色列人的准备,我们没有受到过多阻挠就通过了路障。不到一小时,我们就到了HASHD总部——HASHD是"人民和平民主运动"(People's Campaign for Peace and Democracy)的阿拉伯语名称。

总部里有一群形形色色的年轻领导人,几乎都进过以色列的监狱。他们正在制作黑色的旗帜和横幅,上面写着"人民运动哀悼阿拉法特"的字样。他们计划利用葬礼的时机,分发五万份传单,号召非暴力运动,呼吁与以色列达成"两国方案"(two-state solution)。

随后,我们从总部前往穆卡塔(Muqata),那是阿拉法特位于城镇边缘的宅邸,早已瓦砾成堆。通过同事事先的特意安排,我得以从VIP通道进入。我们到达时,巨大的铁门紧闭着,巴勒斯坦的保安正在阻拦数百名哭喊着要进去的民众。我的保镖为我开出了一条道。"圣城大学的校长来了!"他们朝那些保安喊道。突然间,仿佛军事行动一般，铁门开了一道窄缝，一列巴勒斯坦保安鱼贯而出，把我拖了进去，然后重重地关上了门。人群的哭喊声和捶打铁门的声音在我耳边回响不绝。我从衣兜里掏出自己的蓝色串珠，捻了起来。

一进宅邸，我就直奔巴解组织的办公室。那里已经聚集了一些公众人物、巴解组织高层，以及巴勒斯坦总理阿布·阿拉（Abu Ala，又名艾哈迈德·库赖［Ahmed Qurek'a］），还有一些因为以色列修建的围墙而和我多年未见的加沙领导人。大家情绪低落，气氛沉重。每个人都在等待那架直升机，上面有阿拉法特的遗体，还有他的遗孀苏哈·阿拉法特（Suha Arafat）、阿布·马赞（Abu Mazen，又名马哈茂德·阿巴斯［Mahmoud Abbas］）*、阿比德·拉布（Abed Rabbo，与以色列政治家约西·贝林［Yossi Beilin］一同缔造了《日内瓦协议》［Geneva Agreement］）和我长期以来的盟友贾布里勒·拉杰布（Jibril Rajoub）。原本的计划是，地面上的和直升机上的这些重要人物在一起，举行一场庄严肃穆的葬礼。

人鼠之间，最好的计划也赶不上变化！† 直升机刚出现在天际，就已经有数百人狂风骤雨般冲进门，爬上墙。四处都是挤挤挨挨的人群，甚至还有来自马里兰的统一教（Moonies）成员安然无事地混在里面。

与此同时，我离开了那些窃窃私语的重要人物来到楼下，走进人群。整个区域大概有四个足球场那么大，挤满了人。地上有一堆堆碎石与扭曲的钢筋，那些年轻的活动家爬到上面，以获得更好的视野。四周是一种奇异的氛围，充满期待，甚至欢欣鼓舞。庄严的《古兰经》诵读声被人群的嘈杂淹没了。在人群中，我看到了十年前的同

---

* 阿布·马赞，巴勒斯坦解放组织重要人物，2008 年当选巴勒斯坦总统。
† 此处化用了苏格兰诗人罗伯特·彭斯《致老鼠》中的诗句。

事和朋友，以及第一次大起义（first intifada）*期间甚至更早之前一起共事过的活动家——其中一位是穆罕默德·达赫兰（Mohammed Dahlan），人称加沙"铁腕"，是阿拉法特安全事务团队的重要统帅。

几分钟后，阿布·阿拉领着一队要员走了出来，去往直升机着陆点。警卫们骑着马在人群中缓行，努力在直升机着陆点和将要举行葬礼的大礼堂之间开辟出一条通道，但他们刚把一群人拦回去，就有另一群人挤进来，而且比之前更挤。

直升机终于到达了，但只能在人群上空盘旋，无法着陆。这时，人们都在往前挤，借着彼此的身体往上爬，想离即将着陆的直升机近一些。群情奔涌，场面开始失控，不甚连贯的喊声变成了齐声高呼，仿佛体育比赛现场："以我之血，以我之魂，我们属于你！"人们亲切地称阿拉法特为"阿布·阿马尔"（Abu Ammar，意为"阿马尔之父"）。他们好像不相信伟大领袖已经去世，也许他们觉得，他再次施了障眼法，就像那次他的飞机在撒哈拉沙漠坠毁，他却几乎毫发无损地逃了出来。也许他们觉得，"阿翁"可以戏弄死神。

人们推搡得越来越厉害，喊得也越来越大声，与此同时，步枪的枪声接连不断地在空中炸响，还有人高声喊着《古兰经》的经文。法塔赫中央委员会（Central Committee of Fatah）——巴解组织中阿拉法特治下的机构——的一名成员就在我的面前晕了过去，因为人群挤得他无法呼吸。还有些人被下落的子弹击中，倒在地上。

直升机终于着陆了。我在远处注视着人们争先恐后地把阿拉法特的棺木从机舱里抬出来。数百名哀恸的民众热切地伸出手臂，棺木刚往一个方向去了一点，就又被往另一个方向拉了回去。民众都渴望摸一摸这棺木，仿佛拜神者在追寻一件拥有魔力的遗物。

我被挤得贴墙而立，本就相当不自在，雪上加霜的是，还有好

---

* 第一次大起义，指1987—1993年巴勒斯坦人对以色列当局的抗议活动。

多空弹壳和由于围观者过多而脱落的碎砖块从上面的阳台噼里啪啦往下掉。我担心这样下去整栋楼都会垮塌，加上也已经看够了，便决定不继续待在这里参加葬礼。我已经尽到了我的责任，也献上了我的敬意。

我偷偷溜了出去，让保镖开车把我送到拉姆安拉的朋友家里，在电视上看完了整个葬礼。

在回波士顿的航班上，我思索着阿拉法特的精神遗产和巴勒斯坦的未来，也思索着我正在阅读的一本书——以色列小说家阿摩司·奥兹（Amos Oz）的代表作《爱与黑暗的故事》（*A Tale of Love and Darkness*）。就是在这个时候，我终于想出了自己那个童话故事的结尾。

现在，何去何从？飞机行至地中海上空，我这样问自己。四十年来，阿拉法特周旋于各种各样的派系、利益集团和意识形态团体。现在，他去世了。我在拉姆安拉和一众巴勒斯坦领导人交谈时，他们当中的很多人都对此感到忧虑。父亲走了，孩子们会缠斗起来吗？"哈马斯"（Hamas）*和其他伊斯兰极端主义者会趁机夺权吗？我们的国家会就此分崩离析吗？我很肯定，巴勒斯坦不会像后萨达姆时代的伊拉克一样，沦落为军事武装的混乱之地。阿拉法特不是人们想象中的那种阿拉伯暴君，他从未把自己当成天神。这个千疮百孔的国家也许是他聚集起来的，但并不是他创造出来的。

与其说阿拉法特创造了这个国家，不如说这个国家创造了阿拉法特。从第一次大起义时起，凡是涉及和平与国家独立的事务，阿拉法特和巴解组织的领导人总会滞后于人民。数十年来，巴勒斯坦人民逐渐期盼与以色列和平相处，巴解组织的领导人必须为此作出

---

* 全称伊斯兰抵抗运动组织（Islamic Resistance Movement）。

让步。我们渴望和其他国家一样,享有自由与尊严,正是这样的渴望,促使阿拉法特走出地下的藏身之处,与以色列和犹太人讲和。

厘清了这些问题,我就把注意力集中在了《爱与黑暗的故事》上。多年来,我在和平集会、示威游行以及巴勒斯坦和以色列知识分子的辩论中,逐渐与阿摩司·奥兹相识相知。我们第一次见面是在1978年,我和露西拜访了他位于内盖夫(Negev)的家。奥兹的这本自传体小说仅凭优美的文笔就折服了我,而让我尤其印象深刻的,是他笔下20世纪50年代的童年。

奥兹出生于希特勒举兵入侵波兰那一年。1947年,犹太人和阿拉伯人之间爆发冲突时,他9岁。他所描述的冲突另一边的平行世界,令我惊诧不已。

孩提时代,奥兹常常坐在父母那间阴暗狭小的公寓的地板上,制定保卫犹太人的复杂军事战略——不过,在这个小男孩的想象中,只有战斗机的轰鸣和突破敌人防线的英勇突袭,他丝毫不知耶路撒冷旧城里古老的鹅卵石小路,也不知"尊贵禁地"(Haram al-Sharif,亦作Noble Sanctuary)——穆罕默德正是骑着"闪电"在这里降临凡间(犹太人和基督徒把这里称作"圣殿山"[Temple Mount])。年幼的奥兹也绝对不会想到,拯救自己生命的犹太复国主义运动(Zionist movement),对于我母亲和很多巴勒斯坦人来说,却是一场劫难。事实上,他的世界里几乎没有任何阿拉伯人,也没有任何我儿时那个世界的踪迹。他的世界里有俄罗斯和东欧文学,有犹太学者和历史学家,还有尼采、马克思和弗洛伊德,但唯独没有这座分裂的城市里身处铁丝网另一侧的那些不祥的家伙。在犹太人心中,最深的痛是他们当中仅仅一部分人从中死里逃生的纳粹集中营。

我长大的地方,距离奥兹儿时的住处不过三十米——第一次阿以战争(first Arab-Israeli War)之后,戒备森严的"无人区"(No

Man's Land）形成了，我们分别住在无人区的两头。

在奥兹的成长经历中，阿拉伯人是缺席的，这让我不得不回想起我自己的成长经历。我的父母对于奥兹的那个世界又所知几何呢？他们知道纳粹集中营吗？冲突双方不都是深陷于自己的悲惨遭遇，而对另一方的遭遇却熟视无睹，甚至充满敌意吗？对另一方的生活缺乏想象与共情，不正是巴以冲突的核心吗？

我放下书，任由思绪游荡。我想起自己的童年，想起二十五年的政坛生涯，想起所有由无知的仇恨引起的大屠杀，最后，想起至少三十五年前被我遗忘在圣墓教堂门口的那位东征骑士——那时，我还不知道该如何解救他。此时，我突然意识到，我可以给童话故事收尾了，也可以解救那位骑士了。原本这个故事仅仅指向过往的理想之地，现在，我要把它指向未来。三十五年前我不得其解的奥义，在电光火石间闪现了——人们彼此感同身受，共同努力。

我拿出笔记本电脑，写了起来。现在我的童话里有四个主要人物：圣墓教堂看门人的儿子阿卜杜勒——他打开了通往圣墓教堂的门，英国女孩露易丝，犹太男孩阿摩司，以及一位巫师，他住在一位睿智的苏非派贤哲的故居里，就在荆冕堂拱门（Ecce Homo Arch）附近。

至于如何唤醒那位骑士，答案就藏在忍冬花的芬芳中。露易丝在一位占卜师的指引下，先遇到了阿卜杜勒，又遇到了阿摩司，他们三人一起去往荆冕堂拱门，拜见了那位巫师。巫师向他们透露了唤醒骑士的秘密——三人必须团结一心，努力耕耘，直到忍冬花盛开，馥郁的香气在城市上空飘散开来。

完成这个童话之后，我就开始了本书的写作。我着手写自己和家人的经历，这完全出于一个意外。我本想在电脑里打开我的童话，但手误打开了另一个文档——我父亲写的关于1947年至1948年巴以战争的回忆录。我的儿子巴拉克（Buraq）*扫描了油印的原本，存进了我的电脑，我对此并不知情。

二十年前我父亲去世后，我就再也没看过这份稿子。我坐在拉德克利夫研究院的办公室里，阅读他笔下的战争，心中平添几分惊愕。在写下他的回忆录之后，我父亲经历了漫长的政治生涯，担任过约旦国防部部长、耶路撒冷市长和驻英大使。而这部回忆录写于他的青年时期，那时的他还没有形成后来的理想——在饱经战乱的巴勒斯坦土地上建立起一个自由的现代阿拉伯国家。

如果说我写下我自己这部回忆录是出于什么愿景，那就和我父亲当年写下他那部回忆录的愿景是一致的。他给我留下的最好的遗产就是希望，为此，我把本书献给他。这些年来，我也有不少理想被无情摧毁，但我和父亲一样，相信人生远远不是种种错误所能概括。曾经，父亲对我说过，废墟中的碎石往往是最好的建筑材料。

---

* 与穆罕默德的飞马"闪电"同名。

第一章
钥匙

　　童年时代，不管在耶路撒冷的哪个角落，我总会无意中发现自己家族历史的蛛丝马迹。父亲告诉我，我们努赛贝家族（Nusseibehs）的祖先是一连串的窃贼。他半认真半开玩笑地解释说，所有家族王朝的历史都能回溯到某种强盗行为。我想，他之所以这么说，是因为阿拉伯人通常都为自己源远流长的家族史而骄傲。"你必须活在当下"，父亲一遍又一遍地教导年幼的我。我无法确切地知道那些窃贼到底是谁，却可以轻而易举地找到一些古老的墓碑，风霜侵蚀的石灰岩上凿刻着一些姓名。在我的想象里，这些姓名魔法般地关联起了我和一千三百年来的历代祖先，一直回溯到阿拉伯半岛的滚烫沙土上。

　　我的家族在耶路撒冷的历史，始于穆罕默德的夜行。在这位先知开启去往耶路撒冷的传奇旅行之前，他和几位同伴已经被迫离开麦加（Mecca），到了麦地那（Medina）。就是在这座沙漠之城的边缘，他遇到了第一批追随者——十四名部落首领宣誓效忠于他，信仰伊斯兰教。

　　对比一下当今世界对于伊斯兰教中女性地位的看法，你会惊奇地发现，这十四名部落首领当中，有四名是女性——来自勇士部落哈兹拉吉（Khazraj）的努赛巴（Nusaybah）便是其中之一。（她还有个名字叫 Umm Umarah al-Maziniyyah，是 Umm-Omara al' Maazinia al-Khazrajiyyah min Bani-Amir al' Ansaria 的简称。）先知穆罕默德夜行归来后，他和他的追随者，包括努赛巴和她的族人，都朝向耶路撒冷祈祷。

努赛巴就是我们家族的祖先。她是一位勇猛的战士，骑在马背上，以精湛的武艺保护先知免受伤害。在一次交战中，她失去了两个儿子，还失去了一条腿，却还是继续战斗。据伊斯兰教的史书记载，穆罕默德被她的英勇深深折服，承诺天堂里将永远为她和她的后代留有一席之地。

研究一千三百多年的家族史时，总会有些模糊不清的地方。我在童年时代耳濡目染地得知的那些看似十分确凿的"事实"，实际上无疑是事实与虚构无伤大雅的混杂。不过，在耶路撒冷，人与城市之间充满魔力的关系，恰恰就源自那些事实与虚构相混杂的传说，它们组合起来，如同美丽多彩的马赛克。

我童年时代最喜欢的传说之一，就是公元638年哈里发（意为"先知的继任者"）奥马尔进入耶路撒冷的故事。那时，穆罕默德已经仙逝，而他的第一位继任者，也就是第一任哈里发阿布·伯克尔（Abu Bakr），也已经去世。"公正的奥马尔"（Omar the Just）是第二任哈里发。他的日常生活与穿着都体现着他的谦恭虔诚、禁欲苦修，同时他也是与亚历山大大帝和拿破仑一样伟大的将军，率领军队完成了一次又一次的征服。那些本来混乱无序的阿拉伯游击队和骆驼队跟随着他，也跟随着伊斯兰教的旗帜，席卷了波斯、埃及与拜占庭的土地。他们勇猛、机智又残暴，把这些古老的文明掌控在伊斯兰军队的手中。各个民族与宗教派别都不得不屈服于这股撼动

第一章　钥匙

了古代世界的巨大力量。

最终,奥马尔的军队来到了耶路撒冷的城墙边,城里爆发了难以抑制的恐慌。就在那之前不到一个世纪,波斯的游牧军队洗劫了耶路撒冷,把大部分教堂和修道院烧了个精光,还屠杀了数千民众。此时,城民们想象着那些残忍暴行,担心人间惨剧再次上演。

在儿时的我看来,这个故事最有趣的部分,是奥马尔攻占这座城市的方式。我和其他小男孩一样,喜欢听的故事是高贵骑士手持武器,一路劈杀倒霉的敌人,但奥马尔征服耶路撒冷的方式却不一样。

奥马尔信仰伊斯兰教,因此对待耶路撒冷自与别处不同。他的老师——先知穆罕默德——在夜行中奇迹般地来到这座城市,在"升天圣石"(Rock of Ascension)边与亚伯拉罕、摩西和耶稣一同祈祷过。这不是一座靠武力就能征服的城市。暴力与杀戮也许在别处能产生奇效,却不能玷污耶路撒冷。

起初,耶路撒冷的城民认为自己命悬一线,忍受着漫长的围困。两年之后,城内弹尽粮绝,他们在饥饿的幽灵面前,只能提出投降。当时奥马尔正在北边进行小规模战斗,他给了耶路撒冷的城民一个答复——让耶路撒冷的拜占庭主教索弗洛尼乌斯(Sophronius)到城外见他。与此同时,在奥马尔的命令下,包围着这座城市的军队完全停止了进攻。

到了约定的时间,索弗洛尼乌斯穿着彰显自己尊贵身份的华丽镀金服饰,出城去见奥马尔。他原本以为会看到一个全副武装的庄严王者,却惊讶地发现,奥马尔穿着简单朴素的衣服,牵着一头骆驼,上面坐着他的男仆——两人从北边跋涉而来,一路上轮流骑骆驼。这位衣着简朴的穆斯林军队统帅向索弗洛尼乌斯承诺,耶路撒冷的人民、财产和圣所都会免于劫难。索弗洛尼乌斯被这真诚的誓言打动了,将耶路撒冷城门和圣墓教堂的钥匙都交给了奥马尔。

索弗洛尼乌斯领着奥马尔来到了圣墓教堂。这是基督徒心中圣洁无双的殿堂，蕴含着神圣的历史。这里埋葬着人类的祖先亚当，还有耶稣的空坟。也是在这里，君士坦丁大帝（Constantine the Great）的母亲海伦娜（Helena）发现了真十字架（true cross）和荆棘王冠（crown of thorns）*。数个世纪来，这里诱惑着全世界的朝圣者——据说造访这里有很多神奇的好处，光是摸一摸神圣的墓石，便能治愈绝症。

到了穆斯林祈祷的时间，奥马尔没有在教堂中祈祷，因为他担心自己一旦开了这个先例，穆斯林的领袖们也许会想把这座荣光闪耀的教堂改建成清真寺。这位哈里发要在教堂外面选个地方，充当祈祷之所。

于是，奥马尔向主教询问了升天圣石和所罗门圣殿的位置。主教并不知道圣殿的准确所在，因为圣殿曾经所处的那块高地已是一片肮脏的废墟，那里有一堆堆的骨头、人的粪便和兽皮，还有让穆斯林和犹太人都极为反感的东西——死猪的尸骨。

根据穆斯林传说，这时候，从附近的人群中走出来一个犹太人，正是他帮助奥马尔找到了圣殿和圣石。他们两人扎进垃圾堆里挖来挖去，终于找到了那个位置。"就是这里，"犹太人对奥马尔说，"这就是你要找的地方。"

奥马尔徒手挖了起来。他把残骸清光，又用长袍把圣石擦净，进行了祈祷。

在陪同奥马尔前往耶路撒冷的人当中，有一位是努赛巴的兄弟欧巴岱·本·萨米特（Ubadah ibn al-Samit）。奥马尔在离开圣城之前，任命他为耶路撒冷的第一任穆斯林大法官，并把圣墓教堂的钥

---

* 真十字架和荆棘王冠都是基督教的圣物。据传，真十字架是钉死耶稣的十字架，荆棘王冠是耶稣受难时所戴的冠冕。

第一章　钥匙

匙交给了他。奥马尔还命令他和另外五位家族首领保持圣石的清洁。（童年时代，我很喜欢去欧巴岱之墓，就在尊贵禁地围墙的东侧。）

欧巴岱的儿子们是第一代出生在耶路撒冷的努赛巴族人（"努赛巴"后来演变成了我的姓氏"努赛贝"）。随着时间的推移，这个家族越来越富裕，拥有大片土地。一个又一个世纪过去了，在时间的长河中，我的家族不过就是一连串的名字，齐整地分属于几种头衔——法官、《古兰经》学者、苏非派贤哲和地主。

这个家族在政治上的命运，通常取决于哪个帝国掌控了耶路撒冷。不过，族人们总是一丝不苟地履行职责，清洁圣石，守卫圣墓教堂的钥匙，无论他们是否受到当权者的青睐。

保持圣石清洁很快就变得没那么难了。穆斯林在征服耶路撒冷几十年后，开始修建圆顶清真寺（Dome of the Rock）。公元661年，伊斯兰哈里发的统治扩张至大马士革（Damascus），引发了一场建筑革命。伍麦叶王朝的哈里发阿卜杜勒·麦利克（Abd al-Malik）想在圣石的所在地修建一座宏伟的清真寺，但和其他的清真寺不同，这座清真寺没有朝向麦加——因为它就修建在所罗门圣殿和穆罕默德夜行登霄的位置上，不需要朝向任何地方。据有些人说，受命设计这座清真寺的正是当初给奥马尔指明圣石位置的那位犹太人的儿子。身为犹太人，他想象着所罗门圣殿的样子，修建了新的圣殿。公元691年，圆顶清真寺完工。

拉丁基督徒和穆斯林之间争论的焦点，是谁对圣墓教堂有控制权。因此，由谁掌管圣墓教堂的钥匙，是最为重要的外交事务。于是，数个世纪以来，我的家族尽职尽责：我的祖先打开大门，基督徒们鱼贯而入；到了晚上，他们离开，大门便被锁上，直到第二天清晨。

十字军东征时期，法兰克人（Franks）掌控了圣城，努赛贝族人被迫交出了钥匙。值得庆幸的是，十字军攻占耶路撒冷时，努赛贝家族唯一的幸存者已经身怀六甲，她逃往了北方。一个世纪过后的1187年，库尔德勇士萨拉丁（Saladin）将十字军赶出了耶路撒冷，那位幸存者的后代得以回归故城。

努赛贝家族回到耶路撒冷后，族长加尼姆（全名为Sheikh Ghanim ben Ali ben Hussein al-Ansari al-Khazrajy）在政府担任要职。十字军被击败之后的头几年，根本没有必要打开圣墓教堂的大门，因为基督徒被禁止回到耶路撒冷。1192年，萨拉丁苏丹和狮心王理查（King Richard the Lionheart）达成了协议，允许基督徒到耶路撒冷朝圣。之后，耶路撒冷的穆斯林总督将圣墓教堂的钥匙还给了努赛贝家族。

那是我们家族的全盛期，尤其是在马穆鲁克（Mamluks）王朝统治大马士革的时代。族长加尼姆曾从萨拉丁苏丹那里获封大片土地，族人们因此安居乐业。也许正因如此，父亲才会说努赛贝家族曾经是一群"窃贼"。农人耕耘土地，向我们——他们的封建领主——缴纳税金，而我们则会把其中的一部分进贡给圆顶清真寺。

1517年，马穆鲁克王朝被土耳其军队打败，努赛贝家族的财产状况由此一落千丈。有一位祖先对新的统治者极为不满，和马穆鲁克王朝的一位王子一起，打着无望的游击战。他和那位王子最后都掉了脑袋，努赛贝家族也失去了土地和大部分的权利。不过，他们还是保住了一些重要财产，比如金匠市场——耶路撒冷古城墙里的主要市场之一。

几年前，我们家族中的史学家，我的堂哥扎基（Zaki）偶然发现了一份史料，恰能证明努赛贝家族家道中落。那是一份四百多年前的文件，鹿皮上印着金字，还盖着土耳其苏丹的印章。文件宣布，从此以后贾乌德（Joudeh）家族和努赛贝家族共同享有圣墓教堂钥匙的保管权。这个当地的家族和土耳其人的关系要好得多，努赛贝族人只能从命。在之后的近五百年里，每天凌晨四点，努赛贝族人都要从贾乌德家族的人手里拿过钥匙，再马不停蹄地赶去教堂开门。

第二章
泛阿拉伯国家

或许我不应该给大家留下这样的印象,仿佛悠久的历史潜藏在我们家族生活中的每个角落。事实恰恰相反。把我养育成人的父亲,是个思想前卫的现代人。在他看来,阿拉伯的古诗和现代诗同样优美。他既为我哥哥在剑桥大学取得一流成绩而高兴,也为我姐姐在巴黎追求绘画艺术而欣慰。他会为家族的女先祖在沙漠里的壮举而骄傲,同时也总在关注着眼前之地与当下之时。

19世纪末,耶路撒冷的贵族阶层逐渐形成了对现代社会的感知。时局瞬息万变,尤其是当时的奥斯曼帝国(Ottoman Empire)已经变成了"欧洲病夫"。和所有的专制体制一样,衰落迹象一旦显露,整个帝国上上下下都传出了关于政治的议论与抱怨。城市里的诸多团体都强烈要求享有和欧洲人一样的权利与自由。在意大利复兴运动(Italian Risorgimento)的启发下,1909年,青年土耳其党(Young Turks,正式名称是"统一与进步委员会"[Committee of Union and Progress])夺取了君士坦丁堡高门(Sublime Porte),赶走了苏丹,建立起新的政权。青年土耳其党承诺,要把帝国从死气沉沉的颓靡中拯救出来，建立法治，发展工业，追求进步。

在巴勒斯坦，更具欧洲风格的自由运动进行得如火如荼，因为这里早已深受欧洲影响。19世纪80年代，我祖父那一辈人登上历史舞台时，对巴勒斯坦的你争我夺已经拉开帷幕。

讽刺的是，造成这种变化的，很大程度上正是这处圣地上的古老遗产。欧洲掀起了一股关于圣地的浪漫幻想——看看乔治·艾略特（George Eliot）的《丹尼尔·德龙达》（*Daniel Deronda*），你就能明白了。再加上各种照片和便宜的旅行团，人们对这个地方兴趣渐浓。那时，我们那里经常能看到古怪的英国探险家，挂包里塞着一本《圣经》。要证明当时人们有多么狂热，还有个很好的例子——战斗英雄查尔斯·戈登（Charles Gordon）将军，传记作家里顿·斯特雷奇（Lytton Strachey）笔下半疯的"杰出维多利亚人"之一，发誓说他找到了一个地方，绝对是花园冢（Garden Tomb）*。

政府、机构和企业家也同样投身于这股风潮。沙皇亚历山大二世（Alexander II）在耶路撒冷修建了俄罗斯侨民区，以容纳潮水般涌入这座城市的俄国朝圣者。（后来，这里被英国人改建成了监狱。）德国皇帝也不甘示弱，在锡安山（Mount Zion）上修建了本笃会修道院。新教教会建起了大量的学校和医院，天主教教会则任命了自十字军东征以来的第一位拉丁主教——埃德蒙·德罗思柴尔德（Edmond de Rothschild）男爵，他为犹太农民的聚居区立起了一座座风车。

在耶路撒冷的阿拉伯人之间，这股建筑与信仰的狂热风潮，间接地助推了政治变革；部分原因是，很多变革者在欧洲人开办的学校里接触到了现代观念。

阿拉伯学院（Arab College）和我的母校——英国国教开办的

---

* 花园冢，据传是耶稣下葬与复活之地。

第二章　泛阿拉伯国家

圣乔治学院（St. Georgege）——的学生先后接触到了泛阿拉伯主义（Pan-Arabism），这股思潮的引领者是贝鲁特（Beirut）和大马士革的阿拉伯基督徒，以及开罗的阿卜杜（Abduh）和阿富汗尼（Afghani）等人。这些知识分子中有很多优秀的诗人和思想家，他们认为对家族、部落和派系守旧的忠诚都是封建主义的遗留，阻碍了阿拉伯世界的科学文化发展。

在巴勒斯坦，犹太人的民族情结主要来自犹太复国主义（Zionism）。如同那些环绕着圆顶清真寺的传说一样，犹太人一直都是伊斯兰世界里耶路撒冷的有机组成部分。（我的堂哥扎基曾经在埃及一座古老的犹太教堂里钻研那些尘封了数个世纪的文献，他发现了一些信件，上面在赞颂哈里发奥马尔，因为他打破了数百年来罗马人和基督徒的禁令，允许犹太人回到耶路撒冷。）19世纪末，耶路撒冷的大部分犹太人要么来自东欧，怀抱着极度虔诚的信仰，要么说着阿拉伯语，和阿拉伯人共同生活了好几个世纪，自认早已完全融入了阿拉伯的文化、语言和日常。

犹太复国主义则完全是另一回事。西奥多·赫茨尔（Theodor Herzl）既是一名记者、不得志的维也纳剧作家，也是一名归化的匈牙利犹太人，他在写《"犹太国"》（The Jewish State）这本书时，从来没有去过巴勒斯坦，对这个地方的了解仅仅来自书本。他的设想是为那些不愿或不能融入欧洲社会的犹太人建立一个国家。他确信，阿拉伯人不用为此担忧。"犹太人背后没有好战的势力支撑，"他写道，"他们自己也没有好战的天性。"

阿拉伯人并没有被他说服。赫茨尔写下《"犹太国"》十年之后，巴勒斯坦记者纳吉布·纳萨尔（Najib Nassar）出版了《犹太复国主义：历史、目标与重要性》（Zionism: Its History, Objective, and Importance），仿佛一声严厉的警告。对欧洲犹太人"入侵"的恐惧蔓延开来。耶路撒冷市长齐亚·哈立迪（Zia al-Khalidi）无比警惕，甚至向自己的朋友，法国大拉比扎多克·卡恩（Zadoc Khan），发去一封公函。"谁能质疑犹太人在巴勒斯坦的种种权利呢？"他写道，"上帝知道，从历史上看，这里确实是你们的国家。"尽管如此，"残酷的现实"是，这个国家的阿拉伯人口已经很密集，容不下大量的犹太人前来定居。"以上帝的名义，"他在公函结尾处写道，"让巴勒斯坦保有和平吧。"[1]

19世纪的努赛贝家族，不论是权力还是社会声望，都处于耶路撒冷其他显赫家族的阴影下。最为显赫的家族是侯赛尼（Husseini）与纳沙希比（Nashashibi），这两大家族结怨已久。我们家族从奥斯曼时期起政治运势渐颓，也许是塞翁失马，焉知非福。总的来说，努赛贝家族形成了明显的资产阶层态度。女人们摘下了面纱；不论男人还是女人，都学习欧洲的语言。和其他贵族一样，努赛贝家族的人渐渐搬出旧城，住进了位于谢赫贾拉（Sheikh Jarrah）和汲沦谷（Wadi el Joz）的庄园。一位家族成员把城墙外的一座中世纪堡垒改建成了现代建筑，这恰恰体现了整个家族的前卫态度。根据家族传说，这座四层建筑被称为"Al-Kasr"——城堡。（1948年，它被以色列人炸毁了。）

这个家族的新潮，还体现在大家漫不经心对待过去的态度。比如，我的曾祖父，就曾经因为与一个年轻女子热恋，毫不犹豫地放弃了自己所保管的钥匙。一天，他对妻子说，他想再娶个妻子——这种事在当时的富人中还很常见。妻子并不乐意，于是用丈夫可以接受的措辞表达了不满，并坚决要求补偿。她想要圣墓教堂的钥匙。这算是《圣经》中雅各布向以扫施粥的风流版本了。对于我们的影响，就是这保管钥匙的"与生俱来的权利"只属于原配妻子的孩子们，而不会属于新娶妻子的孩子们——而这位新娶的妻子，正是我的曾祖母。也就是说，我的曾祖父出于情欲，建立了一个新的家庭分支，

第二章　泛阿拉伯国家

却把钥匙让给他人。

我的祖父，这个他父亲再娶之后生的孩子，也从未对这钥匙有过丝毫惦记。他要考虑更重要的事：用他继承的财产或是投资商业，或是如同做慈善一般地挥霍，以及结交权贵，提升地位——从他的娶妻偏好，能看出他深谙此道。他的第一任妻子来自有名的书香门第谢哈比（Shihabi）家族。她去世后，祖父娶了我的祖母，她出身于达尔维什（Darwish）家族，这是权大势大的侯赛尼家族的一个分支。祖母生下我父亲之后不久就去世了，祖父的第三任也是最后一任妻子来自纳沙希比家族，这个家族的财力和影响力与侯赛尼家族不相上下。短短数年，祖父就成功联姻了耶路撒冷的四大古老家族，其中两个还结有世仇。

第三章
两面三刀的承诺

第一次世界大战的炮火让持续了一千三百年的哈里发政治制度走向消亡,这让阿拉伯民族主义者充满希望。从这个角度来说,1913年来到这个世界的我父亲生正逢时。在他童年的一张照片上,他不论穿着还是举止,都俨然是个小小的贵族。不过,那时的他还太年幼,全然不知自己会在阿拉伯运动中奉献一生,而这场运动会被扼杀在摇篮中。

1914年,战争爆发,战前相对宽松的氛围已成往事。土耳其人错误地站在了同盟国的一边,贾迈勒帕夏(Jamal Pasha)——他有个不太含蓄的绰号叫"屠夫"——把巴勒斯坦当成自己的地盘,容不得任何异见。随着战争推进,阿拉伯人逐渐抵触君士坦丁堡的统治者,这个睚眦必报的土耳其人肆无忌惮地将很多人判处死刑,就像后来的警察开停车罚单一样随意。当时水资源匮乏,食物也是,紧接着又是蝗灾。到了1916年,大多数阿拉伯人都在暗暗希望协约国取胜,泛阿拉伯主义的知识分子把希望寄托在英国人和法国人身上。

英国人充分察觉到了这种情绪,并尽可能地加以利用。英国联络官T. E. 劳伦斯（T. E. Lawrence,被称为"阿拉伯的劳伦斯"）和阿拉伯族长,强大的哈希姆王朝（Hashemite dynasty）的成员费萨尔·本·侯赛因（Faisal bin Hussein）并肩战斗,志在击垮土耳其军队。劳伦斯代表英国政府,向费萨尔真诚许诺,大英帝国支持他;只要战争结束,土耳其人战败,协约国就会帮助他,让奥斯曼帝国的阿拉伯各省统一为一个王国,由他担任国王。

建立一个属于阿拉伯人的自由巴勒斯坦的承诺,首先来自天空。英国飞机撒下传单,上面写着：加入我们! 让全体阿拉伯人从土耳其统治下解放,这样才能让阿拉伯王国重回祖辈那时的模样。[1]

英国人一边向阿拉伯人许下承诺,另一边却和法国人定下了完全相反的计划。英法两国签订了《赛克斯—皮科协定》（Sykes-Picot Pact）,瓜分战争果实。与此同时,英国外交大臣贝尔福勋爵（Lord Balfour）在犹太复国主义运动领导人哈伊姆·魏茨曼（Chaim Weizmann）的鼓动下,致信罗思柴尔德勋爵（Lord Rothschild, 其家族全力支持犹太人建国）,承诺自己支持"在巴勒斯坦建立一个犹太人的国家",并称英国政府也支持这项事业,附带条件是"不损害现有非犹太人社区的公民权利和宗教权利"。从方方面面来看,这就是一个诡异的承诺,尤其是当初英国飞机撒下的传单上所描绘的那个未来的"阿拉伯王国",此时竟然降格成了"非犹太人社区"。此外,当时的巴勒斯坦其实还在土耳其人的控制之下。更进一步说,许下这一"慷慨"承诺的贝尔福曾于1905年大力限制移民,阻止东欧的犹太人进入英国。

1917年,埃德蒙·艾伦比将军（General Edmund Allenby）率领他的埃及远征军从东边逼近,贾迈勒帕夏向英国投降。如同布莱希特剧作中的情景一般,土耳其人把投降书交给耶路撒冷总督,半夜从城门溜了出去,而总督把一张白床单撕下一半,绑在一把扫帚

第三章　两面三刀的承诺

上,就这样沿着雅法路(Jaffa Road)兜兜转转,直到他遇到了第一个英国士兵。

1917年,来自西欧的军队进入耶路撒冷——自从萨拉丁把法兰克人赶跑,这还是头一遭。艾伦比将军以胜利者的姿态站在雅法门(Jaffa Gate)内,自然没有忘记提醒他的军队这一历史事实。即便如此,挨挨挤挤的阿拉伯人照样向他欢呼。对于泛阿拉伯主义者,这是期待已久的时刻——土耳其人被赶出去了,终于可以实现自己的理想了。

当时聚集在雅法门的阿拉伯人怎么也不会想到,艾伦比率军进城会是耶路撒冷从阿拉伯人手中被强行夺去的开端。《赛克斯-皮科协定》和《贝尔福宣言》(Balfour Declaration)被公布后,劳伦斯深感英国背信弃义,便把所有奖章都还给了英国政府。这些秘密协定最直接影响到的人,是巴勒斯坦的阿拉伯人。贝尔福勋爵曾在伦敦非常坦率地向政界同僚透露过阿拉伯人能从协定中得到什么,他指出:

> 在巴勒斯坦,我们甚至没有打算走个形式,询问该地现有居民的意愿……犹太复国主义,不管是对是错,是好是坏,都植根于悠久的传统、当下的需求和未来的希望,比起目前住在那片古老土地上的七十万阿拉伯人的愿望与成见,有着深远得多的意义。[2]

他对阿拉伯人可不是这么说的。官方的说法是,阿拉伯人的权利会被保护,这得到了犹太复国主义者的充分响应。只要一有机会,犹太复国主义运动领导人哈伊姆·魏茨曼就会手捂胸口,宣称犹太复国主义者会保证阿拉伯人的权利与财产不受侵犯。

起初,一切看起来似乎是阿拉伯人担忧过度了。战后,费萨尔·本·侯赛因成为伊拉克国王,他的兄弟阿卜杜拉(Abdullah)成为外约旦国王*。巴勒斯坦虽然不在阿拉伯人的手里,但也没有成为犹太人的国家。英国人则给耶路撒冷带来了不少新气象:希律王(King Herod)在一千九百年前开始为这座城市打造的供水系统,终于由他们完成了;蝗灾也得以解决,因为他们从佛兰德(Flanders)带来了大量药剂。英国人最重要的成就是引入了高效的行政体系,随之而来的是本地居民前所未闻的概念——法律、秩序与公正。

比起"敌人的占领",更准确的说法应该是"管理",因为没人希望土耳其人卷土重来。不得民心、比奴隶制强不了多少的强制征兵不复存在,让人们贫困交加的荒谬税收政策一去不返,无处不在而又无从避开的所谓"小费"(也就是贿赂)也成为往事。

英国托管之下的经济新气象,对专业人士、商人和政府公务人员十分有利。阿拉伯的中产阶层在卡塔蒙(Qatamon)、塔尔比赫(Talbieh)和巴卡(Baq'a)安居乐业,与此同时,雅法路逐渐发展成了繁华的商业地带,街道两旁满是银行和商店,大部分是阿拉伯基督徒开的。

到了1921年,人们情绪普遍乐观向上,后来任阿拉伯最高委员会(Arab Higher Committee)主席的穆萨·卡齐姆·侯赛尼(Musaa Kazim al-Husseini)甚至号召巴勒斯坦人民"寄希望于大不列颠政府,这个政府众所周知地公平公正,关心人民福祉,保护人民权利,支持人民合法需求"。[3]

我父亲的教育经历很好地反映了当时耶路撒冷贵族子弟所处的氛围。尽管对《贝尔福宣言》普遍强烈反对,耶路撒冷的精英阶层还是完全融入了英国人构建的社会秩序,仿佛他们生来如此,男人

---

* 后文中称为"阿卜杜拉一世"。——编注

们都是绅士社会的一分子；私下里，比起从俄国不断涌入的犹太暴发户，英国官员更喜欢他们。

童年时代的父亲身处于不同世界交融的奇妙大杂烩。在整个社会金字塔上，位于塔尖的是英国总督，骑着白色高头大马。他的行政大楼坐落在恶意之山（Hill of Evil Counsel）山顶，在《新约》的时代，那里是犹太大祭司的家。（阿拉伯语中，这座山叫"al-Mukabber"，奥马尔第一次站在山顶上俯瞰耶路撒冷时，感动得流下眼泪，当即让宣礼吏召集祷告。）塔尖下面的一层是衣着华丽的各个宗教团体代表，主要有哈吉·阿明·侯赛尼（Haj Amin Husseini），他是耶路撒冷的大穆夫提（grand mufti）*，城中最重要的穆斯林领导人，还有基督教大主教和主教。再下面就是我们这样的家庭，享受着或真实或想象的祖荫，孩子们穿着熨烫平整的西装和裤线笔挺的西裤，经常会在胳膊下面夹着一本阿拉伯现代诗或《鲁滨逊漂流记》（Robinson Crusoe），伊斯兰勇士和法兰克人就相当于他们心目中的牛仔和印第安人。贵族下面是城市新兴阶层，主要有政府公务人员、教师和商人。最下面一层是广大乡村里辛勤劳作的农民，他们骄傲地穿着自己色彩鲜艳的传统服装。为了让整个社会结构更完整一点，还要加上身着飘逸沙漠长袍的贝都因人（Bedouin），他们牵着骆驼穿街走巷——当时，街上已经开始出现一些私家车了。（堂哥扎基告诉我，我的祖父引进了巴勒斯坦的第一辆别克。）

父亲的成长经历就像是维多利亚时代小说中的情节。首先，他的母亲生下他就去世了，他是她唯一的孩子；他的父亲再婚后，很快就把他托付给了一位寡居的姑妈。这位姑妈的已故丈夫是一位优秀的阿拉伯诗人，身后留下了大量诗歌，姑妈沉浸于对亡夫的思念，

---

* 穆夫提是伊斯兰教教法说明官，大穆夫提是地区穆夫提的首脑。——编注

牢牢记住这些诗歌，只要一有机会就向我父亲朗诵。正是因为她，阿拉伯诗歌成了父亲的灵感和骄傲的源泉，尽管他当时在完全英式的学校里读书，忙于学习拉丁文学和英国文学。

穆斯林上层资产阶层的孩子都去读基督教学校，这体现了耶路撒冷一直以来的宗教宽容。父亲毕业于阿拉伯学院，后来又在那里任教。这是当时阿拉伯世界里最好的学校之一，英国托管时期的校长是艾哈迈德·萨迈赫·哈立迪（Ahmad Sameh al-Khalidi）。我父亲极为尊敬的一位诗人，哈利勒·萨卡基尼（Khalil al-Sakakini），是该校的杰出教授。父亲在那里接受了标准的欧洲教育，他打得一手好网球，可以把那些出身于网球发源地的英国官员打得落花流水，还会弹钢琴。耶路撒冷的包容还体现在父亲最喜欢的节日——在杰里科（Jericho）南部内比牧撒（Nebi Musa，指受到神谕的先知与立法者摩西）圣殿的一年一度的朝圣。这个仪式在复活节期间举行，可以一直追溯到萨拉丁的时代。父亲总喜欢开玩笑说，圣殿里最让人深受教诲的不过是一个浪迹天涯的贝都因人的残破尸骸。孩提时代的父亲喜欢这个节日，因为举行仪式时，大家会载歌载舞，孩子们会被各种各样的戏法逗笑，大人们则会赛马取乐。

父亲和他在阿拉伯学院的同学还形成了阿拉伯民族主义思想，而且比他们父母一代要深入得多。

随着土耳其伊斯兰政权的垮台，泛阿拉伯主义迅速成为年轻一代心中仿佛与生俱来的信念，本来他们就从未对土耳其人产生认同感，并且一直怀着对"阿拉伯精神"（Arab spirit）的崇高希冀。如今，"阿拉伯精神"已经从土耳其的桎梏中解脱出来，他们希望这种精神能够重振阿拉伯文明的荣光。无论如何，对于一群被班级、教育和语言联系在一起的信仰基督教或伊斯兰教的学生来说，宗教逐渐成为比较私人的事务。年轻诗人与知识分子们施展创作天分的领域是语言文学，并非宗教。也是由于这个原因，我父亲和他的朋

第三章　两面三刀的承诺

友们更喜欢在贝鲁特和亚历山大（Alexandria）结交志同道合的伙伴，并不愿意坚守那老掉牙的体制，比如世袭特权、阶层地位、家族之名，以及耶路撒冷的各种标志象征。

那个时代的主流精神，无疑是充满希望的变革。然而，早在我父亲的青少年时代，就发生了一件大事，此事预示了会一直纠缠他到生命尽头的灾难。16 岁时，他见证了三千年来一直寄托于西墙（Western Wall，我们称之为"飞马墙"[al-Buraq]，以穆罕默德夜行时的坐骑命名）的犹太精神演变为充满民族主义的口号，继而引起穆斯林的严重反冲和抵制。我父亲从小就认为伊斯兰教天性仁慈，然而一夜之间，这个宗教就变成了打击反对者的致命棍棒。更糟糕的是，乡村教士们放任穷凶极恶的暴徒去袭击手无寸铁的男女老少，相当于在攻击父亲那闪闪发光的泛阿拉伯主义愿景，他本来展望着一个自由、包容和开放的社会。

那些神圣之所，能召唤我们心中难以言喻的生命奥妙之感，竟然也能够酿成怒火熊熊的争执，这着实让人震惊。也许只有精神治疗师或心理医生才能解释清楚。我就不费这个功夫了。

1929 年，反犹动乱四起。那之前，数百名泽耶夫·亚博京斯基（Zev Jabotinsky，有些犹太人喜欢叫他的绰号，称他为"首领"[Duce]）的年轻支持者往飞马墙行进，一路叫嚣着"西墙属于我们"。亚博京斯基的追随者们一边挥舞旗帜，一边唱着犹太复国主义者们的"国歌"《希望》（"Hatikva"）。

> 我们还未丧失希望，
> 持续两千年的希望，
> 成为我们土地上自由的民族，
> 锡安与耶路撒冷的土地。

当时居住在耶路撒冷的一名英国记者如此描述当天的场景："刚刚经过的那些年轻英雄有大量警力保护；他们前面和后面都有骑警开道和护航，步警则与他们并肩行进。这可真是引起三角争端的好由头。整件事情是多么充分地展现了他们的愚蠢啊！"[4]

流言在穆斯林之间传播开来，说犹太人想要夺取圣殿山——所罗门圣殿曾经的所在地。在穆夫提的煽动下，一群暴徒失控了。第二天，穆斯林们狂叫着"伊斯兰！"突袭了西墙，撕毁了犹太人的祈祷书。接着，一个足球场里爆发了争吵，一名犹太男孩随即被捅死。

在希伯伦（Hebron），六十四名犹太人惨遭屠杀，所有人都来自一个古老的宗教社区，一直以来都睦邻友好，与那些俄国犹太复国主义者的世俗民族主义毫无关系。但暴徒胸中燃烧着民族主义怒火，疯狂得过于简单，再也不去区分犹太平民与犹太复国主义者。那是个非黑即白的命题：你死我活。这是极其可怕的先例。

这场动乱始于西墙，所以被称之为"飞马墙动乱"，英国人作出的反应就是向巴勒斯坦派驻无处不在的重兵。他们还做了一件未来会重复无数遍的事：派些毫无头绪的"专家"来寻找解决方案。

《贝尔福宣言》和英方对动乱过于简单粗暴的处理都引起了大家的反英情绪。但这并未阻止我那心中同时怀着反抗与骄傲情绪的祖父把父亲送到剑桥大学学习法律。

1936年，父亲取得学位，回到巴勒斯坦。不久，他就遇到了我母亲。两人相遇在女方父亲位于瓦第胡因（Wadi Hnein，现在是隶属以色列的城市耐斯兹敖那［Nes Ziona］）的住宅中。母亲的父亲家境殷实，田地甚多，还是个政治活动家，经常邀请政治领袖和文学界的人物到家中做客。瓦第胡因的那个住宅位于一直绵延到加沙的大片橘林之中。宫殿一般的家中配备了游泳池，客房和仆人也数量足够，足以招待来访的贵宾，甚至有王子、国王或元首来访。阿

第三章 两面三刀的承诺

卜杜拉一世就是这里的常客。我父亲前去做客，表面上是为了结交那些赫赫有名的政界人物，其实是想一睹亲戚口中那位美丽少女的芳容。

我听说，父亲母亲是一见钟情，很不符合穆斯林一贯的行事传统。不过，根据各家族之间的社会关联甚至是血缘关系（我的外祖母也姓努赛贝），说这桩姻缘是父母之命也并不出奇。这两个出身富贵之家的孩子，似乎命中注定要度过安逸而幸福的一生。世界在他们眼前铺展开来，如同敞开的花园。

与母亲相见之后，父亲便回到耶路撒冷开创自己的法务事业。他应该是在英国吸纳了一些维多利亚时代的价值观，下决心要先立业后成家。他的血统、教育经历，再加上那一身白色假发与黑色长袍的专业出庭律师行头，保证了他事业的迅速腾飞、蒸蒸日上。他确信自己很快会和我母亲成婚。

然而，祸事临头，成为他人生路上的障碍。父亲很快发现，他在用自己崇尚的英国法典，为那些想尽一切办法要将英国人从圣地驱赶出去的人辩护。叛乱爆发前的几个月中，父亲有时候在法庭辩护，辩护对象被逮捕的原因，是违反了英国人为镇压新一轮起义而制定的十分严苛的安全法律；其他时候，他就在阿拉伯学院教学。他的教授同事，基督徒哈利勒·萨卡基尼，是阿拉伯觉醒（Arab Awakening）*思潮中最优秀的代表人物。他学养深厚，对自己的阿拉伯文化传承感到无比骄傲。他住在美丽的塔尔比赫区，还把住家变成诗人与知识分子的文学沙龙。一群自称"流浪者"（Vagabonds, hizb al-sa'aleek）的文人，也会在他那里相聚。萨卡基尼的泛阿拉伯主义思想以优美的文字呈现在他的诗篇当中。（父亲对他的作品

---

* 阿拉伯觉醒，即文中时代大背景下阿拉伯人所进行的民族反抗运动。

无比崇敬,我小时候经常听他引用,有首诗特别值得一提,赞美的是凭一己之力坚决反抗全世界。)

业余时间,父亲喜欢打网球,多年来得的奖杯也能摆满好几个架子了。他还会骑在马背上长途驰骋,"马伴"是托马斯·霍奇金斯(Thomas Hodgkins),驻耶路撒冷的英国军官,秘密的马克思主义者,同情阿拉伯人的处境。有时候,他们会花数日时间一同穿越沙漠。

不过到后来,这变成了非常危险的行为。1935年,多年来暗流涌动、愈演愈烈的政治紧张局面终于爆发成了公开冲突。冲突的催化剂是犹太人在法西斯肆虐的欧洲遭到迫害,大量逃命,移民来此。和1929年穆夫提挑起争端不同,这次作梗发难的是个穆斯林乡村教士,伊泽丁·卡桑族长(Sheikh Izzeddin Qassam)。在外业权人(absentee landowners)[*]将土地卖给犹太复国主义组织,很多农民因此失去了生计,便成了卡桑的追随者。

卡桑族长(哈马斯粗制滥造的手工火箭"卡桑"令人回想起他)发起了游击活动;他所遵循的传统来自一个伊斯兰教派伊斯玛仪(Ismaili)的山间突击队,数世纪以前,他们从叙利亚山区出来,去恐吓法兰克人。卡桑和随从们在洞穴里藏身,只在晚上冒险出没,攻击英国人和犹太人。但和之后很多巴勒斯坦领导人一样悲哀的是,卡桑的战略远见水平完全不及他民族主义思想的狂热程度。在一次"伟大壮举"中,他想围攻海法(Haifa)[†]的英国海军,但四十个随从配备的竟然是第一次世界大战时期的"古董"步枪。他战死后,随从们也自然被绞死了。"殉道"往往满足的是基础本能,却成为与巴勒斯坦有关的冲突中的主要因素。

---

[*] 指不在自己土地上居住或进行其他任何形式活动的土地所有者。
[†] 海法,以色列港市。

第三章　两面三刀的承诺

卡桑族长的这场起义，就像直接照搬《三个臭皮匠》(Three Stooges)*里的情节，但由于多种原因，英国人甚至是大穆夫提都没能明白这个看似简单的乡村教士释放了怎样的武装力量。那些生来便习惯于统治别人的英国军官，自然而然地瞧不起卡桑，觉得他不过就是个不切实际的疯子。而穆夫提则觉得卡桑号召武装起义给他添了难堪，因为当时穆夫提正努力争取让英国人封他为巴勒斯坦领袖。

其实，大穆夫提真正惧怕的是出现竞争对手。巴勒斯坦乡村地区的农民们编织的粗糙包头巾，大有取代城市领导人那带丝质流苏的红色塔布什帽（类似于土耳其毡帽）之势。这是个非常经典的冲突案例，头脑简单的人狂热地投入一项事业中，而精于世故、打着自己小算盘的政客却热衷于模棱两可的外交辞令。后来发生的事情，说明两条路都是走不通的。

第二年，贵族们也试着发起了一次起义。1936年这场起义名为"大叛乱"(The Great Rebellion)，开端不过是在雅法的一场无关痛痒的斗殴，接着迅速升级成劫掠。阿拉伯人拦下车辆，抢劫了一些欧洲人，杀了两个犹太人。敌对双方持续冤冤相报，暴力冲突眼看就要失去控制。

冲突之所以没有失去控制——至少一开始没有——是因为这个国家的阿拉伯精英掌控了局势；他们以被欧洲教育熏陶出来的绅士派头，文明地进行抗议活动。阿拉伯最高委员会是耶路撒冷大穆夫提领导的组织，有六名成员，都是来自全国的政治和民众领袖。民族主义俱乐部和团体印发报纸，在公共场合竖立旗帜横幅，呼吁停止犹太移民行为，并支持建立一个通过自由选举形成的代表大会；

---

* 《三个臭皮匠》是美国著名的默片喜剧，后来被改编成电影，剧中的三兄弟是三个滑稽的活宝。

大会将实行少数服从多数的原则,遵循伊拉克和外约旦的方针路线,与英国人达成一致,但不再服从旨在蓄意破坏泛阿拉伯目标的政策。宣称自己代表西方价值观的犹太复国主义者,自然是要拒绝自由选举的,因为他们一定会被击败,且差距悬殊。如果说《贝尔福宣言》真实存在过,那也是一份反民主文件;而犹太复国主义者对人们削弱文件效力的举动进行了穷凶极恶的反击,效果显著。

政治局势方面,一个又一个王室代表团先后在巴勒斯坦上下奔走,每一个都严肃地表示他们是好意,而且是这方面的专家。阿拉伯人的国民诉求与《贝尔福宣言》——英国人是不打算放弃这个宣言的——之间的矛盾是无法调和的,而这些代表团完全不去思考这个问题。残酷冰冷的人口统计事实让犹太人和阿拉伯人分裂成势不两立的阵营。

为了向英国人表明他们是认真的,阿拉伯领导人组织了多次罢工和示威游行。(他们的战略不甚周详,最鲜明的例子就是关闭了雅法港,结果反而鼓励了犹太人,他们建立了自己的港口。)

1937年,英国人作出回应,提出一个"三方理事会"计划,说得准确一点,这更像是个权力分享方案,希望犹太人、穆斯林和基督徒能在这个国家平等共治。阿拉伯人不假思索地拒绝了这个计划。事态陷入僵局,英国人又组建了更多的委员会,炮制了更多的文件和计划。他们唯一不会采取的行动,就是放弃《贝尔福宣言》。

这本来是场大体和平的运动,结果迅速恶化成一场长达三年的游击战争。祸端始于巴勒斯坦北部,当地一些阿拉伯人攻击并杀死了L.Y.安德鲁斯(L. Y. Andrews),加利利(Galilee)地区的代理委员。那是个星期天,他刚做完礼拜就遇害了。英方反应过度,认为发生这样的谋杀事件,阿拉伯最高委员会应该受到道德谴责,而且对该委员会实施了禁令。委员会的主要成员,财产被罚没充公,并被驱逐。穆夫提男扮女装,逃出了耶路撒冷。

第三章　两面三刀的承诺

我母亲的父亲便是被驱逐的贵族之一。一天，英兵突然出现在他的别墅门口，逮捕了他。按照新的安全法律，英国托管政府没收了他所有的土地和家宅，在没有审判的情况下，就把他发配去了塞舌尔（Seychelles）。我的外祖母以及包括母亲在内的所有孩子，都挤进拉姆勒（Ramle）的一栋小房子里，那里其实是家族中一位德高望重的祖先的墓地。这位祖先是苏非派的穆斯林神秘主义者，曾在15世纪时居住在那里。（苏非主义是倡导神秘主义的伊斯兰教派思想；苏非派执着地相信，爱能将人与神联系在一起。）在她的童年时代，我母亲曾经兴高采烈地在这里围观过一年一度的宗教节日，一些苏非派的高级教徒聚集在这栋房子里，之后一起游行到城里的街巷中。现在，这里成了她的家。

我父亲显然是站在反叛者这边的，虽然他认为当时耶路撒冷的大穆夫提（这位穆夫提当时是希特勒的狂热崇拜者）是个非常糟糕的领导人。父亲对犹太复国主义颇有微词，但从未将其与犹太人或犹太教混为一谈，他对后两者都高度尊重，即便在1948年，他被以色列自由战士组织（Fighters for the Freedom of Israel，一个地下犹太派系）射中，失去了一条腿。他所构想的泛阿拉伯主义，旨在建立一个兼容并包、充满活力的社会，其中不仅有穆斯林和基督徒，还有犹太人。那时候他所信仰的泛阿拉伯主义，还没有演变成后来的沙文主义和排他主义。

父亲最终选择支持反叛者，因为他得出结论，那些乘船来到巴勒斯坦的东欧犹太复国主义者，是没兴趣融入阿拉伯文化与社会的。他发现苏联人中有很多对这个国家一无所知的空想家，他们也绝对无意去尊重居住在这里的阿拉伯人的文化或权益。最重要的是，他发现有很多决心坚定的男男女女，带着科学、工业和政治上的抱负，要建立一个犹太国家。最让他恐惧的态度可以用哈依姆·魏茨曼的话来概括："巴勒斯坦的犹太化程度，应该如英国的英国化，美国的美国化。"[5] 这些都是公开的言论。私下里，犹太复国主义运动的领导人则更是清楚地表明了自己的计划。1936年，领导人之一的戴维·本－古里安（David Ben-Gurion）*在给儿子的信中毫不遮掩地写道："我们将驱逐阿拉伯人，取而代之。"[6] 很难想到还有什么比这种思想更与泛阿拉伯主义背道而驰。

英国人逮捕了我外祖父和他的同僚，这是个弥天大错。被逮捕的都是政治领袖，并非恐怖分子，其中大多数恐怕一辈子都没开过枪。所以，到这一步，我外祖父和同僚们代表的世俗领袖团体不复存在，英国人为游击战争创造了条件，热情参战的很多人都是卡桑族长的追随者，是一群好战分子。

一直等到英国人派驻了两万军队，阿拉伯领导人才终于同意取消雅法港的禁闭。但这个国家再也不会和以前一样了。1936年的事件以后，只有盲人才会看不见大家口中的"阿拉伯问题"（Arab problem）将会长期悬而不决；从根源上来讲，这是民族问题，而非经济问题。英国托管政府收到一份备忘录，上面有数百名阿拉伯高官和法官的签名，里面提到"令人厌恶的"政府政策，并威胁英国，说他们将遭到"万能真神暴怒"的惩罚。[7]

第二次世界大战迫在眉睫，英国人绝不能再容忍任何异议。之前的那场世界大战中，是他们鼓励阿拉伯人进行游击战，反对土耳其领主；现在，他们却不会允许同样的事情发生在自己身上。英国军队采取了更甚以往的残酷镇压战略，主要目标是巴勒斯坦乡村地区和容易屈服的农民。直到今天，巴勒斯坦的乡村中还流传着种种故事，描述当年英军何其残暴无情。

---

* 以色列著名政治家，以色列首任总理，也是任职最长的一位总理；现代以色列公认的国父。

来自英国、澳大利亚、爱尔兰、希腊、非洲和印度的士兵遍布巴勒斯坦各地,起兵抵抗毫无意义,起义活动也偃旗息鼓。讽刺的是,英国人刚刚在这里建立法学院时,我父亲得到了一份兼职教师的工作。他最优秀的学生当中,很多是德国犹太难民;而正是他们在这个国家的出现,成为起义的最初动因。父亲的得意门生之一现在是我的律师,已经退休的他手中只剩下一件案子,就是反击以色列政府企图关闭圣城大学的各种行为。而我是圣城大学的现任校长。

第四章

希律门委员会

1943 年，我的父母终于喜结连理。我父亲时任巡回法庭法官（他做过律师、法官，后来从政，这种职业生涯比教书更适合他），所以他们经常搬家，从耶路撒冷到雅法，到太巴列（Tiberias），再到拉姆安拉。不到五年后，父亲获得常驻耶路撒冷的固定职位，于是我的父母带着两女一子生活在美国侨民酒店（American Colony Hotel）对面的一栋房屋中。（我的两个姐姐穆尼拉［Munira］和萨伊达［Saedah］分别生于 1944 年和 1945 年，我哥哥扎基生于 1946 年。）生活似乎回归正常，然而新的灾难又接踵而至。在巴勒斯坦人所说的"Nakba"，即"大灾难"的悲剧发生后不久，我，他们的第四个孩子，出生了。

母亲在 1948 年怀上了我，也正是在那一年，巴勒斯坦之梦破灭了。那一年，父亲的腿被子弹击中受伤，他在贝鲁特一家医院中努力求生；母亲蜗居在大马士革一间狭小逼仄的公寓，最后在那里生下了我；她的家人，以及七十万巴勒斯坦人，全都被迫流离失所。源远流长的古老生活方式就此终结。

整个青少年时代，我听过无数人讲述，在1947年与1948年的战争中，我父亲的角色是"耶路撒冷的保卫者"。但一直等到他于1986年去世之后，我才偶然发现他在1949年写成但未发表的原始报告，其中翔实地描述了他在战争中所起的作用。他在开罗养伤并兼顾管理所谓"全巴勒斯坦政府"（All-Palestine Government）各办公室的同时，还写下了六万字的个人回忆录，叙述了为耶路撒冷和巴勒斯坦而战的经历。我读着这些文字，想象那时父亲打字的样子：他得努力不去想那条被"斯特恩帮"（Stern Gang，以色列自由战士的英国别称）打飞的腿，以及家里很快就要再添一张嗷嗷待哺之嘴的事实。我比较难想象的是，这么一个法官、总督和大使，有身份，有地位，有体面，是多么完美的中产模范啊，竟然曾经为保卫耶路撒冷战斗过——白天他戴上一顶白色假发，披着黑袍，做着法务工作；夜间却摇身一变，进行秘密的军火交易。

战时，英国人终于允许我的外祖父结束在塞舌尔的流放，只是不能回巴勒斯坦。他们把他移送到了埃及。直到战争接近尾声，历经八年流放生活的他终于被允许在拉姆勒的蜗居之中与家人团聚。想回瓦第胡因那个住宅居住已绝无可能，英国人早已把那里付之一炬。财富与资产都已经被没收的他，白天经营一家小店聊以为生，夜晚就读书、做祷告，吟唱苏非派的神秘歌曲。

1946年，英国人承认了阿拉伯最高委员会的合法地位。拉姆勒的当地居民立即将我的外祖父选为他们的市长，以此来表示对他的爱戴。但外祖父的身体状况已不容乐观，第二年，正值48岁英年的他心脏病发作去世。他被安葬在拉姆勒，与一位苏非派贤哲同穴。

外祖父去世时，局势也在恶化，战争一触即发。恐怖袭击已发展为日常行动，为了阻止这种状况，英国人又搬出老一套，开始严法重刑。光是持有武器或弹药就会被判处死罪。和1936年一样，

第四章　希律门委员会

我父亲又接到很多为阿拉伯民族主义者上庭辩护的案子。

耶路撒冷的政治局势已经紧张到一触即发的程度。我父亲会去大卫王酒店（King David Hotel）背后的一间办公室拜访他的朋友拉乌夫（Raouf），两个人坐下来喝咖啡聊天。父亲总在那里无意听到拉乌夫和一位犹太同事压低声音，在言辞交锋中威胁彼此，令人毛骨悚然。在专业领域，这二人彼此尊重；但因为民族冲突，他们的相互问候中既有友好的招呼，也有对对方的威胁。"这是怎样的疯狂？"我父亲在回忆录中发出诘问。从个体的角度，很难说这两人有什么错。毕竟，在拉乌夫和他的犹太同事看来，这一定是不可逆转的历史大潮，裹挟着他们各自的民族分道扬镳，渐行渐远。他们又有什么办法去阻止呢？他们继续做同事，到点下班之后再回到各自的阵营，双方都在准备一场人人都觉得必然爆发的战争。

我父亲的回忆录来到了这一天：1947年11月29日，联合国大会投票通过巴勒斯坦分治决议的日子。英国熬过了纳粹的闪电战，却忍受不了眼下的乱局：恐怖主义与维持和平的高昂代价，让他们愈发想要甩掉这个包袱。

就在此前一年，有组织有系统的恐怖主义行动大量涌现。一开始，大部分行动来自犹太地下组织，动因很简单，也符合逻辑。1936年至1939年的起义让阿拉伯人元气大伤，无从恢复——政治领导集团四分五裂，大部分元老级游击领导人要么去世了，要么还在坐牢。而且，阿拉伯人并没有什么迫不得已的理由去攻击英国人。形势看上去对阿拉伯人有利，因为英国正在限制犹太人从欧洲移民来此——众所周知，只要没有移民大量涌入，就永远无法建立犹太国家。

相比之下，移民恰恰是触发犹太恐怖主义的主要因素。孤注一掷的决心、意识形态和政治上的长远考虑共同形成了强有力的动力，促使犹太复国主义力量通过恐怖手段向政府施压，要求他们允许从纳粹集中营死里逃生的幸存者进入巴勒斯坦。

父亲描述了许多导致英国最终妥协的恐怖行动，斯特恩帮是其中多起事件的主使。这个帮派是最为活跃的犹太恐怖主义组织，后来让父亲失去一条腿的也是他们。父亲在手稿中提到该组织的建立者亚伯拉罕·斯特恩（Abraham Stern），说他曾在希伯来大学（Hebrew University）求学，"是个非常友善、安静且刻苦的人"。该组织的成员绑架并杀死了两个英国士兵，将放置了饵雷的尸体挂在桉树林里的一棵树上。"等到救援队到来，把他们放到地上，连着尸体的炸弹爆炸了。"他们还用机关枪射杀特拉维夫（Tel Aviv）军营中熟睡的英国士兵。

我父亲极尽详细地描述了大卫王酒店爆炸事件。事情发生在1946年7月，当时酒店的一个侧翼充当了英国殖民当局的神经中枢。事发当日，一辆送奶货车从犹太社区叶明莫什（Yemin Moshe）开到酒店的服务通道入口。货车上下来三个人，都搬运伪装成牛奶盒子的炸弹。炸弹被引爆时，整片区域都消隐在黑色尘土之中。酒店南翼被夷为平地，一百多名公务员和高级官员丧生。父亲的一位好友（父亲深情地称这位英国官员为"布伦克斯"）也未能幸免。

对英国人来说，这是一场必输之战。那时候的一些畅销书，比如亚瑟·库斯勒（Arthur Koestler）的《午夜窃贼》（*Thieves in the Night*）（父亲说这是一部"构思巧妙的作品"）把斯特恩帮与另一个犹太复国主义军事团体伊尔贡（Irgun）描写得光辉四射，和那些反抗纳粹的地下斗士一样伟大。如此时局背景之下，面对那些饱受纳粹之苦的移民，实在是很难坚持施行限制他们的政策。忍无可忍的英国人又呈交了新的分治决议，结果遭到阿拉伯人和犹太人双方的反对。恐怖组织袭击，英国人反击，如此往复，直到伦敦宣布要把问题交给新成立的联合国来处理。联合国拿出了自己的分治决

第四章　希律门委员会

议。按照决议，人口占了三分之一，却只拥有6%土地的犹太人将分到一多半的领土，其中包括土壤肥沃的沿海地带，加利利部分区域，以及整个内盖夫（Negev）地区，而犹太教《圣经》中提到的古老腹地，丘陵起伏的多石山区，则归阿拉伯人所有。

分割一个国家，却不去听该国居民的意见（不错，他们没有邀请阿拉伯人参与投票），这显然太不公平了。即便抛开这点不谈，要接受这样一个计划，双方得要多么友好，多么有想象力呀。所以，在巴勒斯坦，无论是犹太人还是阿拉伯人，并无一人相信计划能行得通。该计划呼吁分割后的两国结为"经济联邦"，这实在是非常愚蠢的愿望，因为从1936年开始，这个国家再无"共同经济"可言了，经济上与公共生活上的割裂势不可挡地成为事实；而无论哪一方，都在见缝插针地使用经济武器，力求给对方造成最大伤害。

联合国也在计划中保障了阿拉伯人在犹太区享有各种权益。但阿拉伯人口占了全国人口的一半（生育率又比其他人口高很多），在这样一个阿拉伯传统根深蒂固的地方，怎么可能容得下犹太国家的存在呢？出生于美国的希伯来大学校长朱达·马格内斯（Judah Magnes）确信，这样的分割势必导致战争。就算犹太人能够"战胜阿拉伯人"——他对此毫不怀疑——两个争斗不休的微型国家催生的民族统一主义势必会引起接连不断的战争。[1]

雪上加霜的是——至少对阿拉伯人来说是雪上加霜——英国人明确表示，他们不会强制执行联合国分治决议中的条款，因为他们很清楚这决议根本行不通。[2] "作为这场卑劣闹剧的幕后主使，"父亲如此评价英国人决定撒手不管的行为，"本该守卫这个地方的人失职了，为了掩盖自己的失败，又将守卫之地判了死刑。"

联合国成员国对决议表示同意，最重要的支持者是斯大林（Joseph Stalin）和杜鲁门（Harry S. Truman）。为了不遭受良心上的谴责，英国人弃权了；不过他们也长舒了一口气，1948年5月

15日之后，他们就不用再去干管控两个敌对民族这种吃力不讨好的活儿了。

在巴勒斯坦，犹太复国主义领导人团体投票表示接受决议，亚博京斯基的追随者们却坚决反对，他们认为决议违背了犹太复国主义要控制整个巴勒斯坦（包括约旦河东岸）的梦想。与此同时，本－古里安虽然在公开场合表示支持该决议，私下里却对追随者们保证，真正的国界要让军队来决定。

意料之中，开罗、大马士革和巴格达的阿拉伯领导人对分治决议表示反对，他们接连发布气势汹汹的声明，发誓要以武力回应。很多领导人在大穆夫提哈吉·阿明·侯赛尼的压力下，甚至宣布开战，要清除闯入巴勒斯坦的犹太复国主义分子。其实，所谓的"阿拉伯联合反抗"一点也不"联合"，叙利亚人和约旦人都打着自己的小算盘，想从争端后的巴勒斯坦残骸当中为自己分到一杯羹。据说已经成为外约旦国王的阿卜杜拉一世与本－古里安进行了秘密交易，要夺取约旦河西岸地区，将其纳入约旦的版图。这个计划是与果尔达·梅厄（Golda Meir）*一起打造敲定的。

巴勒斯坦的阿拉伯人针对该决议的反抗行动就要团结得多。"我们为什么要为欧洲人对犹太人犯下的罪行付出代价"，大家如是据理力争。父亲也反对联合国的决议，但原因不同。分治决议不仅仅关乎双方在联合国你争我夺的土地资产；危在旦夕的是他所传承的遗产，可以追溯到一千多年前的遗产。

他反对决议的另一个原因，是那时很普遍的一个理念：分治决议中有条款规定，要尊重居住在犹太领土的阿拉伯人的合法权益，而大家认为犹太复国主义领导人绝对无意完全遵守这样的决议。父亲认为他们口头上敷衍着接受决议，只想让全世界普遍承认独立犹

---

* 以色列政客，绰号"梅厄夫人"。

第四章　希律门委员会

太国的合法性。然而，他们很清楚，建立决议中的那样一个国家是绝对不可能的，而且他们最怕的就是阿拉伯人会接受决议。所以，犹太复国主义者一边表示支持决议，一边无所不用其极地去煽动阿拉伯人的反抗行动。"当阿拉伯人抵抗分治决议的热潮看上去有所减退，犹太人又去煽风点火。"父亲写道。犹太人采用了之前反抗英国人时十分有效的手段：恐怖行动。

父亲回忆录中提到的事件，大部分发生在1947年12月到次年5月，也就是从联合国作出决议到英国托管当局按决议交出控制权的过渡期。联合国决议一出，犹太人一整天都在热火朝天地庆祝，当地阿拉伯领导人则下令进行三天的全国性抗议罢工作为回应。罢工第一日，父亲正坐在家中，突然被他弟弟告知马米拉街（Mamilla Street）上有人在游行示威。那是一个重要商业区，父亲的律师事务所就在那里。两人步行去往示威现场，没看到大规模的抗议人群，只有"五十个零零散散的野孩子"散漫地站着，双手插着口袋，不知道该干什么。他们无领导，无组织。

父亲来到他的办公室，目睹一场"不怎么引人注意"的抗议逐渐变成骚乱。先是那些"野孩子"把唯一能找到的犹太人打了一顿，后者是《巴勒斯坦邮报》（*Palestine Post*）的记者。接着，示威者洗劫了那个商业中心。他们"毫无区别地洗劫了阿拉伯人与犹太人的店铺"，从商店和大楼中把一切能抢到的东西都搬了出来，无论是库存的商品，还是铺面的门、窗框、马桶，"不放过任何东西"。他们用炸药炸开锁了门的店铺，等抢劫完了，整个商业中心只剩下"烟尘、喧嚣与混乱"。

二十年来作为法律与秩序强制方的英国警察采取了旁观的态度，绝不插手干涉。于是，这就变成了阿拉伯人与犹太人之间的战斗，英国人只是不作为的裁判。除了被攻击时采取必要的自卫之外，"他们清理好格斗场，心安理得地看着热闹"。

阿拉伯人的组织十分松散，根本不可能阻止街上那些暴民抢劫自己人的店铺；而犹太人则有个运行顺畅、类似政府的组织。希伯来大学校长朱达·马格内斯说犹太复国主义者会"战胜"阿拉伯人，他一点也没说错。双方从来没有势均力敌，也不可能势均力敌。犹太人建立了一个具有高度组织纪律性的社区，领导团体训练有素，令人叹服。他们有很清楚的目标，并且能系统化地去实现。他们有类似于国家组织的各种机构，比如一个希伯来语教育体系，包括耶路撒冷斯科普斯山（Mount Scopus）上的大学。他们有自己的公交服务、医疗体系；还有与第一次阿以战争更相关的东西，一支精良的地下军队。

父亲在回忆录中分析了当时双方的战略和军事力量。他的阿拉伯同胞满脑子都是幻想和不切实际的骄傲，彼此之间嫌隙很大，争吵不断。"巴勒斯坦人……没有能掌管国家的影子政府，没有领导，没有武器，没有武装力量。"需要保卫的村庄与城市成百上千，却没有保卫者。更致命的是，他们根本不清楚抗争的目的是什么。早些年起义反抗土耳其人时，领土从来不是斗争的焦点。土耳其人接管村庄时，也不会赶走村民，再让自己的人进去居住。而犹太复国主义者则是寸土必争。

唯一可能背水一战的，是由英国人训练并配备武器的阿拉伯军团（Arab Legion）和阿拉伯解放军（Arab Liberation Army）。阿拉伯军团的领导人是约翰·巴格特·格拉布（John Bagot Glubb），阿拉伯人称其为"格拉布大人"，他是个古怪的英国人，讲一口流利的贝都因阿拉伯语。格拉布是军事专家，他很清楚，要是英国军队不出手，犹太人可以轻而易举地占领整个巴勒斯坦。[3] 但伦敦给他下了命令，5月15日之前都不能插手巴勒斯坦事务，就算到了那天，他也只能占领联合国分治决议中属于阿拉伯人的区域。

第四章 希律门委员会

到 5 月 15 日，唯一能胜任执行抵抗犹太军队任务的，就是阿拉伯解放军。它由 2800 人组成，大部分是叙利亚和伊拉克的志愿军。然而，军队缺乏领导，注定走向失败，起不了作用。

开罗、大马士革和巴格达的阿拉伯领导人想当然地认为，犹太人很容易被打倒，他们已经在争论最后的辉煌胜利该归功于谁了。他们没有考虑巴勒斯坦本地的领导人，包括最值得一提的大穆夫提的亲戚阿卜杜勒·卡迪尔·侯赛尼（Abdel Kader el-Husseini），而是把军队的联合指挥权交给了叙利亚人法齐·卡乌齐（Fawzi al-Qawukji）和伊拉克将军伊斯梅尔·萨夫瓦特（Ismail Safwat）。

父亲评价说，这两个人担任指挥官都是"极大的失败"："在行动期间，卡乌齐和萨夫瓦特从未踏足他们要拯救的那个国家。他们甚至时常行踪不定……来自巴勒斯坦多个阿拉伯地区的国家委员会代表团经常要在阿拉伯国家的各个首都去寻找他们。他们到了大马士革，结果听说将军们已经起程去开罗了，如此种种，永无止境地兜着圈子。"

父亲有个来自海法的朋友，他很清楚，如果没有阿拉伯解放军的帮助，这座城市必定陷落。他和一些同僚在多次努力之后，终于在大马士革找到了萨夫瓦特将军。这位朋友请求将军提供军队和武器支持："这位大人物非常包容也非常耐心地倾听这一切，仿佛一个训练有素的脑科专家在观察别人，仔细地分析一例心理疑难杂症，等对方一五一十地讲完了，这位专家的表现可谓非同寻常。

"'喂，'他举起电话，对着听筒说，'喂，是斯柯达军工厂吗？麻烦你们给我送以下武器，要最好最新式的。'接着他说了一长串很厉害的武器名称。放下听筒后，将军转过去对着客人，突然说：'哦，对了，你想要枪是吧？'他举起右手在空气中乱抓一气，把想象中的枪放在这位纠缠不休的代表脚边。"

巴勒斯坦当地人向将军发出警告，要是得不到阿拉伯解放军的援助，他们的城镇必然会陷落。将军却说，根本没必要紧张。"让雅法陷落吧，"他对父亲的朋友说，"让海法陷落吧，"他又补充说，他就要说到重点了，"让阿科陷落吧，让采法特陷落吧，让耶路撒冷陷落吧，让拿撒勒陷落吧，这些城镇反正没有战略意义，而且我们想收回的时候总能收回的。"

与之形成鲜明对比的是犹太领导人非常清楚自己想要什么。他们有详细的计划，也有充分的条理去实现这些计划。哈加纳（Haganah）和伊尔贡等军事组织总共有3万名训练有素的军人，他们会共同出击。这就像一支勇往直前的斯巴达军队，欧洲的恐怖局势更让他们孤注一掷。在军事装备上，他们也远胜巴勒斯坦当地的阿拉伯人，因为他们拿到了大量从欧洲走私来的，或在战争中从英国人那里偷来的武器。还有很多小工厂在制造装甲车、迫击炮和炸弹。

他们的作战计划更偏向进攻而非防守。他们要开疆扩土，赶走阿拉伯人，战争范围远超过联合国通过的分治决议。他们决心要尽可能多地夺取领土，赶在5月15日外约旦军队到来之前，让一切变成既成事实。

在英国托管结束之前的那几个月里，名义上英国人仍然掌控着这个国家；而整个巴勒斯坦正重复上演着同样的故事。正如格拉布大人所预测的，在各个村庄和城市，哈加纳等多个地下犹太复国主义组织袭击了防守薄弱的阿拉伯地区。联合国计划中归入阿拉伯国家的很多阿拉伯城镇，都被犹太人控制了。雅法、海法，以及其他阿拉伯城镇和乡村，"都遭受了洗劫和破坏"。到5月15日，数十万阿拉伯难民把从海岸线往东延伸的道路堵了个水泄不通。父亲的回忆录讲述了一个十分悲惨的故事，整个民族都因为恐惧而逃亡。

很多人是在枪口的威逼下离开的，也有很多阿拉伯人是自己逃离家园的。毕竟，战争或自然灾害中人们常常这样做，心里想着等

第四章　希律门委员会

到风波平静了还能再回来。但人们根本不清楚自己所对抗的是什么。本-古里安已经认定，驱逐阿拉伯人很有必要，而且在战争的背景下也是完全可行的。下令进行驱逐的人，并非满腔仇恨的暴徒，而是很理性的政治与军事规划者。他们最基本的目标就是要"净化"这个国家的人口。

父亲亲身经历了这场悲剧。一天，一个农民来到他的办公室。他来自南部一个小村庄，位于犹太城镇雷霍沃特（Rechovot）附近。他那简朴的家被炸毁了，村庄里的土地也被犹太军队强占，唯一的儿子被杀死，他自己的腿也中了弹，面临截肢的危险。

父亲没有以史学家的客观和超然讲述这个男人的遭遇，而是带着一种悲剧作家的激动和文采。"雅法是20万阿拉伯人的家，"他讲述以色列军队对这些人的驱逐，"失去雅法，意味着这么多人都要被驱赶。失去阿科、拿撒勒、采法特、拉姆勒、吕大*和巴勒斯坦其他的那些城镇与乡村，不仅仅意味着地图上会多添几个红点。它们是一个古老社群引以为豪的温暖家园。如今，家园被夷为平地，化为灰烬，曾经在其中熙来攘往的生命再也没了声息。"

联合国的分治决议把耶路撒冷划作一块国际区域，既不属于阿拉伯国家，也不属于"犹太国"。5月15日之前，英国人把这座城市划分成一个个的安全区，他们的政策是把各个交战的部落控制在各自的区域内。

和其他地方一样，这个国际城市的局势很快恶化成内战战场。父亲描述了那噩梦般的经历，稀松平常的生活突然就陷入疯狂与混乱，双方的教授、医生和店主们驻扎在各个关卡，彼此交火。如果换个时空，这些人本该互为家中的座上客，而不是枪靶子啊。文明

---

* Lydda，现以色列人称之为卢德（Lod）。

的锚被拔起来了，军事思维支配了本来热爱和平的两个民族。

在父亲的故事中，争夺耶路撒冷的战斗始于大马士革门的一次爆炸事件，那里距离他的家步行只需15分钟。1947年年底联合国投票之后的几天，犹太地下组织的三个成员乔装成阿拉伯人，开着一辆出租车去了耶路撒冷的大马士革门，把两桶焦油状的东西倒在市场货摊前。他们开车离开时，我父亲的哥哥哈桑正往旧城外面赶。快到大马士革门时，哈桑伯伯突然听到一声微弱的闷响，像是回火严重的汽车。几分钟之后，他就看到一具四分五裂的尸体贴在了的墙边，血淋淋的，已经没了形。苏莱曼大帝（Suleiman the Magnificent）修建的厚重城墙让门内的人们免受炸弹伤害，哈桑伯伯也算走运。而门外的那些人，面对自制炸弹的弹片，则是毫无防备。

几天后，哈桑伯伯遇到了直接袭击。他继承了我们家族的"城堡"，就是旧城外那个规模很大的古老石质要塞。他那时刚刚对其进行整修，加了室内管道，通了冷热自来水，安装了取暖系统，等等，好符合自己新娘的现代品位。一天晚上，父亲听到巨大的爆炸声。他穿上衣服，飞奔到楼下看看到底怎么回事。几分钟后，他的亲戚上门了，含混地对他说："祝你长寿。"这不是一句吉利话。

"谁死了？"父亲问。

"没人死，但他们把你哥哥的城堡给炸了。"

"我哥呢？"

"谢天谢地，他没事。他跟他老婆家的人待在旧城。"哈桑伯伯能活着，全靠一位犹太邻居预先警告说有人要来炸他的家，所以他才没像自己的城堡一样化为碎片烟尘。第二天上午，正如《巴勒斯坦邮报》的报道，犹太地下武装组织为这次袭击辩解，称其为必要的行动，要捣毁"狙击手的窝点"。

这之后不久，父亲出于慎重考虑，决定把妻儿都送往黎巴嫩，

第四章　希律门委员会

以保证安全。他在黎巴嫩山间为家人租下了一栋美丽的别墅。

1948年5月之前的那几个月，犹太人和阿拉伯人一直在进攻与反攻。一天，一辆貌似装甲警车的车开在雅法路上，在安全岛掉了个头，停在某些商店的门外。没人起疑心，因为那个区域是阿拉伯人非常繁忙的交易中心，经常有警车来巡逻，执行安保工作。过了一会儿，这车就开走了。大家还没反应过来是怎么回事，就听到巨响。车里的激进主义者把道路两旁的自动发射装置打开了，飞速朝犹太区的里哈维亚（Rechavia）撤退。有二十多人在这次袭击中不幸丧生。

父亲还讲述了在旧城犹太区一座犹太会堂的楼顶，常常有狙击手开枪杀人。他们的靶子是去往阿克萨清真寺（Al-Aqsa）和圆顶清真寺的穆斯林。

阿拉伯人的反击也同样血腥。《巴勒斯坦邮报》所在的大楼不断遭遇炸弹袭击。有一次，三辆装满炸药的卡车在一辆伪装警车的护送下，停在本耶胡达（Ben Yehuda）街上，突然就爆炸了。

在战乱中，父亲一边为被英国人施以重刑的民族主义者辩护，一边保卫陷于围攻的旧城。1948年春天，希律门的一块块花岗岩被一波又一波的进攻打得千疮百孔。巨响声让很多中产阶层无法忍受，他们离开耶路撒冷，想等局势稳定再回来。

包括父亲在内的领导团体担心，如果他们不能有效防御，旧城就会陷落。他们选择自己掌控命运，组成了保卫委员会。父亲将其命名为"希律门委员会"。"我们大约有三十个人，每个人都有家有妻小，都心怀忧惧。"

父亲在手稿中提到一些参与其中的阿拉伯名门望族成员，包括侯赛尼家族、哈立迪家族、达尔维什家族和达雅尼家族。但大部分是既无社会地位，也没接受过教育的平民。战斗的中坚力量，并非达官显贵,而是贫苦民众。父亲形容他们是一群"行动英勇,头脑简单,或者只是非常平凡"的人,用的是非常古老的武器。

哈加纳正从东欧走私大批军火,希律门委员会决定要和他们一较高下,于是采取了第一步行动。他们需要枪。为了搞到枪,父亲和朋友们做了人们在公开募资时常做的事情:他们举办了一次公开抽奖活动,把自己的衣物拿出来作为奖品。参加活动的200人捐出的钱款,却只够买一把枪和几盒弹药。"和犹太人从纽约拿到的天文数字相比,"父亲写道,"我们这小小的努力实在太微不足道,太可悲了,必然会让很多乐观主义者气馁。"

他们的第一次会议就在希律门附近召开,但墙外扔来几枚手榴弹之后,他们决定把会议转移到谢里夫·苏博(Sherif Sbouh)的家中,他是位退休的教学督查,也是我父亲心中希律门委员会最杰出的成员。

苏博是纳布卢斯(Nablus)人,说话带有浓重的家乡口音;他几乎完全是自学成才的。凭借着勤奋努力,贫苦农民出身的他一路升到了教育部的最高位。父亲在手稿中这样描写他:"瘦长身材,身高大约一米七,两条弓形腿摇摇晃晃地支撑着身体,一身行头像个牛仔,一双近视眼在钢圈眼镜下眨呀眨的,憔悴的脸上有灿烂而坚定的笑容,阐述重大决定时,他总会挥动干瘦却极富表现力的双手。"

他的主要工作是管账簿。"他通常都在研究一些写得整整齐齐的数字,一手拿着华特曼黑色水笔,一手拿着一串褐红色的串珠。晚上,我们会讨论最新时事和接下来的活动,接着出发去巡查不同的岗哨,也从居民那里募资,充实我们贫乏的资金库。"

一个常患伤风的退休督学,因为擅长处理与数字有关的事务,就成为希律门委员会最重要的人物,从这个事实你大概就能知道这到底是怎样的一个团体。委员会成员们没有安装任何炸弹,也没有

第四章　希律门委员会

任何进攻计划。从本质上来说，这就是个防御团体，他们最关注的是搜集武器。

那就是我父亲的职责。他提到，自己有一天回家吃午饭，发现家门口附近的桑树不堪重负又十分怪异地挂了很多手枪、弹药带和步枪，是开罗的阿拉伯最高委员会送来的。

> 阿拉伯最高委员会……把无论何时，无论何地，所有能找到的武器全都带来了。据说，西部沙漠（The Western Desert）中散落了数场战斗中很多队伍抛下的武器。光是搜集武器就很有必要……我们有来自英国、德国、意大利、法国和加拿大的各种武器，还有一些很难说清是来自哪国的。

暴露在西部沙漠的环境之中，大部分枪支都没用了。没有一支有备用件，就算还能用的武器也没有足够的弹药。为了把这些武器用起来，委员会向拉乌夫·达尔维什（Raouf Darwish）求助。他在父亲的回忆录中永生，"是我认识的在世之人中最接近福斯塔夫[*]的……身量甚为宽大，满面红光，巧舌如簧，我看过他为了打赌把四分之一瓶劣质威士忌对着嘴灌下去，直到喝完最后一滴"。

达尔维什是希律门委员会的夜间补给官。他会清理被沙子堵住的枪支，并且"像东方集市上的老鹰一样"，把各种手指大小的混杂子弹分门别类，把型号和口径合适的那些分发给等在一边的守卫。

父亲故事的高潮发生在英国托管结束的六个星期前。城里的情况越来越让人绝望。"耶路撒冷，在托管结束前最后的紧张时期，就像一根破旧的软水管，一个地方补好了，又有两个地方在漏水。

---

[*] 莎士比亚作品《亨利四世》中的喜剧人物，非常幽默乐观。

人们夜以继日地修补着,所有人都参与进来。"为了让旧城免于陷落,父亲频繁与阿卜杜勒·卡迪尔·侯赛尼会面,商讨安全局势。

父亲和阿卜杜勒·卡迪尔相识于耶路撒冷,那时两人都还是孩子。其实,在我父亲的母亲那边,两人是有亲戚关系的,但起因不太好。(几代人之前,两个姓努赛贝的收税员带着一小队宪兵从雅法前往耶路撒冷,走到阿布豪什村附近时,一群侯赛尼家的人冷血无情地把他们杀掉了。之后,侯赛尼家与我家讲和,把当时的穆夫提的姐姐送来联姻,丈夫是那两位受害者的兄弟。)

再说回1948年,阿卜杜勒·卡迪尔辞去了政府要员的工作,深入山间去反对英国的分割政策。他的指挥部在拉姆安拉北边的比尔泽特(Birzeit)村。英国人重金悬赏要他的人头,所以他极少来耶路撒冷,如果来的话,也必然会严格保密。

阿卜杜勒·卡迪尔、我父亲,以及其他委员会成员决定拯救这座城市,阿卜杜勒·卡迪尔的军队必须夺回被犹太人突袭占领的古老十字军堡垒卡斯塔尔(al-Castal)。卡斯塔尔堡垒的位置处在高山顶上,所以有非常重大的战略意义。很多从特拉维夫来的犹太护卫队想要挺进西耶路撒冷,都在那里被阿拉伯人击退了。

阿卜杜勒·卡迪尔在我父亲的陪同下,马不停蹄地前往大马士革,试图说服阿拉伯解放军的指挥官伊斯梅尔·萨夫瓦特提供一些援助。过程中,萨夫瓦特转身看着他们,用在我父亲听来是故意羞辱的语气说:"阿卜杜勒·卡迪尔,我听说犹太人已经占领了卡斯塔尔。你是想要自己去夺回它,还是希望我命令解放军帮你做?"

阿卜杜勒·卡迪尔回答说,他的人手里拿的都是很古老的意大利步枪,根本不可能夺回堡垒。

"恐怕我们是没法派军队给你的。"萨夫瓦特一边小口喝着茶,一边盛气凌人地宣布。

"那我就去夺回卡斯塔尔吧,"阿卜杜勒·卡迪尔回应道,"不

第四章 希律门委员会

过坦白说，我看你是没有任何拯救巴勒斯坦的意愿的。"说完就和我父亲一起离开了。"我不抱什么希望了，"阿卜杜勒·卡迪尔对我父亲说，"我们要么就去伊拉克藏身，要么就回去，牺牲在卡斯塔尔。"他们往回赶，要去参加战斗。

从大马士革回耶路撒冷的路上，父亲稍微绕了个路，去贝鲁特看了我母亲。这是我母亲最后一次看到四肢健全的丈夫。他们浓情蜜意地团聚了，种下了第四个爱情结晶——我。与此同时，阿卜杜勒·卡迪尔继续前往卡斯塔尔。

第二天，父亲到了家，直奔希律门委员会的临时办公室。接着就得知卡斯塔尔之战已然打响，阿卜杜勒·卡迪尔在领导进攻。父亲决定前往这决定性战役的现场。他还是按照自己的一贯作风，先完成了一些办公室的工作才离开。

一直等到午饭后，他和弟弟艾哈迈德才开车从耶路撒冷出发。上路不久就因为狙击手的偷袭，被迫弃车步行。直到黄昏时分，他们才来到离战场不远的一座山顶，在那里目睹了阿拉伯人发起的攻击。"我们阵营的人开始前进，小心翼翼地贴着边缘。到处都是飕飕而过的子弹……一位斗士，"我父亲写道，"往前跳跃着，活像一只蚱蜢。他已经把谨慎抛诸脑后，不断跳跃，不时跪在地上，拿步枪射向目标。"

战斗打响的第三天，父亲也在现场体会了胜利的感觉。阿卜杜勒·卡迪尔和他的那群斗士夺回了那个颇具战略意义的山顶，给了萨夫瓦特一记响亮的耳光。然而，本来值得欢庆的胜利，竟然成了灾难的预兆。第一个迹象就是父亲得知，耶路撒冷周边的艾因凯雷姆（Ein Kerem）村遭到了袭击，很多村民都受了伤，却得不到医疗救助。

父亲立刻决定取道艾因凯雷姆回耶路撒冷。他的弟弟艾哈迈德是个医生，说自己也可以帮忙。两人都决定在艾因凯雷姆的一个天主教方济各会修道院过夜。艾哈迈德负责为伤员治疗，父亲就到村子里去探访，看村民们都需要些什么。在当地一家小餐馆，他巧遇一群之前在卡斯塔尔见过的阿拉伯非正规军。他们告诉了他一个令人崩溃的消息：阿卜杜勒·卡迪尔中枪身亡。

父亲还沉浸在朋友牺牲的震惊中，更让人心烦意乱的消息已经接踵而至。又一个村庄，代尔亚辛（Deir Yassin）遭遇了袭击。父亲立刻回到希律门委员会的总部，对日渐恶化的局势进行评估。保卫耶路撒冷之战的形势突然之间就急转直下。

那天，阿拉伯人夺回卡斯塔尔后，犹太士兵决定做点事情来鼓舞士气。斯特恩帮和伊尔贡的132名士兵与哈加纳合作，分别在伊扎克·沙米尔（Yitzhak Shamir）和梅纳赫姆·贝京（Menachem Begin）——二人后来都成为以色列总理——的带领下洗劫了村庄，屠杀了250多位村民。

那天晚上，筋疲力尽的父亲在办公室晕倒了。事情越来越多，发生得越来越快：大马士革毫无建树的会面，在艾因凯雷姆遭受攻击，阿卜杜勒·卡迪尔牺牲，现在代尔亚辛又被血洗。他实在太沮丧了。

希律门委员会的麻烦迅速像滚雪球一样越来越大。代尔亚辛遭遇大屠杀后，邻村的人们出于恐慌逃离家园。他们挤进耶路撒冷的阿拉伯控制区，占据了修道院、教堂、清真寺和空地。犹太军队不断将刚送到的物资和训练有素的士兵投入战斗。耶路撒冷的卡塔蒙（Katamon）区陷落了，所有的居民都惨遭驱逐。

有一次，我父亲戴着一块斑点花纹的农民头巾，刚刚从一个法院里逃出来，那栋楼就被斯特恩帮炸毁了。他还九死一生地侥幸逃过了绑架。

此时，旧城的阿拉伯守卫者一共300人，都是受过训练且有武

第四章　希律门委员会

装的志愿兵,很多都来自英国托管政府的警备力量。然而,随着5月15日一天天逼近,攻击更为密集凶猛,情况愈加使人绝望。父亲明白,只要英国托管正式结束,委员会就将面对12,000名训练有素的犹太士兵,他们会对城门发起猛攻。除非能得到在安曼的阿拉伯军团的帮助,否则这座城市必然面对陷落的命运。阿卜杜拉一世是他们最后的希望。

父亲跋涉过约旦河去见国王。他先去见了格拉布大人,后者非常清楚地表态,即使阿拉伯军团要进入巴勒斯坦,也会以英国军团的名义去支持英国的政策。

会面结束后,父亲继续前往王宫,到达以后,他亲吻了国王陛下的红宝石戒指,告诉他耶路撒冷正急切期盼着阿拉伯军团。"耶路撒冷曾经在十字军东征时被洗劫过,"他解释道,"现在从代尔亚辛的情况看,犹太人一旦成功冲了进来,根本没有理由期待更好的结果。"父亲恳求国王允许阿拉伯军团守卫分配给阿拉伯人的区域。"如果不这么做,犹太人将在几个小时内占领整个巴勒斯坦,根本不管联合国划定的界线。"国王陛下向他保证,自己绝不会允许这群新的十字军洗劫圣城。

5月13日,父亲买了一些弹药,也去黑市上看了一些苏联制造的武器。第二天,阿卜杜拉一世命令自己的军队开到杰里科,准备挺进耶路撒冷。

5月15日,英国的托管统治结束了,出生于俄国的戴维·本—古里安宣布,巴勒斯坦两千年的"外国统治"结束了,永远结束了。犹太军队立刻占领了阿拉伯人聚居的塔尔比赫、德国殖民地和巴卡。雅法门、新门和锡安门也发生了袭击事件。装备和兵力都十分寒碜的阿拉伯军队努力坚持了四天。阿拉伯电台纷纷请求外界驰援耶路撒冷,但唯一的志愿兵力量来自海法附近一个小村庄。我父亲的一位基督教医师同事说,志愿兵们来到拉姆安拉,迫切地想要"拯救圣墓教堂与圆顶清真寺,使之免受犹太复国主义者的亵渎"。[4]这群志愿兵来自三教九流,拿着非常原始的武器,完全缺乏军事领导能力和训练。父亲对他们宣布:"我们会和你们一起前进,我们将站在前面。"这群人里多数手无寸铁,只有少数人拿着老式冲锋枪。

弹药越来越短缺,已经到了十分危险的地步,父亲去拉姆安拉想面见总指挥,但后者不在。接着,父亲和四个同伴去了犹太定居点拿比−雅科(Nabi-Yacoub),那里已经成了废弃之地,守卫者已经逃往锡安山的哈达萨医院(Hadassah Hospital)。当地的阿拉伯人正在洗劫拿比−雅科,能抢走多少是多少。

父亲在回耶路撒冷的车上大腿中了弹。子弹来自斯科普斯山警营,打中了他膝盖以上的大腿主动脉。他被紧急送往纳布卢斯政府医院,但还是由于失血过多生了坏疽。在没有任何麻醉药的情况下,医生给他截了肢,也在转瞬之间截断了他的网球之梦,那是他最热爱的运动。

第五章
胡椒树

我可以想象父亲把打字机放在缠了绷带的假肢上，探寻一场灾难的各种缘由；父亲把这场灾难描述为"将近100万巴勒斯坦阿拉伯人被驱逐，财产被强占"。我读着他描写的战争难民，字字句句都令人心酸不已。他说，他们是"被嫌弃的放逐者，居无定所，没有工作，四处游荡的可怜人，主要靠西方的一点援助过活"。我终于懂了他在之后的几十年辛辛苦苦守护这些人权益的情感支撑来自何处。

要怪的话，可以怪很多人，罪魁祸首就是驱逐平民的犹太复国主义者和那些完全不帮忙的阿拉伯领导人（父亲说他们是"咧嘴笑的猩猩"）。父亲也责怪自己从来没有好好地研究、了解对手。

> 我的错误是耽于过分自信的幻想，在这一点上，我和普通大众都差不多。我低估了敌人的力量，高估了同胞的力量……我太沉溺于自己民族过去的辉煌，固执地自我蒙蔽，对眼前的缺陷视而不见。我对巴勒斯坦问题的解决途径过于简单省力，

58 因此从根本上来说是自欺欺人；在这一点上，我也属于某一类人群。

然而，父亲高贵的家庭出身，深深植于耶路撒冷的古老阿拉伯之根，再加上作为剑桥门生的自尊，赋予他强大的能量，拂去灾难笼罩的阴云，如弹簧一样回弹，再次一往无前。他爱说自己的态度是"信天命"，但不是那种臣服于"安拉旨意"的宿命论，而是他最喜欢的一条英语谚语所描述的态度："不要为打翻的牛奶而哭泣。""天命"赋予了他沉沦之后再度振作的本领，尽管连续遭遇重创也能勇敢前进，并且在别人为损失而哀叹、抱怨命运不公时，还能保持自己的尊严与自信。若说糟粕淘金，我父亲可谓个中大师。

和数十万去国离乡、不得不随地安营扎寨的难民相比，我的血亲们在战争中的物质损失较小。阿拉伯人保住了耶路撒冷东半部分，我们家的大部分财产都在那里。不过父亲还是失去了以色列控制的西耶路撒冷的一些资产以及吕大附近的土地，现在那里是本-古里安国际机场所在地。

我母亲家族的遭遇是更为典型的难民故事。1948年，这个家族已经被英国人查没了财产，穷困潦倒。父亲中枪以后，怀着身孕的母亲把我的哥哥姐姐托付给贝鲁特的亲戚，到纳布卢斯的医院里照顾父亲。接着她又回到拉姆勒，照顾她寡居的母亲。

六月，以色列军队来了。当时哈加纳的指挥官之一，伊扎克·拉宾（Yitzhak Rabin），在后来的回忆录中非常坦诚地讲述了驱逐平民之前的各种事件。带领军队控制了那片区域后，他曾问本-古里安如何处置当地的军民。但早在十年前，本-古里安就认定，必须要驱逐平民，所以他挥了挥手，仿佛在说："把他们赶出去！"犹太复国主义政客都很支持驱逐政策。

哈依姆·魏茨曼本来指天誓日上千遍，说自己会尊重阿拉伯人的权益，现在却在飘飘然的得意之下，称大批阿拉伯人从沿海平原离开是"奇迹般地简化了以色列的任务"。[1]

部分流离失所的阿拉伯人被允许乘坐卡车或巴士。但包括我的家人在内的大多数，都只能步行跨越分界线，进入约旦人控制的东耶路撒冷和约旦河西岸地区。我的母亲、外婆以及其他家人抛却的是几个世纪的回忆。他们怕再也看不到外公的坟茔，看不到他和那位苏非派贤哲合葬的墓穴。

酷暑热难当，很多人在路上死去。我的家人都在向东步行的途中幸存下来。母亲一路跋涉，终于在大马士革和我的姐姐穆尼拉和萨伊达、哥哥扎基团聚。一开始，外婆也和她生活在一起，但最终和其他孩子一起搬去了开罗。讽刺的是，外婆已故的丈夫当初就是被驱逐到开罗的，现在她又在那里开始了自己的难民生涯。她唯一不敢做的，就是回到拉姆勒。以色列下了"格杀令"，准予开枪射杀所谓的"潜入者"，致使人们无法回到祖先世世代代居住的土地。

在贝鲁特的医院里康复之后，父亲回到那片分崩离析的土地，有人请他加入一个要在加沙成立的新巴勒斯坦"政府"，以大穆夫提为领导人。成立后不久，"政府"就转移到开罗，父亲也一同去了。成立于1945年的阿拉伯国家联盟（League of Arab States）同情巴勒斯坦国人的情绪，在自己的总部给这个"政府"提供了几间简陋的办公室，里面都是些破破烂烂的家具，非常可悲。父亲就在这里度过了接下来痛苦的两年，他几乎身无分文，而且越来越厌烦自己所供职的这个虚假的巴勒斯坦"政府"，更厌烦那些建立这个机构的谎话连篇的阿拉伯领导人。在空空如也的办公室里，父亲也没什么事情可做，就写下了自己的回忆录。

但他拒绝向现实低头。（他很喜欢那句古老的英语格言，"用自己的鞋带把自己拉起来"*，总会在长长的阿拉伯语独白中把这句话巧妙地引用进去。）多年后，他向我讲述了在半个多世纪的时间里都未曾为外人道的故事。以色列的统治是稳固了，可巴勒斯坦"政府"却在开罗半死不活，人们开始担心在约旦控制下其余的巴勒斯坦领土，委婉地说就是，之前出于意识形态原因拒绝联合国的分治决议令事情走入了歧途。在巴勒斯坦的精英阶层中，一直有一些人认为应该接受这个分治决议，但领导层中最具权威的大穆夫提却总是表示反对。母亲告诉我，她父亲尽管当时也是领导层的一员，却是一直支持分治的。

父亲在开罗办公室展望未来，觉得黯淡无光，也认为时机已经成熟，应该再和穆夫提商量分治的事情了。除此之外，穆夫提还有一个选择，就是允许自己的对手，外约旦的阿卜杜拉一世，将约旦河西岸地区和耶路撒冷都吸纳进自己的王国。怎么想就怎么干，父亲致电穆夫提，说服对方将他作为秘密使者派往伦敦，身上带着穆夫提签字的声明，宣布他接受分治决议。

父亲怀揣这份绝密文件飞往伦敦。这是一次高度敏感的使命，充满了潜在的危险，最轻微的轻率行为也可能让计划满盘皆输，也可能让父亲付出比断手断脚更惨痛的代价。他向穆夫提保证，在完全保密的情况下才和英国政府的官员联系。

一到伦敦，天机就泄露了，用父亲喜欢的另一句英语俗语说，"猫就从袋子里跑出来了"。一家报纸在报道中含沙射影地说，阿拉伯人可能暗中寻求与以色列修好。父亲觉得这报道给自己造成了人身安全威胁，要是他的任务被发现了，一定会遭到来自阿拉伯人的猛烈攻击，于是，他启程返回开罗，文件还揣在怀里。父亲认为是以色列走漏了消息，因为刚刚建立的以色列国一点儿也不急于退回

---

* 即"靠自己的力量振作起来"。

第五章　胡椒树

联合国划定的国界之内,不急于和战败的阿拉伯人讲和。在和阿卜杜拉一世的秘密协定中,他们得到的好处要多得多。

"声明怎么处理的呢?"父亲去世前不久,给我讲这个故事时,我问他,"你还保存着吗?"

父亲凝视着远方,露出微笑:"我一回去,穆夫提立刻把声明要了回去。我交给他,他马上就撕得粉碎。"

回到开罗,父亲终于确定,所谓的"全巴勒斯坦政府"就是阿拉伯人争来斗去、两败俱伤的虚假产物。其实,这个伪政府的目的是要削弱唯一从战争中受益的阿拉伯领导人,阿卜杜拉一世。

国王和本-古里安达成了秘密协议,稳稳地分到了一块面积可观的新领土。本-古里安倒是个可信赖的伙伴,阻止了一群年轻以色列将军的行动,没有放任他们攻取本可轻而易举拿下的约旦河西岸地区。阿卜杜拉一世和他那支受过英国人训练的贝都因军队控制了约旦河西岸地区和耶路撒冷。耶路撒冷中间那块堡垒重重的无人区,让阿卜杜拉一世备感安慰。有强大而可靠的以色列国做后盾,他可以顺利地把战利品纳入自己的沙漠王国中,同时又能抵挡从阿拉伯同胞那里来的风刀霜剑。掌控了约旦河两岸的阿卜杜拉一世,把王国名字从外约旦正式改为约旦。

而与此同时,我身怀六甲的母亲正蜗居在大马士革一间狭窄的公寓里,带着三个孩子、她的母亲和她所有的手足。仿佛是命中注定,我伴随着一场创纪录的寒潮呱呱坠地,大马士革覆盖在厚厚的冰雪之下。从出生那一刻起,我的哭泣似乎就没停止过。我还没有名字,但家里喜欢开玩笑的人找到了临时解决方案。窗外的冰天雪地仿佛俄国的景色,再加上家人之间在传看《罪与罚》(Crime and Punishment)、《白痴》(The Idiot)和《地下室手记》(Notes from the Underground),大家有了灵感,给我临时起了个名字,"陀思妥耶夫斯基"。就是这样：就在那难得的短短几天，一直到我父亲收到消息，我都和那位作品有些黑暗的形而上俄国小说家同名。

开罗的电报终于传回来了。"祝贺，"电报开头如是说，"萨里出生。"父亲选的这个名字，一是在语言学上与穆罕默德夜行的故事有关系，二是和诗人萨卡基尼已故的儿子同名，这位诗人曾经是非常有名的饱学之士、教师，供职于如今已不存在的阿拉伯学院。我想，父亲给我取名字时，心里应该是想着萨卡基尼那首鼓励个人反抗的诗吧。

父亲很快决定停止在开罗"装模作样"。他权衡了两个选择：一，为一个毫无权力的流亡政府工作；二，回到耶路撒冷的家，做个普通公民。他选了后者。对阿拉伯政治感到失望嫌恶的远不止他一人。贾迈勒·阿卜杜勒－纳赛尔（Gamal Abdul-Nasser）领导的埃及年轻军官们发现埃及国王法鲁克对阿拉伯人的抗争明显漠不关心，于是群情激愤，已经在暗中谋划推翻君主了。在巴勒斯坦人的圈子里，年轻的活动家和学生受到同样年轻的阿拉法特的鼓舞和感召，也在计划推翻穆夫提和贵族们的旧政权。

1951年，我的父母回到约旦控制下的耶路撒冷，那里再也不复英国统治时大都市多元丰富的样子。英国和阿拉伯的贵族、随心所欲的暴发户、中产阶层的商人、士兵们的应召女郎，这些人都已经无影无踪；波希米亚人、仆人与英国文员也不复存在；融合的文化也随之消失了，街道上再也看不到同时熙来攘往的天主教主教、穆斯林教士和大胡子犹太拉比。

所剩不过一个疲惫寂寞的城市，市中心盘桓着铁丝网，大部分的政治生活也已经转移到了沙漠首都安曼。

没有了英国法律系统，连维持法务实践的良好表象都做不到，父亲决定自己开个律师事务所。他开始为联合国近东巴勒斯坦难民救济和工程处（UNRWA）做律师，捍卫难民的权益。

第五章　胡椒树

政治方面，父亲只有两个选择：要么接受约旦的统治，要么彻底离开政界。那年，阿卜杜拉一世组织了"杰里科会议"，会上，巴勒斯坦的显赫人物与领导人都宣布效忠国王，也默许了约旦河两岸土地的统一。国王希望能进一步巩固他对约旦河西岸地区的统治，于是找到了父亲这个名副其实的战斗英雄，开出了他无法拒绝的条件：国王承诺任命他为国防部部长。父亲没有出席杰里科会议，但他同意了国王的提议，只因为他以为统一领土只是暂时的手段，最终还是会让巴勒斯坦享有应得的权益。接受任命后不久，父亲被选为约旦议会中的耶路撒冷代表，于是开始了长达十五年的狂热政治活动生涯。

一定要讲这一点，因为这意味着我在成长过程中几乎没什么机会和他亲近。父亲安了金属假肢，整日都奔忙在耶路撒冷、拉姆安拉、安曼或更远地方的会议之中。偶尔在家的晚上，他都和兄弟、朋友与同僚们聚在一起，进行热烈的政治辩论。

他是个很成功的议员，很快又当上王国的复兴党（Baath Party）领导人，这是一个泛阿拉伯政党，由叙利亚和伊拉克的基督教民族主义者发起。但复兴党结合了阿拉伯的民族主义与社会主义，和欧洲的法西斯主义实在太相似了，引起了父亲的怀疑，他提出了异议，然后做了一件抱负远胜于此的事：创立宪政党（Constitutional Party）。他的目标是创造一个自由开放的体制，让分崩离析的阿拉伯国家团结起来，恰如让·莫内（Jean Monnet）努力把战后的欧洲团结在一起。（法国外交官莫内出身白兰地酒商家庭，积极宣传欧盟的概念，以防再度发生战争。）父亲认为，让阿拉伯人团结的关键，就是以宪法为纲的法治。

父亲全面浸淫到约旦政治当中。1954 年，年轻的侯赛因国王从英国桑德赫斯特皇家军事学院（Royal Military Academy Sandhurst）回国时，是他前去迎接的。1951 年，侯赛因国王的祖父阿卜杜拉一世在周五去圆顶清真寺外的台阶上做祷告，之后被刺杀。那天，年轻的王子戴着一块阿卜杜拉一世赐予他的勋章，骄傲地站在祖父身边。刺客本想取他们两人的性命；而拯救了当时的王子，后来的国王，先知穆罕默德第四十二代直系后人侯赛因的，正是别在他制服上的那块勋章。鉴于当时的侯赛因只有15岁，一个摄政集团开始统治国家，直到他在皇家军校完成学业。（他的父亲当过国王，但大约一年就因为精神疾病退位了。）英国皇家军校的老师们都称他为"侯赛因国王陛下先生"。

尽管父亲不认同侯赛因国王的许多政策，但他仍然对比他小二十岁的新国王怀有父爱。（侯赛因国王出生于1935年。）父亲最主要的忠诚，既不是对国王，也不是对他自己，而是对自己的原则。这注定了他的政治生涯是曲折的。

我成长在耶路撒冷纳布卢斯路上的一栋房子里，就离我伯伯从前的"城堡"所在地不远。我的家有种昨日世界的感觉，铺着波斯地毯，墙上挂着黄金浮雕装饰的学位证书，晚饭后有水晶细颈醒酒器，还有数十座锃亮的网球奖杯。街对面是美国侨民酒店，曾经是一位土耳其高官与三个妻子的宅邸。旁边是一块小小的私人墓地，是侯赛尼家族的坟墓所在地。

我对父亲最初的印象，是个很冷淡疏离的男人，偶尔会带我和哥哥去穆斯林圣殿参加节日庆典，或是葬礼，或是别的什么活动。作为努赛贝家族的一员，他不得不坚持宽容的普世信仰立场。斋月时，他会确保我们都进行斋戒；每个星期五，他就像身体里有定时器一样，雷打不动地去阿克萨清真寺祷告。基督教的节日，他会去拜访教廷要人；我们的节日，他们也会回访。一年一度，我们这个大家族的成员都要跟着穿长袍、拿金色十字架的神职人员围绕圣墓教堂转七圈。所有的宗教仪式中，我和哥哥们最喜欢这个，因为那

第五章　胡椒树

些信基督教的姑娘绝对是城里最漂亮的。

宗教仪式是父亲公众生活中非常引人注目的部分，但私下里他一直秉持宗教教义必须为人类服务的信仰，而非反之。他的手稿中有这样一句话，"宗教从本质上来说是具有普世性与同一性的，应该善加利用，服务于凝聚世界而非分裂世界的目的"。

母亲负责持家和养育孩子。（她的第五个和第六个孩子，哈特姆与萨克尔，分别于1955年和1961年降生。）她与那个完全不知道如何与孩子们亲近的男人形成了完美的互补。我父亲觉得抱孩子就像拿武器，最好还是留给专业人士去做。而对母亲来说，这是很自然的天职，她一手操持起来的家总是洋溢着爱；她会在子女之间的争吵与嫉妒还在萌芽状态时就轻松化解。她也慢慢地向我们灌输忠于大家族的思想。每年她都会把我们送到开罗，和她那个被放逐在外的家庭过假期。那个养育过我父亲的寡居姑妈病了，妈妈就把她接到我们家，一直陪伴她到去世。我现在还能想起这位八九十岁、满面愁容的老人躺在床上，用着魔一般的声音，背诵着献给亡夫的挽歌。

我总觉得，母亲对养育孩子这门艺术的敏悟也许源自她父亲所信奉的苏非派。不管从何而来，她灌输到我们心中的伊斯兰教信仰，奇迹的成分很少——我能想起来的寥寥几个中，就有穆罕默德飞马夜行的故事——却充满了坚如磐石的人文主义价值观。她认为，伊斯兰教的教义是尊严、诚实、自尊、朴素、善良，当然还有爱，无尽的爱。而且这宗教也非常灵活，能够自我调整来适应时代。斋月结束，在开斋节的第一天，她会允许父亲与叔伯们开啤酒和威士忌庆祝。在她的观点中，各种宗教信仰并不存在竞争。我的母亲是个虔诚的穆斯林，却也能毫无顾忌地告诉我们，苦路（Via Dolorosa）是基督受难之路，也会在圣诞老人和装饰得五颜六色的圣诞树旁边庆祝圣诞节。

我少年时期有些极为甜蜜温暖的回忆，就是在寒冷的斋月之夜，我的姑姑姨妈，还有姑婆姨婆们，从大马士革、安曼或黎巴嫩来做客。开斋后，我们会坐在火炉边烤栗子，兴高采烈地听她们讲那些让人着迷的寓言和传说。

因此，伊斯兰教之于我们这样的耶路撒冷家庭，与天主教或圣公会之于我们的基督教朋友也没什么不同。我后来也了解到，不到一百米开外，就在无人区那边，犹太教之于阿摩司·奥兹也是一样。我们有自己的仪式和盛宴；宗教为生活加入了一点色彩，但除此之外也没什么了，自然也从来没阻碍过我们受教育。那时候，要找今天那种以伊斯兰教代言人自居，眼中充满激进极端之光的狂热分子，只能去听那些早已陈旧落伍的老故事，或者去圣乔治图书馆翻看维多利亚时代的恐怖小说。

关于母亲，有件事值得一提，她对在我们家进进出出的洗衣女、司机、厨师和小贩们有着近乎宗教一般的尊重。在一个阶层意识很强的社会，我们处在金字塔顶端；有地位、有权力的人通常喜欢骑在无权无势的人头上作威作福；然而，我从没见过母亲对待乞丐和对待自己阶层的人有什么不同，有时候甚至对前者更为尊重。

回望我的童年，我可以说，母亲只对一种人不太包容大度，但往远了说，这种情绪也是暂时的。她会毫无顾忌地表示自己不喜欢犹太人。母亲口中的"犹太人"，不是纽约、阿根廷这些地方的犹太人，甚至也不是1947年之前西耶路撒冷的那些裁缝、菜贩或爱迪生影院的经理——她很喜欢他们。她说的是那些犹太复国主义者，他们用阴谋占领她的国家，夺去了她丈夫的一条腿；她的父亲早逝，自己失去沿海平原那古老的根，被剥夺了在家乡居住的权利，她的母亲被放逐，她认为这些都要归咎于那些犹太复国主义者。如今，就连她亲爱的父亲的坟墓，也坐落在无法企及的敌国领土，而且据她所知，已经被渴望土地的集体农场成员犁平了。

第五章 胡椒树

我说她这种厌恶是暂时的，是因为她的怜悯之心足以战胜厌恶。一天，我13岁的姐姐萨伊达突然不受控制地以泪洗面。她从学校带了一本《安妮日记》(The Diary of Anne Frank)回家。她哭啊哭啊，这个藏在密室中，时刻害怕被屠杀她民族的恶魔找到的犹太孩子，让她感同身受，无比同情。这是一种充满矛盾的感情，毕竟，这位女儿的妈妈，在犹太复国主义者手里也有那么悲惨的遭遇。但母亲一句话也没说，只是温柔地擦掉萨伊达的眼泪，也偷偷抹去自己的。

我自己第一次接触政治，回忆起来充满了尖叫与呐喊。那是1956年，又一场战争爆发了。那是我经历的第一场战争。

我们家庭生活的真正重心就是政治。半个世纪都快过去了，回想父亲和他的弟兄们无休止地讨论阿卜杜拉一世，或者本-古里安、艾森豪威尔总统、苏联政治局、纳赛尔将军……我仍然会不由自主地感到害怕。西奈战争(Sinai War)爆发时，我才7岁。晚上客厅里总是在进行漫长的辩论，烟雾缭绕。我还能回想起一个本来说话温文尔雅、彬彬有礼的叔叔满脸通红，激动地大喊大叫，口中唾沫飞溅，愤怒异常。我哥哥扎基那年10岁，却少年老成，总会瞪着一双又大又圆又好奇的眼睛，旁观大人的辩论，吸收着他们的字字句句，仿佛自己的脑子是一台用作复杂运算的机器。

母亲谈起政治的时候，也变得像双重人格似的，本来她如同爱的化身，一下子就变成了坚强不屈的受害者。她会讲述一片充满魔力的梦想之地，那里充满田园牧歌与天真美好。她给我讲起那里的橘子，让我觉得一定是全世界最甜的；那橘林一直绵延到泛着温柔海浪的地中海，因为中间横亘着无人区，我从来没见过那片海；但和那些橘子一样，我心中的地中海，是地球上最高贵的海。接着就是外族入侵，与英国人抗争，犹太复国主义者的掠夺，和现在的恐怖统治。

我从来都不喜欢这些冗长的政治讨论，只要可以，我就会躲到自己的房间。也许我头脑没那么聪明，跟不上那些你来我往的辩论，那些辩证的循环和转折，那些激动人心的独白和热烈的争执。肯定是因为我自己太浅薄，才更喜欢自己拿着火柴棍玩排兵布阵。与我形成对比的是哥哥扎基，他对政治的兴趣非常浓厚。

我心中那种无比困惑的感觉很早就产生了，也说不清到底产生于哪年哪月。回想起来，我一直觉得周遭的世界是个难解之谜。你可能以为，那 1300 年的历史能让我清楚知道自己是谁。我并不知道哦。从我记事那天起，一切都是个谜，一时充满了黑暗与不祥，一时又如同苏非派的歌谣，清越明亮。在这样一个地方，带尖刺的铁丝网随处可见，伴随着神秘的所罗门山、奥马尔山与穆罕默德山，而干线巴士站对面就是耶稣基督的花园冢，这又怎么可能不令人感到疑惑呢？从某些方面来说，在耶路撒冷长大，就像身处一个被现代武器和军队入侵的童话故事，那些奇幻的特质仍在，而危险仅仅给这座让我有归属感的城市平添神秘。

从我卧室的大窗户看出去，是新门对面宗座学院耶路撒冷圣母院中心（Pontifical Institute Notre Dame of Jerusalem Center）的尖顶与十字架。低个头，也能看到一个进去了就可能被开枪射杀的地带，这里分隔开了犹太人与阿拉伯人。我的房间是个不错的"据点"，可以窥探另一边的风吹草动。到了街面上就不那么容易看到敌方领土了，因为约旦人修了一座高墙把两边分开。扎基堂哥（不知道为什么，父亲和伯伯都为自己的儿子取名扎基）告诉我，以前以色列的狙击手经常随机开枪射杀民众，仿佛他们是打靶场的塑料鸭子。为了阻止这可怕的死亡游戏，约旦人修了一道难看的钢筋混凝土屏障。

第五章　胡椒树

我家旁边就是联合国与安全调解员们所说的"无人区",这个名字真不好听。这是一片荒地,将生活在东耶路撒冷的我们和米歇雷姆区(Mea Shearim)隔开,那里住的是笃信犹太教的哈瑞迪派(Haredim,意为"敬畏神的人")。在我们花园的墙和以色列国之间,矗立着一幢孤独的水泥建筑,被摧毁了一半,上面布满了弹坑。这里是用于过境检查的联合国观察站;地雷零星地分布着,之间散落着石块和蓟类植物;还有一棵葡萄树,在这么多次炮火袭击中幸存下来。春天的时候,我总喜欢长时间地凝视那葡萄树上的新叶;到了秋天,我就见证那酸甜多汁的葡萄慢慢成熟。

花园尽头的墙为我划定了一个禁区的入口。但正因为是禁区,我才充满好奇;从我卧室的窗户看出去,有些人留着巫师一样的长胡子,穿着黑色外套,耳边垂着卷曲的鬓发,他们也同样让我很感兴趣。

我几乎每天都会窥探无人区那头的街道。有时候我会看到样子有点儿奇怪的巴士或小汽车从窄窄的路上勉强通过。有时候某个角落会出现一群身穿黑衣的男人,在窄街上走上短短一段,又消失在另一个转角处。有时候那些留着大胡子的人也会看向我。我几乎感觉是在梦中。

我听说他们都很残忍,做着恶魔的勾当,再往那边看时,就禁不住浮想联翩。我对"那边"有什么了解呢?战前生活在这座城里的人给我讲了雅法路上优雅美丽的店铺、爱迪生影院里加里·库珀(Garry Cooper)的西部片、老街区的别墅,以及从西边的山上能看到地中海的美景。(在耶路撒冷,我们居住的地区通向的只有尘土与沙漠。)那里的人是什么样的呢?我觉得他们一定是超级邪恶的人,否则不会让阿拉伯人如此冷淡以对。

我一心一意地啃着关于探险的书籍,脑子里当然也充满了相关的幻想,想象着那些长胡子的幻影真有一个就住在我们家门口那棵大胡椒树上。我显然得保持警惕!每天早晨去上学,我只要成功地从那棵树前冲了过去,就觉得自己击败了里面那双黑暗之爪,它本来企图从树干里伸出来,把我掳往虚无之地。

1959年,我的姐姐穆尼拉和萨伊达都上高中了。她们都热爱绘画,也和外交官与联合国官员的孩子成了好朋友。我哥哥扎基的阅读写作,已有学者风范了,接连获得各种学术奖项。他醉心书海,创作诗歌,路那头施密特女子学院(Schmidt Girls' College)的很多女学生都是他的倾慕者。我在圣乔治学校上小学,哥哥姐姐各自忙着自己的爱好,我就开始探索周围的街道。我的信心越来越足,因为胡椒树里那令人恐惧的恶鬼从来没给我造成过障碍。我觉得这个世界挺安全的,可以出去探探险,发现一片比水手辛巴达(Sinbad the Sailor)和美丽的谢赫拉莎德(Sheherazade)*更神奇的风景。

那些年还没有电视机,只能收到一些来自阿拉伯国家首都和以色列希伯来电台的信号,但我们从来都没想过调到希伯来电台听一听。希伯来语听起来仿佛一个诅咒,就像"以色列"这个词,我们通常都称之为"犹太复国主义据点"或者"敌国"。住在同一条街上的堂哥扎基是我的玩伴之一。他有时候很调皮,比如用弹弓打鸟,到后院用叶子生火,把鸟烤熟了吃。我倾向于比较平和的消遣方式,比如在那些废弃的约旦碉堡中玩耍。扎基堂哥和我还会一起进行一个仪式,就是在12月25日这天穿过曼德本门——耶路撒冷的"查理检查站"†。那道门只有圣诞节时才会开,好让另一边的朝圣者参加圣墓教堂的布道。看那平时紧闭的大门突然开启,真是让人有些目眩神迷。

突然走到道路尽头,也给人非常神秘的感觉。我经常一个人或

---

* 辛巴达是阿拉伯民间故事集《天方夜谭》(即《一千零一夜》)中的人物,而谢赫拉莎德就是《天方夜谭》中每晚给国王讲故事的聪慧阿拉伯女子。
† 查理检查站指的是冷战期间非德国人在东柏林和西柏林之间通行的关口。

第五章 胡椒树

者与我哥哥扎基一起走到备受炮火摧残的大马士革门,进入街道与小巷编织的迷宫,然后一路走到战后一直紧闭的雅法门。这扇门究竟是通向末路还是通向一切?也许两者都是。

我还会跑到迷宫一般的旧城中,那里有佩戴金色怀表的自命不凡的店主,沿街叫卖各种商品的老太太,在汗味弥漫的房间里祈祷的男人,运气好还能遇到一些来来往往的苦行僧。餐馆里,人们抽着水烟,咕嘟咕嘟的声音响成一片。有时候我会一连好几个小时在狮门(Lion's Gate)外的墓地或圣殿山上的神圣遗迹中徘徊,然后从另一边出来。在那里我就进入了摩洛哥区人口稠密、错杂交织的街道,这个区的历史要追溯到七百年前的阿尤布(Ayyubids)王朝与马穆鲁克奴隶兵时代。1193年,阿尤布王朝建立者萨拉丁的儿子在那里修建了一座清真寺,每当看到它,我就情不自禁地战栗起来,因为就在这里,先知把自己那匹神奇的坐骑拴好,然后飞升天堂。

在这座城里漫步,就像进行一场家族史之旅。你看那金匠市场,从1927年大地震以后,整条街的店铺都化为废墟,一位叔伯把自家的一匹骆驼和几头驴子养在那里。当然还有圣墓教堂,它周围都是罩着顶棚的狭窄街道。我总是被这座洛可可式的教堂震撼,它是那么宏伟,几乎融汇了罗马时代以来所有的建筑风格,每个新的时代都留下了自己的印记。这里似乎从未被掠夺过,比如二层一扇窗户前那架著名的木梯。(数代人以前,大家用这梯子给被土耳其人关在教堂里的亚美尼亚修道士送食物。)这座教堂就像某位古怪亲戚的橱柜,随着时间的流逝越来越满,也越来越神秘。

我还记得听别人讲过,教堂的某个点是全世界的中心。万古永世之前,希腊人改变了宗教信仰,于是世界中心就从德尔斐(Delphi)转移到圣墓教堂中央的一点上,标记是个大瓮。虔诚的穆斯林坚称麦加才是世界中心,但我这个小孩子还是更喜欢中心就在本地,离我家只需要步行五分钟。

我还有个很喜欢的地方，各各他山（Rock of Golgotha）上的一道裂缝，据说耶稣在那里被钉上十字架，这裂缝就是他进入地下世界的通道。他在冥王哈得斯的烈火当中，拯救了很多正直的灵魂。

对于父亲来说，保管圣墓教堂的钥匙只不过是一项家族传承，但家族的其他人却认为，拥有这把钥匙，就像看管着一扇世界传奇与神圣源泉的大门。不让圣墓教堂落入罪恶之手是我们的职责。十字军东征不就是源自教廷龃龉吗？克里米亚战争（The Crimean War）的导火索，不就是法国人与俄国人的伯利恒圣诞教堂（Church of the Nativity）争端吗？有我们的坚守，圣墓教堂不可能发生这种事情！

我之前说过，由于我的高祖父多情又轻率，钥匙保管在一个远房堂哥手里。每天清晨四点一过，贾乌德家会有一个人来到我叔伯家门口，往堂哥窗上扔个小石子。我堂哥便下去接过钥匙，走向教堂。然后他会把长长的复古钥匙插进一扇小门的锁孔里，转一转，橡木小门就嘎吱一声打开。门那边的一位牧师会把头探出来，问候堂哥，递给他一架梯子。接着，努赛贝堂哥就搭着梯子，去开更大的一扇门。他会把钥匙一转，使劲一拉，门开了。他会对那位牧师问好。牧师也会回礼说："安好。"

在担任过约旦国防部部长、教育部部长、副总理和开发部部长之后，父亲在1963年接受了国王的任命，成为耶路撒冷地区长官，该地区当时一直延伸至杰里科，该职位是约旦河西岸地区权势最大的职位。

此时的耶路撒冷，生活已经基本恢复到1948年以前的样子。正如漫长岁月中反反复复的那样，耶路撒冷再次成为全世界宗教朝圣之都。犹太人的那一半被一堵墙围了起来。但几乎所有的古迹都在我们这边——1964年教皇保罗六世的历史性访问在当时引发了大兴土木的投机性热潮——所以游客仍然蜂拥而至。

第五章　胡椒树

犹太复国主义的威胁消除了，持续数个世纪的模式也自动恢复了，过去的贵族家庭也纷纷复兴。侯赛尼家族、纳沙希比家族、伊斯兰学者以及基督教主教成为这座城市的基调，如果你能无视无人区和那些难民营，简直可以假装什么都没发生过。

生活优裕的小资产者和商人修建工程，购买物品，谈论着更光明的未来。耶路撒冷正逐渐变成一个兴盛的都市。暑假时，沙特人总会拿着做石油生意挣来的财富到这里挥霍。我父亲那边的叔伯们也想跟上时代，所以，尽管一直把传统挂在嘴边，他们还是把我祖父最宏伟的那些别墅庄园夷为平地，为一个有一百个房间的五星级酒店让位。几乎一夜之间，那优雅的奥斯曼时期的宅邸就消失了，取而代之的是一座平淡无奇的砖石建筑。

在这座城市经济和文化的恢复期，父亲起到了很大的作用。他的管理让人想起英国托管时期最美好的那段日子：没有贪污现象，一切都是法治为本。政府加大干预，保证财产安全，偷窃现象非常少见，宗教狂热更没有耳闻。唯一缺失的，是任何有自尊的首都必须具备的、引以为傲的武装保卫力量。父亲尽全力去为约旦河西岸地区重建一支阿拉伯军队，他以瑞士民兵制度为模板，创建了国家护卫队。他还为军队引入了卡其色军服，规定学校要进行军训。

父亲的政治影响力日渐强大（他的哥哥哈齐姆是约旦外交部部长，后来成为驻联合国大使）。父母也越来越频繁地在家里举办晚宴，大家最后都一定会到客厅谈论政治。

如果说在宗教与神话的世界里，耶路撒冷是前沿，是中心——这就是大家纷纷来朝圣的原因——那么从政治上讲，这里就是一片平和的化外之地。世界其他地方的动荡只是通过报纸和英国广播公司（BBC）渗透到这里，对我们这样的家庭来说，还有的时候是在家中的沙龙上得知消息的。这些沙龙和俄国小说里写的一模一样，在王子的偏远宅邸中,晚宴的客人们热烈讨论着巴士底狱的陷落,却完全意识不到,作为夜晚谈资与辩论话题的遥远动荡,最终会令他们的世界坍塌倾覆。

20世纪60年代,可谈的话题很多。离我们最近又最戏剧化的事件之一是父亲和希腊东正教大主教的争执。大主教要为我父亲颁发"圣墓教堂勋章",但父亲拒绝了,因为奖励中说家族对圣墓教堂钥匙的保管工作是从萨拉丁时代开始的,而父亲则坚信我们从哈里发奥马尔时代就开始履行这项职责了。

接着,赫鲁晓夫和肯尼迪进行大国较量,德国建起了柏林墙,古巴导弹危机险些爆发,李·哈维·奥斯瓦尔德(Lee Harvey Oswald)刺杀了肯尼迪,偶尔有游击队成功越境去以色列那边搞个袭击。纳赛尔将军在电台发表的慷慨激昂的讲话,总能成为大家晚饭后的谈资。纳赛尔在一场针对埃及腐朽君主的政变中掌权,声势浩大地清扫了旧的权势集团。非阿拉伯人逃离了埃及,苏联人又去帮助他们实现军队现代化,好应对未来的战争。军刀出鞘,这位埃及解放者承诺要打败犹太复国主义者的军队,重振阿拉伯雄风。

母亲兴致盎然地听着纳赛尔的演讲,就像听着她最喜欢的歌手乌姆·库勒苏姆(Umm Kulthum)的唱片。她和很多难民一样,热切期盼着从1948年就被迫改道的历史长河能很快往正确的方向奔流。正义必然实现,只是时间问题。她不是被强行赶出了家乡,被剥夺了祖产和那片橘林吗?她父亲的坟墓不是在一个陌生的后院,无人祭扫维护,被遗忘,甚至可能已经被毁了吗?全世界不都承认,我们遭遇了令人悲痛的不平等对待吗?

父亲对纳赛尔没这么大的信心。我还记得,每当提到纳赛尔这个名字,他脸上就出现痛苦的表情,仿佛吃了什么不太合胃口的东西。他不同意纳赛尔提出的阿拉伯社会主义,也一直厌恶他煽动群众的行为。以父亲的道德标准,纳赛尔在埃及驱逐了希腊人等定居

第五章　胡椒树

已久的居民,他与本-古里安这样的沙文主义者无异。

逐渐长大的我,对晚上那些无休止的政治讨论依然反感,我也继续回避这些讨论,沉浸在自己的想象世界中。父亲掌管耶路撒冷时,我刚好到圣乔治上高中。之后的高中生涯里,父亲的意志总是不可动摇,而我一直生活在这种阴影里,饱受束缚。

我已经不是玩火柴棍儿的年纪,于是翻开了书本。家里书很多,父亲有大量藏书,母亲也收藏了很多现当代小说,还有姐姐们的书,以及同为书虫的哥哥扎基从英国文化协会图书馆(Library of British Council)借来的书。我的阅读范围很广,涵盖了阿拉伯与西方的经典,但请不要觉得我的文学品位就是一个早熟的未来学者。我最喜欢看的题材都是谋杀啊,神话啊,连环画之类的,里面的角色太精彩了,比如唐老鸭(Donald Duck)、史高治舅舅(Uncle Scrooge)、比利时的丁丁(Tintin),当然,还有万能的超人。

父亲很快有了个让我们更亲密的新爱好。他在约旦河谷(Jordan Valley)买了个农场,我们在农场里的生活——种土豆、香蕉,养鸡——是我最欢乐的家庭回忆之一。现在去回望那些岁月,我想父亲的灵感一定来源于古罗马关于乡绅的理想,因为每当我们开着那辆新的福特车去农场时,他都会穿一件花呢夹克,带一块绸巾。那辆车几乎开不过苏莱曼大帝修建的城墙,却能完美地驶过古老的罗马之路,进入犹地亚沙漠中那干涸的河床。这辆车通常是路上唯一的私家车,别的都是军用吉普;出现更频繁的是贝都因人养的羊群,偶尔还有骆驼经过。

有时候,家人坐车,我骑单车。我骑啊,骑啊,骑啊,深入到这世界上最深的河谷中,一直骑到约旦河,再骑过桥。我在死海边探索过奥斯曼帝国留下的废墟、修道院与荒凉的峡谷。有时候,我和朋友们会穿着长袍,举着电筒,壮着胆子进入那些很深的隧道与洞穴,想象我们会发现那些隐匿的神话,比如再发现一批埋葬在土地深处的"死海古卷"（Dead Sea Scrolls）。

我的父母有着开放的教育观。姐姐们去的是修女开办的法语学校，之后上了德国人办的施密特女子学院。哥哥扎基和我就在街那头上英国国教性质的圣乔治学校。学校离得太近，我只得放弃"前辈"享受的特权：前任市长的儿子是坐黑色凯迪拉克去上学的。

不过，圣乔治学校又是我的另一个小天堂。这里有着维多利亚时代最繁荣的岁月里特别典型的新哥特式公共建筑，本身就充分说明当时耶路撒冷奉行多么美好的折中主义。作为一座中世纪鼎盛之城，耶路撒冷没有哥特式建筑，因为哥特时代还没开始，十字军在这里就被扫地出门了。所以，要寻找基督教中世纪的建筑，只能去寻访城里最现代化的学校。圣乔治学校周围还有大片的花园，里面种满了开花灌木和九重葛；春天，茉莉花与金银花的甜香会飘荡在教室之间。

学校有一套严格执行的标准，对于文化差异的尊重可谓超越时代，达到了后现代的程度。这是一所基督教学校，但学生和教职工既有基督徒也有穆斯林，所以别无选择，只能兼容并包。我在学校的那几年，从未感觉到哪怕一点点种族或宗教沙文主义。学校的宗教课程很少，只有每周一次的布道，在附属于学校的国教教堂中由英国校长主持。学校学风严谨，教师认真负责，承担着外界的殷切期望。我们所接受的教育，是要以国家未来精英自居。

然而，我父母有些沮丧，因为和哥哥相比，我的学业不那么优秀，也不太遵守学校纪律。我没有显露出一丝一毫对科学或艺术的兴趣，也没有钻研工程学的意向（那时候阿斯旺大坝正在拔地而起，工程学成为热门的专业）。

我最喜欢的消遣就是逃课去旧城闲逛。我觉得那些古老而繁荣的小街小巷，比教科书上的任何内容都要引人入胜。我也喜欢足球，

第五章 胡椒树

喜欢和动物（主要是鸟类）玩耍。我的最爱是鸽子，还一度在花园里养了二十来只，每一只的类别细节，我都能如数家珍。我从学校回来，鸽子们总会前来问候我，停在我的肩膀或头上；我就像动物守护神圣弗朗西斯（St. Francis）——一个从未对军事显露过任何兴趣的男孩，这副模样也在情理之中。父亲当过国防部部长，但我天生不好战。而我那么努力地与家中的政治沙龙保持距离，应该也说明我将来与政治无缘。

我父母最担心的是我每次考试都发挥得很不理想，肯定是因为我很难对那些需要生搬硬套的科目提起兴趣，比如物理、化学、数学和地理。我是需要被激活想象力的人，而只有在那些善于表达叙述的老师的课堂上，我才有用武之地。

从这个角度来说，最好的老师都是阿拉伯民族主义者，他们会用情绪与想象为历史加料。到了他们嘴里，就连耶稣和马利亚的故事——以穆斯林的角度来讲——都能有点儿泛阿拉伯民族主义。教室里的耶稣虽然也是通过神秘的马利亚圣灵感孕而生，但他仍然属于人类。他从上帝灵魂的一口仙气脱胎，而马利亚则是抚养儿子长大的好妈妈。她的儿子是个根深蒂固的巴勒斯坦革命者，也成为人类高贵的先知。而耶稣的十二门徒在追随他之前，都是巴勒斯坦阿拉伯民族主义者，是巴勒斯坦革命委员会中央委员的先驱。

教授英语文学的老师，有的是客居的异乡人，有的是探险家，还有的是留在巴勒斯坦的朝圣者。他们往往从英语母语的角度来讲课，在我心中植入了对文学的热爱。我想象着和我一样对存在感到迷茫的哈姆雷特，还有《麦克白》中的三女巫。作为市长的儿子，叛逆而野性的哈姆雷特王子让我感到亲切，他在伦敦的酒馆也比在父亲的宫廷更自在。丁尼生（Tennyson）笔下的尤利西斯四处远航和冒险，让我的想象纵横驰骋，诗中有"饮尽生之美酒"的隐喻，让我们去追寻更新更高的世界，这也让我浮想联翩。简·奥斯汀

（Jane Austen）让我对英国产生了向往，这种印象注定到后来要被全盘颠覆；而托马斯·哈代（Thomas Hardy）则带我神游到树丛茂密的山间，博学的隐士伏案于烛光下，拿羽毛笔写下崇高而深奥的真理。

那些最棒的阿拉伯文学课也会唤起我类似的想象。老师是一名信奉基督教的阿拉伯人，后来去了加拿大麦吉尔大学任教。一开始，他就对我们进行了很严格的语法与诗歌训练，大部分素材都来自《古兰经》。他与杰出文学学者、同样信奉基督教的哈利勒·萨卡基尼一样，认为这本书是自己母语和文化的源泉。在他的课上，我眼中的奥马尔成为一位伟大而又谦卑的巨人，他脚下是广袤的帝国，却会在没有护卫与仆从的情况下，就在野外的树下休息。我在课上听了黑人盖斯与贵族小姐莱拉的爱情（让我想起奥赛罗和苔丝狄蒙娜），这对恋人引起了部落战争，也催生了《荷马史诗》般的史诗巨作。课上完以后，我还在久久地回味。我让自己进入他们的世界，然后迷失其中。

后来，这位老师在传统的阿拉伯故事与诗歌之外又补充了一些诗词，比如阿多尼斯（Adonis）那些不讲究格律的自由诗。读他的诗，就像坐上了文字编织的魔毯，听到了在舌尖起舞的美妙声响。这位诗人是叙利亚的什叶派教徒，因为政治观点逃到贝鲁特，原名阿里·艾哈迈德·赛义德·阿斯巴尔（Ali Ahmad Said Asbar）的他改名为阿多尼斯，以纪念那位古希腊神话中的欲望之神。直到今天，我耳边还回响着老师背诵的《罪孽的语言》（"The Language of Sin"）：

点燃我的遗产，我说：
"我的土地清白，我的青春没有坟墓。"
我超越了上帝与撒旦
（我与上帝、与撒旦都不同路）。

第五章 胡椒树

> 我在书本中穿行,
> 在闪亮的雷霆中,
> 在绿色的霹雳中,高喊,
> "在我之后,没有天堂,没有堕落",
> 并摧毁这罪孽的语言。[2]

和当时其他的世界重大事件一样,20世纪60年代的叛逆潮在来到我们耶路撒冷之前经过了很多曲折,等终于到了,气势已经泄得差不多了。没有阿拉伯嬉皮士,没有毒品,人们还是一样笃信尊敬长辈的礼仪。当然,也没有出现反战抗议,而是恰恰相反。就算大家有什么不满,也是觉得国王对"犹太复国主义敌人"太被动了。不过这种情绪也基本是从贝鲁特的泛阿拉伯主义派生出来的。至少,那里的阿拉伯学生正逐渐抖落过去留下的尘土与蛛网,同时从神权桎梏与殖民压迫中解放出来。在贝鲁特,一个新的国家正在脱胎,那里的急先锋们勇敢地向未来进军,重振过去的雄风;这即使还未成为现实,也至少是大家的愿景。

那个时代的"狂飙运动"让我对政治更加若即若离,爱恨交织。一方面,我一改之前的爱好——站在卧室窗口凝视极端正统派犹太人的小仪式——开始和哥哥姐姐一样迷上了外国音乐。我的姐姐们最喜欢伊迪丝·琵雅芙(Edith Piaf)和恩里科·马西亚斯(Enrico Macias),但我很快跟着哥哥迷上了猫王。

但作为市长的儿子,我也没法完全无视政治。不过,我的心中依然充满茫然与困惑,是个被动的旁观者;贝鲁特的咖啡馆中举行的讨论,或纳赛尔那神谕般的电台讲话,总能催生一些阿拉伯民族主义的政治运动,同学们趋之若鹜,我却只在安全距离保持关注。贝鲁特那些无政府主义者的愿景和纳赛尔的阿拉伯社会主义根本是背道而驰的两种意识形态,但好像没人为此烦恼。学生们渴望革新,为此甚至可以牺牲逻辑。

约旦河西岸地区和我们居住的耶路撒冷隶属于约旦，侯赛因国王非常清楚地表示过，他不会容忍任何反叛言论，但那些私下里组织小团体，以有些玩票的态度进行颠覆活动，悄声传递着各种口号的学生，反而因此更受尊敬了。他们甚至还组织了几次游行示威。有那么一两次，我也跟着去了，后来，一个堂哥被橡皮子弹擦破了腿，我也谨慎地不再去了。

和很多亟须改革的专制社会情况类似，约旦政权允许人们通过某种途径发泄不满。我们的发泄对象就是无人区那头那些邪恶的犹太复国主义者。侯赛因国王和他之前的以色列伙伴是一种和谐共处的关系；比起很多别的邻国，他甚至更喜欢以色列，因为他总是怀疑前者有扩张领土的企图。比起亚西尔·阿拉法特（Yasir Arafat），他自然是更信任以色列名将摩西·达扬（Moshe Dayan），因为阿拉法特的计划会对哈希姆王国形成直接威胁。

但街面上掀起了反对以色列的新一轮高潮，国王没法出手去压制。1964年，第一届巴勒斯坦国民大会在耶路撒冷召开，成立了巴勒斯坦解放组织，决定了巴勒斯坦阿拉伯解放军的组织架构，起草了《巴勒斯坦民族盟约》（Palestine National Covenant），其中将犹太复国主义描述为"从一开始就是一场殖民运动，目的是侵略和扩张，人员都是种族主义者和隔离主义者，手段与目标很像法西斯"。唯一的解决办法就是通过武装革命彻底解放巴勒斯坦。

对于这个新建立的巴勒斯坦领导人团体，父亲带着嘲讽的态度。1947年至1948年他已经经历了太多，在开罗的巴勒斯坦政府任职期间，更是看透了其中种种。他发自内心地相信，这种大张旗鼓的事情到最后绝对会以灾难收场。

同样，父亲也很厌恶平民对阿拉伯"革命"的夸大其词，以及他们动不动就使用"种族主义"和"法西斯"之类的措辞，这些行为只会让阿拉伯人懒于思考（阿拉伯人被麻醉了，忘记自己的制度是多么脆弱）。可以肯定的一点是，父亲提到犹太复国主义者时，绝不会闪烁其词。他在手稿中写了他们的"权力欲望"，将其与法国和俄国的革命精神联系起来。"每当看到那些戴着眼镜，真挚热切的年轻人拍着彼此的背，说着完全愚蠢、无聊无能的话，对所谓的上一辈无知到令人震惊时，我就觉得不舒服。"这并不是犹太教的责任，错就错在那群革命者，为了把梦想变现，他们不惜抹去一切。

国民大会召开时，我已经15岁了。但那时候的我深深沉醉在旧城的街巷和故事当中，对整个事件都不太关心，觉得不过就是一群情绪激动的贵族又一次在路边的酒店大厅聚集，就像我记忆中他们聚集在我家客厅一样。

* * *

16岁的我慢慢地有了些朦胧的自我意识。回想学生时代，有个特别鲜明的画面，就是晚上和学校里的朋友贝希尔（Bashir）一起散步。我们俩的家相距60米左右，我们就一遍又一遍地来来回回，直到有谁累了，或者时间太晚。贝希尔是基督徒，我是穆斯林，但我们从未在意过这个差异，因为讨论各自的信仰似乎从来不是什么大事。我们有更重要的话题：存在。宇宙是由什么组成的？从何开始，在哪里结束？我们在其中扮演什么角色？我们能选择自己的行动吗？我们能选择自己成为什么样的人吗？我在这里做什么？我到底是谁？要是这个世界上并没有神呢？问出最后一个问题时，我们都情不自禁地战栗。

一天，我们决定去英国文化协会图书馆寻求这些问题的答案。我们在书架之间发现了一卷伯特兰·罗素（Bertrand Russell）的作品。那时候，我对哲学的了解仅限于刘易斯·卡罗尔在《爱丽丝漫游奇境》中隐藏的那些思想。但罗素的哲学思想并不隐藏在童话故事当中，而是直截了当地写出来。可以说，罗素让我震惊，让我摆脱了对知识与学术的麻木，让我体会了严谨思想的魅力。罗素引起了我强烈的共鸣，初次翻开那卷书，他提出的那些问题就植根在我心中，之后也如影随形：

> 这样的问题很多，其中有一些与我们的精神生命休戚相关。仅凭我们人类目前的认知看来，这些问题都是无解的，除非知识焕发新的力量，发展成与现在完全不同的样子。宇宙有统一的规划或目的吗，还是只是原子的偶然聚集？意识是不是恒久存在于宇宙中，让人对智慧的无限增长抱有希望；或只不过是一颗小小星球上短暂的巧合，最终这里的生命也将消融？善与恶是整个宇宙都在意的话题，还是只属于人类？[3]

我心中一直有些挥之不去的疑问与谜团，罗素帮我清晰地表达出来。从那以后，英国文化协会图书馆里的那些哲学著作就成了我的阅读重点。选择不多，但我至少对该怎么与自我相处有了模糊的概念。

在漫游式的讨论、求索当中，贝希尔与我从没谈过1948年之后的社会秩序将如何尘埃落定。没人看得清，尤其是我，我们栖身的这个世界注定要被新的灾难席卷。我们的盲目是因为年少，再加上优裕家庭提供了稳定的安全感。

回望1967年六日战争爆发前夕，我们在耶路撒冷的生活中最真实的，似乎就是那个摇摇欲坠的虚幻世界。有时候国王会带着随从前来视察，两侧还有身着彩衣的贝都因护卫。贵族家庭继续讲述着祖先们的故事，互相攀比着，耶路撒冷真是住了好多先知的"直系"

第五章　胡椒树

后代啊。无人区如同我们身后的沙漠一样，一成不变。也没有多少声音在说要光复"另一边"了。民族统一主义盛行在开罗、大马士革和巴格达，耶路撒冷不在其中。父亲又用他喜欢的俗语说，必须要"让睡着的狗继续躺着"（不要打草惊蛇）。我长大了，已经很久都不怕胡椒树里那个恶鬼。无人区成了一个亲切的存在，就像父亲那个金属做的假肢。

我在圣乔治上学的第三年，权力的冷漠与残暴在家庭生活中短暂上演。如果非要描述1965年我的家，我要说父亲是个充满自豪的大家长。母亲尽管仍然带着过去的创伤，但也是快乐的。在我眼里她一直很年轻，一头乌黑发亮的鬈发中只偶尔有几缕灰白。我的姐姐萨伊达和她丈夫正是新婚燕尔，忙着张罗一起搬去阿布扎比（Abu Dhabi）。穆尼拉在开罗上学，向往着前往巴黎。哥哥扎基即将去剑桥大学王后学院深造。我的两个弟弟哈特姆和萨克尔也已经上学了。

那之前的两年，父亲一直担任耶路撒冷市长。而我见过的约旦士兵，有那些驻扎在我家旁边边境线上的特遣队员，他们都非常友好；也有戴着古老尖头盔指挥交通的军官；还有侯赛因国王来我们家吃午饭时带的护卫。一天，我放学后悠闲地走回家，发现房子外面围了一圈带枪的士兵和装甲车。我一脸无辜地从士兵中间溜过去，成功进了家门。

家里喧闹又狂乱。父亲在和他时任约旦王室大臣的哥哥哈齐姆通电话。妈妈忙碌地在各个房间进进出出，像个激情满怀的革命者。我很快得知，一如既往忠于自己原则的父亲触怒了国王，他命令军队把我家围住，认为父亲手里掌握着羽翼丰满的巴勒斯坦叛乱组织。

和巴勒斯坦多年以来频发的其他政治危机相比，今天的人可能会觉得这个阵仗实在荒谬，简直是小题大做，就像谚语中说的"茶壶里的暴风雨"。作为耶路撒冷市长,父亲有监管曼德尔鲍姆门（Mandelbaum Gate）关卡的任务。通常,只有总领事、宗教要人、官方访客和联合国官员才能从这座城市的一边通行到另一边。每两周有一个周三会有一支荷枪实弹的以色列护卫队登上斯科普斯山,那是阿拉伯这边唯一的一块以色列飞地。当然,圣诞节那天普通人也可以过境,去圣墓教堂做礼拜。

然而,有一天,守门的卫兵给父亲的办公室打电话,问要不要为一个声名显赫的美国犹太人开门,他坚称自己和国王私下说好了,可以过境。卫兵打电话来,是因为他们通常会提前接到市长办公室的指示,但这次并没有,只有那个美国人自己在一遍遍地热切保证。

父亲打了几个电话,发现国王的确和这个访客约好了,但没有通知他。父亲觉得,不管是不是国王,都必须遵守既定的程序,以及基本的礼仪和尊重。要作决定的是他,不是国王。于是他给卫兵打电话,叫他们不要开门。

不用说,侯赛因国王得知这"反抗之举"后大发雷霆,强令父亲开门。"我不会开的。"父亲坚如磐石。他的意志坚强如铁,萨卡基尼那些清高的诗句早已深入他的骨髓。父亲坚持认为,犯错的是国王,所以让步的也必须是他。哈齐姆伯伯想从中调停,却没能说服父亲屈服。危机愈演愈烈。于是坦克开进了我们的片区,停在我家前院。

消息传出去之后,一群群抗议者聚集在我家门口,支持我父亲的举动。巴勒斯坦人和约旦人之间的关系本来就很脆弱,一场叛乱一触即发。

国王很快作出反应,他立刻撤了父亲的职。不希望再一次被巴勒斯坦人冒犯的国王,指派了一个约旦人代替父亲。

接下来的几天,整个约旦河西岸地区爆发了大规模民族主义示威游行,示威的人还和约旦士兵发生了冲突。

第六章
葡萄藤

国王和我父亲的这场冲突以一种戏剧性的方式收尾了——他还是很尊重我父亲，父亲与那时刚过三十的年轻国王，依然如父与子一般。

那场小叛乱之后不久，侯赛因国王就任命我父亲为驻英大使前往伦敦。国王是为了表达感激，因他首次赴白金汉宫访问就是我父亲安排的。所以，1965 年，父亲出任约旦驻英大使。他与君主的关系依然有些摇摆不定，所以没人知道他能在这个位子上坐多久。

我自己的未来却已经一览无余。我即将从圣乔治学校毕业，按照父母的逻辑，我应该追随哥哥的脚步，去英国读私立学校。按照计划，我先在哥哥扎基上过的拉格比（Rugby）公学上两年学，然后要么去剑桥，要么去牛津。

计划的第一步进行得很顺畅。我坐船去了欧洲，第一站是威尼斯；然后从那里坐火车穿过意大利和法国的乡村，一路前往英吉利海峡。最终，我到了维多利亚车站，作为一个到那时为止都被禁锢在中东荒凉干枯的山地间的少年，我感到震撼和战栗。

我以为从此有了无限的个人自由，但这样的兴奋劲儿很快被公学里的现实打击了。那里人人都是一副曲高和寡、知识渊博的样子，毕竟是培养英国公爵与王族的地方；很明显，棕色皮肤的阿拉伯人在这里绝对会格格不入。和伊顿（Eton）公学、哈罗（Harrow）公学一样，拉格比也受到传统的严格限制。校服的西装领带，学校的盾徽，各种拘谨的礼节，上流社会那种自负的优越感，以及社交上无处不在的势利行为，真是让我大倒胃口。相比之下，圣乔治是个谦逊温和、贴近生活的地方。我只想重新穿上牛仔裤去探索这个世界。然而，那时的我只能被令人窒息的传统紧紧束缚，穿着燕尾服，戴着帽子，遵守我并无归属感的班级与国家的那种一板一眼又矫揉造作的规矩。

"但是，如果我坐在女王陛下旁边，该怎么表现啊？"有一次，我问拉格比那个一脸冷漠的校长。他正和我们这群被选出来要和女王共进荣誉晚宴的学生一起进行宴前准备。"你如常表现就好。"校长还不等我问完就迅速回答，他的语气中有种微妙却毫无疑义的责备，怪我还没能拥有一个年轻英国绅士的气派。我咬紧牙关，尽了全力。校长也尽全力把我安排到离皇室最远的地方。

我想离开拉格比，但爸妈根本不听我的诉求。他们觉得，我最终会适应那个地方，我也会习得通身的修养气派，成为他们期望中的年轻绅士。他们还没看清的是，我已经太像父亲了。只要我下决心离开，没什么事能阻拦我。所以，当反复要求都不被在意后，我直接逃跑了。我收拾好行李，出发前往伦敦。这样一来，通往大学的路就更长更艰巨了，但至少我再也不用虚情假意地装模作样了。一个姑妈在肯辛顿有个公寓，她很好心地为我提供了临时的避难所。

那是1966年夏天的伦敦，我父亲在政治上的勃勃雄心开始影响到家中的财务状况。约旦大使馆可怜的预算远远无法满足他作为大使制订的各种工作方案。他希望约旦能和各种政治团体、外交使

第六章 葡萄藤

团建立广泛的关系。他不得已卖掉了约旦河谷的一个农场来填补亏空。最终，他算了算总数，发现要是不把工作范围缩减至一些无须考量的官僚职责，比如签发签证，那自己就要破产了。他辞了职，把东西都收拾好，回到耶路撒冷。回头去看，这一步走得很对。要是1967年6月他不在耶路撒冷，我们都将成为无家可归的难民。

我最终还是参加了英国大学入学考试（A-level），本来考完就考完了，但父亲在最后关头插了手，说服牛津大学变通了规矩，允许我参加他们的补考。我进入了面试，被录取了，定于1968年秋季学期入学。我在教育上的未来就这么尘埃落定，而那笃定的过去（我的家人、家与城市）却开始摇摇欲坠。

1967年5月，纳赛尔觉得自己足够强大、可以冒险了。1956年的西奈战争之后，联合国在埃及和以色列这两个好战国之间驻扎了一支"应急部队"，作为缓冲区。现在，纳赛尔要求联合国从西奈半岛撤军。他让埃及的广播节目《阿拉伯之声》来解释原因：

> 如今，再也不该存在一支国际应急部队来保护以色列。我们没有那么好的耐心。我们也不用再向联合国抗议以色列。我们应该采取的唯一办法，就是向以色列全面开战，最终根绝犹太复国主义力量。

一个星期之内，埃及就禁止所有以色列船只，以及所有前往以色列红海埃拉特（Eilat）港的船只，通过蒂朗海峡（Straits of Tiran）。时候到了，这个阿拉伯大国要行使自己的权利。纳赛尔觉得，禁止敌国通过本国水域，可以说是合理合法。截断埃拉特的商业往来，就是在对以色列宣战。

但没人知道（除了以色列军方），纳赛尔并无心向以色列发动进攻。他的最终目的并不是开战，他派去西奈半岛的部队根本不可能打败"犹太复国主义敌人"。他那些宣战的言辞，不过就是做做样子。"他内心很清楚，我们也很清楚。"1968年，以色列将军伊扎克·拉宾在接受法国《世界报》（Le Monde）采访时说。[1]

在西方世界，学生们掀起了反战的狂潮，就连我都去参加了一些游行示威；然而，纳赛尔那些虚张声势的广播讲话，正让和我年纪相仿的阿拉伯年轻人逐渐变成激进主义者。

全英国的阿拉伯学生每天都聚集在一家餐厅，该餐厅所在大楼属于埃及新闻处（Egyptian Information Office），位置就在我姑妈家街对面，倒是方便。大家开始组织起来，为迫在眉睫的冲突做准备。我们都以为，1948年那场令我们蒙羞的灾难，现在将大仇得报，我们伤痕累累的阿拉伯自尊心将得到修复。毕竟，我们从小到大接受的教育都是"必有一战"。我们如同期待基督复临的宗教组织，认为战争必然来临，只是还不清楚具体日期。纳赛尔是我们的领导人，背后还有苏联撑腰，赢得战争必然是易如反掌；面对贫穷、装备不足、内部分裂和兵力不足的敌人，我们必然摧枯拉朽。毕竟，这个敌人连"国家"都称不上，我们眼里的以色列只是一个"实体"，一个东西，最多算是一根不太舒服的肉中刺。

各种各样的政治团体都在伦敦四处奔走。（多年后的电影《布莱恩的一生》[Life of Brian]*让我想起那些日子的激动和荒唐。）通过两个朋友——一个信仰托洛茨基主义，一个信仰毛泽东思想——我找到了南肯辛顿的行吟诗人咖啡馆（Café Troubadour）。咖啡馆里烟雾缭绕，气氛暧昧；老板是思想前卫的先锋派；每天放着震耳欲聋的音乐（最常放的是鲍勃·迪伦的歌）；这里太适合年轻的革

---

* Life of Brian，又译《万世魔星》，是1979年在美国上映的喜剧电影，讲述了普通犹太居民布莱恩因为一系列不幸事件被错当成救世主弥赛亚，并最终被钉上十字架的故事。

第六章　葡萄藤

命派聚会了，总能看到鱼龙混杂的嬉皮士和各种派别的无政府主义者。

一开始，我也不知道该加入哪个派别，最后我投入了无政府主义的怀抱。别的团体会让我想起父母和他们那些晚宴客人：太老练世故，过于自信，不合我的胃口。我欣赏无政府主义者，主要是因为他们对体制怀抱敌意，而且他们最喜欢的颜色是红与黑。我戴着无政府主义的徽章，穿着破烂牛仔裤，顶着乱糟糟很久没剪的头发，还留了让人望而生畏的大胡子。我紧随着无政府主义小队，与他们一起摇旗呐喊，抗议体制、制度暴力、腐化堕落的政府；有一次，还抗议了伦敦恶劣的天气。

一天，在行吟诗人咖啡馆，我正和一群越南团结运动（Vietnam Solidarity Campaign）的领导人同桌而坐，烟不离手，吞云吐雾，苦想着下一步该怎么办。突然听到某个比较年长也更有智慧的同志说，要把越南团结运动作为阿拉伯事业的模板。感觉是个好想法。毕竟，怎么就不能有个巴勒斯坦团结运动呢？大家基本上都同意这个计划。从那以后，我们在海德公园（Hyde Park）或特拉法尔加广场（Trafalgar Square）举行示威时，都举着各种横幅——"学生工人：团结抗争""美国：滚回家去""毛主席万岁""正义属于巴勒斯坦"。

战争的隆隆鼓声一天响似一天，在埃及新闻处，事情就要严肃很多。在民族主义情绪的驱动下，阿拉伯学生努力想找到途径，参与对以色列作战。整栋大楼的人都在开会，在写声明，在成立委员会，在仔细监控电台广播。这个地方就像一个作战室。

6月越来越近了，武装冲突好像越来越箭在弦上，不得不发；示威活动的规模在扩大，但套路也越来越重，就像一场吵闹的拳击比赛。在海德公园著名的"演讲角"，年轻的阿拉伯人和犹太人爆发了争执。敌对双方穿着一模一样的褪色牛仔裤，互相咒骂。我的哥哥扎基刚从剑桥毕业，辩论起来不怒自威，他发表了措辞激烈的演讲，为巴勒斯坦人民的权益辩护。但激动的人群中很少有人能欣赏这受过良好教育的思想，所以辩论经常会恶化成大吼大叫的音量比赛。我们说他们是法西斯，他们又说我们才是法西斯。有时候言语交锋会变成肢体扭打。有一次，一个愤怒的以色列支持者朝我冲过来，握着拳头，准备出击。慌乱之中，我呆若木鸡地站在原地，本来可能被狠狠打一顿的，结果我身边一个巴勒斯坦学生同伴把这人给推开了。（三十年后，这位同伴成为圣城大学科学系主任。）而他自己则被人在脸上狠狠地咬了一口，当晚我们把他送去医院缝了针。

一次示威中，一个犹太人提出令人匪夷所思的断言。他拿着伞，恶狠狠地指着我们，说巴勒斯坦人才是真正的篡夺者；说我们不属于巴勒斯坦；犹太复国主义者握着铁铲刚到那里时，整个国家都是空的、荒凉的，无人照管，连豺狼虎豹都无法生存。"早在诺曼底公爵征服英国之前，我的家族就到耶路撒冷了！"我朝他喊道。"你们为什么要拒绝分治决议，还要发动攻击呢？"又一个抗议者朝我回喊。刚才那个抗议者赞许地点头。"回答他！"我又听到谁在低语。但我当时震惊得一句话也说不出来。

后来，回到咖啡馆，我对这件事进行了一些思考。此前，我还从未听过谁说出这旧时的谬传，说我们阿拉伯人是漂泊到巴勒斯坦的，所以对那片土地没有深切的忠诚，也没有什么权利。那个拿雨伞的人毫无疑问是受过教育的。有知识有文化的人怎么能这样张口就来呢？他怎么可以就这样挥着雨伞，抹去我们家族1300年的历史呢？

炎夏漫长，战争的鼓声愈发震耳欲聋，伦敦的气氛也敌意渐浓。公众越来越反对我们，以色列的支持者正在公关之战上节节获胜。一天，我们这个内忧外困的小团体有人来访，这个事件在我心中留下了不可磨灭的记忆。那是每周在海德公园的活动，一个穿着体面

第六章　葡萄藤

的男人走向我哥哥，邀请他向一群同情阿拉伯人的英国观众发表演说。我们觉得，这真是令人激动的邀约，我们可以在那些可敬的人面前陈情诉冤。

哥哥去了，回到咖啡馆的时候，他非常沮丧。"怎么了？"我们问，担心他是被引入了犹太复国主义者设的陷阱。

"说出来你们不会相信的，"他带着哭笑不得的表情，"邀请我去演讲的人是纳粹分子，就是那些法西斯的蠢猪。"我们对民族事业的热切信仰并没有因此动摇，但发现我们在英国唯一的"盟友"竟然是这群人，真是骇人听闻。

* * *

整个20世纪60年代的那些狂热激动，那些装腔作势，倒是有个好处，那就是，即便是以一种无意识的方式，我也终于开始参与政治活动了。我很欣赏双方表现出的激情与投入。奇怪的是，我几乎没有把那些关于战争的宣言和真正的暴力联系在一起。我对军队的全部认识就是童子军，就是我们在圣乔治必修的军训，以及国王派坦克到我家门口时周围的那些紧急行动。我感到的不是仇恨，而是当时当地的激动和热血，就像在参加足球赛。

也是在灾难降临之前这些狂热兴奋的日子，我被阿拉法特的法塔赫组织征召了。（"法塔赫"倒着拼写，就是HATAF，即阿拉伯语中"巴勒斯坦民族解放运动"的缩写。）当时，我对这个组织的全部了解就是一个秘密领导巴勒斯坦民族解放的组织，其使命是要引领巴勒斯坦人民迈向自由。我被分配到的任务很简单，就是去募捐善款。我手里拿着官方收据簿，看到法塔赫的图案印在每一页上，感觉自己融入了巴勒斯坦人民内心深处的滚滚雷鸣。

我与阿拉法特和他的法塔赫组织联系一直很松散，而且我对其一直是爱恨交织。我从小就很排斥喋喋不休的政论，法塔赫吸引我，是因为它是一个对意识形态持冷静、常识性态度的全国性民族运动组织。尽管存在种种缺点，但这些年来法塔赫或多或少努力适应了新的现实，从知识分子和理论家无尽的空谈中抽身出来，选择了直接行动。

在阿拉法特的法塔赫开始搅动风云之前，巴解组织和加沙的全巴勒斯坦政府没什么区别。组织是阿拉伯各国建立的，招募进来负责各项工作的人要听从阿拉伯各国政府的领导。第一个接受任命的巴解组织领导人是艾哈迈德·舒凯里（Ahmad Shukeiri, 1908–1980），这个人一点都不激进。他学的是法律专业，后来走上从政之路，曾经担任过阿拉伯联盟的助理秘书长。巴解组织的大部分高层领导是住在约旦的上流社会知识分子。

1964年的《巴勒斯坦民族盟约》固然引起了多方共鸣和声援，但大权在握的是纳赛尔，巴解组织只能乖乖听话，他说，在巴勒斯坦解放之前，必须要"团结统一，进行社会革命"。换句话说就是，埃及和阿拉伯各国的利益要在巴勒斯坦人民之先。这个团体可是自称"巴勒斯坦解放组织"啊，这样的优先顺序还真是奇怪啊。

但阿拉法特的组织不一样。我第一次了解该组织的意识形态，是在一本印刷得很粗糙的杂志上，杂志名叫《自由巴勒斯坦》（*Free Palestine*）。从第一页开始，我就清楚，法塔赫活动家不是要去满足阿拉伯领导人的利益。他们的首要目标是"向代尔亚辛屠杀的刽子手复仇"。[2]

但法塔赫做的远远超出了这个目标，他们抨击了阿拉伯领导人。法塔赫告诉巴勒斯坦人民，他们不能依赖联合国或阿拉伯国家。"有哪个口号把你们从不幸中解救出来了吗？你们还是四散飘零，荣誉扫地，不知道自己是谁，也没有集体归属感。"[3] 他们的号召充满了自尊，政治上也很成熟，对巴勒斯坦人民来说，这是重生的召唤。

第六章 葡萄藤

而且别人还在滔滔不绝时，法塔赫已经于1965年在以色列进行了第一次行动。他们在阿拉伯村庄艾拉布恩（Ailaboun）附近进行了一次勇猛无畏的游击战，目标是以色列的国家输水管道。他们是在告诉以色列，有一支阿拉伯力量已经做好了战斗准备。小册子、传单等各种宣传资料在约旦河西岸地区流传开来。

作为募捐人，在六日战争之前，我只募到了几美元。第一枪打响之后，哥哥扎基和我就完全和家人断了联系。电话打不通，我们的电报也发不回去。

那时候的各种新闻报道也很粗略。6月5日，我们只知道有大战打响了。传言说，胜利的阿拉伯军队正自由高歌，朝特拉维夫挺进，而以色列士兵——都是些凭运气的胆小鬼，现在运气终于用完了——则在狂乱中撤退。我们在埃及新闻处的餐厅里，沉浸在无比的兴奋与狂喜中。我们都想加入新一代萨拉丁指挥下节节得胜的阿拉伯军队。我还和一些朋友冲到埃及大使馆，却发现使馆关闭了。我们没有泄气，又去往苏联大使馆，想着他们用得着我们。还没走到大门口呢，一个身形有我们两倍大的斯拉夫卫兵就把我们赶走了。

BBC的报道却与传言大相径庭。埃及空军的战斗机甚至都没来得及起飞，就被以色列先发制人的攻击炸成了碎片。最让我和哥哥心惊的是，BBC报道说，以色列人已经跨过了与约旦的国界，约旦河西岸地区数十万阿拉伯人面对以军入侵纷纷逃散。我们自然急切地想知道自己家人的命运。然而，电话和电报线路都断了，联系不上。

第三天，我们都已经确知，这辉煌荣耀之战已经变成一泻千里的可耻溃败。埃及军队配备的是苏联的T-34和T-10M坦克，在美国的谢尔曼坦克面前不堪一击。埃军节节溃败，伤亡惨重，绝望无助。约旦河西岸地区的侯赛因国王从来无意于战争，如果是他来决定，分割耶路撒冷城的无人区将保持原状，一直到天荒地老。但他觉得自己怎么也该敷衍地抵抗一下，免得以后阿拉伯人指责他与敌人暗通款曲。

不管是不是象征性的，约旦士兵开火总之是驳斥了大家本来默认的事，说明国王和以色列不是一伙的。以色列人借着这个机会，疯狂屠杀约旦军队，占领了约旦河西岸地区和加沙，还俘虏了将近一百万巴勒斯坦人。1948 年，我父亲和他的朋友们竭尽全力保护了旧城。但这一次，却没人尽举手之劳。在东耶路撒冷，以色列人在新门上撞出一个洞，无数士兵蜂拥而入。士兵们在西墙唱起了以色列国歌《希望》，而随军拉比则念诵着祷文："你们是被福佑之人，你们抚慰天国，你们修建耶路撒冷。"

整个阿拉伯世界对此的反应是愕然的沉默。1948 年以后，各种革命已经清除了那些被指责为落后、腐败的旧时领袖。这次，是革命者在掌权，又能怪谁呢？埃及是那样无敌，有如此超凡如神的领袖，配备了苏联武器，还有庞大的军队，结果还没来得及出击就被打败了。那么，世间还有哪支队伍能够重建阿拉伯荣誉呢？埃及各处突然出现很多神秘现象，似乎预示着阿拉伯政治的破产。穆斯林农民们竟然带着一种普世情绪，声称眼前总是反反复复出现圣母马利亚的幻影。战败也滋生了很多关于征服者的虚假传言。有人说，巴勒斯坦的犹太人，其实就是金发碧眼的高个子德国人或维京人。打败我们的不是闪米特人，而是瓦格纳式的超级英雄。

哥哥扎基和我仍然没有家人的消息。在埃及新闻处的咖啡厅，我们焦虑地咬着指甲，如同两个悲痛欲绝的拳击迷，目睹最喜欢的拳击手被狠狠击中，失去知觉，轰然昏迷在垫子上。

接着忽然而至的是阿拉伯政治史上很少见的时刻：纳赛尔宣布辞职，说这是唯一可做的有男子气概的事情。短短几分钟之内，整个阿拉伯世界掀起一股情绪狂潮，一直蔓延到我们这个坐在伦敦咖啡馆里垂头丧气，数日未曾梳洗整理的小团体中。我们立刻不约而

第六章 葡萄藤

同地跳起来，往埃及大使馆狂奔。我们也许输掉了战争，但不能失去领袖。

从非斯到巴格达，和我们一样的数十万普通百姓在游行，我们有着一致的目标，求纳赛尔回来：你也许让我们失望了，但我们仍然爱戴你。

战争结束后又过了好几天，我们终于接到消息，得知父母平安。因为我家的房子，以及爷爷的房子——现在属于堂哥们了——都在分界线旁，一大家子人决定在战争最初的两天躲在街角那所关闭的阿拉伯学校的地下室里。我们的空房子，几乎是在"热情邀请"以色列士兵进去劫掠。自然，这些士兵掳走了家里的水晶与银器、父亲的网球冠军奖杯，以及从英国人那儿得来的金质奖章，包括马耳他骑士团的女王骑士勋章。还好，他们没有拿走他那顶律师的白色假发。（这顶假发现在属于我儿子贾迈勒，他就快拿到法学学位了。）家中所有的文件、信件和照片全被胡乱堆在一个角落，床上有人睡过，收藏的苏格兰威士忌也都被喝成了空瓶。有位军官找到了家里沃尔沃汽车的钥匙，把车开走了。（几天后，车被送了回来，加满了油，一名以色列军官还附上了道歉信。）

听说父母平安，哥哥和我都松了口气，又开始为自己的命运担忧。我们怕以色列人会像1948年那样对待难民：阻止我们回家。我们在英国待得越久，不被允许回国的风险就越大。

哥哥比较年长，而且已经从剑桥毕业，急于开始新生活，他选择冒险偷偷回国。他先飞去约旦，然后去往约旦河。当时的分界线还没有重兵把守，看守不那么严密，困在约旦的巴勒斯坦人都纷纷在走私者的帮助下回到约旦河西岸地区。这是非常冒险的行为：一旦过了河，以色列士兵就可能开火；接着还必须在对岸找到安全的营地。我哥哥和一小队人一路畅通无阻地过去了。他搭了个便车，去往耶路撒冷。

　　回到城里仅仅一个星期，他就明白了，在以色列占领的耶路撒冷，自己是没有未来的。他出发前往波斯湾寻找生计，再也没回过自己的出生地。"我希望心中的耶路撒冷一直是回忆中小时候的样子，而不是后来的样子。"他后来这样解释。他成了阿布扎比公民，做了阿拉伯联合酋长国（The United Arab Emirates）第一任总统扎耶德（Sheikh Zayed）的首席参谋和好友。

　　我又在伦敦踟蹰了几个星期。等我终于开始严肃思考回国事宜，却选择了一条不同的路。为什么不直接飞去特拉维夫呢？我问自己。为什么不公开挑战一下以色列人，看他们是否准许呢？我抱着这个想法找到了特迪·霍奇金斯——我父亲在英国托管时期结识了一位信仰马克思主义的朋友，特迪是他的哥哥，在伦敦为《泰晤士报》（The Times）撰稿。我请他帮我发表一封致以色列政府的公开信，要求以色列不要剥夺我的家族传统，允许我回家。

　　公开信甫一发表，我就收到位于伦敦的以色列大使馆的邀请，请我去面谈此事。我在行吟诗人咖啡馆的很多朋友都笃定我会把邀请函撕得粉碎，稍微有点自尊的阿拉伯人绝不会踏进以色列大使馆一步，更别说请那些犹太复国主义分子帮忙了。我却立刻赴约。几天后，大使馆一名官员就在我的通行证上盖了签证印章。我的通行证是一种专用的旅行护照，作为一名耶路撒冷人，我直到今天还在用它。

　　8月，我登上前往以色列特拉维夫的班机。这架飞机机身上印着巨大的希伯来字母，是敌国国家身份与权力的核心象征，很难说清我登上这架飞机时的那种百感交集的心情。进去之后，我坐下来，周围坐满了回家的以色列人，以及怀抱美好愿望的犹太人、非犹太人，一起飞往一个突然间享有近乎神话地位的国家。在敌国飞机里，

第六章　葡萄藤

和以色列人坐在一起，被以色列航空的空姐（坦白说，她们真是风姿绰约）服务，这在我心中留下了不可磨灭的印记，影响了我对巴以冲突的态度。

飞过巴勒斯坦地中海沿岸的时候，我心中升腾起异样的感觉。我坐在靠窗的位置，能看到地上有一片橘林，蔓延成巨大的几何图形。这些就是我从妈妈那里听说的著名的橘林吗？

在卢德（就是被以色列更名的吕大）机场外面的出租车站，我在人群中被推来搡去的同时，只看到少数几个我从小时候就开始窥视的黑胡子巫师。而其他的以色列人，一点也不像传闻中高大伟岸的瓦格纳式英雄。最让我震惊的是他们简单平常的穿着，以及带着乡土气的举手投足，就像旧城集市上的小贩。这么一群衣品和风度都欠佳的人，连排队等出租车都做不到，怎么会用和上帝创造宇宙同样的时间打败庞大的阿拉伯军队呢？说实话，他们这副工薪阶层的普通模样让我精神一振。我通过敌国电台听甲壳虫乐队的时候产生的怀疑得到了证实，他们是和我们一样的普通人。

我很快找到一个会说阿拉伯语的以色列出租车司机，可以载我去耶路撒冷。我上了车，路上的第一程，我几乎没有张口，这样的事情实在是令人震惊，仿佛是在梦中乘车穿行。本身，在坑洼不平又蜿蜒崎岖的特拉维夫至耶路撒冷的公路上驱车往东，就已经够不可思议的了。自然，我认不出车窗外掠过的风景，但让我的心怦怦直跳的，是一些路标。我们开过传说中的拉姆勒，坐在后座的我急切地向外望去，想寻找外公的坟墓。当然，肯定是一无所获。

去往耶路撒冷的路上，阿拉伯文明的踪迹已经很少见了。说这里是南加州也有人信：没有阿拉伯村庄，没有驴子，没有骆驼，也没有阿拉伯人。抹杀得干干净净。我们在这个国家生活了1300年，现在我能看到的证据很少，其中之一是陡峭的犹地亚山附近变成废墟的石头房子，上面有土耳其风格的装饰。临近耶路撒冷，我看到一个英语路标，通往卡斯塔尔，就是那场著名战役打响的地方。

终于，黄昏时分，我们来到阿拉伯村庄阿布高什（Abu Ghosh）。司机建议歇歇脚，喝杯咖啡，吃点东西。离开英国后，饮一杯土耳其咖啡，真是让人开心。这路途小憩让我发现，在1948年，并不是所有巴勒斯坦人都被赶出了家园，很多人得以留在原地。我还发现，我们落脚餐厅的主人是阿布高什家族的成员，还是我们家的远房亲戚。

我们回到车上，继续前行。我再次陷入了沉思。在计划这趟旅程时，有一点我是万万没想到的，就是身处犹太国家的阿拉伯人之中，我竟然感到了回家一般的轻松愉悦。

穿越从前的"无人区"是这趟旅程的高潮。看到我从小就习以为常的铁丝网和"格杀"地带竟然不见了，仿佛是在见证奇迹。到那个时刻，我才恍然惊觉，战争结束了我国的分裂状态，失败让我寻回了自己的故土。

从小到大我都坚信，自己的故土从耶路撒冷开始，一直往西延伸到雅法，我对这个想法从未有过一刻犹疑。安曼和东边那些沙漠，对我来说一直是陌生的异国。我从未觉得自己属于约旦体系，而无人区被迁移到约旦河东岸这个事实，一点都不让我烦恼。

我的乐观是多么错误，这里显然也不必细说。当时的出租车上没有水晶球，我也无法预见到未来数年的敌占区生活，成千上万的尸体，或者如今将我的国家分割的那六米高的水泥墙、通电围栅。但从一个方面来说，我幼稚的想法倒也没那么离谱。那时候，我和现在一样相信，巴勒斯坦的阿拉伯人和犹太人是天生的盟友，而非仇敌。我不能和这些插队打车的人共同生活在一个民主而平凡的国家吗？在1967年，我看不到任何这样的理由。事实上，我感觉和我的命运联系得更紧密的是他们，而不是拉格比公学那些高高在上的人。

第六章　葡萄藤

出租车停在家门口,爸爸妈妈和我的两个弟弟哈特姆与萨克尔都在家。(我的哥哥姐姐全都在国外。)全家团聚,好像过节一样,就像地震后发现彼此都安然无恙地活着。妈妈几乎立刻就宣布自己不喜欢新的军事政权。士兵将我家洗劫一空,恰恰确认了她最深的偏见,他们都是"一帮未开化的暴徒",这是她的原话。父亲就更克制些,战争只不过是确认了他长期以来对阿拉伯领导人的疑虑。这些人一遍又一遍地让国家与人民为他们自己浮躁鲁莽的煽动行为付出惨重代价。父亲没有多说,我却凭直觉感到,他的政治头脑正如陀螺般疯狂地旋转着。

我很快就从家人那里了解了开战以后的整体状况。自从离开伦敦以后,父亲就不再担任公职,但他还是很多事情的中心人物。数个世纪以来,在政治的起起落落中,我们家族总会脚踏实地地回去干老本行,做基督徒与穆斯林双方圣地的守护者。父亲也遵循了这个古老的传统,他和整个约旦河西岸地区的宗教与政治领袖建立了伊斯兰高级理事会(Higher Islamic Council),主要合作伙伴是耶路撒冷新的大穆夫提,谢赫萨德丁·阿拉米(Sheikh Sa'd el-din El-Alami),他也是该理事会会长。不管是什么议题,大穆夫提都很尊重父亲的政治建议;需要建议的时候,他会穿上飘逸的长袍,从圣殿出发走过街巷,来到我们这边。父亲总是能给这位圣人冷静明智的建议。

父亲对理事会的预期是:一个代议制机构,在被新政府占领的情况下,能让人民发声。他特别关心的一个问题是旧城那些宗教遗迹的保护。

与此同时,以色列也在迅速行动,对整个城市进行强制统治。新统治者关闭了阿拉伯市政当局,让耶路撒冷市长劳希·哈提卜(Rauhi el-Khatib)收拾好行李去约旦。这样一来,西耶路撒冷的以色列市政当局就完全掌握了公共服务与设施。战争后的两三个星期,以色列议会投票同意吞并我们在耶路撒冷居住的地区。我们不仅有一个新的统治者来收税和管理，还要面对一个无论是军队还是官员都要占领我们土地的国家。

"在国际法庭上，这些都是站不住脚的。"我父亲对事态的发展进行详细研究后，一边伸手轻轻揉着自己的假肢，一边评论道。他坚信，法律是崇高的、公平的，不会被区区人类的阴谋诡计所影响；他也相信在国际法庭或联合国，大家有着共同的人道主义，在那里，全世界的错误都可以得到纠正；他的信念一如既往，从未动摇。就算亲眼见证了暴力集团每天对法律标准的嘲讽与践踏，父亲仍然相信法律的至高无上与永恒久远，这种信仰从未磨灭。

已经入夜，晚饭后，父母又像以往一样，投入到与朋友家人的沙龙中。这就像1948年的情景重现，那时候难民们都相信他们只需要几天就可以回家。如今灾难之后，客厅里的每个人仍然天真地以为，以色列很快会被迫撤兵；他们对所有相反的证据视而不见，比如各处的土地充公，各种强拆房屋，以及象征着长期规划的新建工程。现在，怎么可以允许"1948年的贼人"在约旦河西岸地区狼吞虎咽？同样不可思议的，还有全世界竟然对以色列这"厚颜无耻的非法行动"保持沉默。他们肆意破坏穆格拉比（Mughrabi），或者说摩洛哥区，将很多人的财产没收充公，驱逐或软禁了很多领导人，这些都是以色列罪行的铁证。我默默地听着，不作任何评论。

第二天早上，我进行了自己人生中最震撼人心的跋涉。我翻过家中花园的墙，壮着胆子进入了无人区。

我先是犹犹豫豫地在那布满尖利石头的危险领地上走了几步，双眼一直紧盯着缠绕在一处废墟之上的葡萄藤。在我看来，藤蔓一直是无人区毫无争议的国王。每年春天它们都在我的注视下慢慢苏醒，焕发生机，然后又兀自逐渐凋零。

第六章 葡萄藤

激动令我心跳加速。我挑了一枝藤蔓，摘下上面的果实。这果子依然干瘪，像葡萄干似的，我吹了吹灰，把它放进嘴里。和我长久以来的想象不一样，并没有丰富的滋味在口里生发，而是苦苦的，我赶紧吐了出来。

我继续向前，往之前严禁入内的米歇雷姆区走去。我慢慢地迈出每一步，努力让自己适应这新的现实。有那么一瞬间，我转头看了看我家的花园。寒来暑往，我总是站在那里，凝视着西边。

几分钟后，我来到一条窄窄的小街上，这里住着虔诚的犹太人，他们穿着乌黑的风衣。孩提时代，我窥探的以色列就到此为止，但这里也是我父母在1948年之前很熟悉的地方。一群孩子被我惊到了，跑到街角。我转了个弯，又回头沉着地深深看了我家一眼，努力去想象米歇雷姆的人们这么多年来是怎么想的。当他们看到一个小男孩从红砖房的花园往外望时，是怎么想的呢？我是他们胡椒树里那个邪恶的妖精吗？

我在那年夏天的行为举止惊吓了米歇雷姆的孩子，也惊到了我父母的朋友和同事。我，努赛贝家考上牛津大学的儿子，还是前市长的儿子（在他们眼里，我应该穿着正式的夹克，胸上绣着拉格比的盾徽），竟然留着长发，穿着凉鞋，和那时候游荡在中东地区的欧洲嬉皮士没什么两样。

那年夏天剩下的时日，我经常走出去探索这座城市的变化。我去了塔尔比赫、巴卡和卡塔蒙，之前都是西耶路撒冷的阿拉伯人聚居区，现在住的都是犹太人了。那些地方发展得欣欣向荣。那些过得富足优裕的居民，和我在机场初见的以色列人有很大区别，他们无忧无虑地过着自己的生活，根本不在意，也有可能完全没意识到自己住在别人的家里。"我能怪他们吗？"我扪心自问。没有答案，到现在也没有。

等我来到之前的摩洛哥区，心中就没这么矛盾了。这里被毁坏得面目全非，让我哑口无言，让我愤怒不已。那如迷宫般纵横交错的东方风情街道曾是我小时候最常去的"游乐园"。现在，一切都消失了。战后不到几天，工兵、拆迁队和推土机都来了。那些可怜的居民只有两个小时的时间收拾东西走人，整个区域被夷为平地，包括两座12世纪的清真寺；因为他们要在西墙前修建一个广场。在我看来，这样驱赶和根除一个社区，毁灭其过去，只为了修一个毫无特点的苏联式阅兵广场，实在是魔鬼行径。

在父母晚间的沙龙中，总会有些意料之中的议题定期被提出，巴勒斯坦人谈论政治时总是这样。人们仿佛是在寻求安慰一般，幻想着大家会奇迹般地回到过去。一点点小事，也能让大家猜测约旦的军队要过河杀回来了。传言四起，说法塔赫的武装小分队正在被占领土的各个地方秘密行动着。"这些人到底是谁啊？"伯伯问父亲，但父亲也不知道。我知道，但我一个字也没说。我发现自己比沙龙的常客懂的还多，这真是一个人生里程碑。

家里总是门庭若市，很多人来请父亲给意见。颇具影响力的教士阿卜杜勒·哈米德·萨耶赫（Sheikh Abdel Hamid Al-Sayeh）颁布了一道伊斯兰教令，禁止穆斯林遵守以色列法律。有人说要发起全面抵制，要重回1936年的荣耀岁月。"我们应该合作吗？"人们问父亲。

父亲总是小心行事，如履薄冰，也许只有他这种安着铝合金假肢的人才能做到吧。写过去的事情并不容易。现在再回头看，很容易就会发现，1967年以色列人就已经制订了大规模的计划，要消灭耶路撒冷所有的阿拉伯特色、历史，及其在我们文化与政治生活中扮演的角色。这种态度在当时就已经有了迹象；但也有很多迹象表明，他们是尊重我们，愿意跟我们合作的。

没有水晶球，无法预见未来。父亲凭着直觉，先去接触以色列

第六章 葡萄藤

人。他不是要向这些新的统治者谄媚，而是作为一个骄傲的泛阿拉伯主义者，意识到我们要克服自己的软弱，就要昂着不屈服的头颅和敌人接触。他和很多以色列人都有来往，一直表现得很亲切、礼貌，完全看不出一点仇恨与恶意。同时，他又全心全意地支持抵制以色列在东耶路撒冷强制执行自己的法律和管辖权。他拒绝提供模棱两可的法律服务，这种决心坚如磐石，不可动摇。

我也参加过父亲和以色列官员们开的一些会议。他的镇定自若令我震惊，仿佛赢得战争的是他而不是对方。他是个自豪的阿拉伯人，坚信自己的传承有着无可估量的优越性。而他的这种骄傲，让客人们有些生气；我想，也应该有些敬佩。

他的政治想象力也被与生俱来的、为这和平之城服务的职责滋养着。将近三十年后，巴解组织执行委员会成员、新成立的巴勒斯坦民族权力机构（Palestinian Authority, PA）的教育部部长亚西尔·阿米尔（Yasser Amer）给我讲了六日战争后不久，他与父亲两人在后者的律师事务所进行的一次交谈。

"告诉他们，"父亲对阿米尔说，"他们"指的是巴解组织的领导人，"直接去和以色列谈判一个'两国方案'。"父亲认为，在以色列打败了阿拉伯国家的情况下，巴解组织提出和平协议，可能会有成果（他也许是对的），"现在就行动，如果还要等待，以色列的立场会更强硬的。"

巴解组织没有采纳父亲的建议。"你父亲，"亚西尔·阿米尔说，"比我们有远见得多。当时民族主义情绪泛滥，我们不可能听他的。"

第七章
粉碎旧思想

秋天，我准备去牛津入学了。我很想学哲学，但向父亲袒露这个想法时，他只是含糊地应付了两句。他建议我们双方都作出妥协，我也同意了，选择的是一条旁人比较欣赏的、以后会担任公职的"绅士"之路。我选的课程结合了哲学、政治和经济。我所在的基督教堂学院出了很多杰出校友，包括国王、首相、主教，还有约翰·洛克（John Locke）和刘易斯·卡罗尔这种在文学史和哲学史上闪闪发光的人物。

初入学院门槛的我，一定显得与那里格格不入。让我不合时宜的应该不是我的长发与大胡子，或者在行吟诗人咖啡店养成的那种反主流的派头——那时候牛津还是有相当一部分马克思主义者和共产主义者的。比较"刺眼"的，应该是我的阿拉伯深色皮肤。当时，牛津除了我，只有一个巴勒斯坦本科生，艾哈迈德·哈立迪（Ahmad Khalidi），他来自耶路撒冷最显赫出色的学者家庭，是阿拉伯大学校长的孙子；他的父亲瓦利德·哈立迪（Walid Khalidi）是贝鲁特美国大学（American University of Beirut）知名的教授。（我父亲和伯伯哈齐姆都与瓦利德·哈立迪很熟。)

艾哈迈德和我经常待在一起。他是被主张民族主义的知识分子培养教育的,给我上了巴勒斯坦政治"速成课"。我了解到很多东西,其中之一是那些令人眼花缭乱的革命组织缩写背后到底是什么,比如 ALF(Arab Liberation Front,阿拉伯解放阵线)、PLF(Palestine Liberation Front,巴勒斯坦解放阵线)、PFLP(Palestinian Front for the Liberation of Palestine,解放巴勒斯坦人民阵线),以及 PDFLP(Popular Democratic Front for the Liberation of Palestine,巴勒斯坦民主人民解放阵线)*。艾哈迈德最喜欢的是 PFLP 中分裂出来的一个小派别,其领导人是传奇人物艾哈迈德·贾布里勒(Ahmad Jibril)。"巨蟒剧团"在拍《布莱恩的一生》†时,显然是想到了我们,他们在剧中描绘了"犹太广大人民阵线"、"人民犹太阵线"和"犹太人民阵线",三个组织纷纷拉人入伙。

对一个大学生来说,那个时代真是令人激动。1968 年是学生反叛与嬉皮士时代的高潮,全世界年轻的革命志士以菲德尔·卡斯特罗(Fidel Castro)与毛泽东等领袖为榜样。在巴黎,绰号"红色丹尼"的丹尼尔·科恩—本迪特(Cohn-Bendit)正在撼动僵硬刻板的法国既有体制。而我们也有想要追随的"火把",那就是亚西尔·阿拉法特。

家乡一直有种模糊的传言,说有游击队在对以色列人发起攻击,而阿拉法特就是这些攻击背后的神秘人物。那时候我对他和他的法塔赫运动的了解,仍然只限于在《自由巴勒斯坦》杂志上读到的那些。灾难般的战争已经是既成事实,再看他关于阿拉伯国家的言论,

---

* 该组织于 1975 年更名为解放巴勒斯坦民主阵线(Democratic Front for the Liberation of Palestine,DFLP)。——编注

† 巨蟒剧团(Monty Python)是英国六人喜剧团体,《布莱恩的一生》属于他们的主创作品,由其中一人执导。

第七章　粉碎旧思想

仿佛先知的预言。3月，广播新闻报道说，他的战士们和以色列军队打了场仗。特别吸引我注意的是战斗的地点：卡拉梅（Karameh）。小时候我在那里的家庭农场开过拖拉机。

卡拉梅战役是一场血洗之战，几十名巴勒斯坦将士疆场殒命。然而，等到以色列军队退到约旦河那边之后，法塔赫宣布自己取得了战役的胜利。以色列人也是拼尽全力地战斗，我们的战士牺牲不少，但法塔赫继续存在着。卡拉梅战役成了我们的神话，被誉为"巴勒斯坦人的斯大林格勒战役"。这其中的英雄主义不止震撼了阿拉伯人，坎特伯雷大主教的妻子费舍尔女士（Lady Fisher）就公开说，阿拉伯人"面对祖国处于征服者铁蹄之下的局面，当然是在做勇士们一定会做的事情"。[1]

我们终于开始有些值得尊敬的盟友了。阿拉法特看上去不修边幅，很有波希米亚风格，比这一点更吸引我的，是他所展望的统一的民主巴勒斯坦国。我应该说明，他是模棱两可和发射混乱信号的大师，他总是对"犹太复国主义被扫除后犹太人怎么办"这种问题避而不答。我自己帮他填补了空白。在我心中，统一的巴勒斯坦，应该既有阿拉伯人，又有犹太人；没有分界线，人们可以很正常地沟通交往，最终成为一个祥和的国家，不用费一枪一炮。无论如何，有一半的以色列人看着都像我的亲戚。他们中的很多人会说阿拉伯语，因为他们来自伊拉克或北非。我们喜欢同样的食物、音乐，用同样的水烟管抽着同样的烟草。我们怎么就不能共享一个国家呢？

我想，这符合阿拉法特发起运动的目的，所以也开始散发一些法塔赫的传单，比如，在关于中东的讲座上发给前来听课的人。主讲者都是一些卓越人物，比如罗杰·欧文（Roger Owen），他是一位守旧派作家，写了很多巨著，比如《中东在世界经济中的地位，1800—1914》（The Middle East in the World Economy, 1800–1914）。

在牛津，巴勒斯坦政治很快在我心里淡化为背景，因为我社交的世界大大扩展了。我结交了有不同背景和兴趣的同学，其中之一是美国本科学生杰伊，他喜欢开着自己那辆奔驰敞篷车去各个夜店玩。我们有时候会一起去参加派对，天气好的时候，也会敞着车篷，在乡村道路上风驰电掣。政治与游击战争似乎离我太远了。

听起来可能很奇怪，但我对政治的兴趣，还是在牛津认识了几个以色列研究生后才得以保持的。从国家层面上讲我们是敌人，但我们有很多共同之处。首先，我们在热烈辩论政治时，都爱吃鹰嘴豆泥，这是巴勒斯坦和以色列共同的代表性美食。

我最喜欢的辩论对手是阿维夏伊·马加利特（Avishai Margalit），他在王后学院跟随伟大的哲学家和政治思想家以赛亚·伯林（Isaiah Berlin）学习哲学。我们经常约在上午见面，地点在圣阿尔达特街（St. Aldates）上一家教堂经营的茶室，街对面就是克里斯托弗·雷恩爵士（Sir Christopher Wren）设计的壮观的汤姆塔（Tom Tower）。和阿维夏伊讨论起政治来很轻松，因为我们离家乡的各种事件都很远，可以各自嘲笑那些吹着军号耀武扬威的胜利者（他那边的）和吹毛求疵的抱怨者（我这边的）。

开着奔驰车四处跑，在茶室举办我自己的政治沙龙，这些让我获得了急需的自信。有时候我甚至暗自忖度，自己仿佛终于有了些父亲的风骨，也有了他那样镇定自若的人格力量。比起在行吟诗人咖啡馆里激烈辩论，我也开始把自己的政治信念建立在更好的立足点之上。遗憾的是，要严肃地研究哲学，好像是一件特别艰难的事情，真是让人羞恼。

我从一开始上课就感觉很吃力。仿佛是命运的安排，我的第一本指定阅读书籍就是伯特兰·罗素的《哲学问题》（*The Problems of Philosophy*）。一个星期后，我至今仍深深感激的导师，仿佛把我脚下的地毯一把掀开，让我的世界里那些似乎无可争议的想法与事实都开始崩塌。他请我在办公室的皮椅上坐下,我的各种常识都在他的滔滔不绝中不堪一击;当我提出驳斥时,也遭到他的完美反击。他做这一切都轻松自如,仿佛不费吹灰之力,好像沏一杯茶都比这更累人。

接下来的一周,同样的场景再度上演。我又一次被他打得落花流水,灰溜溜地走出他的办公室,不得不承认,之前的一两年,无论我对自己多么笃定自信,现在都一去不复返了。我又回到了过去,处于那种彷徨挣扎的状态。

而且,情况比我小时候那种迷迷糊糊的状态要严重得多。现在,我再也没有可供撤退的避风港了。我的阿拉伯故土一片狼藉,我面对的现实也被人践踏得七零八落。我的头发一天比一天蓬乱。

然而,我还是坚持去找导师。那个学期逐渐过去,我慢慢发现,他冷酷无情的攻击,其实并不是我一开始想的要毫无慈悲之心地针对我。他是在采用苏格拉底式的问答法,来挑战我的既定信仰与设想;必要的话,他要毁掉思想的安全停靠站,破坏神圣的正统说法与传奇。他希望通过自己的教导,让学生多进行批判性反思,巩固严谨的学术原则,这样才能清醒地生活和思考,打开一扇扇紧闭的思想之门。他不止挑战我认识得很清楚的那些观点,还更令人仓皇失措地强迫我去质疑那些从未被质疑的设想,要是说不通、讲不明,就要拒绝接受。一次对谈时,他引用了弗朗西斯·培根的话,说有一些思想中的偶像是需要打破的。我立刻想起穆罕默德从麦地那凯旋,回到麦加的故事,当时他进入克尔白天房,唯一的武器只有赶骆驼的棍子,二话不说就遣散了异教众神。

我的阅读范围基本集中于欧洲启蒙时代的大师作品,但很快,我的注意力就转向了路德维希·维特根斯坦(Ludwig Wittgenstein)和约翰·奥斯汀(John Austin)所研究的语言哲学。前者出身剑桥,后者毕业于牛津。让人激动的是,正是由于这个新的思想学派来自本地，所以即使是在我研究学习的过程中，它也仍在不断地被重塑。

约翰·奥斯汀已于数年前去世，但他传奇般的治学生涯和敏锐的头脑仍然在牛津回廊间的低语中萦绕不去。（他的著作《如何以言行事》[How to Do things with Words]征服了整整一代哲学家，让他们对"日常语言"痴迷不已。）维特根斯坦也已去世，他的思想与奥斯汀一样，让人常读常新，活跃在大家的口耳相传中。维特根斯坦是奥地利贵族，祖上有犹太人和天主教徒双方的血统；他并不需要生活上的安全感，他把钱财散尽，一头扎入外面的世界，只信任思想的力量。有段时间，维特根斯坦在阿尔卑斯山区的一个乡村做了小学教师。他总是立足于外面的世界向内窥探，窥探语言、社会和他自身。也不知通过何种方式，他在自己内心找到一块存在主义的栖息地，能够以此为据点观察人生。维特根斯坦带给我的震撼，远超于"桶"中的笛卡尔（Descartes）和每日在柯尼斯堡（Königsberg）游走的康德（Kant）；我觉得，尽管隔着一段距离，但我依然可以追随这位探索者。

1968年夏天，我回到了家。因为在导师的办公室里经历了那痛苦的思辨，打开了新的学术视野，回到深陷泥淖的家庭和故国，我感觉怪怪的。拥有无数头衔和荣誉的家人，让我想起那些被苏联流放的贵族。父亲的田庄，就是约旦河谷中一片200英亩*的土地，甚至都被没收了，落到了以色列当局手里。这个来自麦地那，一听名字就能让人想起昔日辉煌的家族，已经成为一个由前任公务员组成的小家庭，孩子们要么已经远走高飞，要么正要离家。

耶路撒冷在巴勒斯坦治下的区域前途未卜，恰如那时的我。这片区域既不像约旦河西岸地区一样处于以色列军队的管辖之下，也

---

* 英美制地积单位，1英亩合4046.86平方米。——编注

不像以色列其他地方一样是自由的国土。一段匪夷所思的历程开始了,专业人士纷纷抵制自己的职业:比如,阿拉伯律师不再做律师工作,因为他们拒绝归入以色列的司法系统。阿拉伯的市政当局已经不复存在,社会与经济也在不断动荡变化。以色列的货币、车牌、交通系统、法律流程、消费品和生活习惯都迅速地在日常生活中扎根,大家开始产生混淆与困惑。

我一回家就发现父亲在积极寻找途径,以弥补最近一次失败带来的灾难。联合国安全理事会第242号决议(UN Security Council Resolution 242)呼吁以色列从已经占领的领土上撤退。而决议刚刚宣布通过,就遭到巴勒斯坦领导人煽动性的抨击,原因很简单:该决议默许了以色列在1967年前边界的合法性,这就相当于说,他们在1948年占领的所有领土都是合法的。第242号决议第三条倡导"尊重和承认该地区每一个国家的主权、领土完整和政治独立,以及他们在共同承认的安全领土内和平生活,不受威胁或武力侵犯的权利"。

以色列对待第242号决议的代表性官方态度,就是本-古里安对"UM"(希伯来语中"联合国"的缩写)轻蔑的嘲讽:"联合国算什么。"

父亲从未想过1948年的惨败还有转圜余地,因此他专注于讨论新近被占领土问题。他很赞赏第242号决议清楚地提出"不允许以武力获得领土,需要努力实现公正、持久的和平,使该地区的每个国家都能和平生存"。在父亲看来,联合国的意思再清楚不过:以色列必须撤回到无人区那边。

父亲不知疲倦地进行外交活动,吸引了一批批外国高官、政府首脑和记者,他们纷纷来到我家。有一次,他试图说服约旦的侯赛因国王与以色列谈判,希望能够达成协议,但没能成功。国王当时自己也是四面楚歌,约旦国内巴勒斯坦民族主义力量日益崛起,他不希望自己像祖父一样被枪杀，所以根本不敢和以色列谈判。尽管如此，父亲还是辛勤地奔走。最终，侯赛因国王和摩西·达扬、果尔达·梅厄进行了秘密会谈，但他们在耶路撒冷问题上产生了分歧。国王愿意让战胜方保有西墙周围的整片区域，用来换取旧城剩下的区域和约旦河西岸地区。而以色列人对此不感兴趣。

不过，摩西·达扬和耶路撒冷市长特迪·科莱克（Teddy Kollek）等以色列政要也并未因此就不再来我家。伊斯兰教节日时，科莱克会上门拜访，我还能回忆起那时的情景，他和父亲对坐，抽着大姐穆尼拉从阿布扎比给家里寄回的哈瓦那雪茄。

"安瓦尔，我们正要对阿拉伯教育系统引入一些创新机制，"科莱克一边对父亲说，一边慢吞吞地吐出一串热乎乎的烟，"你能不能想想办法，让本地的阿拉伯教育界领导层也参与到这件事里来？毕竟这是符合你们自己利益的。"

"想法好极了，"父亲语气严肃地回复，往烟灰缸里弹了弹烟灰，"但是你来告诉我，这些创新机制什么时候能实施？"

科莱克不常听到阿拉伯人积极回应自己的倡导。他向前斜着身子，声音里多了一丝兴奋："当然是新学年开始就实施啊。"

父亲装作一脸天真地算着月份，摇摇头，露出一副迷惑的表情："但还有整整五个月啊。那时候你肯定都走了。"

父亲也接受邀请，向以色列听众发表演讲，或者与以色列领导人进行辩论。有一次，我跟着他一起去了佩塔提克瓦（Petah Tikva），有人邀请他对众多能听懂阿拉伯语的也门犹太人发表演讲。父亲开车，而我负责看地图指路。意料之中，我们迷路了，在绕了几大圈之后，一名艾格德（Egged）公司的大巴司机注意到我们的东耶路撒冷车牌，主动上前为我们提供了帮助。父亲对听众讲了这件事，总结说，要是政客们都像大巴司机一样，我们就能拥有和平。

第七章　粉碎旧思想

观众们愉快地鼓掌应和。

从牛津回家后不久，我就惊奇地发现，很多以色列记者排着队要见父亲，有时候是在家里，有时候是在他位于大马士革门附近的律所。我回家后一个星期，希伯来语日报《国土报》（*Ha'aretz*）的记者丹尼·鲁宾斯坦（Danny Rubinstein）上门来采访。丹尼比我大不了多少，和我根本不会说希伯来语形成鲜明对比的是，他的阿拉伯语很流利。采访过后，我们开始闲聊。我跟他讲了牛津的生活，还有我和几个以色列学生交朋友的经历。我猜他一定觉得很惊讶，因为他问我想不想去看看以色列议会。我说，我从外面看过好多次了。"我是说进去看。"他解释道。"你是开玩笑的吧？"我说。

他不是。

去之前，我对这个被称为"克奈塞特"（Knesset）的机构有过诸多想象。比如，我听说，天花板上垂着一面大旗，上面印着幼发拉底河与尼罗河，象征着犹太复国主义的贪婪胃口，要把其领土从开罗郊外一直扩张到巴格达。

几天后，丹尼就安排好了一切，我从顶层看台近距离观察了以色列政府。我没有看到传说中的大旗，不过也认出了摩西·达扬著名的眼罩。我看到下面坐在政府人员席位上的，有果尔达·梅厄、戴维·本-古里安，以及以色列总理列维·艾希科尔（Levi Eshkol），他们头碰头地围在一起，仿佛在密谋什么。

到此时此刻，我逐渐产生了强烈的渴望，想要去了解推动以色列前进的动力，是什么让它如此富有动感与活力。很快，我就得到了第一个机会。

一天，伊斯兰高级理事会的代表们来到我家，他们告诉父亲，以色列人开始在阿克萨清真寺附近进行考古挖掘。他们怕这些新的统治者会挖到圣地之下，寻找所罗门那失落的殿宇。伊斯兰高级理事会的这些先生希望能得到父亲的支持，保护圆顶清真寺免受亵渎。

父亲和理事会的同僚们带着我一起去了考古现场。我们穿过旧城，来到挖掘的地方。考古团队的领队梅尔·本—多夫（Me'r Ben-Dov）看见我们一脸怀疑地站在远处。他用非常流利的阿拉伯语大声问道："你们想看看我们发现了什么吗？"然后他招手邀请我们过去，看看他的团队挖掘出土的伍麦叶王朝的那堆伊斯兰古董。

我们这边的伊斯兰学者尴尬地面面相觑，不知道该作何回应。最终，父亲问是谁在做挖掘工作。

"从世界各地来的学生。"

"你们接受穆斯林志愿者来帮忙挖掘吗？"

"当然啦。"对方如此答复。

父亲昂着头，抛下那群疑惑不解的理事，向那位考古学家走去。

"来呀。"他朝我挥手。我就是他所说的志愿者。

从前我也见过父亲的很多勇气之举，但还从来没遇到过这么好的例子，他能够不顾同侪的看法，跨越界线，对偏见嗤之以鼻，特别是在知识的感召下。自然，在他看来，对摩洛哥区的毁坏是权力滥用导致的犯罪。但他把这归咎于政客，而非考古学家。他明白，阿拉伯人不必惧怕科学，特别是发掘我们那些古代公墓与钱币的科学。

第二天，我像往常一样穿着凉鞋、背心和牛仔裤，出现在考古现场，还开始破译古钱币上的阿拉伯文。我倒没在现场待很久，但也足够在我们居住的那一区掀起小小争议了。看到原市长的儿子和那些开挖圣殿的邪恶犹太复国主义者一起工作，人们都不太高兴。那是我第一次听到自己的名字出现在与政治有关的谈话中，而且都不是什么好话。这恰恰能让我好好锻炼一下，不去管别人的看法。就连堂哥扎基都朝我发火了。

有了父亲的鼓励和资金支持，1968年暑假，我也报名参加了一个"乌尔帕"，即语言学校，开始学习希伯来语。后来我又主动提

第七章　粉碎旧思想

出去一个"基布兹"（即以色列集体农场）工作，往前迈出更重要的一步。

当时，那些"基布兹"是欧洲左翼钟爱的目的地，从瑞典到瑞士，不断有志愿者成群结队地来"基布兹"体验社会主义理想，以及同样重要的自由情爱。在阿拉伯人眼里，"基布兹"就是以色列体系的"突击队"，是每一次战斗中冲在前线的、冷酷无情的斯巴达式士兵兼农民。我希望亲眼看看打造犹太复国主义利剑的地方。

父亲给我安排了一切。他联系了一个在加利利的朋友，他在名叫"哈柔瑞尔"（"哈柔瑞尔"意为"播种者"）的集体农场，属于左翼统一工人党运动的"青年卫士"组织（"Young Guard"）。这位朋友和农场同伴提起我要去，晚饭时间大家进行了讨论，然后投票决定向我发出邀请。

哈柔瑞尔集体农场的创办者是一群逃离纳粹德国的年轻社会主义者。他们被希特勒政府赶出学校，于是移居巴勒斯坦，创办了一个集体农场。我到那儿还不满一个小时，农场成员就郑重地向我介绍了这段历史，之后才扛着粗糙的犁耙，带着无限的活力开始干活儿。这片土地以前是被地主疏于照顾的沼泽。他们给我看了开荒岁月的黑白照片。照片里那片空荡荡的荒芜之地，和如今山野间的森林，生机勃勃的蔬菜，以及我转头就能看到的窗外繁花，形成鲜明对比，令人震惊。他们一开始住的白色帐篷，让我想起小时候看的一本书，书里有关于大草原印第安人的插画。

在"敌国领土"上的第一天，我就已经充分领教了这里人民的高素质。简单的白色平房之中，坐落着威尔弗里德·伊斯拉埃尔博物馆（Wilfrid Israel Museum），该馆以一位德国犹太裔艺术收藏家命名。20世纪20年代，他旅行到了印度，进入了甘地的小圈子。1943年，第二次世界大战期间，他在搭救德国犹太人的过程中丧命。遵照他的遗嘱，以色列将他的艺术收藏品捐赠给这个集体农场。看到博物馆中琳琅满目的古陶器、女神像与东方艺术品，我真是叹为观止。

我待了大概一个月，与我同住的是一对善良的老夫妻。每天吃过晚饭以后，他们就会给我讲述各种人生经历。他们说，很喜欢通过阿拉伯语电台听乌姆·库勒苏姆以及其他出色埃及歌手的歌。我也听他们讲述通过电台听纳赛尔那些激昂演说后内心涌起的恐惧。他们和我，还有我在伦敦的那些同侪不同，很惧怕纳赛尔说要歼灭以色列的承诺。

有些夜晚，我又和同龄人聚在一起。我初学了一些希伯来语，努力去听懂他们说的话。我拼凑起来的那些只言片语中，最让我印象深刻的是他们的理想主义。他们真诚地相信，集体农场正在锻造"新道德人类"。他们的事业，既和政治有关，也讲究人道主义。在这之中，所有的人，无论男女，都过着自由平等的生活，没有丝毫资本的贪婪，财富按需分配。

一个月后，我离开了集体农场，心中却比以前还要不确定了。集体农场就像个微观世界，体现了这个国家最好的一面，而这个国家深深植根的地方，是我从小到大一直笃信属于我的国家。标准的"农场人"是人道主义者和社会主义者的典范，我别无选择，只有崇拜敬佩。我从这次体验中收获的思考，很像数十年后读阿摩司·奥兹的书所想到的：至少在1967年以前，我们几乎不存在于这些优秀之人的脑海中。这种缺席并非怨恨或恶意的产物。只不过，我们不是存在于他们世界中的实体，因为在他们的世界中，大多数阿拉伯人在二十年前就被清除了。从大义上讲，这是因为"看不见就想不到"。他们的人道主义，从来没有面对过我们。

那个暑假剩余的时间倏忽而过，我晚上总是去西耶路撒冷的一家咖啡馆，与当地左翼革命团体"Matzpen"（希伯来语中的"指南针"）的成员相聚。我也花了很多时间思考集体农场的问题。就算认识上

第七章　粉碎旧思想

存在盲点，他们也绝对是一群很好的人。我们难道就没有自己的盲点吗？所有这些都让我得出结论：我们冲突的核心不是什么说不清、道不明的邪恶企图，而是无知。

在牛津大学的下一个学年（1969—1970），露西进入了我的生命。我之前已经听说过露西，牛津的每个哲学生对她都是久仰大名。校园传说中的她，是个自由奔放的文艺复兴式女子：才华横溢的古典学者，长笛手，牛津著名业余合唱团"学者合唱团"（Schola Cantorum）成员。这些还不够，她的父亲竟然是伟大的哲学家约翰·奥斯汀。

第一眼看到她，我就被那白皙的皮肤、美妙的秀发和惊人的优雅所击溃。那是在我和艾哈迈德一起办的一个派对上，就在我基督教堂学院的宿舍里。她和一群认识艾哈迈德的朋友一起来的，短暂地停留了几分钟。但一直等到那个暑假，我才真正和她熟悉起来，而且不是在牛津，是在耶路撒冷。她来参加加沙的一个考古挖掘项目；也是天降好运（通过一个在牛津的共同朋友），她要来我家吃午饭！从那时起，每当我在牛津和她相遇，对她就多留意一分。有时我看到她穿着紧身裤和时髦的夹克，有时候又换了一条性感短裙和高帮黑靴，有时候她在泡吧，有时候在教室。我一定要和她更亲近些。

终于，在意想不到的情况下，我美梦成真。当时我正要离开一家自助洗衣店，突然就看到她正往这边来！她等着衣服洗好，我们就有了时间，进行了第一次交谈。后来，我邀请她来听我的一些课堂报告。当谈到亨德尔（Handel）作曲的《哈利路亚大合唱》（"Hallelujah Chorus"）和歌手吉米·亨德里克斯（Jimi Hendrix）的《紫雾》（"Purple Haze"），我们俩都知道是找到知音了。这个问题算是谈妥了，我们一起听了鲍勃·迪伦。

我们开始频繁见面，几乎每天都会。我们一起去看电影，在周围的乡村远足、野餐，或者去老派的英式酒吧吃饭；我们去露营，坐船；在河岸边那家很有个性的酒吧"鳟鱼旅社"，我们交流了各自的人生。（他们说这家酒吧是《爱丽丝漫游奇境》的灵感来源之一。）我对学者合唱团建立起信徒一般的虔诚，到牛津各个教堂观看他们所有的音乐会。学期中间，我们心血来潮，开着露西那辆希尔曼，来到被音乐组合西蒙和加芬克尔（Simon and Garfunkel）唱得名扬天下的斯卡伯勒。到现在我还能回想起她开车路上的歌声：

您正要去斯卡伯勒集市吗？
欧芹，鼠尾草，迷迭香与百里香……

学年接近尾声，我估计会有好几个月见不到露西。本来想试试安排她再来耶路撒冷进行一次考古挖掘活动，但没能如愿。有一天，我偶然在街上看到了她。当时我坐在杰伊那辆敞篷车的副驾驶座上，大声喊了句："嘿！"她招手让我们停下，然后很兴奋地告诉我，她要跟着学者合唱团一起去以色列过暑假。"你看，我们注定要在耶路撒冷相见。"她以英文中特有的轻描淡写表达了内心的情绪。我则因为万分愉悦而说不出话来。上次出现这种呆若木鸡的情况，还是在穿越无人区的时候。

那是1969年的暑假，以色列占领约旦河西岸地区已经两年了。如果说贵族、知识分子与泛阿拉伯主义者仍然在绝望中孤注一掷地想要做点什么，大众却已经对以色列的占领习以为常了。耶路撒冷又开始迎来送往大批的游客，其中很多是挥金如土的美国人。商店里顾客络绎不绝，大家的钱包空前鼓胀。工程建设又开始了，只不过建的不是我叔伯们的五星级酒店，那里仍然是一堆裸露的水泥与逐渐生锈的钢筋。

第七章　粉碎旧思想

　　家庭聚会上宣布的大事，是我的亲戚萨利姆（Salim）因为在公交车站放了一枚炸弹（还是枚哑弹）而被捕。萨利姆从小没了父亲，跟着寡母在旧城长大，过着贫穷的生活。意料之中，贫穷让萨利姆自然而然地选择了那种主张进行速战速决的革命意识形态。六日战争之后不久，他就加入了解放巴勒斯坦人民阵线，被派往希伯伦的山中接受起义军的训练。年仅17岁的他接到了领导人的命令，让他执行一次"行动"。谢天谢地，行动最后失败了，但却害得他被判终身监禁。

　　除此之外，大家也就是老生常谈而已。聚会上，没人发表关于巴勒斯坦和以色列和平相处的只言片语。我听到的一切都和阿拉伯国家在1967年8月的喀土穆会议（Khartoum Conference）上得到的结论相呼应。（阿拉伯国家的政客们仿佛以为自己在把玩阿拉丁神灯，高喊着"不！不！不！"就能发挥魔力，消除一切战败带来的屈辱：绝不与以色列达成和平协议。绝不承认以色列。绝不与以色列谈判。）所有人都在谈论重拾1949年到1967年六月战争爆发之间实行的停火协议。他们希望重建那堵墙；"无人区"让他们得以深藏"犹太国"的现实，那是钢筋混凝土搭建起来的面纱，仿佛一块遮羞布。

　　那时，每晚谈到一定程度，阿拉法特的名字一定会冒出来；侯赛因国王就几乎没人提。一天晚上，有个叔伯给我看了一封信，是个已故的祖叔伯三十年前写给自己的犹太情人的，把我看得开怀大笑。这个祖叔伯在信里对情人许诺，要在金匠市场给她一个家——那是我们家族自古以来的祖产，在1927年的地震中毁于一旦。这个空头的许诺也许就是祖叔伯对两人关系的一个隐喻。不过我那位叔伯得到这封信的故事就没那么好笑了，好像是那个女人的以色列亲戚把这封信翻了出来，宣称那处住宅是自己的。

　　过去的分界线都作废了，去特拉维夫的海滩变得特别容易，开车或坐艾格德巴士都行。那年夏天，我有生以来第一次和父母一起踏入以色列境内。我们开着沃尔沃去了以色列卢德市附近的瓦第胡因，母亲童年时的家就在那里。到达目的地时，母亲发出沉闷痛苦的声音，因为那里早已物是人非，只剩下那棵小时候她用来吊秋千的老树，树上长满了沧桑的木瘤；树枝看上去毫无生气，蒙着一层厚厚的尘灰。房子的墙都被炸毁了，连一点碎石都没留下。那片被大家津津乐道的橘林也不见了踪影。令人惊讶的是，拉姆勒的外祖父之墓竟然在残垣断壁中幸存下来。也许就是在同一个洞穴比邻而葬的苏非教先祖亡灵在冥冥中护佑了他。

* * *

暑期有两件刺激的大事发生，不过互相之间完全没有关联。第一件事情差点就发展成毁天灭地的大灾难。一个阳光灿烂的日子，澳大利亚基要主义基督徒迈克尔·罗恩（Michael Rohan）试图烧毁阿克萨清真寺。市政消防动作太慢，没能迅速赶到，于是数百名群众自发地去灭火，我、父亲和母亲都在其中。愤怒的人群异口同声地高喊："打倒以色列！"我正将一桶水提进这伊斯兰教第三神圣的殿宇当中，突然注意到一位阿拉伯同胞的鼻子在流血，脸上也挂了彩，他正朝以色列士兵挥舞着手臂。"那人是？"我问一个朋友。"这你也问得出来？他是费萨尔·侯赛尼（Faisal Husseini）。"费萨尔年长我10岁，且我们俩结交的圈子不同。我只听父亲说起过他在放射科做医师。看那流血的鼻子，我猜他身上一定有着高昂的战斗精神，毕竟是遗传自他的父亲，伟大的阿卜杜勒·卡迪尔·侯赛尼。

那个疯子一把火毁掉了有着数千年历史的讲道坛，那是木与象牙制成的圣坛，是萨拉丁王从叙利亚的阿勒颇（Aleppo）送来的赠礼。接受审判时，罗恩说自己的纵火行为合情合理，因为他是"上帝的

第七章　粉碎旧思想

使者"。法庭判他有罪，说他精神上有问题，于是在被遣送回国之前，这位"上帝的使者"被关进了以色列的一家精神病院，这家精神病院就建立在代尔亚辛村的废墟之上。

另一件大事就是我见到了露西。这次轮到我带她看看自己的城市和国家了。我爱她爱得无可救药，可父母还是没有起疑。在他们眼里，露西只不过是瓦利德·哈立迪的朋友——牛津著名哲学家——的女儿。

1970年秋天，我开始了在牛津的最后一个学年，但并不确定毕业之后何去何从。当时整个英国的气氛很特别，混杂着活跃朝气与腐朽衰败。甲壳虫乐队和滚石乐队正当红，名爵（MG）跑车与格雷厄姆·格林（Graham Greene）的小说成为新时尚，卡通人物粉红豹（Pink Panther）和"007"系列电影有很多拥趸。1969年，BBC播映了第一集《巨蟒剧团之飞翔马戏团》（Monty Python's Flying Circus）*。但大英帝国也日渐没落，每年都有新的国家宣布独立，而英格兰正被一场接一场的罢工冲击着。20世纪30年代，我父亲的学生时代，毕业生眼前的新世界是那么阔大辽远，等着他们去探索；一个庞大的帝国等着他们去添砖加瓦。现在的学生呢，就算特别幸运，也可能只是进入利兹大学或伯明翰大学这类新兴大学的红砖墙之中而已。

露西与我一天比一天亲密，开始谈婚论嫁。离正式开课还有两个星期，我们心血来潮（好像当时正在讨论黑格尔），决定前往海德堡（Heidelberg）的黑林山（Black Forest），去走一走那里的哲学家小径（Philosophers' Path）。

---

*　这是一部类似于今天电视小品的系列片，由喜剧六人组"巨蟒剧团"主创，是天马行空、随兴所至的高水平喜剧表演。

我花 100 镑买了辆旧的名爵敞篷车。尽管一个机修师苦口婆心地说这车不出城就要坏掉，我们还是开着它来了个欧洲游。我们把车运到了比利时的奥斯坦德（Ostend），从那里开始自驾，一路上主要是露营。到海德堡之后，我们忍受着从破旧车顶渗进来的刺骨冷空气，半推半开地把车弄上了阿尔卑斯的山路。就在这山间某处，我们终于决定向外界宣布想结婚的消息。

爱情改变了一切。让我感到新鲜与惊喜的，不仅是心中猛烈的悸动，还有露西这个人，她所坚守和维护的，以及她所强烈反对的。从过去到现在，我一直热爱并欣赏她思想的深度，她的刚毅坚韧，她敏锐的思想，坚定的决心，以及脚踏实地的朴素。说一句老掉牙的情话：她既是与我精神契合的灵魂伴侣，也是生活上风雨同舟的真心爱人。

爱上露西，也意味着要义无反顾地去冲破一些家庭和文化禁忌，这些禁忌本身就意在阻止跨种族的婚姻。我的家人远隔万里，所以暂时还能瞒上一阵子，露西的母亲就不一样了。奥斯汀夫人本身就是一位颇有成就的哲学家，在圣希尔达学院教书，什么都逃不过她敏锐的双眼。（有一次，我和露西一起去伦敦听她母亲在亚里士多德学会的论文发表会，论文的主题是"了解自己的思想"，主要是回应当时讨论"他心问题"的潮流，并从更宏观的角度讨论人的认知。）露西向她母亲提起我们结婚这件事的方式，就是让我和她那头脑令人敬畏的母亲讨论哲学。

坦白说，这个提议太可怕了，我想了几百个落荒而逃的办法。露西是真心想让我和她妈妈熟悉亲近，还是那一家子哲学家要给我做个测试？我吓到发抖，但又觉得无路可退，只能硬着头皮上，于是勉强同意进行这场"哲学的邂逅"。

她母亲的住所位于一个乡村，名叫"老马斯顿"（Old Marston）。房子在一个很大的公园之中，附近的池塘吸引来很多野鸟。露西微笑着坐在角落里，埋头看书；而我则调动全身的优点来接受她家人的检阅。也不知道是我的坚定感染了她，还是女儿绝不退让的态度让她别无选择，这位母亲最终点了头。

圣诞假期的一天，我经过一家酒吧，那是 J.R.R. 托尔金（J.R.R.Tolkien）和 C.S. 刘易斯曾经每周三都要见面讨论奇幻主题创作的地方。就是在那里，我冒出了要写一个童话的想法。可以肯定的是，这绝不是《霍比特人》(*The Hobbit*)那种善恶对决、充满基督学色彩的故事。我的主题是爱，我对耶路撒冷的爱；以及美好的愿望，就是与露西一起回到我的国家，在犹太人和阿拉伯人平等相处的地方养育我们的孩子。（我仍然认为这很有可能变成现实。）写这个故事让我感受到无限愉悦，真是一发不可收拾，直到行文最后，我不知如何唤醒圣墓教堂门口那位骑士，才悻悻搁笔。

回学校后的一天上午，露西突然来到茶室，给了我们惊喜。她发现阿维夏伊和我正讨论得热火朝天，在纸巾上潦草地写下解决巴以冲突的可行性方案。阿维夏伊不知道，我其实是想从他那儿汲取一些灵感，好给我的童话续上个优美的结尾。

大学三年，我的哲学阅读充满了牛津特色：逻辑学、欧洲哲学以及语言哲学。如今我和伟大哲学家的女儿订了婚，对哲学的积极性可谓空前高涨。露西令我随时保持良好的状态。

欧洲文明灿烂伟大，我对这一点自然深信不疑。然而，随着毕业临近，我开始思考如何将欧洲遗产和伊斯兰文化遗产相结合。也许，伊斯兰文化也有尘封不见天日的珍宝，能比拟我所见识到的令人叹为观止的知识巨匠（比如莱布尼茨、洛克、斯宾诺莎和笛卡尔，等等）的思想？

还有个从高中起就让我念念不忘的问题，那就是伊斯兰文明的起源。这本是出身于部落、不识文字的穆罕默德创立的宗教，提倡朴素与苦行，竟然能在高雅文化盛行的巴格达得到迅速传播与扩展。基督教等了 1200 年才出了阿奎纳（Aquinas）那样的神学家，而在穆罕默德逝去后的 200 年内，伊斯兰文化就催生了众多可与之比肩的大家。早在 9 世纪，穆斯林知识分子就已经用阿拉伯语讨论柏拉图与亚里士多德的孰高孰低、是非曲直了。

我想要解决的政治问题就比较令人痛苦了。一个在巴勒斯坦深深扎根逾千年的文明国家，怎么就如此轻易地在枪炮下被驱逐、连根拔起？我当然已经明白，这绝不是因为我们的敌人生来就拥有更高等的智慧，甚至也不是因为他们的恶意或怨毒。那么，到底是什么原因呢？

我没有得出任何答案。我所拥有的，是一些可加以利用去寻找答案的技能和工具。我开始考虑研究伊斯兰教思想，甚至想去研读一下《古兰经》。牛津找不出能给我指导的人。哲学系有大批维特根斯坦与奥斯汀的信徒，也有很多人涉猎到哲学的方方面面，就是没人研究伊斯兰教哲学。

一天，我有了重大发现。

一个好朋友介绍我认识了研究生弗里茨·齐默尔曼（Fritz Zimmerman）。他是德国人，专门研究经希腊语和叙利亚语将思想与文献传入阿拉伯国家的课题。在首次促膝长谈中，我向弗里茨吐露了自己正在思考的一些问题，他立刻邀请我一起去伦敦的一个研讨会。这个研讨会在瓦尔堡研究院（The Warburg Institute）举办，这个研究院最初成立于德国汉堡（Hamburg），创始人是个古怪的德国犹太天才，资助人则是他富有的兄弟。后者还赶在纳粹占领该机构的图书馆之前，帮忙将里面的藏书都迁移到了伦敦。弗里茨每两周就会去那里参加埃及哲学家和科学史专家阿卜杜勒—哈米德·萨卜拉（Abdelhamid Sabra）主持的研讨会。

在前往伦敦的火车上，弗里茨给我讲述了瓦尔堡研究院的历史。

第七章　粉碎旧思想

他说创始人阿比·瓦尔堡（Aby Warburg）是很典型的犹太世界主义者。启发瓦尔堡创办该机构图书馆的中心思想，就是各种各样的文化根源——大部分都很隐秘，所以不为人知——一直将现代文明与中世纪和古代的欧洲文化联系在一起，甚至还联结着近东与地中海地区更为古老的文明。瓦尔堡研究院图书馆就象征了这深奥隐晦、盘根错节却坚不可摧的传统。而想要着手研究伊斯兰文化遗产和传承的我，被深深吸引了。

弗里茨和我到了瓦尔堡研究院，看到五六个人坐在屋中读着11世纪神学家阿布德·贾巴尔（Abd el-Jabbar）的手稿。贾巴尔的论述涉及认知、认识论、自由意志和公平等主题。穿着一丝不苟的萨卜拉教授讲解说，贾巴尔归属于一个叫作"穆尔太齐赖"（Mutazilite）的神学学派。这个学派的教义是，人类有自由意志，也因此要完全为自己的行为负责。这个学派的追随者们拒绝用至高无上的真主作为逃避责任的借口。真主不会随意、不以人类善恶为根据地施以奖励与惩罚。穆尔太齐赖学派认为，真主绝不是专横霸道的独裁者，更没有高坐云端把我们像牵线木偶一样操纵。这些关于人类自由的言论真是激进，我听着都觉得是现代理论。

穆尔太齐赖的理性主义者与比较固守传统的艾什阿里（Ash'arite）学派针锋相对，后者的追随者认为真主是无所不能的，能够随心所欲地去进行奖赏和惩罚。固守传统的学派最终赢得了论战，对理性主义者和他们的著述进行了宗教上的彻底打压。于是，九百多年来，我们对前者唯一的所知，竟然来源于那些在彻底灭绝穆尔太齐赖学派的运动中发挥了重要作用的批评家。

后来，到20世纪50年代，一群埃及考古学家在也门的一座清真寺发现了穆尔太齐赖学派的手稿。那是深藏于地下的古代卷宗，大部分是神学论述，但中间也掺杂了许多哲学思想，足以解释该学派之后伊斯兰黄金时代的出现。这是学者们首次直接接触到穆尔太齐赖学派的论述。

我被这个重大发现迷住了。小半辈子以来，我一直听别人讲述巴格达的11世纪是智识生活的全盛时代，但和所有关于黄金时代的版本一样，他们的讲述也是过多地形容那虚无的荣耀，对细节却寥寥数语带过。现存文献匮乏，人们只能在有限的基础上推测那个时代的思想文化史。古老著述的出土，打开了通往那一段历史的窗户。我翻动着影印版的文字，感觉自己面前耸然屹立着一个象征知识力量的庞然大物，可供我好好品味，细细研究。

两个小时的研讨会结束时，我已经发现了属于自己的伊斯兰哲学入口。穆尔太齐赖学派的论述极为清晰严谨，让我叹为观止，并且立刻感受到他们对哲学主题的论证方法和分析处理是多么强有力且有深度。而我眼中的萨卜拉教授也是个博学多才、见解独到、有着敏锐洞察力的优秀学者，他师承卡尔·波普尔（Karl Popper，科学哲学大师，和维特根斯坦与瓦尔堡一样，是个说德语的犹太人）爵士，和老师一样，精通逻辑实证主义。这一切都帮助萨卜拉对各种论述字里行间的意义与关系进行细致的研究，这一切也立刻引起了我的共鸣。我当即决定，要请他做我未来研究的导师。

之后，我向萨卜拉教授作了自我介绍，表明自己想要定期来参加他的研讨会。教授同意了。回牛津的火车上，我感觉自己眼前的未来之路变得更清晰了。露西还有一年才能拿到学位，我就在伦敦和那位埃及教授一起做研究。露西可以周末来找我。

* * *

一切都按部就班地进行。我毕了业，搬到伦敦的姨妈家中，进入瓦尔堡研究院。

瓦尔堡研究院隶属于伦敦大学（University of London），我对这所大学一见钟情，很大程度上是因为它有着激进的传统。这种传统来自哲学家杰里米·边沁（Jeremy Bentham），他对牛津和剑桥那种贵族做派和牧师一般的成见嗤之以鼻，坚信知识应该向所有人张开双臂。这所大学还有着一些我很中意的英伦老派古怪气质，比如，边沁去世后，他的尸体被做成了标本，储存在一个木橱柜中。尸体穿着正式的服装，在官方活动的时候会被推出来。

在图书馆工作仿佛是我的天性。那一本本书籍的排布方式，体现了阿比·瓦尔堡的观点，即古代的各种神话、艺术和学术模式都通过各种各样的转化，得以存在于现代世界。在耶路撒冷长大的我，非常了解古代模式在新时代焕发生命的状况。

不过，只过了几个月，我想在萨卜拉教授门下研究学习的计划就落空了。这位埃及教授得到哈佛大学科学史的教职，迅速前往美国。那条将我系在岸边的绳子，再次断掉了。

我该怎么办？搬回牛津和露西住在一起？回耶路撒冷去？我决定留在伦敦，毕竟不用交房租；而且在这里能随手接触到的伊斯兰论述文本也许比世界上任何其他地方都要多。

阅读文本和理解文本是两码事。更难的是遵循瓦尔堡的精神，将其放在一个大背景之下，同时去研究之前和之后的思想。阅读这些阿拉伯语写成的文本倒没什么难度，但文本中的各种论证却让我迷惑不解。仿佛那些学者虽然会说我的母语，却有着完全不同的思维模式，说出来的话我完全不能理解。不过，我还是踏上了对这些奇异文献的探索之路，心中怀着希望和动力：要是我能破解文字中包含的谜题，也许就能解释伊斯兰黄金时代的兴起和衰落。也许在这神秘的字里行间，埋藏着一条线索，能把中世纪的伊斯兰教与现代的西方联系在一起。这样的线索（无关政治与武装叛乱），能否开启新时代阿拉伯文艺复兴呢？

那一年中，我不断研读那些论述，对它们越来越熟悉，但并非因为我掌握了破译怪异思维方式的艺术。我只是领悟到，这些古代的神学家与哲学家不过是在以他们自己的方式，探索着一些问题的答案，也就是从我拿起伯特兰·罗素的著作之后就再也挥之不去的问题。我们所说的"现实"，是独立于我们行为之外的，还是我们所构建的？我们有自由意志吗？什么是认知？什么是公平？我们此生此世能够实现上述这些理念吗？

在这场哲学思想的冲撞之战中，无神论者、神秘主义者、不可知论者和虔诚的盲目信神者无休止地争执冲突，而我则是棵"墙头草"。我可能某天下午支持提倡思想自由的希腊派哲学家，接着又立刻与神学家们惺惺相惜。这样的冲撞真是令人兴奋啊。

这场纷争始于阿巴斯王朝哈里发马蒙（al-M'amoun，在位时间813—833年）统治时期。一天晚上，马蒙梦遇亚里士多德，这位古希腊哲学家鼓励他将全世界的伟大书籍翻译成神圣的阿拉伯语。梦醒后，这位哈里发就召集了一些基督徒译者与穆斯林译者着手进行此事。古希腊人失却的智慧开始在阿拉伯世界重现，如同木乃伊复活。

固守传统的人觉得这样不好。10世纪和11世纪，在神学体系内部，围绕古希腊文化对伊斯兰教的影响，爆发了一场激烈的言辞辩论。穆尔太齐赖学派认为古希腊科学和哲学有着普适性，而针锋相对的艾什阿里学派则坚称既然《古兰经》中已经包含了所有的知识，那么就只需要更深入地学习理解阿拉伯语和注释《古兰经》的方法。初看上去，这场关于"希腊"理性与"伊斯兰"启示的论战，正如世界上任何现代派与传统派的争论，提倡思想自由之人与高举传统火炬的卫道士的争论。

但我很快发现，这场纷争远不止看上去那么简单。我孜孜不倦地研读着伊斯兰哲学卷宗，注意到一位"反哲学"的代表人物，加扎利（al-Ghazali）。

第七章 粉碎旧思想

加扎利是艾什阿里学派的思想巨人，哲学上的渊博程度相较他的对手们而言，可谓有过之而无不及。也许正是因为这样，他对哲学家们发起致命攻击，才让后者对他颇有恶言。加扎利教导信徒们，哲学对宗教思想毫无贡献；更为恶劣的是，他断言古希腊形而上的思想对宗教有害。哲学家对神性启发起不到任何作用，应该自觉把自己规范在逻辑等领域，去思索层次比较低的问题。加扎利以高超的思辨对哲学进行了严厉打击，也决定了其命运。纯粹的哲学最终在伊斯兰世界中衰亡无闻。

如果这就是故事的全貌，加扎利称得上是自由探索最恶劣的天敌之一了。但我继续挖掘，却发现了更令人同情的一面。他是教授，也是法官，还是巴格达大学的校长，他在这个世界上最辉煌的城市中拥有着最德高望重的工作。有一天，他突然意识到——我想象他靠在椅背上，望着窗外的幼发拉底河——人生的意义远大于名望、荣誉和研究古老的哲学。亚里士多德让他厌倦。与存在更为相关的各种问题使他备受煎熬，眼前整日自命不凡的舒适生活，绝不可能给出任何答案。

于是他放弃了一切，家庭、职位和名誉，全都被抛诸脑后。他开始了一场求索知识的漫游。他充满勇气，敢冒放弃一切的风险，只为自由地探索。最终，这场漫游指引着他，来到耶路撒冷圆顶清真寺一个简朴狭窄的小室中进行苦修。

在耶路撒冷，他写下了具有神秘气质的著作《耶路撒冷书信》（*The Jerusalem Epistle*）。他在书中得出结论说，只有在宗教幻想入定的状态下，才能获取真理。（虽然他并未提到希腊人所说的"惊异"[Thaumazein]状态，但其实意思都是一样，就是在神的奇迹存在下产生的惊异之感，而这奇迹无法以简单的逻辑推理来解释。）

面对神的存在，逻辑实在太无力了；只有神，只有无所不能的创世者，才能控制奇迹。在耶路撒冷，加扎利成为苏非派的信徒。

他和海德格尔（Heidegger）应该能成为知己。

从学术的角度讲，他得出这些神秘主义结论的方法可谓又大胆又严谨。对他的著作研究越深，我就越清楚地看到，他对哲学表面上的排斥，实际上却辩证地打开了伊斯兰文明。在圆顶清真寺的一间苦行室中，西方精神与东方精神紧密地联系在了一起。

他有两项贡献叫我最为入迷。首先，尽管认为古希腊形而上学对神学毫无贡献，他却没有对思想紧锁门窗，而是去寻找构建神学知识的不同方法。他把想象和逻辑分而论之，分别给予两者应有的重视，认为我们只有通过类比、隐喻和直觉才能追求到更高的真理。而且，由于他将逻辑严格限制在科学的范畴内，反而为自远古时代就开始的自然研究的首次复兴铺平了道路。抛开个人的本意，他其实是为古希腊科学思想的洪流叩开了伊斯兰世界的大门。

我了解到加扎利所作的另一个贡献，是他创造了一种认识奇迹的新途径。亚里士多德的追随者认为奇迹是不可能存在的。某种东西，比如一滴水，如果说其本质是与生俱来的、固定存在的，那么不管你多么深入地去探究这滴水，还是会发现其中的"水性"，不可能把水变成酒[*]。或者，举个政治上的例子，如果冲突双方有本质上的分歧，那么就连神也无法消除他们的分歧。没有特殊情况的话，作为自然法则的制定者，神造物时必然有一以贯之的标准。如果 Q 从内在本质上与 P 矛盾，这种矛盾就会一直持续。

加扎利在解释奇迹时，运用了原子论。他借鉴了古希腊思想家德谟克利特（Democritus，绰号"欢笑哲学家"）的理论，认为这个世界和其中的一切物体，包括我们的灵魂在内，都是由独立、平凡，且可以互换的"原子"组成的。这些原子有各种各样的形状，所以如果神想要把水变成酒，只要稍微把周围的原子改变一下即可。或

---

[*] 此处指的是《圣经》中耶稣把水变成酒，这是传说中耶稣在人间的第一个神迹。

第七章 粉碎旧思想

者,从政治上说,敌意看起来像一脚踢在一块石头上,根本无法改变,特别是在持续数个世代发生流血冲突的中东。然而,情感并非亚里士多德学派所说的那种"本质",而是可以通过人的意志而有所改变。能不能将敌意化为理解和尊重,关键在我们自己。不管双方的仇恨看上去是多么根深蒂固,通过人类意志,也能解决他们之间的矛盾冲突。

第八章
向日葵

我日益深入地埋头钻研伊斯兰哲学,而露西也正在为古典哲学的学位进行冲刺,就在这个当口,我们做了让很多虔诚敬神之人不悦的事情——正式宣布我们俩订婚。

我准备向父母摊牌的时候,露西的母亲已经许可了这门婚事,站在我们这边。我回到了耶路撒冷,父亲对此不置一词。他选择站在安全距离外旁观我和母亲的争论。他的立场一向谨慎,也明白母亲必输无疑,所以宁愿保持沉默。母亲的反对从一开始就很微弱;我的论点是爱要胜过传统或出身背景,而她面对这个观点表现出的抵挡行为更像是走个程序,没那么坚决。她出于义务必须象征性地反对一下,才能张开双臂去接受露西。她最终当然接受了,父亲也是。

巴勒斯坦的乡村仍然讲究父母之命、媒妁之言,但在耶路撒冷这样的城市,大家已经普遍接受了浪漫的自由恋爱,只要双方信奉同样的宗教,有着相似的出身背景。即便是我父母这么开明的人,也都认为露西最好皈依伊斯兰教。他们认为,如果我们想要回巴勒斯坦生活,那么露西皈依伊斯兰教会让我们好过很多。

露西同意了。她的父母是无神论者，所以教堂在她的生命中不过是个听唱诗、欣赏音乐的所在。因此，她要皈依伊斯兰教，也不用以放弃其他宗教为代价。皈依的过程也并不麻烦，这更是让一切都好办：她只需要宣布承认穆罕默德是先知——就此而言，耶稣也是——除了真主之外再无其他神。露西认为这算是符合逻辑的自明之理。她说，毕竟，要是神真的存在，怎么可能会有另一个呢？（多年以后，哈佛大学著名逻辑学家W.V.O. 奎因［W.V.O. Quine］在玩笑间肯定露西的论证非常有道理。）

父亲认为，经济上的障碍要难以跨越得多。结婚成了家，我就算是正式成人了，必须做好自力更生的准备。我当然也同意这样的说法，绝不可能向父母伸手要钱。在我们的文化中，啃老是可笑且可耻的。父亲提醒说，我似乎没什么实用的谋生技能。要建立家庭，我就必须要有事业。时候到了，我得认真对待现实生活了。

我的哥哥扎基和两个姐姐穆尼拉、萨伊达都在遥远的阿布扎比过得红红火火。两个姐夫在搞工程承包，哥哥和酋长越走越近。那时候海湾地区正是繁荣发展的阶段，人人都在发财，我的哥哥姐姐也从中获益。"快来阿布扎比啊！"他们总在催我，"这儿有高薪、新房和宽敞的美国车。"

这是很大的诱惑。在伦敦的我收入少得可怜，又没有导师指导，再加一辆跑不动的破车，生活根本无法继续，而去做石油生意也能证明我是能自己养家的。我对这门生意及现实生活的了解太少，于是说服自己去和哥哥姐姐们一起干上一年，存够100万美元就走。

露西和我商定，我先自己去阿布扎比，待我们俩举行婚礼之后，她再来找我。于是我收拾好行李就飞去了阿布扎比，借住在哥哥那栋能俯瞰波斯湾的公寓楼里。扎基帮我安排了个工作，在一家享受离岸优惠政策的石油公司，做公共和政府关系方面的工作。

我刚到不久，赎罪日战争（Yom Kippur War，阿拉伯世界称

第八章 向日葵

之为斋月战争）就爆发了。那是 1973 年 10 月，我到现在还记得当叙利亚军队和埃及军队英勇进军的消息传来时，巴勒斯坦聚居区洋溢着欢快的气氛。埃及总统安瓦尔·萨达特（Anwar Sadat）的军队冲破那看上去坚不可摧的巴列夫防线（Bar Lev Line）时，大家爆发出热烈的欢呼。一开始，这场战争就像是 1967 年的大逆转。这次是我们在进行突袭，是我们在不断进军。

大家都没怎么注意以方将军阿里埃勒·沙龙（Ariel Sharon）出色的反击几乎让整个埃及第三军全军覆没；也忽略了阿拉伯人必须对支持以色列的国家实施石油禁运，借此促使美国阻止以色列进军。从心理作用上来说，这些都不重要。这就像一场大型的卡拉梅战役。阿拉伯人证明了以色列人不过也是凡人之躯。我们好歹没输，就算胜利了。

第二年夏天，露西和我举办了婚礼。地点在我父母家中，由父亲的朋友，耶路撒冷大穆夫提谢赫萨德丁·阿拉米主持。

花园中挤满了亲朋好友。第一项流程是承认监护权。按照传统，露西必须有个穆斯林监护人，接受她皈依伊斯兰教。阿拉米先生承担了这项职责。接着就是走个形式的皈依过程。露西绷着一张严肃的脸说：是的，安拉之外再无真神。婚礼前的几分钟，大穆夫提请她再重复一遍这些话。五分钟就完事了。露西的母亲和哥哥与我父母一起站在前排。看他们的表情，应该觉得眼前的一切挺好笑的。

正式婚礼开始前，还有一项流程是签订合法契约，我们如果离婚，保证露西能得到一定的经济保障。按照传统，新郎会白纸黑字地写清楚，如果离婚，新娘会得到他的房子、羊群、一辆车、一片橄榄林等资产。这就是伊斯兰式的保险政策。

于是，我们俩就站在大穆夫提面前，宣布我们商定好的财产保障：一朵新鲜采摘的向日葵。大穆夫提难以置信地睁大了眼睛。这种事在他来说可谓闻所未闻，他叫我们重复一遍。"我向露西承诺，她会得到一朵新鲜采摘的向日葵。"我又说了一遍，这次声音比较大，客人们都能听到。我的一些朋友开始偷笑，他们之前就料到我会搞点恶作剧。

礼成之后，露西和我驱车来到一家教堂经营的酒店，就在附近一个村庄，过去还是朝圣者的休息站。酒店在一座山顶上，周围种满了苍翠的柏树，还保留着耶路撒冷过去田园牧歌式的氛围，还没有被癌细胞一般迅速蔓延的以色列房屋、环路、电线和"安全屏障"所破坏。我们到达的时候也比较特殊，正好是日落时分，金黄的余晖洒遍山冈、岩石和柏树。酒店给我们提供了一顿简单的树下晚餐，佐以巴勒斯坦自产的葡萄酒。那是我们有生以来最幸福的时刻。

第二天我们就转了场，告别简约朴素的田园风光，来到加沙参加粗犷而热闹的海滩派对。我母亲有亲戚是那边的富农，在滨海地区有住宅。他们支了些帐篷，仆人们把杀好的羊架在火堆上烤，一个传统乐团演奏着叫人舒适欲眠的曲子。露西的母亲从未想到，这样一场东方的宴饮狂欢上会演奏小夜曲，将她的小女儿送入婚姻生活。那天，在这远离牛津的海滩上，没有穿着正式燕尾服的教授学究，只有穿着长袍、慵懒地躺在细沙上的阿拉伯人。

在贝鲁特度假一星期后，露西和我就一起去了阿布扎比。

在一个酋长国奢华传统住所的包围中，最棒的事情就是能和哥哥扎基共度一段时光，他学识渊博，对音乐有研究，热爱阅读，政治见解独到，了解不同的语言和文化，最重要的是，这一切都完全建立在他极端的善良之上。就是因为这份光辉的人性，才让他没有被成功与名利冲昏头脑。在我看来，他与当地、与外国政要来往，建立私交和职业关系，逐渐编织了常人难以想象的人脉，但这一切都完全没有影响到他做人的本质。

结果，在石油公司的那份工作成为我在所谓"现实世界"的第

第八章 向日葵

一份也是最后一份工作。1973年的战争对石油产业是个促进。因为石油禁运,相关的资金涌入海湾地区;急于获利的西方公司争相和石油输出国的政府签订协议。那真是叫人头脑发热的时期。因为战争,石油公司和输出国政府之间的关系逐渐改变。石油公司自然想维持完全的私有化;而民族主义者却站在对立面,呼吁石油国有化。政府则比较明智地选择了更具协调性的制度,让外国公司继续在本国发挥专业技能,也确保石油产生的财富能让国家获益。因为英语流利,我帮助达成了众多协议,了解了很多谈判之中的妥协与让步。

阿布扎比和牛津、耶路撒冷都大不相同,但露西和我也尽力把日子过好。她为当地一家英文报纸写专栏,还主持了一档讲解古典音乐的电台节目。这个酋长国的无线电波中竟然流转着巴赫的圣诞康塔塔*,真是有点好笑。有了工作收入,我们买了一辆新车,得到体面的住房,和阿布扎比的外国人与外交官觥筹交错。但这些并不意味着我们就耽于舒适的中产生活了——至少我们会这样告诉自己。我们仍然会抽出时间,去探索阿莱因(Al-Ain)的沙漠绿洲,过一过艰苦的生活。1974年的新年,我们的庆祝方式,就是去阿布扎比的一个全是古代遗迹废墟的离岛露营。

无论那时候的工作多么有趣,我显然不是块做生意的料。我想迅速挣到100万的计划因为不符合经济与逻辑的铁律而落空。我这种物质欲望太低又完全缺乏经济敏锐度的人,根本不能也不应该在短时间内成为百万富翁。当然还是有好的一面,至少我没花多少时间就意识到自己对做生意毫无兴趣,得赶快发掘别的事业道路。

25岁生日那天,我备感焦虑和孤独,决定送自己一个礼物。那是我人生很重要的关口:我的年纪到了四分之一个世纪,已婚,有文件证明我是有头有脸的石油公司雇员。但商业世界让我恐惧畏缩,

---

* 康塔塔是一种包括独唱、重唱、合唱的音乐套曲。

内在的自我开始迷失。我告诉自己，找回自己的最好办法，就是请几天假不去上班，拔掉电话线，与世隔绝，进行长时间安静的反思，就像传说中圆顶清真寺苦修室中的加扎利。

在偶尔的吃饭和小睡之外，我一口气读完了C.S.刘易斯全七卷的《纳尼亚传奇》(*The Chronicles of Narnia*)。我对这套书感兴趣，又一直留着没看。我要等个好时机，因为我在牛津听说了关于刘易斯的传闻。刘易斯这些童话故事的灵感来自一次出乎意料的幻象，他说，自己脑子里突然浮现出一些形象，有"半人半羊的农牧神拿着伞"，有"坐着雪橇的皇后"，还有一头"威风凛凛的狮子"。

我又一次在传奇故事中觅得安慰与平静。就在阅读这个狮子、女巫与衣柜的故事时，我突然有了计划，要去哈佛大学找那位埃及教授，攻读博士学位。

露西明白我一直渴望着继续伦敦的研究，所以立刻表示支持我的决定。另外，我们觉得，更高的学位大概能为我争取到巴勒斯坦某所大学的教职。无论从职业还是生活的方面考虑，这都比商业为王的海湾地区更适合我们。我联系了萨卜拉教授并进行了申请，不但顺利通过，还拿到了奖学金。1974年的秋天，我将开始在哈佛大学的学习。我辞去石油公司的工作，和露西到耶路撒冷共度暑假。

回家不久，我去监狱里探访了亲戚萨利姆。讽刺的是，过了几天，大马士革一个巴勒斯坦广播节目"闪电之声"(*Voice of the Lightning Bolt*)就兴奋地通报了一则消息，说有游击队袭击了所谓的"犹太复国主义战略要塞"。

据说是以色列广播电台（Israel Radio）发生了爆炸事件，那里是战前我了解摇滚音乐的来源。听"闪电之声"的口气，这次袭击是对敌人的重大打击，也是占领以色列议会的重要一步。巴勒斯坦民主人民解放阵线（PDFLP）宣称是他们发起了这场"英勇的袭击"，

第八章　向日葵

进行了秘密渗透，施展了战略才华，这需要 007 一般的胆量和见识。游击队击中的是敌人设在俄罗斯侨民区的通信中枢。以色列人就是在原俄国修道院向全世界鼓吹他们的政治立场的。现在，PDFLP 的英雄们让他们闭了嘴。

电台就在关押政治犯的中央监狱（多年之后我将非常熟悉这栋建筑）街对面，离我父母的住处也不远。早年在行吟诗人咖啡馆结交的一个愤青朋友给我打电话，邀请我一起去看看袭击现场。

15 分钟后我们就到了目的地。接近爆炸中心时，朋友爆发出嘲讽的狂笑。他指着站在旁边、面露厌烦的一小群士兵，他们旁边的沥青路面上用粉笔做了标记。我仔细看了两眼之后，才终于发现路上有个小小的裂口，离主要的通信楼至少还有三十多米。那栋楼也不是什么壮观奇异、像《美丽新世界》（*Brave New World*）中描写的那种庞然大物，而是非常美丽的阿拉伯世纪之交风格的石质建筑。

那天晚上，我在父母家晚饭后的沙龙上把这起"袭击事件"讲给客人们听。父亲只是摇了摇头，露出一个疲乏的笑容。母亲的表情就比较严肃了，似乎觉得我们不应该嘲讽这种争取权益的努力，不管这努力是否有效。母亲对街头政治的参与度已然大大高于父亲。她牵头成立了一个战俘防卫委员会，积极组织游行示威，数次被捕，还不止一次在街头冲突中被防暴警察的警棍打得鼻青脸肿。她顶着一头浓密的黑发，黑色的瞳仁中冒出兴奋的光，坚称要让以色列屈服让步只能依靠武力。

话题转向巴勒斯坦解放组织。在牛津的时候，我没怎么关注过阿拉法特的法塔赫运动。当然，我很清楚，有"巴勒斯坦的斯大林格勒战役"之称的卡拉梅战役帮助阿拉法特在 1969 年掌控了巴解组织。阿拉法特从那时开始担任巴解组织执行委员会主席，该委员会由数个巴勒斯坦派系的领导人组成，所有成员多多少少都承认阿拉法特的领导地位。

1970 年，侯赛因国王将大部分巴解组织成员驱逐出了约旦，阿拉法特开始了在大马士革和贝鲁特的流亡生涯。与此同时，巴解组织也开始进行自我改造。1970 年，法塔赫官方宣布的对自由巴勒斯坦的展望，是一个保证所有公民——不管是穆斯林、基督徒，还是犹太人——平等权益的民主国家。巴解组织也开始弥补早期的激进言论，比如承认《锡安长老会纪要》(Protocols of the Elders of Zion)*反犹太的事实。不过，由于巴解组织被认为是 1972 年绑架和谋杀以色列奥运健儿的罪魁祸首，全世界大部分国家对该组织走温和路线的态度不太买账。1972 年的那场悲剧之后，全世界自然掀起了非常合理的暴怒狂潮，但阿拉法特否认自己对此负有任何责任。

父亲想知道我对巴解组织和其宣称代表巴勒斯坦人民利益——阿拉法特只要一有机会就不断重复这一点——有何看法。让父亲惊奇的是，阿拉伯国家都倾向于支持并附和阿拉法特。1973 年 11 月，战争刚刚过去一个月，在阿尔及尔 (Algiers) 的一次会议中，阿拉伯各国的领导人就表示支持巴解组织，称之为"巴勒斯坦人民唯一的合法代表"。

我对这个宣言表示欢迎，也给父亲解释了原因。若非如此，谁又能代表我们的权益呢？在被占领土，我们没有领导人，没有律师协会，没有法律策略，没有民权运动。什么都没有。阿拉伯各国了解我们的需求吗？约旦了解吗？到底有谁在乎我们啊？

父亲只是沉默地摇头表示不同意。他仍然是泛阿拉伯国家的拥护者，认为将巴勒斯坦政治单独分离出来不可取。他觉得这些和犹太人的矛盾并非巴勒斯坦的阿拉伯人制造的，所以也不该由他们去

---

* 这本书的主题是消灭一切现有强权，建立由犹太人统治的超级独裁新帝国。该书是纳粹德国反犹主义的主要理论基础，一般认为这些文字是俄罗斯帝国秘密警察组织在 19 世纪 90 年代末或 20 世纪初虚构出来的。

解决。反正，他与巴解组织的战略战术毫无瓜葛，也不相信那些不体面的"革命派"有能力坐下来和以色列人商谈出解决冲突的方案。一个总在各种堡垒中四处流离躲避、面目模糊的组织，怎么可能代表所有的巴勒斯坦人呢？而且，巴解组织不允许阿拉伯人和以色列人接触联系，又怎么能代表我们呢？他们甚至都不愿意提"以色列"这个词。

父亲算是对了一半。巴解组织的领导人多年以后才想清楚如何利用安理会第 242 号决议等国际法律工具，然而那时候，我们已经失去了大片最好的国土。

第九章

蒙蒂塞洛

1974年9月在洛根机场，我平生第一次踏足美洲大陆，感觉很兴奋。

除了牛津那个公子哥儿杰伊之外，我还没交过什么美国朋友；欧洲和阿拉伯的左翼圈子里盛行反美情绪，我的心理也难免受些影响。尽管如此，美国长久以来的冒险精神和敢于创新的勇气，一直暗暗吸引着我。还没和露西一起走出机场，我就莫名地产生了一种熟悉的感觉。

我们很快适应了有规律的工作和生活，而且随着时间的推移越来越忙碌。我们找了一间公寓，买了些二手家具和一辆大众甲壳虫老爷车，车里面有一部分完全锈掉了。不过，我们还是毫无顾忌地开着车去长途露营，就连肃杀的隆冬也会出行。我们还交了新朋友。不过，我很快发现，自己再也不能做本科时期无所顾忌的自由派了。

观察美国这个既生机勃勃又散漫破烂的民主国家是件很有趣的事情。那时尼克松刚刚辞职。越战已经结束，但媒体发布各种归国战俘的影像，又唤起美国人战败的痛苦。雪上加霜的是通货膨胀和犯罪事件，而且石油输出国组织（OPEC）还在拼命抬高油价。"你们阿拉伯人用油桶就制服了我们"，这句半开玩笑的话，我听了不下一千遍。

波士顿的校车事件暴露了那里严重的种族紧张气氛。几年前马丁·路德·金被枪杀，似乎让黑人激进主义者的立场更能站住脚了——如果想改变现状，你必须武装起来，就算以防万一也好。

露西和我很快找到了个好去处，阿尔及尔咖啡馆（Café Algiers），就在哈佛广场旁边；会有学生在那里彻夜抽烟，吞云吐雾之间营造出一种巴黎左岸咖啡馆"革命"般的气氛。在很多这样的咖啡馆里，以及文学和哲学课堂上，学生们会谈论美国民主的"衰败"和"危机"，仿佛20世纪60年代余音绕梁。这个超级大帝国未来的领导者们谈论着一种新兴优越制度的衰败，而他们就身在制度中，最终的命运也是为这制度服务并成为其中的佼佼者。我旁观这一切，觉得有点好笑。牛津代表了一个行将衰亡的殖民帝国沉溺于文学与谈话的悠闲生活；哈佛则与之形成鲜明对比，这里的学生明显有着很强的学术抱负，因为蒸蒸日上、强健发展的美利坚帝国正需要这些最优秀、最聪慧的年轻人为其添砖加瓦。

有时候，露西和我想暂时远离剑桥市的紧张生活，就开着小甲壳虫去躲避现代美国的兴奋与骚动。短程去康科德（Concord），就能手捧梭罗（Thoreau）的《瓦尔登湖》（*Walden*）和《论公民的不服从》（*Civil Disobedience*）在瓦尔登湖（Walden Pond）畔朝圣一个下午。

美国给了我家的感觉。小时候的我从未认同过自己作为哈希姆王族统治下约旦国公民的身份。我隐约地意识到自己属于阿拉伯国家，但那只是一种理想。说到真正有国旗代表的具体国家，只有英国为我展示了从小到大听长辈灌输的公民价值。然而，在英国的经历也让我深知，不管我能把这个国家的语言掌握得多么好，也不管

第九章　蒙蒂塞洛

我妻子的盎格鲁−撒克逊血统多么纯正，我永远也不可能真正成为英国社会的一分子。英国是那样狭小逼仄，社会系统根本轮不到外来者踏足。

来美国没多久，我就发现这里的气氛实在太不一样了。我有那么一点怀念欧洲的古怪：哈佛大学的各类活动里没有杰里米·边沁的标本。不过，英国那些束缚我手脚、让我有所保留的无形屏障在这里也不存在。美国是一片广阔天地，机会遍地，大有可为。我立刻爱上了这个美丽的国家和友好的人民，常常会想，不然就在这里定居好了。

和 C.S. 刘易斯一样，我脑中也停留着这个国家的形象。那是在蓝鹦鹉餐厅，我打工洗碗盘的地方（我坚决不要家里的钱）。一天，出生于波兰的厨师把我叫到一边。他肯定是看到我偷偷往嘴里塞了一根凉掉的薯条，觉得我是个身无分文的穷光蛋。"别担心。"他伸出手环住我的肩膀，"是，你现在只是个洗盘子的。但是你看我啊！我一开始也洗盘子哦，现在都成主厨啦。总有一天我会自己开餐厅的。你也做得到。"

在谢南多厄步道（Shenandoah Trail）远足时，又一个形象进入我的记忆中。到美国不久，露西和我决定去露营，路上顺便去一趟托马斯·杰斐逊（Thomas Jefferson）的家乡蒙蒂塞洛。五美分硬币的背面就印着蒙蒂塞洛庄园。我摩挲过多次五美分硬币，大拇指肚上停留着一种熟悉的感觉，但亲自到了蒙蒂塞洛庄园时还是感到了震撼。初看之下，我想起英国乡村绅士的产业。杰斐逊采用的建筑风格在 18 世纪的贵族阶层中非常流行，我在英国见过十几座类似的建筑物。但这座建筑物背后的那个一生充满矛盾争议的人却闹过革命，反对英国及其贵族特权制度。

我徘徊在庄园的一个个房间之中，想着这位蓄奴种烟草，同时又发起反叛的美国上流社会绅士。我想象着他坐在自己的书房里，膝上摊开一卷托马斯·潘恩（Thomas Paine）的著作，谋划着要推翻一种制度，因为这种制度下的规则与法律都只符合贵族利益，而不符合广大人民的利益。20世纪30年代，我的外祖父也是因为同样的原因开始反对英国，但他和阿拉伯最高委员会的同侪们并没有起草宪法，也从未创办过大学。

露西和我从蒙蒂塞洛庄园出发，去往弗吉尼亚大学建校之初的砖房。在那里，我想到一件事。这位《独立宣言》的起草人还创办了一所大学，他称之为"学术村"。杰斐逊最令我震惊的地方，也是他与罗伯斯庇尔（Robespierre）之类的革命者，以及任何阿拉伯革命领导人的不同之处，就是他会建立自由的学府，以此来系统化地丰富自由的设想，使其变得有血有肉、有实际的支撑。让我同样敬佩的还有杰斐逊关于公共教育的哲学："与其让少数人接触到高尚的科学，多数人陷于无知的泥泞，更安全的做法是让全体人民都得到一定的启蒙。"这句话看得我热泪盈眶。

下一站就是他墓前的那块方尖碑。墓碑上所刻的文字，不仅仅描述了他个人遗留下的精神财富，也能让人对美国民主的内在力量管中窥豹：

> 此处长眠的是
> 托马斯·杰斐逊
> 《美利坚合众国独立宣言》的起草人
> 《弗吉尼亚宗教自由法案》的发起人
> 弗吉尼亚大学的创办人

露西和我在美国侨居了四年。最后的那一年，我们有了长子贾迈勒（Jamal）。带着这个新生儿，我们搬到了奥本山路（Mt. Auburn Street）边的一套研究生公寓中。从那时起，我们就和瓦利

第九章 蒙蒂塞洛

德·哈立迪来往比较频繁，他的妻子人很好，会给贾迈勒做衣服。我们还常常和哈立迪的朋友斯坦利·霍夫曼（Stanley Hoffmann）见面，他是德国人，也是杰出的政治科学家。在那套公寓中，贾迈勒牙牙学语，说出了人生中最早的几个词。有个词是阿拉伯语的"蚂蚁"，还有一个是阿拉伯语的"光"。

我一边养育儿子，一边在哈佛大学昆西楼的办公室忙论文，还要去"蓝鹦鹉"洗盘子，并且又找了一份工作，就是做校园保安，定时巡逻。身兼数职的我自然没多少社交的时间。不过，我还是认识了一些阿拉伯同胞，有时候会和他们一起去烟雾缭绕的阿尔及尔咖啡馆，点一杯土耳其咖啡和一块芝士蛋糕，一起进行些政治讨论。我们从第三世界解放运动一直谈到让·热内（Jean Genet）的文字，这位法国作家描写了约旦难民营和黎巴嫩难民营中同性恋者的状况。

不出所料的是，我自然也遇到一些以色列人。其中之一不是别人，正是哲学系大名鼎鼎的阿维夏伊·马加利特。另一位是盖达利胡·斯托穆萨（Gedaliahu Stroumsa，常被简称为"盖伊"），他是出生于法国的以色列人，父母是犹太人大屠杀的幸存者。我们初次见面是都被邀请去给一些美国学生讲中东政治。结果，和学生听众提出的观点相比，我和斯托穆萨更容易达成一致。

在美国的四年中，露西和我只在贾迈勒出生后回过一次耶路撒冷。那时候往返一次花销实在太大。就算是十分钟的越洋电话，花的钱也够我在"蓝鹦鹉"刷上几个小时的盘子了。

我会偶尔去参加相关的讲座，尽最大努力掌握家乡的最新情况。父亲的朋友瓦利德·哈立迪——我和露西相遇时，他儿子就在我身边——到学校来办讲座时，我自然去听了。哈立迪教授睿智博学，敏锐机智，很有魅力。他刚刚发表了一篇前无古人的、引起很大争议的文章《想未所想》（"Thinking the Unthinkable"），在其中非常干脆地提出建立两个国家的想法：一个犹太国家，一个巴勒斯坦国。他在那场讲座中也详细讲述了自己的立场。那时的我还无法想象这种建立两个国家的方案，讲座最后的问答环节，我也展开讲了巴解组织对建立一个犹太人与阿拉伯人和谐共处的国家的倡导。这不正是南非进步人士所要求的吗？以色列人凭什么退而求其次呢？

我掌握中东情况的另一个途径是美国媒体。那时候，巴勒斯坦经常出现在新闻中，尽管形象不怎么光辉。20世纪70年代正是巴勒斯坦国际恐怖主义盛行之时。天性使然，我对任何形式的暴力都是退避三舍，就连扎基堂哥那种原始的猎鸟活动都拒绝参加。不过，无法否认的是，只有当飞机上头等舱的客人开始害怕自己的飞机不会降落在目的地东京，而是降落到贝鲁特时，这个世界才会开始注意巴勒斯坦人所处的困境。恐怖主义使巴勒斯坦问题成为人们关注的焦点，华盛顿和莫斯科的政客们也突然讨论起这个问题。

巴解组织和以色列政府开始了没完没了的"阵地战"，双方都无意将争端拿到国际法庭上交给法律与公义去解决。为了打击巴解组织，以色列人在黎巴嫩发动了暗杀和突袭。在政治宣传的前线上，他们也不放松，争取了很多美国成功人士与名流的支持。1976年，以色列裔美国作家拉斐尔·保陶伊（Raphael Patai）的著作《阿拉伯人的思想》(*The Arab Mind*)问世（第二年他又出版了《犹太人的思想》, *The Jewish Mind*），更是为以色列提供了很大助力。书中有诸如此类的言辞："大部分西方人根本一无所知，现代阿拉伯人到底怀着多么深刻和强烈的仇恨，尤其是对西方国家。"书中还宣称，阿拉伯男性有着各种各样扭曲的性难题。（多年后，西摩·赫什［Seymour Hersh］*参考了书中的论述，来解释阿布格莱布［Abu Ghraib］监狱对犯人的虐待与折磨。）[1]

---

* 美国《纽约客》(*New Yorker*)的调查记者。

第九章 蒙蒂塞洛

从这样的情况看，巴解组织在那时取得的成功就更让人佩服了。他们在黎巴嫩南部和贝鲁特与的黎波里的部分地区建立了军事基地。不过和以色列军方的规模比起来，仍然只是小巫见大巫。真正的成功不是军事上的，而是外交上的。1974年，联合国邀请阿拉法特去大会上发言。我至今还记得他颤颤巍巍走上台的样子，蓬乱的络腮胡，一身的疲惫，还有那空空的枪套。"我此来，既带了橄榄枝，也带了自由战士的枪。"他向全世界宣称，"请不要让橄榄枝从我手中滑落。"在座之人全体起立，为他热烈鼓掌。

同年的联合国大会授予了巴解组织一系列联合国国际会议——包括联合国大会在内——观察员的身份。"巴解组织观察员代表团"迅速在市中心的曼哈顿开了个办事处。巴解组织很快开始发出自己的声音，尽管语气依然小心翼翼，而且总是需要随之发布一堆警告和解释，但主题依然是对外交流，是和解与妥协。

1977年是我在哈佛大学的最后一年，当我焦头烂额地忙于博士论文时，一件令人大感震惊的事情发生了。曾经将犹太人称为"阴谋制造者"的安瓦尔·萨达特竟然和炸毁大卫王酒店的鹰派修正主义者梅纳赫姆·贝京来了个"世纪大拥抱"。更让我目瞪口呆的，是萨达特在以色列议会说的话："心理的屏障阻隔了我们。这是一道怀疑的屏障，一道排斥的屏障，一道恐惧与欺骗的屏障，一道对任何行为与决策都抱有错觉的屏障。"他推测，这道心理屏障造成了"百分之七十的问题"。[2] 我去拜访在纽约的约旦驻联合国大使哈齐姆伯伯的时候，和他一起在电视前见证了这个重大事件。

回到哈佛大学，阿拉伯学生协会——说是协会，其实只有少得可怜的几个成员——决定对这件事展开辩论。我们平时很少碰面，但萨达特的访问无疑掀起了政治强震，我们自然要聚一聚。整个美国的阿拉伯学生团体都在发表声明，谴责萨达特出访以色列议会是对阿拉伯和巴勒斯坦解放事业的背叛。哈佛大学阿拉伯学生协会的领导们也想效仿。

和我在哲学上志趣相投的朋友，以色列阿拉伯人舒凯里·阿拜德（Shukri Abed），主动提出和我一起去参加会议。会议一开始，舒凯里和我就明白会长希望我们迅速通过一纸程式化的谴责声明，很有可能是大马士革或巴格达某间办公室的哪位政府人员要求的。舒凯里和我其实都对萨达特的大胆发言感到迷惑，但也不会盲目去支持协会的决议。我们把自己的想法明确地说了出来，引起激烈的争执。到后来，我建议聚集在一起的阿拉伯学生投票，把会长赶下台。会长目瞪口呆地站在那里，不知道作何反应。趁着他惊魂未定，我们开始投票，夺了他的权。我天性如此，在这样的团体中做不了"良民"，后来也再没参加过所谓"协会"的任何会议。

我来美国，目的是攻读博士学位，可不是要为什么愚蠢的决议争吵不休。头两年我都忙着上课和备考。我永远深深感激那些曾为我师的学者。萨卜拉教授是其中之一，他通过课程和指导，对伊斯兰神学、哲学和科学学派进行了全面的讲解；除他之外，还有穆赫辛·迈赫迪（Muhsin Mahdi），他侨居美国，是学识渊博的知识分子。迈赫迪教授是政治哲学家列奥·施特劳斯（Leo Strauss）的门下，通过多年的治学，自己也成为世界公认的伊斯兰政治哲学权威。我一直求知若渴，想要进一步加深自己对哲学和逻辑的整体认识和理解，在这方面给予我巨大帮助的是逻辑学家奎因。我对人类意志的研究兴趣由来已久，并在一篇研讨会论文中详细阐述了这个问题，指导人是罗伯特·诺齐克（Robert Nozick）教授。刚刚到哈佛大学任教的玛莎·努斯鲍姆（Martha Nussbaum）教授帮助我研究中世纪阿拉伯哲学家对亚里士多德的借鉴。她还记得（我和她一直保持着联系）看到我对亚里士多德物质论的解读时，自己的疑惑不解。

第九章 蒙蒂塞洛

我还给一些研讨会写过文章,其中之一是讨论维特根斯坦和玩笑在哲学论述中所起的作用。

露西与我并驾齐驱,在中东中心取得了中东研究的硕士学位。她学了阿拉伯语和波斯语,研究方向是被以色列占领的约旦河西岸地区的经济状况。可以说,她是在为未来去巴勒斯坦生活做准备。

上了两年的课之后,我必须决定博士论文的主题了。我想到了研究哲学家艾布·纳斯尔·法拉比(Abu Nasr al-Farabi,约 870—950)。后来,在迈赫迪教授的启发下,我又猛然发现了列奥·施特劳斯的妙评:"我们可以说,法拉比笔下的柏拉图,终于不再是那个世人眼中公然执掌良善道德之城的哲学之王,而是执掌着一个秘密的哲学世界。他的完美,恰恰在于他爱好追根究底,在一个不完美的社会中过着私人生活,并且尽自己所能为这个社会赋予人性。"[3]

法拉比的智慧深深影响到我后来的研究,特别是尽自己所能去为"不完美的社会"赋予人性这一点。但我的博士论文主题最终选择了哲学家阿维森纳(Avicenna,全名是 Abu Ali Aa Hosain Ibn Abdallah Ibn Sina),他于公元 980 年出生于中亚地区的布哈拉(Bukhara),他的父亲掌管着那里的一个村子,村子属于皇家财产。

13 岁时,阿维森纳开始学医,逐渐地开始研究希腊思想。他博学多才,著述丰富,主要作品涵盖了逻辑学、天文学、医学、文献语言学和动物学;他还写诗,并写了本寓言体的自传《警戒者之子》(*The Living Son of the Vigilant*)。(露西和我的二儿子就叫阿布索尔[Absal],与这本寓言中的人物之一同名,象征着追求知识的灵魂。)

我花了几个月来打磨我的论文,如同雕刻家将大理石一点点凿开,做成雕塑。带着热爱来工作,你会完全沉浸其中,你和你的研究对象之间不存在任何屏障。我的感觉也正是如此。我写得很投入,很疯狂,有时候一天有 18 个小时都在写。论文的大部分内容是在我做校园保安值夜班时写出来的。我偷偷寻找清净的地方,整晚整晚地沉迷于和这位中世纪哲学家进行灵魂上的辩论。我如此耽于知识、自我、存在与真理等晦涩难懂的神秘问题，毫无疑问叫不少小偷钻了空子。

这位哲学家生活在遥远的中世纪，他所在的社群也在数个世纪前就完全消失了，但他竟然能如此强烈和直接地引起我的共鸣，这件事让我陷入深思。想想那些启蒙运动时期的知识巨擘，他们的著作曾激励我在牛津大学探索自己的阿拉伯传统思想；而如果将在很大程度上奠基了西方哲学的阿拉伯传统思想引入到对上述巨擘的研究之中，他们的思想也许能被更好地解读。不管保陶伊在《阿拉伯人的思想》中写了什么，这两种看似分歧严重且经常对立冲突的文化背后，也许有着某种隐藏的共生关系。

我越想越觉得这条线有探索价值。从瓦尔堡时期开始，我就一直迫切地想研究展现东西方结合的文化遗产。后来美国的新保守主义势力有种说法——"文明的冲突"，其实根本不是这样，我们的文明其实同生同源。我猜测，阿维森纳就是这同生同源中的重要实例。此时露西的妈妈来了，来看新生的外孙，还记得有一天我坐在小公寓后门的台阶上，向她解说阿维森纳的认知体系，而她则带着疑惑，问我其实是不是在说洛克第一性质和第二性质的区别。这个疑问让我陷入沉思，她又补充道："你知道吗，我觉得洛克自学了阿拉伯语。"她继续说，这倒也不奇怪，当时洛克在基督教堂学院（也就是我在牛津大学上的学院）时，要研究的重要文献之一就是阿维森纳的《医典》。

一千多年以来，阿维森纳其人一直被神秘的气息所笼罩，哲学家和评注者们无休无止地争论着他所谓"东方哲学"的真正要义。他用这个概念来讲自己独特的形而上学思想，将其与希腊思想区分开来。阿维森纳从来没详细准确地阐释过"东方哲学"究竟是什么，

第九章 蒙蒂塞洛

这才留下了哲学界冥思苦想的千年之谜。

什么是东方哲学？作为解谜爱好者，我拿着手电筒，在半夜的校园中游荡着，大概花了上百个小时来思考这个问题的答案。最终，我形成的猜测是，阿维森纳显然是将"东方哲学"以很神秘的方式嵌入了他的著作中，而学者们在传统治学的道路上却只是把这些著述作为希腊形而上学的基础评注。要解决开头的那个谜题，就要去读懂他那些有关希腊哲学的著作字里行间的隐藏意义，正如列奥·施特劳斯解读法拉比。

我那长达 600 页的论文即致力于此。这里应该补充说明一下，我的论文写完之后，在很长时间内都发挥着作用。倒没有成书，我还没时间进行修改润色使其得以出版，但它帮助我在政治舞台上进行各种尝试。过去 25 年里我的大部分政治工作都以阿维森纳影响深远的人文主义体系为理论基础，这个体系关注的是人类的自由。

我最为乐在其中，也思考最久的观点，是阿维森纳关于意志（无论是神的意志，还是人的意志）的理论，他探讨意志如何与世界的本质相关联，也研究我们对意志的理解。我得出的结论是，要理解东方哲学，只能去探索阿维森纳对意志的研究。

阿维森纳之前的哲学家，比如柏拉图和亚里士多德等，都主张世界万物的存在是由它们的本质属性决定的。阿维森纳的立场则不太一样，比较接近现在推崇莱布尼茨（Leibniz）的哲学家：可能存在很多个世界，而我们的世界只是其中之一。稍微简单点说，阿维森纳坚信，这个世界并无固有属性，其存在的基础是一个有着本质必要的实体：神。是神的意志让我们的世界存在；而神可以自由地用意志再创造另一个，甚至是一千万个不同的世界。

阿维森纳再进一步，坚称我们自己对这个世界的认知也是各种认知可能性的其中之一。我们的认知系统或逻辑中，并不存在什么固有真理。人类的智识，虽然有很多看上去不可更改的规矩，但本质其实是一种外营力的产物,这种外营力就是人类意志。我们的所知所感,都是意志构建而成的。

这样一来,就自然产生了常识性的问题:如果这个世界是多个可能性世界中的一个,我们的知识体系是多个可能的知识体系中的一个,那么我们的知识体系是如何与这个世界紧密结合的呢?阿维森纳的立场岂不是和我们的经验相悖,走向完全的相对主义了吗?

对此,阿维森纳的回答很简单,就是神的爱与恩慈。我们对这个世界的认知(在此之外还有很多别的可能性认知)和这个世界(在此之外还有很多别的可能性世界)适配,都是因为神的恩慈。

但这种所谓的"适配",到底包含了哪些方面呢?"意志"就在此时成为舞台上的主角。的确,周围还有很多可能存在的世界,而我们的世界只是其中之一,我们的思想架构也只是无数架构的其中之一,但知识体系能与现实适配,是因为两者都是最好的选择。我们的世界是最好的那个可能,我们对其的知识构建也出于意志的原因,是最好的那种知识构建。按照神的意志,他给了我们有形世界中最好的那一个;而人类按照意志,构建了最佳的知识体系。这又是从何得知的呢?就是通过信仰神的道德意志与人的道德意志。因此,对于现实世界"真正的"认知构建,肯定符合神的道德体系。由此可知,对道德的认知要高于对这个世界的科学知识。归根到底,科学基于道德,而非道德基于科学,但凡讲究逻辑的实证主义者都会同意这个观点。

如果说阿维森纳没能被主流伊斯兰传统接纳,那是因为他指出一个很危险的真理,无论多少圣令也无法抹去这样一个事实:早在斯宾诺莎、莱布尼茨或黑格尔将西方基督教从繁琐的亚里士多德教条主义中唤醒之前,伊斯兰哲学思想就已经揭示了人类有着彻底的形而上学自由。

如果只是粗浅地研读阿维森纳的主要著作,很容易忽略他这些

第九章 蒙蒂塞洛

富有独创性的想法。而这些想法有着深邃的含义，不仅对哲学有影响，对政治也一样。比如，他否认固有特性，于是生发出一个理论，即特性是由意志来动态决定的，不管是自我特性还是国家特性。根本没有什么自然或超自然的原动力来将我们设定成先天的物品，我们要对自己的特性与行为负责。自我与国家的产生和发展，都是常规惯例与个人选择的结果。于是又能推导出，我们可以用自己的意志来改变那些看似命中注定的事实和状况，只要有信仰、爱和道德观念。

  我在美国的旅居生活，尾声有阿维森纳关于意志的道德理论相伴，这并非巧合，我还记得在蒙蒂塞洛的所思所感。在美国的诸多经历中，杰斐逊的故居与其所创大学始终让我印象最为深刻，对我来说，那是一种特殊意志的象征。让我震撼的，不仅仅是要争取政治独立的意志——连最为残酷的政治选举活动都会谈论独立。真正让我思绪万千的——直到现在依然如此，尤其是我在故乡经历了多年的暴力动荡与失望之后——是在美国宪法背后起着作用的道德设想。杰斐逊一生遭遇很多挫折，也引起很多争议，但始终坚信道德良知的尊严，也坚信人类自由本身就是善事，不用得到传统或宗教权威的许可。一场革命的核心，必须是坚信个人的道德节操；否则会不可避免地堕落为专制独裁。

  我在准备回到巴勒斯坦的那段日子，取得了上述重大学术突破。

第十章
柠檬树咖啡馆

1978年，我快到而立之年了。十二年来一直远离耶路撒冷的我想回家了。可以说，我想要回到故国的热望，就如同美国人对自己国家的强烈向往，希望能自由自在地徜徉在各种熟悉的地方，看看只属于故土的鸟儿，在充满阿拉伯文化氛围的环境中养育我的儿子。从学术研究的角度讲，谁不愿意在西方名校做个学者呢？但我觉得自己有责任回去教育那些无法出国的巴勒斯坦后辈。只要巴勒斯坦人还在为自由而抗争，我个人的需求就要退居二线。问题解决之后，我尽可以去实现更多的个人抱负。我的父亲早已把这样的思想潜移默化地植根在我心中。

也是出于这个原因，在约旦河西岸地区的比尔泽特大学（Birzeit University）提出要聘请我和露西时，我们就很高兴地答应了。我们的职责是参与"名著计划"文化研究项目的教学。项目主管是在美国深造过的巴勒斯坦哲学家，他最初发起这个项目，也是受到了贝鲁特美国大学教授休·哈考特（Hugh Harcourt）的启发，而这位教授的学识与治学态度是受到我们所有人一致敬仰的。

我对巴以冲突走向的判定还是很乐观的，认为会逐渐稳步地建立一个阿拉伯人和犹太人共存的国家。根据这个判定，我接受了和我同时期回到耶路撒冷的朋友盖伊·斯托穆萨（Guy Stroumsa）的建议，在希伯来大学教授一门伊斯兰哲学课程。

我研究的阿维森纳等人都是精通多种语言的思想家，他们能够很自由地在全世界游荡，学习任何地方的知识；所以，我也很兴奋地设想，自己回归的是一片充满各种鲜明对比的土地。我想象中的"以色列-巴勒斯坦国"（我开玩笑地称之为"巴勒列"[Palest-El]），有着穆斯林、犹太教徒和基督徒等多种人群，各种立场碰撞出生机勃勃的火花，是个能够公开对话的理想之地，就像过去一样，能搅动和催生文化复兴。我即将在一所既有阿拉伯人又有犹太人的大学执教，可以动摇学生们那些自以为是的信念，正如世界观曾经被重塑的我。习得了自我思考、自我意志和自我创造的学生们，将变成一颗颗小小的定时炸弹，为形成我梦想中的犹太-阿拉伯国家作一点贡献。

"希望渺茫啊。"我和母亲诉说自己的憧憬时，她如是说。她抽过的切斯特菲尔德香烟在水晶烟灰缸上轻轻地摇摆。

我和露西于夏末回家，留出了安顿的时间，暂住在我父母家中，同时寻找单独的住处。已经65岁的父亲还是一样干劲十足，四处奔波去宣扬自己的思想。以色列和外国官员最喜欢来找他询问巴勒斯坦人的想法。而真正让他重新备受瞩目的，还是《戴维营协议》（Camp David Accords）。1978年9月，卡特、贝京和萨达特*在马里兰的那片树林中共度13天。他们的谈话取得了突破性成就，西奈半岛被归还给埃及，以色列与这个占主导地位的阿拉伯国家签订

---

* 三位依照顺序，分别是时任美国总统、以色列总理和埃及总统。

了和平协议。而这对于我们的意义还不甚明了。

由卡特、贝京和萨达特商讨签订的协议让人们看到了希望，觉得以色列和巴勒斯坦也很快要进行严肃对话了。人们理所当然地认为，在这样的情况下，父亲将成为关键人物。传闻说时任反对党领导人的西蒙·佩雷斯（Shimon Peres）请父亲向侯赛因国王传个信，事关"约旦方案"*（Jordanian Option），具体来说，就是约旦和约旦河西岸地区重新合并成一个联邦。父亲否认了传闻。而且，就算佩雷斯真的叫他传信，他也很可能不会这样做。我之前提过，父亲是个坚定的泛阿拉伯主义者，始终遵循阿拉伯路线。阿拉伯人已经公认巴解组织为"巴勒斯坦人民唯一的合法代表"，而父亲即使有诸多意见，也尊重这个选择。

当时，父亲给一份以色列报纸撰文称："我觉得以色列应该做第一个承认巴解组织的国家，因为你们比较强大，手里握着所有的筹码。如果你们愿意和巴解组织坐下来进行和谈，互惠互利的关系就会自动产生，也就是说，巴解组织也会承认以色列存在的权利……这样就一劳永逸地消除了巴勒斯坦纠结的恐惧……我发自内心地相信你们可以和他们和平共处，互相合作，肩并肩，手牵手。"[1]

晚饭后的家庭沙龙其实笼罩着比上述情况严重许多的恐惧——《戴维营协议》的条款之下，存在着巴勒斯坦在约旦河西岸地区与加沙的自治权问题。条款中写道："为了让居民获得充分的自治权，协议规定，一旦这些地区的居民自由选举出自治当局代替现有的政府，则以色列军政府和行政管理当局立刻撤出。"

大部分的阿拉伯时政评论员都在质疑萨达特，是否一边出卖我们，一边给我们"自治"和选举的空头承诺，实际上是以主权来交换。以色列那边的发声，更是进一步证实了这一质疑。一位记者问贝京，

---

* 全称"约旦-埃及方案"（Jordan-Egypt Option）。——编注

是否准备好谈判商讨被占领土的未来。贝京强硬地说："什么被占领土？如果你指的是犹地亚（Judea）、撒马利亚（Samaria）和加沙地带，那些都是被解放的领土。它们是以色列国土，是不可分割的部分。"[2]

努赛贝家庭沙龙上达成的一致意见是：很不幸，关于自治权的说法，有太多细节上的缺失。协议中没有一个字提到以色列会完全撤军，以及如果他们拒绝撤军可能受到什么制裁。萨达特达成的协议只保证了他们能从西奈半岛撤军，但巴勒斯坦人只能在遵守以色列规则的情况下才能享有所谓的自治权。剩下的就只能听天由命。所谓的"重新部署"，涉及的是"具体的安全地点"。这些地点在哪里呢？这些是不是都要看以色列的心情？五年的过渡期之后，领土边界问题和最终地位问题才会被提出来。那么，谁能保证以色列人不会利用这个时间在相关的土地上造成一些无法挽回的事实？最重要的是，又是什么样的命运，等待着东耶路撒冷呢？

父亲很不赞同协议的各项条款，认为它们傲慢又模糊。在前述的文章中，他批评这个协议："没有任何真正能够解决基础问题的条款，基础问题就是巴勒斯坦人的民族国家自决……协议的倾向是未来多年都要暂时中止赋予巴勒斯坦人自决的过程……我们是小孩儿吗？我们自己不会搞政治吗？以色列凭什么认为我们无法全面自主地生活，觉得我们需要守卫呢？发行量很大的《耶路撒冷报》（Al-Quds）在头版刊登了父亲的一篇文章，里面提到了伍德罗·威尔逊的观点：让一个民族自由行使自己的主权，能够完全掌控自己的土地，这是基本的公平正义。以色列人施舍的所谓自治权，其实是在为所欲为地践踏这些权利。（摩西·达扬也承认这一点，他写道："如果埃及人明白以色列人在这件事情上真正的用心，他们是不会签订和平协议的。"[3]）

母亲选择带着轻蔑的态度无视以色列的计划和承诺。事到如今，

第十章 柠檬树咖啡馆

她早已见识了太多犹太政客与阿拉伯政客,也顺理成章地得出结论:稍有体面的人都会像躲瘟神一样躲开大部分政客。母亲一直是个行胜于言的人,她开始为那些家里太穷上不起学的女孩办学校,名为"穆斯林青年女性学会"(Young Women's Muslim Society)。学校建校时有70个学生,经过数年努力,学生人数已经超过一千。

露西、贾迈勒和我很快搬到我一个叔叔名下的公寓,就在离爸妈家不远的街角。住在那所公寓的日子里,露西生下了我们的次子阿布索尔。他刚刚出生时,我们把这小小孩捧在手上,就看到了他脾气会特别倔的预兆。医生与我家是老朋友,特别亲切和蔼,成功接生之后他开心地笑着,托着阿布索尔的脚把他举起来。阿布索尔对医生辛辛苦苦工作的回报就是直接尿了他一脸。这孩子以后注定要闹出大事情。

之后不久,我们搬到旧城错综复杂的小巷中。我们本来是要在传说中穆罕默德骑上飞马的地点附近租房子的,然而那里已经变成了练兵场,只得作罢。我们选了属意的第二间,便置身于两种神秘传统的中心。我们的新家是一位苏非教贤哲的故居,位于苦路上,离罗马犹太总督彼拉多(Pontius Pilate)审判耶稣的安东尼堡(Antonia fortress)不到100米。我们的家就在城门和荆冕堂拱门之间,那座拱门是耶稣十字架苦路的第二站,彼拉多就是在那里指着从城门走过来的耶稣,朝着喧闹咆哮的人群厉声喝道"瞧,这个人"。(《瞧,这个人》刚好也是尼采作品中我最喜欢的一部。)

我们的新家属于穆斯林区,数个世纪以来,从阿维森纳的故乡布哈拉远道而来的朝圣者们都会暂居于此,他们要去圆顶清真寺所坐落的尊贵禁地祷告。那位苏非教贤哲过去的卧室如今空空如也,算是我们公寓的一个延伸。房间之下,就是罗马时代修建的一个拱门。

我把那个未完成的童话压在一箱子旧论文之中，但不知怎么的，它似乎还发挥着魔力，因为露西完全融入了耶路撒冷。（童话中那头神奇的驴子恰恰就将她送到我们住的地方，分毫不差。）

这是露西作为定居人士在耶路撒冷的最初体验，她被这个还大量保持着东方魅力的地方迷住了。空地上还有骆驼在吃草，农民的穿着打扮几百年未变，古旧的石头房子散发着遥远岁月的沉香。我们的主客厅曾经是伊斯兰法庭，有高高的木质天花板，装饰着美妙的花纹。房子后院的旁边，是一座中世纪的尖塔，尖塔旁边则是一扇通往尊贵禁地的门。我们坐在后院里，就能看到鳞次栉比的圆顶建筑，东边是客西马尼山（Hill of Gethsemane），西边是恶意之山。传说中，哈里发奥马尔就是在这里初窥圣城。傍晚时分，露西和我喜欢爬到屋顶上，看着眼前宏伟的景象——尊贵禁地与圆顶清真寺，真是雄伟壮观。

在这处居所中，我们的第三个儿子出生了。我们给他取名叫巴拉克（Buraq），与穆罕默德那匹传奇的闪电飞马同名。

耶路撒冷本身还是那么充满魔幻的魅力。有时候，只是稀松平常地在街上走走，就能进入完全不同的天地。正如阿维森纳所说，视角一变，那个我们已经无比熟悉、见怪不怪的实体世界，就能在意志的作用下变得与众不同、生机勃勃，仿佛内心世界与外在世界并不对立，而是融合为一。我和家人一起在旧城漫步，就有这样的感觉。童年时代千百次经过之地突然有了全新的色彩。

露天市场上小豆蔻、鼠尾草与百里香的味道叫我沉醉；老人在十字军时代的餐吧里吞云吐雾地吸着水烟，燃烧的煤炭变成烟管中咕嘟咕嘟的水泡声，这景象也让我着迷。多少传闻流言，就在这里发酵和传播。偶尔，露西和我会捕捉到乌德琴的琴声和诗人的吟唱，带着老耶路撒冷的味道，叫我们多少有些心旌摇曳。

我们非常喜欢自己的家，那一米厚的屋墙上余音缭绕，全是转

第十章　柠檬树咖啡馆

圈的苦行僧*留下的智慧絮语,至少在我们想象中如此。有一天,我们甚至让苦行僧出现在了家中。按照穆斯林的传统,朝圣者从麦加朝圣归来,一回到家,家人就应该摆大宴为他接风洗尘。我的父母朝圣归来后,露西和我决定在家里办个派对。我找到了一些苏非派导师和苦行僧,其中一些人认识父亲,且对他满怀爱戴。

开派对那天,家里高朋满座,有诵念《古兰经》的教派导师,有转圈的苦行僧,耳畔还一直响着鼓点。家人和客人都挤在后院,悠扬悦耳的宗教曲子飘散在苦路和周围的小巷之中。最开心的就是贾迈勒了,他在载歌载舞的人群中疯跑着,仿佛进入了宗教上追求的忘形入迷的境界;接着,他跳上爷爷的膝头,而爷爷也是生平第一次学着抱孩子。

我们刚搬进来,就决定把家旁边那个叔叔名下废弃的房子改成咖啡馆兼画廊。我们给它取名叫"柠檬树咖啡馆",因为里面的院子里有一棵柠檬树。

我们构想的是一间欧洲风格的咖啡馆,同时兼做客栈,让背包客得以和年轻的巴勒斯坦知识分子相遇交流。我们期望欧洲人崇尚自由的精神与独立思考的态度能或多或少地影响我们的年轻人,也促使以色列人与欧洲人之间互相了解。

阿拉伯语中的"比尔泽特"(bir zeit)意思是"橄榄油容器或橄榄油井",这很贴切,因为信奉希腊东正教的比尔泽特村(位于约旦河西岸地区,离耶路撒冷不过几公里的距离)千年来都是靠种植橄榄树过活。基督教宗族纳西尔一家在英国托管时期为当地女孩开了一所学校。约旦统治时期,女校变成专科学院,毕业生通常会进入贝鲁特美国大学深造。六日战争后,巴勒斯坦人再也不能自由

---

* 苏非派的苦行僧在祷告时会进行不断转圈的仪式。

轻松地来往黎巴嫩，于是专科学院的主管们想要把学校变成四年全日制的文科大学。

大学正式成立于1972年。创始人穆萨·纳西尔（Musa Nasir）的经历和父亲有些相似：英国托管时期做过总督，约旦统治时期做过国王的外交大臣；纳西尔去世之后，他的儿子，在普渡大学（Purdue University）专修理论物理的汉纳，从美国回到故乡，成为校长。任校长期间，汉纳培养了一大批很有奉献精神的教师，他们有着强烈的使命感，决心要好好传道授业解惑，促进巴勒斯坦民族的未来发展。汉纳的愿景是建立巴勒斯坦的贝鲁特美国大学，这受到很多教师的支持。

纳西尔校长思想开放，工作投入，每周都要给教师和学生开讲座，讨论民主、对话，以及保障人们观点自由的重要性，不管他们的观点多么偏激和令人不适。然而，他关于复兴自由巴勒斯坦民族的主张和地方军事长官发生了冲突。这自然是在意料之中，有位受以色列派遣的阿拉伯教育总顾问的原话是这样说的："如果阿拉伯人只是伐木工和搬水工，对我们就再好不过了。"比尔泽特大学第一次关闭是在1973年，离正式建校不过一年。第二年，以色列人将纳西尔博士驱逐出境。大家都以为这只是暂时的（结果这一驱逐就是二十年），所以没有选替任，由副校长加比·巴拉姆基（Gabi Baramki）总领各项事务。

很多个早晨，露西和我都一同驱车去比尔泽特大学。课间休息时我们会在迷人的乡间漫步，深吸着花朵的芬芳，感受偏僻干谷中的泥土，注视着老人赶骡子耕田的景象。乡间老旧教堂的钟声像海妖的歌声一样响起，告诉我们是时候回去上课了。

和我散步的还有一个人：贝希尔。他是我少年时代的玩伴，我们曾一起漫游耶路撒冷，讨论对罗素的感受。如今他也是化学系的教授了。我们重拾老习惯，进行漫步冥想，思考形而上学这个无解

第十章 柠檬树咖啡馆

之谜的答案。这么多年了,我们心中的疑问依旧,只不过多掌握了些相关的词汇。现在,我们正共同撰写一篇有关亚原子粒子和物质不确定性的论文。

大学里有不少教师后来都去从政且担任要职,最著名的应该是哈南·阿什拉维(Hanan Ashrawi)。她是基督教徒,在托马斯·杰斐逊创办的弗吉尼亚大学取得中世纪文学博士学位,后来成为马德里谈判小组(Madrid Negotiating Team)的官方发言人。还有比尔泽特大学的一些同事,后来与我共同参政。20世纪80年代的暴乱中,以色列讯问官折磨了其中两位,萨米尔·谢哈德(Sameer Shehadeh)与伊扎特·加扎维(Izzat Ghazzawi),想强迫他们吐露我的秘密行动。

最古怪的人物之一(后来,我们俩宿命般地成了一根绳上的蚂蚱)是一位美国新教传教士,考古学家阿尔伯特·格洛克博士(Dr. Albert Glock)。格洛克博士成长在美国中西部一个家教严格的德裔家庭,信奉的是"原教旨主义宗派",坚称基督教《圣经》中每句每字,甚至每个标点符号,都是至高无上的上帝之言。在比尔泽特,格洛克把坚持的信念换成了巴勒斯坦的民族主义。

远先于我们巴勒斯坦人,格洛克博士早就认识到,以色列人在利用古代历史占据道德制高点,巩固他们对领土的控制。格洛克为自己定下了使命,要赶在那些所谓寻根的以色列将军抹掉阿拉伯考古学记录之前,将其好好保存下来。他所说的"以色列将军"之一就是摩西·达扬,后者执着于追寻以色列王亚哈(Ahab),把乡村地区挖了个遍,试图寻找古代犹太定居点的踪迹。摩西·达扬膀大腰圆,总是趾高气扬,完全无视被占领土不可进行挖掘的国际禁令。

1979年,以色列一家报纸的记者问我在希伯来大学的感受,我很坦白地说,作为知识分子,我比较中意该大学的发达国家治学标准,那是明显优于比尔泽特的。

但我并未言尽于此,而是详细阐述了自己的理论,即与以色列人一起生活、思考,甚至斗争,其实都对巴勒斯坦人有好处。我也怀着期望,未来会建立一个"巴勒列"。在军事政权的统治下,想要生活称心如意绝不可能,但也不像远距离的外人看上去那么糟糕。我轻笑着说:"每当有新一波的逮捕行动或冲突交战,美国和英国都觉得约旦河西岸地区马上就要爆炸了。问题肯定是存在的,有些问题还相当严重。但整体上来说,很多人都是乐观的。"

接着就谈到我为何选择约旦河西岸地区的大学继续职业生涯,而不是按照更为合理的逻辑留在欧美。我告诉采访人,如果约旦河西岸地区要回归约旦,"我绝不多待哪怕一天,如果巴勒斯坦人完成建国,我也不会多停留一分钟;但只要巴勒斯坦还处在被占领状态,我就会留在这里"。记者总结说,这样一来,我还"真是有其父必有其子"。最后采访文章的标题也恰如其分——"安瓦尔·努赛贝之子"。

也是在父亲的影响下,在比尔泽特时,我努力将教育和政治分开。父亲总爱说一句英语谚语,如果未经训练、没有经验就去搞政治,那就像是"公牛闯进瓷器店一般鲁莽"。我想说服学生们,在干革命之前,一定要接受良好的教育。这可不容易。虽然教授们也会站队,会加入一个个派别,但从整体上来说学生比教授更有政治积极性。参政比较积极的教授,大部分都和左翼团体相关联,比如解放巴勒斯坦人民阵线,或某个马克思主义派别;阿拉法特的法塔赫组织规模小,影响力有限,大部分教授觉得他们过于保守了。

而学生中的情况则恰恰相反。最大的派别就是法塔赫,因为它吸引了很多来自难民营和乡村地区的穷学生。第二大团体是一直在发展壮大的伊斯兰主义者(Islamists),差距比较大的第三名是左翼和共产主义者,吸引了很多家境相对好的学生。通常的状况是,家

第十章　柠檬树咖啡馆

族的地位越高，家庭背景越好，在政治上的立场就越倾向于左翼。

和美国的各种兄弟会、联谊会一样，各个派别都会上门招揽新成员。但他们来敲我的门时，我非常礼貌地拒绝了，只说自己还需要时间考虑。我希望他们能听出我的意思，不要再来找我。社交上，我最能处得来的是左翼人士，但在政治上，我还是倾向于支持法塔赫的方针，这一点从伦敦时期就没变过。出于本能和直觉，我会尽量长久地保持自我的独立与自由。

这种警觉部分来自秉性，部分是因为目睹了大学里非黑即白、针锋相对的政治活动。我到校不久，就被迫参与了一场关于"异端邪说"的审判。从美国深造归来的政治科学家纳菲兹·纳扎勒（Nafez Nazzal）在美国领事馆和美国官员见面，讨论《戴维营协议》的种种条款。而整体的民族思潮认为萨达特背叛了我们，他在戴维营同意的自治方案是完全的背叛。所以，这位教授相当于反民族气节而行之。教师们召开大会，要对他进行谴责。当时我进入会议大厅，看到纳菲兹站在台上，手里拿着麦克风，听着四面八方讽刺的倒彩。人声鼎沸，指责之声不绝于耳，台上那个人一个字都插不进来。"如果我要向别人表达自己的观点，"当时我便告诫自己，"就必须想个不同的法子。"被孤立、被折磨、被骚扰的纳菲兹教授像是对我的警告。

我把主要精力放在教学上。除了文化研究课，我还和其他一些教师以及露西合作，扩展了哲学课程内容，最后成功将其细化，有了不同的方向。我在这个领域比较早期的贡献之一，是引入了一门亟须开设的逻辑学入门课程。

比尔泽特当然比不上牛津，我的大部分学生也没有那个特权，可以逃圣乔治学院的课，或者退出英式橄榄球队。除了少数学生在耶路撒冷或伯利恒优裕的家族中长大，大部分来自工薪家庭、农村或难民营。课堂上，我非常坚定地要学生们刨根问底，探求事情的根源，而不是浅尝辄止，只看表面——按照我的经验，大部分的政治观点和对话都是如此肤浅的。而且，我也并不需要参与他们的革命政治，各种俱乐部和党派已经够他们折腾的了。

一开始，学生们面对我有点不知所措。我和其他老师一样站在讲台上，只不过没有打领结，头发也乱蓬蓬的。我经常穿错对的袜子，还总趿拉着凉鞋，让他们看到我可笑的错误，实在不符合备受尊敬的学者形象。于是大家把我归为共产主义者，因为只有共产主义阵营的教授才会这样不修边幅。更让他们备感迷惑的，是我有意无意培养的那种比较迷惑混乱的学术氛围。

具体说来，教授哲学时，我努力让他们集中去思考逻辑问题；而到了文化研究上，我的学生们就要按照规定的课程大纲阅读名著，从苏美尔国王吉尔伽美什（Gilgamesh）到阿尔贝·加缪（Albert Camus）。但我不会照本宣科地解释文本的意思，而是试着不去做直接的回答，也不指明那些一看便知的事实。他们一定以为我也一样迷惑不解，有时候甚至比他们还不清楚问题的答案。"你为什么觉得我刚才讲的就是对的呢？"一次在课堂上，我逮到一个学生在做笔记，于是对他发出诘问："你怎么知道这就值得记下来呢？"

学生们应该学会独立思考，而不是唯唯诺诺地臣服于他们的父亲、穆斯林教士、神职人员，或我这样的教授。我希望他们能打破从小在脑中形成的那道"地平线"，拆解那些批量接受的传说和教育，对自己的思想进行重建，发现属于自己的身份，获取独立的思考方式。作为教师，我的职责不是去分发那些经过烹饪后很好消化的真理事实，而是要打破学生的既有逻辑，仿佛医师断骨，只为重置。

从走进教室的第一天起，我就遇到了很多感到困惑、没有方向的学生；而那些只想随便学学，考试及格，留下几个好看分数的学生，也对我的各门课敬而远之。但即使对于那些在我课堂上坚持下来的

第十章 柠檬树咖啡馆

同学，我也要努力去对抗巴勒斯坦教育体系造成的负面影响，因为这个体系的方针很有问题，通常是让学生们去背诵信息，似乎那些单薄的事实能自发地成为充分的论据，以证明论点。接受这种"教育"的学生最多能够分析过去的事件；然而，为未来可能发生的场景进行设想，是他们闻所未闻的；而质疑已经约定俗成的信仰和观点，甚至只是用批判的角度去看待，都会让他们觉得有点异端邪说的味道。不管是从宗教还是政治上来说，学生们过往接受的教育，只是去吸收已有的学说与主义，记下来，奉为信条，并为之辩护。我们的高中教育出来的头脑，要么故步自封、冷若冰霜，要么鲁莽发热、不顾一切，几乎从未有谁是冷静客观的。后来，在各种政治游行中，我无数次见证过，这些人都有头脑过于发热以致爆发的倾向。

最初的几个月我特别开心。露西和我在柠檬树咖啡馆组织音乐会与讨论会，甚至还为一些朋友自主出版了几本艺术书籍。全城，甚至全国，应该只有这一家咖啡馆能让年轻的巴勒斯坦人与以色列知识分子自由地相见畅聊。小店吸引了作家、乐手、欧洲背包客；呜呼，还偶尔会有毒贩子。偶尔会有些外国游客过来要杯喝的，其中有牛津大学著名法学哲学家哈特（H.L.A.Hart），他是露西父亲的老朋友。（后来，他和哲学家以赛亚·伯林和彼得·斯特劳森［Peter Strawson］联名签署了一封公开信，发表在《泰晤士报》上，抗议以色列人将我囚禁。）哈特来店探访我们之前，刚去爬了杰里科城外的诱惑山（Mount of Temptation）。

这个时期比较难忘的事情之一，是露西和我去以色列城镇阿拉德旅行。那里有着连绵的沙漠丘陵，可以俯瞰死海。我们去那里的目的是初次登门拜访小说家阿摩司·奥兹。遵循"知己知彼，掌握敌情"（也是未来的同胞）的方针，从 1967 年开始，我就一直在广泛阅读以色列小说和诗歌。我读了所有能找到的奥兹的作品，一是因为他实在才华横溢，二是因为我的以色列朋友都对他评价很高，说他正直诚实，是以色列的良心。所以我给他打了电话，他毫不犹豫地邀请我们去他那位于沙漠的朴素之家做客。

在比尔泽特的教学生涯是离不开挑战和困难的。有时候，讨论着法拉比的学生们会显得烦躁不安，又或者会对康德作出一些奇奇怪怪的评论，当我觉得要对他们丧失信心了，就会去希伯来大学进行调整。比尔泽特只有2000个学生，还处于初创的状态，而希伯来大学则一切齐备：图书馆、基础设施、极高的学术水平，真是一所一流的研究型大学。

我每周会去一次主校区。那里的图书馆很大，学生没那么焦躁不安、容易激动（先服役两年再来上学，年龄大一些，也成熟一些），学术要求也比较高。除了盖伊和萨拉·斯托穆萨，阿维夏伊·马加利特也是教师之一。对我更具有学术意义的是，这所大学有伊斯兰哲学和思想领域的优秀学者。盖伊介绍我认识了也许是该领域内全世界最优秀的一位：杰出的学者兼语言学家什洛莫·派内斯（Shlomo Pines）。我和盖伊、露西，以及另外几个朋友一起，去参加他隔周举行的研讨会，探讨了关于柏拉图《法律篇》（*Laws*）的各种翻译和解读。

短短一年，我原本关于"巴勒列"可以自然演化而来的乐观设想就开始崩溃。我清楚无误地意识到，以色列这种性质的占领，会有目的、有系统地破坏任何自然与和平的演进发展。

这是我的一大变化，变化的开端是我变得更为谦逊了。归国第一年，我得到的最深刻的教训，就是要深切地尊重自己民族的感受和传统，毕竟，我在海外多年，对这个民族所知寥寥。终于，略有些悲情地，我的感觉姗姗来迟，也开始像我的父母一样，赞赏那些"上

第十章 柠檬树咖啡馆

街的人"。

我很快和一些学生建立了亲密的联系和友谊。他们就像我的一扇窗口，得以窥见耶路撒冷狭小城邦之外的生活。有时候我们在咖啡馆与餐吧中进行学术探讨，有时候他们会邀请我和露西去自家村舍中吃饭，无论何时何地的谈话，都会让我感觉到他们质朴清新的善良、传统与智慧。他们热情好客、正直体面，满含着无限的尊重与友善，和城里那些资产阶层、政客、商人，以及越来越多的专业人士、学者形成鲜明对比。后来，正是那些从农家村舍、穷乡僻壤走出来的男男女女，挺身而出去对抗坦克与枪炮，最后流血牺牲，入狱受刑。教学相长，我也从他们身上学到了很多很多。

巴勒斯坦农人教会我的最重要一课，也让我十分羞愧。一天早上，我正驱车前往比尔泽特，和往常一样，有点赶时间，头发乱蓬蓬地来不及梳。有个年纪比较大的女人，一身简朴的当地农民打扮，突然跳到车前，要去赶刚刚停在路对面的公交车。我开得不快，但没来得及踩刹车，撞到了她。她倒在地上，发出一声闷响。

我下车看她的情况，很幸运的是，她站起来了。我想问她伤得如何，需不需要去医院。"我没事。"她一直说着这句话，不让我碰她。她还想赶公交车，开始迅速冲往路对面。我赶在她跑没影之前，把名片塞给了她。

她没有音信，我也很快把这件事忘在脑后。

三个月后，父亲出国公干归来。他打电话来说要见我。见了面，他劈头盖脸的第一句就是："你都干了些什么好事？"

我支支吾吾地敷衍了几句，因为不知道他到底是什么意思。"那个老太太是怎么回事？"他是想知道这件事——老太太的某个家人联系了他。

我终于明白了他说的是什么。于是解释说那场车祸不是我的错，老太太也没受伤，我也把所有的联系方式都留给了她。父亲听我说着,不时点点头,好像理解我的样子,最后说了句:"这回你真的搞砸了。"

我默默无语地站在那儿。一直以来,我最恐惧的就是让父亲失望。

"最该做的事情你没做,"他继续道,"你没有道歉,既轻视了她们家,也有损咱们家的名誉。"

他给我讲了个故事来说明自己的观点。第二次世界大战期间,声名显赫的耶路撒冷贵族法赫里·纳沙希比(Fakhri al Nashashibi)在巴格达惨遭谋杀。一个阿拉伯的消息来源指控父亲的远房亲戚艾哈迈德·努赛贝(Ahmad Nusseibeh)为杀人犯。报道说,努赛贝是"穆夫提的走狗",而他所属的家族"长期以来犯罪成瘾"。在没有任何证据的情况下,巴格达警察立即逮捕了那位亲戚,将他投入地牢。

没人相信那家报纸的报道,而且努赛贝家族和纳沙希比家族其实有姻亲关系,两家人关系特别好。尽管如此,父亲依然和哈桑伯伯及亲戚阿里一起,在法赫里下葬后的那天傍晚造访纳沙希比家。远亲艾哈迈德是否有罪,这和他们的行为无关:他们必须要尊重受害者的家庭。

当时的父亲和我一样,年轻又摩登,看到那些招呼他们进屋的纳沙希比家的人,他得咬住嘴唇使劲憋笑。因为这些人都跟他一样,同属于20世纪中期的年轻人,却被各种按理说早该消失的陈规陋俗所累。他努力憋住了笑,向这家人表示尊重和慰问,于是没人找他寻仇。

父亲讲这个故事,是想让我明白"和解"(Sulha)的严肃意义所在,那是我们的部族正义体系。按照巴勒斯坦传统,个体并不是真正的个体。如果你偷了东西,甚至只是被指控偷窃,你和你的整个部落或家族都是有责任的。他们要对你负责。受害的家族或部落有权利向你这个家族或部落的任何一个人复仇。阻止复仇或流血事件的办法,就是解决矛盾。双方会订立"和解协议"。三天之内,调解人会去受害方的家中,安排双方见个面。

要是有人被车撞死了,开车的人(或者他的代表)不管是否有错,都必须和家人一起来到受害者家中看望,道歉并进行补偿。受害者的父亲可能会说:"我们想要 5000 万美元,虽然我儿子的生命是无价的。"只要司机的家人接受了这个条件,受害者的父亲就会开始降价。"看在安拉的分上,我减去 1000 万","看在穆罕默德的分上,我再减去 1000 万"。如此这般,直到降到合理的赔偿金额,甚至不要求一分钱的补偿。"和解"更看重的是尊重和荣誉,钱倒没那么重要。

为了解决我的事情,家族里浩浩荡荡出动了 100 人,来到老太太的村里。整个村庄的人都来参加恕和仪式。

我们十分严肃地道了歉,并提出赔偿。正如父亲所预料的,对方接受了我们的歉意和尊重,挥手拒绝了赔偿。我们尽到了职责,而他们也用拒绝任何实体赔偿的方式,对我们表示了尊重。

多年以后,我在一群以色列人面前又讲述了这个故事。我告诉他们,不管你们的初衷是不是要造成巴勒斯坦的难民悲剧,这个悲剧已经发生了,即便只是你们的行动造成的间接后果。按照我们的传统,你们必须承认这个错误。你们必须来道歉。只有这样,巴勒斯坦人才会觉得被尊重,才能够原谅。但你们否认一切责任,而且对历史问题的态度还荒谬到了可笑的程度,这绝对会制造永恒的敌对,对方会永无休止地复仇。

尊重自己民族的感受,这一课上得很好,也让我更好地理解了自家后门耶路撒冷旧城的状况。我开始观察和倾听所谓"平民百姓"的声音,才意识到,在一切的表象之下,人们越来越绝望。以方的占领正在逐渐扼住他们的喉咙,让他们窒息。

我的家人一直不太赞成我搬去旧城。如果我还单身，他们肯定会无奈地觉得这只是因为我对童年的土地有着幼稚的深情。但我居然拖家带口，把金发的英国妻子和儿子们都拽到那危险的街巷中，真是彻头彻尾地疯了。

犹太区自然是很繁荣的。多年来面积扩张了不少，已经远超出历史上的边界。6000多名阿拉伯人被赶出家门，而以色列又制定法律，封死了他们回家的可能。1974年，以色列最高法院表态支持一项禁止阿拉伯人居住在犹太区的规定。以色列的法治大体上来说是很值得赞赏的，但这个规定却成了永远抹不去的污点。

与之形成鲜明对比的，是阿拉伯区社会架构的衰朽，这着实令人惊骇。距离柠檬树咖啡馆不远的街角处聚集了很多毒贩，这说明社会腐败已经渗透到城市生活中，慢慢腐蚀着旧时积累的力量和根基。

在我的童年时代，城里根本没有毒品文化，也没有随之而来的犯罪事件；也完全见不到现如今窜来窜去的鼠群，它们甚至掀翻了市政公共垃圾桶，而这些垃圾桶几乎从来没人去清理。

这种有意的疏忽并不限于旧城，城墙之外，也出现了大量衰败堕落的迹象。我叔叔那家位于东耶路撒冷中心、修到一半的酒店，现在还是光秃秃的水泥建筑，叫人看了很不舒服，主要是因为以色列市政当局处处为难，设置各种繁文缛节，就是不让你完工。

阿拉伯人向市长特迪·科莱克诉苦，结果后者反而指着鼻子责备他们，说这座城市的凋敝，大部分责任都在他们。这话倒也不无道理。但我很快注意到，巴勒斯坦的领导人几乎没有努力去守卫自己在旧城的权益，也没有去促进其发展。他们抵制市政选举，就这样任性而固执地让渡了自己能争取的、推动经济与社会发展的最强民主武器。

但这并不意味着科莱克的指责就不是自私自利的借口。一个人

第十章　柠檬树咖啡馆

不需要在权谋政治上有多大建树，就能看清和拆解这座城中的各种政治维度。从奥马尔一直到希律门委员会，旧城一直是巴勒斯坦人眼中顺理成章的政治中心和文化中心。我们的文学作品、各种象征符号、语言、城中的建筑、氛围、循环往复的起伏盛衰、尘土飞扬的山丘……无一不展现出这一点。所有这一切塑造了我们这个民族。

我最初察觉到以色列警方力量在背后蓄意推动旧城的崩溃，是在常去的餐吧听到当地人闲聊的时候。1967年，路人通常对在街道上巡逻的以色列士兵没什么反应，整体态度比较温和，甚至还欢迎他们巡逻。现在那些抽着水烟的老人对犹太占领者的态度，比对约旦人的态度要消极很多。似乎曾经对以色列人"疑罪从无"的老百姓们，已经得出了完全相反的结论：他们没安好心。

这种普遍的敌意有很多来源，有些很简单，比如翻倒在地的垃圾桶，或者永远办不完的各种许可。更重要的原因是在旧城周围修建犹太人居住区的政策，此举切断了旧城与周边地区的联结。曾经无缝衔接的城市与乡村网络就这样被弄得支离破碎、七零八落。

1967年以后，以色列利用英国托管时颁布的一项土地法令，侵占了东耶路撒冷周围的农业用地。边界扩张之后，又利用一系列规划和分区法案修建了犹太人居住区，目标是要尽量往东耶路撒冷引入以色列人。先后修建的拉马特埃什科尔（Ramat Eshkol，1968）、拉莫特（Ramot，1968）、东塔皮奥特（East Talpiot，1970）、内夫雅各布（Neve Ya'akov，1972）和吉罗（Gilo，1973）等居住区改变了耶路撒冷的人口结构。

情况已然如此，再加上阿拉伯人几乎无法获得建筑许可，于是我推测，以色列的长期规划是让阿拉伯人偏居城中的狭小一隅，把整个大耶路撒冷地区变成一座犹太城市。他们在我们居住的地区周围设立了很多专门压制巴勒斯坦民族主义的以色列机构，比如说内政部和警务部，这分明就是要让阿拉伯人听话顺从。与此同时，巴勒斯坦的各种机构，以及负责管理这些机构的金融、社会和政治精英被赶出原来的地方；使用的手段不尽相同，比如1967年解散市政机构的命令，再比如故意给他们冷板凳坐。我感觉自己正在见证一场缓慢进行的蓄意谋杀，他们要杀死这个容纳我的家族与人民灵魂的城市。

我往来于希伯来大学主校区这个第一世界和比尔泽特这个第三世界，感到越来越难在两者之间取得平衡。本来，我以为随着自然演进，后者将会达到前者的水平，所以心里很轻松。在我得出"这不可能"结论的那一刻，心情就沉重了很多。在两者之间往返变得艰难很多。怀着重重疑云的我，很快辞去了希伯来大学的教职。

比尔泽特的人本来就对我在以色列人的大学任教颇多议论。学校的行政部门说我必须在"他们"和"我们"之间作出选择。一开始，我没有理会这种反对之声，因为很多类似的抵制思维早就已经被证明无用。要是我在这样的压力下就屈服，还怎么心安理得地去教学生不要太顺从村里的长辈们。

然而，最终我还是辞了职。我感觉自己在希伯来大学起不了什么作用，说出的话不会有任何实质性的影响。这个想法是某一天突然钻进我脑海的，当时我经过一个关卡，一名18岁的士兵拿枪伸进我的车窗，要求我出示身份证明。我心想，这个士兵搞不好也是我的学生。我脑海里想象着一个特别聪明、有潜力的学生，前一天还怀着满腔的求知渴望，讨论着知识的力量和典雅的伊斯兰哲学；第二天就毫不犹豫地跑到被占领土搞军事，把我的人民（或者我自己）当作畜生一样对待。这样的鲜明对比，我实在难以忍受。

第十一章
沙龙

不管听起来有多奇怪，1980年，31岁的我终于醒悟了，童年时那童话一般的世界已经成了断壁残垣的废墟，我从小成长且热爱的城市已经永远消逝了。之所以这么久才意识到，也许是因为天生对政治不感兴趣，再加上从小享受着社会特权，我和年轻时的佛陀一样，完全没意识到外面的世界有多么暴虐残酷。

人生在世，总有一些时候会被沮丧和愤怒击垮。一直以来，我总是选择忽略士兵的军装，把他们看作和我一样的人。但那天，那支枪伸进车窗来到我面前，我只看到一个粗野无礼的士兵，他站在关卡面对着我——一个家园被占领的阿拉伯人。

我决定终止希伯来大学的教职，这也意味着承认自己之前的设想大错特错。让一切自然演进，其实会造成与公平、平等完全相反的结果。占领绝对不会让双方更为密切，而是让巴勒斯坦人成为永久的低阶劳动者，他们的土地、资源和权益都遭到有系统的侵犯，并且通过一系列无休止的规定被慢慢剥夺。

我所看到的是个很怪异的过程。一方面，国家正趋于统一，和我预想的一样。攻下约旦河西岸地区之后，以色列的计划是将新领土纳入以色列的经济体中；可以肯定的是，占领短短几年后，以色列人就成为一半巴勒斯坦人的雇主。巴勒斯坦人可以比较自由地穿越过去划分边界的绿线（Green Line）；到了周末，以色列人会成群结队地到阿拉伯的乡村品尝鹰嘴豆泥和新鲜蔬菜。两个民族似乎正在融合。

同时，一个看不见的"无人区"正在形成。这个无人区不是水泥与铁丝网围起来的，而是意识形态与心理上的无人区。以色列人希望巴勒斯坦人拿钱即安，忘了民族认同、国家认同这些乱七八糟的麻烦事。一般来说，以色列人倒也不否认自己从基辅驾船而来，到达他们自己的以色列地时，这里是有阿拉伯人的；只不过犹太人声称自己享有的领土与独立的民族权利，阿拉伯这个民族并不拥有罢了。果尔达·梅厄的话言犹在耳："并不是说在巴勒斯坦的巴勒斯坦人认为自己是巴勒斯坦人，然后我们把他们赶出去，把他们的国家从他们手中夺走。巴勒斯坦人并不存在。"[1]

上述种种，也许能进一步解释以色列人对我们的态度，以及他们的种种行为；比如，为什么他们在不征求我们意见的情况下，就开始在东耶路撒冷修建居民区。出生在维也纳的耶路撒冷市长特迪·科莱克并非恶人；他和父亲谈话时，我观察过了，他是个体面人，爱抽雪茄，很有幽默感，也不像很多以色列将军甚或交警那样摆出一副过于高傲的样子。然而，即便是这样一个体面人，其行动也践踏了我们的历史，严重程度是过去的土耳其人想都不敢想的。他游说自己的政府修建拉马特埃什科尔、内夫雅各布和吉罗等居民点时，或许并没有想要伤害我们的民族权益，只不过我们的权益并不在他的规划中罢了。在他看来，于东耶路撒冷修建犹太人聚居区，在国家层面具有极高的重要性，而且这还是个房地产交易，能够让那些本来散乱聚居在那里的阿拉伯人有份建筑工作；他觉得这些人只是

第十一章 沙龙

在历史上意外地来到"大卫城"。科莱克认为,给这些阿拉伯人一份工作、一份收入,是在帮他们。是啊,有什么可抱怨的呢?他们这辈子难得有机会能生活在一个发展迅速的现代大都市啊。他根本不懂我们为什么会抗议,认为真是小题大做。

市长先生没能理解的是,他以为那些工人、商人和农民都能从他的计划中获益,然而这些人有着共同的身份认同,这身份认同有着人性的高度,也绝对需要得到认可,如果被轻视、被践踏了,他们也会愤怒。这一点,和科莱克自己的犹太以色列身份别无二致。

无论是在教室,还是在旧城的咖啡馆,我都越来越多地注意到一种严重的现象,也许可以叫"国家思觉失调"。在某个层面上,以色列和巴勒斯坦的经济与行政融合正在急速推进,从表面上看好像万事顺利平安;而在更基础的层面上,巴勒斯坦民族主义身份认同中的分离主义却愈发强烈。阿拉伯人的"巴勒斯坦"自我意识越来越明确。越多的阿拉伯"肉体"参与以色列体系,就有越多的巴勒斯坦"灵魂"挣扎着想要摆脱出来。

一天,我正沉思着如此各种的变迁,以及辩证上存在的难题。在电光石火间,我有了顿悟:要解决我们与以色列的冲突,方案并非经济的进一步融合,优化基础教育,指派更和蔼的军事长官,或更为人性的刑罚;也不是让那些以色列的坏人变成好人。其实方案很简单,就是结束占领,完全彻底地结束占领。

1980年,我回耶路撒冷已经两年了。在比尔泽特,不上课的时间我仍然会心不在焉地在附近的乡间散步,要么就到学校的小餐厅或村子里某个咖啡馆和学生们一起进行激烈的讨论。除此之外,我会在办公室里批改论文,写我逻辑学的书,或者写写关于阿维森纳的文章。

与此同时,父母家中的政客与记者仍然络绎不绝。关于自治的

174 提议不了了之,他们很可能根本没有过这个打算。(贝京对以色列议会说:"我们想都没想过要把领土拱手交给巴解组织……这个组织是除纳粹武装之外,有史以来最穷凶极恶的杀人组织。"[2])以色列人根本不会放弃对东耶路撒冷的控制,甚至会尽全力去扩张他们的控制权,使之渗透到每一个领域。

该区域内招收巴勒斯坦雇员最多的东耶路撒冷地区电力公司(The East Jerusalem District Electricity Company)正面临着危机。从英国托管时期开始,公司就拥有长期特许经营权,为南到希伯伦,北至纳布卢斯,东达杰里科和约旦河的整个耶路撒冷地区供电。该公司服务的每个市政部门都在董事会有代表,而董事会主席是伯利恒的市长艾利亚斯·弗拉杰(Elias Freij)。

爆发危机的双方是公司的员工和弗拉杰市长。表面上看是经济纠纷,因为公司自己的供电量上不去,不得不越来越依赖以色列政府运营的电力公司。这样一来,公司债务愈加沉重,威胁到员工长期的工作保障。然而更严重的是,以色列对于公司的事务有了更多的话语权。而且公司的许可证要到期了,以色列到底会不会允许特许经营权继续是个未知数。毕竟,按照国际法,占领方本来就有权去作相关的决定。

雪上加霜的是,以色列不许该公司为正在修建的犹太人聚居区供电。按照以方的说法,本来电力公司的债务就越来越重,再为聚居区供电实在没有任何经济上的意义。其实大家都心照不宣,以色列关心的根本不是公司的财务状况,而是聚居区的安全问题。要是阿拉伯人控制了电力,他们当然可以随心所欲地断电。

在我们这儿,一切都能跟政治扯上关系。光是个停车标志放错了,就能引出上百个说法不一的传闻。而在这场危机里,电力公司推动了第一次民族主义抗议运动的全面爆发。公司的阿拉伯员工怀疑弗拉杰市长和以色列人走得太近,希望赶快和他划清界限。

第十一章 沙龙

这是巴解组织第一次通过阿拉法特的副手,化名阿布·吉哈德（Abu Jihad）的哈利勒·瓦齐尔（Khalil al-Wazir），正式寻求我父亲的帮助，问他是否愿意做董事会主席和公司首席执行官。我父亲接受了，员工们也纷纷表示支持他，要做他的后盾。然而，在上任之前，还有个技术性的问题需要解决。要做董事会主席，他必须要有公司的股份。希律门委员会时期的一位老朋友参与进来，把必要数量的股份转移到父亲名下。

父亲会为这个公司进行"超人般的守卫"（找不到别的词来形容了），这也将是他人生的最终决战。因为就在那个当口，他被确诊为甲状腺癌。病状在慢慢加剧，而父亲表现得非常坚忍镇定，他全身心地投入各种战斗，涉及法务、金融、行政管理和政治等领域，誓将公司解救出来，不让以色列破坏公司的企图得逞。

一天，父亲接到公司某人打来的电话。对方很紧张地报告说，一大群以色列警察突袭了公司主要的办公室，把员工都赶出去了，现在正在翻箱倒柜地搜查档案文件。父亲立即开车去了总部。他朝警察厉声下令，勒令他们立即撤出大楼，那时的父亲仿佛以色列总理。神奇的是，警察居然听令了，甚至没有一句反抗。公司的员工围站在那里，惊得下巴都要掉了。

父亲就是拥有这样神奇的内在力量，也受到很多人的尊敬。后来在他病入膏肓之际，与他在公司法务问题上势不两立的以色列能源部部长摩西·沙哈勒（Moshe Shahal）前来探望他，我竟然感觉沙哈勒对父亲有种惊人的顺从和敬意。一边是沙哈勒，年轻有为，手握重权；一边是父亲，单腿残疾，卧床不起，但依然端庄严肃。从我的观察来看，两者的角色似乎对调了，当时身处弱势的似乎并不是父亲，而是沙哈勒。

1980年夏天，家庭晚餐后沙龙的主要话题，除了电力公司的状况，就是针对约旦河西岸地区一些地方长官的刺杀行动。父亲觉得自己也有部分责任（虽然这可能是不合理的自我责备）。早在1967年，他就努力劝说以色列的领导人允许进行市政选举，到1976年，摩西·达扬终于批准了选举，这也是占领之后的头一遭。

以色列的预期很难说清，但选举的结果是，在约旦河西岸地区，几乎所有重镇和大城市都有了民族主义倾向的长官，其中只有两个没有直接或间接地与巴解组织的某个派别有牵连。一些长官，联合其他与巴解组织有关的大人物，组成了国家指导委员会（National Guidance Committee）。

这其中的细节让人觉得讽刺，因为法塔赫仍然自认为首先是个秘密军事组织，所以在利用选举带来的政治机遇上行动比较缓慢。而没有武装运动传统的共产党掌握了国家指导委员会（国指委）的控制权。

国指委初创不久，以色列就企图将其扼杀。1979年，当局扣留了深受爱戴的纳布卢斯长官，亲叙利亚的巴萨姆·沙卡（Bassam Shaka'a），罪名是"支持恐怖主义"。1980年5月，与沙卡同属于温和派的希伯伦市长和哈尔胡尔市长也被寻了错处驱逐出境。几个月后，830号军令（Military Order 830）废除了市政委员会的选举，彻底终结了巴勒斯坦的民主。国指委的七名成员，包括两位地方长官，被逮捕入狱。

入狱的人还算是幸运的。一个与信仰者集团（Gush Emunim）* 有关系的犹太救世主地下组织想要结果那些未入狱的国指委委员的性命。刚刚被释放出狱的沙卡就在一场炸弹袭击中失去了双腿。拉姆安拉市长的左脚被炸没了。

国指委鲜明强硬的立场引发了巴勒斯坦政治生活的深度变化，

---

* 信仰者集团成立于1974年，主张犹太右翼极端民族主义，进行宗教和政治复兴运动。

第十一章 沙龙

不过以色列人当时还对此没有意识。旧贵族与传统的部落、家族首领都面临着退出历史舞台的命运，取而代之的是整个约旦河西岸地区与加沙年轻活动家组织起来的军事与民间网络。

沙龙上没完没了讨论的另一个话题就是定居者运动，这种运动让我们对未来以色列撤军的任何一点希望都变得岌岌可危。赎罪日战争之后，为了防止再次遭到反击，以色列工党修建了第一个定居点。如果说东耶路撒冷定居点的修建是科莱克在做先锋，那么现在大力支持犹太人在约旦河西岸地区修建定居点拜特埃尔（Beit El）的就是西蒙·佩雷斯。这个定居点征用了过去巴勒斯坦贝廷（Beitin）村的土地。以色列的巨轮已经滚动起来了。

但真正开始建设规模最大的犹太定居点的，是利库德集团（the Likud Party）。他们在《戴维营协议》签署后不久就开始行动了。贝京总理认为，占领的土地是以色列不可分割的国土，因为那是上帝赐予的神圣土地，是犹太民族起源的地方。他愿意给予住在那里的阿拉伯人有限的自治权，但是不能拥有国民权。拥有国民权就意味着对领土有控制权，而他铁了心要剥夺我们的相关权利。

定居点一个个涌现，简直无处不在。希洛（Shilo）、内弗左夫（Neveh Tzuf）、米茨佩杰里科（Mitzpeh Yericho）、沙维尚朗（Shavei Shomron）、多坦（Dotan）、堤哥亚（Tekoa）和其他一些定居点的出现，情节都差不多：某天早上你发现某座山上出现了一辆大篷车，第二天早上就有了两三辆。你还没反应过来呢，大篷车就跟培养皿中不停分裂的细胞一样，占满了整座山头。

我童年时代的耶路撒冷，是巴勒斯坦政治与文化生活的神经中枢，父亲组织的沙龙上那些热烈的辩论与交谈，会让人对整个国家的状况有个大概感觉。随着以色列的占领越来越深入，耶路撒冷精英阶层由来已久的领导角色被不断架空，直到只剩毫无用处的自负。

政治斗争的中心地带转移到约旦河西岸地区和加沙的村落与城市，占领当局作出的决定也大都与这些地方有关。无论占领深入哪个领域，都会不断引发新的痛苦，新的故事，新的豪杰，新的领袖，新的经历，新的现实。

也是从这些遥远的战场上，学生们来到比尔泽特。如今这所大学的学生人数已经不是数百，而是数千了。安居乡村一隅的校园已经跟不上这迅速的增长。1980年，学校开始往附近一个拥有现代大楼的新校区搬迁。新校区主要由居住在海湾地区的巴勒斯坦富人资助，选址在一个山坡上。发展就意味着学生更多，学术水平要求更低，主要的教学语言必须从英语变成阿拉伯语。

我仍然是学到的比教授的更多。大部分的下午，我的"办公室"（更好的说法是我的"沙龙"）都是村里的一间鹰嘴豆泥小餐馆。我会和学生们围坐着谈天说地，一根根地抽着烟。（我喜欢抽奥玛斯，市面上最便宜的品牌，也是以色列监狱为我们的政治犯提供的唯一一种香烟。）听起来可能很奇怪，我了解了自己的学生之后，发现他们的智识程度比牛津或哈佛的学生要高很多。被占领让他们的思想变得和饥饿、渴望与痛苦一样鲜明。

这些沙龙，以及课堂上的对话，源于学生们在肮脏混乱的难民营与村庄中的生活现实，而"名著阅读计划"又给其添加了养料。在西方国家的大学里，好学生注定要埋头在一摞摞资料中苦读之后，才能有那个自信，敢于冒险对某个话题提出自己的观点。我的学生们则不然，他们并不需要什么权威，全凭自己的经历。他们不需要了解对死亡，对权利，对自由、身份和选择困境的种种解读。在每一个村庄，每一个难民营，每一个城镇，几乎每个巴勒斯坦人都有着深刻的经历，其程度不输于经典名著中描写的那些。

我们在课堂上讨论《哈姆雷特》(Hamlet)时，会有学生提出疑义。这样的学生要么是刚从以色列的监狱中被释放，要么是在自

第十一章 沙龙

己的难民营或村庄里遭遇了以色列军队的严苛对待。有了这样的背景，他们对这位丹麦王子行为的评论，堪称另辟蹊径了。

课堂上的内容之一，是雅典历史学家修昔底德（Thucydides）所讲述的雅典人和米洛斯岛人在伯罗奔尼撒战争（Peloponnesian War）中的一次交锋。我们比较了大肆扩张制海权的国家和一群只想平平安安过日子的岛民各自的优缺点。岛民是弱势的一方，他们用以捍卫立场的武器是道德标准与神赋人权等诸如此类的规则。雅典人则反驳说，这些平和的岛民必须清醒一点，意识到一个事实，历史的唯一法则就是成王败寇，有着强大势力与威权的，就是要统治那些弱势的。

如果是在哈佛大学的课堂上，修昔底德的这番讲述应该只会成为学术上的脑力锻炼，和课堂之外的现实毫无关系。而对于我的学生们来说，以色列就是雅典，米洛斯岛则是他们的村庄或难民营。他们发挥想象，把那些闯进村里和长辈们交涉的以色列军官当作雅典的统治者，一副居高临下的讽刺嘴脸，站在高位，手握重权，单方面发布严苛的命令。

到了这个地步，我们的讨论就有了更强的牵引力。如果真像雅典人或以色列人说的那样，强权即公理，那么，弱势方难道不应该组织武装反抗，而不只是进行只会被威权耻笑的无用道德辩论吗？如果真如威权阶层所说，国际法只是走走形式，真正的世界要在战场上开创，那我们不应该举起他们口中的利器，也就是权力与武力，来进行反抗吗？

课堂讨论的重点还有《全世界受苦的人》（*The Wretched of the Earth*），是心理学家弗朗茨·法农（Frantz Fanon）写的阿尔及利亚战争，里面写到法国军队被派到阿尔及利亚保护那些外来定居者，而阿尔及利亚人民进行了反抗。学生们再次与这些人共情，在其中看到了自己。阿尔及利亚人与米洛斯岛人形成鲜明对比，英勇反抗外来者,获得了自由。这些文字传递给学生的信息是显而易见的。

我想让学生们从不同的角度去看待问题,更理解我的立场,于是邀请了一位巴勒斯坦的基督徒来到课堂上。他叫穆巴拉克·阿瓦德(Mubarak Awad),有着虔诚的信仰,但人很平和,支持甘地的非暴力不合作主义。我在圣乔治上学时与他结识,他和我哥哥扎基同班。阿瓦德向我的学生们宣传甘地的非暴力思想,很费了一番工夫。举白旗,进行税收抵制,这些怎么可能将以色列的坦克大炮赶回绿线以外呢?和平示威怎么可能摆脱得了以色列人呢?非暴力不合作怎么能避免对方的逮捕、判刑、征用土地、拆除房屋,以及毫无根据的搜查呢?参加讨论的人中,只有一个人公开捍卫阿瓦德的观点,那就是露西。(后来,她在耶路撒冷的巴勒斯坦非暴力研究中心[Palestinian Center for the Study of Non-Violence]工作了三年,该中心的创立者正是阿瓦德。)

看学生们对自己的观点反应冷淡,阿瓦德不羞不恼;他早就习惯了。他继续四处宣讲和实践自己的思想,直到20世纪80年代中期,以色列将这位烦人的和平主义"牛虻"驱逐出境。他们非常荒谬地指控他用非暴力掩盖"争取解放的武装反抗"。其实,根据我后来的亲身体验,以色列当局对和平人士的恐惧,比对恐怖分子要强烈得多。

总会引起课堂辩论和学生兴趣的还有另一本书,《吉尔伽美什史诗》(Gilgamesh),那是古老的阿卡得传说,讲述了永生与神明的故事。其中的一些故事,比如"大洪水",后来出现在《圣经》当中。《吉尔伽美什史诗》引发的热烈辩论之一,是大家普遍接受的宗教文本是否真的来自天神。我的一些学生已然对神之存在不太确定了。哈佛大学的学生就很少讨论这样的问题,即便讨论了,大家也不会很热烈,反而更关心波士顿凯尔特人队的篮球比赛结果。然而在我的课堂上,学生们讨论得热火朝天,这个话题对他们很重要。有些

第十一章 沙龙

学生认为，无论眼前的纷乱如何收场，正义终究得胜，占领会终结，权利会回归；这其中的很多人都求助于神明来支撑自己的希望。伊斯兰教的虔诚信奉者采取的正是这种寂静主义（quietism）的行动方针。听起来可能很奇怪，这个最终演变为哈马斯（伊斯兰抵抗运动组织）的团体，一开始是反对与以色列发生暴力冲突的。他们虔诚地相信，只有做清白无瑕的穆斯林，才能迎来救赎。在20世纪80年代早期，那些后来大肆宣扬自杀式爆炸行动的殉道者一定会升入天堂的人还是和平主义者。

而那些信服雅典人——或法农——立场的学生则强烈反对，坚称神明与此无关，"一神论"就是痴人说梦。对他们来说，神要么是个幻觉；要么，即使真的存在，也是一切烦恼的来源，而非解决办法。

在关于神学的争论中，我通常尽量保持中立。唯一的一次例外，就理所当然地遭到了猛烈攻击。一天，在伯利恒一所小型天主教大学举行的学生诗歌比赛上，一名学生朗诵了攻击神的一首诗。这位所谓的"渎神者"就像陀思妥耶夫斯基笔下的伊万·卡拉马佐夫（Ivan Karamazov）。他来自一个难民营，用诗歌来抒发所有的愤怒与挫败感。大学害怕别人认为他们包庇反穆斯林的煽动者，将他开除了。

我在行吟诗人咖啡馆时期结交的一位朋友当时也在比尔泽特教书，他给我讲了这个学生及其被开除的故事，他自然而然地认为我会为学校践踏言论自由的行为而愤愤不平。他建议我们俩一起为《耶路撒冷报》写篇文章，我同意了。文章标题是《观点的自由》（"Freedom of Opinion"），第二天被刊登在头版。

文章甫一发表，就收到一系列长篇大论的愤怒攻击；其中一个反馈充满了血与火的激烈，作者德高望重，后来成为耶路撒冷的穆夫提。连续出现六篇抨击我们的文章之后，我们又写了一篇文章作为回应。(后来,我教授了一门关于自由的课程,就用到了这些文章。)

我开始根据占领的状况调整自己的教学方式。举个例子,一次,在和学生进行上述类型的争论时,我突然恍然大悟:反用柏拉图的洞穴之喻来说,我不能一直待在"洞穴"之外,想当然地指望"穴居人"忽略政治,因为他们的"洞穴"充满了政治。如果我想接近他们,就必须去理解他们的经历,进入他们的"洞穴"。只有这样,他们才能真正看到伟大的名著与思想。

在西方社会,通识教育通常只是一种成人仪式,或者说是教养的标志,就像用正确的叉子吃沙拉一样。而对我们来说,这事攸关生死。教育是防止人们被动困顿于自己怨气的工具,防止他们要么在沉默中屈服放弃,要么用扔炸弹的方式爆发。

所以,我才会抽着奥玛斯香烟,吃着鹰嘴豆泥,和学生们围坐长谈。他们让我看到占领给我的人民带来的遭遇;也因为有了他们,我才开始思考他们到底需要什么样的智力技能,才能智取高度智慧的敌人。我们不要法农提倡的那种暴力浪漫主义,而是要从战略上进行思考。

我不太能成功说服的学生都是宗教狂热分子,那时候这些人还在少数。在伊斯兰哲学课上,我从来没有公开反对过伊斯兰教,而且因母亲从小对我们进行宗教灌输,我也没理由提出反对。我只是向学生们解释说,法拉比和其他穆斯林哲学家不是传统的神学家。法拉比写过人类政府的相关问题(这是他私下秘密写的),他没有按照传统的口径,说理想的政府应该由神或神派遣的先知来管理。他笔下的理想政府,管理者是个睿智且博学的统治者;他信神与否是在其次。一个好的统治者,肯定得会读会写,更需要接受各种科学的教育,最重要的是必须对柏拉图与亚里士多德有所了解。当然,他一定也要谨遵道德。但要做到以上这些,他并不需要神的帮助。他可以去读亚里士多德的《伦理学》(*Ethics*)。

第十一章 沙龙

那些虔诚信神的学生聚坐在后排，嘴唇紧紧地报着，他们不喜欢这样的论调。他们中的大多数人对伊斯兰文明连一知半解都算不上，只不过从村里的阿訇那里听过只言片语。但他们根据自己的所知，得出我在攻击伊斯兰教的结论。

我一向喜欢的教学方法，就是让学生们稍微困惑一些，好进行批判性思考。结果这个方法让事情变得更为糟糕了。因为我捍卫的是他们无法容忍的观点，扮演了"恶魔代言人"的角色。他们觉得法拉比和我这样的人是对伊斯兰传统的威胁。

"那你对先知穆罕默德有什么看法？"一位义愤填膺的学生朝我喊话，气得胡子都在发抖，"他是一切真理与全知全能的化身，所以不需要向希腊人或亚里士多德取经——到底是不是这样？"

"这个嘛，"我开始在同学们面前来回踱步，"你应该记得，穆罕默德不识字也不会写字，只是一位信使。而把真理传递给穆罕默德的大天使加百列也是如此。法拉比给我们的教导是，一个人如果能对真理进行理性评析，那么会比那些单纯接纳真理的人收获更深刻的理解。"班里虔诚的信徒们惊得倒抽一口凉气。"对于那些懂得理性分析的人，"我继续道，"法拉比和他的老师柏拉图一样，认为他们出类拔萃，是最为睿智的统治者。"

"比先知还睿智？"有四个学生异口同声地问道。

"你们说对了！"一位支持马克思主义的学生说。

"是的，"我还在踱步，一手摆弄着一支没点燃的奥玛斯牌香烟，"随便举现实生活中的一个例子。会英语的人，就能读懂弥尔顿的作品；不会英语的人就是要差点儿。了解银行业知识的人，能够管理一家银行，就是比连数数都不会的人要合适。开着车从拉姆安拉到伯利恒，不比赶着骡车去更好吗？"

我说得太多了，信教的学生们狂怒起来。他们总是倾向于对思想交流做个人解读，所以我的话在他们耳朵里变成了：我这个会读书写字、有银行户头、每天开车上班的人,正声称自己比先知穆罕默德更优秀。

本来,我为那个伯利恒的学生诗人说话,就已经被宗教群体围攻了。很多人认为我的行为过于离经叛道,于是认定我是反宗教者。难道我不是整日与马克思主义者和巴解组织那群世俗论者厮混吗?我的观点不都很自由派吗?而且我经常不修边幅地穿着凉鞋,还娶了英国女人做老婆,留着长发也不剪,还居然不怎么留胡子,真是刺眼。他们把这些因素综合到一起,得出结论说,我就是他们不共戴天的仇敌。

有一群人跑到父亲那里去声讨我。"从我家滚出去!"在他们骂我亵渎神明之后,父亲厉声呵斥道。然而,他们接着就去找了耶路撒冷的新任穆夫提。这回找对了人,穆夫提同意他们的观点。他在阿克萨清真寺的周五布道会上对我进行了猛烈抨击。我班里那些年轻的"检察官"怀着怒气印了传单,上面用黑色粗体的大字写着"比尔泽特出了新先知"。传单上指责我发表异端邪说,声称自己比穆罕默德优秀。本来我看到传单应该觉得危险,结果却觉得挺好笑的。我还挺喜欢他们给我扣的"先知"这顶帽子。因为在我看来,先知并不是什么魔法师,而是能够进行符合逻辑的清醒思考,从而探查未来趋势和模式的人。我给传单镶了个框,挂在办公室的墙上,旁边是一张圆顶清真寺的照片。

第十二章
854 号军令

> 人们必须在思考和行动之间作出选择,这一刻总会来到;是人之为人的必经之路。
>
> ——阿尔贝·加缪,《西西弗斯的神话》

我是如何继承了父亲的勇气,我自己也不得而知。从孩提时代开始,我在分析某种情况时,就喜欢撸起袖子,亲身参与其中。对我来说,埋首于图书馆的卷帙浩繁,或在咖啡厅抽着一支支奥玛斯,研究一摞厚厚的笔记,永远比追求名利权势来得更有吸引力。所以我一直很欣赏汉娜·阿伦特(Hannah Arendt)对政治行动的定义:"离开私人藏身之处,通过揭示和袒露自己彰显自我。"[1] 有谁喜欢"暴露"自己啊?在我看来,只有被良心折磨到无处可逃、别无选择,才会走出这一步。

我在一次看似矛盾重重的领悟之后,才开始接触政治。我本质上是反对民族主义的,厌恶动不动就装腔作势地举大旗。但我越来越相信,巴勒斯坦人必须经过民族主义的阶段。只有成功的民族运动，才能让我们摆脱拥护民族主义的危险。

我仍然认为，在这场运动中，我应该承担的角色是教育者，而不是激进的活动家。不管怎么说，激进主义是有违我天性的，也会完全榨取我在教学之外所剩无几的时间和精力。我自己还有想要解决的哲学难题，跟解放运动毫无关系的难题。

一次课间休息时，我正思考着难题之一（当时天气很恶劣，我被迫放弃了每日的乡间散步），就在那时，童年时代的朋友贝希尔来访。他把我办公室的门推开一条缝，脸上带着狡黠的笑容往里看着。跟在他身后的是我的几个同事，其中之一就是哈南·阿什拉维，她也面带微笑。我这群朋友肯定有什么事。

我的办公室跟杂物间一样，而且很狭小，椅子不够，坐不下这么多人，所以我们没有按照巴勒斯坦人的传统先寒暄一番，喝喝咖啡、抽抽烟什么的。他们立刻就开始说正事了。贝希尔当了大家的发言人，说我不能"就坐在那里"，表现出一切安好的样子，"我们需要你的参与"。

他说的是学校行政部门和教职员工之间一场山雨欲来的冲突。当时我们的工资本来就低，还不能按时发到手上。但除了钱之外，还有很多别的问题，叫人不胜其烦。没有为教员的小孩设立托儿所，露西不得已自己办了一个；我们没有大学的健康保险，对学校的管理也毫无发言权；教师们希望能建立一个工会来代表自身的权益，而这群涌进我办公室的人，认为我应该去做这个领头羊。

早在1977年，我的一个朋友就想在比尔泽特建立一个教师工会，结果立刻被解雇了。学校行政部门为了避免未来再出什么"乱子"，非常狡诈地来了一招先发制人，在规章制度中加了关于教师协会的条款。这个协会的运作方式是由我们选出代表，但学校行政部门保留最终控制权。如今，已经过去五年了，来到我办公室的这个"代表团"解释说，校园里几大政治派别（解放巴勒斯坦人民阵线、

第十二章 854号军令

共产主义者和法塔赫）都同意提名一个这些阵营之外的人，掌管教师协会，并且进行内部活动，努力去令行政部门让步。而教师中不属于任何阵营的人凤毛麟角，我就是其中之一，他们排除来、排除去，就来敲我的门了。

"何乐而不为？"我没多想就给了答复。这几个字脱口而出之时，我感到一阵头晕目眩。这是有充分理由的。那时的我还不知道，这句轻率出口的"何乐而不为"将把我推入充满纷争的国家政治大局中。

一个星期不到，我就有了教师协会会长的新头衔。新官上任，我本来很冲动地想烧"第一把火"，解散这个协会。如果决策和行动的最终控制权在学校官方手中，那么成员的权益问题连提出都难，又怎么能代表大家的意愿和权益呢？这个协会就会形同虚设。学校行政部门还耍了一个花招，就是将教师和非教师的雇员协会分开。两边分头行动，远没有大家联合起来有效。

我们需要改变规章制度。因此，第一项议程就是合并两个协会。这很容易，因为非教师协会的会长是一位敢于挑战权威的女性主义小说家，来自纳布卢斯，名叫萨哈尔·哈利法（Sahar Khalifeh）。我们俩联手开始了"不流血的革命"（后来进行大起义时，我们再次启用了这个叫法）。我们共同宣布两个协会正式成为过去，而新建立的联合工会将从此代表所有教师和非教师职工的权益。在进行新选举之前，过去两个协会选出来的执行委员组成新工会的临时执行委员会。

纳西尔被驱逐出境之后，学校的行政管理负责人就是加比·巴拉姆基，他被我们的行动惊呆了。我们这快刀斩乱麻的干脆之举，让学校之前防止员工联合的一切努力付诸东流。

我们还有后招。在纳布卢斯的纳贾赫国立大学（An-Najah National University），支持法塔赫的数学家阿德南·伊德里斯（Adnan Idris）正带头发动大家建立一个工会。我们很快开始谈合

[186]

作方式。如果我们联合起来，组成一个全国性的组织，那么双方工会的力量不是都能大大增强吗？双方学校都能从工会行动中获益。而且，为什么要止步于大学呢？为什么不把职业培训中心的教师们也发动起来呢？

我们驱车往返于纳布卢斯和拉姆安拉之间，不断进行磋商和谈判，拟定了一个联合会的基本宪章，而这个联合会的名字叫"巴勒斯坦大学和高等院校雇员工会联盟"（Federation of the Union of Employees in Palestinian Universities and Institutes of Higher Learning）。根据拟定的规章，每个分会都独立进行选举，有自治权，可以按照具体需要进行单独行动。与此同时，总会也要制定整体策略，并统一大家的目的和方向。

情况和事件都遵循各自的逻辑，一石激起千层浪。要不要组织学生联合会？很多大学和学院已经有学生会了，每个委员会都能反映这个国家的政治派别，有的支持法塔赫，有的支持共产主义，有的支持解放巴勒斯坦人民阵线，有的支持巴勒斯坦民主人民解放阵线，如此种种。我们的工会能否与这些学生会结盟呢？

同时，我们在比尔泽特的工会也需要办公地点。我们直接去找学校行政部门要求在校园里分配场地，不出意料地被拒绝了。由我的一些学生领导的学生会用了更直接的方法。我们占了一间空屋子，在门上挂了个牌子就进驻了。等行政部门发现时，我们都已经安顿好了，而所有的政治派别都支持我，而且还有年轻强壮的法塔赫激进主义者把门，行政部门也没法赶我们走。

我们取得了一系列成功：与医生和医院直接达成协议，为员工制定了健康保险政策；针对薪资纠纷进行了谈判；最重要的是，我们和各个学生会联手，汇成了一股从民主上来说十分正当的政治力量，威力惊人。很快，这股力量就会与巴解组织以及强大的以色列军方发生冲突。

第十二章 854号军令

我们的联合会是个运作良好的民间团体,树立了一个很好的典范。虽然大部分成员属于巴解组织的各个派别,或者比较倾向于他们,但联合会依然是独立和民主的,所以根本不会像某些游击运动那样,需要用神话进行包装,搞一些神神秘秘的东西。作为一个坦坦荡荡、无所隐瞒的公开运动,我们出了一本小册子,指明了组织的规章、预算、目标和成就。

之前的组织一直由权贵管理着,显得很沉闷;现在有了热闹的会议,当选的学生代表和工会代表热烈讨论政策和战略,还有人跳到椅子上站着,大喊大叫,这不啻一股新鲜空气。作为会长,我经常不厌其烦地花上几个小时,想说服同事们接受我的观点;也经常会败下阵来,这时我就只能为我之前一直激烈反对却赢得大多数人支持的观点做发言人了。

起初我们从未想过要与巴解组织的领导层协调政策和战略。我们的正当性来自自身的经历。如果不是因为以色列人及军方的狂妄傲慢,我们也许永远不用跟巴解组织产生联系;联合会也永远不会成为一股强有力的全国性反军事占领力量。

军方会采用各种压制手段让人们守规矩、听话,"保留剧目"包括封锁、行政逮捕、软禁、用刑等。如果这些办法还不管用,就驱逐出境了事。苏联常常把犯人驱逐到西伯利亚,而以色列的犯人就被驱逐到约旦和黎巴嫩。

最大的反占领中心就是我们大学的校园。以色列称比尔泽特为"巴勒斯坦民族主义的温床",而在20世纪80年代初也的确如此。其他的中心也纷纷涌现出来。20世纪70年代,在约旦河西岸地区和加沙,当地人牵头建立了一系列的学院,背后的驱动力和当初创立比尔泽特相同,就是要为那些无法出国的学生提供高等教育。学校越多,海外的关注也就越多,外国教师就越多;学生和教师中愿意干预政事的民族激进主义者也越多。长期以来习惯于随心所欲进行控制的军队和占领政府，对上述这些发展忧心忡忡。

军方想出一个自认为很体面的解决方案。占领开始不久，以色列就将约旦河西岸地区和加沙置于以色列国防部部长的控制之下。这位部长指派了一名军事长官去管理上述地方，赋予他所有统管当地的特权。他可以将地方长官解职，拔除树木，拆毁房屋，将大片土地征用充公或改造成军事区。从理论上来说，军事长官的管理是在现行法律的框架下进行的。约旦河西岸地区一直遵守约旦法律，但这不过是碍于国际公约的空头承诺。实际上，为了执行以色列的扩张主义政策，他主要的管理行为就是颁布国防部上级批准过的军令。

军事长官想出了一个控制各大院校的办法。约旦法律没有对约旦河西岸地区的大学进行管理的条款，原因很简单，1967年之前这里没有任何大学。1980年，地方长官颁布了854号军令，将大学也置于约旦人管理公立幼儿园和小学的法律法规之下。这是对既有法律充满创造性的应用，让以色列当局在教师任命、学生招收和课程设置上拥有了绝对权威。军队也有权在学生被招收或教师被指派之前，对他们进行审查；要教任何一门课，或使用任何的教科书，都需要军事长官盖章同意。

854号军令颁布之后，军事长官顺势要求所有的外国教授，不管是巴勒斯坦侨民还是国际人士，都要重新申请工作许可，还要签署一个效忠承诺，很明确地保证不会参与反对军政府的活动，也不会和以色列所定义的"恶意"组织（比如巴解组织）有任何牵扯。

需要补充说明的是，政府对"外国人"的定义是在以色列接管约旦河西岸地区时，不在当地的所有人。哪怕是在这里土生土长，只是在1967年6月出国度假了，也算"外国人"。

这是精心计划的一招，威胁约旦河西岸地区所有大学中的数百名教授，如果他们积极参政，就会面临被驱逐出境的命运，这样一

第十二章 854号军令

来就能破坏我们的学术自由,并防止民间团体发展壮大。我们则联合起来,决定在全国进行动员,开启后来所说的"迷你起义",相当于1988年第一次巴勒斯坦大起义的"带妆彩排"。

以色列人威胁说,要是我们拒绝遵守军令,就要关闭所有的大学。比尔泽特的行政部门不想冒险,表示会遵命行事。很多教师,特别是惹了麻烦之后有可能被驱逐出境的国际人士和侨民,都屏息噤声,不知该如何是好。他们的整个职业生涯都岌岌可危。这样的情况让我们这些联合会成员压力倍增,因为到底是对占领方让步屈服,还是发起一场人人眼中的必输之战,是要我们来决定的。

联合会和好些学生会都对此进行了辩论和投票,决定无视以色列的军令,将约旦河西岸地区和加沙的支持者动员起来。受到军令威胁的不只是学术自由,还有我们的民间团体、市民社会,以及整个国家的政治前途。我们要团结起来,向那些蛮横的占领者说不。

以色列人反复威胁要关闭大学,我们则继续拒绝签下效忠承诺。行政部门开始横加干涉,要求我们服从命令。我们对行政部门的态度和对以色列一样:别做梦了!我们没有煽动任何暴力,也没有采取激进手段。我们只是无视这个命令,而包括我在内的所有人都惊讶地发现,以色列没有使出任何后招。对于彻底关闭所有大学,他们还是有所顾虑,而除此之外也无计可施。

一切都很魔幻,一个团结一心、行动一致的组织,竟然能够与拥有无情安保机构的强大国家机器周旋。为了发动公众支持联合会的立场,我们在报纸上发表了文章,研究该军令可能引发的种种影响,还散发相关的传单,并且在市政厅和校园中组织讲座。如果以色列说到做到,关闭学校,那我们也想出了继续开展教学活动的应急方案。

联合会的领导人从北到南,广泛走访活动,争取乡村地区的支持力量,把我们想说的话传达给村民和有名望的长辈们,向他们解释军令的意义和后果,以及我们需要反抗的原因。我们开始召开记者招待会,吸引了以色列媒体和外国媒体的注意。好些以色列学者来到校园里,向我们表达支持。现任以色列科学院(Israeli Academy of Science)院长,也是我在以色列－巴勒斯坦科学组织(Israeli-Palestinian Science Organization, IPSO)搭档的梅纳赫姆·雅里(Menahem Yaari),牵头成立了一个由以色列学者组成的委员会,调查854号军令是否正当合法、合乎道德。雅里来到我旧城的家找我聊天,我们俩决定一起抵抗以色列政府,他之后发布了个报告对这个决定表示支持。

在暴力初现端倪之后,以色列人才会采取行动,我饶有兴趣地窥探到他们这种心理。一天,一位穿着便服的以色列官员来到校园,径直去了行政楼,要求学校交出激进学生名单。有人传出这个消息,学生们陆续前来,将行政楼团团围住。几乎所有学生都来了,朝这名官员怒吼,要他离开。他走出大楼,沿着窄窄的楼梯下来,一个学生推了他一把,他倒在地上。我们都冲上去确保他平安离开校园,不会被愤怒的人群撕成碎片。他毫发无损地走了,但学生动手已经是既成事实,无法挽回。

第二天,军方命令学校关闭三个月。约旦河西岸地区几所大学的70名教授很快被以各种理由驱逐出境。

此时,我们的民间网络已经非常广泛且坚固,以色列关闭校园的行动适得其反,让整个约旦河西岸地区的城镇和乡村也开始与其对立。任何一个村子,只要有回家的学生,就有和士兵的冲突事件。《华盛顿邮报》头版刊登了相关文章,标题醒目:《以色列军队致约旦河西岸地区9名示威人员受伤》。伤者之一就是加比·巴拉姆基14岁的女儿。

学校重新开门后,我们立刻重启针对854号军令的斗争。大家仍然拒绝签字,以色列再次毫无办法。

第十二章 854号军令

对我来说，这真是一次不平凡的经历。三十五年来，我们对占领者开的"每一枪"都被对方用十倍的痛苦报复：占领更多的土地，驱逐更多的居民，毁掉更多的未来。我们进行的是一场必输之战，因为他们有策略，我们只有满腔无用的感情。而现在，开天辟地头一遭，我们发现自己有力量、有优势。以色列的惯用伎俩，根本不能打败参与者全身心投入的非暴力不合作运动。

正在我们欢欣鼓舞的时刻，从安曼的巴解组织总部传来叫人丧气又困惑的消息，他们要求我们必须要臣服于以色列那苛刻的命令。那70名被驱逐出境的教授已经到了安曼，其中很多人要求巴解组织强制我们遵命。在比尔泽特行政部门的带领下，多所大学的行政部门也提出了基本相同的要求：巴解组织应该大展拳脚地来驾驭我们，控制我们。

我们在比尔泽特召开了紧急会议。整个约旦河西岸地区和加沙的工会与学生会都派了代表来参加。在这场集会上，大家情绪激昂，讨论了两种互相矛盾却非常清晰的选择：要么按照巴解组织说的办——这其实并不符合巴解组织的最终目标——要么继续保持无视的态度。我们最后决定坚持斗争。会议上，大家推举我去完成这个讨厌的任务，到安曼去向巴解组织领导人阐述各地代表在这件事情上达成的一致意见。确实，我们这次投票是被占领土上的巴勒斯坦人有史以来最具民主共识的一次了。

于是，我开始一趟趟往巴解组织总部跑。当时，和巴解组织有联系是犯罪行为，可能被捕入狱，从重量刑。我们不得不有所防范，提前将相关材料偷偷送过桥，带到约旦。以色列监狱里的囚犯已为这套操作发明了最好的办法，只有照X光才能被发现。他们靠的就是"胶囊"。用极小的字，把信息写满一张很薄的纸的正反面。然后仔细地折成一小团，通常宽度1厘米、长度5厘米左右。接着从烟盒内部取下锡箔纸，用这个纸包裹住小纸团。最后从塑料购物袋上

192

取一小片，将整个纸团包裹住。包好之后，偷带东西过境的老手就会熟门熟路地点燃一支火柴，吹灭，用余热将两边的塑料融到一起，做成一个胶囊，接着就可以叫人吞下去了。信息藏在信使的肚中，安全地过桥。

和我往返同行的是阿里·哈松内赫（Ali Hassouneh），比尔泽特的教务长。他和我一样有耶路撒冷身份，申请过桥进入约旦要容易些。我们一共往返了五次，每次体内都有胶囊在游弋。

第一次会面结束得如同灾难。我来到安曼，有个响亮的名头——被占领土大学生及教工联合会会长，也是整个约旦河西岸地区工会联盟的创始人之一。我肚子里还有工会与学生领袖表达支持的数百个签名。

安曼方面接见我们的是哈马德·法拉内（Hamadeh el-Fara'neh），他和蔼可亲，在巴解组织的教育部门工作。哈马德属于巴解组织的马克思主义阵营，即巴勒斯坦民主人民解放阵线。我们与哈马德一见如故，都觉得他肯定是支持我们的，于是错误地以为这次会一帆风顺。

哈马德先带我们进行了事先安排好的一系列会面，其中一些是见那些被驱逐的教授。跟他们面对面有些许尴尬，我们自然是同情他们的悲惨遭遇的。他们丢了工作，又骨肉分离。而在他们被勒令离开那些院校的同时，我们又在努力抗争，去保护这些院校——我们自己是这样认为的。

到哈马德家不一会儿，我们就发现被召到安曼的真正原因。我们正围坐着抽烟、喝咖啡，突然听到外面有车停了下来。一个男人，穿着一身看上去很贵的衣服——阿里很肯定地说是阿玛尼——从一辆打蜡打得油光锃亮的豪华奔驰车上下来。他是位于安曼的巴解组织执行委员会的特别代表，还是巴解组织某个军部的长官，一脸凶相，一看就是让旁人恐惧又尊敬的老手。

第十二章 854号军令

才踏进哈马德家的客厅，他就开始用很浓的官腔跟我们居高临下地说话了。父亲从小对我的教育，可不是要我轻易忍受这种傲慢的。

"巴解组织执行委员会委托我为代表，命令你们在反对巴解组织保证书和有关大学的军令上签字。"传达了上面的意思以后，他低头打量着我那双网球鞋没系好的鞋带。我清楚地看到他翻了个白眼。

他说话间那种妄自尊大的语气激得我不由自主地作出反应，也摆出一副很官方的样子回应道："被占领土大学生及教工联合会委托我为代表，向您和执行委员会传话。不，我们不签字。"

一个连鞋带都系不好的大学教授，竟然直截了当地对他说了"不"，这位高官震惊了。他本以为我们会乖乖听话，没想到居然被反击了，于是又重复了一遍他的命令。我有样学样，也重复了一遍我的话。

"你不服从我们，这是不允许的。"他说。

我刚要指出他这话语法有点问题，阿里开口了："但我们这样做，是最符合巴解组织利益的啊。你们给我们的要求，才是往巴解组织的棺材板上钉钉子呢。"

"我有阿拉法特的信，他命令你们签字。"这位老革命穿着量身定做的西装，厉声打断了阿里。

"给我看信。"我提出要求。

"什么？你不相信我？"

"我当然相信您，"我向他保证，"我只是想看看阿拉法特先生的签名是什么样子，还从来没见过呢。"

他从包里取出一封信，递给我。我迅速地看了一下，发现信中只说了阿拉法特认为高等教育对巴勒斯坦至关重要，担心外国教授可能被驱逐出巴勒斯坦的被占领土。

"这封信根本没提签字的事，"我把信递回给他，"我们也很担心外国教授。谁不担心呢？"

军官开始紧张地把重心在两只脚间换来换去，脸因为恼怒而略显涨红。他眼神凌厉地瞪着我，似乎想要只靠眼神就让我屈服。几秒尴尬的沉默之后，他转过身，扬长而去。

第二天，约旦情报机构的长官往我住的酒店打了电话，叫我去他办公室一趟。到了那个地方之后，我看到一个膀大腰圆、脸色阴郁、不苟言笑的人坐在椅子上，跟前一天见的那个军官简直像一个模子里刻出来的，只不过穿的西装要便宜些。他动了动厚厚的下颚，含糊地问候了一声。坐在他旁边的是个美国人，一眼就知道是中央情报局的特工。这位约旦安全部门的官员表达了和昨天那位巴解组织军官一样的意思：我们最好是在承诺上签字。我则重申了联合会的立场。

安全部门总是神神秘秘的，而且与他们的第一次接触并不愉快。我怎么也想不到，巴勒斯坦的教授不服从巴解组织命令这件事竟然牵动了以色列、美国、约旦与巴解组织各方的神经。

后来我又进行了几次这样的跨境会面，每次都是同样的模式。我们携带胶囊前去，巴解组织命令我们签字，我们拒绝服从。在我初次见到阿布·吉哈德之后，事情才算是上了道。

阿布·吉哈德是阿拉法特的副手。他充满了智慧，制定策略稳准狠，让以色列人又恨又怕。光是跟他聊聊天气、打打哈哈，我们都有可能被以色列人抓进监狱。

和我母亲一样，阿布·吉哈德于1948年被驱逐出故乡拉姆勒。他在加沙上完高中，然后去埃及亚历山大学习建筑工程。后来，他在科威特遇到了阿拉法特。

阿布·吉哈德是巴解组织高级官员中唯一认为应该在被占领土建立可行的政治结构的人。其他人有的忙着搞外交，有的在计划劫持

第十二章 854号军令

事件,或者在黎巴嫩加强武器库存,而阿布·吉哈德则致力于为被占领土设计一个国家教育政策,让巴勒斯坦人能够以此对抗以色列。

我们是在安曼相见的。当时,我们再赴巴解组织总部,一开始觉得这次又是"对方下令,我方拒绝"这种无果的循环。到最后,我拿出一份联合会的传单,举在他们面前。传单底部写着"巴解组织是巴勒斯坦人唯一的合法代表"。

"这里的'代表'二字意味着什么?"我像问大学生一样对这些巴解组织官员发问,"意味着巴解组织要按自己的心意行事,还是按巴勒斯坦的民意行事?"从他们的表情看,似乎没听懂我在说什么,于是我直接明说了——作为联合会的领导人,我们代表的是那些把我们选出来的人。如果我们同意在军令上签字,那些选民就会去选不愿意签字的人做领导人。

当时和我一起的,除了阿里,还有另一位激进主义者,萨米·卡迪尔(Sami Khader)。阿布·吉哈德肯定觉得我们这个三人队伍很奇怪。我们怀着信心,甚至可以说是某种信念,坚持认为和以色列抗争的行为不会像有些人担心的那样导致高等院校被关闭。以色列人不过是虚张声势吓唬吓唬我们,我们也有能力跟他们叫板。相反,如果我们屈服了,那么那些院校还是关门了事的好,因为那里不会存在真正的批判性和人文主义思维了。

我看得出来,阿布·吉哈德的大脑在飞速运转,如同香料商人将各种商品按照精密的比例排列组合一样,他在权衡各种选择的利弊。没人说话,我也越来越紧张,因为我知道这个人一旦作了决定,我们就别无选择,只能遵守。最终,他一拳捶在桌上,告诉我们继续战斗。我应该给他留下了好印象,因为从那时候起,一直到1988年他被以色列突击队暗杀,我们都保持着密切的联系。

我取得了阿布·吉哈德的支持,但也在往返约旦的过程中树敌不少。最后一趟旅程中,因获取了巴解组织的支持而兴高采烈的我向边境走去。在桥边，一名约旦军官看了下我的护照，粗暴地甩回我脸上，说我属于巴解组织的马克思主义阵营。他指向约旦河西岸，命令我永远不要在约旦出现。

有了阿布·吉哈德，我们就算是和巴解组织达成共识了。他还说服阿拉法特支持我们。这让我们加深了对巴解组织的了解。只要下定决心，施加一点压力，主要的领导人就会被争取到我们的立场上；如此，他们也表明了自己的意愿，会考虑被占领土上的普遍民意。其实他们也没什么选择的余地。他们身在安曼或贝鲁特，对被占领土也不能行使任何实际的控制。也是这种现实状况——巴解组织在外，我们在内——让人民和领袖的关系发生了变化。可以说，以色列设置的边界促成了分权，开始了我们实现独立精神的过程。

当然，这解决不了我们和以色列之间的问题。他们继续威胁要关闭学校，我们继续无视。随着时间的推移，我们的力量更强，支持者也更多了。我们不仅争取到联合国的特别方案，要求以色列不再推行854号军令，还成功赢得了国际法学家委员会（International Commission of Jurists）的支持。委员会发表声明说，"享有学术自由的权利，意味着政府即使不赞成学术机构、教师、学生和研究活动，也应该抱着宽容支持的态度，这是应有的氛围。遗憾的是，约旦河西岸地区并不存在这种氛围"[2]。再加上以色列学者的声援，以色列当局最终让步了。他们决定延期一年执行军令。该法令从未被正式撤回，只是当局选择不执行。

我们无暇享受胜利的喜悦。被占领土当局在854号军令上让步之后，旋即颁布了752号军令，这条军令的目标是建立"乡村联盟"（Village League），这是约旦河西岸地区新任领导人沙龙想出来的。1981年，利库德集团以微弱的优势赢得议会选举后，沙龙粉墨

第十二章　854号军令

登场。贝京仿佛听到了天降神谕，认为选举结果表明要在约旦河西岸地区和加沙施行更高压的政策。为了执行新政，他将国防部交给沙龙负责。此时，国防部部长沙龙可以肆意地强迫我们接受所谓的"贝京式自治权"了。

关于沙龙，巴勒斯坦人最为熟知的就是他在1953年领导了对约旦河西岸地区村庄凯比亚（Qibya）的大屠杀。他是臭名昭著的"101部队"的指挥官，该部队的使命就是对阿拉伯人的袭击进行报复。沙龙带领部队，于午夜潜入凯比亚，到早晨整个村庄已经成了一片断壁残垣。房屋被炸毁，69名阿拉伯人（其中有三分之二是妇女和儿童）不幸丧生。联合国维和部队少将瓦恩·本尼克（Vagn Bennike）报告说："炸弹被扔进难民睡觉的营房窗口，逃命的人们遭到轻武器和自动枪械的袭击。"[3]

沙龙从来都富有远见，野心勃勃，他决心要把贝京所谓的"天降神谕"式的政治梦想落地成无可改变的事实。第一步就是让梅纳赫姆·米尔森（Menachem Milson）接替本雅明·本－埃利泽（Binyamin Ben-Eliezer）出任军政府首长。米尔森是个"东方通"，和贝京一样，抱着救世主的心态，想要实现"以色列大一统"。沙龙和米尔森迅速协作行动起来。最开始的动作之一，就是宣布国家指导委员会是非法组织，并将1976年选举出来还在任的地方长官全部撤职。为了用更符合自己心意的行政管理当局代替那些被解职的地方长官，他们提出要建立乡村联盟。

乡村联盟是"分而治之"的好范例。沙龙和米尔森作出了非常正确的估计，三分之二的巴勒斯坦人都住在乡村地区和难民营，而只有三分之一的人住在城镇，其中包括巴勒斯坦的民间领袖。就连组织国家指导委员会的地方长官们，也属于受过教育的阿拉伯城镇精英，因此，他们在乡村地区根基不深，那里的农民们整日忙于农活，根本没时间也没心情参与城市和各所大学呼吁的民族主义运动中。沙龙希望能在当地找到一些领导人（必要的话可以威逼利诱），让他们去收服那些遵循传统的村民。他们的论证是，这些对国家大局缺乏概念、更依赖宗教的人，会满足地居住在以色列在约旦河西岸留给他们的零散区域中。利库德集团式的"自治"预想，就是阿拉伯大众愉快地"享受"自己做礼拜和搅拌水泥修建下一个犹太定居点的"权利"，代价是宏大的家国梦想。

沙龙调动了军队和以色列安全组织辛贝特（号称以色列的联邦调查局）的全部力量，启动乡村联盟计划。米尔森则开始扶持那些同意合作的地方领导人。他们看中的一些人选名声不太好，有犯罪前科。

在乖乖听话的地方领导人中，被沙龙和米尔森选中的人之一是加沙地带一位四肢瘫痪的教士，他叫艾哈迈德·亚辛（Ahmad Yassin）。早在1978年，以色列政府就开始扶持这位谢赫，以削弱巴解组织的力量。政府批准亚辛创办报纸，还设立了一个名为"伊斯兰协会"（Islamic Association）的慈善机构。现在，亚辛的伊斯兰协会通过这个乡村联盟计划，开始接到各地清真寺、学校、医院和诊所新注入的基金。以色列人还准许亚辛从反对阿拉法特的阿拉伯政权那里再筹资数千万元。

与此同时，总理贝京和国防部部长沙龙加快了定居点建设的步伐。为了增加犹太人口，他们开始劝说那些不认同信仰者集团意识形态的以色列人。政府向潜在定居者提供低息抵押贷款和其他经济补贴，大部分接受条件前来定居的人都是平民。

1978年我来到拜特埃尔时，这里还是一个光秃秃的山头，现在已经变得喧嚣熙攘、车水马龙，学校和商店也建立起来，从混乱肮脏的贾拉尊（Jalazun）难民营举目一望，就能看到这片繁荣景象。在贝京和沙龙的推动下，东耶路撒冷的定居点皮斯加特泽耶夫（Pisgat Ze'ev）破土动工，这个定居点是以泽耶夫·亚博京斯基命

第十二章　854号军令

名的。他是贝京的人生导师,曾激励很多年轻人高举旗帜,发动了1929年的西墙暴力骚乱。

定居者多了,就需要相应增加便利设施和保护措施,道路、电力和供水都要跟上,还要增派士兵。需要保护的定居者增多了,就需要颁布更多的命令。最终,各类命令如山,事无巨细地对巴勒斯坦人的生活做了各种限定。(比如,1015号军令就规定,在没有军事长官同意、不符合相关条件的情况下,巴勒斯坦人禁止种植任何果树,也不能种植超过20株番茄苗。)

大环境的压力越来越大,我们的联合会被迫进行更广泛的全国性抗争。首先是要争取学术自由和民族权益,那我们自然得在对抗乡村联盟的运动中起到领导作用。我们的组织运转流畅,沟通方法高效,并且已经有成熟的非暴力战略。在反抗沙龙和752号军令的斗争中,青年运动起到了决定性的作用。

法塔赫青年运动"沙比巴"(Shabibah)从学生运动发展而来,很快成为被占领土上最强的一股力量。创始人之一是萨米尔·斯倍哈特(Samir Sbeihat)。在上我的逻辑课之前,萨米尔曾在监牢中服刑五年。他在课堂上根本坐不住,经常打断我,不满足于浅尝辄止地"死读书",就算是哲学家、逻辑学家奎因的理论也不能完全说服他。总体来说,萨米尔是我在课堂上很喜欢的那种学生。靠着自信和服刑的经历,他当选了学生会会长。他之前和另一个魅力超凡的人物,马尔万·巴尔古提(Marwan Barghouti)——此人后来成为同辈人中极有影响力的巴勒斯坦领导人——在一个牢房中同住过9个月,毫无疑问后者激发了他的勃勃雄心,绝非比尔泽特这个小地方能框住的池中之物。他想将约旦河西岸地区和加沙所有支持法塔赫的学生都组织起来。

我和萨米尔经常在村里吃鹰嘴豆泥,同时促膝长谈,讨论各种问题。我们很快就有了基本概念和行动规则。更重要的是，沙比巴甫一诞生，就成为反对乡村联盟的先锋部队。

萨米尔和他的学生战友们采取了和之前一样的策略：先在大学里和士兵发生冲突，学校被关闭后，学生们再按照计划回到各个乡村和城镇，发动更为广泛的罢工罢课。激进的学生被分散到自己的城镇、乡村和难民营之后，取得的成功恰恰是乡村联盟做不到的。如此一来，他们完全攻破了沙龙和米尔森的理论，即乡村地区的民族主义氛围不如城市浓厚，所以更能服从以色列的扩张主义计划。结果呢，比起以色列决定避开的有文化的城市派系，乡村地区的人们意志反而更坚定，民族主义思想更为强烈。让以色列同样备感威胁与恐惧的，还有不断发展的草根平民运动执行着我们的"坚定的非暴力"战略，打破了以色列的如意算盘。

以色列人很快追查到麻烦的源头是在比尔泽特，无所不用其极地阻止我们。他们关闭了学校，封闭了道路，偶尔还会暴力开火。每当巡逻的军队来到校园，就躲不掉一场你来我往的打斗。当士兵把催泪弹换成真枪实弹后，第一个学生倒地身亡。之后，大学被关闭六个月。

任何办法都无济于事，752号军令最终步了854号军令的后尘。乡村联盟没能取得任何民众的支持。

第十三章
化装舞会

> 水那边是目的地,天空之下是顶点。
>
> ——基特·威廉斯,《化装舞会》*

抽着奥玛斯香烟,和学生们长时间地讨论某个策略的细节,这样的活动让我在学校里渐渐有了些名声。大家觉得,我空闲时间一定是在家里苦读中世纪哲学家法拉比的著作,然后再以此为基础想出新的政治策略。我很肯定地对他们说,自己脑子里思考的谜题并不全是巴以问题。晚上把孩子们哄睡之后,我也会思考一下别的问题与悖论,来拓展自己的想象力。

1981年圣诞节,需要暂时抛却比尔泽特剑拔弩张紧张气氛的露西和我,去英国格拉斯哥(Glasgow)拜访她姐姐,带去了来自伯利恒的礼物。她姐姐知道我很喜欢解谜,也爱看童书,就送了我一

---

* 基特·威廉斯(Kit Williams),英国传奇画家和畅销书作家。《化装舞会》(*Masquerade*)是他于1979年出版的一本儿童读物,整本书也是一个有趣的寻宝游戏。

本基特·威廉斯的《化装舞会》。

这本书基本上都是图画，图周围有一圈字母，配上了简短的文字叙述。故事讲的是被太阳神愚弄了心智的月神，让兔子杰克带一件珍宝给她。但献宝路上，倒霉的杰克把珍宝弄丢了。解谜，就是要找到这件珍宝，也就是金兔的所在地。要仔细地看图和文字说明，才能得出所在地的线索。

> 翻翻这本书，是个小故事。
> 谜题藏其中，眼睛转起来。
> 奖品哪里找？画里寻兔子。

不需要牛津的大学者，一个10岁的聪明小孩，能懂语言、简单的数学和天文，就可能找到宝贝。

整个英国的读者都在参加这场寻宝游戏。仿佛一夜之间，那些平时看起来按部就班的中产阶层开始爬山攀岩，甚至还挖别人家的花园。

我一口气就把书看完了。我人还在英国的时候，就去买了一些比较详细的测绘地图，带回了耶路撒冷。数月时间，我每天晚上回到家中都熬夜解谜，寻找各种蛛丝马迹，将细枝末节拼凑起来，得出了一个结论。我认为兔子藏在能俯瞰怀特岛的萨塞克斯郡（Sussex），再从测绘地图上找出了具体的地点：一个公园里的某根柱子。我的猜测是，8月中旬的月圆之时，柱影将会指向埋藏金兔的地点。

英国本土已经有一百万人寻宝不成，同样多的欧洲探险者也都铩羽而归，我还能有所期待，真是令人高兴。我立刻给贝希尔那个住在英国的兄弟打电话，说服他到希思罗机场来见我。我们俩一起

第十三章　化装舞会

在耶路撒冷长大,他也习惯了我这想起一出是一出的疯劲儿。"麻烦来的时候带一把铲子、一把小锄头和一把手电筒。"我说。我请求露西的姐姐开车来接我们俩,从机场径直驱车去萨塞克斯。运气不错,那天的夜空万里无云,我们在接近目的地的路上,一轮满月正慢慢升至中天。午夜钟声快要敲响时,我们下了车,结果发现公园大门紧锁,周围是一圈高高的铁栅栏。我朋友觉得最好第二天一早再来。但等他把这个建议说出口时,我已经在爬栅栏了。我必须赶在午夜时分到达山顶那根柱子。

"找到啦。"我兴奋地喊起来。看哪,我在地图上认定的那根柱子,它的影子投射在草地上,柱顶指着某个方向。我们轮流挖呀挖呀,直到天快亮的时候,我才向我的朋友承认,和其他在整个英国上下挖来挖去的寻宝人一样,我也没能找到金兔。而我的朋友则非常困惑地看着他眼前这位满面灰土的疯狂的儿时伙伴。

解谜是我保持头脑敏捷的一种方式,这样我才能去理解与以色列的抗争中那些危险得多的谜题。本能告诉我,抗争的本质并非表面上看到的那样。"坚定的非暴力"的方式竟然能迟滞沙龙的行动节奏,这个事实证明,我们对付的不是一群法西斯、拉美风格的黑帮分子,而是一个民主政权,它以自己能在西方国家"俱乐部"中占据一席之地而自豪。我当时觉得,文明智慧的行动能够起作用,是因为以色列人本身也大都文明智慧,不愿意用杀人的方式来回应非暴力行为。以色列有着强有力的法治体系,只有在认为自己不用负责任的情况下,才会开火——当然这是在大部分情况下,也有例外。

和读《化装舞会》的经历一样,我越来越清晰地意识到,要理解巴以冲突的根本性质,不能浮于表面,也不能肤浅地去理解每个领导人讲的话。工会的一系列工作让我近距离地观察到,很多领导人也许会以《圣经》《古兰经》或宪法的名义庄严起誓,然而一旦觉得自己的根本利益受到威胁，立马就会放弃自己那些看上去神圣、不可动摇的立场。他们会以手抚心，划分战线，吹响号角，声明底线；但在实际情况下，做的却完全相反。换句话说，对双方都造成影响的最大问题，其实是基本诚信的缺乏。

这时候就需要发挥我的解谜才能了。巴勒斯坦和以色列双方都在努力隐瞒的真相是什么呢？表面上看到的利益是假，那么真正的利益是什么呢？

我们的联合会高度政治化，影响遍及全国，还在与一群训练有素的"学生兵"合作。作为主席，我经常需要发布政治声明，印制政治传单。更重要的是，我开始认识奋战在各行各业、居住在各个角落的巴勒斯坦人。时间流逝，我终于领悟到，不管表面上说得多好听，什么要建立一个多民族的世俗国家来代替以色列之类的，大部分巴勒斯坦人真正的希望是建立一个独立的巴勒斯坦国。撰写《想未所想》的瓦利德·哈立迪一直以来都是对的。作为一个民主人士，我别无选择，只好放弃过去"巴勒列"的梦想，举起旗帜，号召"建立一个独立的巴勒斯坦国，接受巴解组织领导，以耶路撒冷为首都"。

进行这些思考之后，我得出结论：巴以冲突的本质，并非恐怖主义或犹太定居点，甚至也不是犹太复国主义，而是一个很简单的事实——巴勒斯坦人想要夺回1967年被以色列人占领的土地，而以色列人不愿意放弃这些土地。很少有人愿意公开说出这个问题，因为这会体现出太多的内心冲突，双方都是如此。

意识到立国方向之后，我开始了更为仔细的聆听。没人愿意在内心矛盾的情况下行事，尤其是在以明确信条为基础的宗教或革命运动中。巴勒斯坦的领导人从未对自己的人民公开宣布过前进方向，因为"两国方案"与整整一代人的意识形态背道而驰。过去的愿景是建立单一、民主、世俗的国家，否定犹太复国主义者建立"犹太国"的计划，逆转1948年的失败；而在以色列旁边建立一个巴勒斯坦

第十三章　化装舞会

国的梦想，则意味着要与犹太复国主义握手言和。

我注意到巴解组织的领导人依然在滔滔不绝地讲他们那些叫人毛骨悚然的豪言壮语。"我们绝不会屈服于犹太复国主义团体。"公开演讲中总会出现这句话——"我们将不断战斗，直到最后一个人倒下。"而私下里，这些似乎目空一切、宁折不弯的领导人，比大家想象的要圆滑很多。当然，仍有很多人认为谈判没用，不如直接开枪。但从阿拉法特与阿布·吉哈德开始，高层人士都在寻求更为实际的方法，要将巴勒斯坦从以色列的占领中解救出来。

尽管反犹人士说得有些夸张，但以色列的领导人确实擅长花言巧语，他们甚至比我们的领导人更虚伪——这本身就是一项成就了——因为他们本身就是不正义的那一方。他们不承认冲突的本质是在争夺1967年占领的土地，就如同他们根本不敢吞并自己所称的犹地亚和撒马利亚，因为知道国际社会绝不会支持这样的行为。国际法不允许征用战争中占领的土地，但这个倒是他们最不担心的问题。他们剥夺了一个民族78%的土地，驱逐流放了大部分人，几年后又要将他们仅存的那点可怜的土地夺走，公然反对他们所进行的非暴力正义抗议。"如此荒唐残酷的景象，全世界到底还能忍受多久？"[1]1970年，伯特兰·罗素去世前的几小时写道，他指的是以色列和巴勒斯坦之间的事。以色列最不愿意看到的，就是有识之士广泛地意识到这些本质问题。

因此，暴力成为他们的杀手锏之一。以色列经常会策略性地使用暴力来煽动对方的暴力反应，再以此为借口进行进一步的暴力行为，以达到政治目的。以色列领导人希望给外界留下的印象是，他们在与一群冷血无情的恐怖分子（贝京口中"有史以来最穷凶极恶的杀人组织"）进行生死搏斗，对方下定决心要对犹太人实施种族灭绝。以色列人因为"恐惧"而进入领土，也因为恐惧要建立起所谓"防卫"用的定居点。1982年，一位政府官员向《国土报》记者坦陈，巴勒斯坦人逐渐放弃恐怖主义，这实在是一场"灾难"。以色列巴不得巴解组织能够"回归早前的恐怖主义行为，在全世界安炸弹，大量劫持飞机，杀死众多以色列人"[2]。

他们表面上宣称集中火力对付恐怖活动，其实是以此来完美掩藏自己真正的目的，即阻止约旦河西岸地区发展出一个能起作用的政府。只要还在与巴解组织那些"恶魔"斗争，就能够永远维持紧急状态。被占领土上所有的民间异见都被视作国际反犹恐怖主义战争的一部分。

得出这样的分析之后，我也明白了，为什么说服阿布·吉哈德这样的人接受对话与非暴力，比说服以色列领导人要容易得多。因为后者一边天天宣扬民主，一边无所不用其极地使用军事手段来压制一个民族。巴解组织能从非暴力抗争中取得比以色列更多的收获；而以色列要是从战斗转入对话，就意味着没有了辩护余地，最后必然要从他们占领的土地上全面撤退。

我的分析也能够解释，为什么以色列总要引诱巴勒斯坦人诉诸暴力，这对他们有着邪恶的吸引力，有时候甚至完全抵挡不住。很多时候，以色列军方的占领行为似乎是在打击恐怖主义，结果却事与愿违，让恐怖主义更为盛行。那是因为他们真正的敌人其实是温和派，比如穆巴拉克·阿瓦德或各个地方的长官们。因此他们开始施行一个策略，就是把极端分子做出来的事情怪在温和派头上，严厉指责和败坏温和派，却不去碰极端分子：万一将来还需要他们作为借口，摧毁下一批温和派呢。

我感觉自己似乎已经解开了巴以冲突中最令人困惑的谜题。很快，以色列政府就为我的假设提供了一个完美的"实验室"，这令我既惊骇又好奇。1982年夏天，沙龙将军说服贝京武装干涉黎巴嫩南部地区。6月6日，"加利利和平行动"拉开帷幕，那天刚好也是

第十三章　化装舞会

以色列占领耶路撒冷法国山（French Hill）街区和约旦河西岸地区的拉姆安拉的十五周年纪念日。

在这个时间发动所谓的"反恐战争"是很奇怪的，因为之前的十二个月里，以色列和黎巴嫩边境上连一发子弹都没打过。宣战理由甚至都不是发生在黎巴嫩，而是在伦敦，以色列大使在那里遭遇一次刺杀，死里逃生。以色列宣称是巴解组织干的，巴解组织全盘否认。然而，入侵的真正催化剂，是外交对峙和在约旦河西岸地区的冲突。

入侵事件前的数月，我对巴解组织的看法越来越乐观。1981年，以色列和法塔赫游击队在黎巴嫩南部开战。里根总统派使者前去劝和停火。双方说定了停火条件，以色列北部边境的战事终于平息下来。巴解组织高层的多股势力都希望能在停火基础上取得更大进展，将战略重点整个从军事转移到外交上。尤其是阿布·吉哈德，他不再使用"武装解放"这类军事语言，而是开始更多地谈及和平。就连阿拉法特似乎都很赞同温和行动的新方针。他渴望美国的认同，宣布自己愿意通过更为和平的方式继续抗争，但不愿付出任何代价。"我们不是印第安佬。"在贝鲁特接受《华盛顿邮报》采访时，他对记者戴维·伊格内修斯（David Ignatius）如是说。[3]

催促以色列开展直接对话谈判的压力越来越大，但贝京和国防部部长沙龙绝不可能轻易赞赏一个愿意坐下来谈判的巴解组织。对于以色列政府来说，雪上加霜的是我们在约旦河西岸地区施行的非暴力不合作策略开始产生长久的影响，比尔泽特大学颇有1968年前后伯克利大学的风范。学生运动也逐渐扩散到其他大学。而且，巴勒斯坦人权组织哈克（Al-Haq，意为"法律"）开始发表关于侵犯人权事件的英文声明。他们的资料开始通过各种途径登上外国报纸以及人权组织"大赦国际"（Amnesty International）的报道。从1948年开始，以色列就通过各种手段抢占道德高地，而在突然间，这高地变得有些不稳了。

我的乐观中也掺杂着对日益发展的伊斯兰运动的担忧和警惕。854号军令和乡村联盟并未照原计划进行，但以色列通过间接支持四肢瘫痪的艾哈迈德·亚辛，一直在扶持伊斯兰主义者。亚辛最初的所作所为，恰如以色列统治者们所希望的：他和手下的伊斯兰主义者追杀那些所谓不"纯粹"的民间民族主义者，这样的行为并不是在加速他们所要的救赎，而是救赎路上的绊脚石。随着时间的推移，他们对那些倡导宗教与世俗分离的人愈发愤恨。我的班上信奉伊斯兰主义的学生们都留着大胡子，眼神中总是闪烁着义愤之光。

巴解组织与伊斯兰主义者之间的意识形态之争已经开始。在加沙、纳布卢斯的大学，当然还有比尔泽特，唇枪舌剑逐渐演变成拳脚相加。

因此，在约旦河西岸地区的民族主义运动越来越倾向于以非暴力的方式争取自由解放，而伊斯兰主义者持续反对之时，沙龙将军实施了入侵行动。他称这场战争是保障边境安全、提防恐怖主义的必要行动。然而，嘴上一直说着"恐怖主义"的沙龙，很快就清楚地暴露了真正的野心。入侵只是一部分，整体策略要宏大很多，为的就是摧毁我们关于独立的一切希望。

对这场战争的筹划早在伦敦发生以色列大使遇刺事件之前就开始了。几个月来，以色列北部地区都在备建军事防御工程。入侵的一个月前，以色列显然是想到在黎巴嫩发动战争会引起暴力反抗，就颁布了1143号军令，在纳布卢斯建了一个名为法拉（Al-Fara）的新监狱。新监狱需要犯人去填，以色列又颁布了"关于在定居点组织警卫的命令"，让犹太定居点之外的治安维持团有权"扣押任何形迹可疑之人"。

战争初期，以色列可谓摧枯拉朽，毫不费力；阿拉伯世界再次心如刀绞。巴勒斯坦人眼睁睁地看着以色列战争机器将40万黎巴

第十三章 化装舞会

嫩人和巴勒斯坦人赶出村舍和难民营，脑子一下子清醒了，他们看清了以色列人的真面目，就像战斗机投下炸弹炸毁贝鲁特部分地区的时候。巴解组织从被炸毁建筑的地下室里发出语气高傲的声明，但已经骗不了任何人了。伴随着巴解组织的撤离，阿拉伯人一轮轮的炮火声遮掩着这场运动是多么混乱无序。

借着战争，沙龙促进通过了一系列的军事法规，大大扩展了占领的范围。有些行动和已经失败的乡村联盟有关。毕竟沙龙的固执臭名昭著，他还不甘心这个联盟就这样破产。他命令自己在约旦河西岸地区行政管理部门的人为当地一些听话的领导人提供大力支持。亚辛那个位于加沙的所谓"慈善组织"的小金库又接收了很多资助，主要来自他在伊朗那些抱持同样意识形态的"兄弟"，他们想要寻找途径，将影响力扩大到黎巴嫩和巴勒斯坦的被占领土。

6月颁布的994号军令，让约旦河西岸地区的行政管理部门有权在认为市政任何一个成员不合作的情况下，夺取当地巴勒斯坦当局的一切权力。7月，新法又出，禁止巴勒斯坦人居住在本属于他们却被征用的土地上："任何人在未经允许的情况下占据国有资产，都将被起诉。"8月，1147号军令更进一步规定，在没有军方许可的情况下，严禁种植果树。9月，1020号军令让军方指挥官有权将某些地区指定为封闭军事区。10月，"有关挑衅与敌对宣传的命令"中规定，"以举旗或听民族主义歌曲支持敌对组织的行为"是违法的。按照这个理论，如果一个收音机突然转向阿拉伯电台，除了在开罗的人之外，任何能听到广播的人都可能面临牢狱之灾。

1982年夏天，我们过得忙忙碌碌，要照顾两个孩子，第三个孩子也即将降生。旧城每况愈下，相比较而言，柠檬树咖啡馆生意还算不错。店里一般都会满座，傍晚大家的讨论总让我想起行吟诗人咖啡馆。很多以色列人文主义者来光顾，你经常会看到一位阿拉伯学生摇着头从店里离开——在跟某位以色列人文主义者聊过之后，他本来坚定不移、引以为傲的民族主义预设被击得粉碎。

战争爆发那天，露西和我带着孩子们去拜访在哈佛大学交的朋友盖伊·斯托穆萨。"这场战争的后果是什么？"我问他，"除了新添数千亡魂之外。"盖伊和我一样，对这场战争感到万分惊骇。我们俩都不是先知，没有预见到这场战争会催生很多恶魔并导致以色列对黎巴嫩南部长达二十年的占领。

事实上，从一开始，冒险发动这场战争就给贝京和沙龙带来事与愿违的严重后果。入侵开始的那天，我在希伯来大学的朋友丹尼尔·阿米特（Daniel Amit）就将他与比尔泽特大学缔结的团结委员会变成"反对黎巴嫩战争委员会"。委员会第一次组织示威游行就吸引了几千名抗议者参加。当时，以色列和平主义组织"即刻和平"（Peace Now）仅由一小部分左翼人士组成，领导人是阿摩司·奥兹和我牛津时期的朋友阿维夏伊·马加利特这样的人，他们宣布服从委员会的领导。几天之后，一场大型游行示威吸引的抗议者人数达到了之前的十倍。

时间来到9月中旬，萨布拉（Sabra）难民营和夏提拉（Shatila）难民营发生了大屠杀。沙龙的军队把难民营围了个密不透风，封锁了所有进出道路；和以色列结盟的黎巴嫩民兵则在营中不慌不忙地将数百男人、女人和小孩割喉。杀戮发生地的街对面就是国家体育馆，仅次于海滩的贝鲁特第二大休闲场地。

萨布拉和夏提拉难民营大屠杀引起外界极大义愤，以色列那边的反战人士数量大大增加，不久，大约40万人就聚集在特拉维夫一个广场上，高喊反战口号。抗议人群要求贝京和沙龙辞职，成立司法委员会，对屠杀事件进行调查。对该地区来说更为重要的是，沙龙不计后果地发动战争，让"即刻和平"发展成大规模的群众运动。此后多年，我将从该运动中学到很多，因为这是巴以双方首次在和

第十三章 化装舞会

平运动中成功调动大众参加非暴力抗议。

从巴勒斯坦的角度看，以色列在黎巴嫩进行了数个星期的肆意破坏与毁灭，沙龙在约旦河西岸地区的部署战略也一向心狠手辣，而萨布拉和夏提拉大屠杀则是一个高潮，是破坏行动的顶点。在比尔泽特，联合会作出的反应是更多的非暴力不合作行动，比如罢工罢课、游行示威等等。

很快，侵占者就把更多的人送入法拉监狱。我们虽然竭尽全力，但电视里不断播放着贝鲁特的公寓楼被付之一炬后熊熊燃烧的画面，我们根本不可能约束他人的行为。整片被占领土上都爆发了激烈的骚乱。投石乱飞；被烧着的轮胎使得道路堵塞；墙上全是充满民族主义色彩的涂鸦；当然，四处都树立起巴勒斯坦国旗，仿佛傲骨铮铮的宣言。

军队下了死手进行打击。一天早晨，在比尔泽特发生了一场冲突，两名穆斯林学生不幸丧生，于是士兵无限期地关闭了大学。消息传到我耳朵里的时候，我正和露西坐在车里，在学校门口的关卡等着进去。我立刻意识到，冲突已经来到一个重要节点。有成员被枪杀，伊斯兰主义派别必定会改变态度。他们不会再认为自己真正的敌人是巴解组织；他们会越来越清楚地认识到，以色列才是。不管领导人怎么说，信奉伊斯兰主义的年轻人现在已经把占领方视作仇敌。

那天早上的枪击事件使得群情激愤，很快冲突就进入白热化。犹太定居点自发组织的治安维护者进入希伯伦伊斯兰学院，开着机关枪朝一群学生扫射，导致3人丧生、28人受伤，这更是令事态恶化。枪击事件，大批活动人士被逮捕，再加上军方镇压，催生出更为激进的学生领导团体。大家看到在伊朗发生的事情*，觉得很振奋，

---

* 当时的伊朗正处在"伊斯兰革命"的余波之中，这场伊斯兰复兴运动让伊朗国内实现了"全盘伊斯兰化"。

亚辛逐渐赢得更多的追随者，在加沙尤甚。他非常耐心地一点点建立、壮大自己的组织，但仍然绝不染指任何抵抗以色列的活动。

而对法塔赫的活动人士来说，入狱服刑仿佛成了一条必经之路。到战争结束时，几乎所有30岁以下的男性，要么自己入过狱，要么有朋友或家人入过狱。有时候入狱就像走旋转门，进去了很快能出来；有时候则会一去不复返，或者进去关很久才能出来。我的一些学生就被抓进这仿佛异常遥远的流放地消失了多年，没有罪名，没有审判，就那样不见了。

大学长时间关闭，我们这些教授只好想些权宜的办法。露西和我偷偷继续上课，地点有时候在家，有时候在各个餐馆，有时候在柠檬树咖啡馆，或者在萨拉赫丁街我父亲的办公室里，四处皆可为课堂。

很多学生在监狱里进进出出，我自主开设的政治伦理课和名著选读课上不可避免地会出现与学生们的经历相关的长时间讨论。从大家的发言中，我逐渐把监狱视作一个充满矛盾的平行现实，一个建立在镇压基础之上的东西，最强有力地证明了非暴力是对付那些监狱看守人唯一有效的办法。

1967年以后，囚犯运动开始有组织地开展起来。异见人士和训练有素的游击队员在被捕之后失去了枪械，也就丧失了他们本来认为可以借以赢得基本权利的武器。监狱生活条件有限，他们被迫有组织、有纪律地使用非暴力战略来实现自己的目标。在种种条件限制下发展出来的，是一个条理分明的领袖团体，有着复杂严谨的沟通机制（主要是胶囊，由入狱者的妻子们在探望时带来，趁拥抱的时候传递给对方）来与外界和其他监狱的狱友联系。这些被外界遗忘的可怜人，大部分不是因为恐怖行动获罪，只是反抗镇压而已，他们通过充满智慧、配合良好的行动组织起来，打听当局是否有让步的意思。想象着他们如何行动,我着实震惊。随着时间的推移,狱友们的绝食行动迫使看守给了他们香皂、书籍、写字的工具,还允许他们听广播。

更让我震惊的是听学生讲述审讯过程。其实想想当时那样的情况,他们讲述的那些令人痛心的故事似乎也没什么可惊讶的,审讯人对他们极尽虐待之能事,仿佛是俄国作家索尔仁尼琴(Solzhenitsyn)的著作《古拉格群岛》(*Gulag Archipelago*)中的场景,也可能是格林兄弟才会写出的人间魔幻。我听他们讲,对方会对生殖器进行电击,用警棍进行殴打,放狗对犯人进行疯狂撕咬,以及进行以色列人所说的"摇刑",就是审讯人在某个绝对听命的医师的协助下,抓住犯人的领子,疯狂地摇晃,让其不省人事。

这些讲述的真实性并不好判断。对那些与我最为亲密的学生的讲述,我表面上多多少少会表示全盘接受。他们讲的时候毫无羞愧之色,我凭直觉认为听到的都是事实。

他们详细地描述了监狱里的虱子、老鼠、令人作呕的腐臭食物、糊满了排泄物的墙、只有冷水的淋浴,还有装满了呕吐物再罩到他们头上的黑色头罩,以及套在脖子上的枷锁。听他们讲犯人被迫脱个精光,让我想起拉斐尔·保陶伊在《阿拉伯人的思想》中提到的在阿拉伯男人性事方面的执念。最让人毛骨悚然的故事,是一个学生被放进钉上钉子的棺材,待了好多天。

但各种折磨手段的细节并不是我最关心的,我最感兴趣的是审讯过程中犯人的心理动态。这些乡下小伙子,在被捕之前还搞不清楚康德和萨特,从审讯室回来之后,就对自由有了非常深刻的理解。听起来似乎很矛盾,但他们经历过以色列监狱的洗礼之后,比起入狱时,从情感、智识和精神上,都更为自由了。至少从我掌握的情况看,以色列安全系统使出的种种残忍无情的手段,很少能达到他们想要的结果。他们由此获得的信息情报非常贫乏,却产生了意想不到的后果，即这些学生变成了完整而成熟的人，这可是我之前通过正规教学很难达到的效果。这些年轻人通过反抗审讯者锻炼了自己的意志，这样一来学生就变成了老师，情况又一次变成不是我在教他们，而是他们在教我。

我想象着这样一个场景：在贫民窟长大的18岁少年和审讯者面对面坐着。这个年轻的囚犯好几天没睡了。他又冷又饿，又孤独又恐惧。没有律师和法律机制的支持，也没有人为他说话。没有人清楚他身在何处，也不知他为何被捕。父母亲朋都如同月亮一样远在天边，遥不可及。年纪长他一倍的审讯者开始干活儿了，他有着丰富的经验，志在必得地要让自己股掌之中的犯人意志崩溃。他想要的是情报，于是从各个方向去试探囚犯的防线。他使用的逻辑武器比中世纪的拷问台还有效，如同重锤一般，击打着囚犯的心智。

但这少年拒绝屈从于审讯者的意志。克服了生理上的求生本能之后，他清醒地认识到属于自己的自由，因为他再也不是生理上的奴隶了。通过这奇怪的方式，他寻找到了内心的力量，大胆说不。他的身体渴望食物、温暖和睡眠；他想要和父母亲朋团聚；他想要活下去；然而，他仍旧咬紧牙关，拒绝开口。

第十四章
苦路杀人事件

　　我思考着囚犯们的故事，想起阿维森纳所阐述的"意志"。由此，我非常坚定地支持控制自己的存在和创造自我的存在主义学说。

　　牛津时期，我研究过卢梭的哲学设想，他认为，每个人只要存在于世，就是天然自由的。这是一种技术层面的自由，是一种理论假设，将自由视为一种天然拥有的条件，在需要避免来自自然或他人的危险时，人们会自愿牺牲自由。这种资产阶层思想认为，人们放弃自己与生俱来的自由，一起组成社会，以换取财产和安全。而我从学生们那里听来的故事，则恰恰与这个学说相反：被剥夺了一切世俗自由的人们却越来越自由。我想，比起约翰·洛克和被制成标本安放在伦敦的杰里米·边沁，萨特和阿尔贝·加缪会更明白这其中的含义。

　　起义爆发后不久，我在意大利帕维亚大学（University of Pavia）的讲座上说道："囚犯首次具有了一种意识，那就是反叛的需要、拒绝的需要，绝不让自己的意志服从于审讯者的需要。"

> 这就是意识的革命,他意识到反叛的必要……一个人,一个有着独特个体身份、独特人格和独特个体意志的人,就能完全让自己的行动体现他至高无上的意志,他内心的自由。一个人的自我身份如此之强烈,能够依靠内心的存在作决定,决定成为自己的主宰,也按照这个决定采取了实际行动。如此一来,这个人的行为就全是自由的,他也自我认同了这种自由……我们就有了自己的本质精髓,存在是先于本质精髓的。

我领悟到,审讯室中进行的其实是一场意志之争,如果巴勒斯坦人团结成一个国家,拒绝崩溃,我们就将战胜审讯者。一旦我们选择行使存在于内心的主权,我们就无惧军政府那些苛刻的命令。

学校隔三差五地被关闭封锁,学生们也常常缺席,在校园里上课变得很难,我们这些住在以色列所谓的"永恒而不可分割之首都"的教授越来越多地把上课和政治活动的地点转移到餐馆、咖啡馆和自己家中。在一次封校期间,我把萨拉赫丁街上父亲的事务所当作自己临时的办公室。我在那里上课、见客、开会、思考。

我和比尔泽特的一位哲学家共同开设的一门课程很值得一提。这门课就叫"自由",吸引了一些比较有见识的学生和活动家。好多学生肺中还残留着催泪弹的气息,我们自然不必像上概论课那样去把自由掰开揉碎地进行理论分析。我们像玩跳房子一样,把课程分成不同的主题,层层深入地去揭秘自由,指出对于那些被镇压、生活在压抑社会中的人,自由具有哪些最为显著的特征。

比如,当我们谈到言论自由时,这里的学生不像哈佛大学的学生,最先接触的是约翰·密尔(J. S. Mill)、尼采、萨特和以赛亚·伯林。我们让他们读当地报纸上的文章,比如我为所谓"亵渎神灵"的学生诗人说话之后,《耶路撒冷报》上那些猛烈抨击的文章。在讨论

第十四章　苦路杀人事件

学术自由的课上，我们也做了同样的事。我们没有让学生拿着相关的大部头著作去啃，而是给他们看了854号军令，以及我们在比尔泽特的各种抗议中自己制作分发的宣传册和传单。接着我们开始讨论性自由，自古以来，这就是我们文化中的禁忌话题。

我自己学习和了解自由的课堂是耶路撒冷及其周边地区。那些日子，我会长时间地在城中徜徉，在我最爱的咖啡馆——那是属于我的小道消息来源——中抽着水烟，听当地人、商人、专业人士、工匠和零工们聊天。我和一群出租车司机建立了特殊的联系，他们会把街头巷尾最新的传闻告诉我，还会讲述他们和特迪·科莱克的市政府、税务局以及警方之间的龃龉。

我已经完全参与到整个约旦河西岸地区的平民反抗运动中，于是开始更为密切地关注以色列人如何在平民的日常生活中，尤其是在耶路撒冷及周边地区，强制实施他们的法条规程。

相关的例子比比皆是，光是在大学封闭期间开车去乡下转转，探访一下学生和朋友，就能收获不少话题。我开着一辆1977年产的红色标致汽车，上了黄色的耶路撒冷车牌，再加上外表一看就是个百无一用、人畜无害的空想家，通常都能很轻易地通过新建公路上的关卡，这些公路是专为犹太定居点打造的。以色列政府抢占了贾哈林部落的贝都因人用来放牧的土地，表面上是为了修建军方的靶场，结果建起了一座城市——马阿勒阿杜明（Ma'aleh Adumim）。1982年，推土机开始尽职尽责地工作。（以色列经常用这一招，就是宣布一大片区域封闭军用，把人员都清除掉，之后又变成犹太定居点。）1982年10月，这个新定居点开放时，贝京政府的能源部部长莫迪凯·齐波里（Mordechai Zippori）说，定居点建设是"约旦河西岸地区犹太复国主义运动的支柱"，也是"挫败将外国规则带入犹地亚和撒马利亚的和平倡议的唯一方法"。[1]

看着以色列如火如荼地进行着定居点建设，曾经的山坡与山谷都在发生着惊人的巨变,我又开始思考新的问题。曾经,我错误地认为,让事态自然发展,必然会出现"巴勒列"。而我如今要是还想当然地认为只要双方能对彼此的基本利益达成共识,就必然会拿出一个"两国方案",那岂不是和以前一样天真幼稚吗?人们会故意无视逻辑和理性,无视基本常识吗?看起来答案是肯定的。

先来说以色列人。将近 50 万以色列人在呐喊、在呼吁,要求发动战争的人辞职,这让政治精英们感到震惊。他们下令展开调查,于 1983 年 2 月发布了《卡汉报告》("Kahan Report"),指出贝鲁特难民营大屠杀的间接责任人是沙龙。沙龙引咎辞职,贝京紧随其后。

对于自己在约旦河西岸地区遭遇的失败,以及那场夺去了数千条生命且毫无必要的战争,沙龙将军毫无悔意。辞职之后,他几乎立刻"复工",开始了自己的下一项事业:大量修建犹太定居点。

贝京也和沙龙一样顽固不化,他回到自己家中,余生都在凝望着对面山坡上自己的"杰作":过去的代尔亚辛村,现在变成了一座精神病院。

代替他们接管政府,直到开展新一轮选举的是伊扎克·沙米尔,他又聪明又好斗,是富有经验的犹太地下恐怖分子。(1947 年,我父亲亲眼见过这个"地精"模样的人施展自己的手段。)但沙米尔不像贝京那样擅长蛊惑大众,没能收集到足够的选票来组建政府。1984 年,利库德集团和工党决定缔结奇怪的联合组织——"国家联合政府"(National Unity Government)。按照轮番上岗的协议,西蒙·佩雷斯成为总理,沙米尔担任副总理,伊扎克·拉宾接替沙龙成为国防部部长。

政府的变动向公众和世界释放了一个信号:情况即将改变。其实,对于约旦河西岸地区来说,事态不过是进一步恶化罢了。两个群体都已经习惯了高强度的暴力。

新一代的犹太定居者思想更为激进,从小就被灌输犹地亚和撒

第十四章 苦路杀人事件

马利亚就是属于他们祖先的土地,所以,他们也越来越肆无忌惮。贝京下台后短短几天,一名右翼激进主义者将一枚手榴弹丢入"即刻和平"组织的游行示威人群中,导致一名和平活动家丧生,另有多人受伤。

后来的"300路公交车事件"(Bus 300 Affair)也表明冲突逐渐白热化。1984年春天,辛贝特的探员逮捕了两名劫持公交车的巴勒斯坦人,把他们带到一片田野上,用极端种族主义"死亡小队"的野蛮方式把两人打死了。穷凶极恶的南美黑帮做派最终出现在了这片土地上。

巴勒斯坦这边,暴力也在升级。露西和我初到比尔泽特所在的村庄担任教职时,周围是一派田园牧歌,人们友好到有些天真的地步。宗教传统和部落律法约束着人类的侵略好斗,所以传统绝不是斗争的来源,反而留存了一种简单平和的生活方式。这里从未听说过宗派杀戮,暴力犯罪也极其少见。如今,就像20世纪70年代的耶路撒冷旧城,暴力开始在约旦河西岸地区的乡村城镇生根发芽,传统的权威根本无力去控制。

巴勒斯坦人的怨愤不断积累,随之加剧的还有无政府混乱状态和违法行为的严重程度;没有任何一个政治派别能够进行大规模的管控。1983年,和黎巴嫩情况类似的恐怖行动出现在以色列,最开始就是一场公交车爆炸事件。因为恐怖行动而受害的以色列人在1982年到1985年之间飙升到原来的7倍,从2个到14个。(当我签署一份谴责刺杀犹太人的声明时,以色列人说这是巴解组织的宣传策略。"蟑螂还能写声明啊?"以色列军事长官听说这件事之后这样问道。"只有恐怖主义魔术师阿拉法特打电话下命令才有可能啊。"研究阿拉伯事务的情报专家这样回答,语气里无疑充满了嘲讽。[2])

暴力加剧的原因之一是伊斯兰运动的高涨,真主党等狂热团体在黎巴嫩的成功也让他们士气大增。黎巴嫩的各种自杀式爆炸事件造成了致命影响，里根总统派来帮忙结束内战的数百名海军陆战队员在爆炸中丧生，而这种自杀式爆炸却开始不断发生，成为所谓"解决冲突"的新范式，这实在可怕。真主党的广播电台向巴勒斯坦鼓吹他们"光荣的殉道行动"。

此时亚辛的慈善组织已经完全变身成为"穆斯林兄弟会"（Muslim Brotherhood）在巴勒斯坦的分支。这个总部在埃及的神秘组织于1981年发动了对萨达特的刺杀。然而拉宾和他那些辛贝特的同僚仍然认为伊斯兰团体能击败世俗的民族主义者。[3] 这在今天听起来也许难以置信，但他们当时一厢情愿地坚信能够利用伊斯兰教来打击巴勒斯坦的民族主义者。好吧，也许在比尔泽特那两位信仰伊斯兰教的学生遇害之前的确如此。金库满满当当，行动指挥上也算是基本放开了手脚，头目亚辛和手下们开始挑衅世俗的民族主义团体。他们希望能全面掌控巴勒斯坦政坛，正如以色列将巴解组织赶出黎巴嫩之后，真主党取而代之一样。

1984年，我注意到一些学生起了变化。年轻的生命受到的屈辱，被投入到宗教的大锅中一搅，就把那些农村小伙——有时候是姑娘——煮沸成无法安抚的狂徒，对我苦口婆心教导他们去热爱的那种自由怀着敌意。这和监狱审讯的过程恰恰相反：没有人文主义思想来结出最丰美的果实，让他们实现自我解放和身份认同；沉醉在某种意识形态中的他们，被框在某种狭窄却坚固的思维中牢牢锁了起来。我担心"穆斯林兄弟会"能够赢得大众的支持，比起法塔赫，他们的组织要好很多，还有军政府的支持，并且正忙于建立一个社会网络，来帮助那些因为土地被占领而生活艰难的人。

巴勒斯坦人需要且渴望建立属于自己的独立国家，在这一点上我是毫无疑义的。但我也越来越清楚地认识到，在左右逢源、充满

第十四章 苦路杀人事件

两面派的政治世界中，很少有人敢公开阐明这个观点。那时，巴解组织的很多人仍然认为"两国方案"是异端邪说。巴解组织成员最多能做到要求"无条件"建立一个巴勒斯坦国。而以色列人则竭尽全力阻止这样的事情发生，尽管他们应该清楚地知道，这样的国家其实最符合他们的利益。

我反复思考，越来越强烈地意识到，以色列人和巴勒斯坦人都拒绝讨论"两国方案"，是因为这样一来就说明双方都承认对方作为一个国家的权利，也意味着只能干脆果断地承认自己要付出代价。我当然可以随心所欲地谈论国家自由，反正只是自言自语，或者与学生谈话。如果我们不与以色列展开积极对话，那任何言语都是空谈。

我非常清楚地意识到，自己在不知不觉间所接受的看法，大部分是虚妄的幻觉。我忙着签署和背书的那些传单和声明，几乎都在号召"无条件"建立国家。这个"无条件"究竟是什么意思？我扪心自问。一次，之前和我一起去安曼的朋友阿里·哈松内赫带着打趣又略有些"高人一等"的语气对我解释说，"无条件"的意思当然就是无条件，不用谈判，不用商讨，不附带什么条款，没有条件。"胡说八道。"我反唇相讥，当然也带了一个友好的笑容。我对他透露了心中所想：如果巴勒斯坦国要成为现实，只能是通过与以色列的谈判。谈判就需要进行严肃的对话，不是和欧洲人或几个本来就站在我们这边的以色列反犹太复国主义运动人士，而是要和那些全心全意搞犹太复国主义运动的政客谈，他们才是以色列权力集团的精英。

很快，两名富有远见的美籍犹太人士就逼得我没有其他选择，只能像父亲以前常说的那样，"把钱举到嘴巴上"[*]。这两位就是哈佛大学心理学家赫伯特·克尔曼（Herbert Kelman）教授和他可爱的

---

[*] 意为说到做到。

妻子罗丝（Rose）。克尔曼夫妇先于几乎所有人，很早就看清了形势，认为巴勒斯坦和以色列最终只能坐下来商谈，并达成协议。现在好像没人有促进对话的意思，他们决定来做牵头人。赫伯特和罗丝开始组织联席会议，不动声色地慢慢让巴勒斯坦和以色列的公众人物见面对话。

一天，克尔曼给我打电话，请我参加哈佛大学的一个会议。他告诉我，以色列方面的代表是议会中的左翼人士，但他们坚定支持犹太复国主义，比如约西·萨里德（Yossi Sarid）。而我方与会者有父亲的朋友瓦利德·哈立迪。我了解他长期以来的观点，所以并不惊讶。但我始料未及，却与我猜想的谜题十分契合的是，参会的还有巴解组织的一些大人物，包括阿菲夫·萨菲耶（Afif Safieh），曾长期任阿拉法特办公室主任，时任巴解组织驻华盛顿代表。已经与克尔曼见过不止一面的阿布·吉哈德和阿拉法特也签字表示会参加会议。

我当然愿意前往，但作为联合会领导人又不能去。当时巴勒斯坦政客还只跟反犹太复国主义的以色列人开过会，比如犹太教极端正统的哈西德派领导人乔尔·泰特尔鲍姆（Joel Teitelbaum）。除此之外，其他行为都会被看作离经叛道。一次，父亲邀请以色列总统哈伊姆·赫尔佐克（Chaim Herzog）到我家位于杰里科的冬季度假屋吃午饭，也叫我参加。我因为自己的联合会领导人身份拒绝了。哈佛大学这次会议的意义远超于一顿友好的午餐，而且是实际进行对话的第一步。我明白，自己非去不可。当然我也很清楚，要是我真的代表他们去了哈佛大学，联合会成员非用私刑了结了我不可。这样我就只有两个选择：要么拒绝会议邀请，继续在联合会任职工作；要么辞去联合会的职务。

这也算不上什么让灵魂纠结的存在主义两难境地。我确信，放下陈旧的禁忌，与占领者进行公开对话，是符合我方利益的。于是

第十四章 苦路杀人事件

我向联合会提交了辞呈,启程前往马萨诸塞州剑桥市。

与萨里德和他那些以色列同僚开会,真是比面对家里那些烂摊子要愉快多了。我参加会议的做法让学校里那些人对我有了不同的看法。在好友与同事的眼里,我再也不是一个有着独立精神的"牛虻",而是开始与法塔赫那群"右翼"领导人同呼吸共命运,说得详细一点,就是阿拉法特本人;越来越多的人认为他要"出卖"巴勒斯坦,巴结讨好美国人。在比尔泽特,我遭遇的最激烈的意识形态冲突是和自己最优秀的那些学生,他们和所有地方的好学生一样,很瞧不起中产阶层的折中妥协。

其中一个学生,也是解放巴勒斯坦人民阵线的领导人之一,起草了一张匿名反对我的传单,他在后面签署了派别的名字。我知道那是他写的,因为看过太多这个派别的传单了,一眼就知道那是他的风格。我手里拽着这份极具煽动性的檄文,非常骄傲地笑了。他能得心应手地有效运用比喻,而且辩论严谨精辟,不会显得言过其实。我眼前出现他写作时特色鲜明的脸庞:高高挑起的眉毛和抬头纹。还有一份言辞激烈的传单在校园里流传,也是匿名的,只写了起草者的派别,这出自我另一位学生之手,那时他已经成为我的同事,就是马尔万·巴尔古提。

此时的我也很擅长写传单了。我先写了一篇,解释我寻求对话的逻辑,在后面签上了我的名字,然后拿去印发。我正发着传单,马尔万笑得腰都快直不起来了,说我的传单是巴勒斯坦历史上第一份由起草者而非派别署名的传单,仿佛我自己就是一个派别。当时我感觉确实如此。

马尔万来到学校后不久,就和萨米尔·斯倍哈特一起成为法塔赫学生运动沙比巴无可争议的领导人。我们的初次见面是在我的政治理论课上。马尔万时年25岁,刚刚在以色列监狱中服刑7年归来。

他本应大展宏图，开启伟大的事业，然而一路颇多波折，最后也未能圆满。现在的他正在以色列的监狱中服刑，因恐怖主义行动被判多项终身监禁。

从表面上看，他的故事正是众多巴勒斯坦青年的遭遇。他的祖辈是巴勒斯坦农夫，数百年来都住在比尔泽特附近的村庄。马尔万是在村里的联合国难民学校接受教育的，他在那里加入了一个巴解组织的小派别。很快，他就因为朝士兵扔石头而入狱，和萨米尔·斯倍哈特成为狱友。

但马尔万是个相当出挑的人物。他矮壮结实，仿佛是从家乡坚硬多石的土壤中蹦出来的。他辩论起来锋芒毕露，再加上脑子转得快，能有效吸收和过滤信息。那种镇定自若的气质让他成为一位有号召力的领导人。我们在课堂上读约翰·洛克时，他会神游天外，那是因为关于国家的抱负让他内心烈火熊熊。

对于此人，我最好奇的是他谈论曾经抓捕他的以色列人的方式。在监狱里，他学习了希伯来语；在多次的审讯中，他绝不屈服于敌人的意志，由此拥有了强大的自尊。他还学会不去恨那些以色列人，而要捕捉到隐藏在制服之下的一丝丝人性光辉。而对方好像也发现了他身上闪闪发光的人性优点。

我们认识几年后，发生了一件事，能很好地说明马尔万多么有威信。以色列当局极尽镇压之能事，再加上学校经常被封锁（有一次一封就是六个月），于是人们更为愤怒，抗议变得更为暴力，当局就再加码镇压。1985年春天，大学里的气氛剑拔弩张，美国总领事前来校园访问时，一群学生袭击了他的车。[4] 直到马尔万匆匆赶到人群中央，总领事才得以从群情激愤中脱身。当时马尔万举起手，打了个响指，大声的尖叫和挥舞的拳头一下子就停了。没人敢对总领事怎么样。"我叫马尔万·巴尔古提，"他对刚刚经历了险些丧命的惊魂时刻、还在颤抖的总领事说，"我是本校学生会主席。"[5] 同

第十四章 苦路杀人事件

年晚些时候,军方将马尔万行政拘留六个月。两年后,以色列当局将他驱逐出境。萨米尔也是同样的命运。

众所周知,历史最爱开玩笑。黑格尔说历史"狡猾""怪诞""喜欢恶作剧"。对于历史总是有出乎意料的后果这种规律,军政府是最为敏感的。具体到我们的情况,就是以色列无所不用其极地镇压约旦河西岸地区的民族主义运动,而一切镇压手段,只不过鼓励了政治活动家们像"回旋镖"一样展开各种活动,还是在以色列最希望能用铁腕控制的地方:耶路撒冷。他们把约旦河西岸地区攥得越紧,耶路撒冷就越发回归到1948年的状态,成为阿拉伯政治运动的中心。而且,在耶路撒冷,政府没那么容易把我们投入地牢,或者钉进棺材,因为欧美人士一定会发声、呼吁、呐喊,而"即刻和平"组织的犹太朋友声音也大了起来,这个组织的很多领导人在耶路撒冷生活或工作。

这种冷战,让一座本已经弥漫着间谍小说气氛的旧城更添一丝神秘与危险。西方和苏联的多个安全部门与外交部门都派了人来,在这里进行非常神秘的会面。运气好的话,在我父母家街对面的美国侨民酒店,你可能会看到角落里站着戴墨镜的男人;或者以色列情报机构摩萨德(Mossad)派来的特工,在与扮成服务生的阿拉伯搭档低声交谈。

1983年的隆冬时节,我第一次见证枪杀事件,那时我已经有了捻排忧串珠的习惯。事件就发生在我家门口的荆冕堂拱门之下。

那时候柠檬树咖啡馆的问题越来越多,矛盾让我进退两难:以色列客人越多,来找旅社和咖啡馆麻烦的人就越多。比如,有一次辛贝特的特工想要招募我们店一位性感的斯堪的纳维亚女服务员作为他们的线人。还有一次,一位安全官员召我去俄罗斯侨民区的警局总部,他告诉我,要是不和他们"达成交易",他们可能会"不小心"

在店里发现海洛因，继而指控我在贩毒。

　　杀戮事件发生在一个飘着蒙蒙细雨的寒冷夜晚。我走回位于苦路上的公寓，和往常一样顺道去趟咖啡馆，迅速来一杯特浓咖啡。时间不早了，生意并不红火。我对面的一张桌子旁坐了一对欧洲情侣，在静悄悄地说着话，从容得似乎并未受到这座城市紧张气氛的影响。男方是个德国背包客，高大魁梧，几天前就来了，想要住店，但我们的房间已经满了，他只好另寻他处。现在他又回来了，还带来一个深色皮肤的女人，看样子是女朋友。

　　我还在喝咖啡，他们就站起来离开了。回家路上我和他们擦肩而过。

　　他们手挽手地慢慢散步，边走还边接吻。

　　五分钟后我就回到家，来到楼上的客厅，准备看电视台的晚间新闻。通过客厅的两扇大窗户，一眼就能看到苦路。那是一条铺满鹅卵石的老路，不通车，在那个寒气刺骨的晚上，也没有行人。

　　就在打开电视前，我听到闷闷的一声，接着是重重的一声"砰"。刚刚把孩子哄睡的露西进来了。"怎么回事？"她问的就是那奇怪的声音。我们走到窗边，听到寂静的夜里突然响起清晰的脚步声，匆匆沿着小巷直接拐到了苦路。我把头伸出窗外，看到咖啡馆里遇到的那个德国男人趴在街对面天主教修道院的台阶上，脖子上在汩汩地冒着血。

　　"有人被枪击了。"我转向露西，惊恐地说。"我去报警，"她说，"你下楼去看看。"

　　几秒之内，我就来到那位奄奄一息的德国背包客身边，不知所措。我听到有人朝我们这边跑来，还一边大喊着。我望向苦路远端，看到一个警察，是个阿拉伯人。

　　"怎么办？"这位警察上气不接下气地跑过来后，我问他。警官摸了下男人的脉搏，说他还活着。"帮我把他抬到医院。"他指着

第十四章　苦路杀人事件

街那头奥地利救济院的方向说。

我们两个的体重加起来应该和这个受伤男人差不多。合力抬着，或者说是半拽着他，走了几个街区来到医院门口，又上了三层楼来到急救病房。等到了地方，他已经因为流血过多死去了。

生活并不总是如小说，但现在小说情节就这么发生在现实中。围绕这位德国游客之死发生的事情叫我迷惑不已。后来，被单独囚禁的我想写作试试手，写一本政治推理小说，结果草稿的第一章标题就是"苦路杀人事件"。

关于此次谋杀的谜团开始于第二天早上给我做笔录的以色列警方调查员。他有些漫不经心地记了点笔记，仿佛对破案全无兴趣，之后就祝我愉快，请我离开。我问他对事件经过有什么看法。

"哦，你也知道，应该就是阿拉伯恐怖分子做的吧。"听他的语气，好像在说上个星期的某场足球赛。

"他身边本来还有个女人，"我对这位警官说，"她怎么样了？"

警官用事不关己的冷淡态度解释说，她是受害者的女朋友，枪击发生后她被吓得魂不附体，疯狂地尖叫让人来帮忙，但没人帮她。

"我没听到她叫。"我对他说，同时觉得疑惑，怎么会有人在这样的事情上撒谎。我在家里都能听到巷子那头老鼠打翻垃圾桶的声音。这个姑娘绝对没有尖叫，而是像只老鼠一样默默地逃走了。"她没有尖叫。"我说。

"她叫了。"警官的声音仍然很淡漠，"她跟我们说，自己敲遍了周边所有的门，但没人给她开门。最后她跑到雅法门的警察局通知了我们。"

"但我听到的脚步声方向和雅法门相反啊。"

这位调查员也不记笔记了，明显没兴趣继续眼下的谈话。他收拾好东西，冷冰冰地说，那个女人被这事吓得心烦意乱，已经坐最近的班机回德国了。

这事充满了疑点。第二天，报纸上登了一则短短的启事，说一名德国游客在旧城的街巷中被枪击身亡，警方怀疑是阿拉伯恐怖分子所为。

我完全不相信这个说法。杀人事件，尤其是西方游客被杀，通常都会让以色列警方派重兵前往阿拉伯区。现在他们怎么这样漠不关心？警方怎么会在事件发生后的几个小时内就允许那个女人离开？还有，这个所谓的"女朋友"到底是谁啊？后来，萨拉赫丁街上的一个外币兑换商又补充了些令我好奇的细节。他的亲戚在一家酒店做经理，事件发生时，那个女人就住在这家酒店。经理问她来干什么，她说自己要去埃拉特找她的男朋友。最奇怪的是，她全程都在说阿拉伯语。她拿的是德国护照，但阿拉伯语说得就像母语。经理起了疑心——很多以色列人都会说阿拉伯语——问她为何会说阿拉伯语，她解释说自己在沙特阿拉伯的德国咨询公司工作过。

各种零碎的线索凑在一起，我越来越紧张。自然，我是不相信"阿拉伯恐怖分子所为"这种胡话的。那么，这是不是说明以色列参与了这场谋杀呢？受害者死前的15分钟还在我店里，这是巧合吗？他到底是谁呢？"女朋友"为什么消失了？几个月后，报纸上登了消息，说当地一个阿拉伯人因此被捕且被判有罪。但多年以后我从其他巴勒斯坦囚犯那里听说，那个人坦白自己并非杀人犯，他是被安插进监狱的以色列间谍，负责监控其他巴勒斯坦囚犯。

不过，至少有一件事情是肯定的：我现在身处的这个阴影重重的世界，再也不是我小时候的那个耶路撒冷了。

第十五章
费萨尔·侯赛尼

杀人事件是压垮骆驼的最后一根稻草。耶路撒冷的迅速衰败，德国人遇害的未解之谜，以及有人威胁要在咖啡馆里藏毒陷害，这些事合在一起，叫我不堪其扰。人活于世，总要选择做正确的抗争，而继续开咖啡馆，继续叛逆地生活在这个越来越破败的城市，好像并不是正确的选择。1984年，露西和我关闭了柠檬树咖啡馆，搬出了旧城。

我们的新公寓位于阿布迪斯（Abu Dis），是橄榄山那边一个山头上的村庄。邻村就是阿尔扎里耶（Ayzariyah），这是个阿拉伯语名字（名字里有"拉撒路"的发音）。这个村庄在《圣经》中叫伯大尼（Benthany），马利亚（Maria）、马大（Martha）和她们的弟弟拉撒路（Lazarus）就曾住在这里。我们感觉并未真正离开旧城，因为从新公寓的阳台上，还能看到远处壮丽辉煌的圆顶清真寺。

住在城墙之外，我们在政治上或社交上也没有丝毫改变。现在，我们的生活中心变成了东耶路撒冷，这里已经取比尔泽特而代之，成为民族主义政治的中心。正如国家指导委员会代替了旧世界的贵族，在20世纪80年代早期，前者又让位给学生和工会活动家组成的平民联盟；如今，新的权力中心正在形成发展。这个中心就位于阿拉伯研究协会（Arab Studies Society），即后来的东方宫（Orient House）酒店，而其核心人物就是费萨尔·侯赛尼。我们俩在对事情的分析或各种策略上总有些分歧，但我从未因此与费萨尔疏远半分，他不仅是我的搭档或"同谋"，更是一个兄长。费萨尔充满感情地称我为"革命哲学家"。

说起费萨尔的家族史，那可真是错综复杂、源远流长，比我的要精彩很多。追根溯源，他的祖先生活在穆罕默德时期的麦加，而且，和我们家族形成鲜明对比的是，他的家族富埒陶白，拥有大片的土地、大宗的生意，在整个阿拉伯世界交游广阔，畅行无阻。

真正让努赛贝家族难以望其项背的是，费萨尔的家族是政坛传奇。他的祖父和曾祖父曾是耶路撒冷的市长，叔祖父曾是耶路撒冷的大穆夫提；亚西尔·阿拉法特也是他的远房亲戚。最重要的是，他的父亲是传奇人物阿卜杜勒·卡迪尔·侯赛尼，是曾与我父亲和希律门委员会密切合作的军中英豪，在卡斯塔尔围困战期间牺牲。那时候年仅八岁的费萨尔是大家眼中理所当然的接班人。

在巴解组织的游击营接受一定训练之后，费萨尔回到六日战争后的东耶路撒冷。他和我哥哥一样，跋涉过约旦河，勇敢地躲过了对方士兵的枪林弹雨。他回到耶路撒冷的消息在以色列传开后引起一阵惊慌。"就好像胡志明的儿子来到纽约生活一样。"一个以色列人如是说，将费萨尔的父亲比作越南革命领袖。

阿拉法特也跋涉过约旦河，想要在当地培养起一批军事骨干。他常常在费萨尔家藏身。阿拉法特给了费萨尔一把枪，他接下了，但从未使用过。我和他见第一面后不久，他就在1969年阿克萨清真寺的大火中被捕了。有人发现了那把枪，他被驱逐出境。

20世纪70年代末期，以色列允许他回到耶路撒冷。不想再次

第十五章　费萨尔·侯赛尼

被驱逐的他低调地过着日子，干干零活儿，不去惹麻烦。当时根本没人知道，他在积极地观察和思考政治形势，寻找值得他投入精力和智慧的用武之地。最终，他想到的人只有不知疲倦的格洛克博士——这位博士仍然开着他那辆挂着黄色以色列车牌的车，穿过约旦河西岸地区一个又一个关卡，热切地追寻着我们的过去——和他所见略同：文化记忆已经成为我们独立斗争的主要战场。

费萨尔在东西耶路撒冷交界处的穆撒拉拉（Musrara）区创办了阿拉伯研究协会。几年之后，协会搬到属于他家族的东方宫酒店侧翼。

创办之初，辛贝特一定将该协会视为一个无害的兴趣组织，认为其不过是强大的殉道人物那没有出息的子嗣玩票而已。他们未能充分认识到，费萨尔与父亲血浓于水，他的体内仍然奔腾着战斗的血液。敌人也很快惊讶地发现，他们面对的是一个多么可怕的对手。占领方当然是急切地想把反对派定性为天生嗜血的恐怖主义者，费萨尔却充满智慧，温文尔雅且低调谦逊。他没有枪，胡子也总是刮得干干净净，绝没有任何革命者的狂妄自大。他还会说希伯来语。

被占领土上的法塔赫活动人士早在辛贝特之前就明白费萨尔的目的了。他们自然而然地将费萨尔视作领袖。马尔万在拟定沙比巴的各种规章条款时，特地去问了费萨尔的意见；穆巴拉克·阿瓦德想要推广自己的甘地式非暴力不合作运动时，也去找他。不管涉及什么问题——定居点、逮捕、房屋被拆毁，或最新的行政拘留事件——费萨尔都能非常清晰且令人信服地表达我们的观点。但他并未止于嘴上功夫，每当在媒体面前谴责占领方新近的暴行之后，你会发现他和那些家园就要被摧毁的人、刚刚失去孩子的人或丈夫刚刚被逮捕的妻子手挽手站在一起。对对话毫无兴趣的沙米尔、沙龙之流则将费萨尔视作最危险的敌人。

费萨尔的阿拉伯研究协会邀请了很多有影响力的犹太知识分

子来到东方宫，对阿拉伯观众发表讲话，比如耶沙亚胡·莱博维茨（Yeshayahu Leibowitz）。此举令他加入支持对话的阵营，也让阿拉伯研究协会成了我常去的另一个家。

我从颇具争议的哈佛大学巴以会谈回来不久，费萨尔和我开始了初次合作。以色列议会中的左翼成员在舒拉米特·阿洛尼（Shulamit Aloni）和约西·萨里德这种强大人物的领导下，希望能在美国侨民酒店和一些巴勒斯坦公众人物公开会面。我立刻同意了。费萨尔还争取到了巴解组织对他参会的支持。

其他与会的巴勒斯坦人都和法塔赫有关，要么是很松散的关系，要么就是在其中担任某个领导职务。比如风风火火的雷蒙达·塔维勒（Raymondah Tawil）女士，她在国家指导委员会时期，于拉姆安拉开办政治沙龙，给了地方长官们一个去处；她后来还成为阿拉法特的岳母。支持法塔赫的《黎明报》（Al-Fajr）也派出两位编辑，汉纳·西尼乌拉（Hanna Siniora）和齐亚德·阿布·扎亚德（Ziad Abu Zayyad），前来参会。

这是法塔赫与以色列议会犹太复国主义者的第一次公开会面。费萨尔和我准备了一份声明，强调我们和巴解组织的效忠关系，以及建立独立巴勒斯坦国家的立场。汉纳·西尼乌拉将其刊登在《黎明报》的头版。

从很多方面来说，美国侨民酒店的会议都有着突破性的意义。最重要的是，它终于打破了双方在对话问题上虚伪的沉默。现在，公众知道了，法塔赫是愿意与犹太复国主义者对话的。以色列的与会者也对巴勒斯坦大众传达了一个信息，至少有部分犹太复国主义者是愿意公开承认巴解组织、接受其建立巴勒斯坦国的呼吁的。

美国侨民酒店的会议还为巴以联合委员会以及抗议行动创造了一个模板，而这个模板的核心就是费萨尔和阿拉伯研究协会。我们提出的想法之一是为了纪念占领开始的6月6日，我们要进行抗议

第十五章 费萨尔·侯赛尼

游行，地点就在之前的"无人区"。数百名以色列和平倡导者和巴勒斯坦人举着黑旗，站在之前的国土边界上，倡议开放耶路撒冷，让巴勒斯坦和以色列共同享有主权。

我的很多学生朋友，因为成长于法塔赫的激进主义宣传氛围中，并不欣赏举个小黑旗来抗议这种不痛不痒的行为。他们仍然倾向于更为大胆的行动，比如朝坦克扔石头，或者在墙上大面积涂鸦、写口号。然而，仍然有那么一股涓涓细流开始接受对话。有一次，我正在大马士革门与以色列人一起进行静坐示威，有几个比尔泽特学生前来探望。我坐在门前的台阶上，因为天气炎热而汗流浃背，我手上举着写了阿、希、英三语口号的海报，一个特别擅长扔石头的学生看着我，用无奈的语气说："你就把我们变成这副样子了啊？"师生相视一笑。我递给他一幅海报，他接了过去。

很快，费萨尔的东方宫就成了巴勒斯坦国家政治的权力中心。1985年，大家又向前迈进一步，齐亚德·阿布·扎亚德、汉纳·西尼乌拉和我，还有来自加沙的、以前拥护纳赛尔的祖海尔·拉耶斯（Zuheir el-Rayyes），以及希伯伦市长穆斯塔法·纳特谢（Mustafa Natsheh），共同建立了阿拉伯理事会（Arab Council）。该理事会取得了阿布·吉哈德的支持，专事推动我们与支持"两国方案"的以色列议会成员正式接触。

理事会很自然地发展出一个副产品，即《形势》（Al-Mawqef）周报。我的堂哥扎基因为劳动纠纷被《耶路撒冷报》炒了鱿鱼，于是也加入我们这个周报的团队。在马尔万·巴尔古提的推荐下，我们雇了哈姆扎·斯马迪（Hamzeh Smadi）做编辑，他来自卡巴蒂亚（Qabatya），曾在比尔泽特上学。法赫德·阿布·哈吉（Fahed Abu al-Haj）出狱之后也加入了我们的队伍。他从小生长在乡村，到16岁第一次被以色列人关进监狱后，才开始学习读书写字。他是在监狱里上的学。

我与法赫德在办公室进行的首次聊天实在令人难忘。因为对我来说，那是一次关于尊严、朴素与人性的隐喻，是巴勒斯坦与其具有预言色彩的宗教的奥义。坐牢数年，刚刚刑满释放的法赫德听说我们的报纸受到了阿布·吉哈德的支持时，认为这就是最好的肯定。所以，他来敲了我的门，想找个工作。

"你希望拿多少钱？"我问他。

"您给多少就拿多少。"

"你说个数吧。"

"萨里博士，您给多少我就拿多少。"

我的提议是60约旦第纳尔，不过杯水车薪。

"谢谢您，萨里博士。"

"这些够了吗？"

"萨里博士，谢谢您。"

我还想多问出点儿他的需求，但每次他都只是满怀感激地谢谢我。最后我自己把他的薪水提高到了80约旦第纳尔。

第十六章

吞并我们吧！

到了1986年，使被占领土的暴力形势愈演愈烈的主要推动力，就是犹太定居点运动。

1983年，时任以色列高级官员的拉斐尔·埃坦（Rafael Eitan）就已经画好了耶路撒冷和纳布卢斯之间100处新定居点的蓝图。"等我们在那片土地上定居，"他这样预测道，"阿拉伯人能做的，就只能是四处乱串，像瓶子里被下了药的蟑螂。"[1] 以色列军方的高官似乎很喜欢把我们比作蟑螂。正如埃坦将军预测的，三年后，定居点雨后春笋般层出不穷，布满了各个角落。像哈尔米什（建在纳比萨利赫森林上。这片森林名声在外，因为有着茂密的树木，竟然令人吃惊地挺过了奥斯曼帝国时期）这样堡垒般的郊区"飞地"，围绕着约旦河西岸地区，像项链，也像套索。6万名以色列定居者住在被占领的约旦河西岸地区。山顶上的定居点有游泳池和洒水系统，而附近就是尘土飞扬的小村庄，人们不得不走上将近2公里去提一桶水（这水当然还得从约旦河西岸地区的含水层通过水泵抽上来），这鲜明的对比已经成为日常所见。约旦河谷里一个定居点之所以能够扩张，是因为政府在1967年战争之后罚没了我父亲的一个农场，将它划给了该定居点。

东耶路撒冷的情况更为糟糕。1978年我回到旧城时，发现以色列工党政府在特迪·科莱克为首的市政部门的领导下，放任东耶路撒冷慢慢衰败，一边又在为3万名以色列定居者修建现代的居住区。现在，定居者的人数已经高达10万，而且还在迅速上升。[2] 我们家族在金匠市场的传奇故事有了新的转折，一些以色列的宗教狂热分子持枪闯入，拒绝离开，这仿佛标志着我们对耶路撒冷的彻底失守。警察说这是资产纠纷，只能交给法庭来判决。数个世纪以来，这个市场都属于努赛贝家族，他们对这个事实不以为然。之后，堂哥扎基开始查找翻阅有400年历史的奥斯曼文件，来证明我们的所有权。

定居点越多，投石事件、逮捕事件、橡皮子弹、虐待辱骂也就越多。大赦国际报道了一些给囚犯罩上头罩、戴上手铐、强迫他们光身子一动不动连续站上几个小时的恶行。[3]

1986年，50名扛着机关枪的士兵闯进比尔泽特大学代理校长加比·巴拉姆基家中，把他拖拽出来。他们给他戴上手铐，押到学校，然后又搜查了身在校园的校行政官员。士兵们没收了课本、杂志和报纸，然后冲向学生宿舍，逮捕了数十名激进主义者。

1986年12月，一群士兵出现在校园里，要抓捕更多的学生。哈南·阿什拉维锁上了学校的正门，防止他们像旋风一般冲入。一个狙击手找好位置朝她开枪，差一点就打中了。子弹从她面前的铺路石上反弹起来，接着她反应敏捷地及时往后一跳，刚好躲过了下一发。狙击手被她的迅速反应激怒了，朝这位从托马斯·杰斐逊创办的大学毕业的学者吼道："你们阿拉伯人都是畜生！"[4]

暴力愈演愈烈，双方传播的谣言也更为甚嚣尘上。从埃及偷偷传播过来的反犹文学在难民营和希伯伦这样的城市流传着。而以色列那边,耶路撒冷凡·黎尔研究所(Van Leer Jerusalem Institute)的一项调查显示,在 15 到 18 岁的犹太少年之中,有 42% 支持正统教派拉比梅厄·卡赫(Meir Kahane)驱逐所有阿拉伯人的号召。[5]

这无异于嘀嘀作响的定时炸弹,而政客们提出拆除炸弹的方案则让人感觉很魔幻,混合了美好天真的愿望和萨特所说的自欺欺人。里根总统的所作所为就是自欺的典型,他竟然全盘接受了一个十分空洞的理想,然后这个理想被西蒙·佩雷斯这个有千张面孔的老狐狸以及他在工党内部的小派系所宣扬,这就是将巴勒斯坦的命运和约旦联系在一起的"约旦方案"。但这个方案根本不成熟,而且为时已晚。那时候民族主义的精魂已经被放出禁锢的瓶子,大部分巴勒斯坦人将阿拉法特视为这精魂的化身。

反正,工党也没有执政,利库德集团正拼尽全力阻止巴勒斯坦这块圣地产生任何新的分裂。以色列右翼的很多理论家都在公开号召吞并他们所谓的犹地亚与撒马利亚。政府倒是避免谈论公开的吞并,但从我们位于阿布迪斯的公寓的阳台上望出去,就是新的大型定居点马阿勒阿杜明,它一日不停地提醒着我们以色列的单边计划。

两个民族迅速滑向全面冲突的深渊。双方的一些政客和公众人物认为,避免战争的唯一可行之法就是巴解组织和以色列政府直接商谈出一个"两国方案"。对我来说,谜题则是:如何将这一信息从与世隔绝的美国侨民酒店,从这个和平志士集会的地方,传播出去呢?怎样才能让普通大众知道他们的领袖正在引领他们走向灾难呢?

1986 年夏天,我开了一个工作坊——大部分时候活动地点都在父亲的事务所——想要干一票大的,搞个"重磅炸弹"。

父亲的甲状腺癌恶化了,数月以来,我一直都在关心他病情的发展。因为早前的离经叛道,我无法入境约旦,所以去不了位于安曼的皇家医院，没法亲眼看到他手术后侯赛因国王与努尔王后跪在他床边的情景。

手术保住了他的命，但病魔就像一条固执的猎犬，就是不放过他。父亲常常去艾因凯雷姆的以色列哈达萨医院（Israeli Hadassah Hospital）做碘治疗，母亲则被孤零零地留在家中，与回忆为伴。1986年夏天，眼看父亲康复无望，她开始和我一起回忆她的青少年时期，回忆那个把她迷住的充满活力的、俊朗的年轻律师。五十年前，这个世界还完整无缺，弥漫着柑橘花的甜香。接着麻烦接踵而至："那之后我就没过过一天安生日子。灾难一个接着一个。"父亲的癌症是她成年生活一连串灾难中的最后一个。

长时间陪着母亲回忆过去，再加上父亲拒绝耽于幻想或成为幻觉的牺牲品，我想要投射的那枚"重磅炸弹"也因此有了思路。政客在公开场合说得好听，私下的行动却完全相反，我已经觉得恶心透了。父亲所亲力亲为的公共服务根本容不下这样的虚伪欺骗，我也决定做点事情。我这个"重磅炸弹"——因为灵感来源于医疗从业者，所以我也将其比作"休克疗法"——将成为我对父亲的致敬，敬他无比高尚的正直诚实，敬他即便承受侮辱谩骂也要传播真相。

事情的起因是，一天下午去看望母亲之后，我在旧城的街巷中重走童年时代的散步路线，来到金匠市场。我站在那里，和一个犹太学生聊起了天。在沙龙的支持下，他们占据了那里，一寸一毫都没有放过。这学生有点布鲁克林口音，我猜他应该是个美国人。

我向他解释说，这个市场曾经属于我的家族。"你觉得是我们想住这儿的吗？"他问道，手使劲地朝四方挥舞着。起初，这个问题令我产生了一点期待，我以为我们俩都陷入了自己无法选择的困境，说不定能进行一场深入的交心，聊一些存在主义的问题。

我错了。

"我们命中注定要来到这里。"他仿佛是在向我传达神谕——而

第十六章 吞并我们吧！

神谕也曾经告诉过人类"不可偷窃"——是神驱使他将我们从祖祖辈辈居住的土地上驱逐，不是因为他想这样做，而是因为他必须这样做。这就是他活着的使命。

一个炎热的夏日，我构想出了自己的"重磅炸弹"。当时，露西和我想带孩子们去游泳，但无法决定去哪里。破败而鲜少治理的东耶路撒冷没有游泳池这样的公共娱乐场所，我们只剩下基督教青年会（YMCA）可去。"去马阿勒阿杜明如何？"最后我提了这个建议。一开始，露西面露惊讶之色，然后猜到我应该是"有所图谋"，于是咧嘴笑了。

铁丝网和紧锁的门让建在贝都因之土上的城市成为我们的"禁城"，我一直对那头的生活充满好奇。听说为了鼓励人们去那里定居，社区修建的第一批设施中就有一个很大的游泳池。

我们开始了这场冒险，带着浴巾、防晒用品和极大的好奇。在游泳池门口，我们买了很便宜的门票，是由政府补贴的。贾迈勒、阿布索尔和巴拉克冲去游泳了，而我坐在池边享受水漫过脚的清凉之感。突然间，我脑子里就有了"重磅炸弹"的雏形："这是多么美好又多么残忍啊！"

我朝自己笑了，脚上还在悠闲地划着水。一个服务人员走上前来，用几乎可以说热情洋溢的友好态度问我玩得愉不愉快。

"当然非常愉快。"我用不怎么地道的希伯来语回答。

他脸上露出灿烂又热情的笑容，问我是哪里人。

我回答自己来自阿布迪斯，毫无疑问对方大感震惊。他脸上的笑容僵住了，仿佛有人在远处遥控。他转过头，像自动时钟一样急急忙忙地走了，再没有多说一句话。

我继续开始谋划。我在定居点游泳，因为有耶路撒冷身份，所以就连沙龙也对此束手无策。他们当然可以无视我，像那个服务人员一样走掉，甚至可以鄙视我，说我是孬种不配为人，但他们就是不能赶我出去。我自问，如果有那么一天，巴勒斯坦人的政治愿望来个彻底翻转会怎么样？与其寻求建立新的独立国家，为什么不要求在以色列境内享有平等的权益？毕竟，以色列控制着我们的国土、资源和生活，这游泳池的修建本身也有我们交税的贡献。我们为什么不干脆要求"被吞并"？要求做以色列人？这难道不是对所谓的"犹太国"釜底抽薪？有一件事是肯定的，这样的要求会让自鸣得意的以色列人恢复清醒。假以时日，他们会彻底忘记什么定居点计划和巴勒斯坦有限自治的臆想，忘记"犹地亚和撒马利亚"这样的蠢话，会全速投奔阿拉法特的怀抱，将他视为救世主，将"两国方案"视为天赐之礼。我脑海中浮现出金匠市场的定居者迅速撤离，回到布鲁克林的场景。

我脚上划着水，脸上带着笑，露西过来给了我一罐从小卖部买的苏打水。我把脑子里想的东西都告诉了她，她预言说，我那些抗争的同伴听了非把我宰了不可。毕竟，我们一直在发表各种声明，指责以色列试图非法吞并我们的土地，说这是不道德、残酷的恶行，还用了其他各种各样的形容词。现在我竟然要公开要求"被吞并"！疯了！露西说这番话的时候，眸子闪闪发光，让我确信这是自己有生以来最棒的想法。

接下来的一周，我在自己创办的《形势》上发表了一篇文章，提出了一个思想实验。我请读者客观地看待巴勒斯坦争取自由的核心利益，并且发问，大家究竟想看到哪个场景：巴勒斯坦自治？还是"被吞并"后与以色列人享有完全平等的权益？我自问自答，说从理性出发，作为以色列的公民，我们其实会有更多的选择权来决定自己的命运。比如，如果从图勒凯尔姆（Tulkarem）选出一名代表去以色列议会，那么他不仅会协助通过与自己的家乡，或者正在

第十六章 吞并我们吧！

大兴土木修建定居点的被占领土有关的法律，还会参与到海法与特拉维夫的立法当中。选票箱将会给我们带来武装游击从来无法给予的好处：掌控我们自己的生活，也掌控他们的。

短短几天，我的文章就登上了以色列各大报纸的头版。接着我就收到邀请，来自一个很受欢迎的以色列政治电视节目。"你愿不愿意和一个定居点运动的领导人在谈话节目中同台？"制作人问我。

"你是在开玩笑吧？"我对自己的这个"重磅炸弹"的效果相当吃惊。

我来到电视台，头发还是乱蓬蓬的，脚上趿拉着拖鞋，穿着我最喜欢的那件T恤，有点旧了，而且破破烂烂的，但也是我最舒服的一件。制作人构想的节目效果是火花四溅（后台有警察和医务人员待命，以防万一），结果他懊恼地发现，我的姿态特别随和，就跟拉家常似的，和定居者的对话充满友善。但我每回答一个问题，仿佛都能听到对方已经生锈的思想因突然面对从未预料到的危险而开始转动的声音，咔吱，咔吱，咔吱。

"你是说，你会参加竞选进入以色列议会？"采访人问我。

"当然。何乐而不为？"我轻松地回答。

"你是想告诉我，你能接受以色列议会认同的国徽、国旗和国歌？"

"我只能如此。不过，别忘了，以色列是个民主国家，对吧？"对方看上去很紧张，问我意欲何为。

"我只是想说，如果我们阿拉伯人占了议会的大多数，那么如果我们想的话，是可以变动这些象征符号的，对吧？"

我听到观众席剧烈地骚动着，还有些听不清的议论和喝倒彩的嘘声。

"你也接受成为以色列军队的一部分？"问我话的人高声说道。

这个问题的答案我早已经成竹在胸："这有什么好问的？像我

看到的那些士兵一样四处游荡,肩膀上挎个乌齐枪?我随时愿意!"

很多阿拉伯观众看到我与一个臭名昭著的定居点运动领导人谈笑风生,他们的震惊很难描述。亲约旦的《白天报》(Al-Nahar)登出大标题:《阿拉伯人想转信犹太教》。另一家报纸出现了这样的标题:《萨里·努赛贝想去以色列参军》。

美国《新闻周刊》(Newsweek)就"吞并问题"采访了我,并刊发了整版文章。以色列的各大报纸也排着队来采访我。

"重磅炸弹"开始起效了。自然,工党的左翼派系开始了"人口威胁"论调,来宣扬自己的立场,认为以色列应该迅速和巴勒斯坦人达成解决方案。经济和规划部部长加德·雅各比(Gad Ya'acobi)明白,呼吁"被吞并"的我是在破坏"大以色列运动"的根基。他在《耶路撒冷邮报》(The Jerusalem Post)上发表文章称:"比起那些与他谈判的、积极推进大以色列建设的人,萨里·努赛贝并非更谦逊礼让。他只是比他们更聪明。他知道,如果真的"被吞并",最终会导致整个以色列土地都变成巴勒斯坦国。"[6] 还有位评论员认为我的想法比"巴解组织的恐怖主义和阿拉伯人发动的军事攻击"还要危险。以色列的《晚报》(Ma'ariv)刊载了以色列常驻联合国代表的原话:"如果巴勒斯坦人都这样想,那我们可真要担心了。"甚至还有人直接把电话打到我家警告我:"继续干这事,你就死定了。"我后来还接到过很多死亡威胁,而这是头一个。

比尔泽特的人则总体上认为,这位哲学家已经睿智不再。(我最亲密的同事之一嫌弃地评价说,我的想法是"非常幼稚的幻想"。)但学生和教师中的激进主义者,心智在审讯室接受过考验,能分清谎言与真相,都对我表示支持,马尔万、萨米尔·谢哈德和萨米尔·斯倍哈特立刻看清了,我这其实是策略性的一步,目标是要唤醒以色列人——要么让我们拥有自己的国家,要么他们就得来打一场平等

第十六章 吞并我们吧！

权益之战。

明白我意图的并不止于我的学生。我每天照样会去父母那里吃早饭，在父亲那里，我的意图根本不需要解释。"都不是认真的。"他朝那些惊骇的亲朋好友解释道。

以色列辛贝特也开始忧心忡忡。也许他们认为我的所作所为是受巴解组织指使；还有个更让他们坐立不安的可能性，就是提出构想的可能是到现在还身份不明的新民族主义领导人集团。于是，他们派安全人员来盯着我。

一天，一名兼任希伯来语报纸《晚报》记者的辛贝特探员给我打了个电话，说想为我和一些学生做个特别报道。几天后，这位记者特工就在《形势》的报社见到了马尔万、斯倍哈特和我。

这位采访人最糟糕的猜疑被证实了。他和我们聊了好几个小时，最后一直难以置信地摇着头。一向悟性很高的马尔万和斯倍哈特用希伯来语向他清楚地表达说，我主动要求"被吞并"的言论是有道理的。惊讶不已的他问两个学生对以色列的生活有什么了解，结果发现他们对此了解颇深，正如他对橄榄球队、电台节目和民谣歌手了如指掌。

从那以后，马尔万、斯倍哈特和我就算是组成了一个"吞并俱乐部"，我们经常抽烟喝咖啡聊天，往往会在欢乐的情境中走向谈话的高潮。斯倍哈特特别擅长设想各种新的美好可能性。"大变革就要来到。"他言之凿凿。一天，他让我注意一下西蒙·佩雷斯在一次演讲中所说的话：虽然以色列手握当下的钥匙，但巴勒斯坦人却手握通往未来的钥匙。作为努赛贝家族的一员，与"钥匙"有关的说法总能引起我的兴趣，我记下了这句话。佩雷斯说，要公平交易的话，就应该把以色列当下掌握的，也就是我们的土地，拿去交换巴勒斯坦人以后会掌握的，也就是人口上的大多数。他的意思应该是，为了犹太国家能够留存，以色列必须放弃对被占领土的掌控。

我这个"重磅炸弹"想炸的是以色列人，不是巴勒斯坦人。尽管露西提前警告过我，我还是没预料到会遭遇那么多来自同胞的敌意。因为在我眼里，号召"被吞并"只不过是把很多派别长期以来执着的"一个世俗国家"的主张重新包装了一下而已。我思考了一下为何会引发仇恨。他们的敌意并非针对目标，而是针对手段：满脑子英雄主义的民族主义者仍然希望能够无条件地战胜犹太复国主义，现在我居然提出要利用以色列的体制来争取权益，真是异端邪说。

一天下午，在父亲的办公室里，我坐下来为《耶路撒冷报》写了一篇文章。这次我的目的是分析我们一些民族主义盲目行动的根源。这篇文章涉及很多个人感情，谈到的问题是我年少时认识得很模糊，但随着时间的推移愈发觉察到的巴勒斯坦人在这方面的弱点。根源其实就是战败者那要命的英雄主义。他们追求的胜利根本不可能在政治权力的领域实现，基本停留在想象中的安全地带。

从小，母亲就常常领着我望向她所热爱的家乡瓦第胡因，希望那消失的世界会在神迹之下重现。我们被剥夺、被掳掠了巴勒斯坦的过去；要实现公平正义，就必须恢复这过去的记忆。

随着岁月逝去，母亲的渴望反而越来越浓烈。其实这不完全是对一个地方的渴望，更多的是对1948年失去一切之前那些清白、天真时日的渴望。要是有人真的把外祖父的橘园交给了她，她也不知道该如何是好。她只想寻回失落的青春，而并非真的想回到被以色列集体农场吞噬的土地上。

我在文章中描述了阿拉伯人所认为的"恢复"。我把巴勒斯坦比作一块毯子。大祸临头之后的这些年，毯子上被凌乱地堆了一些摩天大楼、定居点和在我们土地上扎根的陌生人。对巴勒斯坦人来说，自由就意味着抓住毯子的四个角，摇一摇，甩一甩，把那些乱七八糟的东西都甩掉；接着，把那些被劫掠走的橘园种回来，重建

第十六章 吞并我们吧！

那些被破坏的家园，其实这些东西自然而然地都会自我恢复。

这个关于自由的想法可以说是很傻了，所以我又写了一个现实很多的构想，就是"被吞并"、实现平权。我问，为什么要拼命让被占领的土地回到过去，而不去强调人的自由呢？为什么要白日梦一般地去寻找失落的时光——这本身就是一种空洞的幻想——而不去好好实现一个未来可能成真的梦想？

我写道，我们可以先争取以色列国内的平等权益和完全的政治自决权。一旦争取到了，我们就可以在目前以色列的基础架构上实施我们"回归故土"的权利，比如在马阿勒阿杜明的游泳池里游泳。与其从心理上假装那些定居点和特拉维夫的摩天大厦不存在，我们不如真正搬迁到这些定居点和摩天大厦之中。

这里需要重申，我这话其实是有些戏谑的。既然要加入这场"游戏"，巴勒斯坦人就该有点胜利的把握，不要总是采取一些在道德上不占理而且无用的策略，比如对以色列已经非常完善的军事体系发动游击式进攻，或者凭着心血来潮作出一些冲动的决定。我在文章中提出建议，应该在犹太国家的民主与法治体系框架下行动。这样一来，我们和以色列人都将清楚地看到，目前的犹太复国主义制度无法完全保证我们的权益，要么制定新的制度取而代之，要么就得让以色列人还我们独立自主。

1986年11月母亲生日那天，父亲去世了。"你爸一直都这样，"后来母亲语气温柔地打趣道，"一刻也不让我安生。"

他生前在哈达萨医院住了一阵子，之后我们就把他接回家安度生命的最后时光。即便是病入膏肓，他仍然是那个富有幽默感且彬彬有礼的父亲。

住院期间，医生来查房时，父亲问他有没有"找到"。

"找到什么？"医生疑惑地看着他。

"就那个小东西啊，"父亲抬起手，用大拇指揉搓着食指，他描述抽象的事物时总习惯于做这个动作，"就是一直给我找麻烦的小东西。"

"哦，那个呀。"医生笑了，他明白，父亲指的是死神，"没有，恐怕我们暂时还没找到它哦。"

父亲到家以后，穿着睡衣睡袍在洒满阳光的前廊上坐了几分钟。我们都明白他没有回天之力了，但不管怎样，我都希望他能感觉自己回到了四十年前的年轻岁月。"天哪，今天天气真好啊，"我开口道，"来杯冰啤酒如何？"

"何乐而不为？"

我从约旦河西岸地区一个村子的酿酒师那里买了一瓶啤酒，打开后倒入两个杯子里。父亲只是啜了一两口，就回到卧室。之后，母亲来叫我，说父亲想和我谈点事情。

父亲还是那个几乎从不耽于幻想的父亲，他想谈的就是自己的死。"我想给你交代一下墓碑上刻什么。"对我来说，这样的事情真是痛苦且怪异，我忙着转移话题。父亲却并不接茬，继续说道："就写上，'安瓦尔·扎基·努赛贝·卡拉基，1931 年生于耶路撒冷，卒于耶路撒冷'。"他希望自己留下的遗产，就是自身人性的两个源头：努赛贝家族 7 世纪的发源地古麦地那，以及耶路撒冷。

那天下午，他去世了，我们把他埋葬在尊贵禁地的范围内，即圆顶清真寺和古代所罗门圣殿的所在地。数百人出席了葬礼。费萨尔想趁此机会将葬礼变成政治事件，他把我拉到一边："我想让葬礼队伍经过旧城中一个新的定居点，你意下如何？"

这个主意不错，父亲应该会喜欢的。

费萨尔、贾迈勒、阿布索尔、巴拉克和我打头，一群人浩浩荡荡地沿着萨拉赫丁街行进，经过父亲曾经管理过的电力公司的办公楼。为了纪念他，公司当天休业，所有的雇员鱼贯而出，加入了葬礼队伍。在行进过程中，越来越多的人加入了我们的队伍，直到变成耶路撒冷被占领以来最大规模的政治示威游行。行进的队伍走过大马士革门，进入旧城纵横交错的街巷。人群仿佛消防水管中喷射出的水柱，一下子涌入了迷宫。

在前往尊贵禁地的路上，数千名哀悼者经过沙龙的新房和毗邻的犹太学院，这两个地方都位于穆斯林聚居区，很有挑衅的意味。（为两者出资的是同一个神秘的定居者组织，由沙龙于1982年创立，名叫阿特特库哈尼穆［Ateret Cohanim］，旨在"重夺"旧城的地产与房屋。该组织还参与了金匠市场的殖民化。）来到定居者耳力所及之处，原本沉默的我们唱起了一首富有民族主义色彩的歌。在进入尊贵禁地时，数千人都在高喊着支持巴解组织和民族主义的口号。贾迈勒、阿布索尔和巴拉克从头到尾一直跟在我身边，我们一同哀悼啜泣。一位朋友看到我在流泪，朝我悄声耳语："忍住你的眼泪，这一点也不爷们儿。"

"我要是不哭，那才不爷们儿。"我回答。

父亲被安葬进墓穴中（穆斯林不用棺材）。我跳进去，亲吻他，和他道了别。

第十七章
棍棒和石头

父亲去世在我心中留下的空落落的感觉，直到后来我的孩子们纷纷长大离家才消散。不过，和葬礼一样，悲伤的情绪反而鼓励我更努力地去解谜和构想自己的"重磅炸弹"。父亲一生所求，就是帮助自己的人民体面而自由地生活，不受外族压迫，同时也不会盲目幻想，不会有康德所说的"自己加之于自己的不成熟"。以色列人和巴勒斯坦人忽视两族关系中客观存在的事实越久，爆发的矛盾冲突就会越血腥，越悲惨。在一年之内，矛盾的确集中爆发了。而暴动起义确实让我看清了问题的很多症结，我开始对它们进行"诊断治疗"。

我始终认为决裂是不可避免的，与此同时重开了自己的工作坊。以色列的定居政策造成了一种没有人能自由选择的局面，尤其是以色列人。他们想要土地，但不想要一百万反叛情绪高涨的阿拉伯人。巴勒斯坦这边的状况则是，虽然没人喜欢被占领，但却耽于幻想，觉得会出现奇迹般的解放，于是自愿身处占领之中，难解难分。

在东耶路撒冷国家酒店（National Hotel）举行的一次政治论

坛上，我决定将这奇怪的状况掰开揉碎分析一番。一段时间以来，以色列的知识分子政客梅龙·本韦尼斯蒂（Meron Benvenisti，耶路撒冷的副市长，为科莱克效力）都在发表观点称，以色列的定居政策已经造成无可逆转的既成现实。我在论坛上讲话时，也谈论了这个主题。约旦河西岸地区存在两种现实，这是不可忽略的：为了支撑以色列定居者的生活，庞大的基础设施拔地而起，而巴勒斯坦人就与这些设施毗邻而居。

我们曾经非常陌生的制度体系迅速成为生活中的常态。巴勒斯坦人中有建筑工人、园丁、司机和送货人。从以色列人那里赚到了谢克尔，他们就成为以色列消费品系统中不可分割的组成部分。我们消费购买的东西，有95%来自以色列。（到20世纪80年代中期，我们是以色列商品的全球第二大消费群。）"machsom"（路障）、"teudat zehut"（身份证）这类希伯来语词汇已经渗透到我们日常使用的阿拉伯语中。我们玩黑色幽默时，经常用到一个希伯来语中常见的表达"mavet l'aravim"（阿拉伯人去死）。曾经让我们觉得怪异，并为之发出惊叹的艾格德巴士，随着时间的推移也成为一种廉价且被广泛接受的交通方式。如今，很多巴士司机都是巴勒斯坦人了。其实，我们已经深入到曾经很陌生的"怪兽"体内，并成为掌控者。

大部分巴勒斯坦人眼中的以色列，已经不只是凶神恶煞的辛贝特讯问员，和脖子上挂着乌齐枪的定居者与他们悄悄挂在嘴边的"阿拉伯人去死"。以色列同样也意味着周五度假时在海滩上享受的设施，耶路撒冷旧城中露天市场上打折的以色列产的衣服，还有拂晓时分停在图勒凯尔姆难民营地区接妇女们去以色列的各个纺织厂上工的班车。以色列既是贪婪狡诈的沙米尔，也是在民族宫酒店（National Palace Hotel）向我们表达同情慰问的舒拉米特·阿洛尼和阿摩司·奥兹；我们还会用以色列品牌的油漆，将自由与解放的口号刷在墙上。

第十七章 棍棒和石头

然而，越是融合，我们的民族主义情绪就越高涨。我在讲话的结尾，再次强调自己眼中的"国家思觉失调"：行动上，我们越来越成为以色列体系的一部分；但心理上，民族主义的身份认同却愈加强烈。

我说，这就如同我们的身体和大脑，在如此强烈的矛盾之下，两者是不可能长期共存的，必须要有所取舍。正如穆罕默德说的"山不就我，我向山行"；简而言之，我们要么从以色列制度中抽身而退，要么就努力促进更全面完整的融合。

我对"吞并问题"的研究引起了西蒙·佩雷斯的注意。很快他的办公室就致电，邀请我去外交部见他。和我同行的是汉纳·西尼乌拉和杰出的巴勒斯坦律师法耶兹·阿布·拉赫迈（Fayez Abu Rahmeh）。佩雷斯和沙米尔一直是对头，现在则在沙米尔的利库德集团政府做外交部部长，所以他希望能绕过上头，背地里发起政治行动。

我和佩雷斯在外交部大楼中会面，比之前我到美国侨民酒店见那些以色列左翼老朋友更有争议性。佩雷斯一直是"约旦方案"的倡导者，也是约旦河西岸地区第一个定居点的推动人（狂热分子在希伯伦大肆占领地盘，部分就要归功于他），所以绝不可能赞成"两国方案"，也不会与巴解组织谈判。我光是和左翼领导人约西·萨里德、舒拉米特·阿洛尼握个手，就要承受狂风暴雨般的抨击嘲讽，那么和佩雷斯会面之后，我又会遭遇什么？我问费萨尔·侯赛尼，自己到底应该怎么做。而他帮助我看清自己内心是倾向于接受邀请的。

佩雷斯非常热情开朗，举手投足大方优雅，仿佛国王在欢迎来访的达官显贵。他请我们坐上奢华的皮椅。双方的讨论主要围绕以色列的谈判伙伴展开。和我一道前去会面的同僚将巴解组织定为底线，坚称任何政治行动都应该由巴解组织来发起。以色列政府的既定立场是巴解组织是个恐怖组织，而佩雷斯也不打算反对这个立场，所以很礼貌地不去讨论这个可能性。我的同僚们则不愿意妥协，他们坚称，巴解组织已经变了，这个组织如今已经做好准备，承认以色列存在的权利。佩雷斯笑着回应道："只要有斑点，老虎依然是老虎。"（"您的意思应该是'斑纹'吧。"我本想纠正下他的错误，但忍住了。）"要是巴解组织认真严肃想要解决问题，就应该把斑点全都去除，这样的话老虎就变成了猫，猫绝不是老虎。"这样的话，还真是深得犹太法典的精髓。

"这人还不算坏到底。"我一边嚼着开心果，一边暗想。

"那你们呢？"佩雷斯看着我们，仿佛看穿了我的心思，"如果你们来带头，从中进行谈判调停，又会有什么问题呢？"

汉纳替我回答了。"您说的'我们'是指谁？"他问道，"我们的合法正当性是巴解组织赋予的。你们需要进行对话的是巴解组织，不是我们。"

一直到这时候，我几乎都没说什么话。我倾听对话，进行反思，还带着崇敬欣赏了佩雷斯办公室墙上挂的众多荣誉学位。这种状态持续半小时后，我感觉自己是得说点儿什么了。脱口而出的话，不仅让巴解组织的同僚震惊，也让我自己瞠目结舌。

"我准备好和你们谈判了。"

大家都目瞪口呆。

"提个条件，就是谈判的基础必须是你们愿意撤回到1967年前的国界线，也允许我们建立一个独立的国家，以东耶路撒冷为首都。"佩雷斯满腹狐疑地打量着我，我应该不是他心中那种"没有斑点"的老虎。

"当然了，"我说，"要是你们宣布也正有此意，那去大马士革门那边，就能找到一千个愿意跟你们谈判的人。"我把话挑明了，

第十七章　棍棒和石头

要是他和他的政府不愿意清晰明了地表态说愿意撤退，那么就没有别的选择，只能面对仇敌巴解组织来进行谈判。

我的重点在于，要是他想在当地找到谈判代表，就必须首先答应上述解决方案，如果这一点都做不到，就只能找巴解组织了。

佩雷斯一言不发，但笑容迅速黯淡下去，扭曲成了紧皱的眉头。

这次会面的风声走漏了。我回到家后不久，就接到来自比尔泽特的消息：我之前所在的联合会，因为我"行为不端，有辱联合会名誉"（也就是和佩雷斯见了个面）而要将我开除。法塔赫青年运动也对我颇为不满。

第二天，费萨尔决定让大家了解一下，我去见佩雷斯，其实得到了高层的赞赏和祝福。他坚持陪我去校园，和我在学生食堂吃饭，"纠正一下他们的误解"。

以色列联合政府是一群奇怪的野兽。我与佩雷斯会面后不久，费萨尔就难逃被捕的命运（从那时候起一直到1991年11月的马德里会议期间，他蹲监狱的时间比自由的时间长）。一天傍晚，一个自称以色列异见和平分子的人突然来到我家，自我介绍说叫"David Ish Shalom"，即希伯来语中的"和平之人大卫"，不过后来也向我承认，这是个假名字。他戴着金边眼镜，鬓角连着络腮胡子。他告诉我他是来传达一个信息的，这个信息所预兆的前景令人震惊。这是不可泄露的机密——所以他才用假名——而我是他经过精心挑选的信息接收者。这听起来像是童话中的台词，所以我特别感兴趣。"这个秘密过于惊人了，"神秘人继续说道，"我一开始都不相信。"他向我保证，自己已经对消息来源一再求证，免得有人想"唬人"。

简而言之，此人想要传达的信息就是，在利库德集团内部，沙米尔和一小群领导人已经得出结论，必须寻求和平，但谈判磋商的可能性只存在于"两个有效的党派之间"，也就是利库德集团和法塔赫。只有这两个组织发起的民族主义运动能为两个民族的和解铺平道路。"和平之人"又迅速补充说，他自己不是利库德集团的人，只是一个著名的和平支持者，利库德集团中央委员会的一位成员找到他，请他来"试探我的意向"。这位不速之客承诺，要是我愿意的话，可以安排我和一位"利库德集团要人"见面。

这可真是一个叫人震惊的消息。首先，听说利库德集团内部的人把我定性为"巴解组织的人"，这就够让我吃惊的了。自从搞联合会以来，我和巴解组织几乎没什么联系，很多时候就算有一点联系，也是在承受和反驳他们的批评。854号军令期间，我偷偷去往约旦，遇到很多巴解组织公职人员的刁难，现在想起来还很不舒服。只有巴解组织中我最喜欢和欣赏的人物阿布·吉哈德让我一直相信他们能够为结束以色列占领作出一些贡献。然而，就凭这一点微茫的希望，我还远远够不上这位夜间访客眼中的那种法塔赫志士。

不过，我脑中仍然翻转升腾着各种念头，第一反应是要自卫自保。就算这个男人说的都是真的，和佩雷斯会面就已经让我站在了危险的红线上，要是再敢越雷池一步，我就要站到巴勒斯坦同胞的对立面上了。第二个念头是，就算不考虑第一点，我即便帮忙扭转了两个民族之间一触即发的战争局势，但冒这样的风险值得吗？我没再多想，甚至也没和露西商量，直接就判断这位使者的话有吹牛的成分："那么，和平之人先生，我很愿意听听你那边的人要说什么。"

1987年7月，"和平之人大卫"把我介绍给利库德集团的摩西·阿米拉夫（Moshe Amirav），他曾经是亚博京斯基右翼贝塔尔青年运动的领导人，现在则是利库德集团中央委员会成员，也是沙米尔最亲密的盟友之一。

第一次见面时，阿米拉夫重复了使者之前说的话。一群利库德集团高官，也是沙米尔的心腹，在严肃认真地考虑和巴解组织签订

第十七章 棍棒和石头

一个历史性的条约。法塔赫和利库德集团堪称互为镜像，两者都极其擅长煽动各自所面向的公众的民族主义情绪；如果可以的话，他们一定会立刻掌管整个国家（从约旦到地中海沿岸）。但这是不可能的，所以双方只能停止做这样的春秋大梦，把国家来个对半分。而在巴勒斯坦的分割问题上，也只有利库德集团和法塔赫才能达成协议。阿米拉夫还补充说，佩雷斯总在国际论坛上无休止地哗众取宠，而沙米尔和他不一样，更喜欢秘密行动，在幕后运筹帷幄。

这消息实在太惊人了。我暗想，也许是真的破冰了，也许沙米尔真的能促成和谈。不管怎么说，我可从来没听佩雷斯表达过任何类似的意思，他还热切地盘算着自己的"约旦方案"呢。

我拼命掩盖自己的激动。"你们准备提出什么条件呢？"我故作冷静地问。阿米拉夫回答，还在起草阶段。他信心十足地指出：从总体上说，提案会分为两个阶段，头五年，将实现1967年后所有被占领土的"完全自治"；那之后，一个巴勒斯坦国将应运而生。

我一直都对这种两步模式不太感冒。毕竟，他们在戴维营讨论的就是这种模式，巴勒斯坦人对此完全嗤之以鼻，也完全可以理解。不过，阿米拉夫对我说的那些话，使得眼前这个两步方案显得很有一番进一步讨论的价值。

阿米拉夫错误地认为，我在巴解组织内部算是个有分量的人，觉得我可以成为双方沟通的"管线"。（根据利库德集团颁布的法律）以色列人与巴解组织的任何联系都是违法的，所以我问他，此举有没有得到沙米尔的首肯。阿米拉夫保证说，沙米尔点过头了。他还解释道，沙米尔其实梦想着成为第二个梅纳赫姆·贝京，希望作为和巴勒斯坦达成和平协议的关键人物而青史留名。

双方都很清楚，展开对话会带来一系列的风险。哪怕走漏一丝风声，我们可能就全完了。阿米拉夫也许会锒铛入狱，被斥为叛徒；而我可能被抛尸沟渠，让露西守寡，孩子没了爸爸。我们必须万分小心地隐藏自己的踪迹。

在之前前往阿曼之后，我与阿布·吉哈德建立了特殊的联系渠道，此时我又通过这个渠道联系了他。他传话说，请我继续往前推进。他请示过阿拉法特，后者非常积极地赞成此项提议。

但我认为这还不够。以我对法塔赫基层人员的了解，我很清楚，自己必须在当地争取能保我的后台。阿布·吉哈德的支持还不足以阻止当地的狂热分子朝我扔飞刀。为了巩固自己的后盾，我又咨询了萨米尔·斯倍哈特和我在《形势》的编辑哈姆扎（两人都觉得这可能是利库德集团设的一个圈套），还有当地的两位法塔赫人士。其中之一是我在费萨尔的阿拉伯研究协会认识的萨拉赫·祖赫克（Salah Zuheikeh）。

我把整件事情对他们和盘托出，也表明阿布·吉哈德支持我推进此事。他们要做的就是随时保持警惕，以防走漏风声，引发冲突。

他们表示全力支持——如果阿布·吉哈德都同意了，他们又有什么理由反对呢——萨拉赫甚至请求要参与其中。

我继续和阿米拉夫暗中联系，同时保持着极高的警惕性。他为了证明利库德集团对此事的认真严肃，逐渐向我透露了集团内部都有哪些人。我几乎不敢相信自己听到的名单，但这只不过说明母亲是对的，她一直告诉我，政客都是表里不一的两面派。比如，时任以色列总理的埃胡德·奥尔默特（Ehud Olmert）和高官达恩·梅里多尔（Dan Meridor）都是所谓的利库德集团"王子"，右翼青年领导人察希·哈内戈比（Tzahi Hanegbi）也一样。（20世纪80年代早期，哈内戈比曾经带着自己那群小喽啰，挥舞着锁链，在希伯来大学横行霸道，殴打左翼人士和阿拉伯学生。）为了证明自己的行为取得了这些人的支持，阿米拉夫在自己位于艾因凯雷姆的家中安排了埃胡德·奥尔默特与我见面，后来又让我和达恩·梅里多尔

第十七章 棍棒和石头

通了电话。

等到费萨尔出狱时，我已经把阿米拉夫的想法了解了个七七八八。我们将会讨论出一个协议草案，在耶路撒冷签字，然后一起带去日内瓦；按照计划，阿拉法特将参加9月在那里举行的联合国非政府组织会议。他将在那里公开接见我们，表达对我们的支持和祝福。我们草拟的协议中，第一条就表明，利库德集团和巴解组织需要直接进行谈判磋商，所以到那时候，此事就算是明面上正式启动了。

"这人是认真的吗？"费萨尔还是心存疑虑，"他说的话能代表政府的态度吗？"我认为答案是肯定的。当然，我做不到绝对肯定，所以提出跟他们当面确认，看看是不是另有所图。

8月，阿米拉夫、费萨尔和我在我家进行了第一次三人会面。阿米拉夫率先列出了所谓"利库德集团基本立场"的大致条款。没有利库德集团和巴解组织，就无法达成和平局面。如果有任何方案，不承认以色列存在的权利，不承认巴勒斯坦人拥有自己国家的权利，或者忽视巴解组织的存在，那肯定是行不通的。

我们三个人都清楚，这就意味着要拿出"两国方案"，所以当晚我们就开始讨论订立"两国方案"的各种细节。阿米拉夫解释道，利库德集团认为，建立这样的国家肯定需要一个演进过程，要进行孵化，慢慢建立信心，以三年为期。在这样一个时间段里，以色列与巴解组织将彼此认可，巴解组织发誓不再对以色列使用暴力；而以色列则会承诺停止定居点的扩大。

听起来还真是挺美好的。

之后到9月初，我们又进行了10次会面，场所不定，有时候是在母亲家，有时候是在费萨尔那个阿拉伯研究协会的院子里。我们已经开始起草方案了。有时候是费萨尔和我两个人写，有时候萨拉赫会加入进来。以色列那边，"和平之人"不再参与，来了个新人，阿米拉夫说他是"专业记者",并解释说他是"来做会议记录的"。每一场谈话,我们的重点都是具体要到什么阶段可以建立巴勒斯坦国。费萨尔和我当然同意分步进行,但也希望在第一阶段就能看到一些独立的迹象。

这是巴勒斯坦方第一次进行自治权的协商,阿米拉夫除了在主权上不让步之外,在其他问题上倒是相当爽快。费萨尔和我争取到了——当然只进行到纸上谈兵的层面——巴勒斯坦货币、护照、电视台、国旗;最重要的是,对方还答应我们将东耶路撒冷作为临时自治体的首都。

我们双方就草案进行过数次交流,阿米拉夫每次都坚持要让上级过目。最后我们得出了一个最终草案,而且令人惊奇的是,这一路上没遇到多少坎坷。现在费萨尔和我要做的,就只剩下到日内瓦将协议草案正式且郑重地呈交给阿拉法特了。

说实话,以色列联合政府实在是很奇怪。先是佩雷斯想拉拢我们,支持他那个愚蠢的"约旦方案"。然后是沙米尔和他那群拥趸,说要坐下来和巴解组织谈。事到如今,国防部部长伊扎克·拉宾又亲自跑来"棒打鸳鸯";在我们准备起程前往日内瓦的前夕,拉宾一声令下,费萨尔又入狱了。

我真是受到了巨大打击。解谜这么多年,我还是没能做好心理准备以应对如此变化多端、状况百出的利库德集团-工党联合政府。这个政府不是单一领导制,甚至不是两党执政,而是有多个权力中心,都在耍手段多争取一点势力。难道沙米尔和哈姆扎一开始的怀疑就是对的?我是不是从一开始就踏入了对方的陷阱,暴露了我们和巴解组织通信的渠道?还是说,如此一来阿拉法特就被丑化成以色列的傀儡,彻底失去支持?我去了阿拉伯研究协会的办公室,将协议草案直接传真给了阿拉法特位于突尼斯(Tunis)的办公室。

第十七章 棍棒和石头

在纸张最上面的空白处，我潦草地写了些字，告知他们费萨尔被捕了，这件事里头有猫腻。我建议他们取消日内瓦之行。

惊人的消息接踵而来，把我搞得晕头转向。阿拉法特办公室给我来了个电话。"主席希望你继续推进。"对方告诉我，"费萨尔的事情太遗憾了，但我们得继续。你马上安排出行。"

我给阿米拉夫打了电话，从他的声音就听得出来，对于拉宾的行为，他和我一样震惊和恐慌。他对我说，自己的第一反应就是怕我怪罪他本人。因此，当我告诉他日内瓦会面将继续推进，他既如释重负又十分震惊。"费萨尔是被捕了，但阿拉法特依然决定接见我们。"我说。

阿米拉夫答应当天下午晚些时候去母亲家里与我见面。我面对着他，眼前是个充满挫败感的崩溃男人。"我怕是……"他的声音在颤抖，"去不了日内瓦了。沙米尔否决了这事。"

拉宾和沙米尔这么横加阻挠，我们数月的辛劳与奔波就这样付诸东流。我一边送阿米拉夫出门，一边自顾自想着，至少我还算安全。巴勒斯坦这边没人知道这事，所以我不用担心比尔泽特那些暴脾气的民族主义者跳起来指责我叛国。

阿拉法特传话来说，他还是希望我去日内瓦。我们从未见过面，而且我机票都买了，所以我心一横，管他呢，去就去。

阿拉法特听说我这个人已经有一段时间了，阿布·吉哈德对他提起过，我在公开场合发表的一些怪异见解他也有所耳闻。他认识我父亲和母亲；1970年"黑色九月"的最后几天，约旦军队对他和他领导的法塔赫军发起猛攻，他曾藏身于我在安曼的姨妈家中。（后来，约旦军队发现他曾藏身于此，将那个地方一把火给烧毁了。）

我们在日内瓦进行了正式的公开会面。保镖把我送入洲际酒店的套房，那里还有些别的客人，大家相互应酬交谈。当晚，有人请我到巴解组织代表家中和阿拉法特共进晚餐，很多人都在受邀之列。后来，我对他有了更多了解，再回想一下当时的安排，我认为，他决定不私下见我是经过了深思熟虑的。这是我们第一次见面，他希望能用与自己往来的那些大人物震慑住我；他很可能也是要与我保持物理上的距离，之后才好说没有参与任何与以色列妥协的交易。

从欧洲返程畅通无阻，比尔泽特的气氛特别平静。这种时候人往往会被平静的假象迷惑，产生一种错误的安全感，结果被突如其来的遭遇所震惊。

费萨尔的律师贾瓦德·布洛斯（Jawad Boulos）——我之后会详细介绍这个人——请我出庭，为费萨尔的品德名誉做证。费萨尔也必须出庭，因为政府想更新对他的行政逮捕令，但必须取得法官的同意。布洛斯说，政府其实没有立案依据，只不过是把过去用得炉火纯青的那一套又翻出来：说费萨尔是个恐怖主义者，决心要毁掉以色列。"如果法庭能听你阐述一下，就会发现那些罪名实在太荒唐可笑了。"布洛斯根本不知道我会阐述什么——我们和阿米拉夫的见面一直对他保密——但费萨尔向他保证说，一定要找到我出庭做证，会很有用。这样一来我就陷入了两难：要保自己的命，我就应该保守这个秘密；为了费萨尔，我就应该对法庭袒露这个秘密。费萨尔显然希望我选择后者。

一到听证会现场，我就认出了之前见过的那个以色列"记者"，他正和阿米拉夫一起在法庭外等候。我朝他们点了个头，走了进去，面对一群陪审员和律师说了证词，当然也希望这事不要走漏到法庭之外。"费萨尔绝不可能有毁灭以色列之心，"我告诉他们，"因为他参与了一个开创性的计划，对方正是利库德集团；他冒着极大的个人风险投入其中，如果计划成功，以色列在阿拉伯世界的存在将合法化。"

那天下午，各个电台报道了这个所谓的"秘密计划"，或多或少都有所歪曲，其中提到了阿米拉夫的名字。到了晚上，这已经成为

第十七章　棍棒和石头

最热的电视新闻，第二天，《圣城报》(*Kol Ha'Ir*)刊登了长篇报道。

风暴开始了。

沙米尔的政敌开始行动，要堵死和巴解组织直接对话的路。国防部部长拉宾下令炮轰约旦河西岸地区的一个巴勒斯坦难民营。

沙米尔则立刻表示自己与此无关。"众所周知，侯赛尼先生和努赛贝先生是巴解组织的人，"他对媒体说，"他们俩利用了轻信于人的阿米拉夫。但此事与利库德集团无关，利库德集团各方对巴解组织的敌对态度是一致的。"

接受以色列电视台采访时，阿米拉夫试图进行自我保护，他宣称，自己进行的谈话，其目的并非和巴解组织联系。他说，自己只不过是和萨里·努赛贝这种"友好的"非巴解组织人士展开了对话。但这些说辞也帮不了他了，很多人已然将他视为叛徒，他被利库德集团扫地出门。

阿米拉夫越是想把我塑造成一个"友好的非巴解组织人士"，并以此作为自己的挡箭牌，我面对我方的公众时状况就越糟糕。亲约旦的《白天报》一如既往地冲在前面，对我发起疯狂的舆论攻击。他们宣称，我和利库德集团进行对话，目的就是要实现利库德集团过去的有限自治计划。第二天是周六，我去比尔泽特授课，但进了教室却发现学生都不见踪影。一贯大大咧咧的我还以为是自己把时间搞错了，或者学校里发生了什么我没注意到的大事，于是耸耸肩膀，开车回了耶路撒冷，根本没多想。

又过了一天，媒体仍然在铺天盖地地报道所谓的"秘密计划"。我本以为这事和以往一样，闹个几天就过去了。那天，我大部分时间都在家里伏案准备周一上午九点的讲座。那节课我准备讲约翰·洛克、自由主义和宽容。通常这样的讲座都会有约300名学生听众。

周一上午，我来到讲堂，走上讲台，立即开始滔滔不绝地发表自己对洛克的见解。讲得进入了状态，过去几个月以来的担忧与激动全都消失了，我完全沉浸在17世纪的英国和1688年的光荣革命中。

讲座结束了，大部分学生鱼贯而出，有些人留下来要问我问题。系里的两三个同事也没走。几个学生围着我朝门口走去，此时一位女同事带着颇为颤抖的声音告诉我，一群手持棍棒的蒙面大汉正在走廊里，说在追踪一名"叛徒"。我都走到门口了，才猛然意识到，他们所说的"叛徒"就是我啊。

五个围着头巾的人立刻对我展开围攻。他们挥舞着拳头、大棒、破酒瓶和折叠刀朝我冲过来，我一闪身躲开，跑进开着门的电梯。一个女学生紧跟在我身后跑了进来，替我挨了几下。她手忙脚乱地疯狂按着按钮，结果发现电梯坏了，只好跑出来，逃走的过程中还被一个暴徒打了一棒。我背靠电梯站着，感觉背后至少是安全的，他们也只能朝我发动正面进攻。我尽量用手臂和腿脚自卫，但我清楚这就像在湍急的河水中逆流而上。要是我原地不动，很快就会因为力气用尽而屈服，这五个暴徒会把我给了结了。不知怎么的，我脑海里闪过"棍石可断骨"*这句美国谚语。

我一下子血气上冲，扑向那群暴徒，仿佛在打英式橄榄球比赛，通过突然进攻打开了一个突破口。接着，我慌乱地冲向走廊那头，跑下楼梯，那五个人在我身后穷追不舍。一直等我跑到学生们来来往往的一楼，他们才四下跑散。但我的额头和手腕都在汩汩冒血，心跳得厉害，"怦怦怦"地震动着我的鼓膜。

之前被刀棒逼得无法近身的同事们都跑到我身边。刚才在讲堂里提醒我的那位女同事的丈夫也在其中，他说可以立刻开车送我去

---

* 全文是"棍石可断骨，恶语难伤人"（Sticks and stones may break my bones, but words will never hurt me），意思是不要在意流言蜚语。

第十七章 棍棒和石头

医院。以前在行吟诗人咖啡馆认识的一位朋友将我没受伤的那条胳膊（另一条已经断了）抬起来，搭在他肩上，扶着我走到停车场。

攻击开始时，露西刚下课，她听到动静，问别人怎么回事，结果对方耸耸肩回答："就是在抓一个叛徒。"等她搞清楚当事人是谁，发生了什么，就立刻搭上我一个朋友的车，冲到医院来了。

我先是被送到了拉姆安拉的一家医院。一位外科医生给我眼皮上方的伤口缝了针。接着，我们又去了耶路撒冷一家法国人开的医院，在那里接上了那条断臂。我发现父亲下葬时我从他手上摘下来的那块腕表不见了，应该是在打斗中掉下来被人捡走了，那是我最珍贵的财产之一。

公众对此的反应比较平静——这还算委婉的说法。少数几个人打了电话或者到医院来看望我，其中就有我的死党萨米尔和哈姆扎。学校行政部门出了一份非常敷衍、语焉不详的声明，谴责校园政治暴力。联合会对此不置一词，只有我的另一个"死党"萨米尔·谢哈德所领导的法塔赫分支站出来反对这次暴行。法塔赫学生组织也不知道到底该怎么办好，所以发表了两份声明，一份是为我说话，另一份暗示我遭到了痛打。

体制内最明确的支持来自阿布·吉哈德。过去总是在拉姆安拉主持沙龙，后来成为阿拉法特岳母的雷蒙达·塔维勒，给我打了电话，告诉我阿布·吉哈德非常愤怒。她说，根据吉哈德的直觉，这是伊斯兰派系干的。"你觉得是谁？"她想知道我的想法。我说我根本毫无头绪："又是个谜题。"

第二天，阿布·吉哈德发表了一份语气强硬的声明，谴责对我的攻击，并明确表示有人敢动我，不管是谁，"要把他的手砍了"。（我可能得补充一句，发动攻击的其中一人，后来站在了我这边，同意了我的观点，最后还和吉哈德的女儿喜结连理。）

我为什么说这是一个谜题呢？一开始，大家似乎都很确定，幕后黑手要么是伊斯兰派系，毕竟他们一直对我怀恨在心；要么是人民阵线的极端左翼。报纸全都这么说，阿布·吉哈德也是。但我很清楚，这些猜测都不对，是法塔赫内部有人在搞事情、玩游戏。

对方玩游戏玩得很认真，我确定这一点是在几天后。法塔赫在耶路撒冷散发传单，内容没讲什么具体的事，却攻击了我。本来他们还打算抨击费萨尔，但贾布里勒·拉杰布在最后时刻插手阻止了。关于这位法塔赫领导人，我后面会细说。

纯粹是出于自卫本能，我下决心刨根究底。本地和巴解组织总部都有支持我的人，就算是这样，我还是逃不了一顿毒打。问题的根源之一是法塔赫的组织结构，一边是"军事"分支，一边是"外交"分支，两者经常是毫无交集联系的。显然，大家都认为我属于后者，当时我也很少和那些总爱搞街头政治的激进主义者——这个派系叫作"坦齐姆"（Tanzim）——接触。

断了胳膊，缝了针，人的思绪很容易飘很远，想得越多，我就越确信是有人给坦齐姆下了命令要攻击我。我甚至非常荒唐地怀疑起了阿布·吉哈德。

萨米尔和哈姆扎在学校里做了些初步的侦查工作，他们挖出来的线索只不过证明了传单所传达的信息：法塔赫内部是分裂的。一半学生支持我和我提出的和平战略，另外一半则坚决反对。

我被打之后一个星期，"即刻和平"的几个朋友邀请我去特拉维夫的一个集会讲话。我打着石膏、缠着绷带站在讲台上，朝人群中数千名以色列和平主义者念了一份希伯来语声明（是堂哥扎基协助我写的）。我在声明中重申了自己坚定支持磋商、和平解决冲突的决心。"他们打我也改变不了这个立场。"我的话赢得了热烈的掌声。

几个星期以后，我和露西飞去巴黎休养。我在那里见到了阿布·塔里克（Abu Tareq），之后大起义的一年中，我一直和他保持

第十七章　棍棒和石头

着联系。以色列入侵以后,他就从贝鲁特移居巴黎,为阿布·吉哈德建立了一个国际联络点。其实他本身就是受吉哈德的派遣,因为后者害怕以色列人围攻贝鲁特之后,巴解组织领导层会和整个世界失去联系。

在巴黎,我印证了一些关于暴徒的怀疑。阿布·吉哈德显然与此事无关。塔里克告诉我,他这位领导还组建了一个委员会来调查这次暴力事件,他们认定这应该是法塔赫内部人员所为。

回到耶路撒冷,我终于查清了事情的来龙去脉。我的朋友法赫德·阿布·哈吉追踪到了行凶者,甚至能说出每一个人的名字。他们都是比尔泽特的学生,还有几个是我比较熟悉的。五人中个头最大也最凶残的那个,是个平均成绩为C的学生,我们怀疑他在为约旦情报部门工作。另外几个人后来认识到自己的错误,几个月后来到我办公室道歉,其中两个甚至改变政治立场,站到了我这边。

我拼凑出来的事件大概是这样的:拉宾领导的安全部门因我们和利库德集团的计划而火冒三丈,约旦的安全部门也同样如此。当然,整件事情的背景是当时侯赛因国王和工党的西蒙·佩雷斯多次会谈,以色列和约旦由此恢复邦交。两个组织因为共同的利益而对我们不满,决定分工合作。拉宾把费萨尔关了起来,我则断了条胳膊。

法塔赫在安曼有好几个办公室,负责管理坦齐姆在约旦河西岸地区的小分队。他们之间都是靠装在胶囊中的小纸条交流沟通。一天,比尔泽特法塔赫学生运动组织中的坦齐姆联系人从安曼的接头人那里收到一个胶囊,是直接从传信人体内取出的,上面的信息直截了当:萨里是个叛徒,必须马上处理。

第十八章
驱魔

　　那些最优秀的间谍和谋杀小说作者通常在灯火通明的街区过着岁月静好的生活，爆炸与枪炮声只回响在他们的想象中；而真正亲身经历犯罪与杀戮的人则难得有时间把这一切写下。每每思考至此，我都难免惊奇。一开始，我对自己挨打这件事有点"自视甚高"，觉得像是一部悬念重重的小说，只是我自己没时间去写。过了一年不到，我才发现这事其实无关紧要，最多值得一个长一点的注脚。真正的大戏是在我断臂痊愈后才揭幕的——巴勒斯坦人奋起反抗以色列的统治，持续了三年，史称"巴勒斯坦大起义"。

　　1987年12月，我偶然发现父亲对1948年战争的记录。他从未公开发表过这些文字——我的叔伯们曾阻止过——因为他在其中把阿拉伯将军们描述成"咧嘴笑的猩猩"，这会给他惹麻烦的。

　　其中的大部分故事，家人已经给我讲过，但父亲得出的结论让我备感辛酸。当时我最关心的事情是巴勒斯坦人反抗以色列统治，而父亲在文中号召阿拉伯人都行动起来，进行全民性的"艰苦的准备工作"，竟然非常巧合地应了当下的景。

265　　　　阿拉伯人本身的问题在于，我们不喜欢艰苦的准备工作（spadework）。这个词里的"spade"在英语里意为"铁锹"，而铁锹在沙漠里并不好用。但我认为，我们必须认识到，其他民族也不喜欢这样的活计。所以，即便我们这样的地方似乎充满了历史的魅力，他们也不可能帮我们做什么。事到如今，我们那悠久辉煌的传统面临着灭绝的危险。"巴勒斯坦骗局"只不过是拉开序幕。不言自明，我们要维护自己的传统，我们不仅要不断丰富它，要为世界贡献价值，更要接受挑战，不妄想走捷径，并且做好艰苦斗争的思想准备。

父亲对"真正的阿拉伯人"的描述，以及他用以修身自律的典范形象，毫无疑问，是充满浪漫主义色彩且令人钦佩的：在他看来，真正的阿拉伯人拥有高尚的尊严，对物质财富和生理舒适不屑一顾。在他们眼里，生命诚可贵，荣誉价更高。父亲喜欢背诵前伊斯兰时期沙漠战士诗人安塔拉（'Antara）的诗作。这位诗人认为，战斗的最高奖赏既非掠夺战利品，也不是品尝香甜的胜利果实，而是对自我荣誉的捍卫。父亲认为，那些阿拉伯领导人、将军和贵族正是在这一点上德行有亏，实在令人悲叹。那些坐立行走都真正符合阿拉伯精神的人，是熟悉艰苦生活与工作的人，也就是那些阿拉伯农民，那些世代耕作土地的男男女女。

1987年12月9日，巴勒斯坦政界的艰苦奋斗开始了。从表面上看，大起义似乎是以一场交通事故为导火索；但回想起来，真正的原因是一股正在蚕食巴勒斯坦社会的内部力量。人们感到屈辱地意识到，操纵自己的体制，正是征用土地、令犯罪行为猖獗和定居点不断增加的罪魁祸首；感觉自己正在被掐着脖子慢慢窒息。我们用着以色列的油漆，画着反对占领的涂鸦，这实在是太过矛盾的举动，令人厌恶，令人难以忍受，势必令事态走向爆发。行动和思想终于统一了。

第十八章 驱魔

数月以来,剑拔弩张的氛围在整个约旦河西岸地区和加沙加剧;在比尔泽特,摩擦和冲突再次变成每日必然上演的场景。12月4日,士兵涌入校园,为阻止非暴力静坐和罢工罢课,他们竟然向示威者扔催泪弹,还开枪将两名学生射杀身亡,更有多名学生受伤。后来还有军队闯入医院,将受伤学生强行带走。

第二天,联合国大会强烈谴责以色列"严重违反"了1949年签署的《关于战时保护平民之日内瓦公约》(Geneva Convention Relative to the Protection of Civilian Persons in Time of War)。他们在大学的暴行是"战争罪,是对人道主义的侮辱"。以色列驻联合国大使,绰号"比比"(Bibi)的本雅明·内塔尼亚胡(Benjamin Netanyahu)向全世界宣称,以色列实行着史上最温和的军事统治,比尔泽特大学暴力事件完全是那些暴乱学生的责任,他们用石头和铁棒攻击以色列士兵,首先挑衅。内塔尼亚胡还说,以色列是世界上最重视学术自由的国家。然而,自由并不意味着可以随意发动暴乱。

12月7日,一些不同寻常的事情发生了。抗议的中心从大学校园转移到难民营。这里的领导人不再是学生,也不是东耶路撒冷的那些外交官,而是普通百姓。抗议起始于暴力事件,一个加沙难民营里的零工挥刀刺死了一名以色列包工头。这个杀人事件令人感受到巴勒斯坦平民之中弥漫着剑拔弩张的气氛。因为被杀的人给了他们工作,却同时代表着践踏他们各种基本权益的军方势力。

两天后的加沙,一辆以色列坦克运输车一头撞上一辆小货车,导致四名在以色列干完活儿回家的巴勒斯坦工人身亡。传言四起,说运输车司机是已故包工头的亲戚,此举意在复仇。

这个地区像一座火山,岩浆"咕嘟咕嘟"地冒了多年,山口也一直有烟雾缭绕,现在终于要喷发了。整片被占领土上都爆发了抗议行动。加沙市的大批居民涌上街头,来到1972年沙龙推平加沙难民营后建成的宽阔大道上。暴力抗议以12月9日为起点，蔓延到被占领土的所有乡村和城市。

大起义是所有人始料未及的。领土内外的巴解组织领导人和一向无所不知的辛贝特都措手不及，慌乱不已。起初，我们那些"专业革命者"不清楚人民奋起为自己发声究竟是好是坏；巴勒斯坦共产党在当地的领导人贝希尔·巴尔古提（Bashir Barghouti）认为，那些自发的街头抗议不符合自己的革命理念。过了一段时间，他的党派才开始支持起义者。境外的巴解组织领导人仿佛面对未知赌局一样谨慎，只是发表了几份声明，表示支持"英雄和殉道者"反抗"犹太复国主义体制"。事后一个月，阿拉法特才敷衍地道出实情："起义第一天，我们就认为参加抗议的兄弟们不应该使用火力武器。"[1]

这把火刚烧起来时，国防部部长拉宾身在美国。他刚在特拉维夫下飞机，就被数十个记者的问题轰炸了。据传，当时这位部长大量饮酒，整个人摇摇晃晃的。也许正因为如此，他才用标志性的男中音给出了难得坦率的回复："我们会打断他们的腿，叫他们不能走路；打断他们的手，叫他们扔不了石头。"[2]

在后来一些影像资料中，我们亲眼看到一些对他的话进行字面理解的士兵打断了16岁投石者的骨头。这些暴行无异于火上浇油，抗议示威、罢工罢课、暴乱起义愈演愈烈；而以方的对策，就是打断更多人的骨头，投掷成千上万的催泪弹，爆破更多的平民住宅，更频繁地开枪射杀。最初的几个星期，以色列士兵杀死了数十名抗议者，还有更多的抗议者受伤或被逮捕。

双方都未采取任何有助于缓解事态的行动。如果说1987年12月初以色列还能靠700名士兵牢牢掌握约旦河西岸地区，那么事态发展到现在，拉宾旗下的八千精兵光是维持加沙的稳定都举步维艰。

我也和所有人一样目瞪口呆。我读过很多关于"人民起义"的

第十八章 驱魔

内容——法农的作品中经常提到——但等到我真正面对母亲家门前当地商人、木匠和学生建立起来的路障，才算是首次有了亲身经历。我实在是太震惊了，因为终于亲眼见证城市、乡村和难民营的人自发行动，为的是自己的利益；他们表现出自我的决心和意志，自己书写历史；他们不再是他人同情或鄙夷的对象，不再是联合国（近东巴勒斯坦）难民救济与工程处的工作对象，也不再忍受以色列军政府的掌控和统治，毕竟这个政府总是一边给点好处，一边数以十倍地掠夺和剥削。

我完全沉醉在这种激动之中，对《国际先驱论坛报》（*International Herald Tribune*）一名记者说了很不慎重的话："朝撒旦扔石头，也算是一种驱魔行动吧。"应该换一种更好的措辞：朝坦克扔石头，是在驱赶我们心中屈辱、自卑和自我鄙夷的魔鬼。

一夜之间，日常生活天翻地覆。小中大学全部关闭，路上全是路障和坦克，商店歇业闭户。目之所及全是暴力冲突。以色列政府本能地认为比尔泽特是风暴中心，认为这一切都是教师学生们在教室里策划的。

比尔泽特全校都做好了麻烦找上门来的准备：士兵们拿着枪和防暴装备前来，我们则提前叫好了救护车，打开了急救包，写好了新闻稿。军方宣布将校园划为封闭军事区，部队集结，守卫包围。司令给哈南·阿什拉维送去一份份名单，要求她交出这些疑似参与反以色列行动的学生。哈南拒绝了。司令警告她，如果不合作，就只能命令士兵搜索学校了。哈南也警告对方说，这样可能会滥杀无辜。"这个学校的人经常给我们惹麻烦，"军官对她说，"[学生]自找麻烦。他们上街去抗议示威，危害和平。是他们逼我们开枪的。"[3]他再次威胁，她再次拒绝。午夜快要来临，双方和平结束了此次对峙。所有的学生都上了巴士，各自回家。第二天，军队致电学校，宣布大学无限期关闭，至少四年之内不会开学。对方还宣布法塔赫青年运动不合法，不久马尔万也被驱逐出境。

起义的最初几个星期，大家没有核心领导人，没有全面战略。所有的游行与投石行为都是自发的；就算有领导人，也都是每次行动临时产生的。通常情况是，每个抗议者按照自己的心意行事，那些过去得到认可的领导人则慌忙地去适应他们的行动。

在加沙，"穆斯林兄弟会"（后来与另一个伊斯兰派系一起组成了哈马斯）发出了自己的第一份大起义传单，也没什么实质性内容，就是一些激情之词，为街头愈演愈烈的抗议行动欢呼加油。

本地的法塔赫领导人和抗议者一样不知所措。领导层的主力已经转移到耶路撒冷，当地两个巴解组织活跃人士写了一份传单，和哈马斯那份一样激动夸张。不过，以色列军方以摧枯拉朽之势进行了军事打击，无情地开展抓捕行动，将数百名激进人士投入监狱，所以传单撰写人的事业也迅速终结。等他们写的传单到街面上散发时，这些人已经过上了铁窗生活。但就连他们也没有预料到，这份传单只是一个开头，此后又有一系列传单出现，起义也在持续。

费萨尔还在坐牢，但仍然有很多人非正式地聚集在东方宫，进行激烈的证据讨论，形成政治决策。起义甫一爆发，我们立刻就会面了。出席的有拉德万·阿布·阿亚西（Radwan Abu Ayyash）、易卜拉欣·卡里恩（Ibrahim Kar'aeen）、贾米勒·纳赛尔（Jamil Nasser）、齐亚德·阿布·扎亚德和汉纳·西尼乌拉，都和法塔赫有关系。后来又有一些人加入我们这个小团体，比如代表其他派系的扎西拉·卡迈勒（Zahira Kamal）和萨米尔·雷勒（Samir Hleileh），很多成员后来都成为巴勒斯坦民族权力机构的要员。

逮捕潮一波接着一波，以色列安全部门在东耶路撒冷布下天罗地网，无处不在地巡逻，所以我们的会面困难重重，也很难不引起怀疑，因此每次讨论都是间歇性的，非常简短。

第十八章 驱魔

我们之所以甘愿冒风险，唯一的原因是大起义本身是无政府状态，面临着陷入混乱的危险，需要有人来指出明确的政治方向。我是公认的与费萨尔往来密切的人，在撰写政治声明上也颇有经验，所以被指派整理大家讨论出来的观点，进行语言组织，形成清晰的文字。在东方宫的座谈之外，还有更多富有战略思想的人，所以我也采纳了他们的意见，比如拉姆安拉的伊扎特·加扎维、萨米尔·谢哈德、法希亚·纳西鲁（Fathiyyah Nasru）和萨米尔·斯倍哈特。后来这些人又组建了一个智囊团，很多成员最后都遭到逮捕或驱逐。

我们首先决定起草一个公告，齐亚德和我敲定了最终的文本。恰巧和伍德罗·威尔逊著名的"公平与持续和平"声明一样，有十四点。我们的"十四点"（Fourteen Points）全面涵盖了与巴勒斯坦被占有关的议题，表达了一切不满。以色列的管辖影响了巴勒斯坦人生活的方方面面，因此我们的要求反映的是农民、工人、学生、囚犯、土地所有者和商人们最直接关心的问题。

我们扩大划在东耶路撒冷国家酒店召开一个新闻发布会，会上将公布我们这一系列的要求。起义是在毫无准备的情况下自然爆发的，我们现在"亡羊补牢"，将把这十四点确立为起义的政治目标。

为了扩大新闻发布会的影响力，我们决定让巴解组织其他派系的人参与进来，发布会的发起人和主持人必须是各派系之外的人物。有人提名了比尔泽特的代理校长加比·巴拉姆基。

我联系了比尔泽特的巴解组织各派系代表，希望他们为声明背书，并前来参加新闻发布会。我遭遇暴力的事刚过去不久，所以一开始大家不太热情。一些派系的代表只是勉强同意参与进来。联合会执行委员会会长，共产主义者塔梅尔·伊萨维（他对我在外交上的很多冒险行为颇有微词，尤其不赞成我和佩雷斯会面）告诉我，他会来，但只做观众。我很费了一些口舌，才说服巴拉姆基来主持发布会。

发布会于1988年1月14日召开，那时候起义已经爆发约五个星期了。"十四点"其实是将不言自明的事实强调了一遍：只有结束占领，暴力抗争才会结束。其中一点要求巴解组织和以色列直接谈判，要建立一个独立的巴勒斯坦国，以东耶路撒冷为首都；还呼吁以色列军队从有人口居住的地区撤军；另外就是坚持自由市政选举；以及在被占领土上自由选举巴勒斯坦全国委员会（Palestine National Council）的成员。比起这些，别的条件要实际很多，比如要求占领当局允许农民开挖更多水井，解决严重缺水的问题；要求以色列将从巴勒斯坦工人薪水中扣除的税款存入一个中央劳工基金。

"十四点"绝不是恐怖分子的宣战，没有要求使用武器，没有提"犹太复国主义组织"这样带有谴责性的字眼。整个文件提出的依据，是坚信最后能与以色列达成和平协议，并让巴勒斯坦本国领导人具有民主赋予的权力。"十四点"的核心是和平与民主。

事后想想，接下来的多年，冲突不断，成千上万的人死于非命。以色列本可以严肃对待我们的要求，将此事处理好，但他们没有。那些政策制定者想要破坏发布会，他们威胁说，谁参加就逮捕谁。但发布会还是召开了。

有了"十四点"，大起义就有了一致的政治信息纲要，只要达到了这些要求，大起义就可以立即结束。然而，以色列对发布会的反应如此疯狂，所以大起义必将继续，形式是全民非暴力不合作运动。一系列的月度传单很快形成了一个沟通交流系统，将这条信息传遍整个被占领土。

起义伊始，我的朋友萨米尔·谢哈德正在安曼探亲。他在安曼停留数周，并在这座山区都城中遥估巴勒斯坦的事态。他常与身

第十八章　驱魔

在同一座城市的阿布·吉哈德碰面，两人都认为大起义需要战略，"十四点"是个好的开始。阿布·吉哈德给萨米尔布置了一个任务，请他一回到约旦河西岸地区就联系其他派别的代表，组成后来的"起义统一民族领导组织"（Unified National Leadership of the Uprising），也被称为"统领团"（Unified Command，UNC）。

萨米尔首先制作并开始散发第三份起义传单，也是第一份正式得到阿布·吉哈德及法塔赫领导层同意和支持的传单。有两个派别同意在传单上署名（共产党依旧拒绝参与），而传单撰写的形式在接下来两年的相关文件中也得到了沿用。"第3号传单"（Leaflet No. 3）也是统领团的第一份月度传单。

在撰写传单的过程中，可谓群策群力。萨米尔求助了在比尔泽特的好朋友，有的是联合会成员，有的参与了学生运动。其中之一是阿布德·拉赫曼·哈马德（Abd el-Rahman Hamad），他一直及时将加沙的最新情况告知萨米尔，也负责组织加沙的人手来散发传单。萨米尔的另一位联系人法希亚·纳西鲁（Fathiyyah Nasru），是我在比尔泽特的同事，她负责汇报约旦河西岸地区的情况。伊扎特·加扎维则负责帮萨米尔联系身在耶路撒冷的我。

萨米尔从安曼回来后不久，我与伊扎特就开始联系了。以色列安全部门的各种设备已经监听了成百上千的活动人士，所以我们总是很重视防范，每当见面交流政治观点或密谋起义战略时，都格外小心。和很多极权国家的革命者一样，我们逐渐深谙秘密接头的艺术。

这跟大家想象中间谍小说里的那种秘密接头不太一样。伊扎特和我见面的地点是我母亲的客厅。表面上，我们是在闲聊，进行知识分子之间"莫谈国事"的交流。即便有人安装窃听器，听到的也是些无伤大雅的戏谑，绝不会有令人意想不到的见解，反正那时候大家都在谈论政治局势。我们谈的问题都是泛泛的，绝不会提到可能引起怀疑的具体人物、团体或事件。伊扎特并未公开表示我需要为新的传单献计献策,我也没有一字一句地明说传单该怎么写。但以两个人彼此了解的程度,给对话加密是绝对不成问题的。

第3号传单被散发得满天飞,被占领土上一直无组织、无计划的街头行动几乎是立刻有了明晰的政治方向,按照传单中明确提出的策略进行,仿佛演奏者们听从乐团指挥的指引。

草根阶层逐渐将月度传单——每月9日准时散发,渐成系列——视为下一步行动不可或缺的指引。每当30天的传单散发周期结束,街头活动人士和平民百姓就对新一期传单翘首以待,要从统领团这个神秘组织那里接收指导命令。每一份传单都必然涉及居住在偏远乡村的人所看重的事情,所以人们逐渐确信,统领团一定安插了神秘人士在他们中间。这个组织的成员完全匿名,无比神秘,仿佛一直在奔波逃亡,却又好像无所不知,逐渐确立了民众间的口碑,成为一支史无前例的巴勒斯坦力量,也难怪辛贝特会将其视作头号敌人了。

统领团日渐传奇化,大家也开始猜测,每月都撰写出新传单的传奇领袖们到底有谁。记者向我打听统领团的次数,少说也不下一百次了。我敷衍了事的回答显得相当不自然:"你们要是找到答案了,也告诉我一声。"作为回应,巴勒斯坦言辞最尖锐的记者达乌德·库塔布(Daoud Kuttab)提出一个说法,根据"可靠的内部消息",统领团是巴解组织的特遣队,近期从各个边境渗透,现在约旦河西岸地区一个深邃隐秘的洞穴中秘密行动。这个说法倒是很像之前关于卡桑族长的传说。他还提出一个说法,说统领团中有一些人坐过以色列人的监狱,他们会说希伯来语,伪装成犹太人,在特拉维夫中心申金街区(Shenkin)的咖啡馆中会面。

以色列媒体上的专家、权威人士和教授学者全都加入这场大猜想。我听着他们提出的很多说法,突然想到,《绿野仙踪》里不就是一个小个子男人在幕后发出巨大的声音,让人感到害怕,以为他

第十八章 驱魔　　291

是充满魔力的神仙,能操纵一切吗?我想,我们能保密这么久,就是因为事实——我们只不过是几个大学教授和知识分子——是如此叫人难以置信。

萨米尔刚刚撰写完"第6号传单"（Leaflet No. 6）,没过多久辛贝特便通过印刷传单的人追踪到了他这里。他被捕之后,以色列人又逮捕了一名身上携有35,000份传单的分发人,同时还追踪逮捕了多名统领团的成员。

在124天的时间里,审讯者在萨米尔身上无所不用其极,把最残暴的手段都使出来了:给他套黑头套,泼完烫水又淋冰水,把他投入狭窄的笼子,还强迫他用非常痛苦的姿势站了数日,却没能够从他口中套出一个字。

抓住了萨米尔和统领团某些派别的一些成员,以色列辛贝特的高级长官们肯定是弹冠相庆。他们可是让大起义的领导人锒铛入狱了呢——至少他们是这么认为的。以色列的报纸也纷纷用醒目的大标题称赞辛贝特的巨大成功。

阿布·吉哈德几乎是在须臾之间就找到人代替了萨米尔,还与其他派别取得联系,共同任命了统领团的新代表。辛贝特气恼地发现,"第7号传单"（Leaflet No. 7）准时于次月9日出现了。

辛贝特一次又一次地经历这种失望。以色列的这个安全部门继续收紧情报网,逮捕更多的人;以色列媒体兴奋地猜测着,觉得统领团和令人痛恨的传单应该彻底消失了,起义也应该随之结束了。接着,大家都会屏住呼吸,等着看下一份传单是否会出现,而传单总会出现。辛贝特的那些专业人士越来越恼羞成怒,却阻止不了一次次被羞辱。

以色列政府选择完全无视"十四点",这说明他们无意与起义方达成政治和解,于是我立刻更为深入地参与到传单的撰写中。我认为大起义势必要继续，但如何继续呢？起义的本质是一场无政府运动，所以固有的危险在于，很有可能会恶化至纯粹的暴力，最终也会逐渐熄灭而一事无成。怎样才能阻止这样的自我毁灭呢？

看看巴解组织内部那些以争执闻名的派别所提出的截然相反的战略，在基本的问题上都达不到一致，就知道这种结果出现的风险是真实存在的。统领团中有各个组织各个派别的代表，所以在意识形态和思想上存在着本质的不稳定。有些人希望大起义能够升级成像阿尔及利亚那样的"人民武装革命"。有阿布·吉哈德的支持，智囊团一开始就成功说服他们接受我们的观点，即大起义必须一直保持非暴力不合作的性质。从起义初始，阿布·吉哈德和法塔赫的很多同僚就同意我的观点，认为大起义的最终目的必须是和犹太国家达成和平谈判。

从那以后，我的目标就一直是持续进行平民起义，并令其目标和我们明确提出的非暴力政治保持一致。月度传单成为大起义的命脉，因为它们能够在两者之间达到平衡。

智囊团进行过多次大家共同献计献策的会面，为传单制订了基本战略计划。我们的工作成果后来被称为"耶路撒冷文件"，成为法塔赫在大起义期间最鲜明的旗帜，为非暴力不合作运动提供了行动大纲。

"耶路撒冷文件"列出了一个大战略的详细步骤，要逐渐切断占领者和被占人口之间巨大的联系网络。大家回想起我在大起义之前写的文章，决定一刀切断"自由口号"与"喷绘涂鸦"之间的矛盾，我们希望令思想与言行一致，消除占领者和被占者之间的联系，比如工作、消费品、赋税，还有使用以色列发行的卡和身份证明；用这样的东西来申请各种许可与证书，本身就让我们显得低人一等。

但在闸刀落下之前，我们必须创造和激活自己组织的相关服务体系，或者说是社区网络，这能为被占者提供安全保障、紧急情况

第十八章 驱魔

协助、冲突解决机制、食品供应、教育等，因为占领者至少在理论上负责了这些事。按照合理的逻辑，非暴力不合作运动的终点应该是我们单方面宣告独立。

计划一写完，我就找到伊扎特·加扎维，以及拉姆安拉的其他一些法塔赫成员，询问他们的看法。接着，一位同僚吞下装有信息的胶囊，到安曼找到了阿布·吉哈德，后者又把信息直接递交给了阿拉法特。时机真是再好不过。因为就在当时，阿拉法特正和其他一些巴解组织高级领导人商讨如何让大起义继续下去。

"有计划了。"阿布·吉哈德微笑着走进房间，径直向阿拉法特走去，手里攥着那份文件。房间里的所有人都很兴奋，纷纷同意阿布·吉哈德向我们表达认可。我们用胶囊将这份文件传遍了被占领土上的法塔赫联络网。

回到耶路撒冷，我利用萨拉赫丁街上父亲事务所的旧址，开了个"圣地通讯社"（Holy Land Press Service）。我的合作伙伴是以前《形势》的编辑哈姆扎·斯马迪。表面上看，通讯社为以色列与外国记者、外交官提供关于大起义的新闻。露西还帮我办起了《星期一报道》（The Monday Report），这是一份英语周报，主要读者是外交团体。周报会从巴勒斯坦的角度去分析事态发展，还会有关于各类大事和地方领导人的新闻，也会对月度传单进行翻译。（堂哥扎基负责希伯来语的翻译，另一个亲戚负责英语。）

哈姆扎在整个约旦河西岸地区和加沙都建立了可信赖的联络点，也多亏了他，父亲原来的事务所成为大起义信息的交汇分流地。比起我们，就连拥有一支"特工军队"和强大监控技术的辛贝特，都很有可能对现场情况了解得并没那么清楚。

圣地通讯社成为一个完美的掩护，因为在当局看来，我只不过是在整理和分发材料，并没有撰写。表面上，一位被关闭大学的教授做这种事情，是相当合理和无害的。他们没有意识到，在被占领土上的那些联络人都是起义活动人士，他们通过这个通讯社和我联系，也彼此取得联系。

我需要一位秘书来打理通讯社事务，就问母亲能否推荐自己在穆斯林青年女性学会的学生。一天上午，年轻女孩哈南（Hanan）上门了。她是个很传统的穆斯林，有着很美的深肤色，双目闪烁着敏锐的智慧之光。学会的教育很有成效：哈南的英语和希伯来语都很棒，秘书技能也无可指责。母亲信誓旦旦地推荐，所以我当即雇用了她。

最终，哈南也参与到传单的撰写中。那时候被捕的风险已经相当大了，所以我们不可能再通过普通的渠道来处理传单了。哈姆扎和我会在深夜进行所有的打字工作，不想让哈南卷入可能令她入狱的事情。但一天早晨我到办公室时，发现她已经在工位前伏案工作，眼中闪烁着奇异的深情。我瞥了一眼传真机，立刻明白了。前一晚，我把一份传单传真给了各个新闻社（我有时候会这样做，并且有一套统一的说辞，说是有人在街上捡到了传单），结果忘记把原件从传真机上取下来。早晨，哈南发现了传单，读了传单，并且证实了自己长久以来的猜测——这里果然还在进行别的事情。我希望她忘记所见的一切，但已经太晚了。她已经明白，我跟著名的月度传单是有牵扯的。

作为一个不错的报纸编辑，我非常清楚，这些月度传单只有能应对不断变化的挑战，回应被占领土上的起义活动人士关心的各种问题，才能持续有效，保持号召力。因此，我们必须源源不断地获取正确且细致的信息。普通人在想什么？他们希望多进行罢工和抗议吗？他们会因此受苦吗？他们希望领导人做什么？

我经常出没于旧城的各个地点，尽量从出租车司机那里多搜集点信息，当然还有很多小道消息的来源。信息源源不断地流入通讯社，有的来自被占领土，有的来自监狱（有人用胶囊将材料带出监狱，

第十八章 驱魔

哈南进行抄写，并录入电脑，打印出来之后从硬盘删除，把原件烧毁），这些信息帮助我确保统领团的传单总能贴近民情、紧跟民愿，总能切中要害。

为了更进一步地深挖消息，我和活动人士保持着对话。我尽量显得随意，不要让他们怀疑我在为下期传单搜集新的素材。我最好的信息来源之一是个名叫阿比德·哈利姆（Abed al-Haleem）的人，直到今天，他也是我的朋友和合作者，他比大多数记者更了解草根阶层的信息。他是个瘦高个儿的男子，有一张温文尔雅的长脸，是法塔赫负责阿布迪斯及周围6个村庄事务的活动人士，会经常到我家来喝杯咖啡，进行夜谈。我们只能在晚上谈话，因为当局已经派人跟踪他了。22个月以来，他一直偷偷辗转于亲戚、兄弟或朋友家过夜，白天则足不出户。

阿比德并不了解我参与撰写传单的事，只觉得我是个对事态比较好奇的教授，总有时间在入夜时分谈上一谈。我会委婉地向他探听人们的态度。他告诉我的大部分信息都在传单内容上有所呈现。他几乎每次都在无意之中帮助我写了传单。每当这种事情发生后的几天，他在耶路撒冷的直接联系人就会在指定的时间交给他一份新传单。接着，阿比德就会安排传单在当地的分发工作。他把自己拿到的那份复印一万份，再一摞摞分发给其他人。这些人通过步行、驾车、骑单车、骑骡子等方式，将传单送到乡村和社区。

我还有一位亲密盟友叫纳赛尔·阿凡迪（Naser Al-Afandi）。我们是在阿布迪斯相遇的，他父亲在那里经营一个小商店，还养着几只绵羊。纳赛尔经历过多年的牢狱生涯，1980年到1985年之间还和贾布里勒·拉杰布做过共享一间牢房的狱友。抓捕纳赛尔的人运用了很多手段，想从他嘴里挤出一点情报，甚至用锁链将他吊在天花板上，仿佛一只屠宰完成的羔羊。

阿布·吉哈德用高昂的语气向阿拉法特宣布"有计划了",我们也全力行动起来,以传单为手段,将信息传达给平民百姓。除了少数人之外,大家都将参与起义视为自己的职责。为军政府工作的雇员们——税收员、警官、分区管理人、教师、以色列指派的乡村和城镇官员——纷纷辞职。这样的人越来越多,我们开始成立各种委员会来填补空缺。现在,巴勒斯坦人有了属于他们自己的警察、法官和教师。大规模的经济抵制让各个地方的货架上再也看不到当地有能力生产的以色列同类产品。于是,地方生产商成为我们最热情和最忠诚的追随者。出于显而易见的原因,我们传单上最受欢迎的指令就是抵制税收。

大起义的领导人最大的忧虑,就是如何支持那些地下组织、联合会、女性团体和俱乐部中的人,还有那些辞掉占领当局工作的专业人士以及被捕者,他们的家庭如何糊口生存,也是个问题。如果我们真的想彻底切断人们和以色列的联系,就需要往被占领土输送和发放大量的现金。

很快,我又干起了另一项违法的勾当——走私现金。按照阿布·吉哈德的指示,我开始和阿克拉姆·汉尼亚(Akram Haniyyah)保持密切合作。他是国家指导委员会时期就很活跃的法塔赫老人,在大起义爆发前夕被以色列人驱逐,现居突尼斯。我们俩联合制定了一个制度,虽然不能保证绝对安全,但还是有效的。我在现金走私和散发传单方面的主要联络人是阿布·塔里克,他是我在巴黎遇到的巴解组织人士。

我们的首次对接发生在去欧洲某国首都时。在一家咖啡馆里,阿克拉姆把我介绍给一个男人,此人将乘坐商务舱飞往特拉维夫,同意帮我们携带现金。后来我们在一家以色列酒店的大堂中碰面,就像在演007系列电影一样,两人手里都拿着一模一样的"新秀丽"牌公文包。我坐在一张长椅上,他在我旁边坐下,装作在看报纸,

第十八章 驱魔

把他的公文包放在我的旁边。成功调包后,我带着第一批现金回去了。

我经常是自己去分发现金,开着我的欧宝汽车,车上装着一袋袋钱,而这些钱来自阿布·吉哈德——以色列的头号公敌。最终,我每月经手15万美元。我平时理个发都要向母亲伸手要零钱,竟然手上能一次拿数万的现金,也是够惊人的了。我们在家数着谢克尔时,露西发现有个儿子在浴室里玩着一摞摞的百元大钞。

我还干着另一项非法的"勾当",就是帮地下人员逃避逮捕。一次,50个人一块儿逃亡,我的职责就是帮他们找个睡觉的地方。消息来得很急,我能想到的最好办法也只有睡在户外,这让当地一家运动用品店的老板又吃惊又开心。我问他有没有睡袋。

"当然有啦。"他回答。

"很好,给我拿50个。"

第十九章
一份独立宣言

我按照自己天性中的倾向，尽全力装出一副"好兵帅克"（good soldier Schweik）*的样子，天真、幼稚，有时候仿佛神游天外。白天，我是在咖啡馆中思考的哲学家，这既是装样子，也是事实；既能很好地掩护我的身份，也恰恰是我的心之所向。我情绪激动地发表慷慨激昂的言论，希望能让人们关注人道主义，要是我们的起义缺了这个，注定会变成巴勒斯坦的另一场大灾祸，最终以闹剧收场。

1987年，我受邀到意大利北部的帕维亚大学举办一场讲座。我在校门口看到树上和大楼的墙上都贴着海报，赞扬着我们的所作所为。这让我回想起1967年，那时的我们还被全世界鄙视，唯一遇到的热心支持者还是个英国的纳粹分子。大起义让我们成为欧洲左派眼中的悲壮黑马。

在帕维亚大学，我选择讲述巴勒斯坦囚犯的困境，引入话题用

---

* 帅克是捷克讽刺小说家雅罗斯拉夫·哈谢克小说《好兵帅克》中的主人公。他对一切都非常热情有爱，经历却很坎坷，被人视为白痴。

的是自由的概念，以及意志与个人身份认同、国民身份认同密不可分。我对观众讲述了自己对那些曾在审讯室里饱受煎熬的学生的观察，他们在严刑拷打之下仍然拒绝招供，从审讯室出来之后，获得了新的自我认知，并且真正体会到了自由，这通常是他们人生中第一次有这种体悟。

我说，自由，并非我们与生俱来的固有特性，没有像商品条码一样打在我们的额头上，也不是享有特权的护照，或银行中一定数量的存款这些身外之物能带来的。自由，是意志的表达，你能拥有多少自由，直接与你对恐惧和自负的掌控成正比。个人在运用和锻炼意志的过程中，能塑造出独一无二的身份。那场演讲，包含了很多阿维森纳的思想，也正是我父亲思想精神的体现。

如果说个人身份是通过创造得来的，而不是像蓝眼睛之类的外貌特征是被动继承来的，那就应该有程度之分。每个个体可能有很强烈的个人身份特点，也可能几乎没有。一个国家也是这样。国家和个体一样，必须通过不断表达自我意志的行动来打造自己的身份。作为巴勒斯坦人，我们的国家主权和身份如果要得到完全的体现，那就要自由地行使我们的意志，蔑视想要碾压、破坏我们意志的力量。通过行使自由意志，我们的国家能够消解狱卒的警棍和心理战术，将对肉身的镇压变成审讯者外强中干、虚弱无能的标志。

一个国家可能通过某种难以理解的方式，发展出全民性的自我认知和使命感……有了这种革命觉悟，全民意志将成为达成内在自由的工具；也是靠全民意志，大家将对自由的追寻转变为有目的的抗争行动。一个被占领的国家，正如坐牢的囚犯，通过自己选择的作为或不作为，得到自由。

一边举办讲座，谈论个人和国家的身份认同问题；一边过着仿

第十九章 一份独立宣言

佛间谍小说中的人物的生活；这比去做一个鼓动人们的民族主义情绪的领导人更符合我的风格。但很快我就别无选择，必须要更多地做一个公众人物了。

从一开始，费萨尔和我就有明确合理的分工。他是那个常常抛头露面的人物——他的行为举止、衣着打扮都比我合适。他浑身上下一副贵族做派，再加上侯赛尼家族的王室血脉，自然是个很理想的传信人，让公众好好看看，巴勒斯坦人并非神神秘秘、鬼鬼祟祟的革命者，而是文明体面的人，只是在强压之下扭曲挣扎而已。费萨尔这个"门面"，恰恰能很好地诠释我们所说的"善意且无武装的革命"。他在东方宫的阿拉伯研究协会成为举办新闻发布会等各种会议的外交活动中心。而我则一直开开心心地不怎么过问政治上的事，只要感觉一切都在向对的方向发展即可。

但费萨尔就是因为过于彬彬有礼了，才在以色列人那儿惹上了麻烦，后者急切地想把他抹黑成一个恐怖分子。（一位以色列官员公开讽刺他是"巴解组织的执行制作人"。）大起义期间，他常常一个不小心就被抓回监狱：坐牢 1 个月，出狱 6 个月；坐牢 3 个月，出狱 2 个月……如此往复。1987 年，一次集中抓捕之后，当局让他入狱 3 个月，然后释放；接着又抓回去，坐了 6 个月牢。

费萨尔数次被捕的情况，既说明了他的作用地位，也说明以色列人究竟忌惮什么。有一次，"即刻和平"的人请他在西耶路撒冷的一个公共论坛上与一些以色列人辩论。他做好了准备，组织者也进行了大规模的宣传。数百名以色列人来到现场，听费萨尔一字一句地重复我们与阿米拉夫达成的共识：双方彼此承认民族自决的权利。

两天后，以色列警方就再次逮捕了费萨尔，判他入狱 6 个月；这给人造成一种印象，逮捕他是因为他的非暴力立场。（如果对比一下费萨尔和哈马斯领导人谢赫亚辛，就能受到很大启发。此人发表了《1988 年哈马斯宪章》，字字句句仿佛直接引用了纳粹反犹刊物《冲锋报》。这个宪章第22条这样描述犹太人："他们拿着钱，在全世界各个地方组成秘密协会，比如共济会、扶轮社、国际狮子会等，目的都是为了破坏社会，实现犹太复国主义的利益。")

费萨尔在狱中时，我不得不负责涉外和媒体活动，好让大起义继续进行下去。东方宫的阿拉伯协会成为我们的"作战室"，准备迎接来访的外国代表团：我们和美国驻中东特使瓦茨拉夫·哈维尔（Václav Havel）、丹尼斯·罗斯（Dennis Ross）的谈话，就发生在那里。

而我更为秘密的工作中，有很多千钧一发、侥幸逃脱的时刻。有一次我在约旦河西岸地区开车，携带着一个帆布包，里面装了10万美元。那些日子路上也没几辆私家车，我突然发现有辆车在后面紧跟着，顿时紧张起来。到了第一个岔道，我猛地一打方向盘，拐进了拉姆安拉狭窄的小街。接下来是一顿迅速的七拐八绕，终于甩掉了那个"跟班"。为了确保安全无虞，我又绕着拉姆安拉多转了几圈，然后才在一位比尔泽特同事的家门口让车空转着，提着帆布包冲进他家。那位教英语的教授在惊愕之中，让我把包塞到一张桌子下面。我说很快会来取便飞奔出门。当天晚些时候，我又折回去把钱取了回来。

另外一次是在深夜，我正要离开小镇卡巴雅（Kabatyah），结果在杰宁（Jenin）地区遇到以色列特种部队（Israeli Special Forces），他们突然从树丛后面跳出来，将我的车团团围住。他们面部都做了伪装，举着机关枪，命令我关掉车灯，并示意我下车。我高举双手，努力做出一副人畜无害的样子，乖乖遵命。一名士兵伸手摸了我的口袋，掏出我的证件。"你是萨里·努赛贝吗？"他问。这个问题真是太蠢了，他手里的证件上有我的照片啊。我首先想到的就是他们终于要逮捕我了。驾驶座下面塞着一些胶囊，足以填满一个人的胃，都是有关大起义的敏感信息。他们只需要检查一下，

第十九章 一份独立宣言

我就完蛋了。幸运的是，这个埋伏是为别人而设，士兵们急着重新藏好。"赶快滚蛋。"士兵说着把证件还给我，挥手叫我快离开。

我那个反应很快的秘书帮我避免了另一场灾难。当时我们正要打印出一份传单的初稿，结果一位军官突然进入办公室。在他还没来得及看到电脑屏幕上的具体内容之前，我的秘书就面带微笑跑到他面前，请他吃口香糖。在她从包里拿出口香糖的当口，我迅速删除了文件。还有一次也是她救的场，当时一个警探走进了办公室，而我们几秒前才传真了一份新传单。"这是什么？"他从传真机上拿起传单，问道。

"哦，刚传过来的。您想要一份吗？"

在一个朋友家，我首次亲眼见到专门负责跟踪我的那个辛贝特探员。当时我和哈姆扎、萨米尔一起去拜访刚刚出狱的诗人穆塔瓦基勒·塔哈（Mutawakkil Taha）。我们刚坐下，就听到一阵敲门声。诗人起身去应门，发现是两名士兵。他们进得门来，四处张望。"你们有没有看到几个孩子朝这边来了？"有名士兵问道。穆塔瓦基勒一脸疑惑地摇头。

"有几个孩子朝我们的巡逻车扔了石头，我们好像看到他们跑上楼了。"诗人的家在二楼。

士兵道了歉，离开了。穆塔瓦基勒往回走着，脸上挂着略感滑稽的微笑，双臂夸张地模仿着孩子扔石头的动作。结果门突然"砰"一声开了，负责监视我的辛贝特探员穿着便衣走了进来，后面跟着一群士兵和警探。

他们命令我们所有人老实坐着，士兵们开始搜查整个住处。搜查完之后，他们要求我们依次进入房间，一人一间。然后我们每个人都被脱了个精光进行搜身，是真的全身脱光。整个建筑都被士兵包围起来，以防有人爬出窗口逃走。

他们持续搜查了一个多小时，一无所获。我们给那个自称"雅各布"的辛贝特准备了一致的说辞：我们都是朋友，辛苦工作一天之后相聚放松一下。我们没有在密谋什么，也绝对没有偷偷摸摸地撰写什么秘密传单。

就在雅各布和他的同伙把我们上上下下搜查个遍时，几个街区外的地方正在印刷10万份传单。那天下午，哈姆扎、萨米尔和我刚刚写完当月的传单。

* * *

大起义开始不到8个月时，以色列追踪到了那个人。正是他，让这个起义竟然没有沾染恐怖主义的污点，真是惊人。

数年来，我对阿布·吉哈德的欣赏与敬仰可谓有增无减。可以说，巴解组织其他人物身上常见的腐败、暗杀、抢劫等恶行，与他绝不沾边。他也很善于与时俱进。这位曾经被认为是巴解组织的切·格瓦拉（Che Guevara）的人物——吉哈德曾经是突击队的统领——在巴解组织被驱逐出黎巴嫩之后逐渐认识到，解放绝不会通过以色列国界线以外的某场军事胜利实现，而是要在被占领土上进行全民运动。他这个领悟是多么可贵、多么正确，如今的每一天都在证实这一点。

如此说来，以色列政府"清除"吉哈德的决定，与恐怖主义毫无关系。恰恰相反，对以色列政府来说，敌人最强的武器竟然不是炸弹或充满敌意的言辞，而是坚定的非暴力不合作，以及一场精心策划的"善意且无武装的革命"，这才真正让那些军事谋略家丧失理智。由于未能完全在被占领土之内清除麻烦来源，他们决定去追踪打击幕后运筹帷幄之人。

针对阿布·吉哈德的刺杀发生在突尼斯一个安静的郊区，这位

第十九章 一份独立宣言

前游击队领袖住在那里，大部分闲暇时间都在打理花园。那天天色已晚，阿布·吉哈德和妻子乌姆·吉哈德（Um Jihad）正在家中聊着最近的新闻：安东尼·奎因（Anthony Quinn）正在考虑在一部新电影中出演亚西尔·阿拉法特。他妻子表示，我们的革命事业即将被搬上好莱坞的银幕，她很高兴。她说完就上床睡觉了。

与此同时，一架波音707正在他们的住处上空盘旋，以色列政要埃胡德·巴拉克（Ehud Barak）正在这架飞机上，通过无线电向地面的20名突击队员发送命令。乌姆·吉哈德听到不正常的声响，起床想看个究竟，发现自己的丈夫正拿着手枪走向家门口。她本想跟着他，结果丈夫挥手让她走开。接着她看到了那个暗杀者：20岁出头的金发男人，戴着一个外科口罩，仿佛一名年轻的医生，正准备给人做摘除扁桃体的手术。阿布·吉哈德本来想开一枪，结果年轻人一言不发，冷静地拿起机关枪朝阿布·吉哈德扫射，打光了弹匣。又来了另外两个突击队员，也打空了自己的弹匣，接着他们都离开了。整个过程没有人说一句话。一个体态丰满的女性突击队员将整个刺杀过程录了像。

事发当时，我凑巧在米兰安排下一次走私现金事宜。听到消息，我的第一反应自然是震惊，也觉得难以置信，他们居然暗杀了一个倡导非暴力的人物，真是太蠢了；同时我也明白，我们失去了一个不可替代的后盾。所有的法塔赫领导人中，只有阿布·吉哈德最明白什么能做，什么不能做。他在约旦河西岸地区的革命活动人士当中的道德威信是毋庸置疑的，所以他是比阿拉法特更有立场、更适合去引导巴勒斯坦人与以色列相互妥协的人。现在，他们开枪杀死了他。将这件事情再次与以色列对待哈马斯领导人亚辛的态度对比一下，真是叫人晕眩。

飞回特拉维夫的航班上，我痛不欲生，这样的感觉在父亲去世后还是头一遭。回到耶路撒冷，我感觉全身充满了另一种情绪：恐惧。

刺杀事件引发了群众愤怒的狂潮，他们掀起了一次又一次抗议；而阿布·吉哈德曾经用尽全力去控制的暴力，如今来到了爆发的边缘，正要从街头每个阿拉伯人的毛孔中渗透出来。

我当时立刻想到，费萨尔将父亲的葬礼变成一场经过沙龙家门口的抗议游行。于是我告诉自己，这次肯定也可以力挽狂澜，"化腐朽为神奇"，将这些人奔涌的怒气化为长远战略的一部分。阿布·吉哈德若泉下有知，一定也会支持。我不能眼睁睁地放任他的死破坏他辛辛苦苦建立起来的一切，否则，不是正中了以色列人的下怀吗？我一定要想个办法，加强巩固我们的"不流血的革命"。

这次我是脱离智囊团单独行动的。我在母亲的客厅里迅速写下了一些想法，这将引领我们进入非暴力不合作运动的最后阶段。多年前在蒙蒂塞洛的经历在我脑中留下了不可磨灭的印象，只不过我当时并未意识到。我写下了一份独立宣言。

那天晚上，只有母亲见证我写下那些文字，它们后来被称为"侯赛尼文件"（Husseini Document）。我写下这些东西之后的几个星期，费萨尔被释放出狱。我给了他一份，急切地想了解他的意见。他读了之后就保存在自己的桌子抽屉里。几天之后，他又被捕入狱。士兵将他的办公室翻了个底朝天，找到了那份文件，想当然地以为是他写的，于是就有了这个名字。不过，被敌人发现的时候，"侯赛尼文件"早已经得到了被占领土和监狱中各领导人的赞赏，也送到了阿拉法特面前。

文件指出，要正式脱离以色列，并且将逐渐发展的平民自治制度化。我提出，要达成这些目的要做两件事：一件是单方面宣布独立；一件是公开设立一个临时政府，可以任命被占领土内或流亡中的巴解组织领导人为临时政府成员。临时政府一旦成立，就将提出与以色列就"两国方案"进行谈判。

在前面提到的办公室搜查之后，以色列安全部门向媒体透露，

第十九章 一份独立宣言

存在一份"煽动妨害社会治安"的文件。在以色列电视上曝光这则消息的是阿拉伯问题专家埃胡德·雅里（Ehud Yaari）。以色列媒体随后发表了无数相关文章。

不过，仍然有很多巴勒斯坦人发表批评和贬损的意见。"只不过又是萨里搞出来的没用的幻想啦。"有人如是说。

20世纪80年代末期的大起义和2000年爆发且惨败的武装抗争有着很大的不同。第一次大起义，我们的目标是进行和谈，能够形成和平友善的分区，复原历史上的巴勒斯坦。我们也很清楚，要达成这个目的，唯一现实的希望就是说服以色列公众，令他们相信帮助我们赢得独立是符合他们自身利益的。他们政府的政策正在将两个民族带入黑暗的深渊。

事实上，尽管能感觉到以色列媒体在不情不愿地表露对大起义"叛乱者"的欣赏，但要是不能让以色列人在理智上明白我们的立场，那我们获得的这些成就是毫无意义的。孩子们扔出去的石头，真正的用处是要打破半个世纪以来蒙蔽两个民族双眼的传说和谎言。骚乱必须要转化成实际的政治成果；而要让这成为可能，就只有直接拿以色列的全民利益去说服他们。

因此，我们告诉街头的以色列人，起义的目标并非破坏犹太国家，而是希望能建立一个和以色列并存的巴勒斯坦国。传单上白纸黑字写得非常清楚：统领团接受安理会第242号决议，因而承认以色列在1967年的边界内生存的道德与政治权利。

一张传单上如是说：

> 大起义，作为巴勒斯坦抗争的最新形式，表达的是巴勒斯坦人对于和平的呼吁……我们的战斗无意引起他人的痛苦，而是想将自己从痛苦中解救出来。大起义的目的并不是要毁灭另

一个国家,而是要建立我们自己的国家;不是要造成他人的伤亡,而是想为我们自己和子子孙孙争取生存的权利和希望。

我对以色列公众的态度非常乐观,而与以色列人的合作,特别是与"即刻和平"的工作人员合作,更增强了我的乐观情绪。1988年12月,巴解组织同意承认以色列存在的权利,这恰巧应和了我们在传单中所说的内容。在这之后,"即刻和平"在特拉维夫组织了一场大规模示威,向政府施压,敦促他们和巴解组织建立直接对话机制。对我来说,数万名支持我们独立的犹太人就像顽强的抗体,抵御着以色列政府强硬路线这个疾病。在一篇文章中,我这样写道:

> 我仿佛看到了"扎迪克"(Zaddik),犹太教的义人。我看到他或她拒绝在被占领的巴勒斯坦国任职。我看到他们每个周末都穿着黑衣不眠不休地守夜,并不理会犹太同胞的嘲讽。我看到他们在以色列议会中讨论、验证、揭露拉宾的政策,甚至比巴勒斯坦人还要勤勉和一丝不苟。我看到他们创造了奇迹,跨越了政治屏障,来到我们巴勒斯坦国被占领的乡村和难民营,寻访探望,加强团结。在那些地方,有孩子被杀戮,有房屋被夷为平地,有树木被连根拔起,有母亲被迫流产;有持续数日数月强制实施,仿佛永无止境的宵禁;水电长期断供;真正的恐怖主义在这些地方甚嚣尘上。

我脑中一直浮现着"扎迪克"的形象,而我们工作的风险则越来越大了。

耶路撒冷旧城，苦路的拱门。（Benedictus Stolz 摄，所有权归 Anthony David）

穿着水手服的父亲,以及两个努赛贝家族的亲戚。

新婚燕尔的父亲和母亲,在母亲家的乡下小屋。

约 1964 年，父亲在耶路撒冷机场迎接走下飞机的侯赛因国王。

约 1965 年，父亲（右）作为约旦大使，在英国玛格丽特公主和斯诺登勋爵的陪同下，来到伦敦圣詹姆士宫（Court of St. James）。

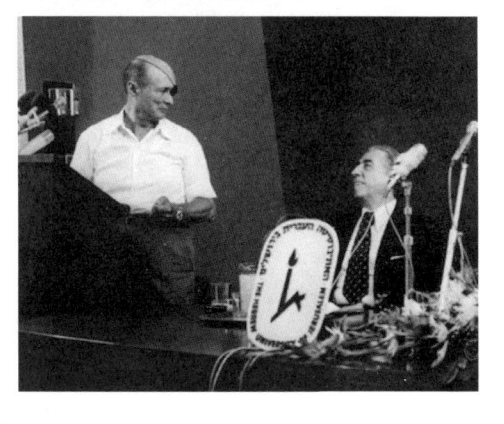

1968 年，以色列人摩西·达扬（左）在耶路撒冷和父亲进行辩论，组织方是希伯来大学。

四岁的我，和哥哥扎基手牵手，噘着嘴闷闷不乐的样子。

高中毕业的时候，我（右一）和圣乔治的同学合影，一手拿着毕业证书，一手拿着文学奖证书。

20 世纪 70 年代早期，欧洲某地，我和露西一起靠在红色的名爵车上。

1977 年，马萨诸塞州剑桥市，露西和我一起注视着我们的长子贾迈勒。

20 世纪 80 年代早期，和比尔泽特大学的学生一起外出游玩，我抱着贾迈勒。

1985 年，我和三个儿子一起在约旦河西岸地区远足。

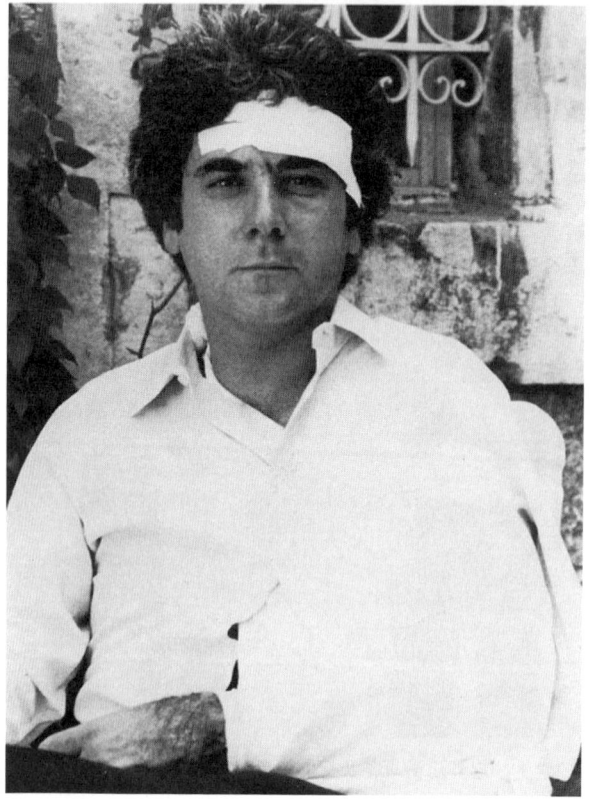

1986 年，我被学生袭击后在父母家的花园中。

我（前左）作为巴解组织的耶路撒冷代表，前往阿克萨清真寺。

2003年，阿拉法特居住地被围困期间，我（二排左一）在大马士革门参加静坐示威。

我们一家人和亚西尔·阿拉法特。

20世纪90年代末,我在一个能俯瞰约旦河谷和死海的地方思考未来。

第二十章
审讯

我站在意大利的大学讲堂，讲述那些关于审讯的形而上学理论时，并没有清楚地认识到为了争取难以捉摸的"外在"自由，到底需要抛洒多少鲜血。尽管我明白，最终能为我们赢得自由和国土解放的，一定不是枪支，而是非暴力不合作运动，但并不清楚——现在也仍旧不清楚——这样的结果到底何时才会到来。讲座时我还不知道的一件事是，我很快也将进入一个审讯室面对两个选择：要么继续与侵占我们领土的人抗争，要么失去我的家人。

大起义开始时，从学龄儿童到白发老婆婆，每一个人都在催泪弹的烟雾中游行前进，情绪高昂，心甘情愿。这种反抗精神起到了奇迹般的作用，调动了上百万人的热情。和大部分巴勒斯坦人一样，我毫不犹豫地就让家人也投身其中。自愿成为巴勒斯坦人的露西和土生土长的本国人一样投入，有时候甚至更为热心。这就是她的自觉，她经过深思熟虑，有意识地按照自己的意志来行动，将另一个民族的悲剧命运视为自己的命运。我仅有十几岁的儿子贾迈勒也会偷偷在黄昏时分溜到后门外，练习自己的涂鸦技巧。我心中充满自豪，远远地看着他和本地的法塔赫"杂牌童子军"举起巴勒斯坦的旗帜，在墙上涂满反占领的口号。

1990年，起义已经两年了，我仍然沉浸于赢取自由的决心与人生意义中，这使得我的兄弟们不得不提醒，我还应该负起一个父亲的责任。"你到底在搞什么鬼啊？"我弟弟哈特姆当了其他兄弟的代言人，他在伦敦的一次家族聚会上质问道，"你可以任由那美妙的革命毁了你自己的生活，但没有权利把这个强加在你孩子身上啊。"一开始我根本没明白他在说什么。"你什么意思？"我打断了他。

"教育！父亲让我们受了最好的教育，你的孩子也应该这样。"

当时，孩子们都在新门内一家耶稣会会士办的学校上学。贾迈勒刚刚上高中。那所学校不错，符合耶稣会会士办学的一贯水平。我还辩解说，我的儿子们正在接受的可是全世界任何高级预科学校都给不了的教育。哈特姆对我嗤之以鼻："你可能觉得你搞这个革命意义重大得很，但是别忘了，你自己一路上的可都是最好的学校。你应该给你的孩子同样的选择权，之后他们再来决定怎么运用自己所学的东西。你不也是吗？"一直敢于担当的哥哥扎基提出，等我的三个儿子上完当地的高中，他会出钱让他们去伊顿公学读一年预科。

何乐而不为呢？我心想。"好，说定了，一年伊顿。"真正让我改变心意的，倒不是扎基的慷慨大方，而是政治局势的发展。我自己或者说孩子们可能面对的命运令我有些紧张。"爸爸，"一天早上，我开车送小儿子巴拉克去上学时，后座上的他对我说（那时候他最多7岁），"我想问问，大起义之前大家有生活吗？"这个问题如同一把尖刀刺穿了我的心。

我对阿布·吉哈德遇刺事件依然记忆犹新。不管哪里，不管是谁，我眼中所见的是越来越多的活动人士，很多还是我的亲密朋友，他们或被抓入狱，或被驱逐出境。1990年的开斋节，加沙的士兵朝

第二十章 审讯

示威者开了火，打死3人，打伤数百人，其中重伤30人。大约同一时期，一群多年来被"大以色列"言论搞得头脑发热，自以为是救世主的犹太人，打着"圣殿山忠诚者"（Temple Mount Faithful）的旗号，计划行进到圣墓教堂，为"第三圣殿"奠基。他们的企图不胫而走，尊贵禁地发生了暴乱，警察开了枪，18名巴勒斯坦人丧生，150人受伤。费萨尔将后续描述得最为详细："我周围充满着悲吟；在神圣之所，处处升腾着怨毒的诅咒。血腥味混合着催泪弹与火药味，堵塞了鼻腔和眼眸。这气氛令人窒息，死亡与灾难令天地黯淡阴沉，我开始准备向神哀求和祈祷……哦，神啊，人们的灵魂中充满着恐惧……请不要让它们转化为仇恨。"

听说此次暴力事件时，我刚好在拉姆安拉。在冲突稍微显露出一点点苗头时，贾迈勒所在的学校就关闭了，把孩子们都送回了家。但贾迈勒没有回家，而是径直去了尊贵禁地，懵懵懂懂地闯入了枪声与暴乱的中心地带。和他同路的一位朋友，腿被子弹击中。贾迈勒亲眼看到屋顶上的士兵们朝人群开枪。他头顶有一架直升机，机关枪的子弹如雨点一般扫射在抗议者身上。

母亲、露西和我花了两个小时，狂乱地寻找他。后来他终于出现了，谢天谢地，没有缺胳膊少腿，没有受伤，但已经亲眼见证了很多可怕的故事，甚至还让美国新闻节目《60分钟》（60 Minutes）的制作人闻讯而来，找他做了采访。那集的主持人是迈克·华莱士（Mike Wallace）*，节目中播放了一段游客拍摄的现场录像，画面显示士兵在未受到任何挑衅的情况下无缘无故地开火。这对以色列官方的说法——什么阿拉伯人朝犹太朝拜者扔了石头，才引发了以色列作出相关反应——是一个有力反击。贾迈勒也给出了类似的证言。

---

* 美国著名新闻主持人兼记者，1968年开始担任《60分钟》的主持人，采访过很多重要历史人物。

他说得一口流利的英语，带着孩童的天真无辜，又口齿清楚、思维清晰，让以色列驻联合国大使本雅明·内塔尼亚胡相形见绌。尽管内塔尼亚胡是个颠倒是非的销售高手（他曾经从事过高端家具的销售工作），却绝对比不过一个诚实的男孩子，把事情真相实事求是地讲述出来。

一天我问我积极参与革命的朋友，即曾经与我们一起和阿米拉夫对话的萨拉赫，是否担心过自己年幼的孩子们。当时他遭受了行政拘留，刚刚被释放不久。

"什么意思？"

"嗯，你坐牢的时候难道不想他们吗？你有没有扪心自问过，这一切是不是值得呢？是不是值得你和他们骨肉分离？"

萨拉赫几乎一直挂在脸上的微笑消失了。他以一种面无表情的严肃看着我。"这一切都是为了我们的孩子，"他虽然把声音压到近乎耳语，仿佛在向我讲述一个秘密，却字字都是呼吁和呐喊，"我去坐牢，就是为了他们以后不用坐牢。"

在我看来，萨拉赫的回答言简意赅地总结了我们所有人正在为之奋斗的事情。我们的抗争，都是为了孩子们的未来，一个没有路障、坦克、催泪弹或行政拘留的未来。一个不会处处都感觉遭受冤屈和不公平的未来。

以色列的绳索越收越紧，辛贝特就快要摸清神秘的统领团是如何运作的了。不管我们的谈话多么语焉不详、多么专业地避重就轻（我最喜欢用的计策是表面上在谈论康德，其实意指解放战略），不管我多么严格地控制自己和法塔赫活动人士的直接联系，接连的逮捕和审讯也逐渐压缩了我的可操作空间。快没时间了。

雅各布甚至一度命令《星期一报道》停办。（露西办的这份英文报纸特别受欢迎，不但所有的外国使团都有订阅者，以色列的报

第二十章 审讯

社和机构也都纷纷订阅。）一段时间后，我的朋友萨米尔·斯倍哈特被驱逐出境，另一个在办公室工作的同事被捕。还有一次，以色列人成功抓捕了法赫德·阿布·哈吉，他是我与拉姆安拉各个群体的主要联系人。纳赛尔·阿凡迪再次被捕，他之前已经有多年的牢狱生活。这次（他进阿布格莱布监狱是多年以后的事），以色列人给他套了个尖顶黑头套，给他套上锁链，让他在狱中痛苦地蹲了一个月。

大起义持续时间越长，就有越多起义领导人消失在监狱，或者被驱逐出境，甚至失去生命；如此一来，统领团就越难统一和领导巴勒斯坦人民。

针对"通敌者"的轻率杀戮行动爆发了。来自多个地区的消息叫人无比担忧。大起义之初，我们这些所谓的"领袖"就宣布赦免所有的巴勒斯坦通敌者。他们只需要在所在村镇的最大广场上公开承认自己曾经的身份，请求乡民们的原谅。

我还发现了一个新的套路。在一个又一个地区，煽动情绪的破坏分子带着枪，从他们在以色列境内栖身的安全住所回到之前逃走的地方，背后一定有以色列情报部门的协助。而且，虽然哈马斯也已经开始反对占领，他们和法塔赫的活动人士之间却也在爆发争斗。巴勒斯坦人有着环环相扣的紧密亲族关系，个人之间的矛盾很容易演化升级为群体冲突，造成整个村庄的分裂。多个派别之间纷纷发生了内讧。

监狱里也逐渐传出类似的消息，血腥暴力让法塔赫与哈马斯陷入争斗。那里的"自相残杀"也是有套路的，通常会有某个特工挑起矛盾，暴力让争斗更为激进，让参与起义的活动人士更难支持我们倡导的"不流血的革命"。有些派别希望将大起义往暴力冲突的方向推动，提出的要求也越来越尖锐。越来越多的激进言论甚嚣尘上。

根本不需要什么重要的战略情报，我们很轻易就看出，以色列正在准备并逐渐实施新一轮的攻击。刺杀阿布·吉哈德，逮捕数万人，这些手段都没能奏效。他们又发起了新的秘密战争，就是从内部攻破。一如既往，他们将巴勒斯坦社会分裂成互相攻击敌视的派别，最好用的策略，永远都是利用伊斯兰教。

为了破解以色列的战术，我代表法塔赫在耶路撒冷组织了一些秘密会面，地址选在一位忠诚的穆斯林和法塔赫支持者家中，他不愿意看到民族撕裂，内战爆发。代表哈马斯的贾米勒·哈玛米（Jamil Hamami）也和我达成一致，要将两个团体之间所有的隔阂都消除在萌芽之中，团结起来，一致反对占领。我们俩谈着谈着，就开始起草第一份哈马斯－法塔赫联合传单。

我努力想将哈马斯和法塔赫团结起来，原因很简单，我清楚以色列人正在利用哈马斯破坏世俗民族主义的根基。哈马斯还在继续和我们争斗，但当时他们的力量已经足够强大，也完全能够反对以色列了。亚辛总挂在嘴边的目标，变成了针对犹太复国主义和巴解组织发动"圣战"，最后要建立一个"伊斯兰国"，疆域从特拉维夫一直延伸到约旦河。1989年，哈马斯针对以色列国民发动袭击。以色列政府取缔了哈马斯，并在亚辛命令自己的喽啰绑架并杀害了两名以色列士兵后逮捕了他。

为了避免大起义恶化成与以色列的暴力斗争，我作出了种种努力，但那些只是权宜之计。就算是和占领方陷入防守僵局——我们扔石头，他们将我们打得头破血流、投入监狱——也意味着起义就此失败。以色列无论从人力还是武器装备上，都要大大优于我们。我们要么继续进攻，要么一败涂地。而我思考的结果是，我们的"武器库"里，最强有力的进攻武器就是独立宣言，要建立一个临时政府，并邀请以色列在双方互相承认的基础上来进行谈判磋商。

我通过巴黎的联系人得知，"侯赛尼文件"对于巴解组织有着非常大的吸引力。然而很不幸的是，阿布·吉哈德已经去世，突尼

第二十章 审讯

斯那些还活着的人，最感兴趣的只有独立宣言本身；而对于另一部分，即在约旦河西岸地区和加沙组建临时政府，他们就没那么热心了。

"侯赛尼文件"非常清楚地预言了之后以色列大量逮捕起义人士的情形。以色列政府绝不可能容忍这样一个政府，我们任命的任何临时政府官员都会被立即逮捕。"就让他们把我们关起来吧！"我告诉人们，"我们会继续任命新的领导人和公务员。他们抓得越多，我们雇用得就越多。每当他们逮捕了新任的法官、教育部部长或邮电局局长，全世界就会进一步认识到占领的本质。他们打击我们的行政和公务，恰恰是一种反讽，会让他们的占领行为成为笑柄。"

费萨尔终于出狱了，我如释重负。他到达耶路撒冷的几个小时后，我就和他在那里的一家酒店里进行了秘密会面。"我们要为临时政府奠定基石，"我对他说，"我认为这应该是你的主要使命。"

我的话似乎并无说服力。"我是推土机，不擅长建造。"我一五一十地向费萨尔描述"任命重要领导人、领导人被捕、再任命新领导人"这种前赴后继的情景后，他如此回应道："我的使命是扫清障碍，拆除地雷。让跟随在我身后的那些人负责建造吧。"他说话仿佛《圣经·旧约》中的先知，但我始终坚持自己的看法。

接下来，在我位于阿布迪斯的家举行的智囊团会议上，我再次提起临时政府的事。我事前请记者拉德万·阿布·阿亚西准备了一份资料，提出了将各种自治委员会纳入中央政府部门的办法。他准备的资料完全符合我的设想：他提出的，我们讨论的，正是一个临时政府的基础结构。

但临时政府的计划根本没有实施，部分原因是1988年11月阿拉法特宣布他将发表一份独立宣言，地点在阿尔及利亚，而不是"侯赛尼文件"提议的耶路撒冷尊贵禁地，而且其中也不会提及建立我们自己的政府。执笔那份宣言的是巴勒斯坦大诗人马哈茂德·达尔维什（Mahmoud Darwish），所以通篇文字震撼人心、用词优美。但在我看来，这份宣言也有些耽于崇高的词句而流于表面，而缺少终止占领的务实性建议。

不过，就算没有建立实体的政府，独立宣言本身也是很重要的里程碑，和其他所有人一样，我对宣言翘首以待。在拟定公布的那天，我和几个朋友去了耶路撒冷旧城的几个清真寺和教堂，请神职人员在指定好的时间敲钟，把大家都吸引过来。我的计划是将数万人聚集在尊贵禁地，将宣言读给他们听。我希望，一个被占领的民族，一个正在大起义的民族，能够聚集在我们这个民族的宇宙中心，共同庆祝独立。

宣读宣言的那天，以色列突然在被占领土和东耶路撒冷实施完全的宵禁政策。那是我记忆中最为严苛的宵禁，我们的生活仿佛就这样戛然而止：街道上看不到汽车、行人，甚至仿佛鸟儿都消失了。在这里应该说明一下，对我的家人们来说，宵禁算是因祸得福，因为无法出门，我终于能有大段的时间陪孩子们了。

不管宵禁不宵禁，我都决心要赶往尊贵禁地。所以，我无视当局的规定，一头扎入这城市诡异的寂静之中，步行跨越了两个山谷，直奔橄榄山，通过父亲墓地所在的狮门进入了耶路撒冷。只有很少的几个人和我一样成功到达，其中大部分是清真寺的神职人员，住处就在附近。汉纳·西尼乌拉和他的基督徒妻子也到了场。坚持不信教、保持世俗生活的汉纳，举目眺望着古老圣殿山上的尊贵禁地。他很可能从未涉足过那里，更未曾与这么多神职人员结伴前往。

我们全部走进了阿克萨清真寺。在事先说好的时间，圣墓教堂的钟声响起，四处的尖塔上都是悠扬的召唤声。所有人共同庄严朗诵属于我们的独立宣言：

巴勒斯坦，是三种一神教的信仰之地，是巴勒斯坦阿拉伯人民发源、成长、发展、茁壮之地。因此，巴勒斯坦阿拉伯人民确保其民族自身、国土与历史之间永恒合一。

面对异族侵犯的意图，巴勒斯坦阿拉伯人民彻底贯彻对历史的坚定不移，塑造了国家民族的身份认同……受到亘古至今的文明与文化的滋养，多样性与良善的传统之鼓舞，巴勒斯坦人民得由其自身与祖先基业团结而统一，扩充规模。来自圣殿、教堂与清真寺的召唤，赞美造物主，歌颂悲悯与和平，这就是巴勒斯坦诚心想要传达的信息。为了自由与祖国，巴勒斯坦阿拉伯人民代代相承，不惜献身投入战场，连成人民反抗不断之链，为国家独立，我们的意志有了英雄的化身。故而人民奋战不已，胜利将至……

接下来的几个星期，我加紧呼吁谈判磋商。在法塔赫刊物《黎明报》的英文版中，我公开呼吁巴解组织展示自己的影响力，实现人民的心愿，给大家想要的和平。我敦促巴解组织拿出一个和平战略。那篇文章题为《巴解组织代表的是人民，而非巴解组织自己》("The PLO Represents the People, Not Itself")。

我希望以色列公众也能广泛接收到我的信息，所以重申了之前的观点："两国方案"符合双方民族的自身利益。不过也指出，这个选择的机会可能会从我们手中溜走。"民众接受'两国方案'是需要心理准备的，巴勒斯坦人的这种心理并不会一直持续。现在，这是巴勒斯坦民族的心之所往，但要是这种希望开放、和平的心情得不到回应，也会很快消退。这情绪仿佛一颗流星，虽然非常接近，也可能转瞬即逝。所以必须趁接近时，看准时机抓住它。"[1] 我重申自己以前的观点，暗示说，要是不小心的话，以色列人面对的可能就不是争取独立的和平运动，而是一场声势浩大的反种族歧视运动。

那些日子，我的心情在1989年圣诞节寄给德斯蒙德·图图

（Desmond Tutu）*的一封信函中有所体现：

> 尊敬的阁下：
>
> 　　在这个全球和平的日子，在这片和平的土地上，渴望和平的人们视您为和平的使者、人类道德力量战无不胜的化身，欢迎您，爱戴您。无论是在南非还是巴勒斯坦，对强权歧视、不公与抢夺人民权益发起挑战的，正是人民意志，以及他们对自由和公平的渴望。人类历史上经历过无数次这样的战斗，我们对种族歧视与排外主义的共同抗争，是其中一场；而这种斗争的化身，正是和平的先知；今天，我们庆祝的恰恰就是他的生日，我们歌颂他为推动人类事业所做的努力。

　　我的公开立场从以色列官方得到的唯一回应，是专门负责跟踪我的辛贝特探员更为勤勉的监视。雅各布和他的同伴们很有方法地完善着他们的工作图表，试图准确指出我在领导层的位置。就算还没拿到证据，他们也开始对我展开迂回的攻击了。从一开始，他们的进攻路线就是蓄意制造恐惧。他们很可能做了个心理侧写，确定控制我的最好办法就是用我最爱的东西去威胁我。而我最爱的，不是名声、事业或个人的生死与健全，而是我的母亲、我的妻子和我的孩子们。

　　一天晚上，我正和家人一起坐在家里看电视，突然听到门外响起嘈杂混乱的脚步声。有人在我们用来停车的后院活动。我立刻打开中庭的灯出去了，结果发现有三个肥胖的蒙面人围着我那辆破旧的欧宝车，有个人手里拿着汽油桶和一块破布，显然是想把车给烧了。我大声呼喊并朝他们跑过去——这是非常愚蠢的行为，我当时

---

* 1984年诺贝尔和平奖获得者，获奖理由是他在南非反种族隔离运动中作出了巨大贡献。

第二十章 审讯

穿着拖鞋,手上唯一的武器就是电视遥控器——但也成功将他们赶走了。他们很可能以为我是个保镖,所以落荒而逃。

几位邻居听到我的叫喊也跑来帮忙。我们绕着房子转了一圈,看有没有什么财产被破坏。一位邻居指着一面墙上刚刚喷上去的涂鸦:"比尔泽特的先知……"这句话并没有写完。我觉得这看着像通敌者的杰作。第一个线索是,那几个人看上去都是人到中年且大腹便便,而哈马斯通常会派年轻机敏的激进主义者来参与这类任务。他们的计划是烧车,然后喷上这个涂鸦,让我以为是穆斯林的某个派别因我那些反伊斯兰教的异端思想而敌视我。这样一来,大家就会认为,我在各个派别之间的奔走调停不但失败了,自己还成了他们共同的仇敌。

这是我本能的想法,后来得到了证实。我的朋友阿比德·哈利姆四处打听了一下,我们通过当地加油站工人了解到,那些人就是在那里买的汽油,他们都住在这个地区,是大家都知道的通敌者。

还有一次,辛贝特利用传单搞了个伎俩。以色列安全部门有时候也会自己发传单,署名是某个被捏造出来、我们闻所未闻的巴勒斯坦"派系"。这种传单有好几个用处,其中之一就是迷惑大众;效果更好的时候还能挑起争斗或内讧。"传单战"是以色列的进攻手法之一,要从内部攻破起义者的意志。

其中一张传单似乎送到了被占领土上每一家的信箱里,内容里公开抨击我是个"沙龙王子"。这样说的人脑子里想的可不是马基雅维利*。之所以称我为"王子",是因为我出身于一个所谓的高贵家庭,而且一双"清白无辜的手"并不像那些真正的起义人士一样,满手滴着真实的血泪。意为我这个人,在巴勒斯坦同胞于枪林弹雨中奋勇冲杀的时候,还在阿尔卑斯山悠闲度假。手上没有沾血的人,

---

* 马基雅维利的著作《君主论》英文题为 "The Prince",直译即"王子"。

无权染指政治，也绝对没有资格谈论和平。（为了让一些被捕的统领团成员透露我在起义中起的作用，审讯者列出我频繁出国的记录，想证明当这些同志在监狱暗无天日之时，他们这位贵族朋友正在阿尔卑斯山滑雪呢。）

一位以色列记者问我，对于这些恶言毁谤的传单，我有什么感想。他的预设肯定是我会很不快，因为之后我的回答让他难以置信地不停摇头——"他们说我有一双'清白无辜的手'，这有什么可不高兴的？谁要真能有一双清白无辜的手，那可全靠神的恩赐啊。如果我的双手清白无辜，那我只会感恩。我也祈祷，以后双手能变得更清白。我也很感恩我的同胞能见证我享有这份福泽保佑。"

1989年，辛贝特和特工雅各布进行了新一轮的搜捕，这回他们很幸运，逮捕了被占领土上法塔赫的最高代表，也是我非常崇敬的一个人物。起义伊始，他就立刻上了以色列的重点通缉名单，被迫找地方藏身。起义的两年中，他一直都很低调。

我们俩偶尔会碰面，从中安排的人是法赫德·阿布·哈吉。法赫德会安排我们俩在民宅的地下室或田野中等任何能说话的地方进行密会。之所以冒着这么大的风险接头，主要目的是由我向他说明那些传单中列出的法塔赫战略；而他则将这些消息转述、散布到法塔赫的组织网络中，之后再告知我网络中的新进展。我们还在另一个方面进行合作，就是对起义方进行经济援助。我把从国外走私回来的现金交给他，他再转交给那些被通缉的逃亡者。

一听说他被捕，我就感觉仿佛被人突然刺了一刀，很痛。那是一种感同身受的痛，随之而来的还有恐惧。我很清楚，审讯者一定会使尽浑身解数迫使他开口。

几个星期后，我接到一个电话，叫我去俄罗斯侨民区的监狱。我一到地方，就有以色列军官迅速将我从接待处押送经过一个布满

第二十章 审讯

卷曲生锈的铁丝网的区域，进了监牢，又直接把我带到一间审讯室。他们并未对我正式问罪，所以我知道这次时间不会很长，除非我说漏了嘴，不小心透露了什么信息。但他们为什么要把我带到监狱的审讯室？要问问题的话，在办公室或俄罗斯侨民区的任何一个房间都行，何必大费周章地进监狱呢？

负责审讯的人真是直截了当、开门见山，没有介绍，没有寒暄，没有假模假式的幽默，直接通知我说，从一个犯人那里逼问出了关于我的信息，情节很严重。现在他们手里握着证据，证明我不仅和被占领土上的法塔赫头领保持联系，还给他送去了大量的金钱。

这是个陷阱，我没上当。我不跟审讯者说话，而是开始观察起自己的指甲。我一边思考，一边心跳加速：要是审讯者真的逼问出了什么，他们要做的肯定不是吹嘘自己调查成功，而是用种种罪名控告我。他们显然是怀疑这位犯人和我有合作，但就是证明不了。他们这是在诈我自己承认，这样就能对我们提出指控了。饵在那里，但我不会咬钩。

"是啊，"我云淡风轻地对他们说，"我以前应该是见过这家伙。"接着又补充说，除了那次很随机偶然的见面，我根本不知道他是谁，与大起义或法塔赫到底有什么关系。我只知道他接近我是因为我是公众人物。就这些，没别的了。"很多人想跟我聊啊，也包括以色列人。我是个教授嘛，你们也知道。我这个人又很讲礼貌，根本不懂拒绝。我在圣地通讯社的工作又需要见各式各样的政治人物。"

审讯者一口咬定他们已经抓住了我的把柄。于是我改变了战术。"这个胆小鬼，想不到居然还是个骗子，"我如此评价那个犯人，"他到底为什么要陷害我啊，肯定是为了给他真正的联系人打掩护。"

好几个小时，我们就这样你来我往、兵来将挡：他们坚称证据确凿，而我承认见过这个犯人，但坚定不移地否认其他事情。最终，他们明白这个计策无法奏效，就把我放走了。

之后他们又逮捕了更多人。一次围捕行动后，以色列人不仅抓住了好几个统领团成员，还抓走了伊扎特·加扎维和哈姆扎·斯马迪，后者是我在圣地通讯社的同事，每月帮我做与传单相关的工作。

所有被捕的人都被带到佩塔提克瓦的特别监狱中。有好几个星期，我都无法打听到任何跟他们有关的消息。本来，律师通常能稍微打听到被捕人士的下落、罪名和被对待的情况，这次却是死一般的寂静，一星半点儿消息都没有。

一直等到两年后哈姆扎出狱，我才听说那些噩梦般的审讯。其中一间审讯室的墙上有块黑板，审讯者在上面写下几个名字，再互相连上线。最上面的一个名字就是我的巴黎联系人阿布·塔里克，下面紧接着就是我——萨里。再下面又写了几个别的名字，包括哈姆扎和他的狱友们。有些名字之间用实线连接，有些打着问号。被审讯的人要来填空，证实这些人之间的联系。特别是能不能建立正式的联系，证明统领团的法塔赫代表是直接听令于我的；又或者，我一直以来对以色列人说的都是真的，就是有很多人上门来找我，其中有些人恰巧是统领团成员，这事跟我没关系？

辛贝特的那些情报专家已经厌倦了被欺骗、被玩弄的感觉。他们一次次地围捕统领团成员，每次都认为已经完全斩获了领袖团体，结果到下个月的9日，又会发现有个无形的网络一直在暗中运行，一切还在继续。渐渐地，他们也开始发现那些暗处的秘密，又真的抓到了一些高阶囚犯，当然要好好拷问一番。

审讯的手段可谓残忍至极，有4位曾经多次入狱，承受过数百小时审讯而面不改色的英雄也没能忍住，开了口。其中之一就是我的朋友，曾经和我一起办过报纸的法赫德·阿布·哈吉。审讯者把他扔在一间完全封闭的小黑屋里长达25天，让他站着，并用锁链铐在厕所门边，这样他根本睡不着。每天只有那么一小会儿可以取下铐子，吃点东西，清洗一下。一次，一个审讯者狠狠地打了他，

第二十章 审讯

害得他暂时性失明了。

最终，他们迫使他签了一份告罪书，还按了手印，以增强真实性。"以真主安拉的名义，"告罪书的开头这样写道，"我，法赫德·侯赛因·艾哈迈德·阿布·哈吉，作出如下供述……"

……1988年9月左右，祖海尔·凯希（Zuhair Qaisi）告诉我他是大起义统领团的成员，请我帮他传信。当时以色列当局正在通缉他。祖海尔叫我送一封短信给萨里·努赛贝。我答应了……给萨里送了信，他给了我大概4,000约旦第纳尔［约12,000美元］，叫我转交给祖海尔，我也照办了。我还在萨里和祖海尔之间传了好几封来往信件。

有好几次我都从祖海尔那里将传单稿件送给印刷人。1988年12月6日之前，我还在祖海尔和阿卜杜勒·法塔赫·舒哈德（Abdul Fattah Shuhaded）之间传信。两个星期后，阿卜杜勒·法塔赫到比尔泽特大学来找我，请我转交一封信给萨里，并从萨里那里拿给大起义的钱。我把信交给了萨里，两天后他给了我10万约旦第纳尔［约30万美元］。我把钱转交给了阿卜杜勒·法塔赫。同时阿卜杜勒·法塔赫又给了我一封给萨里的信。萨里给了我8万第纳尔［约24万美元］，让我交给阿卜杜勒。

另一个犯人的供认更让我难逃罪罚：

我，签名人，作出如下供述：1988年8月18日，我获释出狱，在法拉难民营住了一个月，然后回到了比尔泽特村的家中。两个星期后，祖海尔·凯希来到我家，说是探望被释出狱的我。我们闲聊了狱中的生活。后来他又来找我，告诉我他遭到当局通缉……叫我去找哈桑·阿比德·拉布（Hassan Abed Rabbo），一个耶路撒冷记者联合会的工作人员,把一份传单的草稿带给他。我记得应该是"第 32 号传单"。

那段时间祖海尔找到我,告诉我萨里·努赛贝那里有支持起义活动人士的钱,叫我去耶路撒冷的萨里办公室拿钱。第二天我找到萨里,告诉他是祖海尔派我来找他拿钱的。(我是 1985 年在比尔泽特大学学习期间认识的萨里,我上过他关于巴勒斯坦的课。)

萨里告诉我钱还没到,两天后再来。两天后我又去了,发现钱已经到了。他在美国侨民酒店门口给了我 8 万美元……两天后我又从萨里那里拿到了 5 万美元,他是从车里(一辆灰色的欧宝阿斯科纳)递给我的……又过了两天,萨里在办公室里又给了我 5 万美元。

还有一份句句属实的供述,和其他供述一样,为辛贝特填补了一些关系图中的空白:

以神之名,我作出如下供述:法国法塔赫组织的阿布·塔里克指派我统管对第 33 到 35 号传单的建议工作。阿布·塔里克还指派我统管往传单上加评论的过程。他给萨里·努赛贝打电话谈论过相关问题,并且通知他我要去找他。阿布·塔里克、萨里和我之间经常进行电话交流。

我和萨里·努赛贝见了面,对传单提了意见,然后传单就被传送给哈桑·阿比德·拉布……最终拍板第 33 到 35 号传单内容的是萨里,因为他是被占领土上的法塔赫最高领导人。我是自愿亲手写下这份供词的。

我们不可能用非黑即白的二元论观点去看待巴以冲突,情况并

第二十章 审讯

非一方完全光明，另一方完全黑暗。因为正当你兴高采烈，认为自己这方完全正义，而敌方的所作所为完全是野兽行径时，自己这方的人就会搬起石头砸自己的脚，而敌人则会做一些看起来很正确的事情。

1990年年初，以色列显然是占着上风的。他们想攻破统领团和大起义的领导层，将领导人一个个拿下，他们作出努力，并且初见成效。情势日渐焦灼，陷入僵局，每天都是折磨，双方力量的悬殊也开始显现。巴勒斯坦人起义伊始的那种高涨的同心与团结开始瓦解，原因也完全可以理解——商店停业，工人罢工，学生罢课，搞得经济形势无比糟糕。为了家人得以果腹，工人们开始回到以色列人给的工作岗位。"耶路撒冷文件"中所说的抵制行动，是非暴力不合作运动不可分割的一部分，但面对残酷的生存现实，这种抵制已经很难进行下去了。

起义活动人士想强制阻止工人到以色列人那里去讨生活，出现了很多怪诞的场景。这样一来，双方免不了发生一些龃龉争斗，进一步破坏了社会结构。起义疲态渐显。

从一开始，我们就是进攻方，先是爆发反抗行动，然后是"十四点""耶路撒冷文件"，还有独立宣言。如今，我们这个民族革命的创造动力似乎只剩下厌恶——对占领恶行的厌恶，以及对我们自己的不齿——为了吃饱肚子，竟然只能伸手向敌方讨生活。

现在，角色发生了转换，采取主动行动的变成了以色列。国防部部长拉宾已经认识到，要挫败作为政治进攻的大起义，对我们进行身上的折磨，让我们断骨流血是没用的；有效的对抗武器是以色列的外交攻势。

拉宾是个相当讲求实际的人，对意识形态有种天生的怀疑，总是更倾向于见机行事。他要在外交方面找突破口，找来的专业人士是雅各布·佩里（Ya'akov Peri），辛贝特的领军人物。佩里通过自己的人脉网络，和各个地方的巴勒斯坦领导人联系，对他们提出了一些建议，后来出现在"沙米尔计划"（"Shamir Plan"）中。

雅各布·佩里到狱中探视了费萨尔，两人讨论的核心是在被占领土上举行选举。他还联系了哈马斯的领导人，看他们对此事有何打算。（之后不久，艾哈迈德·亚辛就被释放出狱了。）

与此同时，佩塔提克瓦的四位统领团囚犯突然发现狱方对自己不太一样了。牢饭变好了，枷锁消失了，狱卒用礼貌得甚至称得上恭敬的态度，把他们引到监狱另一区的某个房间，这次那里没有刑架，而是一张谈判桌。这次，审讯者竟然和他们谈起了政治。"大起义领导人真正想要的是什么？"这些以色列人按照佩里的指示，探问囚犯们的意思，"他们真的像传单上所说的那样，希望通过谈判磋商争取和平吗？"

谈判就这样持续进行着。当中提出的一些问题似乎是直接来自"十四点"（比如从各个人口中心撤军），有的则是我们与阿米拉夫的谈话中提及的。双方讨论着一个个问题，以色列人一直在记笔记。五天的对话之后，辛贝特的人草拟了一份一页半的文件，大致给出了一个框架，要通过谈判得出巴以冲突的解决方案。草案的核心部分就是举行选举。抓捕者和囚犯进行如此的思想交流，真是前所未有；你来我往中，只有一点悬而未决：囚犯们强调——被打到半盲的法赫德尤其直接和坚定——要是没有总部设在突尼斯的巴解组织领导人的背书，双方的协议根本无从谈起。

"这个我们清楚，"以色列官员回应道，"但巴解组织的领导人如何参与进来呢？你们有什么建议？"

"这个问题，我们要先询问一下领导们。"犯人们告诉对方。对方问都有哪些领导，犯人们提到了费萨尔和我。"没问题啊，"对方说，"你们要是想，我们都可以把他们带到这里来见你们，你们直接问就可以了。或者给他们带个信，看他们怎么说。"犯人们当然都比

第二十章　审讯

较紧张，怕把我们带入陷阱，于是要求见费萨尔的律师贾瓦德·布洛斯。

贾瓦德是阿拉伯裔以色列人，也是大部分重要巴勒斯坦政治犯的首选律师，以色列安全部门的人已经很熟悉他了。他性格很合群，会说希伯来语，穿着打扮总是一丝不苟、无可挑剔，令这些安全人员很欣赏。于是他们和贾瓦德联系，请他来探视四位犯人。他和犯人们聊天，了解了他们的供述和之后谈判的情况。

贾瓦德从监狱回到耶路撒冷，直接来到我在阿布迪斯的家。"萨里，我刚刚见了四个人，他们告诉以色列人，写传单的人是你。他们在供述书里说你和费萨尔是大起义的领导人。"我刚刚把气喘匀，他就递给我那份一页半的文件，并告诉我以色列人希望这份草案能够转交到突尼斯，但那些巴勒斯坦政治犯说要给我先过目一下。

贾瓦德出了我的家门，又径直去找了费萨尔，给他讲了整件事情。费萨尔第一反应就是怀疑以色列谈判的企图："那些傻瓜，应该马上停止谈判！"

而这边厢，我立刻通过巴黎的阿布·塔里克将文件传真给了阿拉法特。都走到这一步了，我也无可隐瞒了。游戏结束了，以色列人清楚我做了什么，我也不用再演戏了。

阿拉法特没有回复传真。

* * *

以色列总理沙米尔肢解了佩塔提克瓦文件，用他的"沙米尔计划"取而代之，计划的核心完全和通过谈判达成和平的目标背道而驰。计划中谈到了选举，但只是想借力打力，用以平息大起义，并没有说明选举之后的措施。整个计划不过是"以色列之梦"的老调重弹，要夺取我们最好的土地，然后留下我们清扫混乱的街道，自己开挖下水道。计划中只字未提以色列撤军,没有说要将水等资源还给我们,更没有提到要清除定居点或军事基地。而计划中的结论是什么呢?想要选举,前提是回归日常生活,没有抗议,不要投掷石头,不要叛乱,不要大起义。这个所谓的"计划"只有一点让人困惑,就是沙米尔和他的同僚竟然认为我们会上当。

说来也怪,宣布"沙米尔计划"时,亚辛也发表了声明,表示在被占领土上举行选举是"喜闻乐见的一步"。这位头领都已经对以色列人发动恐怖袭击了,竟然还在搞乡村联盟政治。毫无疑问,他这是要以真正愿意对以色列妥协退让的温和派为代价,进一步做大做强自己的组织。

我感到困惑,但也很愤怒。历史又重演了,这本是一个可以载入史册的大好机会,可以通过真心实意的谈判和努力,达成真正的和平,居然又因为心胸狭窄的政客固执己见,用了阴谋诡计,浪费了这大好时机,一切成了泡影。已经有那么多人抛洒了热血,我不可能坐视事态恶化。我在萨拉赫丁街的圣地通讯社办公室中废寝忘食地工作,尽全力要揭露"沙米尔计划"的骗局。我写了一份声明,告诫国际社会和以色列公众,要警惕该计划真正的企图。(1992年,经过投票,沙米尔下台了,那时候他才透露自己当时的真实目的——"我们会把自治权挂在嘴边,说上十年;与此同时,我们又笼络了犹地亚和撒马利亚50万人的心。"[2])

1990年6月,一个炎热的夏日早晨,负责监视我的辛贝特探员雅各布带着他的人和一群士兵一起出现在圣地通讯社。当时还早,我还没到办公室。他们把我所有的文件和电脑硬盘都收起来,放在箱子里。"如果被我们找出了什么,"他们朝我的秘书丢下一句警告,"就会把你锁进洞里,把钥匙扔掉。"

雅各布一出现在门口,秘书就给我打了电话,我也马不停蹄地往那边赶。通讯社外面围满了边防警察,这群人可是最爱乱开枪的。

第二十章 审讯

我推开他们一路跑上楼。"你们在干什么啊?"我一进办公室就发出质问,"这是一间事务所,我们在这里谋生。只有这样,我们才买得起面包。"

"那你去买蛋糕呗。"一位军官以玛丽·安托瓦内特(Marie Antoinette)式*的残忍玩笑打断了我。他们下令将我们赶出办公室,然后把金属门关上、焊死,大门口贴上了一张军令:政府下令,通讯社关闭两年。之后不久,希伯来语的媒体上开始出现各种报道,说以色列安全部门手里拿着供述书,上面有我的所作所为。有篇文章在标题中说我是"给大起义发薪水的人",就像黑手党中负责发钱维持各个活动的会计。工业贸易部部长沙龙利用这些供词为自己助力,进一步游说各方,想将费萨尔和我驱逐出境。信仰者集团的头领们把这个心愿挂在嘴边已经多年了。沙龙对内阁同僚坚称,只有将我们驱逐出境,大起义才会结束。他还将美国入侵巴拿马作为成功经验举例。在当时里根治下的美国,"一个民主国家决定进行自我防卫,因为发现自己的公民受到威胁。如今,以色列的问题也是迫在眉睫,应该对那些威胁犹太人生命的人采取同样的手段"。

沙龙提出的解决方案引起了一些连锁反应。一天,我开车经过西耶路撒冷的一条街,看到一群以色列人举着横幅,站在总理家门口,其中一些还是孩子。一个小女孩手里举着一张比她大很多的海报,上面写着:驱逐努赛贝。曾经挥舞锁链殴打阿拉伯人,也曾属于阿米拉夫阵营的学生负责人察希·哈内戈比,公开呼吁对我进行审判。

佩塔提克瓦的囚犯回到了各自的牢房。在针对他们的控告书(分别是第108/89和109/89号)中,政府公诉人说的有些是事实,

---

* 这是一个类似于"何不食肉糜"的故事。玛丽·安托瓦内特是法国国王路易十六的王后,以生活奢靡著称。据说有一次她听说农民闹饥荒,连面包都买不起,她的回复竟然是"让他们吃蛋糕呗"。而蛋糕其实比面包更昂贵。

有些是错误的。他指出我是输送大起义资金的渠道,并负责"为大起义起草报道和传单",这是对的。而有些就是胡编乱造了,比如指控我支持朝以色列人"投掷燃烧弹",还支持"持刀械斗"。[3]

通讯社关闭后,我的"非法活动"已经降到了最少。一开始,我将行动地点转移到了母亲家。反正我要做的事情也减少了,因为费萨尔出狱了,可以重新担起我在他入狱期间担任的领导责任。

淡出公众视线令我很是解脱。在我看来,起义已经陷入困境了。我仍然参与一些致力于促进巴以对话的团体和外交会议,偶尔写一两次传单。但我心中的大起义精神已死。如今,这场事业唯一的作用就是带给我漫无目的的痛与苦难。

到了11月,我的追捕者已经有了充足的时间,他们查阅了我全部的文件档案和电脑硬盘。他们命令我回到俄罗斯侨民区接受质询。这次雅各布带了三个穿便衣的军官,都能说点阿拉伯语,还算听得过去。说得最流利的那个人说话最多,他指着一摞文件,说这些是"煽动性的材料和文章",叫我认一认。"我的律师不在场,我什么都不会说的。"我回答道,还假装打了个哈欠,补充说这堆文件"似乎基本上"是我办公室的,都是些"外部资料",是工作需要。我请他们不需要了就给我还回来:"我得干活儿谋生呐。"

整整四个小时,他们一直拷问我有关大起义的问题,同时也告知我,在政府的眼里,我早就已经犯了无法饶恕的罪行。他们没有明说什么,但一直坚称我是在"危险地带",还暗示我未来的命运,说他们马上就要签发一项命令,驱逐我的朋友萨米尔·斯倍哈特,就像已经遭此命运的马尔万、贾布里勒·拉杰布、穆罕默德·达赫兰和阿克拉姆·汉尼亚一样。他们掌握的信息也足够将我驱逐出境,或判我多年监禁。

我没松口,还是坚称大家只是喜欢和我聊天对话。"不对,不对,不对,你们都错啦,"我拿出对待他们应有的演技,拍胸脯保证道,"我

第二十章 审讯

可没什么组织。我只是认识很多人嘛。我怎么可能知道这些人参与了大起义呀？"我也知道他们不相信我。

他们花了几个小时，把怀疑我做的事情和各个犯人说我干过的事情，桩桩件件列举了个遍。我继续演出难以置信的样子，同时一直尽全力掩饰自己颤抖的双手。

两个小时之后，他们改变了策略。审讯仿佛结束，他们开始"表演"，气氛变得轻松，他们互相打趣，全都喜笑颜开，不但对彼此笑，更是对我笑脸相迎。

讲了几个笑话后，他们笑着看我，仿佛已经忘了之前的对话，提了几个非常阴险的问题，声音语调变得非常粗俗，仿佛街头流氓。

"你老婆是英国人，对吧？"（他们重复了几次"英国"这个词，每次都会窃笑。）"她叫啥来着？露西，对吧？露露西西。"（几个人又窃笑起来。）"她开一辆红色标致车，是吧？"一个人开心地大喊起来。"对的，黄色的车牌。"另一个人帮腔。"跟我们说说吧，"雅各布看着我，语气严肃了些，"你难道不担心别人把她认成以色列人吗？特别是她开车回你在阿布迪斯的家，她的卷发别着发卡，真好看呐。什么事情都可能发生的。那些大起义的自己人，很可能把她当作敌人的。"（"哈哈哈哈哈！"）"你那些传单，简直是燃烧弹哪，她说不定也会坐在车里被燃烧弹烧死。"这话说完，一个军官摇着头，假心假意地向我表示同情，"可怜的露西啊。"之后是片刻的沉默。

他们又找到了新角度："你有三个孩子，大儿子叫……贾迈勒，对。金发，是吧？贾迈勒，哈哈，阿拉伯语里面这不是'美人儿'的意思吗？"周围一阵大笑，"另外两个……在一个学校上学,对吧？就是新门里面那个学校，对吧？在那儿开车想掉个头都不容易。"

阿拉伯语说得最好的那个人以非常详细准确的细节，描述了露西每天开车穿过新门送孩子去上学，下午又去接他们放学的路线。他很清楚露西什么时间在哪里。他还阴恻恻地补充说："你知道那条狭窄的街道有多危险吗?人们站在那儿,有时候士兵就会开枪。你想想,突然有人示威游行,露西刚刚开车过来,没法掉头往回开。孩子们也被困在里面。想想就挺可怕的,你说是不是?"

"还有你那位老母亲呢?"他们装出一副很关心她的样子,"她一个人,住在那么大的房子里,是吧?你难道不害怕这种疯狂的大起义中,她会发生什么不测吗?有些人特别疯狂,你应该清楚。"

这个战术持续了五个小时,之后他们放我回了家。时间已经半夜了,我开始思考两段审讯之间的逻辑联系。他们想说的很清楚:我们知道怎么对付你。如果你爱自己的家人,就应该收拾东西滚出国境。

几天后,我和自己的以色列律师阿诺德·斯帕耶尔(Arnold Spaer)先生见了面;他是来自波兰但泽的德国犹太人,20世纪40年代早期曾和我父亲一起学习过。他说自己和公诉人联系过,对方说,政府手里已经掌握了足够判我15年监禁的证据。他们给了我两个选择:要么对我进行公开庭审;要么我就自愿被流放三年,所有罪名一笔勾销。

我面临着食言的风险。多年来,我一直在赞颂那些对抗审讯者的反叛者,现在自己怎么能够屈服于敌方的威胁呢?而且我要付出的代价太大了,可能入狱,也可能被流放。别无选择,我只好忍受着恐惧,继续走下去。

我告诉斯帕耶尔先生,希望能公开庭审,我可以将其作为一个平台,捍卫我们进行非暴力反抗的权利。他将我对指控的回应传达给当局。这回应的主要内容是:"我从未在任何观点中煽动过暴力,也没有呼吁过要清除以色列。恰恰相反,我力主采取非暴力战略,目标是与以色列谈判磋商一个'两国方案'。"以色列人对此无动于衷。后来我才知道,他们在等待一个更为合适的时机。海湾危机将成为他们完美的借口。

第二十一章

拉姆勒监狱

> 我从那里来,我有记忆;
> 生来是凡人,我有母亲;
> 家里开了很多很多窗;
> 我有兄弟,有朋友;
> 还有一间牢房,与一扇冰冷的铁窗。
>
> ——马哈茂德·达尔维什,《我从那里来》

1991年8月,中东地区的关注点从巴勒斯坦的石头与催泪弹,转移到了美索不达米亚平原的"新月沃土",这里曾是吉尔伽美什、加扎利、辛巴达的土地,现在则属于萨达姆·侯赛因(Saddam Hussein)。

萨达姆·侯赛因借口过去与科威特的边境争端,实际上却把目光落在该国石油资源上,开始调动军备,做各种准备。阿拉伯世界情绪高涨。终于有一天,这位独裁者正式发布了命令;一夜之间,伊拉克军队就侵占了科威特。

那天我在母亲家中和她坐在一起,在早报上读到了入侵的消息。"怎么会发生这样的事情?"我带着难以置信的语气问她,心里已经猜到她在想什么了:"政客啊!"我的哥哥扎基一字一句、斩钉截铁地告诉我:"倒数计时开始了。美国军队很快就会进驻中东。"

伊拉克是个如此强大的阿拉伯国家,竟然要朝小小的邻国发动穷凶极恶的猛扑,这实在叫我深感震惊。年复一年,我们一直在指出和宣扬民族有自决权,这是与生俱来的权利,所以侵占行为是邪恶的、非正义的。突然之间,恶霸萨达姆就用坦克和军队碾压了自己的邻居。

我脑子里嗡嗡的,想的全是我们的国家领导人该如何来表达对这次侵占行为的愤怒。费萨尔一声不吭,突然从前门走了进来。(他已经把自己视为我家的一员,而母亲对他也很好,确实把他当作亲人。)通常有大事发生时,我们三言两语就能交流清楚,凭直觉就能彼此理解。

"你听说了?"他说。

"嗯。"

"我们得拟一份有力的声明。"

"已经在想了。"我向他保证。

几个小时之后,我们就发布了一份新闻通稿,是一份清晰且有说服力的声明,表达被占领土人民对这次入侵事件的谴责,并强烈要求伊拉克尊重科威特人民的权益。

遗憾的是,身在国外的巴解组织领导人没能从我们的行动中得到启发。有些人倒是和我们作出了一样的反应,比如法塔赫中央委员会成员纳比勒·沙斯(Nabil Sha'th),以及该委员会的铁腕人物阿布·伊亚德(Abu Iyad)。但组织的最高领导人是阿拉法特,他认为可以利用这次入侵为巴勒斯坦事业赢得一些优势。他选择了站

第二十一章　拉姆勒监狱

在萨达姆那边。

对我来说,大起义已经结束了。我的通讯社被关了,门被焊死了;我的身份暴露了,大起义也已经偏离了非暴力的初衷。没有什么大幕落下,也没有谁来为所有的受害者与牺牲者讨个说法。我们筋疲力尽,就这样结束了。与其说大起义是"砰"的一声响,不如说只不过发出了一声幽微的呜咽。还有更贴切的形容,是一系列的呜咽,最后是阿拉法特站在萨达姆那边,给了我们致命一击。阿拉法特与萨达姆亲吻的场景,让我们无比尴尬难堪,却被以色列抓住了绝好的公关机遇。他们的一个拥抱,我们所有苦苦拼来的成果一下子都灰飞烟灭了。

拉宾当时决定和佩塔提克瓦的犯人谈判磋商,部分原因是他认识到,光是从纯人口统计学的角度,以色列和巴勒斯坦人必须要达成某种共识。但这些初步的试探并没有任何下文。在事情的起起伏伏、上上下下之中,我已经很了解这个地区的政治走势了。沙米尔组建了一个新的以色列政府,将工党排除在外,拉宾也因此被边缘化了。政府制定了一个人口统计学方面的临时解决方案,他们比巴勒斯坦人更明白,这是解决冲突的核心。他们把行动重点从领土侵占转移到从苏联大量引进移民上。

海湾危机给沙米尔壮了胆子,他非常清楚地表示,含糊不清的所谓"自治权"是巴勒斯坦人最有害无益的危险希望。这次,全世界大部分地区都同情他。

在接受《纽约时报》(*The New York Times*)一名记者采访时,我承认,建立独立国家的抗争已经走进了死胡同。我只能打出自己最后的一张牌,告诉他,在沙米尔所谓的"自治权"和只有一个国家但能享受和以色列犹太人平等的权益之间,"我毫无疑问会选择平等"。

无人倾听我的声音。反正，全世界的兴趣都已经转移到可能开战的主要舞台上了。美国、欧洲各国和阿拉伯大国的政府，这些主要势力都开始粉墨登场。巴以冲突现在只是助兴杂耍罢了。

大起义虽然可耻地终结了，但我也赢得了急需的时间。之前多年，情势要求我不得不像变色龙一样随机应变：形而上学理论家、教授、工会活动家、反叛权威者、媒体人、伪君子。现在，我能稍微做回真正的自己了。我更多地陪伴家人，和已经大大缩小的学生活动人士圈交往，和我的出租车司机朋友们交谈。我也有了更多时间去思考和写作。

美国华盛顿特区中东和平研究所（The Institute for Middle East Peace）所长默尔·索普（Merle Thorpe）提出了一个想法。他希望能找到一名以色列人和一名巴勒斯坦人一起想办法，联合描绘出一幅"两国方案"的图景。纽约出版商FSG（Farrar, Straus and Giroux）同意将最终成果出版成一本书。

这个联合思维实验从未进行过实践。巴勒斯坦这边的"两国方案"一直停留在理论阶段，仿佛是在聊火星上的未来殖民地。有的以色列人曾经想过将想法变成现实，其中一位就是特拉维夫大学贾菲战略中心（Jaffee Center for Strategic Studies）的以色列裔加拿大学者马克·赫勒（Mark Heller）。

我立刻同意了这个想法。也许时间到了，要迈出关键的一步了。我撰写、签发过呼吁建立巴勒斯坦国的文件和传单，现在，新的计划能让我有机会来描绘建国的蓝图。

默尔·索普将马克和我召集到一起，我们开始行动了。马克提出的标题是《没有号角，亦没有鼓声》（*No Trumpets, No Drums*），我不太喜欢，有点民族主义，又有点装腔作势。我希望身在突尼斯的巴解组织领导人也能为实际的国家建设贡献一些想法，于是把写

第二十一章 拉姆勒监狱

好的每一章都寄给了我的朋友阿克拉姆·汉尼亚，他也是和阿拉法特走得很近的一位顾问。

有那么一段时间，海湾危机看上去就像西方势力与阿拉伯势力之间的一场拔河比赛，美国不断发出警告，而萨达姆始终不放下枪炮。在阿拉伯世界，这种所谓的边缘政策分散了人们的注意力，萨达姆在科威特的所作所为鲜少被关注，人们只看他如何耀武扬威，对美国的警告完全视而不见。萨达姆明白，阿拉伯世界就爱看这一点，于是变本加厉，开始要跟这个区域中美国的主要盟友以色列一决高下，让围观群众激情高涨。他自吹自擂，说不仅要击退西方侵略者，还要往特拉维夫发射他著名的"飞毛腿"导弹，这招来西方很多人的嘲笑。如果说，1967年以色列用短短六天时间就让整个阿拉伯世界的军队悔不当初，那么在美国带领下的联合军队都不需要六小时，就能打破萨达姆和他虚张声势营造的"阿拉伯力量"神话。

1991年1月17日，还在梦中的我被电话铃声惊醒。电话来自突尼斯，是我那位被驱逐出境的朋友贾布里勒·拉杰布打来的。"开始了。"他告诉我。美国带领下的国际军队开始进攻伊拉克。当晚，我听到美国有线电视新闻网（CNN）上西方媒体的欢欣鼓舞，他们预测只需要几个小时的摧枯拉朽，就能取得压倒性的胜利。

萨达姆自作自受，这一点我认为是毫无疑问的。但我并不喜欢围绕着西方闪电进攻和胜利的沙文主义语气，将战争描绘成以色列人和美国人在打击共同的敌人，仿佛战争并不是在联合国授权的盟军和巴格达独裁者之间展开，而是"西方民主"对抗"阿拉伯暴君"。这真的有必要吗？为何又要把萨达姆可悲的抵抗作为阿拉伯人的自豪感再次被碾轧的例证呢？基于上述种种原因，我发表了一篇文章，表示反对任何人利用美国的干涉，来"侮辱阿拉伯世界，羞辱阿拉伯人"。

萨达姆开始向以色列城市发射他的飞毛腿导弹时,以色列又迎来一个绝佳的公关机会。在被占领土上,很多人目睹火箭呼啸着划过夜空,往特拉维夫的方向飞去,他们觉得这是个可喜的变化,因为已经看够了巡航导弹和其他"智能"导弹袭击巴格达的电视画面,或者以色列幻影战机呼啸着飞向黎巴嫩的画面。记者们拍下的画面中,巴勒斯坦人在屋顶手舞足蹈,朝划过的"飞毛腿"欢呼。我只好赶快进行"危机公关",如此向英国《卫报》解释同胞的反应:"如果说巴勒斯坦人看到由东到西的导弹非常开心的话,那也是因为从象征意义上说,他们过去四十年来,看到的一直是由西向东飞的导弹。"其实我本该引用英国诗人 W.H. 奥登(W. H. Auden)的诗:"我和公众都知道 / 所有的学童在学习什么 / 对他们施以邪恶 / 他们就报以邪恶。"*

沙米尔最大限度地利用了这些事件,把极右势力"祖国党"(Moledet Party)引入了自己的政府。这个党派的核心政治纲领就是呼吁将所有阿拉伯人驱逐出以色列人祖祖辈辈居住的"犹地亚和撒马利亚"。非要类比的话,就像在美国,共和党要指派一个内阁成员名额给宣扬极端白人至上主义的"三K党"。

温和派巴勒斯坦人再次遭受了巨大压力,这次是因为以色列外交部部长发表了一份文件,警告自己的政府:阿拉法特支持萨达姆,这个错误的后果之一就是巩固了巴勒斯坦领导人集团的内部力量,"让他们不再那么依赖外部的巴解组织领导力量,从而参与到外交进程中"。为了让全世界看到以色列"无人可谈",沙米尔迅速用和阿拉法特一样的腔调描述温和派。数百人被捕。我在阿布迪斯的朋友、长着一张温柔脸庞的阿比德·哈利姆,被判 27 个月监禁。

---

* 这几句出自 W.H. 奥登的诗《1939 年 9 月 1 日》。那天是第二次世界大战爆发的日子。

第二十一章 拉姆勒监狱

由于伊拉克发动攻击，以色列人强行在包括阿布迪斯在内的整个巴勒斯坦地区实施为期 45 日的宵禁。我家离犹太区不远，而飞毛腿导弹是出了名的打不准，里面可能还有化学武器，我们和西耶路撒冷的以色列人一样担心会遭到毒气袭击。我们按照以色列政府的指令，封上了所有的门窗，并情绪警惕得面罩不离手，准备警笛一响就戴上。我们囤积了大量的影片和食物，聚在一起，祈祷吉人自有天相。

因为实行宵禁，我们不能离开家，只能偶尔获准去买些生活必需品。我们和人的接触，就只剩下与家人，偶尔也和家门口百无聊赖巡街的士兵聊两句。"萨里！嘿，萨里！"我还记得一辆吉普车上有士兵朝楼上喊，"快下楼。这儿有人乱涂乱画，你要弄干净。"

我们与外部世界仅存的另一条命脉，就是广播、电视，最重要的是电话。晚上，一枚导弹从头顶飞过，警笛响起又渐渐消逝后，全国上下都想知道刚才的这枚导弹到底在哪里爆炸，造成了多大破坏。在以色列电视台还来不及发送现场图片时，人们会纷纷打电话问问亲朋好友是否平安。我总是按照顺序，第一个打给母亲，然后是亲戚、朋友和熟人。

一天晚上，一枚导弹飞过去以后，我听到一阵敲门声。是我的房东，一个普通的阿布迪斯人，在乡下贩卖家禽。"你看到了吗？"他边走进门边问我。

"看到什么？"我说，也不知道他为什么这么激动。

"'飞毛腿'刚刚飞过去了。"

"看到？你疯了吗？我肯定是跟家人一起躲在桌子下面啊。"我老老实实地说。

他瞪圆了双眼，仿佛看马戏的孩子；我听父亲讲穆罕默德夜访耶路撒冷的故事时，肯定也是这副表情。"就是在漆黑一片的天空中，那枚导弹就突然出现了。速度跟闪电一样，越飞越近。刚到耶路撒冷上空，突然停下了……"

"停下了？在半空中？"我打断他问道。

"是的，就在阿克萨清真寺上方。导弹在上空停滞，行了个礼，鞠了个躬，又瞄准目标，往西去了。我亲眼看到的。"

还有一次，我这位卖家禽的朋友坚持叫我和他一起到阳台上，要给我看样东西。

"你都不想看看吗？"他压低了声音，满含崇敬膜拜，说萨达姆·侯赛因的脸就出现在天空的满月中。"你自己出来看看。"他恳求我。

"不了，不了，我相信你。"我回答道，想继续看电视上在放映的一部电影。

白天，家里的电话总是响个不停。报道巴以局势的记者总是拼命在打探新闻并分析。我几乎一直在跟各种记者谈话，解释巴勒斯坦人产生目前情绪的原因。我也一直和突尼斯的贾布里勒·拉杰布保持着联系，他后来成为我很亲密的朋友和搭档。贾布里勒希望我能一直向他通报当地的最新情况，以及公众情绪的最新动向。

我也一直和一些倡导和平的以色列活动家保持着联系。他们对于以色列媒体所表现的巴勒斯坦人的负面形象表示担忧，希望我们能够发表联合声明，清晰明了地谴责萨达姆发射导弹攻击和入侵、欺凌科威特的行为。我们决定趁下次宵禁解除时亲手来拟定最后的措辞。

时间到了，一群"即刻和平"的领导人驱车前来，领头的是珍妮特·阿维亚德（Janet Aviad），一位真正伟大的和平战士。战争开始前，作为美裔以色列人的珍妮特和一个抽烟跟我差不多频繁的人，一起举行了一场叫人醍醐灌顶的讲座。珍妮特在讲座中作出诊断，"以色列大男人"的心态是阻碍两个民族赢取和平的祸首。我们很快就拟定了声明的文本。确实，通情达理的明智人只要彼此明白对方的基本顾虑，就能很快互相妥协，达成一致。我们共同谴责了暴力行为,并且倡导人人有自由权这样的共同原则。伊拉克必须结束对科威特的占领,萨达姆必须立即撤军。但我们也坚持,巴勒斯坦人要从占领中被解放出来。

几天后,我被捕了。比我更擅长推敲事情前因后果的露西认为,最终让辛贝特行动的,是我和"即刻和平"的联合声明(因为这份声明和那些站在屋顶上对着"飞毛腿"手舞足蹈的形象背道而驰)。他们必须要维持巴勒斯坦人恶魔般的形象,而且雅各布和他的辛贝特战友们还能借此算算旧账。

我曾在脑海里想象过上千遍:你正伏案进行秘密文件的撰写,两个警察戴着有光滑面罩的头盔,穿着黑色的防弹衣,闯进你的家门,一言不发地将你拽了出去,一边一个,架着你走了。(就像我们在宵禁期间看了一遍又一遍的电影《巴西》(Brazil),主角哈里·塔特尔在其中就是如此。)

我的被捕场面比想象中的要平常太多。1991年1月29日晚,露西、孩子们和我正一起看电视上放的电影《一条叫旺达的鱼》(A Fish Called Wanda)。突然间,门外传来一阵纷乱的声音。我把头探出窗外,看到来了几辆吉普车和一大群士兵,在我家周围四散站着。光从准备的火力来看,还以为他们是要围捕萨达姆本人呢。也许他们是在找某个军事地点?我自顾自地想了想,继续看起了电视。

接着就响起了敲门声。露西开了门,士兵很礼貌地告知她我被捕了。"为什么抓我?"我大喊一声,把桌上那碗爆米花往旁边一推,从沙发上起了身。指挥官语带尊敬,简洁地通知我说他是奉命行事。他递给我一张纸,上面签了国防部部长摩西·阿伦斯(Moshe Arens)的名,说我要被"行政拘留"六个月,也就是说,在没有控告也没有庭审的情况下,我会被监禁六个月。

没有头盔,没有黑色的防弹衣,没有尖叫,没有强迫,和《巴西》

里的情景完全不同；相反，军官只是安静地站在那里，带着略带抱歉的神色，等着我收拾东西。露西一再确定我带了一身暖和的睡衣，还有洗漱包。阿布索尔和巴拉克手足无措地转来转去，不知道该干些什么。他们眼睛里都闪烁着泪光。贾迈勒冲进自己的房间，很快又出来了，拿着《银河系搭车客指南》(*The Hitchhiker's Guide to the Galaxy*)的第一卷。(等我在牢房里开始读这本书，才觉得他选得实在是好。)他们把我的双手绑在背后，押着我往外走。我转身看着儿子们，告诉他们，这次就当我又出国了。

开车去俄罗斯侨民区花了 20 分钟。一到地方，他们就把我从吉普车上弄下来，押着我来到门前，登记了一下，把我带到普通囚犯待的侧翼，然后把我关进其中一间牢房。不过我牢房的门没锁，外面的其他囚犯都是犹太人，可以在一定范围内自由走动。

我脑子里闪过一个怪异的可能性：因为"飞毛腿"的关系，以色列人对巴勒斯坦人的不满已经到了歇斯底里的地步，狱卒故意不关门，是想放任其他犯人把我干掉？看看我这些狱友的样子，也不是没有这个可能。他们看着很像杀手，也像吸毒的瘾君子，仿佛被某种恶毒的精灵召唤而来，让这个地方充满邪气。有个人脖子上文了身，还有个人脸上有疤。

我预言的能力一向不稳定，此次就是一个例证。过了一会儿，我坐在床边思考着眼前的一切时，听到那边传来一阵阵大笑。"萨里啊，"那个文身男说着希伯来语，"你听广播了吗？听着，比比［内塔尼亚胡］在联合国说你是侯赛因的间谍网头子。"哈马斯的人经常说我是间谍，我也数不清有多少次了，但这是以色列政府首次说我是间谍，还是在整个联合国面前！

隔壁牢房也传来狂笑。文身男语带轻蔑继续戏谑道："听听这些疯狂的混蛋都说了你些啥呀。"

这个晚上，我成了他们的"座上宾"。"我们有什么能帮你的吗？"

第二十一章 拉姆勒监狱

他们一直在问，还一边给我上茶，送肥皂和饼干。眼前的情景让我想起法农的《全世界受苦的人》，大家不信服现有的制度，因为他们经历过，知道制度有多么不公平、不正当。我实在是大吃一惊。谁能料到在以色列牢房中能遇到这样体面的一群人呢？

夜晚过去，天光熹微，我昏昏沉沉地思考着自己的窘境，想不出他们到底为什么逮捕我。我能想到的，就是沙米尔和他那些安全部门的心腹认为，坚持和平信仰的人应该坐牢。他们是想挫败我的斗志，消解我的希望吗？

满怀悲壮、时时沉思的我很快求助于神灵。《古兰经》中的一段闪现在脑海中：

> 奉至仁至慈的真主之名。
>
> 誓以上午，
> 誓以黑夜，当其寂静的时候，
> 你的主没有弃绝你，也没有怨恨你；
> 后世于你，确比今世更好；
> 你的主将来必赏赐你，以至你喜悦。
> 难道他没有发现你伶仃孤苦，而使你有所归宿？
> 他曾发现你徘徊歧途，而把你引入正路；
> 发现你家境寒苦，而使你衣食丰足。
> 至于孤儿，你不要压迫他。
> 至于乞丐，你不要呵斥他，
> 至于你的主所赐你的恩典呢，你应当宣示它。

还有更多的"惊喜"等着我。

第二天我被转移到拉姆勒的一个监狱，离外祖父的坟墓不远。

就是在那里，我了解到自己罪名的细节。政府在新闻通稿中宣称，他们拘留我，是因为我"为伊拉克情报机构搜集安全方面的信息，从事颠覆破坏活动"。政府发言人说他们抓住了几个伊拉克情报网的成员，其中一些是耶路撒冷居民，言语之间暗示这是一次大规模抓捕活动，我只是其中之一。通常情况下都十分冷静的警察总长罗尼·米洛（Roni Milo）告诉《国土报》，说我"行为情节严重，涉及背叛和通敌"[1]。

官方命令是先将我监禁6个月，刑期从1991年1月31日开始。命令中说，我是"国家安全以及国民身体与心灵健康"的"敌人"和威胁。真正让我想不通的是"心灵敌人"这个罪名。

右翼分子开始大张旗鼓地要求立即将我驱逐出境，甚至有些左翼人士都认为政府这次可能做得有道理。我过去的以色列战友约西·萨里德，也就是我在比尔泽特大学任教时为之辞去联合会职务的人，如今在以色列的外交与国防委员会工作。他说他曾经见过很有说服力的证据，证明我是个特工。就连和我一起起草《没有号角，亦没有鼓声》的马克·赫勒，也认为以色列安全部门绝不会错，相信了他们编造的这个间谍故事。看来，我那位卖家禽的房东并非唯一一个因为战争而发狂的人啊。

比起这些左翼政客，普通罪犯、哲学家、中东政策研究者和小说家，对于政府捏造的事实有着更为灵敏的嗅觉和洞见——至少在以色列是这样——因为但凡还有点常识的人，听到政府针对我的指控，都会不以为然、嗤之以鼻。露西努力奔走，寻找一切有可能的帮助。我通过电话联系自己的律师斯帕耶尔先生，让他转达给以色列公诉人，我被监禁毫无疑问是因为我的和平立场，该立场以承认巴勒斯坦民族权利为基础。我和世界的联系是有限的，但监牢之外，很多人在为我发声。

赛义卜·埃雷卡特（Saeb Erekat）代表我发布了一个声明。"这

第二十一章 拉姆勒监狱

次［逮捕］是在向我们巴勒斯坦温和派传递一个信息，"他说，"以色列的信息是'战后谈判就别想了，因为我们会确保无人可谈'。"

美国作家兼诗人艾伦·金斯伯格（Allen Ginsberg）、剧作家阿瑟·米勒（Arthur Miller）、文学理论家兼批评家爱德华·赛义德（Edward Said）和作家苏珊·桑塔格（Susan Sontag）联名签署了一封信送到《纽约时报》。信中写道："巴勒斯坦知识分子和活动家萨里·努赛贝被长时间拘禁，对此我们感到深深失望……我们深感忧虑，认为以色列政府在利用对抗伊拉克的艰难战争时日，精准打击那些温和且反对暴力的人，而这些人是以公义结束战争，确保以色列和巴勒斯坦能够在战争的余波中得到和平的关键。"《泰晤士报》刊发了另一封联名信，签名的公众人物和来自牛津的哲学家包括以赛亚·伯林、H.L.A. 哈特和彼得·斯特劳森。大赦国际认为我属于政治犯。美国国务院宣布我是"以色列应该与之对话，而不是将其逮捕"的人。我最喜欢的一个说法来自特拉维夫《国土报》的一名特约撰稿人："这个总是昏头昏脑的比尔泽特教授被控为间谍，对此我深表震惊。如果不是个悲剧的话，那就是一出搞笑的喜剧！"[2]

在拉姆勒待了三天，我又被拽上车，来到耶路撒冷的法庭上，他们要在那里正式宣布逮捕令。法庭所在楼的后门聚集了一批我的支持者。我看到露西和孩子们在人群当中，还看到了我在哈佛大学时期的朋友，盖伊和萨拉·斯托穆萨。

到了法庭，我终于得到允许，和斯帕耶尔先生见了面，他满脸忧虑。我被指控为萨达姆的导弹观测员、引路人和间谍头目，这些叠加在一起，可跟区区一个起草传单的罪名程度完全不同。我反而感觉自己该安慰他了。"他们没有任何证据，"我告诉他，向他保证我们胜算很大，"我完全知道他们要提什么，我会把实情告诉你。"

我抓紧时间，尽量言简意赅地告诉斯帕耶尔先生我和突尼斯的贾布里勒·拉杰布进行的一通夜间电话。我们互相打趣一会儿之后，贾布里勒将电话递给了一个想跟我打招呼的熟人，对方是伊拉克驻突尼斯大使。这是战争期间我与伊拉克唯一的联系，我们的对话也十分稀松平常。我跟他说话和跟新闻记者说话没什么区别。我也绝对没有指挥导弹的方向，或者有意去观测它们。导弹经过的时候，我跟露西和孩子们都躲在餐桌下藏身，还蒙着面罩谨防毒气，根本看都不敢看一眼。"以色列人就是不喜欢我的政治观点，说我是伊拉克间谍，就是想叫我闭嘴。这个我们应该在法庭上提出来，质问他们。"我说，"他们的指控根本没有依据。"

斯帕耶尔先生离开了几分钟去和公诉人商议。很快，他回来了。"如果我们质疑传讯，"他带着很肯定的语气说，"公诉人会翻旧账，提出不同的罪名，就是你大起义期间的那些行为。他手里有那些关于你的供述书，可以提出15年刑期。但如果我们不辩解，就维持现状，他会把6个月的拘留减到3个月。咱们怎么选？"

真是艰难的抉择，我开始动摇。我脑中闪过纳尔逊·曼德拉（Nelson Mandela）那张经典的照片，他双手戴着镣铐，朝欢呼的人群挥舞，充满了挑战精神。

但斯帕耶尔先生是非常讲究实际的人，他的劝说让我恢复了理智："以色列的公众现在基本上只关心伊拉克和'飞毛腿'攻击。你即便在证人席上争取巴勒斯坦的自由，谈论非暴力运动，这声音也会完全被'飞毛腿'的爆炸湮没。萨里，选3个月。"这是很合理的建议。

于是之前的行政拘留令就被确认了，不过刑期减少了一半。从耶路撒冷回到拉姆勒监狱，一路上，我略微窥见了自己正要展开的这段个人旅程。

犯人们将在监狱之间运送他们的车称之为"邮车"，仿佛我们是一麻袋一麻袋的信件。和我一起关在囚车里的有一群十几岁的少

第二十一章　拉姆勒监狱

年,有些甚至没满13岁。他们的被捕理由是游行示威、扔石头、涂鸦,或者爬到电线杆上悬挂巴勒斯坦旗帜。看着他们如此斗志昂扬,我真是又惊又喜。他们一起挤在"邮车"里,大笑大闹,互相开玩笑,唱着富有民族主义精神的歌谣。我问他们怕不怕坐牢,他们让我放心,说就像是去参加夏令营,并且说:"我们会团结在一起的。"

说实话,我的铁窗生涯还挺愉快的。从答应出任比尔泽特联合会会长,一直到入狱前,我都在积极参与政治,几乎没有一刻是真正留给自己的。坐牢,相当于给我放了3个月的假,远离可恶的政治。

监狱分为两个区域:一个关押着蓝卡犯人,也就是耶路撒冷的阿拉伯居民;另一个关押着绿卡犯人,即约旦河西岸地区的阿拉伯人。(我在阿布迪斯的朋友纳赛尔·阿凡迪就被关在绿卡区。)我被关押的这边,狱友中有5位来自东耶路撒冷,24位来自黎巴嫩和约旦,要么是参加法塔赫的巴勒斯坦人,要么是忠于真主党的黎巴嫩什叶派。约旦和黎巴嫩的狱友刑期已过大半,正等着被遣送回国。有的黎巴嫩人是被军队抓进来,作为人质进行囚犯互换的。有个来自耶路撒冷的犯人是我的老朋友,刚刚在监狱中改信了苏非派神秘主义。

一开始我被单独拘禁,真是无上光荣的待遇。长时间独自一人,我别无他事,只有安静思考。第一晚,我倾听着远处途经拉姆勒往耶路撒冷去的火车发出的汽笛声。这个悖论可真有意思啊,我心想,外祖父在拉姆勒去世;他的女儿搬去了耶路撒冷;一场战争让巴勒斯坦分裂,拉姆勒被分裂出去了;又一场战争,它们重新合为一体;现在,外祖父从未见过的这个外孙就坐在离他坟墓不远的监狱里,他正努力要将巴勒斯坦分成两个国家。

狱方很快将我分配到一间双人牢房。我这运气碰得可太"好"了,"室友"是个长期服刑的哈马斯成员。

按照监狱日常的标准，他们待我已经很是宽容和人道了。牢房本身非常窄小：长3米多，宽也就1.5米左右。牢房一头有个淋浴，下方是被人叫作"法式厕所"或"土耳其厕所"的设施，就是在地上挖的一个洞。厕所和通往上锁铁门的狭窄通道之间有一道薄墙，墙上开了扇小小的窗户，上面钉了铁条。如果我想舒展下筋骨走动走动，便从床铺边走两步，迈第三步之后就要转身，最后一步就走到门边了。然后我再迈四步原路返回。我就不断这样来来回回，走了一遍又一遍，直到出汗。我那样子肯定像个疯子，或者像一遍又一遍往紧闭的窗户上撞的苍蝇。

每24个小时，我们能到院子里去锻炼60分钟。头10分钟我们三三两两地围着院子快速行进，接着就是踢一场足球赛，通常是巴勒斯坦队对阵黎巴嫩队。每天都在狭小的牢房里被关23个小时，我总是很渴望这45分钟的踢球时间。我不玩英式橄榄球已经25年了，到今天才终于理解，思考与踢球这两件事有着天然的相似之处。

在拉姆勒的3个月，让我对囚犯们精心设计的文化和政治生活来了个全面鸟瞰——可以说是"囚鸟之瞰"，我对这个主题的兴趣已经持续多年了。不可思议的是，我竟然有种自在如家的感觉，就像"邮车"里那些说自己是去参加夏令营的小伙子一样。狱友们对我的案子了如指掌，他们建立了非凡卓越的通信系统，比任何报纸都要更详细、更准确。他们欢迎我进入他们的"俱乐部"，我觉得特别光荣，比塞在家中不知道哪个箱子里的哈佛大学浮雕文凭更可贵。我几乎每天都会听到有人在俯瞰院子的那扇布满铁丝网的窗户前大喊大叫。窗户另一边的囚犯认出了我，叫喊着表示问候。我只能看到他们的指尖穿过铁丝网，但有些人会把自己的名字喊出来，说"还记得我吗？我上过你讲法拉比的课"。

第一次到院子里放风的那天，我四处晃悠着，享受着难得的阳光，一位黎巴嫩狱友朝我走过来，热情而用力地抓住我的手。他是一名法塔赫游击队员，在前往以色列境内进行突袭的途中被以色列海军陆战队抓获。他也和所有人一样，听说了我的案子。他负责询问入狱者，职责之一是看看狱友在接受以色列人审讯时有没有供述什么，如果有，当外面有人面临被捕的危险，他的另一个任务就是设法把辛贝特安插的人——在监狱黑话中叫"鸟儿"——调查出来。他已经坐牢快10年了，正等着红十字会把他送回黎巴嫩。他随时可能会走，所以想尽量多告诉我一些有关狱友们的内部信息。

我们绕着院子散起步来。他无意中提到几年前遇到的一位阿拉伯犯人，他被以色列逮捕的原因是他在柠檬树咖啡馆门口杀了那个德国背包客。但这个阿拉伯人又在监狱中向法塔赫的人坦白，他是以色列安全机构安插的"鸟儿"，那个德国人不是他杀的。这只是他编的故事，好跟犯人们打交道，再把消息传给以色列人。"他没杀人，"这位法塔赫游击队员说，"是以色列人干的。"我一下子就想到1983年街头那位德国背包客的操着阿拉伯语的"女朋友"，她肯定是辛贝特的人。

不踢球的时候，我喜欢跟黎巴嫩真主党的什叶派人士聊天。他们都是非常虔诚的信徒，深受伊朗神学家的影响，他们搜集那些神学家的作品，数量够得上办一间小型图书馆了。看《银河系搭车客指南》看累了，我就看看他们这些神圣的书籍，并和我这些虔诚的狱友展开神学讨论。伊斯兰教有很多分支，而什叶派是其中最具哲学倾向的。他们非常尊重我的自由思想做派，甚至还送给我一份礼物。听说露西的生日快到了，而且知道她是英国人，两个真主党人士在一块白色多米诺骨牌上用拉丁文刻了露西的名字，染上了不同的颜色，在最上面用钉子钻了个孔，做成一个吊坠。他们叫我把这个转交给露西，作为生日礼物。

哈马斯狱友与我共享顶楼的一间牢房，住宿条件相对"奢华"，因为老鼠通常都在比较接近厨房的楼下活动。不过有时候这些小东西也会上楼来看看我们。有一次,一只老鼠成功钻洞,入侵了我们的牢房,在我那位虔诚敬神的狱友鼻子上来了一口。我们立刻把洞堵上了。相对来说更具挑战性的,是对抗多如牛毛的跳蚤和蟑螂。

在监狱里,食物和民族主义一样重要。要提高监狱的伙食质量,需要进行常年的抗争。即便如此,阿拉伯犯人也坚持让有限的食物增添一点味道,更具巴勒斯坦风味。在拉姆勒的日子里,我掌握了一系列的食谱,比如怎么把果汁变果酱,牛奶变酸奶,甚至还学会了烤蛋糕。看着哈马斯狱友将一个空可乐罐变成炉子,我吃惊地瞪圆了眼睛,感觉自己就像在上化学课的小孩。他把人造黄油铺在一张薄薄的厕纸上,仿佛在抹面包,接着把厕纸卷起来,塞进罐子里。他在顶上留了个芯子,用火柴点燃。这个奇妙装置可以用来加热狱方给我们提供的任何蔬菜、罐装食品或鸡蛋。

监狱文化本身就特别丰富,有时候叫人晕头转向,还有些措手不及。俄裔犹太狱卒和一个曾在莫斯科上过学,所以会说俄语的犯人做了朋友,那个犯人被判了27年监禁。而那位思乡心切的狱卒比长期被监禁的犯人还要孤独。两人经常隔着牢房的铁栏杆一聊就是好几个小时。

大家都应该知道,这种高度警戒的监狱,每天点名要来个三次、四次,甚或五次。警棍敲打着牢房的铁栏,一间间敲过去,我们都得站起来被数人头。狱警来到我们这个区域时,我们要站得笔直,不能低头,不能懒散怠慢。我最震惊的是狱警和犯人彼此之间并不会显露出鄙夷的神色。

在狱中,我总是有很多想法,再加上有大把的时间,又没有电话和来访等各种打扰;而且我已经入狱了,也不用整天担心被抓;所以那段时间我读的书和写的东西超过了过去十年的总和。除了被捕当晚我带进监狱里的书和从真主党狱友那里借来的宗教读物,我还读了《战争与和平》(*War and Peace*)。这也是贾迈勒希望我读的

第二十一章　拉姆勒监狱

书。我一直很欣赏托尔斯泰对自由和意志的深刻思考；现在，我已经失去了外在的自由，再读到以前看过的相关章节段落，心中别有一番滋味。一次，贾迈勒来探望我，又给我带了《银河系搭车客指南》的第二卷。母亲则给我送来了她那本陀思妥耶夫斯基的《罪与罚》，书已经破旧不堪。这个书名也许是她的一个玩笑，暗指我在大马士革出生的经历。

《没有号角，亦没有鼓声》的校样已经准备好了，我坐在自己的床位上从头到尾读完了。哈马斯狱友觉得我很好笑："他们都把你抓进监狱了，你还想跟他们谈和平呢？"我还有个更为学术性的追求，就是为期刊《逻辑的历史和哲学》（History and Philosophy of Logic）写一篇文章，评论我在瓦尔堡学院的朋友弗里茨·齐默尔曼写的一本有关法拉比的书。我写好书评，签了名，在回信地址一栏写上"拉姆勒监狱"。（很遗憾，书评发表时，编辑将"拉姆勒监狱"换成了"耶路撒冷"。）

我还开始思考宗教和伊斯兰教，倒不是忽然受到灵光感召，而是因为我的狱友。他和所有的虔诚教徒一样，坚定地相信能从神圣的《古兰经》中得到每天的天气预报，所以一直在捧读。

我始终认为伊斯兰教有着以人为本的基础，其核心与理性思维也并行不悖。感谢母亲，很久之前就在我和神之间建立了联系。中间的多年，我们俩的关系因为冷漠和怀疑而有过中断，他对我这样，我对他亦如是。现在，我们又共处于同一间牢房中了。

表面上看，以色列的监狱也许并不是思考神灵的最佳场所，但在那3个月里，我一遍又一遍地读着狱友的《古兰经》，不放过任何一段，而是从头到尾、一字一句地读。每次读完，我都觉得其中的文字有着极度的理性，引领人探索一个非常精细和巧妙的系统。关于神的奖赏和惩罚，表面上看就是恐怖与愉悦的融合，有些可怕；实际上却很符合一种心理学疗法，引领人们远离邪恶，鼓励向善。

我还注意到一点，就是伊斯兰学者很善于掩饰一些东西，他们当然有很充分的理由，因为这些东西中有些比较激进的含义。伊斯兰教传递给人的信息是，要靠自己，不能够依靠奇迹、神圣天启或天降救兵。我的这点认识，来自穆罕默德降生的故事，他的出现意味着人类的婴幼儿时期已经结束，不会再有天使如父母般与我们轻柔耳语。经过天使传信、圣人神谕和先知告诫的时代，人类的知识发展青春期终于到来。人类终于甩开了儿童学骑自行车时用的"辅助轮"，向理性寻求未来的拯救方法了。

我在读经过程中还得出一个结论，这有关人类的尊严。如果目不识丁的骑骆驼人穆罕默德能够写就真主的启示，那么，按照伊斯兰教的教义，一个人并不天然优于另一个。所有人都是平等的，都能够去追求真知与幸福生活。

露西和孩子们每周来探视我一次，给我带来书本和外面世界的消息。安排探视要经受的繁文缛节真是最叫人头痛的麻烦事。露西首先要拿到宵禁时期开车的许可，再申请前往监狱。到了之后，她和孩子们要被搜身、辨认身份、审查，等上很久很久，才能跟我说上15分钟的话，通过一个金属网窗上的洞互相触碰一下手指。那时候监狱已经学聪明了，知道有人会把胶囊藏在嘴里，所以不允许接吻。

对我来说，这15分钟既是一个星期的开始，也是结束。我的家人们来了，又走了；我被带回那个牢笼中，担心着待在阿布迪斯的他们，宵禁还在继续，政治乱局也没有尽头。雅各布阴暗的样子在我脑中空前鲜活。

我告诉露西，一定要小心。露西给我吃了定心丸。她说，我被捕之后，她突然感到前所未有的安全。邻居们结成了一个大家庭，总是关怀照顾着露西和孩子们。一天晚上，他们甚至在我家门口放了一袋米和一袋糖。"你不必为我们担心。"她说。

第二十一章 拉姆勒监狱

一天,那个刑期27年的犯人给了我一本小册子,是他在另一个监狱服刑的兄弟托人给他,请他转交给我的。"赠萨里,充满人道主义精神的民族主义者,"赠言这样写道,"一棵坚定不移的橄榄树。献上我最衷心的祝福。马哈茂德·萨法迪,纳夫哈监狱,1991年。"

那是一个日记本,有50张空白页,外面用厚实的硬纸板做封面。马哈茂德为我做了这个,是希望我能为家人写点什么。他在封面上做了一幅拼贴画,是一个阿拉伯农妇走过一片森林般的铁丝网。在拼贴画上方,他用从一本英文杂志上剪下来的红色字母,拼出了"自由"(FREE),册脊上他加了一句"孩子是最终的受害者"。

我把这本册子写满了,写的是一封给三个儿子的长信。我给他们描述了自己被捕的经历和在狱中的生活,写了我对他们一生的期望与祝福,以及对我们这个民族的希望。最开头我是这样写的:

> 拉姆勒监狱,1991年1月29日。我将这封信作为礼物送给我的孩子们,以后你们也会成为我的朋友。这件礼物并不会像我从伦敦或巴黎给你们带回来的礼物一样,给你们带来快乐愉悦。然而,它可能会比其他礼物都保存得更久,在未来多年对你们的用处也可能会更大,当然我现在还不敢下这个断言。这里记录的是我在远离你们的日子里脑子里闪过的想法,有的关于你们,有的分享给你们。

我的首要目标是让他们确信监狱并非一个特别糟糕的地方。我叫他们去找我的亲戚萨利姆,1969年他因为安置炸弹被判终身监禁,最终服刑16年。"给他打个电话,他会告诉你们监狱生活是什么样的。"

我在信中描述了狱友们的生活与命运,比如一个来自黎巴嫩的巴勒斯坦难民,服刑期满,现在正无望地等着某个国家来接收他。"他想去阿尔及尔，但是凭他自己是安排不了的。他对红十字会的代表说，'随便把我带到哪里去都行，古巴、坦桑尼亚，都可以。坐飞机或走路都行，骑个跛脚驴子也行，带我去地狱都好，把我带出这里就行''很遗憾，地狱里没有政府移民办公室来处理你的请求'。红十字会的工作人员这样回答他。"

我描写了一位法塔赫成员和一只凶狠老鼠的激战，经过一场惊险的搏斗，前者最终赢得胜利。接着又来了蟑螂。"今天我们要发动一场反蟑螂的斗争。我的同伴穆罕默德保证过，要把桌上的碎屑清理干净的……"

"所以呀，你们看，"我又讲了几个这样的故事，然后总结道，"情况并不那么糟糕。就把这里看作一个休整之地。在这里我可以一躺就是好几个小时，没有电话，没有会议，吃的直接送到房间，就像酒店里的客房服务。"

我也向他们保证，监狱里是可以读到报纸，听到收音机和看到电视的。这要感谢监狱系统内部整整一代人的政治抗争。"你们可能会以为，一旦被抓进监狱，抗争就结束了。其实，抗争还在继续，有时候是为了一块肥皂，有时候是为了一本书、一次探视、一支烟、一顿过得去的餐食。很多人因为抗争监狱当局而死去……这仿佛就是我们巴勒斯坦人的命运，注定要参与一场又一场的抗争……"

"我们不应该坐牢，"又一页的思考这样开头，引的是一位狱友的话，"小偷、杀人犯、瘾君子和毒贩才应该坐牢；诚实守信的学生和商人不该坐牢；唯一的罪名是为自由而战的父亲与母亲们不该坐牢。"

"我为什么被捕？"我发出这样的诘问。

成千上万的巴勒斯坦人与我共命运；1967年以来，有过入狱经历的同胞已经超过50万。到我这里，最早他们找不出任何理由为我定罪，后来就用海湾战争做了托词……他们太疯狂了，国防部竟然有人说我是一个间谍网络的幕后黑手。比比·内塔尼亚胡还对全世界宣称，他的政府正在调查同一个网络中的其他人。然而事情的真相是，我是全心全意谋求和平的，以色列人不喜欢我这个温和派发声。我想要真实平等的和平，不要有条件的投降，要维护我们的尊严，要符合双方的利益，不能以一方的牺牲换取另一方的全胜。一直以来，我写作、发声、孜孜以求，都是为了这个目标。

真理永存，终将获胜……在不久的将来，我们将赢得胜利，赢得自由，我们的人民将迎来独立，如果今天的我们正在为此付出代价，你们和你们的子孙就不用承受同样的痛苦；你们将呼吸自由的空气，用你们的创造力推动人类文明的进程。

我很内疚，你们不能像别人一样过正常的生活。也许，你们的母亲是英国人这个事实，也让你们与周围的社会更为疏离，生活也更艰难。所以，你们必须要有坚强的意志。要寻觅并获取心中那块坚硬的磐石。一旦找到那种坚定，你们就找到了自己。找到这块磐石，需要你们对自己诚实，与自己达成共识。这关乎坚持正确的事，关乎自己把握思想和行动。

当我向我的父亲询问他的力量从何而来，他总是说起这块磐石。我认识的人中只有极少数拥有这样的力量，而他就是其中之一，仿佛他兜里永远随身携带着这块磐石。这是一块属于自我的磐石，你们需要去发现它，也许比其他任何人都更需要。也许，你们目前的困境能够让你们更为坚强。我希望你们都能在毫无限制与恐惧的情况下，尽情发挥自己的创造力，按照自由的心意，去决定自己的身份。

最重要的是，我要让你们知道，我爱你们，爱你们的母亲；我如今身在狱中，就是因为这种爱。

第二十二章
马德里

在给孩子们的信中,我也讲述了重读《战争与和平》时感受到的讽刺。我问他们,托尔斯泰对文化的持续影响超过了伟大的拿破仑,为什么会这样呢?拿破仑的影子可是笼罩在这本书中每一个战争场景之上啊。在监狱中,我无数次想过不再关心政治,全身心投入到哲学研究和教学中去,甚至可能走走"旁门左道",写个小说什么的。我的文学抱负之一就是写完我的童话;还有个纯文学的新打算,就是写个格雷厄姆·格林风格的侦探小说。我已经规划好大致情节,中心人物就是那个在苦路上我家门口被枪击致死的背包客。我还发誓要多陪陪孩子们,甚至想说服露西再要个孩子,希望这次能生个女儿。

回避政治是我从少年时代就养成的根深蒂固的习惯。我本应该坚持小时候的明智选择,都怪变幻无常的中东局势又将我生拉硬拽了回去。

1991年2月,海湾战争结束了,那时我还在狱中。美国政府又

337　立刻将注意力转移到了巴以冲突上。美国人支持开战，所以他们算是欠了埃及人、沙特人和整个阿拉伯世界一笔债。而他们偿还的方式之一，就是发起中东和平倡议。老布什突然出人意料地发表了一份叫人目瞪口呆的政治声明："全面和平必须以……第242号和第338号决议以及以土地换和平的原则为基础。"他的话算是说到位了，甚至将以色列的安全与巴勒斯坦人的政治权益相提并论。如果这对以色列沙米尔总理来说还不够，还有美国国务卿詹姆斯·贝克（James Baker）向美国参议院外交关系委员会（Senate Committee on Foreign Relations）明确表达的："我认为和平的最大阻碍，就是定居点运动。"听到这话，我甚至在自己那狭小的樊笼中手舞足蹈起来。

　　表面上看，沙米尔是明显很不满的。本来这场战争给了他很多希望：强大的伊拉克军队毁于一旦，更重要的是，将国外的阿拉法特和国内的我们进一步边缘化。结果，战后总统老布什和贝克国务卿竟然来找他，谈什么"友好联系"，谈"中东国际会议"，还有安理会第242号决议。沙米尔的公开表态很是冷酷和无动于衷。有些阿拉伯和巴勒斯坦领导人则表示了对美国新政策的支持，就因为这政策让以色列总理非常不舒服。

　　根据之前和利库德集团打交道的经历，我的直觉是，沙米尔是想谈判的，只是假装大声抱怨，好多掌握些筹码在手里。被迫被拽入某件事情当中，当然比完全张开双臂的急切姿态要好很多，后者会让人觉得他什么条件都可以答应。

　　与阿米拉夫和佩塔提克瓦的犯人们交往，教会了我透过利库德集团所虚构的与"巴解组织暴力团伙"进行殊死搏斗的故事，去看背后的东西。以色列制定政策的真正动力，是维护犹太国家存在的客观人口利益。和所有在市场上讨价还价的人一样，沙米尔想要做最划算的生意，如果我们遂了他的心愿，他就会笑逐颜开。不过，

第二十二章 马德里

要是我们聪明一点,也能有不错的收益。

带着这样的想法,我告诫费萨尔,不要过于急切地答应谈判。我比较担心阿拉法特为了弥补自己站队萨达姆的灾难性决策,不顾一切地要增加外交筹码,会放弃太多利益。

费萨尔请一位在以色列议会访问的阿拉伯人来询问我的观点,问要不要在即将进行的访问中去见贝克。"我们等等吧,"我这样回复费萨尔,"我们的谈判立场很完美,必须要最大限度地利用起来。"推进和平进程其实是最符合以色列自身利益的。解决和我们的冲突,对以色列来说有着不可估量的政治、经济和安全价值:可以保证犹太国家在人口统计学上的存在,保证其与整个阿拉伯世界的关系正常化。这些筹码可不能贱卖了。

为了把整个问题讲清楚,我还请露西将我的一些思考发给伦敦的《独立报》(The Independent):

> 今天,巴勒斯坦人和以色列人共同站在门槛前,展望着充满希望的未来。但以色列人不能奢望兼得鱼与熊掌;幻想在中东国家之中成为一个完全独立且能够进行良好合作的伙伴,又不同时或提前主动解决巴勒斯坦问题,这无异于痴人说梦。同样地,巴勒斯坦问题的解决,也只能建立在认可巴勒斯坦人民自由生活、自主掌握命运之主权的基础上。

我 3 个月的刑期还未结束,贝克国务卿就和巴勒斯坦人进行了第一次会晤。会晤地点是位于西耶路撒冷的美国领事馆。费萨尔带领的巴勒斯坦代表团中有哈南·阿什拉维和赛义卜·埃雷卡特,后者当时因在《耶路撒冷报》做编辑而闻名。赛义卜和我有很多共同点。他的叔叔曾经分别在英国托管政府和约旦政府做过武官和部长。他的父亲曾经经营一家很大的巴士公司,但在 1967 年失去了一切。

和我一样，赛义卜有在英国和美国学习的经历，我们差不多同一时间回国教书。冲突双方的狂热分子也都找过他的麻烦。1982年他倡导以色列和巴勒斯坦进行双边对话，立刻就被认定为叛徒。第二年，军政府以"煽动异议"的罪名将他逮捕，因为他邀请了一些以色列人去纳布卢斯的大学和自己的学生见面。那时候——现在在某些以色列圈子中仍然是——让两个民族的人民互相理解同情竟然是一种犯罪行为。

美国领事馆的会晤叫人恼怒。贝克并未从公文包里取出"魔杖"，并未以美国军队将伊拉克人从科威特清理出去的干净利落来结束以色列的占领。他说要"曲线前进"。贝克对费萨尔表示，安理会第242号决议是最终达成和平协议的基本标准，但现在巴勒斯坦人只能暂时将就着"自治"。

多年来，以色列一直在耍阴谋诡计，玩文字游戏（比如乡村联盟），因此"自治"在巴勒斯坦人的字典里已经成了粗俗的脏话。费萨尔和他带领的那群谈判人员怨声载道地走出领事馆，这丝毫不叫人惊讶。

两天后又进行了第二次会晤，这次可谓宾主尽欢。贝克花了些时间来反思上次会晤的失败，他的顾问应该也给他普及了一些巴勒斯坦的情绪敏感点。不管是什么原因，这次双方都觉得事情有了进展。

我每天有23个小时都坐在监狱的小床上，很难对外面的时局作出准确的估计。从实质上说，美国人提出了什么新的有利条件吗？露西每周来探视之后，我开始怀疑答案是否定的。她说，费萨尔在第二次面见贝克后，请她提供一些语言上的帮助。他问的问题是："self-government 和 autonomy 之间有什么区别？"露西是土生土长的英国女性，也是熟练掌握希腊文和拉丁文的古典学者，对措辞之间的细微区别非常敏感。她肯定地对费萨尔说，两者的唯一区别就是语言学上的起源：autonomy 起源于希腊语，self-government 则来自拉丁文。除此之外，两者的意思是一样的：自治（self-rule）。美国人其实是在玩文字游戏而已。

4月初，我出狱了。结果连东西都来不及放下，以色列安全部门的人就把我再次叫到俄罗斯侨民区。"别以为你没事了，"他们阴恻恻地警告我，雅各布还伸出食指指着我，"你还是要考虑到底选择坐牢还是被驱逐。"与此同时，一个代表定居者的以色列极右派别威胁说，如果不审判我，就要把政府拉下马。派别领导人盖拉·科亨（Geula Cohen）指责政府无视费萨尔和我的邪恶行为。她非常有力地总结说，政府不审判我们，其实就是在和巴解组织进行谈判了。（盖拉·科亨是原斯特恩帮的成员，她的儿子就是察希·哈内戈比，曾经用锁链攻击希伯来大学阿拉伯学生的暴徒。以前，父亲在家里收藏了一本科亨的自传：《暴力的女性：一位年轻恐怖分子的回忆录，1943—1948》[*Woman of Violence: Memoirs of a Young Terrorist, 1943–1948*]。）

但费萨尔和我没什么好担心的，至少不用担心以色列人，因为整个政治形势都在变化。一出狱，我就一头疾冲回政坛。

很多言论背后都潜藏着危险，这点我一直很清楚，露西和费萨尔的深夜谈话显然在闪着红灯。后来费萨尔的组织里有些成员开始出入我家进行谈话，红灯闪烁得更厉害了。例行的问候之后——每个被释放出狱的巴勒斯坦人都会得到真心的赞赏——我们开始说正事。一位客人兴奋地说，他们已经劝说贝克改变了之前的提案，新的提案现在用"self-government"代替了"autonomy"。我担心的事情发生了，"self-government"中的"government"（政府）让人们误认为贝克真的作出了新的承诺。这种完全沉浸在幻觉中，或者说完全耽于自欺欺人的"能力"，会成为多年的阴影，笼罩在我们的外交活动之上。到现在也依旧如此。

我本来就怀疑对方在愚弄我们，现在这种怀疑更加深了。几天之后我去了费萨尔家。进门就看到费萨尔在家里来回踱步。他的妻子态度冷淡地站在远处，哈南·阿什拉维双腿交叉坐在沙发上，手中握着一份草稿，就是后来所说的贝克的"保证函"。费萨尔叫哈南把信函递给我。我大致看了一下，有些突然地说："哦，我明白了。他们要给的是自治。"哈南的双腿分开又交叉，肉眼可见的烦躁。

"你为什么用'自治'这个词？"她深吸了一口烟。

"因为这封信的重点就是这个。"我把信递回给她说，"你看，要是我们脑子清楚，那是不会失去什么的。但至少我们得从一开始就把事情说清楚：这就是自治。"

马德里会议即将到来，背后的逻辑是冲突各方（以色列、叙利亚、黎巴嫩、约旦和巴勒斯坦）将面对面地讨论分歧，而负责组织的人是美国和已经"病入膏肓"的苏联。所以，实际掌握局势的一定是美国人。

为了给正式会谈做准备，贝克和巴勒斯坦代表团又进行了几次会晤。费萨尔、哈南和赛义卜是巴方的主要代表。他们通过阿克拉姆·汉尼亚与阿拉法特保持着长期联系。我错过了最初的几次会晤，是后来才正式加入的，在耶路撒冷参加了两次，又到华盛顿参加了第三次，而且还是凑巧（我当时恰巧在华盛顿宣传《没有号角，亦没有鼓声》）。三次会谈中，我都察觉到巴方存在一种强烈的自欺欺人，仿佛拥有一种魔力。在很多关键的领域，以色列开出的条件都远远不如我们和阿米拉夫谈妥的。

在耶路撒冷，沙米尔尽力营造一种印象，就是他只有在受到极端强制的情况下，才会同意举行和平谈判，以此赢得一个又一个的让步。他用自己传奇般装腔作势的演技告诉美国人，自己有一条绝不可能逾越的红线，就是与巴解组织的人谈判。以色列官方的态度，

第二十二章 马德里

就是只能和约旦代表团进行和谈,巴勒斯坦代表团可以包含在其中,但只能是次要组成部分。曾在1946年阴谋组织了大卫王酒店爆炸案的沙米尔,自然用了"恐怖主义"的谣言来辅助实现自己精打细算的谈判策略。从一开始就让巴解组织变得边缘化,就能让这个组织所象征的巴勒斯坦完整主权也一起被边缘化。

尽管沙米尔在1987年表现出与巴解组织和谈的强烈意愿,这次他还是得逞了,因为美国人和巴勒斯坦人都以为他说的是实话。比起巴解组织的边缘化,在突尼斯的阿拉法特一干人更在乎让美国承认巴勒斯坦的合法地位,所以也没有表示异议。

等我与国务卿贝克以及他的两位高级顾问,丹尼斯·罗斯和丹尼尔·库尔策(Daniel Kurtzer),进行首次会晤时,关于成立约旦-巴勒斯坦联合代表团的提议已经说定了,只需要决定代表团成员。我们一来到领事馆,贝克就递给费萨尔一份名单。但首先还要解决一些遗留事务。

贝克的"保证函"中有很多漏洞,简直足以叫以色列人开着大卡车招摇而过。信函中并未明文规定要停止所有的定居行动。最糟糕的是,东耶路撒冷并未被包含在自治计划中。

以色列人想要将定居点和东耶路撒冷排除在外,这绝对不可能是无意间为之。其中最让我忧心的是东耶路撒冷问题。对耶路撒冷的争夺至关重要,当然并非因为这是座奇幻之城,而是因为它当时是、现在也是我们的文化中心,国民身份认同的中心,以及民族记忆的中心。以色列人如果想完全占有和统治他们口中的"犹地亚与撒马利亚",就必须彻底根除和抹杀这些东西。我确信,只要还能守住耶路撒冷,我们就能在其他任何地方与他们抗争到底。

一直以来,我都很清楚以色列人的如意算盘。他们想要破坏东耶路撒冷,完全消除在那里存在了1300年的人与痕迹。1989年,那里涌入了10万定居者,现在的数字是13.7万。发生了好几次金匠市场那样的事件，定居者们都进入了旧城的城墙内。已经成为以色列住房部部长的沙龙，又成立了一个专门委员会，将旧城的房屋土地买的买、征的征，作为战略资产，再转让给定居者。1990年的希腊复活节（Greek Orthodox Easter）期间，150名定居者占领了基督徒聚居区的圣约翰救济院（St. John's Hospice）；他们宣称这里曾经属于一个犹太商人，只是他在1929年的暴乱中被赶走了。我问自己，在冲突期间定居行动都如此陡增，那如果我们在没能让以色列人同意停止定居点建设的情况下就休战，情势又会如何发展呢？

会晤期间，贝克对定居点运动作出的评论几乎叫我词穷。他告知我们，美国政府绝不支持以色列人持续的扩张行动；事实上，布什总统正准备冒着政治风险，要求国会不要批准对以色列的百亿美元借贷计划，除非以色列保证这些钱绝不会用在定居点建设上；也绝不能伪造账目，用美国人的钱创办基金，用作支持政府对定居点建设的预算。长久以来，美国对于这个和平的最大阻碍都采取无所作为的消极态度，能说出这样的话，也算是开天辟地头一遭了。

不过，在耶路撒冷问题上，贝克就显得没那么积极灵活了。保证函中写道，阿拉伯裔的耶路撒冷人有投票权，可以选举巴勒斯坦自治委员会的成员。巴勒斯坦领导力量中的大部分人都在耶路撒冷，所以我们建议要加一条，即阿拉伯裔的耶路撒冷人也有权"被选举"。但其实所有的条件都已经提前谈好了，贝克不愿意让步。最终，我提议用"参与"一词代替"投票"；并解释道，这样一来就是模棱两可，给人留下了想象空间，可以再进一步谈判，达成新的目标。贝克觉得这个想法不错。他请库尔策去问问以色列人同不同意修改措辞。我们达成共识，下次会晤时，费萨尔将递交约旦-巴勒斯坦联合代表团的最终成员名单，之后便告辞了。

第二十二章 马德里

当天晚上，我们去了哈南家中，讨论下一步的对策。我当时信心十足，非常振奋，部分是因为贝克的真诚坦白以及对定居点问题的表态。我对同僚们说，美国带着严肃认真的态度参与进来了，我觉得定居点和耶路撒冷这两个棘手的问题已经得到了解决。后来的事情证明，我这话只说对了一半。

两天后，我们再次造访美国领事馆，这次去的是位于东耶路撒冷的那个。费萨尔带了几个公众人物同行，并在将代表团成员名单交给贝克之前，列举了巴勒斯坦人繁杂纷扰的日常痛苦：检查站，不断的搜查，房屋被破坏，等等。费萨尔希望能得到美国的帮助，改善人们的日常生活，而且动作要快。我一直没说话，但谈话方向越来越偏离耶路撒冷的选举，我也越来越紧张和忧虑。

终于我忍不住了，给费萨尔传了张纸条，提醒他要谈选举事宜。他接过纸条瞟了一眼，就偷偷塞到大腿上的文件夹中了，之后也没有提选举的事情。

时任美国驻耶路撒冷领事馆总领事的莫莉·威廉森（Molly Williamson）目光很敏锐，看见了我给费萨尔递纸条。她肯定也发现了我的烦乱不安，因为会晤结束后，她将我拉到一旁。

"有什么事吗？"

我是信任莫莉的，便一五一十讲了纸条的内容。"但这事已经解决了啊，"她有些惊讶地说，"我还以为你知道。"之后她就向我解释了来龙去脉。库尔策已经跟沙米尔谈过，而后者又展现了精湛的演技。"绝对不可能！"当时沙米尔回复得斩钉截铁。我脑中浮现出他那张侏儒一样的脸，一脸的不可违抗，一脸的拒绝到底。他清楚明白地对美国人说，他和他政府在选举问题上不允许任何模棱两可的措辞。只要他还在任，东耶路撒冷的任何阿拉伯人都休想成为约旦河西岸地区巴勒斯坦选举的主体。

前一晚，他们已经将这个回答转述给了拉姆安拉的哈南。哈南又告诉了费萨尔,费萨尔又转达给了在突尼斯的巴解组织领导人。所有人都同意了沙米尔的条件。我突然感觉一阵反胃。

和谈开始之前,沙米尔还策划赢得了另一场胜利。保证函中已经写明,东耶路撒冷的阿拉伯人不能参与选举;他又乘胜追击,提出符合逻辑的进一步条件:任何东耶路撒冷人都不能成为巴勒斯坦谈判团队的成员,正如他不允许任何外部的巴解组织领导人参与进来一样。我方试图对这一点进行抗争,贝克不合时宜地出言讥讽:"有你们这些人呀,市场永远关不了!"[1]

巴解组织的领导人算是默许了对方的条件,但这次他们聚集在突尼斯,想了个聪明的办法,能巧妙地绕过沙米尔的条件。和平代表团的名单上确实只有来自约旦河西岸地区和加沙的非耶路撒冷居民,代表团团长是海德尔·阿卜杜勒·沙菲(Haidar Abdul Shafi)医生,一位德高望重、备受尊敬的加沙名人,也是阿拉伯红十字会"红新月会"(Red Crescent)的会长。

但在这个代表团组建的同一天,一个巴解组织领导人口中的幕后"小组"也成立了。我方的策略是,这个由和谈代表与耶路撒冷人组成的小组将是一个更高阶的实体,和平代表团是其中的一个子集。沙菲医生自然在小组中,而被占领土上各个派别的代表也是小组成员,比如费萨尔、哈南,还有我。通过阿克拉姆·汉尼亚直接向阿拉法特报告的费萨尔,就是小组组长。

按照事先的安排,和谈将于10月30日在西班牙的马德里召开。和谈前的数日,东方宫内忙成了一锅粥。各种公众人物自然是络绎不绝,都想要挤入代表团。某位律师会突然造访,侃侃而谈律师加入代表团的好处;而他自己的加入一定会有助于国家利益,将会是所有巴勒斯坦人的福祉。还会有人称,自己所在的地区并没有合适的代表。要是那个地区没有自己的代表——也就是他自己,父老乡

第二十二章 马德里

亲怎么能支持和谈呢？

费萨尔尽全力控制住了这威逼利诱的局面。和谈当日，两辆蓝色的普尔曼巴士停在国家酒店门口，载着代表们去往约旦安曼，再从那里飞往马德里。大家在国家酒店举行了欢送仪式。记者们围着巴士和代表，街道上处处都是强壮的法塔赫活动人士，保证代表们的安全。为了防止在最后一刻发生危险，莫莉·威廉森也到达现场。

我向代表们挥手告别，巴士往安曼的方向疾驰而去，消失在沙漠中。费萨尔和哈南都在车上，而我则是留在耶路撒冷的唯一一名"小组"成员。我本来都准备回家了，但之前一直在注意巴士动向的几个法塔赫活动人士走了过来，说我需要"保护"。

"保护什么？"我有些疑惑。

"您是唯一留守的人，"他们解释，"这样，那些想要破坏和谈的反对派就会把你作为首要目标。"我就像个"巫毒娃娃"，哈马斯可以在我身上扎针，来折磨那些马德里会议代表。他们刚刚成立了伊泽丁·卡桑旅（Izzeddin al-Qassam Brigade），也就是组织的军事分支，这样命名是为了纪念20世纪30年代那位领导战斗的教士伊泽丁·卡桑。

我尽力劝阻"保镖"们跟着我回家，但没能奏效。于是一路上我身后就跟着10个誓要保我周全的壮汉。后来他们才明白，我实在是不想要贴身保镖，因为露西直截了当地问："这么多人，你们叫我们怎么正常生活啊？"她的态度很坚决，到第二天早上，保镖们算是想明白了，都从我家离开了。

马德里会议是由老布什和戈尔巴乔夫召集的，媒体称赞这是一次"历史性的突破"，事实也的确如此。巴以之间的冲突和战争已经持续了40年，能面对面地坐下来进行和谈实在是巨大的成就，即便这是唯一的成就。

和谈伊始就伴随着刺耳的音符。以色列的沙米尔继续着他的表演，对选民们言之凿凿地表示，他是运筹帷幄般地在马德里玩游戏。由他指派的以色列代表团团长是个精明的律师，名叫伊莱基姆·鲁宾斯坦（Eliakim Rubinstein），此人开场时说的一些话更进一步佐证了沙米尔的话。鲁宾斯坦音高刺耳，一开口就向巴方开炮："从罗马帝国时期开始，巴勒斯坦就是被占领……我们将巴勒斯坦人视作从约旦占领时期开始寄居在我国的难民。我们愿意让他们享有人权，但并不包括政治权力。"[2]

该沙菲医生发言了。我至今还记得和一些活动人士围坐在电视机前的感觉。我们很好奇，他会怎么回应鲁宾斯坦这一番侮辱戏弄。数十年来，以色列人一直在抹黑巴勒斯坦的领导人，说他们是嗜血成性的杀手。而这些传说中的"杀手"终于得到了全世界的瞩目。沙菲会因为对方胡说八道而发火吗？不会。这位彬彬有礼的加沙医生向全世界、以色列人以及他的同胞们，展现了自尊自爱的冷静沉着，不仅让鲁宾斯坦自惭形秽，更让所有巴勒斯坦人民动容。"女士们，先生们。"他开口道，然后追溯起摩尔人统治时期西班牙的辉煌历史：

> 今天，我们相聚在马德里。这座城市有着源远流长的历史；我们要在这里共同编织过去与未来，全面重申一个愿景；而这个愿景曾经促使一个文明的复兴，和一个建立在和谐多样基础上的世界秩序。
>
> 基督徒、穆斯林和犹太人再次面临宣告新时代来临的挑战，而这个挑战镌刻在全球的价值体系中，包含了民主、人权、自由、正义和安全。我们在马德里发起这关于和平的探求，这探求是将人类生命的神圣不可侵犯置于我们的世界中心，将我们的精力与资源，从追求相互毁灭转移到追求共同的繁荣、进步和幸福上。

第二十二章 马德里

我们需要尽可能触动所有巴勒斯坦人的心。和谈开始的那天，我们和哈马斯的矛盾也升级了。为了抗议与以色列举行会谈，哈马斯号召被占领土全域发起为期三天的抗议罢工，表示巴勒斯坦公众反对和谈。我开始后悔将那些要保护我们的人放走了。

我很清楚，法塔赫必须得采取行动了，于是想到在拉姆安拉组织一个特别集会。集会的目的是要表示巴勒斯坦人是普遍渴望和平的，所以会支持我们派去的马德里代表团。我们租了一个会堂，并请来法塔赫志士艾哈迈德·哈扎（Ahmad Hazza'）对众人讲话，他刚刚结束18年的牢狱生涯，颇受爱戴。我自己也表达了对和谈的支持。

会堂被围得水泄不通，喧闹的人群甚至延伸到了会堂外的露天大院中。活动人士将巴勒斯坦的旗帜挂在每个能挂的地方。大家唱起了歌，情绪高涨；艾哈迈德和我临时起意，决定领着群情激奋的人群和平游行到拉姆安拉中心。数百人举着巴勒斯坦的旗帜和橄榄枝，明确表达对和平的支持。

游行的队伍接近拉姆安拉市中心的大广场时，以色列方面觉得我们不怀好意，就派吉普车载着荷枪实弹的士兵，疾驰而来阻止我们。我们像《麦克白》最后一场中那样手持橄榄枝，竟然让他们更为紧张。我是游行队伍的领头人，越接近载着士兵的吉普车，双方发生冲突的可能性就越大。一位游行同伴眼疾手快地将我拉开，避免和士兵正面冲突，再迅速将我带到旁边一条街上。这位同伴就是侯赛因·谢赫（Hussein al-Sheikh），曾在以色列监狱中服刑11年。那天是我们第一次见面，后来他成为我的合作伙伴，将拉姆安拉的和平集会变成全国性的运动。

我毫发无损地走出了拉姆安拉，回家路上脑子里跳跃着数不清的画面和想法。我思考着沙菲医生在马德里的惊人之语："我们寻求的，绝不是对方在事情发生后的认罪，也不是对过去所承受不公的复仇，而只是出于自我意愿的行动，让公平的正义成为现实。"我思考着哈马斯号召的罢工抗议；聚集起来表达对马德里会议支持的大量人群；那些曾经入狱又为和平抗争的人；最重要的是，一直存在的暴力冲突危险。回到耶路撒冷的途中，我看到家家户户的门廊上都插着橄榄枝。

出乎意料的是，拉姆安拉的集会将我推上了领导人的位置。我一直不喜欢引人注目，特别不希望引起群体的关注，尽量远离人群。但我还是走到了这一步，站在了一群人面前。而这些听众并非比尔泽特的学者同僚或学生，我也并不是大起义期间费萨尔的暂时替任。当我们西装革履的谈判者正在与以色列人和美国人谈话时，我面对的是巴勒斯坦大众。更有甚者，当晚我就开始与一些同伴合作，他们应该被称为和谈的"无名英雄"：他们的名字没有被载入史料，他们是曾经的入狱者，是法塔赫的活动人士，是以色列人口中的"恐怖分子"。要是没有这些在街头呼呼呐喊的人，和平进程会被扼杀在萌芽之中。

我和其他人都很清楚地认识到，我们的谈判者需要的不只是一次激动人心的大型集会。为了让大家接受我方和"敌方"谈判，同时将哈马斯及其他把与以色列谈判比作与魔鬼对话的极端派别边缘化，我们需要持续行动。与我一同进行这项事业的主要伙伴是贾布里勒·拉杰布。我们形成了一个大计划，如果父亲还在世，会说这是项"艰苦的工作"。

贾布里勒在以色列人的监狱中被关了17年，他在里面学的希伯来语，已经足以将贝京的回忆录《反抗》(*The Revolt*) 翻译成阿拉伯语。这本书的主要内容是贝京反抗英国人的地下战争。贾布里勒从未获得正式的罪名（以色列人说他朝一个护卫队扔了枚手榴弹），他是在一场囚犯交换中被释放的，和我那个1967年战争后因

第二十二章　马德里

安放炸弹获罪的亲戚萨利姆是同一批。大起义甫一爆发，以色列人就又把贾布里勒找到，将他逐出边境，还用枪指着他，警告他永远不要回来。马德里会议期间，他仍然住在突尼斯。

马德里会议开始后不久，贾布里勒就跟我取得了联系。我飞去伦敦，在希尔顿酒店见了他。这个会面场所实在是太不合适了。穿着西装的贾布里勒和穿着西装的我一样显得手足无措，与五星级酒店的大堂更是格格不入。也许正因为如此，我们立刻就对彼此产生了好感。到现在还有人开我们俩的玩笑，说一个总是"出口成脏"——贾布里勒喜欢骂人——的肌肉男，竟然能和一个爱穿格子外套的教授相处得这么好。但这种小概率事件就在我们身上发生了。通过某种神秘的方式，他那未经打磨的思想与我时时讲究战略的行事方法完美融合。我们在政治议题上几乎总是不谋而合。

和贾布里勒在伦敦促膝长谈令我回忆起在比尔泽特和学生们一起吃着鹰嘴豆，抽着廉价奥玛斯香烟，锤炼锻造着各种思想的日子。贾布里勒和我一直谈到深夜，之后两天的晚上也进行了长谈。

现在回头想想，我们之间的那种轻松状态真是惊人——其他人很快就会把它视为一种老谋深算的"权力意志"——我们俩就那样坐在一个豪华的酒店大堂中，在纸上制定了一项彻底改变巴解组织"革命"的战略。这一关键性战略将以色列和美国人口中毫无意义的自治权变成更接近主权国家地位的实权。这些我们都不能公开说，因为法塔赫在很大程度上还是一个非法组织，在以色列的占领之下，光是成为这个组织的成员，就足够判长期监禁了。

我和贾布里勒想出的策略是建立一个全国性的组织架构，由各地的政治委员会组成，用以支持和平进程。这些委员会的成员主要是法塔赫的活动人士或支持者，他们都是草根阶层，所以能够将信息传给平民大众。还要建立一个负责协调的机构，来组织这些委员会，我们将其称为"高级政治委员会"（Higher Political

Committee）。这个委员会将包含来自约旦河西岸地区和加沙的 14 名成员。我做主席，艾哈迈德·哈扎为副主席。

这些行为没有一个触犯以色列法律：毕竟，我们完全是为了支持和谈。唯一能让人推断这其中有不可告人目的的，是高级政治委员会中的所有成员都入过狱。高级政治委员会直接衍生自大起义中的统领团。与阿布·吉哈德一起创建统领团的萨米尔·谢哈德是我们想到的第一人。

高级政治委员会将成为一个公开且合法的掩护，背后是一个秘密组织，我们称之为"法塔赫高级委员会"（Fatah Higher Committee）。前者将极力宣传和争取公众对马德里会议的支持；后者——成员完全一样，只是头衔不同——将把法塔赫的权力结构及本质从游击运动转变成民主政治党派，代表的是被占领土上人民的利益。解放之后，法塔赫高级委员会将成为有能力治理独立国家的领导力量。简而言之，我们的计划就是将地方法塔赫集团的控制权，从我于 20 世纪 80 年代早期在安曼见到的残忍狂暴的肌肉男手中，转移到被占领土上的草根领导人那里。

这个计划的背景，是过去的地下游击运动急需一次彻底全面的修补。按照过去的体制，居住在国外的领导人控制着被占领土上的法塔赫运动。各地的分理处属于军事分支，也就是所谓的"坦齐姆"，由坐镇安曼的 18 名司务员负责。

如果是进行游击斗争，这样做就显得非常合理；然而，放在一个文明社会，这种制度就不相称了。过去这种由地下分支构成的体制，并没有科学地瞄准我们准备解放的社会，也绝不可能去管理好它。要创建自己的国家，我们需要在被占领土上土生土长、在这片国土上扎根的领导人。那些定居突尼斯或安曼的守旧者，对被占领土上人民需求与思虑的了解，应该还不如当地的奔驰代理商。

法塔赫高级委员会将成为贾布里勒、马尔万、萨米尔和达赫兰

第二十二章 马德里

这些年轻领导人的主要权力中心。一旦达成了和平条件，守旧者就不得不去适应一个开放党派的政治结构，内部要有一定的规章制度，旨在解决人民关心的社会和经济问题。不管这些所谓的"解放者"愿不愿意，都要去调整自己，适应新的形势。

计划的下一步，是将坦齐姆和这个新的领导集团联系起来。正如高级政治委员会将成为法塔赫高级委员会的合法掩护一样，那些号召草根阶层支持马德里会议的政治委员会，也会把坦齐姆从秘密的游击小队变成一个民主政党的草根领导人团体。坦齐姆将以地区为单位，彼此联系，建立地区代表制，再由法塔赫高级委员会统管。

达成这一目的的有效途径之一，就是改变资金发放的形式。旧体制之下，巴解组织从捐献者那里筹钱，再分发给安曼的18名负责人；这些人捞完油水之后如果还有剩余，才会下发给各个分支。我们的想法是，资金将由法塔赫高级委员会统一调配管理，再分发给地方分支。我们希望新的组织能够控制所有这些资金，进行公开透明的发放，让平民百姓也能获得实打实的好处。要跟哈马斯竞争，这也是唯一有效的方式，因为他们的社会网络实在是太广泛了。

贾布里勒回到突尼斯，将我们的想法传达给了阿拉法特。尽管周围很多人表示反对，阿拉法特还是力排众议表示支持。有些人十分激烈地反对弱化坦齐姆，说这些机构本来是无所不能的军事中心，在我们的计划中却变成叫人不屑一顾的"和平联盟"。还有些人不喜欢我们提出的资金分配方式，所有的资金流向都要变，巴勒斯坦之外的各个分理处的职员就捞不到他们的"行政开支"了。

我回到耶路撒冷，开始着手此事。为了创建各地的政治委员会，我开车跑遍了约旦河西岸地区和加沙，与坦齐姆的人见面。我还得感谢雅各布和辛贝特之前逮捕过我，让这次任务轻松了很多。蹲过以色列监狱的人，在巴勒斯坦的街面上是相当受尊重的。（"不幸的国家需要英雄。"布莱希特诚不欺我。）

被我选中统领一众支持谈判的政治委员会的人是《黎明报》的编辑齐亚德·阿布·扎亚德，他也是最早公开支持"两国方案"的巴解组织成员之一。他有着与以色列展开对话的强烈意愿，甚至为此学了希伯来语，还办了一份希伯来语报纸——《桥报》(Gesher)。

很快，全国"有前科的人"与法塔赫活动人士都开始日夜辛劳工作，确保公众支持我们的谈判代表团与和平进程。我们在拉姆安拉建立了总部，并进行经常性的会面。总部的领导是侯赛因·谢赫，那个将我从士兵面前拉开的人。

第二十三章
影子政府

马德里的第一轮会谈结束了,巴勒斯坦代表团去往突尼斯,和阿拉法特及巴解组织其他领导人见面。他们在那里待了足够长的时间,让所有人都明白,他们是听命于巴解组织的。接着,代表团从突尼斯飞往安曼,短暂停留之后乘坐巴士回到耶路撒冷。

艾哈迈德和我想为他们举行一个欢迎会,庆祝人之常情战胜了整整一代人的意识形态。我们想,最好的庆祝方式不就是把我们所建立的、支持他们的委员会召集到一起吗!这就像个惊喜派对,因为巴士上没人知道我们的计划。

我们派了一位活动人士去桥上迎接巴士,并告诉费萨尔,在他们谈判期间,我们也做了很多工作,为他呐喊助威。等巴士停在东耶路撒冷的国家剧院时,我们已经聚集在那里。齐亚德·阿布·扎亚德成为欢庆仪式的主持人。

我们期待中的欢聚气氛没能实现。我已经能透过谈判者们的茶色镜片看到他们忧虑的眼神。他们不知道这喧嚷的欢庆人群从何而来;等看清其中很多人都是在街头颇有名气的斗争壮士,他们甚至害怕这次欢迎会其实是一场政变。他们是被"请君入瓮",进入了陷阱之中吗?阿拉法特是背后策划人吗?他要把他们都烧死吗?

他们也开始怀疑我。我一个人被留在耶路撒冷,一段时间以后,他们回来,发现我正领着一帮有"前科"的人在"搞事情",在他们眼里,这种草根活动真是高度可疑。费萨尔是所有人中最警惕的一位。他的这位下属指挥官是不是突然有了野心?这是努赛贝家族对侯赛尼家族发起的挑战吗?从那个时刻开始,我们俩的关系中就失却了一些相互信任的亲密,再也没完全找回过。

我在马德里会议期间扮演的另一个角色也极易引起怀疑。在突尼斯的人创建瞒过沙米尔法眼的"小组"时,委任了三个耶路撒冷人:费萨尔、哈南和我。费萨尔是头领,哈南是官方发言人。他们认为,平心而论,怎么着也该绞尽脑汁为我想出个头衔。有些人建议让我掌管小组需要的一众技术委员会。这个方案听起来还不错,在场的所有人都同意了,但没有人想过,根本没有任何技术委员会供我管理。

我发现这个事实是因为,之前的学生,也是联合会时期的同僚兼朋友,后来成为巴勒斯坦民族权力机构一名部长的穆罕默德·什泰耶(Mohammad Shtayyeh),给我打了个电话。他解释了官方"代表团"和"小组"之间的不同。"你是小组成员,"他宣布,"你还有个任务是创建技术委员会。"

"很好。"我对他说,"不过这是什么意思呢?我该做些什么呢?"

"我觉得没人知道。"我这位朋友窃笑起来,"就按你通常的做法办,你好像一直挺有办法的嘛。"

我当时只知道有"技术委员会"这么几个字,也很高兴这个位置没有具体的职责描述。我倒是一直喜欢填补空白的,于是任由想象力神游了几分钟,但最终还是回到我在马德里会议伊始时便感觉到的问题关键:以色列人和美国人想要用欺诈性的所谓"自治"将

第二十三章 影子政府

我们收买。所谓的"自治"可能很快就变成一个好听而空洞的名字，内核还是以色列统治，而且这次还有巴解组织的同意。预防这种情况发生的方法之一，就是将法塔赫变成一个真正的政党，而这些尚不存在的技术委员会是否也可以做同样的事情呢？以色列的占领近在眼前，而巴解组织的人远在突尼斯，这些委员会能不能作为一个独立国家萌芽期的政府部门驻扎在东耶路撒冷呢？

我独自一人站在阳台上。那是个温暖的夜晚，远处有探照灯将圆顶清真寺照得仿若超脱俗世，如同飘浮在半空中闪着微光的海市蜃楼。和平时思考谜题一样，我一支接一支地抽烟，抽光了整整一盒"骆驼"——我新选中的香烟牌子——才逐渐明确了一些初步的答案。根据我的理性推断，谈判者要谈得下去，显然是需要一些信息的。如果不知道含水层在何处，水又从何谈起？技术委员会可以作为这个即将诞生的国家的智囊，负责全面思考每个问题，为谈判者提供详细的政策声明和顾问建议，并附上数据、意见书和适用的谈判场景。

但这些技术委员会能做的远远不止这些。在我的构想中，它们有可能成为我在写下那份独立宣言时极力推动的影子政府。略微一思考，我就恍然大悟，技术委员会是和平进程的关键。从我还在狱中听说马德里会议的那一刻起，这个问题就一直困扰着我，如今终于找到了解决办法。

我一直以来都是这么说的：像国旗、握手言和、国歌，或在钞票上印某个阿拉伯将军的肖像，这些主权的象征，要是没有实打实的国家独立来支撑，那就是一个空壳，毫无意义。如果我们的国家只是一个幽灵般根本不存在的实体，没有属于自己的制度，那么即便以色列认可我们是个国家，也是非常虚幻的。不会有什么需要他们认可，只有虚幻的"自治"来永久巩固以色列的统治。只有设置好未来巴勒斯坦政府的基本架构，那些关于边境、难民之类问题的政治谈判才会达成有实际意义的协议。

国家自由的问题和身份认同的问题类似：审讯者以奴役内心为代价，提出服从者有免于痛苦的自由。相反，囚犯并没有从掌控者那里获得真正的内心自由，它未经允许就被拿走了。巴勒斯坦人需要掌握属于自己的主权。

我欣然受命，开始创建一个影子政府。

自然，我从未有过从无到有创建一个国家的经验，但起草《没有号角，亦没有鼓声》锻炼了我在这方面的敏锐思维。而且在阿布扎比那家石油公司工作的短暂时间里，我其实也学到了一些东西。那份工作让我充分了解了谈判中的妥协让步，我也得以鸟瞰一个从无到有建立起来的国家。我在那家公司时，那个国家才刚刚起步，但在那之后的数年中，阿布扎比逐渐成为繁荣的"中东新加坡"，这要部分归功于我的哥哥扎基，酋长最信赖的顾问。

我的第一步行动是去找能帮忙的人手。先是打电话给一些专业领域的同僚、学者、经济学家、律师和政治科学家，请他们到母亲家里来集思广益。负责在我与坦齐姆之间联系的法赫德（Fahd）到了场，哈桑·阿布·利布德（Hassan Abu Libdeh）也在。哈桑有着令人不可思议的本领，能将想法变成非常细节性的战略，然后去执行。同样拥有睿智头脑的萨米尔·雷勒也来了。

我向聚集在母亲家的人解释了未来技术委员会的职责、政治上的重要性，以及我对其在"两国方案"中发挥作用的展望。为了推进这些委员会的起步，我们需要来自各个领域的学者和专业人士。

商谈过程中，我的同僚们问，有没有人能提供资金援助。

"压根儿没有。"

"能不能从巴解组织那儿拨款？"

我不想让他们抱着过于虚幻的希望，于是老老实实地告知："别

第二十三章 影子政府

太指望他们。"

我的朋友们有一种令人钦佩的品质——多年来我数次见证过——就是愿意全心全意投入别人可能视为完全没希望的空想计划之中。他们相信，我们团结起来的力量能够抵抗如地心引力般强大的阻力。"好吧，"一阵尴尬的沉默之后，一位同僚开口道，"那我们就是四处去讨要资源啦，对吧？"

接下来的数日数周，我和朋友们都在努力工作，构建一个基本的框架，争取能早日建成我们完成大业需要的架构。我们明确了在委员会形式下的部委需要什么部门，然后开始寻找可以与之开展工作的合适人才。我们设定的部门涵盖全面，从安全到电力，从旅游到教育，从经济到基础设施。我们描绘着这个基本框架的蓝图，迅速将其构想成一个影子政府的雏形。

母亲倾其所有，借给我一点点钱。我在她家对面的一栋楼里租了个房间，把秘书哈南召过来主管这间办公室的运营，又招了个曾与费萨尔在阿拉伯研究协会共事的学生来帮忙制作带有抬头的文具，还请他满世界地寻找可能给我们捐钱的人。一开始我们能搞到的只有打印设备和英国总领事捐的一台传真机。

很快，我们就将办公室搬到了东方宫。我没有装奢华的枝形吊灯——太招摇了，不符合我们的需求，办公室是用两间还不如拉姆勒牢房宽敞的卫生间改装出来的。就在这个看上去似乎干不成什么事的方寸之地（我的办公桌下面就是通往抽水马桶的管道，我把它塞上了），我的团队开始建立一个国家。

同事们的首次会议，母亲的家中一共来了23个人，加上我们指定的人力资源主管和战略规划主管，一共有25个人。

我给提名的候选人发去了委任函，在信中列出了三个大问题，希望他们在组建自己的委员会时好好想一想：如果在各项条件俱全的完美世界,他们所负责的具体社会部门该发挥什么样的作用?比如,一个金融部门以柏拉图式的理想来描述应该是什么样子。第二个问题则是让所有人回到现实中:现在我们面临什么样的状况?我们手上握着什么样的资源?最后一个问题则是连接两个问题的桥梁:从我们目前这支离破碎的现实,到第一个问题中所描述的理想社会,我们需要哪些步骤?信中写道,回答了这些问题,我们就能为谈判小组规划出一条路线图。谈判者就能非常具体地认识到应该向以色列人提出哪些要求,又应该避免什么样的雷区。

同事们行动了起来。巴勒斯坦的各行各业对他们提供的帮助可谓万分热情。数百名专业人士主动投入时间精力,参与到各个委员会的工作中;时日一长,我们积累了卷帙浩繁的材料。更重要的是,他们发展了对未来非常有价值的人脉网络。(在之后成立的巴勒斯坦政府中,有多位部长曾在影子政府的委员会中担任要职。)

为何数百人士心甘情愿、不知辛劳地工作?为何我在一个用卫生间改装的办公室里一坐就是两年,即使没有收入也不在意?因为我们相信,我们是在为一个国家创建实打实的体系,而非相反。

那时候大家的整体情绪很难用语言描述。我每次踏入东方宫,感受到的那种氛围,用"极度兴奋"来形容还不够。也许这种高涨的建国热情,只能回到杰斐逊时期的美国才能感受到。在那之前,我们的每次活动,无一例外都引起了以色列士兵的注意。曾经费萨尔只不过想在阿拉伯研究协会对人口数据的问题进行科学研究,当局就砸下铁拳,叫停了那个项目。而现在形势不同了,委员会得以搜集人口和收入方面的实际而科学的统计数字。对我们来说,获取关于我们这个即将诞生的国家的情况,就像将数十年的无能为力一扫而光,证明了我们自己——我们和其他民族一样,可以治理自己。我们不是只会"伐木挑水"的弱民。我们确信,假以时日,这样的自信将会慢慢渗透出去,从我们的研究项目、意见书和培训课程,

第二十三章　影子政府

渗透进以色列和巴勒斯坦人民的思维当中，也让双方领导人充分认识到这一点。

我们并不介意媒体或政客是否注意到这些付出，也不介意那些"上街的人"是否了解我们的真实意愿。主舞台在遥远的华盛顿，人们期待在那里取得戏剧性的突破。这些事情没有对我们造成丝毫的困扰。

举几个有关委员会成就的简单例子你就能发现，我们给本来是空壳的"自治"增加了多少实际意义。

瑞典政府资助了一家巴勒斯坦独立电视台的第一次试播。有27名成员的经济委员会和来自世界银行的21名专家为巴勒斯坦领土制订了第一个五年计划，一共5卷，统称为"和平投资"（Investments in Peace）。

还有个更好的例子，能充分体现我们的国家建设工作，那就是教育委员会。法希亚·纳西鲁，比尔泽特的教授，大起义开始时萨米尔最初的联系人之一，是教育委员会的负责人。她和136位同事努力数月，完成了14卷文件，涵盖了教育领域的每一个方面，每一条原则；又另外出了一本小册子，总结了巴勒斯坦小学和中学改革的主要战略。（法希亚的这本小册子引用了诺亚·韦伯斯特关于美国革命教育的理论，这恰恰说明我们想要进行什么样的改革。）核心目标是完全根除过去死记硬背的被动学习体系，那样的方法对创造性思维有百害而无一利。

这个社会可以利用传统和宗教来削弱而并非释放创造潜力，而委员会制定的教育理念强调说，传统一定要为现在和未来服务，而不能起到束缚的反作用。"学习者在依照目前状况行事时，是将前代传下来的遗产活学活用，充满创造性，并与对未来的认识规划不可分割。不将过去、现在和将来视作接续的线性关系……这种情况下，人类——学习者——是让传统服务于自己的需求。"

小册子里还有一个微妙的警告，也可以说是一个预言，对象是我们未来的领导人："就算未来会存在一个独裁政府，我们巴勒斯坦人民也决不承认这是一个国家政府。"

马德里会议只是破冰。现在主要阵地转移到了华盛顿，开启了长达两年的和平进程。1992年6月，在以色列的国家选举中，拉宾打败了沙米尔，会谈气氛为之一振。工党表达了不像之前那样强硬的立场，允许费萨尔率领巴勒斯坦代表团。这使以色列和巴解组织之间的直接谈判更近了一大步。

会谈分为两个部分：一是巴以双边会谈，主要议题是达成为期五年的临时自治安排，然后会进行最终条件的会谈；二是多边会谈，包含水资源、环境和经济发展等多项议题。

后来成为巴勒斯坦总理的阿布·阿拉是多边会谈的主持人。他是会计专业出身，也是法塔赫中央委员会成员，讲求实效，思维灵活，同时头脑敏锐清醒——一个中东政客身上很难同时融合这些优点。他非常依赖我们组建的委员会，并召集水资源、交通、定居、难民和环境委员会的成员做多边会谈的代表。

我特地强调，要让技术委员会独立于贾布里勒和我组建的政治委员会。我也确实将整个机构视作由两个独立部分组成的实体。一个负责政府架构的建立，另一个则负责党派架构。两者都是我们未来的国家不可或缺的，当然所起的作用不同。

* * *

最了解我真实想法的，要数亚西尔·阿拉法特。他一直是个非常多疑的人，现在发现我没有经过他允许就我行我素地行动了，自然很不舒服。他开始怀疑我在背着他组建自己的军队，此时事态一

第二十三章 影子政府

下子紧张起来。

我们积极组织各个技术委员会，其中包括安全委员会，希望未来它会成为一支警力。打过游击的人和有前科的人需要接受专业训练，于是我筹了些钱，把他们送到开罗和安曼的警察学校。阿拉法特从各种渠道听说了我暗中行动的传言。我后来才知道，当我乘飞机到达约旦沙漠之上的高空时，自身安全已经相当脆弱，甚至岌岌可危。

当时我要去突尼斯参加一个领导人大会，会议主席是阿拉法特。飞机上坐在我旁边的是共产党领导人苏莱曼·纳贾卜（Suleiman Najjab），他非常热情友好，而且很有幽默感。对于一个多次在生死边缘徘徊的人来说，这真是难能可贵。

给我讲了个笑话之后，他的表情突然凝重起来，往我身边靠过来，像是要透露什么机密。他朝我耳语道："阿拉法特很介意你在做的事情，还有人不停地对他胡说八道。他们说你自作主张，送了一些人去埃及和约旦接受军事训练。他了解到的情况就是这样，还听说你要独立于巴解组织，成立属于自己的机构。如果你不想让他当面爆发，就必须得让他相信你并没有试图篡位夺权。"

这话真是太有杀伤力了。

到了突尼斯，我等到一整天的事务结束后，才单独去见那位老人。我走进他的办公室，看到他正坐在桌前，在桌上永远数不清的文件上奋笔疾书。听说他怀疑我在秘密进行一些事情，我就开口道："我就这么说吧，您要是不信任我，我就辞职不干了。我的工作本身已经很辛苦了，之所以还在坚持，就是因为我相信这符合我们的国家利益。只有在您信任我的基础上，我才能继续做下去。如果不信任，您现在就应该告诉我。"我的一字一句都发自内心。

阿拉法特十分鄙视溜须拍马的伪君子，正如他尊重坦白真诚之人。现在，我如此坦率直接，倒叫他暂时放下了因别人挑拨离间而产生的疑心。"没有,没有,别担心。"他简短地嘟哝了两句,"别担心,我信任你。继续努力,好好工作。"他继续去处理那一摞文件了。

我并没有百分百地安心,直到第二天早上接到他的电话:"我希望你能来机场,陪我去维也纳进行一场国事访问。你要带一件体面的西装。"

在国事访问的举行地点,那座华丽的巴洛克风格宫殿中,阿拉法特让我坐在他身边,并向东道国的各位政要介绍我,说:"这位是萨里·努赛贝,我们的谈判技术和顾问委员会主席。众所周知,这些委员会是我们和平努力中不可或缺的部分。"

技术委员会生产生了无数的想法、文件、书籍,并为数十名未来的公务人员铺平了职业之路。我们在东方宫的影子政府和与以色列的和平协议之间,也存在着无形的联结。无论是无心插柳,还是命中注定,在一场讨论中东问题的会议中,一次随意的聊天是最终促成《奥斯陆协议》的元素之一。

在阿布·阿拉的指挥下,多边会谈取得了很多重大进展,各个领域的专家都建立了良好的职业关系,并一同思考务实的解决问题的办法。

华盛顿的双边会谈则恰恰相反,没有任何进展,也无法取得任何进展。沙米尔继续欺骗公众,说以色列永远不会坐下来和巴解组织那群"恐怖分子"谈判,这让谈判的情况变得更为复杂。人人都明白,相关事务只有阿拉法特才能拍板。沙米尔的继任者拉宾和拉宾内阁的外交部部长西蒙·佩雷斯也非常清楚,没有阿拉法特的许可,费萨尔也不可能与他们达成协议。

一天,我正坐在父亲的事务所里(这里的铁门已经解封了),一起组建技术委员会并负责水资源小组的贾德·伊沙克(Jad Ishaq)找到我,说眼前有个"绝佳机会"。瑞士那边正在组织一个

第二十三章 影子政府

关于水资源的国际会议,邀请他去参加。与会者会有以色列人,所以伊沙克曾经工作过的伯利恒大学婉拒了邀请。我毫不犹豫地告诉他,法塔赫一定会支持他去参加会议。

我们和以色列人将共同参加会议一事激起了意料之中的联合抵制。巴解组织好些高层领导发出了气势汹汹的威胁。但最后他们还是同意了。一些最开始闹得很厉害的,最后也去参加了会议。

在瑞士发生的一件事仿佛是对未来的预兆。教授中东历史的以色列学者亚伊尔·赫希菲尔德(Yair Hirschfeld)把我拉到一边,说想聊聊。这位学者出生于维也纳,在大起义期间就曾多次与我们会面。他冷静而敏锐,从不耽于幻想,总是能够锁定关键问题,提出正确质疑,如果认为逻辑合理,就一定会毫不犹豫地行动。

华盛顿的谈判陷入僵局,赫希菲尔德问我对此有何看法。我说,那些会谈注定是走个形式,必定毫无成就。我想到佩塔提克瓦监狱与囚犯之间的谈判,向他解释说,只有拍板的人直接参与决策,才可能取得突破性进展。

"你觉得巴勒斯坦这边应该参与进来的关键人物是谁?"这是对方想知道的问题。我回答说,有三个人:阿拉法特,阿布·马赞和费萨尔。我非常清楚,在与以色列展开对话方面,阿拉法特最依赖的当然是阿布·马赞。他代表的一直是我们对巴以冲突的理性认识。他与阿拉法特一直在多边问题上密切合作。费萨尔也被提名,是因为我希望能有内部人士参与进来。

那时我根本不知道,离开苏黎世之后,赫希菲尔德将前往伦敦面见阿布·阿拉,开启后来所说的"奥斯陆和平进程"。

第二十四章
奥斯陆

1992年春天,露西生下了我们的女儿。接生的人是我们的老友,也是帮助阿布索尔和巴拉克来到这个世界上的人。我还记得小女儿躺在儿科病房的摇篮里,圆睁着好奇的大眼睛,打量着眼前这个陌生的新世界。当时我心想,命运一定赐予了她求知若渴的天赋。我们将新生的小女儿取名为"努扎",与我母亲同名。在古典阿拉伯语中,这个词也有"纯粹沙漠"之意。

这个时候,家里的男孩子们都在拉姆安拉的贵格会办的美国友谊学校上高中。通往学校的大街十分宽阔,比起新门附近雅各布和他的辛贝特同事曾警告过我的逼仄巷道,显然感觉要安全多了。况且这一年贾迈勒已经准备进军伊顿了,当然是在这里比较安全。

金匠市场合法所有权的纠纷有了新进展。扎基堂哥成功争取到法官来审理此案。诉讼进程让人很容易联想到卡夫卡的《审判》(*The Trial*),因为全无公平可言。法官是一位犹太定居者的家人,找了个技术性细节问题,就把案子丢在一边。接着那些犹太高校学生又加速了全面占领金匠市场的进程。

我们都需要暂时远离巴勒斯坦的烦恼。坐牢的时候，我一直梦想着与家人一起远行，写一两本书，或者就单纯地看看飞鸟，就像小时候看我的鸽子。但出狱后就遇到马德里会议，之后我连续数月都在努力工作，为未来的巴勒斯坦民主奠定基础。我觉得自己已经尽到了责任，对得起我的人民、我的良心，以及对父亲的怀念。现在，也该过过自己的小日子了。我一直崇拜的加扎利获得自由的途径是对俗世的期许嗤之以鼻，去四处游历。而我要带家人一起"出逃"。多年来，我超负荷工作，还让他们一起承担火线上的风险；如今我衷心希望能全身心地把自己奉献给他们。

父亲常说"眼不见，心不烦"，我也开始诵经般地把这句话作为口头禅。要是我能像小时候逃避父母的沙龙一样完全消失就好了！要是巴解组织成立政府之后还留在耶路撒冷，那不管愿不愿意，我一定会被拉扯进这个机制之中。但如果他们能对我"眼不见"，就会找别人，我等个一年左右再回耶路撒冷，就能顺利过上安静的私人生活。

我开始寻找国外的机会。华盛顿的伍德罗·威尔逊学院（Woodrow Wilson Institute）给了我一个做研究员的机会，在当年的秋季学期即可开始。反正那时候贾迈勒就要去伊顿上学。一想到我能和露西还有其他孩子一起在绚烂多彩的秋季丛林中漫步，就觉得这吸引力实在太大了，于是我毫不犹豫地抓住了机会。

我把这个计划告诉了法塔赫高级委员会的朋友们，他们都觉得难以置信。"这个时候？"他们异口同声地惊叹道，"你怎么能在这个时候离开？"我提醒他们，我从一开始就说过，冲突一结束就会远离政治。显然，他们一直以为我是开玩笑的。大部分人都想当然地以为我是说说而已，因为对政治的渴求已然流淌在我的血液之中。技术委员会的人也同样大吃一惊。

以色列媒体刊登消息，称有关方面在准备阻止我离开。而行动

第二十四章 奥斯陆

主体并非辛贝特,而是法塔赫。报纸文章中写道,法塔赫活动人士将绑架我,并通过种种方式将我交给阿拉法特,他绝对不会同意我离开。这些记者可能是在胡编乱造,但其中也略有些可信的东西。阿拉法特确实尽力劝我不要离开,他派了一群法塔赫同僚和朋友来到我在阿布迪斯的家中,请求我不要去国离乡。等我告诉阿拉法特是因为一些严肃的家庭事务必须去美国,他才罢休。严格说来,我这不算说谎,但也不算说实话。

需要休息的另一个原因,是我发现自己比之前更为频繁地拨弄那串蓝色串珠。虽然巴以双方的华盛顿谈判还在继续,我却越来越紧张。"我觉得,那些说自己不怕的人很可能没有思考,"我对一名美国记者解释道,"思考和恐惧是并行的。纾解的秘诀并非停止恐惧,而是学会与恐惧共处。"我又加上了一点坚忍克己的"听天由命","要是恰巧有一天,一个人找到你,朝你开了一枪,那就认命吧。"

和平局势一片大好,我这话也许显得过于杞人忧天。但客观地说,情势其实是前所未有地危急。犹太人和巴勒斯坦人面对面坐下来谈判,这还是史上首次,这也搅动了所有过去的冤孽。与以色列人进行谈判,这个过程过于漫长,我们被迫去触碰半个世纪以来的痛苦回忆,主要就是巴勒斯坦人被驱逐出以色列的屈辱史。经历了这样的痛苦与愤怒,要是最终无法得到非常公正的结局,让人民失望,那会是很危险的。而在巴勒斯坦社会内部,暴力和犯罪也已经深深扎根,反对这些行为的内部社会力量也崩溃了。而那些好斗的定居者更是越来越多,四处掠夺破坏,这更是雪上加霜。

法塔赫担心我的安危,尤甚于我自己;他们还认为,送走了两车代表后,我一个人面临的风险大大增加。我是法塔赫高级委员会的缔造者之一;那个由卫生间改装的小办公室里总有以色列人来访;我还在加沙和约旦河西岸地区组织支持和平的集会,并经常和志士同僚们见面，讨论关于和平进程的话题。我已经成了非常突出的目标，法塔赫派了几位同事一直远远地跟着我、保护我。

我发现此事还是在两个星期以后，法塔赫高级委员会的一位同僚，也是我的朋友，满脸怒火地找到我问："你怎么回事？我们派了几个人保护你，结果完全跟不住你。你经常上出租下出租，上巴士下巴士，进店铺出店铺，还往特别拥挤的街上跑。可怜的人啊，跟不上你啊。"我仿佛演了一场闹剧，就因为长久以来锻炼出充分的自我保护本能，竟然甩掉了努力要保护我的人。

而真正让包括我在内的所有人惊慌的，是另一个致命谜题。1992年年初，我家附近又发生了三起神秘的谋杀事件。第一个受害者是一名加沙律师，也是政治委员会中的重要成员。数千民众饱含震惊与愤怒，出现在他的葬礼上。我们从他位于加沙城的家中，游行到城外的墓地。没人知道是谁杀的人，背后指使的人又是谁。死者的好友，也是一位备受尊敬的法塔赫老将，致了悼词。我至今还对他的讲话记忆犹新。"我决不罢休，"他朝哀悼的人群，朝自己，也许还是在朝天神起誓，"直到犯下这滔天大罪的杀人犯被揪出并遭到应有的惩罚。"

非但这位致辞人没能找到凶手，后者甚至还再次犯下罪行。短短两个星期内，又发生了一起类似的神秘谋杀事件。新的受害者不是别人，正是那位法塔赫老将本人。他的遇害至少缩小了嫌疑人的范围。哈马斯应该不在嫌疑之列，不为别的，受害人的儿子就是一位备受尊敬的哈马斯年轻领导人。所以，究竟谁是刺杀行动的幕后主使呢？

约旦河西岸地区也有神秘的刺杀者开枪杀死了比尔泽特的考古学教授格洛克。格洛克的家人和大部分巴勒斯坦人都确信，指使人杀他的一定是以色列人。遇害之前他在写一本书，以记录1948年被以色列人清除掉所有村民并夷为平地的400座村庄。大家分析说，

第二十四章 奥斯陆

格洛克在追溯巴勒斯坦难民问题的起源,也掌握了很多证据,能够大大加强巴勒斯坦在难民和财产谈判中的筹码。而以色列绝不允许这样的事情发生。

以色列人声称,这些事绝对是阿拉伯职业杀手做的。

两年后,格洛克的家人委托一名调查员来调查制造这起谋杀案的幕后黑手。调查员到办公室来找我。他告诉我,调查过程中发现本-古里安机场的警察接到线报,逮捕了一名与哈马斯有关系的美裔巴勒斯坦人。审讯过程中发现此人隶属于一个恐怖组织,头目是阿德尔·阿瓦达拉(Adel Awadallah),臭名昭著的炸弹制造者,当时还是以色列的头号公敌。

审讯过程中,该人坦白,阿德尔·阿瓦达拉正是格洛克教授谋杀案的主谋。而这位私人调查员来我办公室,要说的重点是另一个坏消息。在机场被捕的人告诉警察,阿瓦达拉接到指令,还要再进行一场刺杀,这次的对象是巴勒斯坦人民的"头号公敌"——我。死刑——出于某种原因他尚未行刑——就是对我煽动公众支持和平的惩罚。

华盛顿会谈变得漫长而艰难,本来是六轮会谈,后来变成七轮,再变成八轮。第九轮在1993年4月底进行。15个月之后,这令人疲倦而厌烦的过程也根本没取得什么实际成果。当然,会谈中也提出了很多好的想法,面对面坐在谈判桌前也比互相投石开枪好多了。美方的关键人物是丹尼斯·罗斯,他身量高大,肩膀宽厚,行为举止带着些少年气,戴着一副茶托大小的眼镜。尽管他在态度上显然更支持以色列,却也充分展现出对巴勒斯坦的好意。是他带着我的要求去和以色列当局说情,请他们准许法塔赫的那些谈判支持者——都是有前科的活动人士——拥有人身自由,能四处旅行。不过,他也对中东政治舞台上奸诈的舞蛇人和凶险的飞刀毫无经验,显得像个"童子军"。

尽管美国人已经尽了全力,针锋相对的双方依然陷入了僵局,很多时候是进一步退两步。巴方立场坚定,要求必须解决清楚两个问题:首先要制定具有可行性的五年过渡自治计划,立即交接所有独立所需要的标志;其次还要清楚地定义最终的谈判目标,重点在于边境、耶路撒冷、定居点和难民,保证以色列能完全从1967年侵占的领土撤军。

以方则试图逃避这些问题。他们的谈判者努力削弱巴勒斯坦自治的权威性,试图使其成为换汤不换药的乡村联盟,并尽量让最终的协议中充满模糊的措辞和条款。

双方还开始进行富有特色的外交冒险:一方提出威胁,另一方和美方共同商讨基本上都是权宜之计的解决方案;然后再开始下一轮危机。比如,一次哈马斯恐怖袭击后,拉宾将415名伊斯兰激进主义者驱逐到黎巴嫩一片寒冷的土地上。

不过,当华盛顿的第九轮会谈开始时,奥斯陆那边正在进行第四轮秘密会谈。

和所有没有直接参与奥斯陆和平进程的人一样,我对那里的事情一无所知。我并不知道的是,瑞士的水资源会议之后,赫希菲尔德联系了阿布·阿拉和阿布·马赞;接着阿布·阿拉与历史研究员罗恩·蓬达克(Ron Pundak)碰面,在奥斯陆度过了一个漫长的周末。而这一切的组织人是泰耶·拉森(Terje Larsen),挪威应用科学研究所(Norwegian Institute for Applied Science)的建立者。最终双方制定了6页的《原则声明》(Declaration of Principles)。

我离发现这一切最近的一次,是与阿布·阿拉一次偶然的闲聊。他本可以把一切对我和盘托出,却选择了缄口不言。他和一起参与谈判的同伴瞒过了所有人,甚至包括克林顿总统。

我和阿布·阿拉的偶遇是在机场的VIP候机室——我是"小组"

第二十四章 奥斯陆

成员,所以升至公务舱——当时我要从突尼斯飞往巴黎。我发现他走进了候机室,还是那副一贯的谦逊样子。他说自己也是飞往巴黎,去见儿子。

我们俩相遇甚是开心,开始长谈,聊的主题是华盛顿会谈。聊到深处,VIP候机室的工作人员过来带我们去搭乘航班。安保车把我们放在登机梯下,工作人员祝我们一路顺利,然后把车开走了。

飞机上没人。我们心想其他乘客和机组人员应该会很快登机,就继续聊起来。一个小时过去了,还是没人。我们感觉有点不对劲,于是走出舱门,站在登机台上,发现四下一个人影都没有,于是朝一辆正开过的服务车招手示意。终于,刚刚把我们放下的安保人员又出现了,原来是他们搞错了,把我们放到一架要飞往伊斯坦布尔的飞机上了。那架目的地是巴黎的航班早就起飞了。

下一班飞往巴黎的飞机要等三个小时。候机时和登机后,我们什么公开的事情都聊了,就是没提到奥斯陆的事。阿布·阿拉对此事只字未提,也没有坦白说他去巴黎并不是看儿子,而是要从那里再登上飞往挪威的航班。

然而,就算没有得到内部消息,我也有种强烈的预感,和平协议即将产生。作为"小组"成员、技术委员会的主理人,并和阿布·阿拉亲密合作、组织多边会谈,我当然能很容易地去分析逐渐明朗的和平进程。在耶路撒冷,参与到这个进程中的人也在进行非正式的联系,各个层面都有,我对此也都是知情的。虽然一些事情不遂人愿——比如定居点的建设正在以惊人的速度进行——通过对政治大环境的解读,我仍然认为,即将取得某种进展,只是不知道具体是什么。

巴以双方正在达成协议的路途上取得很严肃的进展,我对此非常确定;在机场偶遇阿布·阿拉的前一天,我与马尔万在一家餐厅吃晚饭,席间我预言说,夏天结束之前,双方会达成某种协议。

与其说这是"比尔泽特先知"解读现状后作出的预言，不如说是我的美好愿望，因为如果取得了这样的重大进展，我就能看到自由的希望，既有免于恐惧的自由，也有逃离政治的自由，让我从政客恶臭的野心之中退步抽身。我不希望某天在阳光明媚中醒来回顾自己的一生时，发现除了政治竟然一事无成。

1993年夏天，"奥斯陆"的消息传开了。那时距离我起程赴美只有几个星期了。我是在加沙参加会议时得到消息的，当时真是喜出望外，联系了东方宫的同事们，请他们准备庆祝胜利。马尔万确信我参与了这场秘密谈判，不然怎么会预知即将取得突破呢？

第二天，我从加沙赶回耶路撒冷，加快速度翻山越岭，以便准时参加庆祝活动。但就在翻越最后一座山峰时，我那辆老爷车罢工了。这种事情经常出现，我都烦了，也习惯了。最后我还是赶到了东方宫，但已经太晚了。而且站在路边挥手招的士还搞得我满身大汗，甚是狼狈。

前院挤满了前来狂欢的人。到处都是挥舞的旗帜，大喇叭中传出欢快的呼号，人们的脸庞上绽开灿烂愉悦的笑容。我一走进去，就有几个年轻的活动人士冲过来，把我抬到他们肩上。接下来的一个小时，我都这样坐在高处，看着人群载歌载舞，唱着激昂的民族主义歌曲。实在有些难以置信，我们竟然真的做到了。和平。解放。不需要政治了！美国，我来了！蒙蒂塞洛，我来了！

还没有人读过协议，也不知道其中的细节。我们知道的消息只有目前公布的那些：以色列政府和巴解组织已经达成协议。就像我之前一直预测的那样，理性胜利了。形势无法逆转，最终我们将建成独立的巴勒斯坦国，将东耶路撒冷作为首都。怎么可能完不成呢？那天晚上，东方宫的每个人都认为，我们的努力有了结果，并对此深信不疑。终于，终于，我们达成了和平的目标。

第二十四章　奥斯陆

后来双方深入骨髓、带着怨毒与苦涩的敌意，与彼时彼刻我们天真的愉悦形成了鲜明的对比。自杀式爆炸袭击如瘟疫一般困扰以色列的各个城市；沙龙修筑那六米多的高墙，中间还有一座座瞭望塔，如伤疤一般割裂了我们的巴勒斯坦土地——这些都是十年之后的事了。

美好的神话谁人不爱，《奥斯陆协议》具备了一个好故事的所有元素。人们纷纷传着：在那遥远的欧洲城市，冰天雪地，月光皎洁，有人在那里秘密会面。那是几位头脑如在云端的教授学者，他们瞒着那些专业的政客，却取得了比长达一年半的官方会谈更大的进展——这会谈还有美国施加压力，连哄带骗；丹尼斯·罗斯的外交政治技巧太幼稚了。克林顿总统表示完全支持《奥斯陆协议》，正式签署仪式将于9月13日在白宫草坪上举行。

我们将该协议称为《原则声明》，首字母缩略简称是DOP。后来大家的幻想破灭时，就出现了各种戏称：我们被麻痹了（DOPED），又被欺诈了（DUPED）。协议签署前夜，双方交换了信函作为协议前言。巴解组织明确承认以色列国的合法存在，而以色列也最终认可巴解组织为代表巴勒斯坦的合法政治团体。这说明，巴勒斯坦人终于能在巴勒斯坦本土拥有以巴解组织为领导集团的政府了。

其他要点都是以此为基础的。双方商定了建立巴勒斯坦民族权力机构的时间表，首先在加沙和杰里科筹划成形，再发展壮大到整个约旦河西岸地区。与此同时，以色列将从主要的人口聚居中心撤军。我们要举行选举。某种程度的信任建立起来之后，耶路撒冷、定居点、难民和边界这些最具争议的问题，就会顺其自然地得到解决。这些"最终"的谈判将在两年后进行，整个过程将在五年内完成。

时任以色列外交部部长的佩雷斯在签署协议时交给阿拉法特一封信，承诺说耶路撒冷的巴勒斯坦机构在过渡时期非但不会遭遇任何麻烦，还会得到帮助，发展壮大。容我做个"事后诸葛亮"，如今看来，《奥斯陆协议》的失败很容易归因，因为《原则声明》中的各个条款措辞都很含糊，各种细节也不明确。起草协议的巴勒斯坦人中没有一个是精通国际契约的律师；要与以色列人打交道，这可是个致命错误。

从巴勒斯坦方面看来，最为糟糕且已经得到印证的一点是，边界划分、耶路撒冷和定居点这些重大问题在当时并未议定，被一并称为"最终"问题，在五年内议定。《原则声明》中包含了太多未定性的变数，而巴勒斯坦人都同意了，这恰恰是放弃了希望，1948年失去的土地很难要回来了。以色列在1967年占领的巴勒斯坦土地只有27%被作为明确议题，也不能保证对方会同意全部交还。我们只能勉强得到几片可怜土地上的"自治权"，希望"最终谈判"能帮我们争取到剩下的那些。而且，《原则声明》中也并未阻止定居点建设或在耶路撒冷建立新的犹太社区的行为。换句话说，以色列人将1948年的斩获照单全收，我方则落入陷阱，同意双方划分"有争议"的领土；而以方在军事和外交上占有巨大优势。这感觉就像夫妻双方极不平等的婚前协议。说得明确一点，《原则声明》的一切，注定了最后的失败和灾难。

然而，在1993年8月，没人能预言这协议最终会产生什么样的结果，大家都沉浸在欢欣鼓舞中，这当然可以理解。阿拉法特喜出望外。就在两年之前，他还是仅次于萨达姆的世界第二号"魔鬼"。他的资金来源都断裂了，办公室那台红色电话很少响铃。他是世界上仅存的老革命分子之一，也是最最孤独绝望的。如今又重新得到全球瞩目，他自然沉浸其中。

那天晚上，这个故事中默默无闻的平民百姓也和东方宫的狂欢者们一样振奋激动。对他们来说，这意味着旷日持久的占领即将结束。在他们心中，阿拉法特就是代表希望和愿景的领袖，而国际舞台在给予他一国元首的待遇，所以梦想中的国家也一定近在眼前。再也不会有士兵上前骚扰，再也不会有路障，不会有随意逮捕，不会有土地充公、定居点和拿着乌齐枪圈地的定居者。人民会得到工作，学校会重新开放，他们的孩子将有希望过上以色列儿童的生活——享受着充满机遇的世界，受到全世界的尊重，被视作平等的个体而非被施舍的对象或丧家之犬。

当然，和百姓天真的希望唱着反调，提出批评的人也不少。麻省理工学院教授，总是不知疲倦的诺姆·乔姆斯基（Noam Chomsky）将《原则声明》批评得体无完肤，以无懈可击的逻辑作出预言说，因为《奥斯陆协议》没有叫停定居点，实际上意味着"两国方案"的终结，而这个协议本应达成的恰恰是"两国方案"。在华盛顿进行双边会谈的巴勒斯坦谈判者感觉被背叛了，因为这个协议的商定是背着他们私下进行的。他们全身心倾注到眼前的谈判中，以为能谈出国家地位，结果一小群教授学者就这样打败了他们。赛义卜·埃雷卡特如是说："我们这些代表只是开胃菜。巴解组织才是主菜。"消息传开的时候，费萨尔和代表团大部分成员都在国外，所以他们都没来参加庆祝。反正费萨尔就算是在，也不会出现。他和从前一样，从公众视线中消失了几天，来消化自己的震惊。

不过，谈判者们很快全都态度良好地表示支持《奥斯陆协议》。当然，也有人在震惊过后，依然对此抱批评态度。沙菲医生拒绝去白宫参与签署仪式，因为其中没有包含终止定居点建设的条款。他和乔姆斯基持同样的怀疑态度。在国外，将《奥斯陆协议》批得最狠的是巴勒斯坦学术界的骄傲和脸面：爱德华·赛义德。

对《奥斯陆协议》的抗议声音最大的，是哈马斯及一些左翼小党派；他们发自内心地公开猛烈抨击，反对与以色列达成任何形式的协议。在比尔泽特，激进的左翼学生联合伊斯兰右翼，与法塔赫的同辈们爆发了冲突。"阿拉法特主席怎么能够和拉宾握手？他曾经向我们开枪，还将我们投进监狱！"双方言语尖刻地激烈辩论，最后甚至拳脚相向。

在以色列，绰号"比比"（Bibi）的本雅明·内塔尼亚胡和沙龙也领导异议者们共同抗议，整个国家群众示威四起、动荡不安。"我们本来已经扼住了阿拉法特的咽喉，"他们如此说道，"他身无分文，名誉扫地，已经是强弩之末；而你，拉宾，非但没有就势干掉他，反而救了他！"白宫草坪上那"著名的握手"之后，对阿拉法特的妖魔化也开始有了末世传说的色彩。他就是亚玛力人（Amalek）的化身，是以色列的天敌。我还记得汽车保险杠上的贴纸，树上与灌木丛中挂的标牌，还有山崖上挂着的标语：ISRAEL B'SACANAH!（以色列危险了！）

在耶路撒冷的最后几个星期，我都忙于准备即将到来的"休假"，还有贾迈勒的英国求学之行。我要离开了，贾布里勒却准备回国，结束流亡生活。我这位身在突尼斯的法塔赫高级委员会搭档已经在规划蓝图，筹谋在巴勒斯坦解放区建立一支安全部队。他希望能负责安全事务，因为他意识到，真正的权力即在于此。

阿拉法特则自有打算：自己的雄心壮志，以及理想中自己很快要领导的那个国家的雄图伟略。摆脱了被全世界嗤之以鼻的过去，他享受着媒体的闪光灯和将他从总统客宅送到白宫的黑色豪华轿车；最重要的是，大量国外援助即将涌入的前景。看到曾经无比棘手的冲突即将解决，国际社会也是一片喜气洋洋，承诺会提供数十亿美元来资助阿拉法特建立未来的巴勒斯坦民族权力机构。

只有一点略显不顺心。资助者们自然是心甘情愿捐款，帮助建立巴勒斯坦政府；但他们不会直接把钱交给阿拉法特和他的巴解组织心腹们。他们一力促进建立一个独立而高效的发展组织，模板

第二十四章 奥斯陆

是黎巴嫩内战之后致力于重建的基金会。世界银行听从资助者们的建议，制定了相关章程，意在建立巴勒斯坦发展与重建经济理事会（Palestinian Economic Council for Development and Reconstruction，PECDAR）。世界银行请德高望重的巴勒斯坦经济学家尤瑟夫·萨伊格（Yousef el-Sayegh）为理事会掌舵。

对此，阿拉法特颇有不快。他本就一直多疑，还总是把一切都解读为与权力之争有关，所以怀疑这个理事会其实是个阴险的诡计，要趁机篡他的权。他这种本能的反应还有更深层次的原因，就是资金问题。如果钱不能直接流入自己的金库，他就没法收买拉拢那些可能会挑战他的人，以前屡试不爽的"管理"手段将难以为继。

马德里会议时期我就饱尝过阿拉法特的管理风格。那时候我经常去突尼斯参加巴解组织领导层的会议。这些会议总让人想起粗暴喧嚷的拳击比赛，大家就像看台上的观众一样咆哮吵闹。一个两个极端派系的成员朝法塔赫成员大吼大叫，各种谩骂贬低和平进程，还发出威胁警告。

会议之后，必定会有很多人在回国之前排起长队，等着见阿拉法特。让我惊讶的是，很多站在他办公室门口的人是那些闹得最厉害的极端分子，宣称必须要坚定地恢复大巴勒斯坦的每一寸土地，从特拉维夫到佩塔提克瓦；"两国方案"即使是想一想，也能看出是向魔鬼出卖灵魂。现在，也是这些人，竟然能如此耐心地在阿拉法特办公室门外等待。

我问贾布里勒，这些人从阿拉法特那里所求何为。他并没有闪烁其词（他说话从来不拐弯抹角）。"你问这些渣滓想要什么？"他的语气里充满轻蔑嘲笑，"伸出爪子要钱呗，这些混蛋就是想要这个啊。"面对结盟对抗自己的力量，阿拉法特的做法就是用钱收买。他担心，如果自己不给钱的话，就会有别人给。但阿拉法特对他们的态度是绝对瞧不起的，也准确无误地向对方传达了自己的感觉。贾布里勒也同样感到不屑："被占领土上囚犯的一只鞋，都比这些伪君子加在一起要高贵得多。"

现在，有了PECDAR，国际捐助掌握在别人手里，阿拉法特怎么才能控制这些对手呢？而且，这个掌握了资金的人，是否也会操控政治局势呢？也许搅动风云的很快将另有其人了。

在与世界银行多次讨价还价之后，阿拉法特成功将PECDAR保持在自己的势力范围之内。尤瑟夫·萨伊格在一次会议之后发现PECDAR并非完全独立，还是要受到阿拉法特的掣肘，于是拂袖而去，再也没有回来。

萨伊格走了，阿拉法特需要选择自己信任的人来管理PECDAR，但此人也要同时被世界银行接受和认可。他觉得我刚好符合要求，于是请我飞往突尼斯，讨论一个"事关国家的重大问题"。

我和他从办公室的这头踱步到那头，阿拉法特向我解释了PECDAR的来龙去脉，并诉说了他的担忧。"那些经济学家，都在说什么经济必须独立于政治。但怎么可能呢？掌控经济的就是政客啊。要是专业的经济学家掌管了开支，他们也就成了戴了面具的政客。"我们继续踱步，我继续听他说。"但他们到底在隐瞒什么呢？"他小声嘟囔着，仿佛在自言自语，"他们背后是谁？是谁在操纵他们？"

最终，阿拉法特坐在办公桌旁，对我坦陈了他的想法。"我相信你，萨里。"他说会让阿布·阿拉来做PECDAR的理事长，但阿拉还在突尼斯，而理事会必须设在被占领土上。巴解组织领导人究竟何时能返回巴勒斯坦还是个未知数，所以，这段时间之内阿拉法特需要有人来管理外方捐献的数十亿资金。我就是他选中的人。他说，除我之外，任何人坐上那个位子他都不能完全信任。

我可不想掺和阿拉法特的政府，我满脑子都想着在美国过一年

第二十四章 奥斯陆

自由的生活。我礼貌地道歉说，很荣幸，但恕难从命，我仍然需要全身心投入家庭事务中。我们又谈了许多，阿拉法特终于同意我们去美国，但得在华盛顿参加 PECDAR 的董事会，直到我回国。

* * *

到了华盛顿，我开心又兴奋。十年来，我一直处处小心，时时留意，一时钻进出租车，一时下出租车，就为了躲开雅各布和他的手下；并且总在担心家人的安危，还怕巴勒斯坦的极端分子找麻烦。到了美国，我放下了串珠，没了背后阴影处有人潜伏着要害我的感觉，真是太好了。我成了"泯然众人"的无名氏，真是太自由、太轻松了。我是人群中普普通通的一张面孔，一个学院的普通职工，一个餐厅的食客，这么多年来总算在银行里有了点存款。

父亲的老事务所在东耶路撒冷，那里闷热多雨，总是弥漫着废气；而我在史密森学会（Smithsonian）的办公室则与之形成鲜明对比，望出去是个宁静的花园。午休时我能去看看恐龙化石，还能去观看莱特兄弟（Wright Brothers）发明的飞机。

去蒙蒂塞洛只需要一天时间。露西和我带着孩子们去追寻二十年前走过的路，也和美国民主的历史再次建立联系。在克林顿的领导下，美国变得更为强大，更加生机勃勃，整个社会也比 20 世纪 70 年代早期更具多样性与包容性。

我也终于有了思考的时间。一天，我正看着电视上的美国橄榄球比赛，突然想到，巴勒斯坦政坛和这橄榄球场何其相似。做线卫（linebacker）特别费力不讨好，而谁要是拿着球，受的伤就最多。最棒的工作就是教练了，要是得不到这份工作，第二选择就是做电视评论员。

我本以为 PECDAR 的事已经结束了，哪知阿拉法特还没放弃。我安顿好美国的新生活后几天，他就打来了电话。寒暄几句之后，他说需要我去突尼斯参加 PECDAR 的董事会。

我买了往返机票去赴会。然而，到了突尼斯，我才越来越清楚地认识到阿拉法特在玩什么把戏。会议结束了，我想返程，但他坚持让我和他与代表团一起，去奥斯陆参加一个重要的会议。

和阿拉法特的相处中，我还算随心所欲，但也不能留下和他对着干的感觉。（伊斯兰教圣贤法拉比曾教导，有时候最好别向领导坦白你真正的想法。）按照目前的情势，逃避奥斯陆的会议大概不太好。我和他一起上了私人飞机，去往奥斯陆。等飞上天了我才得知，这次要住在王宫，所谓的"会议"其实是国王哈拉尔五世（King Harald V）举办的晚宴。

晚宴当夜我拿出了自己最得体的风度，穿西装，打领带，尽量把头发梳得整整齐齐，通常都不一样的两只袜子至少颜色相同了。席间我也成功地把每一颗豆子插到叉子上再吃，同时还在分神思考阿拉法特到底打的什么算盘。我得出结论，他应该是觉得我进入这童话一般的城堡，见识到皇家的荣耀，会目眩神迷，光是为了能偶尔享受这样的特别待遇，也会接下 PECDAR 的工作。

吃甜点的时候，我已经想好了，陪着他来奥斯陆，我也算是尽到责任了。现在有自由做我想做的事了，就是赶紧离开。晚些时候，我回到自己那镶金镀银的豪华房间，拿起电话，安排好一条从斯德哥尔摩回华盛顿的路线，然后叫了一辆出租车早上 5 点来王宫门口接我。第二天一早，阿拉法特还在沉睡中，我已落荒而逃。

我回到华盛顿还未满 24 小时，逃不掉的电话就追来了。"你走了，"阿拉法特说，接着抛出了一句我并不需要的提醒，"你跟你父亲一点儿也不像。他绝对做不出这样的事！绝对。"

第二十四章 奥斯陆

再收到阿拉法特的音信时，我还在美国，是从他妻子苏哈那里间接得知的。阿拉法特当时在突尼斯准备回到加沙，同时组建自己的第一个官方政府。苏哈致电给我，告知我她丈夫非常希望我也能成为这个政府的一分子。他组建得很艰难，因为很多人都在阻止这整件事，担心巴勒斯坦人民不会接受一个自治权处处受限的政府。阿拉法特选择这个"信使"也是经过慎重考虑的。他可能觉得我跟苏哈相处得很好，所以她更能说服我。

我的回应很恭敬，但没有明确表态。我请苏哈转达，如果阿拉法特给出这样的邀约，是表示对我过去工作的信任和欣赏，那么请她告诉他，我从内心里感激他对我的肯定，但我还是更倾向于保持现状。如果他是因为别人都不愿意接这个位置，所以需要我，那么我一定不负所托。

结果，数日之后，阿拉法特的潜在部长人选已经是供大于求了。回到加沙的日期已定，他作为一名英雄和大救星回到"解放后的"巴勒斯坦。我在自己位于马里兰郊区的公寓里观看了盛大的欢迎仪式。

一切按照计划进行，我的政治活动已经减至最少，PECDAR的代表偶尔会到华盛顿，我就去参加会议；但除此之外，我就没什么公职了，也特别享受这种自由。我们住处的街尾有一个很美的公园，我常常推着大眼睛努扎的童车在那里散步。下雪的时候，阿布索尔和巴拉克轮流带着努扎沿着山坡滑雪橇。沿着华盛顿的独立公园（Independence Park）去史密森学会的路上，我常常停下静立，惊叹自己来到了美国，能做现在做的事情是多么幸福。我再次感觉心中奔涌着"惊异"，这是对生命本身的惊叹。夫复何求啊？

故乡的新闻，我都是在《华盛顿邮报》上关注，而且尽量少看。最大的新闻可以说是古希腊悲剧和现代动作片的结合。那里对于古希腊剧作家来说，真是最佳背景：古老而神圣的土地，充满了各种神秘的组织。好莱坞导演也一定爱死了这里的场景：布鲁克林土生土长的儿科医生，手里端着乌齐枪。

1994年2月，住在希伯伦外定居点基列亚巴（Kiryat Arba）的巴鲁克·戈尔茨坦（Baruch Goldstein）朝正在做礼拜的人群开了枪，打空了他那架加利尔自动突击步枪里的子弹，杀死了29名穆斯林。当时是星期五，大家正在希伯伦的始祖墓穴（Cave of the Patriarchs）祭拜，那里是穆斯林和犹太人双方的圣所。之后的骚乱中又有19人死去，数百人受伤。自1967年占领开始以来，这是最为血腥残酷的一天。

希伯伦清真寺的大教士发表了针对《奥斯陆协议》的强烈谴责："我们的兄弟遭受着屠杀，而我们的领袖，要么闭眼大睡，要么在和以色列人谈判。"[1]整个约旦河西岸地区都有人焚烧阿拉法特的照片泄愤。费萨尔想去希伯伦屠杀现场看看，结果被当地人投石以向。而很厌恶那些定居者的拉宾，却决定惩罚受害者，这实在是对未来的凶险预兆。他突然下令在整个希伯伦施行宵禁。动机也许无可厚非，只是想预防报复行为的发生。但此举保护的只是定居者，而非巴勒斯坦土著，更让很多人成为奥斯陆和平进程和拉宾政府的仇敌。

拉宾还进一步迎合定居者，为定居点的防御和基础设施注资数十亿以色列谢克尔，此举更是为时局雪上加霜。平心而论，以色列这样的议会民主制，可以说是支离破碎、分崩离析，要讨好收买的人多了去了，但拉宾修建更多定居点的行为其实是在助长自己需要控制的问题。《奥斯陆协议》中一个基本的漏洞开始显现。已经被讥为"欺诈声明"的《原则声明》本身就没有强制要求停止定居点建设活动，所以拉宾没有必要去处理自己这方的狂热分子；更好的办法是继续征用巴勒斯坦的土地，疏导这些人的情绪，绕道而行。

古代神话中的中东血泪之魔摩洛（Moloch）正慢慢从沉睡中苏醒。戈尔茨坦制造的那场屠杀引起了连锁反应。在以色列城市阿富

第二十四章　奥斯陆

拉（Afula），一名穆斯林学生开着一辆载有 300 磅*TNT 炸药的汽车，一头撞入一辆巴士，造成 8 人丧生，50 多人受伤。

我在美国已经 6 个月了，在伍德罗·威尔逊学院忙着写一本阿拉伯语的书籍，主题是自由的概念。此时耶路撒冷圣城大学的一个代表团取道华盛顿，团员之一是伊马德（Imad），是该大学法塔赫员工联盟的代表。1948 年之前，伊马德的家族是巴勒斯坦最大的"地主"。他的祖父是位王子，在今特拉维夫以北的地方拥有 5000 英亩果园。1948 年，以色列人来了，让王子和他全家卷铺盖走人。他名下的土地变成了封闭军事区，原本 40 个房间的豪宅变成了军火工厂。大起义期间，伊马德常常和同事一起来我家征求对某些问题的意见，谈话之间他表现得非常睿智，深谋远虑，政治直觉很敏锐，让我刮目相看。我在东方官为技术委员会忙碌时，他也和我保持着联系。

代表团此行是想为陷入财政困难的"大学"筹资。"大学"打了引号，是因为这个学校其实是个松散的"联邦"，一共有 4 个彼此独立的学院，分散在杂乱无章的建筑物中，而学生中有很大一群哈马斯的支持者。而学校所谓的"行政管理"，就是一个协调委员会，成员从 4 个学院的董事会中选出。协调委员会的第一位会长是耶路撒冷的穆夫提，也是父亲的朋友，更是我和露西的主婚人。他去世之后，我父亲最小的弟弟，一位商人，成了第二任会长。那时候学校也刚刚任命了第一位校长，是费萨尔的亲戚，不久前还在美国流亡的哈特姆（Hatem）。

这就是我当时对圣城大学的全部了解。伊马德和他的朋友们就这样出现在我家门口，闲聊半小时后，伊马德向我讲起弥漫在故国的颓废情绪；但他还是怀抱希望，觉得总能干成一点事，尤其是在

---

* 英美制质量单位或重量单位，1 磅合 0.4536 千克。

大学。我问他具体说的是什么事,他看了看同伴们,大家都朝他点点头。伊马德闪烁其词地告诉我,大学里即将发生巨大的变化。几个星期之前,我才刚去过蒙蒂塞洛旧地重游,于是脑中闪过杰斐逊的学术村。这种不着边际的联想搞得我自己都忍俊不禁。伊马德解释说,哈特姆被诊断出癌症,再过两个月左右就要卸任了。

第二十五章
消失

1994年夏天，我从华盛顿回国。不久前，阿拉法特和拉宾在开罗签订了《加沙—杰里科协议》（Gaza-Jericho Accord）。在外流亡的巴解组织领导人开始陆续回迁至被占领土。

回国路上，露西、孩子们和我在塞浦路斯短暂停留了几日。对于回国后的际遇，我应该是有不祥的预感；在药店外坐在租来的车中等着露西时，我构思了一个间谍小说的情节。我一直很喜欢这类小说的感觉：月光下闪过的黑影，茶杯口上被抹花的唇印，留在灰尘间的指纹。构思这些情节，而不是被动地陷入即将面对的困境，抵御恐惧的效果竟然好得出奇，比串珠还管用。

我突然想到，要是我就这样凭空消失，会怎么样？想象中应该有负责绑架的人鬼鬼祟祟地潜伏在车后，把枪伸进开着的车窗里，强迫我下车。等露西买药回来，会发现车中只剩下烟灰缸中还冒着烟的烟头。

后来到了酒店，我在房间里写出了故事梗概。当时拟的暂定名是《消失》(The Disappearance)。主人公叫萨米尔·卡南（Samir

Kanaan），父亲是巴勒斯坦穆斯林，母亲是犹太人。萨米尔曾在贝鲁特美国大学学习闪米特语，在那里被巴解组织招去旗下的某个安全机构。以色列入侵黎巴嫩之前，他被派往被占领土建立一个抵抗组织的网络。多年以后的大起义期间，以色列方偶然将他逮捕，他度过了数年的牢狱生涯。《奥斯陆协议》即将签署时，他被释放。

被困铁窗多年的萨米尔，唯一的愿望就是继续学业；远离政治，远离间谍活动，远离任何神秘的冒险，也不要欺骗与谎言。就在这个当口，贾布里勒找到他，说自己怀疑巴勒斯坦的激进主义者和以色列安全机构中的流氓派系正在策划一起罪恶的阴谋，要针对以色列平民发起一系列自杀式炸弹袭击，以此来破坏和平进程。贾布里勒不想让他们的阴谋得逞，却束手无策，万般无奈之下找到了萨米尔，这是他唯一可以信任的人。多年前两人曾是狱友，贾布里勒也很清楚萨米尔是学者，是知识分子，没有任何政治野心。两人想出了一个端掉阴谋的计划。然而，计划还未实施，在塞浦路斯岛上的一家药店门前，在一辆租来的车中，萨米尔就被绑架了。

我能想出这么一本未成文的小说，是因为"消失"二字恰恰能准确概括1994年到2000年间我的公共生活。我当然没有被绑架，不过一些过去的活动人士朋友说，我还不如被绑架了呢。对我来说，逃离喧嚷嘈杂的政坛，就像在我父母的沙龙上，在关于苏伊士战争或古巴导弹危机的激烈辩论中偷偷溜走。小时候，我常溜到房间里玩小木棍。现在，我已是年过四十，就用这个时间来实现一个梦想，初次造访谢南多厄河谷就产生的梦想：创办一所大学。

刚回到耶路撒冷时，我最初的想法是利用父亲在萨拉赫丁街上的工作室旧址，运营一个研究机构。但没过多久伊马德就又找到了我。圣城大学校长哈特姆去世了，整个机构失去了掌舵之人，风雨飘摇。伊马德把他在华盛顿所说的各种理由又重复了一遍，请我出

第二十五章　消失

山，接任校长。

我的很多老朋友勉力说服大学董事会，把我作为校长的人选之一。校董会主席是我叔叔，他主持投票时，只有两个支持哈马斯的成员投了我的反对票。这份工作是我的了。

我知道，要让这个地方起死回生，需要使出浑身解数，还得要运气超群。我也知道占学生人数90%的哈马斯派系会想尽一切办法来阻止我。从好的方面来说，我倒是很享受这样的挑战。如果是简单直接的行政管理工作，我就不接招了。但眼前这个工作，让我有机会能在不参与政事的情况下，也能为国家建设贡献力量。我再次回忆起漫步在杰斐逊学术村的情景。学术改革也能成为某种形式的政治活动吗？听起来也许有点迷信，但多年以来，刻有蒙蒂塞洛的硬币已经成为我放得随处皆是的护身符，有时候是在办公桌的抽屉里，有时候随身携带在衣袋中。我将其摩挲得愈加频繁。

一次，我和费萨尔的律师贾瓦德·布洛斯聊天，没有提到杰斐逊的名字，却说出了他留下的宝贵遗产。当时我们在我父亲的事务所旧址里喝着土耳其咖啡，我告诉他，自己已经接受了圣城大学校长的工作。贾瓦德极为震惊，差点摔倒。"你到底在干什么？"他吼道，"你想做什么都可以，可以去政府当部长，或者回比尔泽特做学者。放弃做政治家，放弃做体面的学者，跑到一个破学校做一份破工作，你到底想干吗？"他觉得我竟然会跑去和一群小人物浪费时间，所以很惊讶。整个大学，从教授到清洁工在内，还不到120名教职工。"还有那儿的学生！你可别忘了那些学生是什么人！"

我的回答更让他啼笑皆非。当时我特别想把口袋里那枚美分硬币拿出来，但没敢这么干，不然贾瓦德一定会觉得我疯了。"你错了，贾瓦德，"我只是简单地说，"你拭目以待吧。我既能当学者，也能当政治家。"我又给他倒了些咖啡，"还反对吗？"

我的字字句句都发自内心，因为我接受这份工作是经过反复思量、权衡利弊的。我把所有因素都细细考虑过一番：粗糙不堪的巴勒斯坦政府，学校的学生，以色列激进的扩张。最后得出的结论是，比起在巴勒斯坦政府内部打一场针对官僚主义的必输之仗，我不如努力去拯救一个行将就木的学术机构，发挥的作用要大得多。

我说这些的背后，还藏着没有明说的政治目的。这与我早期构想建立影子政府的策略紧密相连。圣城大学在很多方面是一个微缩的巴勒斯坦社会，两者的许多弊端有着惊人的相似之处。这所大学贫穷，管理粗放，而且宗教狂热之火在熊熊燃烧。如果能由现代且高效的行政管理机构在圣城大学力挽狂澜，那么这样一个行政管理集团到了国家层面上，也能显著提高巴勒斯坦的大众民生，最终朝政治自由迈进。圣城大学就是我的实验室，我要在那里测试一下自己那些关于身份、自由和意志的理论。要塑造身份、获取自由，就要面对困难，抗击那些阻止意志的力量。我曾起誓要捍卫自己从小就热爱的阿拉伯文明，防止以色列人将其一点点排挤出我土生土长的城市，而达到这一目标的最好办法，就是在俯瞰耶路撒冷的山丘上建造一个好大学。

1995年1月，我已在圣城大学就位。"玩得开心！"我起程的时候，母亲揶揄一笑，留下这样的祝福。这下至少雅各布和辛贝特不会再骚扰我了，这是她衷心的希望。

在耶路撒冷建立一座阿拉伯大学的梦想深深植根于阿拉伯崇高的民族主义之中。1922年，针对犹太人梦想在耶路撒冷建立一所希伯来大学的提议，世界穆斯林大会（World Conference of Muslims）提出，也要在同一座城市建立一所旗鼓相当的阿拉伯大学，遭到英国托管政府作梗而未能实现。1995年，希伯来大学拥有2万多名学生和1200名享有终身教职的员工，而阿拉伯大学基本上是名存实亡。

第二十五章　消失

我来做这件事其实是延续由父亲发起的家庭传统。20世纪50年代早期，他曾任约旦教育部部长，成功说服政府作出建立这样一所大学的决定。侯赛因国王的种种计划太多，于是搁置了父亲在安曼创办约旦第一所大学的想法。1967年后，父亲又做了一次努力。巴勒斯坦人希望在耶路撒冷建立大学，尽管当时已经被吞并，父亲还是表示支持这个计划，甚至可以说，被吞并正是他支持这个计划的原因之一。阿拉伯人必须坚守住阵地。但他没能说服国家指导委员会里那些满脑子都是抵制和对抗的民族主义者，他们认为这样的大学会被以色列人控制。

圣城大学终于变成现实，其实人为的努力并没起多大作用，而是出于法律上的实际考量。20世纪70年代末期，四个独立的学院开始慢慢发展，从东耶路撒冷到拉姆安拉，每个学院都有单独的董事会、学术构成、预算和办学目标。其中一个学院是松散的伊斯兰神学机构；另一个是女子学院，就位于东方宫前面的一栋大楼里。（一开始建校是为了给1948年代尔亚辛惨案后的孤儿一个容身之处。）在拉姆安拉则建立了一所护士学校。四所学院中最大的，也是我准备建立的机构的"种子"，就是阿布迪斯的科学技术学校，该校得到了科威特人的支持，校址在耶路撒冷的一个山坡上，附近就是旧时乡村的中心，从我的公寓散步过去大约15分钟。

20世纪80年代早期，四个学院进行了有名无实的联合。当时每个学院分别申请阿拉伯大学联合会（Arab Federation of Universities）对其进行评审认证，但在申请时都被要求统一名称，就像同一个学院一样。于是它们进行了名义上的联合。接下来的十年中成立了一个由耶路撒冷穆夫提担任主席的联合董事会，四个学院完成了实际上的联合。

而实现真正意义上联合的行动又变得迟缓懒惰，真是典型的中东做派。联合董事会（后来由我叔叔担任主席）由代表四个学院的不同派系组成，掌控整体上的运营。

上任第一天，我在阿布迪斯的校园里四处漫步，扪心自问是否清楚自己踏入了一个怎样的境地。这片土地可不是森林葱郁的弗吉尼亚。在耶路撒冷，地理位置决定了很多气象上的大灾害。冬日的云朵到达校园上空时已经失却了大部分的水分，所以这里一片荒芜。我站在山顶上，看着马阿勒阿杜明定居点四处蔓生的房屋。正东方向是一片干枯的大峡谷，是古代先知藏身避难之处，直通死海。我眼前是橄榄山的背面，还有圆顶清真寺。

我去了校园里几栋散落在各处的大楼，都是20世纪六七十年代那种粗犷的水泥风格。我只看到了一样"装饰"，就是这光秃岩石山上苟延残喘的几棵树上贴着的哈马斯布告。

着手了解学院的内部工作，也同样令人沮丧不已。校长办公室没有独立的预算，权力也很小；董事会也未给予明确清晰的授权。成员只有一个共同的愿景：希望圣城大学以某种方式苟延残喘地走下去，不要太让他们丢脸。更有甚者，我被任命的同时，高等教育部的官员正在广泛讨论新计划，要将四个学院附属于其他机构，整个合并为同一所大学，这样做起来其实很简单，因为圣城大学甚至都没有书面上的登记。我已经发现了，这个大学在法律上就是个幻影，巴勒斯坦和以色列当局都没有登记，也没有实际发挥作用的管辖法或规章制度。

我面临的最大障碍是资金。圣城大学可以用"身无分文"来形容。学费都不够30%的运营成本，外部津贴对于赤字来说只是杯水车薪。有两个学院还背负着很重的债务。

另外一个巨大障碍是我现在的很多同事都在内部唱反调。之前提到过，有两个董事会成员是哈马斯的支持者；而其他人对我的支持，也是怀着极端矛盾的心理。我的过去充满了种种争议，他们随时随地都可能在情势变化之下立即终止对我的支持。

第二十五章　消失

而大学教职工则成为我坚强得多的后盾，大部分人都支持法塔赫。还有好些老朋友在这里担任教职，也参与了教工联合会的工作。

学生则完全不同了。用康德的话说，他们组成了"一块曲木"*，我得将其掰直才行。这些学生充分体现了我们这一代和他们这一代在意识形态上彻底的割裂。这些留着大胡子的狂热分子，在哈马斯精神的刺激之下，绝不允许任何知识自由；而试图让学生群体对知识自由有一点认识的人，则遭到持续的骚扰。人们战战兢兢，不敢随心所欲地表达思想。学生们掀起了一场政治宗教运动，系统性地为思想加上枷锁桎梏；要在一个被这种运动所掌控的学校进行改革，真是令人望而生畏。

我将病根追溯到巴勒斯坦的学习传统，这种传统体现了我国教育中的一切弊端。有些弊端我已在比尔泽特见证多年，但从没见识过规模这么大的，也没遇到过反抗力量如此无还手之力的情况。

四个学院的运转更像是技术学校，没有人文项目，所以就没有可以打破僵化思维的思想自由。圣城大学的常规学习方法很机械，就是死记硬背，像鹦鹉学舌一样重复和社会从众性紧密相关的死知识。学生基本上是在复制现有的社会规范，因此学校只不过是在为一个本来就抗拒改变和批判的社会增添更多墨守成规的卫道士。

头三个月，我一直在深入研究学校的方方面面，为其制订发展计划。要彻底改变这里的面貌，必不可少的三个步骤是：进行行政管理改革，建立坚定的支持团队，制定预算策略。

最重要的第一步，就是必须用一个强大、独立的统一领导团体代替松散的学院联盟，领导团体要有足够的权威，能系统化地组织学术、行政管理和财务上的相关程序，寻找新的资金来源，并引进

---

* 康德的原话是"人性这根曲木，决然造不出任何笔直的东西"。

新的教学项目。必须要有统一集中的权威机构，来执行统一集中的策略。

整个团队的人齐心合力，制订了能达成这两个目标的周全计划。如果学费始终只能解决30%的运营成本，学校就永远填不满财务上的窟窿。我们在预算中估计，80%以上的运营成本要从学费和新的研究项目中出，这样才能减少我们对不稳定的外部援助的依赖。要增加学费收入，就需要增加学生数量，也就是要增设更多的专业和项目，所以需要更多的教职员工。要建立一所名副其实的大学，就要编制预算并为其提供资金。我们希望摆脱长期的财务赤字。在怀疑论者看来，这大约是变着花样地搞庞氏骗局或里根的经济政策。

我给叔叔和所有的董事会成员展示那些图表和数字时，他们都在困惑地挠头。这些计划涉及未来几年的长远打算，解释了收入和支出如何能做到最终的平衡。我想，他们之所以最终表示支持，是被我这种"天性善良的梦想家"气质所震撼，制订这个计划的人简直就是现实版的堂吉诃德，顺毛捋就行了，但不用太过认真地对待。

我刚开始把蓝图变为行动，这种淡然的宽容就变成了越来越强烈的敌意。所有的董事会成员都看得出来，只要我开始动真格的，就会出现越来越多令人恐惧的负担；而他们觉得需要负责的是他们本人，财务与法律上皆是如此。

教工们也开始产生各种疑问，原因完全可以理解。我的计划有个弱点，就是没有任何资金可以解决一开始的支出，特别是薪水。我们别无选择，只有勒紧自己的裤腰带。这个政策直接削减了员工的月薪（我们曾一度拖欠五个月的薪水），他们当然不会赞同，与此同时，我还在四处招募各种新的教职员工。我时刻准备好在员工大会和联盟会议上拿出展示的图表，但对他们根本就起不了实际的安慰作用。一如既往，员工们在改革面前退缩了。我提醒团队成员，肚子饿的时候，脑子是无法保持理性的。

第二十五章 消失

要是没有教育上的愿景，就算达到收支平衡也毫无意义。我发誓说，在我的守护下，学校最重要和最迫切的追求就是大量培养具有批判思维的头脑。在团队早期起草的一份政策声明中，我们明确了学校的任务，就是宣扬符合逻辑的人文主义思想，帮助人们发展出解决问题的策略，学术上和政治上皆是如此。学校要致力于教育男女学生，追求领导力、和平与民主的价值观。这个思想可以追溯到我从前在联合会和各种委员会的工作：我们的自由，无论是举起枪杆子还是挥舞旗帜都争取不来，只能靠自己滋养。

在那尘土飞扬的山峰之上，我也在关注着山下政治局势的发展。1995年到2000年间，我是个旁观者，有时候会感到困惑，但大部分时候是极度痛苦的。我经常是一手摩挲着美分硬币，一手拨弄着串珠。

曾经，像贾布里勒和他的战友们那样挥舞旗帜或携带武器，都意味着会锒铛入狱，而现在这种现象已经变得司空见惯，这着实令人震惊。各种各样的旗帜四处可见，大量枪支突然出现。在流亡归来的巴解组织成员中，有年轻的领导人（所谓的"内部人士"），比如几年前被排挤在外的马尔万和贾布里勒；除此之外，大部分是年岁渐长的老派革命者，他们从1967年起就没踏足过约旦河西岸地区，有些人甚至在1948年后就离开了。这些人"外部人士"中有纯粹的理想主义者和革命派，还有少数残忍的暴徒。

他们建立的政权印证了我离开华盛顿前所有的担忧。政治上的重心突然就从"内部"的大起义活动人士转移到巴解组织领导人那里，地理重心则从东耶路撒冷转移到加沙和约旦河西岸地区，也就是"外部人士"居住的地方。不用说，政府大部分的部长是"外部人士"，而他们下面的次长总体来说都是很有能力的当地人，很多人曾供职于技术委员会，已经有了两年做筹备工作的经验。他们做过翔实具体的研究,手上有经过仔细斟酌的工作文件,随时待命,可以迅速行动,来建立高效运转的部门。

遗憾的是,他们必须要面对现实,和归来的领导合作。新任部长们被汽车、奉承等权力的诱惑弄得眼花缭乱,根本没心思去研究各类报告,或认真倾听当地属下的建议。高官们无视已经高高堆放在办公桌上的文件,倒喜欢炮制新的报告,反正部长就是做这种事情的。很多部长闲着没事,喜欢围在阿拉法特位于加沙的办公桌前,看着他日理万机,等着这位老人直接给他们下达指示。有些对下属像天神一样颐指气使的部长,会费时费力地去阿拉法特面前,就为了请他批准自己雇用一个办公室秘书。所以,也难怪阿布·阿拉的 PECDAR 是巴勒斯坦最高效、最独立的机构。

我用尽一切努力置身于巴勒斯坦政坛之外。但有了巴勒斯坦民族权力机构,法塔赫高级委员会就不再是个秘密组织,它吸引了大量雄心勃勃的政客。正如贾布里勒和我所规划的那样,法塔赫高级委员会是法塔赫在当地的权力基础,而其中最重要的推动者马尔万,一开始在全国受到的拥戴仅次于阿拉法特,但很快就位居第一。委员人数从15人跃升到超过70人。曾经帮助委员会成立的贾布里勒、达赫兰和萨米尔等人,仍然是委员会成员;还有很多来自各个地区的代表;就连中央委员会也有人想加入。

贾布里勒和我仍然在很多观点上不谋而合。(比如,他对哈马斯与教育的看法是:"没人有权用疯狂的愿望来控制我们的孩子。")回到巴勒斯坦的贾布里勒,自己任命自己为约旦河西岸地区安全部门的领导人。这份工作并不来自旁人,不是阿拉法特,不是美国人,也不是以色列人。他就是冒出了这个想法,然后付诸行动。他只寻找和招募当地的法塔赫人员,大部分是曾经的狱友。过了些时日,他建立起一支5000人的武装力量。达赫兰也在加沙建立起另一支旗鼓相当的队伍。

第二十五章 消失　　　　　　　　　　　　　　　　　　　425

　　阿拉法特对他们的行动表示支持，但作为从不把全部鸡蛋放在一个篮子里的人——在实权问题上尤其如此——他也寻求了美国的支持，建立起其他的安全部队，大部分人员是新回归的"外部人士"。

　　费萨尔不是政府成员，因为在最后谈判之前，耶路撒冷一直被排除在外；而他的工作重心就是耶路撒冷。曾经作为"全国领导人总部"的东方宫，现在成为非正式的东耶路撒冷市政当局。费萨尔忙得不可开交，全力应对房屋破坏、土地征用，以及剥夺人们居住许可的邪恶政策。

　　我安居山顶，从旁观察，发现最重要的事态发展是耶路撒冷越来越紧张的氛围。官员们缺乏经验，巴勒斯坦民族权力机构管理不善，我们的政府或多或少无法制定行之有效的政策，以对抗以色列政府目标明确、条理清晰的发展计划。乔姆斯基所言不虚：《奥斯陆协议》非但没能阻止以色列人，反而加速了他们的扩张。最赤裸裸的表现就是暴力的升级。双方的极端分子，有的用炸弹，有的用卡特彼勒拖拉机，很快摧毁了克林顿、阿拉法特和拉宾在白宫草坪上的握手所带来的全部希望。

　　《奥斯陆协议》中没能解决的定居点，如今以前所未有的速度迅速扩张。举一个我眼前的例子，对金匠市场的"占领"本来是缓慢进行的，现在也加快了速度。扎基堂哥翻箱倒柜地找出已经破损不堪、有着四百多年历史的奥斯曼帝国时代的记录，证明我们家族对那里的所有权。在这个过程中，他翻阅了很多关于犹太人在耶路撒冷的史料，决定就这个主题写一本书。一个发现让他深受启发。他在开罗一个古老的犹太会堂中翻出了古老的经卷，上面记载，犹太人热烈欢迎哈里发奥马尔进入耶路撒冷，因为这样一来就结束了数百年来拜占庭对犹太人进入该城的禁令。

　　讽刺的是，扎基堂哥呼吸着数个世纪的尘埃，重构穆斯林与犹太人在耶路撒冷和谐到惊人的关系；与此同时，对这座古城的争夺战其实才刚刚开始。我们在马德里谈判期间的担忧被证实了，以色列人行动迅速，无中生有，改变地理和人口上的数据，使其符合以色列关于耶路撒冷的口号，赞颂这里是他们"永恒且不可分割的首都"。

第一次察觉这样的蛛丝马迹，是我开始在大学工作后不久。当时一位朋友（在"行吟诗人咖啡馆"时期结交的）给我讲了他自己的一次经历，说堪比卡夫卡《变形记》（Metamorphosis）中的格里高尔·萨姆沙（Gregor Samsa）。小说中格里高尔一天早上醒来，发现一夜之间自己变成了一只虫子。而我的朋友，在埃坦将军的描述中已然是卑微如虫蚁了，某天早上醒来，他赫然发现自己变成了一个"异族人"。我的朋友，和被从古老的耶路撒冷赶出来的我一样，失去了在自己土生土长的城市居住的权利。

其实，这是他的合法身份第二次发生非己所愿的变化。1967年，以色列吞并东耶路撒冷时，给了他居住许可。我父亲、我母亲和我，还有他，在耶路撒冷的所有人都有同样的遭遇，仿佛大家是"迁居"到耶路撒冷，并得到了批准，这得"感谢"政府的宽宏大量，给他们发了一张"绿卡"。当然，他并没有"迁居"到任何地方，是以色列人攻占了他所居住的地区。不管他在苏莱曼大帝城墙外的土地之中安葬了多少祖先，官员大笔一挥，转眼之间，他在耶路撒冷的处境就变了，从拥有植根于传统和常识的、与生俱来的居住权，到属于"外来人员"，"特权"随时可被撤销。

随着阿拉法特领导的巴勒斯坦民族权力机构成立，及其带来的领土"自治"，很多居住在东耶路撒冷但刚好在以色列指定的巴勒斯坦当局管辖范围之外的阿拉伯人，逐渐失去了自己的居住权。我朋友的情况是，上床睡觉之前，还是自己城市的居民；醒来发现，自己成了个游客，随时可能被驱逐。

露西和我了解了他的命运，又从其他人那里听到各种各样的故

第二十五章 消失

事，不禁开始深思：现在，只要住所穿过以色列划定的城市边界，你就有可能失去居住权。我们在阿布迪斯的家，只有一面墙是在耶路撒冷市的边界内，另外三面在约旦河西岸地区。我们在约旦河西岸地区睡觉，在耶路撒冷吃早饭。我们家相当于是跨越了约旦河西岸地区和耶路撒冷，而以色列人可以说我们其实并不住在耶路撒冷。我这个"预言"当时听起来很不可思议，但几年后又成真了，真是很有先见之明，又可悲可叹。

露西和我作出了艰难的决定，从能看到圆顶清真寺的山景房搬到了拜特哈尼纳（Beit Hanina）的郊区。这个两层楼的新家窗外没有美丽的风景，但胜在安全。这个区毫无疑问地处在耶路撒冷的边界之内，也意味着以色列人无法剥夺我们作为耶路撒冷市民的权利。

定居点扩张的速度既催化了巴勒斯坦恐怖主义，又受其刺激。在1994年12月拉宾、佩雷斯和阿拉法特拿起他们的诺贝尔和平奖之前，历史就开始玩这个致命的辩证游戏了。10月，佩雷斯在到处宣扬自己"新中东"的口号，而哈马斯在特拉维夫炸了一辆巴士，夺去了22位平民的生命。拉宾的回应是设立路障、封锁区域，让加沙的经济陷入停滞。生活水平下降了25%，失业率飙升至将近60%。经济开始下滑，人们对《奥斯陆协议》的支持自然大幅减弱。本来造成经济螺旋式下滑的罪魁祸首是哈马斯的极端行动，但这个组织反而从中获益，因为他们还掌控着社会服务网络；很不幸，巴勒斯坦民族权力机构却无法与之相提并论。

1995年1月，诺贝尔和平奖颁奖典礼后一个月，拉宾向阿拉法特承诺，停止新定居点的建设，征收阿拉伯土地也只做公路修筑之用。3天后，又发生了一起恐怖袭击事件，以色列中止谈判；又过了3天——离拉宾跟阿拉法特作出承诺还不到一个星期——以色列内阁批准再在约旦河西岸地区修建2200套住房。

事情就这样一发不可收拾。那个夏天,哈马斯又炸毁了两辆以色列巴士,而拉宾—佩雷斯政府开始执行"大耶路撒冷"的总体规划,要在以色列定居点的外沿继续修建工作,深入约旦河西岸地区。[1]

拉宾还拿出了其他的计划(沙龙总理最近突然又重提这些尘封的计划),单方面在耶路撒冷和约旦河西岸地区之间划定了一条永久国界,旨在巩固以色列对该地区的长久控制。这个计划涉及马阿勒阿杜明和耶路撒冷北部之间数千个人家,以及一个工商业集中地带。将马阿勒阿杜明和耶路撒冷连接在一起,目的是要把约旦河西岸地区分成两块,把耶路撒冷的阿拉伯居住区和乡村变成孤岛。

我在新迁居的拜特哈尼纳见证了这一切。六日战争以后许多年,耶路撒冷市政当局通过惯用的欺诈伎俩,征收了拜特哈尼纳的很多农业用地,具体做法是将这些土地划为"开放"用地,以此防止人们使用土地或在上面进行修建活动。现在以色列人宣称,这些土地"荒废和/或被弃用",根据奥斯曼帝国时期的一条旧法,将其征收,成为国家资产。一天早晨上班路上,我看到了各种挖掘设备,目的是扩张犹太定居点皮斯加特泽耶夫。

以色列再无人倾听巴勒斯坦的抗议,因为哈马斯的极端行动在以色列制造了一种异常狂热的氛围,甚至被人们比作内战。数万"反奥斯陆"的抗议者挤满了耶路撒冷大大小小的广场。拉宾曾经下令"打碎"巴勒斯坦人的"骨头",还在定居点"安全维护"和扩张上花了数不清的钱,两者都令人们不买他及和平协议的账。巴勒斯坦人的极端行动和以色列人对《奥斯陆协议》的敌意相辅相成。我那个侦探惊悚小说中的核心阴谋有点一语成谶的味道,想来叫人心惊胆战。沙龙在西耶路撒冷市中心的锡安广场(Zion Square)领导了一次抗议示威,抗议者举着牌子,上面的拉宾身穿纳粹党卫军的军装。沙龙谴责说,签订《奥斯陆协议》根本就是叛国行为。

11月,一位反拉宾的犹太人将其谋杀。整个场景是经过精心布

第二十五章 消失

置的,和希伯伦大屠杀很像:是在特拉维夫的一次和平集会上,在10多万人面前。我还记得自己当时是在电视上目睹这些场景的。拉宾站在台上,人群唱着一首歌颂和平的希伯来歌曲,热情而美好。从电视上看,他一开始只是含糊不清地动着嘴,接着慢慢有力起来,然后提高音调,坚定地唱了起来。伊加尔·阿米尔(Yigal Amir)携带政府发给他的手枪,等到拉宾下了台,才开枪将他击倒。

最近,我又回想起自己的"消失",因为读了《失落的和平》(The Missing Peace)这本书。该书由丹尼斯·罗斯所著,厚达800页,讲述的就是奥斯陆和平进程的过程。其内容涉及范围很广,作者也很会把握和描绘细节,读起来十分引人入胜。罗斯抽丝剥茧,事无巨细地讲述了整个灾难般的过程,有时候让我无比沮丧,光是读完整本书,就得吃掉一瓶阿司匹林。作者用了150页来描述《怀伊协议》(Wye Agreement)*的相关谈判,让我又想起比比·内塔尼亚胡掌权的岁月,想起他的推土机在约旦河西岸地区日日夜夜地忙碌。光是想想那些情景,就能让一个神志正常之人深感绝望。

在罗斯和两个谈判团队全心投入的对话中,我完全没有出现。而克林顿总统亲自投入了数百小时的时间和精力,将以色列人和巴勒斯坦人聚在一张谈判桌前。然而,罗斯作为见证人的亲笔描述,让人觉得各方主要人物投入的努力越多,情况就变得越糟糕。

西蒙·佩雷斯出任总理之后,自杀式爆炸袭击又纷纷爆发。每爆发一次袭击,佩雷斯把握权力的希望就愈加渺茫。在签订《奥斯陆协议》时,他交给阿拉法特那封著名的信,承诺会允许巴勒斯坦的机构发展壮大,现在这承诺的价值甚至不及写信的墨水。("上了法庭,我不可能代表你的大学要求兑现信中的承诺。")后来,我在

---

* 1998年阿拉法特和内塔尼亚胡在白宫签订的临时和平协议。

一场阻止政府关闭圣城大学的法律之战中提起这封信时,我的以色列律师这样告诉我。)佩雷斯加快了定居点建设的步伐。

* * *

在这一切发生的同时,以色列的旗帜从一些警察局和检查站降下。到1995年12月,巴勒斯坦民族权力机构已经控制了约旦河西岸地区的各大城镇。这为巴勒斯坦的立法机构和总统选举搭好了舞台。从理论上说,这些选举的目的是要加强人们对自治的参与感。然而,事实却与此恰恰相反,各种选举常常延期,而且选举一结束,人们又回到大起义之前那种被动怠惰的状态。很多人带着充分的理由质疑,到底有没有政府存在。认为有政府的存在,也许能增强集体信心,但虽然巴勒斯坦的旗帜在高高飘扬,我们的土地、资源和基本的自由却一点点被吞噬。表象之下,各种压力都在聚集,从餐厅里和大街上的闲聊判断,事态失控迫在眉睫。

到1996年5月以色列的选举如火如荼地进行时,哈马斯谋杀的以色列平民已经足以把比比·内塔尼亚胡送上权力宝座。直到三年之后工党重新掌权,双方都如同警惕的战士,要抓住一切迹象,刺探对方的弱点。最终,以色列右翼找到了遵守《奥斯陆协议》,接受巴勒斯坦建国的办法,就是将其国家属性进行重新定义。这个国家没什么领土,对国界没有任何控制权,也没有首都,至少不在耶路撒冷;更没有能力去发展经济,自我生存。一位利库德集团政客如是说:"哦,他们想说那是个国家?行吧,他们想说那是个炸鸡都可以啊。"

罗斯的书中,这一点让我最为心痛头痛,吃了最多的阿司匹林,因为我不得不再次体验《奥斯陆协议》之死,回忆曾因这个协议而产生的所有希望。在怀伊的痛苦八日可谓整个过程的好隐喻。沙龙

第二十五章 消失

当时新官上任，是负责基建的部长；在很多巴勒斯坦人与以色列人眼里，20世纪50年代担任臭名昭著的101部队指挥官的他，参与了折磨平民的暴行。他跟巴勒斯坦的谈判人员——其中很多人都有博士学位——打招呼，说他们是"一群暴徒"。在怀伊谈判中，巴勒斯坦人多争取了一些土地、一个机场和一个港口。为了让以色列人释放更多的囚犯，美国人默许他们建造新定居点哈尔霍马（Har Homa，在阿拉伯语中为Jebal Abu Ghnaim），该定居点将耶路撒冷与伯利恒割裂开。几年后，大部分当时被释放的囚犯要么被杀，要么再次被逮捕入狱，而哈尔霍马则欣欣向荣，定居者越来越多。

1997年，耶路撒冷市长埃胡德·奥尔默特支持美国百万富翁欧文·莫斯科维茨（Irving Moskowitz）用开设赌场赚来的钱，在旧城东边的阿拉伯聚居区拉斯阿姆德（Ras al-Amud）修建一个犹太人聚居区。与此同时，沙龙告诉约旦河西岸地区的犹太定居者，"住在那里的所有人都应该搬家，应该迅速行动，占领更多的山头，扩张领土。所获取的一切都将牢牢把握在我们手中，而我们获取不到的，都将落入他们手中"[2]。

定居者涌入约旦河西岸地区，而耶路撒冷附近也修建了一系列加强型路障，进一步收紧控制，截断了巴勒斯坦人的路。想要通过路障，只能千辛万苦申请特殊许可。当然了，犹太定居者可以毫无阻碍地通过。在耶路撒冷工作的巴勒斯坦人突然就失业了，学生、病人和做礼拜的人也去不了学校、医院或宗教场所。

以色列政府抓住每一个机会，宣告自己永久拥有阿拉伯人的东耶路撒冷。他们在法律上耍手段，又从边境警察中调动重兵装甲，强行关闭一个个巴勒斯坦机构组织，两者结合，颇为高效。政府开始颁布新规，或突然开始强制执行旧法，来控制法律上无法关闭或驱逐的机构。在哈马斯的"助力"之下，以色列有了前所未有的借口，那就是"安全"。他们利用这一点来散布谣言，加强了对东耶路撒冷的军事戒严，大大限制了约旦河西岸地区从南到北人员的自由流动。阿米·阿亚隆（Ami Ayalon），辛贝特的新头目，也是我未来追求和平道路上的搭档，开始警告以色列政客，要是不停止定居点的扩张，绝对会引起一场灾难的爆发。

第二十六章
豪猪与公鸡

这些年来，我没怎么和巴勒斯坦民族权力机构打交道。偶尔会与阿拉法特会面，我们俩的关系总的来说还不错。我几乎总能倚仗他给予圣城大学一些支持。沙特人想为大学医学院捐助一栋大楼，征求他意见时，他表示赞同并支持了由日本人为大楼提供设备的请求。

这并不意味着他已经忘记我在奥斯陆背着他偷偷溜走的"恶行"，但我们在默默无言之间彼此妥协了：我躲过了在他政府的任职；而他则以非正式的方式让我成为其中的一分子。他建立过一个叫"耶路撒冷部级委员会"的机构，让我加入。和很多委员会一样，我们除了非正式的聊天之外，也没能取得其他进展。为了帮贾布里勒的忙，我也同意去主理杰里科的预防性安全研究院（Preventive Security Academy）。

还有一次，阿拉法特请我带领一个代表团去美国。他希望我们能争取美国犹太人的支持，说服他们对美国政府施加压力，为巴解组织提供资助。我们到了目的地，与犹太领导人和美国外交关系协会（U.S. Council on Foreign Relations）会面。

除了上述活动，我唯一一次深入参与巴勒斯坦民族权力机构的政治事务，是由于我方代表团的唯一重大"成就"：腐败。阿拉法特和他领导的机构可谓步履蹒跚，不过在巴解组织的领导之下，拉姆安拉还是迎来了一股建设热潮。城中大量涌现出新的酒吧，还开了一家奔驰经销店。巴勒斯坦人和以色列人之间的经济往来也逐渐正常化，在合法的层面，最充分的表现就是开在杰里科警察学校不远处的一座新赌场。停车场上总是停满了以色列人的车，直到后来一个稀松平常的安息日，爆发了所谓的"阿克萨起义"，坦克的炮火将赌场轰了个稀巴烂。但普通大众从来没喝过鸡尾酒，也从没有赌博娱乐的闲心。他们的生活水平持续而迅速地下降，而那些根据协议精神本应该负责提高大众生活水平的行政机构反而让局面越来越糟糕。国际货币基金组织（International Monetary Fund）中东部的一项研究表明，1997年，巴勒斯坦人的失业率是30%，是1993年的两倍；而人均收入更是下降了20%。[1]

对大众来说，还有一个同样严肃的问题，就是巴勒斯坦民族权力机构的名声越来越差，似乎又变成另一个不廉洁的阿拉伯统治集团。腐败案件越来越多，听了让人沮丧。巴解组织的很多成员花了数十年的时间宣扬抵制，现在却排着队和以色列人做生意，赚了个盆满钵满；而那些之前出于对原则和"大义"的忠诚而拒绝和以色列合作的人，则发现自己备受冷落。

1996年，我近距离见证了腐败发生的全过程。职业培训学院（Vocational Training Institute）是一个旨在为大起义期间的伤者提供帮助的组织，我是学院理事会的成员。我们提名了耶路撒冷穆夫提的侄子做院长。后来我们怀疑他中饱私囊贪污了6万美元，于是去与他对质。但他否认了，并拒绝辞职。我们本想强迫他退出，结果他找到穆夫提，后者去阿拉法特面前为侄子作保。阿拉法特相信

第二十六章 豪猪与公鸡

了穆夫提的一面之词,给院长写信说会保护他。院长做的第一件事,就是带着胜利的笑容找到我,当面亮出信件,甩给我。我又甩回给他。

后来,关于腐败的争论终于公开爆发了,因为阿拉法特的亲戚兼公共审计官公布了巴勒斯坦民族权力机构运行以来的第一份财务报表。从报表能看出,该机构中有人在敛财。根据审计员审计,3.26亿美元,也就是整个机构43%的预算,都因为腐败和失败的管理而被挥霍浪费了。还有一个令人震惊的事实,预算的每1美元中,只有10美分被用于教育、健康和社会福利。阿拉法特的主席办公室分得的比较多,而安全部门则吞了三分之一还多。

与公众民心相比,让阿拉法特主席担心得多的一个问题,是国际社会的强烈抗议,因为巴勒斯坦民族权力机构的大部分资金援助来自外部,他怕财路就此断了。在美国参议院外交关系委员会,参议员菲尔·格拉姆(Phil Gramm)还向美国驻以色列大使马丁·因迪克(Martin Indyk)问起那份财务报表。果敢胆大的《卫报》记者戴维·赫斯特(David Hirst)当面谴责阿拉法特,说他"拼凑了一座摇摇欲坠的垄断专权大厦,充满了裙带关系、敲诈勒索和赤裸裸的巧取豪夺,自己人中饱私囊,而全社会进一步贫穷枯竭"[2]。

报表在巴勒斯坦立法委员会激起了难以控制的辩论。总是非常警惕别人针对自己搞阴谋的阿拉法特认为,美国正在和巴勒斯坦民族权力机构共谋将他驱逐,欲找人取而代之。他以自己本能的零和博弈思维,不允许像公众民意这种中立力量的存在,认为大众对腐败的不快一定是被某些势力煽动的。

圣城大学新成立了电视台,台长达乌德·库塔布运用广播和电视两种手段,报道了巴勒斯坦民族权力机构内部这次争议的爆发。库塔布的老本行是记者,在大起义期间就发现并确信统领团的人思想落后、故步自封。一天,他来找我,描绘了他对独立电视台的展望。这个电视台不是用于政治宣传的政府工具,也不是那种只会播放牙膏广告和配音美国情景喜剧的地方。他的想法是，要按照美国公共广播公司（PBS）和公共事务电视网（CSPAN）的形式，建立一个全国教育电视网络。我想，电视传播就是法拉比式的手段，能够间接地对政治产生影响。我同意了，但有个条件，就是电视台的业务内容要丰富，分为少儿节目、女性事务和对自由与个人权利的公开辩论。

我承诺要尽一切力量凑足大学的资金，为库塔布助力。我们得到美国金融家乔治·索罗斯（George Soros）的开放社会基金会（Open Society Foundation）和福特基金会（Ford Foundation）的支持，筹到的钱足以买下一台40瓦的发报机。我们向以色列当局和巴勒斯坦当局申请证书和许可，自然，什么也没得到。我们当然也没有邀请任何官员来举办隆重的剪彩。在管理PECDAR之余还兼任立法委员会主席的阿布·阿拉给了我们一个心照不宣的点头。1997年，我们按下了开关，就这样开始了。第一次试播，电视上是一条在浴缸里游泳的金鱼，背景音乐是贝多芬的《英雄交响曲》（Eroica）。此曲当时是献给拿破仑的，作曲时他还没变成后来的暴君。

我们没有运营证书，但巴勒斯坦民族权力机构的人并不在意；直到库塔布决定豁出去，让巴勒斯坦大众真正一窥他们在管理上种种不体面的细节。库塔布播出有关辩论是得到阿布·阿拉支持的，所以一开始阿拉法特就怀疑阿布·阿拉是整个"腐败阴谋"的幕后操纵者。

阿拉法特找了一个安全机构来终止节目播出。观众们看不到立法者之间情绪激动、你来我往的辩论，眼前只是一个没有画面的黑色长方形盒子——我当时也在家观看辩论。库塔布大胆反抗，将录像带给了别的电视台，让他们来播出这一辩论。

截断信号没用，阿拉法特就下令把库塔布抓起来。在贾布里勒的帮助下，我说服了阿拉法特，告诉他库塔布并没参与什么阴谋，

第二十六章 豪猪与公鸡

只是在为建立一个民主开放的社会作贡献，这很重要。一个星期后他被释放了。

辩论之后，立法委员会决定建立一个专门委员会，来调查审计员发现的问题，并提出意见。其他的一些人权组织也开始了自己的独立调查。阿拉法特不甘心落于人后，也成立了自己的官方调查组，调查中发现的情况只会报告给他。

这位老人再次展现了自己多疑多思的性格，他请内阁总长泰伊卜·阿布德·拉希姆（Tayyib Abd al-Rahim）找了五个可信赖的人，针对那份破坏力极大的财务报表进行调查。其中之一是一位在迪拜工作的巴勒斯坦法官，还有一位是巴解组织执行委员会成员，另外三位是当地的学者，我也是其中一员。我们宣誓就职的当天，阿拉法特说整个巴勒斯坦民族权力机构都听从我们调配。从部长到信件收发员，我们可以叫任何人来问话。但接着，泰伊卜就限制了我们的权限，说安全机构不在调查之列。报表没有涉及这些领域，我们也不应该去调查。

我们迅速开始行动。三个月的时间里，我们进行了数百个小时的问话和会议，大部分是在阿拉法特的加沙办公室进行。泰伊卜办公室的一个秘书负责做记录，但我自己也做了很多笔记。因为我们挖出来的东西过于敏感，叫人感到刺骨寒冷，所以我认为一定得有自己的记录，就算未来只用来写间谍小说或谋杀故事也好。最终，委员会的所有人都各自保留了最终报告的副本，觉得我们至少能保存一份史料。

慢慢地，我们全面掌握了管理不善和贪污腐败的状况，这把我们引向了一个不应该关注的领域：安全。我之前和巴勒斯坦民族权力机构有往来，和以色列政府也打过交道，但面对现在发现的事实，那种强烈的讽刺意味是以往任何经历都无法比拟的，真是意想不到。我们发现权力和贪婪相结合，几乎摧毁了我们大多数人眼中原本属于自己的世界。那些贪腐最严重的人,对国家毫无忠诚可言;事实上,除了对自己,他们的字典里就没有"忠诚"二字。为了变得富有、囤积财富,他们什么都做得出来,谁都可以背叛。

阿拉法特的私人生活是没什么污点的。他活得像个苦行僧,物质需求很少。他从未中饱私囊,和许多国家领导人,抑或只是公司的老板比起来,他都称不上腐败。

他的错误在于喜欢操弄钱和人的老习惯;一时收买人心,一时无视渎职行为。他的管理风格——如果能称得上"管理风格"的话——导致组织结构和预算计划的彻底缺位,也没有任何标准化的规则来规范政府各个部门的财务运营;财务没有标准流程,也就无法监管花费支出。各部委的员工可以擅自以部长的名义进行任何大大小小的交易,免不了在其中收取一些"个人佣金",而不顾及成本和效率。

这种见不得人的交易数不胜数,在这里根本不可能一一列举。我举几个例子就够了。一个相对比较小规模的腐败案例,是从突尼斯回来的官员和当地心腹一同私下进行的非正式汽车经销。前者利用自己作为政府官员的免税权,进口很多车辆,然后低价出售,大发其财。

还有一个特别骇人听闻的例子,跟巴勒斯坦民族权力机构垄断汽油等基础供给品有关。我们发现,这类货物进入巴勒斯坦地区时,中间人以前在以色列做过安全官员。这些官员现在和阿拉法特的一些得力助手关系很好,其中一个以色列人还参与处决了1984年"300路公交车事件"的巴勒斯坦劫持者,那可是巴以关系正常化之路上一次巨大的倒退。[3] 现在,双方勾结起来,将原材料以走私方式进出巴勒斯坦地区,这样两边都不用交税。就拿汽油来说,以色列的油罐车受到巴勒斯坦安全人员的保护,将汽油送到当地的加油站,而由于国家的垄断,车主别无选择,只能接受大幅上涨的价格。

第二十六章 豪猪与公鸡

这样的行为无异于敲诈勒索，平民大众要付的钱多了许多，政府的合法收入却减少了。安全官员们则大赚百万千万，很快就在肮脏破旧的难民营修起了十分扎眼的豪华别墅。与此同时，大量钱财还流入阿拉法特控制下的秘密账户。

信息慢慢搜集起来，我们得出结论，泰伊卜也表示同意，认为阿拉法特很清楚每一个贪腐案例。每一份到达他办公桌的报告和投诉信，他都收到并且阅览过了。如此一来，我们就要问了：他为何没有出手阻拦？

阿拉法特观察和牢记细节的能力令人叹为观止。一幅散乱的拼图，他稍微看一看，就能回忆起哪一块具体放在桌上什么位置。而他缺乏的是将细节集合到一起，总结出套路和模式的能力。就拿这些贪腐案件来举例，他看不到这些行为会对他的建国和治国事业产生负面影响。他没有把自己的管理不善和人民大众越来越强烈的绝望情绪联系起来；他们本来憧憬着解放与自由，过上更有尊严、更加美好的生活，现在发现那不过是个空洞的承诺。

最终，官方的专门调查委员会出具了一份长达300页的报告，强调政府要引入标准运营流程，要求各部门制定组织结构和相应的计划。我们举了大量的例子，说明缺乏这些会导致浪费、管理不善和资金分配不成比例。报告建议，公诉方应当以侵吞公款罪控告20名高级官员，以儆效尤。

我们的报告只会上交给阿拉法特一个人，这让很多人感到紧张。我们的工作接近尾声，大家都在用文字总结调查中发现的问题，委员会成员们的压力也越来越大，其中两个人在午夜接到威胁电话。我们上交报告那天，包括泰伊卜在内的3名委员会成员未雨绸缪，安排了延长海外假期的计划。

阿拉法特的管理一直都是出了名的松散，但这时他突然变得非常严格：要求我们在某一天的正午上交报告，晚一分钟都不行。辛苦工作3个月的我们，完成报告——我们以为完成了——之后，距离截止时间只有15分钟了。泰伊卜做了最后一次检查，结果发现一个比较大的印刷错误。他绝望地摘下眼镜扔到桌上。"不能就这样上交给主席。"他发出痛苦的呻吟，都要流泪了。我很冷静地拿过报告，对文字进行了必要的修改，递给秘书。秘书迅速将有错误的那一页重新打印，再进行核对装订。正午时分，我们赶到了阿拉法特的办公室，上交了报告，阿拉法特笑容满面。

他接过报告说谢谢，祝我们生活愉快，没有采取任何行动。没人被控告、被审判，领导人们继续我行我素。

与此同时，大学的工作取得了一些进展。当时我没有精力去思考这方面的事情，每天在委员会工作18个小时，我的脑容量已经超负荷了。但大学已经逐渐成为一个扭转社会颓势的范本。

我们在母亲所在街区的一端设立了大学行政办公室，那是英国托管时期的建筑，有着那个时代的美丽风格。旁边是洛克菲勒文物博物馆，在顶楼可以将橄榄山和古城的城墙尽收眼底。我在这里的办公室和在东方宫的那个"卫生间"形成了鲜明对比，这里大得足以放下一张会议桌。

课程设置的改变慢慢结出一些硕果。我接手大学两年后的1997年，在校园中漫步，能感受到学生与教师之间涌动着追求知识的热情，思想自由的新文化有了萌芽的迹象。

不管立志成为工程师、护士，还是留着大胡子的神学家，所有学生都有必修课，目的是让他们思想开放，破除宗教和政治上的偏见。有一门课程的主题是人类文明；还有一门必修课就叫"论思想"，灵感来源于古希腊所倡导的发问探求的精神，这种精神催生了早期伊斯兰最优秀的思想，对所有富有人性的东西保持开放包容的态度，对狭隘、盲目和狂热则有着冰冷的敌意。如果要我为这门课程在石

第二十六章 豪猪与公鸡

碑上凿出座右铭,那会是:如果人们将自己的思想和意志善加利用,就能实现自己的任何选择,包括政治自由。

为了彻底打破陈腐刻板的学习传统,我们开设了教学研讨会,倡导对话、公开辩论和尊重不同意见。学生们接受培训,学习如何发现、组织、捍卫一种观点;其中也包含了社交技能的训练,因为很多任务要通过团队合作完成。我绝不希望看到独行侠式的学究埋头苦干。我们的教学理念倡导的是社会与合作框架下逻辑化、系统性和战略性的思维。

新的学科院系纷纷设立。护理学校进阶为医学院。多年来,比尔泽特等已经比较成熟的大学就一直计划建立医学院。要付诸行动需要大量资金。而正如前文所述,在阿拉法特的帮助下,我们获得了沙特和日本的资助,能够修建医学院的大楼,购买所需设备。很快,大学又有了商学院和法学院。1998年,我们建立了"和平民主促进中心"(Center for the Advancement of Peace and Democracy),以伊萨姆·塞尔塔维(Issam Sartawi)命名——他于1983年在葡萄牙阿尔布费拉(Albufeira)的一个酒店大堂被刺杀,凶手是反对他与以色列展开对话的巴勒斯坦激进主义者。这个中心开设以后,竟然没有一个学生反对,这说明我们的方向走对了。

从接手大学的那一刻起,我就下定决心要开设一个人文科学系。一开始这个系偏居工程教学大楼一隅,学生们在很狭窄的教室里上课。后来,我开车路上发现自己居住的拜特哈尼纳区有一栋被荒废的大楼,人文科学系终于找到了新的所在。大楼所在的那片土地是很多年前村里的人捐赠做教育之用的。我下了车,透过一扇破窗户往里看了看,觉得是进行人文教学的理想场所。我问了一圈,发现之前多年这里一直被用作穆斯林宗教教育,结果内部各个派系明争暗斗,这里就被荒废了。压垮它的最后一根稻草是学生们打了校长。

我们没有问过任何人,就接手了这座大楼,用PECDAR给的一些钱进行了修整,挂了个牌子,就开放上课了。一切都发生得很快,没人前来阻拦。

接着,我把目光转向旧城。柠檬树咖啡馆的痛苦回忆给了我一部分灵感,另一部分来自政治上的紧迫情形,我们急需抵抗以色列在城墙之内压制我们文化生活的行为。我开始在街巷之中游荡逡巡,寻找新学院的教学大楼。在我的展望中,这个最终被命名为"耶路撒冷研究院"(Institute for Jerusalem Studies)的机构所要对抗的,是当时甚嚣尘上的狭隘种族偏见,它正在撕裂耶路撒冷阿拉伯人留下的文化宽容传统。我在一篇文章中将这种偏见行为称为"两个种族优越感至上的部落进行的自私争夺"[4]。

我希望在这个地方,来自全世界的学者、作家、电影人、考古学家和历史学家都能尽情研究他们脚下一层层积累起来的文明。外国学者,甚至包括以色列人,能够帮助巴勒斯坦人清楚地叙述巴勒斯坦及其文明、民族和考古上的多元化历史,也能更好地去了解亚伯拉罕的信仰,这可是犹太教、基督教和伊斯兰教的共同起源。我们后来写出了如下使命宣言:

> 耶路撒冷有着独特的构造,是不同民族、文化和宗教复杂交会之处,所以我们针对整个大学社区,特别是学生,强调人类文明留下的多元文化遗产……因此,我们会鼓励学生发展全球视野,欣赏和包容不同的文化,培养人文主义道德准则。

我在柠檬树咖啡馆旧址的街那头找到了学院的完美选址:位于棉商市场(Souk el-Qattanin)的入口,也是一些残破不堪的危房,历史可以追溯到马穆鲁克时期。1327年,苏丹赛义夫丁·坦齐兹(Sultan Saif al-Din Tankiz)访问耶路撒冷后下令修建这些建筑。这里处在尊贵禁地、西墙和苦路的包围之中,从象征的意义上讲,在

第二十六章 豪猪与公鸡

这样一个地方研究耶路撒冷多层次的文化遗产,实在是再合适不过了。光是站在楼里中世纪风格的澡堂中,或者多年来到访的穆斯林作家使用的位于楼顶上的小房间里,你就能感觉到非常纯粹的千年历史,多元的人文遗产就在这里慢慢累积。

当时我还计划再建立一个中心,乍一看和这个耶路撒冷项目的多元人文主义背道而驰。法赫德·阿布·哈吉,那位在严刑拷打之下被迫供述我在大起义期间行动信息的朋友,也是佩塔提克瓦监狱的四位谈判人员之一,正忙着建立一个中心,旨在记录和纪念巴勒斯坦囚犯运动多年来的发展,他希望将囚犯的画作、手工作品、故事、信件和手稿统一收集到一个地方。

计划是从拉姆安拉的一盘鹰嘴豆泥开始的。每天我把儿子们送去贵格会友谊学校之后,就会和法赫德在我最喜欢的餐厅见面。一天上午,他谈起和平的前景,说我们很快就会成为以色列的邻国与伙伴,百年来的矛盾冲突将成为史书上的文字。"那么,囚犯们留下的'遗产'会怎么样呢?"他问我,"要是我们不做点什么,这些历史就会被遗忘。"我们的恐惧之一,是希伯来大学那些雄心勃勃的年轻史学家和他们所属的研究院会搜集所有的材料,为我们"撰写"这段历史。

我们一起拟定了一个计划,搜集相关的诗歌、信件、回忆录和传单,来记录囚犯运动。我给了法赫德一个房间和一台电脑来做这件事。他最开始整理的是自己在监狱中写下的笔记,还有塞在胶囊中带出去的资料。我的秘书帮他打字整理。我写了篇序言,然后以《铁窗里》(*Behind Iron Bars*)为名出版了。

现在我决定将这个项目整合到大学中,让法赫德来牵头。我们最先想到的是用纳尔逊·曼德拉为中心命名。最后我们决定以此纪念阿布·吉哈德——1988年被以色列突击队刺杀的巴解组织领导人——于是就有了"阿布·吉哈德政治犯事务中心"(Abu-Jihad

Center for Political Prisoners' Affairs)。

一边是以"阿布·吉哈德"命名的囚犯事务中心,一边是与以色列对话的和平举措。从表面上看,将两者相提并论似乎有点过分了。但在我心中,这是一体两面。囚犯运动是我们国家最伟大恢宏的成功故事之一。监狱这个"锻造厂"证明了非暴力能够击败审讯者,为一个天然没有公平正义可言的刑罚系统赋予人性,并让犯人们体会到主权的美好。法赫德就是一个具有典范作用的牵头人。从16岁起,他就在以色列监狱中进进出出,最终成为一名善于思考的智者,企望和平,愿意与以色列和平共存。

我们还在圣城大学发起了一些巴以联合项目,旨在促进双方在学术和科学领域的合作。正如1967年父亲拉着我的手帮我报名了考古挖掘项目,我感觉两个社会之间重要的纽带之一就是科学。真正持久的和平是人民与人民之间达成的,而非政府。对我们的学生来说,与以色列科学家共事,就是开启平等的对话,不管两者之间的资源或专业教育程度差距多么悬殊。学生和研究院打破陈规,不去理会巴勒斯坦的抵制文化,也抛开自己内心的恐惧与不安、憎恶与成见,其勇敢程度不亚于囚犯面对审讯者。

秉持与以色列人合作的开放态度,圣城大学变成了巴勒斯坦顶尖的研究型大学。最初的几年,我们最成功的项目由比利时政府资助,持续了三年,目标领域是农业、环境和公共卫生。

我们后来还开设了很多新项目。库塔布的电视台发展演变成圣城现代传媒学院(Al-Quds Institute for Modern Media),拿到资金,制作了一部巴以版的《芝麻街》(Sesame Street),意在教育双方的孩子要互相尊重、互相宽容。《芝麻街》中有"大鸟"(Big Bird),我们有卡里姆(Kareem),一只骄傲却友善的公鸡;以色列那边的角色叫基皮(Kipi),是一只豪猪。这对公鸡、豪猪组合涉及的主题涵盖很广，从儿童身心和性虐待，到环境保护、妇女权益、公共卫生和计划生育。露西与我们合作，出了一本配套的杂志。

我接手这所大学时，很多人都说这是自找麻烦。是啊，麻烦的确是一大堆。在最初那动荡不安的几年，保持大学这艘船不至于沉没的，是几个愿意投入大量时间精力、十分忠诚的同事，而我们有着共同的愿景与战略。

1998 年，学生总人数已经达到 5000 人，哈马斯学生占比已经从 90% 降低到 50%。我们的外部资金支援很少，但至少能按时付薪水，而且整个学校都在发展成长；当然随之高涨的还有反对之声。一次，在各种领域斗争了一整天，筋疲力尽的同事们和我一起躲进我的办公室。我看到他们疲惫不堪的神色，叫他们去看看《黑客帝国》(The Matrix) 这部电影。人生在世，说穿了其实就是一场游戏，我凝神思考着，要如何在想象和现实之间划界限，要靠我们的创造力。人们怎么想我们，我们怎么想他们，是由自己来决定的。不管有多少强敌，都无法打败我们的意志。

有些问题是完全可以理解的。我有个好朋友在主理以色列研究项目，他总是在不停抱怨着那些学生："他们连一篇像样的论文都写不出来，就别提做研究了。""罗马不是一天建成的"，我只能用阿拉伯语中与之意思相近的谚语来提振他的精神。

还有比这严重得多的问题，那就是哈马斯。他们的学生人数和影响力都日趋颓势，不得不背水一战。1998 年的秋季学期，我想给新生放映埃及电影人尤瑟夫·夏因 (Youssef Chahine) 的作品《命运》(Destiny)，结果被他们大闹了一场。电影的主人公阿威罗伊 (Averroes) 是伊比利亚半岛的伊斯兰哲学家，曾在西班牙的科尔多瓦担任法官。在我心中，他一直是自由寻求知识和理性精神的化身。夏因制作这部影片，是为了纪念阿威罗伊，也针对激进主义隐藏的危险发出警告。自然，学校里支持哈马斯的学生是不愿意看这部电影的，也不允许别人看。在最后关头，学生处教务长取消了放映，以避免出什么乱子。

但冲突并未就此结束。有一次，校园里发生了投石攻击事件，我开除了哈马斯学生团体的负责人。后来他们又与支持法塔赫的学生打架斗殴，我又开除了几个挑头的。当时，学生中的法塔赫成员组织了一场民族舞会，有女性参与。支持哈马斯的学生认为男女混舞严重违反了伊斯兰戒律，他们挂出海报，辱骂那些女性都是妓女。法塔赫活动人士可忍不了这个，把海报一一撕下。于是，支持哈马斯的学生袭击了他们，后者也反击了。

我在办公室接到了紧急电话，说支持法塔赫的学生和支持哈马斯的学生打起来了。我立刻警惕起来，因为派系之间起争执，什么事情都可能发生：枪击、肆意破坏建筑、大混乱。校园里发生暴力冲突，可能会引来以色列士兵，他们一出现，不可避免地会引起投石攻击。暴力、士兵、投石、橡皮子弹……完全可以预测这么一个连锁反应。我立刻着手防止矛盾升级。我最不愿意看到的，就是当局以此为借口关闭大学。

我把相关人等都叫到办公室来。他们还没坐稳，就开始互相指责。接下来的十个小时，我不得不听他们毫无意义的对骂，没有一方愿意道歉或让步。支持哈马斯的学生坚持说，他们有权要求所有人都遵守阿亚图拉·霍梅尼（Ayatollah Khomeini）的道德标准；而反对他们的学生则坚持说，自己有权阻止哈马斯，在遭到攻击时要反击。

最后，我受够了。我严肃地说，到第二天早上，要么双方解决争端、互相道歉，要么我让他们停学。到了早上，双方仍然僵持不肯退让。我立刻让所有支持哈马斯的学生停学，而在学校为女性辩护的法塔赫学生负责人阿德尔则受到警告处分。后来我雇了他和

第二十六章 豪猪与公鸡

我一起工作。

比哈马斯还严重的威胁来自巴勒斯坦民族权力机构的高等教育部，还有以色列。圣城大学开始出现发展态势时，哈南·阿什拉维已经因为对巴勒斯坦民族权力机构无比失望而辞去了部长职位。新部长是蒙西尔·萨拉赫（Munthir Salah），他曾在纳布卢斯的纳贾赫国立大学任校长，我在那时与他结识。我也和他的主要顾问，曾任比尔泽特校长的加比·巴拉姆基很熟。

从上任第一天起，蒙西尔和加比给人的印象，就是对手中有限的权力不太满意。他们的主要任务之一是管理各个大学，但很多大学都是独立于该部运营的，他们管得着的只有两所。圣城大学不仅独立运营，地理位置上更是出了他们的辖区，蒙西尔和加比就想尽一切办法来施展他们的控制力。他们和部里其他的一些人越来越清醒地意识到，这所他们没有管辖权的学校正在发生迅速的变革，令他们意想不到，也难以控制。学生人数迅速增加，研究基金不断流入，新教学大楼拔地而起，和以色列也在培养密切的合作关系。蒙西尔和加比开始想办法，要夺取圣城大学的管理权。

一开始的攻击都来自口头，也很容易抵挡。部里有人指责我是个"扩张主义者"，这说法是之前我们用来形容以色列定居点的。在一次开学典礼的讲话中，我提到这样的指控。"教育部有些人批评指责我们，说我们是扩张主义者。他们好像搞混了吧。"我略微顿了顿，就像单口喜剧演员讲笑话时要留个悬念，"他们觉得我们这儿是个以色列定居点。"大家爆发出一阵大笑。我又用清醒、严肃的语气继续说道："但我们是位于耶路撒冷的国家级学校，发展壮大是我们的职责；而他们的职责就是支持我们发展壮大，而不是批评或阻碍。"

很快，蒙西尔和加比的攻击方式就远远超越了语言层面。他们选择的战场是医学院。我们越过比尔泽特等大学，率先成功建立医学院，此举让他们和其他一些人颇为不悦。蒙西尔计划将医学院从圣城大学手里夺走，划归到自己的管辖之下。他的办法也差点奏效了：说服阿拉法特签了一份"总统令"，宣布医学院立即归教育部管辖。

蒙西尔和加比很可能秘密计划这件事长达数月了。我是第二天看报纸才得到消息的。发现失去了大学的主要机构之一，我实在是很震惊——说"震惊"还轻了。一天后，大学行政人员收到教育部的一份传真，附上了"总统令"，要求我们立即执行。

蒙西尔和加比一定觉得，有了这份总统令就万事大吉了，我们就会把钥匙乖乖送过去。但他们忘了，我对付总统令可是有些经验的，懂得怎么去迂回规避。我给教育部回了一份传真："总统令签发的原因，我们不认可其合法性或有效性，我们将在总统本人面前进行详细论述。"

根据自己对阿拉法特的了解，我制定了最佳行动方案。先是给他送去一个鼓鼓囊囊的文件夹，附上一张便条，解释说他签发总统令是听了一些很有误导性的信息。我解释说，抛开别的不谈，他这个命令相当于征用私有财产；又补充道，我想备受尊敬的阿拉法特一定并无从非营利慈善组织夺取财产之意。

我预测，收到我那厚厚的一摞文件，阿拉法特肯定会故技重施，不去作决定。我果然没有猜错，他搁置了总统令，成立了一个委员会，将对医学院的争夺变成了叫人心烦意乱的持久战。谢天谢地，最后没有结果，委员会也很快无功而终。

阿拉法特设立了一个委员会的消息一传开，蒙西尔和加比就知道自己失败了。不甘心就此认输的他们召集了麾下各方力量，采用了野心更大的策略。想得到医学院，最好的办法就是拿下整个大学。他们和圣城大学当时的教师联合会会长合谋制定了新计划，企图让

第二十六章 豪猪与公鸡

理事会、行政管理层，当然也包括我，都下台。

蒙西尔在阿拉法特主持的内阁全体会议上提出此事。他在同僚和阿拉法特面前列出了大学面临的所有资金困难，并将此归咎于我的"扩张主义"和管理不善。蒙西尔一定说得天花乱坠，因为他成功说服内阁替换大学整个行政高层，并指派了一个新的理事会。

他们的伎俩是给阿拉法特呈上新的理事会成员名单，唯一没有提名的是代替我出任校长的人选，他们盘算的是等阿拉法特同意了这个名单，再找个新校长。但阿拉法特签字同意变更理事会人选时，做了一个修改。在"大学校长"旁边的空白栏里，他狡黠地写下我的名字。他的意思很明确了：你们让理事们走可以，但别动萨里。

我对此次会议一无所知，又是在晨报头版新闻的缝隙之间才得知自己的理事会已经没了。我们迅速应对。第二天，当地报纸的头版广告是大学投放的，宣布原理事会依然有效，巴勒斯坦当局对我们这个独立机构没有管辖权，所以无权进行相关变动。

与此同时，我向内阁提起申诉，质疑部长的动机、信息来源和手段，要求召开全体内阁成员参加的听证会，我也要到场。内阁怎么能够根据一面之词就作出决定呢？我在投诉信中解释说，部长和联合会会长在撰写大学状况报告时，根本连姿态都没做一下，没有走访任何一位行政人员，听一听不同意见。

行事方式与"上司"如出一辙的内阁成员，选择避免公开冲突。他们搁置了早前的决策，说要再次"调查"此事。蒙西尔想让我下台的计策，再次因为巴勒斯坦当局惯常的懒政而失败。

圣城大学之前名存实亡，以色列人完全没放在眼里。而当他们发现在自己"永恒都城"的这个阿拉伯学府在迅速发展，我们就得处理越来越多的法律问题。

1998年，双方进行过两次小小的交涉。我们在棉商市场附近进行翻修时，开挖工人在一个房间里发现一条秘密通道，连接着旧城地下的一条古隧道。几天之后，一队以色列士兵来了，威胁说要是我们不把通往隧道的入口堵上，就要将整个地方罚没充公。

另一场冲突发生在东方宫附近的一栋楼里，当时我们在举行毕业典礼。住在耶路撒冷市边界外的学生如果没有军政府签发的特别许可，来参加这次典礼就是违法的；而特别许可又特别难拿，所以根本没人费那个事。那时候这种荒谬可笑的政策执行得还没有今天这么严，所以我们照常举行毕业典礼。

典礼结束的时候，警察已经包围了大楼，叫所有离场的人一一出示身份证。直到我去找警队队长交涉，他们才停止。"嗨，萨里博士。"队长摆出一副跟我很熟的样子，还伸出手要跟我握一握，接着问我还记不记得他。

"我见过的警官太多了。"我有些尴尬，含含糊糊地说，也不知道还能再说点儿什么。

他仍然是满脸堆笑："你不可能不记得我吧。海湾战争的时候，是我在阿布迪斯抓的你啊。"肯定是那个当时表情有点尴尬的警察。

"哦，对啊，但当时你的警服不太一样。"

你来我往，友好戏谑了几分钟后，他叫警队撤了。"见到你很高兴，萨里！"他留下这么一句话，在疾驰而去的吉普车上朝我们挥手告别。

我们与以色列当局还有一次比这严重得多的交涉。我们的社会工作学院有几名毕业生，已经被包括耶路撒冷市政府在内的以色列机构雇用，他们突然接到通知，说不能承认他们的学位，因为圣城大学没有得到以色列的认证。一系列以保护我校毕业生为目标的庭审就此拉开帷幕。

很快，一个右翼社团将我们告上法庭，他们自称"公义会"（Betzedek）。（这个名字出自《圣经》，"耶和华啊，求你因我的仇敌，

第二十六章 豪猪与公鸡

凭你的公义引领我，使你的道路在我面前正直"。)

公义会去最高法院要求关闭大学，陈述了两个原因：第一，我们属于巴勒斯坦当局，这违反了《奥斯陆协议》（巴勒斯坦当局不能在东耶路撒冷活动）；第二，我们在没有得到以色列当局认证的情况下，就在以色列境内运营。公义会还要求，以总理为代表的以色列政府允许我们非法运营，应当就此接受审查。

我们旷日持久的生存之战开始了。第一项指控倒是很好反驳。圣城大学是个非营利性的非政府组织，我们和巴勒斯坦当局并无从属关系。因此，我们在耶路撒冷运营，并未违反《奥斯陆协议》。以色列国内治安部部长在呈交给最高法院的报告中也说明了这个情况。

而以色列认证的问题要严重很多。我们的运营的确是无证书也无认证，在任何一个正常运转的社会，请我们关张都是完全说得过去的。但在东耶路撒冷就没有"正常"一说。一开始，我们是希望《奥斯陆协议》之后还有最终协议，将我们所在的区域从占领中解放出去，这样就不需要以色列的许可或认证了。但奥斯陆和平进程的进展缓慢，我们只能应对这个法律上的挑战了。

问题在于，申请以色列的认证，就意味着接受以色列对东耶路撒冷的合法管辖地位。巴勒斯坦高等教育部部长站在民族主义的立场，提醒阿拉法特警惕我让大学"以色列化"的倾向。其他人也七嘴八舌地疯狂帮腔。

我的窘境相当明显了。一边是关闭大学的法令，一边是高涨的民族主义情绪。我找到斯帕耶尔先生，希望他能给点法律建议。我们想出了一个转移视线的计策，能争取一点时间。我让斯帕耶尔向法庭说明，没有认证完全不是我们的错。关于如何给颁发阿拉伯学位的学府做认证，以色列当局从未设立过相关的法律条款。五十多年来，以色列从未考虑过建设、支持，甚至只是认可为其境内的阿拉伯人口设立的阿拉伯大学。

公义会本以为我会附和巴勒斯坦当局的教育部部长和他的同僚们,一起"坚守原则",抵制以色列的认证。这样最高法院就别无选择,只能下令关闭大学。但我们识破了对方的诡计,摆了以色列高等教育委员会一道,把难题推给了他们。他们到底应不应该在以色列的永恒都城给予我们合法地位呢?最高法院命令他们这么做。但要不要遵命呢?突然之间,众人的矛头就从圣城大学转向了以色列政府。

这法律程序一开始,就没完没了,叫人饱受折磨。起初,以色列高等教育委员会想把包袱再甩回给我们,说从来没接到过申请,说我们应该按照相关条款提交申请。斯帕耶尔先生回复说,他的客户很愿意填写申请表,只要这类表格存在;而相关的表格和条款只有希伯来语版的,他的客户使用的是阿拉伯语,所以从法律上说,以色列当局有责任提供阿拉伯语的相关资料,因为阿拉伯语是以色列的官方语言之一。

教育部花了六个多月的时间,才制定好阿拉伯语的规则条款。接下来又经历了很多冗长曲折的程序。我想,这表明了以色列政府内部很多人都不太愿意让一所阿拉伯大学在耶路撒冷进行登记;毕竟,在这座城市,他们尽了一切力量——包括在法律上进行狡辩——来消除阿拉伯人的影响。

第二十七章
圣中之圣

上小学的时候，我听过一个流传甚广的阿拉伯童话——在一个寒冷刺骨的雨天，猎人割破了鸟儿的喉咙；一个孩子看到这一幕后，误将猎人脸上的雨水认作泪水，转头对妈妈说："妈妈你看，那个人正在为可怜的鸟儿哭呢。""别看他脸上的泪，"妈妈回答，"要看他手上在做什么事。"

以色列的谈判者们在酒店大堂和十几个不同的国际场合来来往往、进进出出，滔滔不绝地大谈特谈和平，而以色列定居点则以越来越快的速度扩张修建。目睹这一切的很多巴勒斯坦人，脑海里一定都会浮现出上面那个故事。这种对比在东耶路撒冷尤甚。定居点的疯狂扩张传递着一个信息：以色列永远都不会把这座城市归还给我们。我每天早上驱车经过犹太人聚居的皮斯加特泽耶夫，看到那蓬勃发展的样子，就像进入了以色列官方的政治思维。多年前就构想出的方案已经实现了，变成了真正的道路、下水道、电话线、水管、网球场和红瓦别墅。以色列肆无忌惮的扩张和巴勒斯坦当局漏洞百出的做法，在我眼里真是没有比这更鲜明的对比了。到1999年，

421　包括我在内的很多人已经默默为《奥斯陆协议》致了悼词。

我们巴勒斯坦人都有种受骗的感觉。和大起义激发的高涨情绪相比，人们在奥斯陆和平进程的几年中，经历的可谓是一次又一次耻辱的撤退。阿拉法特的支持率跌至新低。

巴勒斯坦当局的软弱无能可以追溯到各种熟悉的内部问题，比如贪污腐败、管理不善等。大部分巴勒斯坦人觉得，从主席到内阁成员，再到立法会的整个领导集团，都在各种权力的象征中沉醉不起。人们怀疑太多所谓的"解放者"对中饱私囊更感兴趣，无暇顾及这个国家迫切需要解决的问题。

最大的问题仍然是腐败。别的不说，自从巴勒斯坦民族权力机构成立以来，以色列全面加紧了对我们的土地和生活的控制。平民百姓对政府失去了信心，认为政府参与的谈判进程没有带来任何好处，反而为以色列人采取单边行动提供了掩护。丹尼斯·罗斯的叙述充分展现了巴勒斯坦当局和以色列人在种种问题上毫无用处的来回拉扯；而与此同时，以色列人毫无顾忌，全速进行着定居点的建设。正如那个鸟儿的故事，以色列领导人满含热泪，四处宣扬着和平，但实际行动却是调派推土机四处扩张，实在是言行不一。我只看到在自己土地上发生的各种不可阻挡的事实，这一切仿佛是一场巨大的恶作剧，而我们就是被愚弄的傻瓜。

关于定居点活动，我应该在此多说一句。以色列这里下一道拆除令，那里修一条新环道，山坡上拔地而起一千个新住房单元……过于注意这些细节，就很容易忽略这种扩张的系统性本质。许多年来，争执不休的双方本来应该逐步建立起和平与信任，结果定居人口反而翻了番，从10万增至20万——《奥斯陆协议》签订之后，我们在街上载歌载舞地庆祝，憧憬的可不是这个。定居者掳掠杀人都能平安无事，对我们来说真是受伤之后又受辱。

422　选个温和点的用词，就说我们对此"不满意"吧。这种情绪还

第二十七章　圣中之圣

有另一个来源，就是无处不在的警戒线和路障，人们在巴勒斯坦当局控制下的地区之间都不能畅通无阻地出行。巴勒斯坦人说，这些所谓的"解放"区，成了一系列巨大的监狱。

1999年，埃胡德·巴拉克和他的工党赢得了以色列大选，信仰和平的人们发自内心地赞美天神。巴拉克是个具有独创性的领导人，能够很好地把握和应对复杂局势，广受赞誉。他的专业是数学，曾在乌干达恩德培（Entebbe）机场人质营救行动*中做过主要指挥，临危不乱；也曾在军队中做过总参谋长，表现出色；他是一位钢琴家，还有拆装钟表的独特爱好。意料之中，阿拉伯人也记得他的其他"丰功伟业"，比如在刺杀阿布·吉哈德行动中所起的作用，以及男扮女装并一路开枪闯进贝鲁特的巴解组织高层住所（"青春之泉行动"†）的"壮举"。但比起比比·内塔尼亚胡来说，他的当选要好很多，没人怀疑这点。他成功了，就意味着肯定会有很多温和派重回以色列政府。

也有很多巴勒斯坦人特别失望。首先，巴拉克团结的联盟包括了东正教的宗教团体和曾在苏联坐过牢的纳坦·夏兰斯基（Natan Sharansky）。后来的事实证明，在巴勒斯坦和平问题上，他们至少都是信不过的。1999年7月，巴拉克正式就任总理，第一把火不是去解决巴勒斯坦问题，而是要努力和叙利亚人达成协议。等到他终于想起来与我们谈和平进程了，先是各种暗示，最终明言说清，他对奥斯陆和平进程背后没有说明白的理论并不感兴趣，双方在解决那些富有

---

*　史称"恩德培行动"。1976年6月27日，一架从以色列飞往法国的客机被恐怖分子劫持到乌干达恩德培机场。扣留105名以色列籍乘客作为人质，要求以色列释放逮捕的53名恐怖分子。7月4日，以色列出动突击队营救了人质。

†　1973年4月9日晚至4月10日早，以色列派兵突袭黎巴嫩的军事行动，是慕尼黑惨案后以色列"上帝的复仇"计划的一部分。

争议的问题之前,要采取一些必要的小措施,来逐渐建立信任。

阿拉法特希望巴拉克给予我方更多的重视,但只进行了一些毫无用处的威胁。我还记得一次去参加一个会议,那时阿拉法特总觉得以色列人在监听自己的一言一行,他认为会议室里的某个盆栽或某件家具中一定藏着窃听器,所以,说的话都是针对那看不见的对谈人,非常夸张,非常强势。他说,情况已经变得不可容忍,要是谈判没有取得突破性进展,很有可能导致事态失控。他拿起电话,打给食品供应部部长,命令他确保粮仓里存满面粉,因为政治危机"迫在眉睫"。听他讲这些话的我们则很明白,他是在虚张声势,想催促以色列人加快和平进程。

巴拉克也会用威胁这一招,至少在美国人听来有说服力得多。他对美国人和巴勒斯坦人宣布,自己不会再采取分步措施或建立信任的行动,就连之前利库德集团政府达成的协议都被他搁置了。他希望一步到位,直接达成一个全面的最终协议。他对叙利亚的战略失败了,又转向了巴勒斯坦问题,想了个主意,和克林顿总统举行了一场戏剧化的峰会,警告说,没有最终协议,他的政府就会垮台。这真是风险很高的游戏,要么满载而归,要么一无所获。双方可能达成全面协议,也可能走向末日灾难。这么个"钟表匠",你还以为他很习惯耐心坐着,不厌其烦地进行琐碎步骤直到东西修复呢。结果他在和平进程上采取的办法是走极端,要么成就分秒不差的精美钟表,要么就变成人人嫌恶的垃圾堆。

克林顿同意了,提供戴维营(Camp David)做场地。

阿拉法特的回应是,双方还没准备好;就算和以色列已经通过背后渠道联系上,也不能保证峰会成功。他这一生,曾从上百个陷阱中死里逃生,如今对此更是格外警惕,想出各种办法试图逃避。但克林顿逼他逼得紧,阿拉法特最终别无选择,只能违背本意去参加峰会。

第二十七章 圣中之圣

仅就这一次来说,我同意阿拉法特的想法。双方已经各自在发表相互矛盾、不可调和的公众声明。看他们的立场,我觉得根本没有达成协议的可能。

和我一起撰写《没有号角,亦没有鼓声》的马克·赫勒在《耶路撒冷邮报》上发表了一篇文章,他在其中提到的一个观点,在我看来比这注定失败的峰会有道理得多。双方达成协议之前,巴勒斯坦可以宣布自己理想中的国境线,以色列则同时宣布自己理想中独立的巴勒斯坦国的边界。然后双方再进行谈判,解决两国设立界线上的分歧。这样,至少我们能保证"和平进程"不至于破产。

我仍然努力和政治保持距离。当然,我也从间接渠道了解了大众的心态。校园里的学生们都在抱怨这个"和平进程",热烈讨论要不要再发起一次大起义。

阿拉法特说服我加入的那个"耶路撒冷部级委员会"还在开会,我也仍然在参加会议。通常一开始费萨尔会面色凝重地做个报告,说说东耶路撒冷被迅速占领的情况。比如,通过一条条绕行道路,壁垒森严的定居点的外圈与耶路撒冷连接起来了。东耶路撒冷居民的生活越来越困难,严肃地谈过这个问题之后,大家往往喜欢通过闲聊来调节气氛,这是我多年来的经验。

听得越多,我就越忧郁悲观。左翼阵营的工党还在继续执行利库德集团的右翼政策,这相当于是确认了我们之前的印象,谈判桌上根本没取得什么实质性的进展。我同意大众的整体感觉。巴勒斯坦的领导人还说什么和平进程的结果是结束占领,这真是自欺欺人。2000年3月,我去河内参加了一个联合国主办的会议,主题是"巴勒斯坦人的权益"。会上我悲观地预言,建立一个有实际可行性的独立巴勒斯坦国的希望正在从我们眼前迅速消失。

我回去后不久,2000年5月发生的新事件进一步确认了我那悲情的预言。耶路撒冷市政当局批准美国"赌王"欧文·莫斯科维茨掌管的一个集团在阿布迪斯修建一个包含200个住房单元的犹太定居点，选址就离我们的校园不远。巴拉克还采用了高科技手段，将不受以色列欢迎的阿拉伯人从耶路撒冷清除出去。海湾战争期间，从东边进耶路撒冷的路上设了9个检查站。现在，我们经过检查站时，需要出示政府签发的身份磁卡。这张磁卡的作用就是防止拿不出必要文件的阿拉伯人偷偷溜回他们祖祖辈辈生活的城市。

2000年7月，戴维营峰会召开，来我办公室的大部分朋友和同事都没有我那么悲观。费萨尔和马尔万非常乐观。贾布里勒和萨米尔尤其坚信很快就可以达成协议。他们和很多以色列政客和安全专家保持着密切联系，这些人可能跟他们保证过，达成某种协议是十拿九稳的。

我们从电视上看到巴拉克推着阿拉法特走过戴维营的一道门，这画面颇有深意。用美国女作家苏珊·桑塔格在《纽约书评》(*The New York Review of Books*)中的话说，阿拉法特主席感觉自己被"强行拽到了马里兰青翠的群山之中"。

峰会为期两周，这期间我经常开车到安静的沙漠小镇杰里科，长时间地散步、游泳。峰会进展的主要消息来源是贾布里勒，他满怀信心地认为，阿拉法特会改变主意，作出一些合理的让步。晚上，我们俩在镇外开阔的乡间散步长谈。偶尔他会接到某个谈判者直接打来的电话，内容是现场报告。

令人惊讶的是，大部分时间阿拉法特和巴拉克都没有发生什么交锋，直到峰会快结束了，巴拉克才切入正题。他提出以色列可以在土地和耶路撒冷问题上让步，开出了之前闻所未闻的条件，交换具有法律效力的"终止冲突"协议。按照协议，不会有大量难民涌入以色列。以色列保留1948年的战利品，而巴勒斯坦人可以拥有自己的国家。

关于以色列究竟在戴维营让出了多少土地，双方现在还争论不休，因为当时什么都没有用白纸黑字写清楚，所有的讨论都是"不成文"的。

"巴拉克"这个名字在希伯来语中意为"闪电"，但阿拉伯人听到了会想到穆罕默德那匹神奇的飞马。这位名字不凡的国家领导人提出"圣中之圣"（Holy of Holies）的问题，要求取得对尊贵禁地即圣殿山的部分所有权。他一度还提出，应当允许犹太人在该地属于穆斯林的那边祈祷。赛义卜后来回忆说，在许许多多的问题中，恰恰就是这个问题最让阿拉法特血气上涌。"阿拉法特真的气得发抖。"赛义卜说。

克林顿花了很多时间，努力想找到双方领导人都能接受的条件，最终建议分割主权：阿拉伯人拥有清真寺所在的圣殿山顶；而犹太人拥有下面的部分，也就是传说中"圣中之圣"的埋骨之所。

1987年与我一起谈判的利库德集团人士摩西·阿米拉夫，谴责巴拉克在毫无必要的情况下提及棘手问题，把一连串事情搞得一团糟，并写道，阿拉法特快要气炸了。"他真的发了狂，开始朝克林顿咆哮，质问他，如果是他，会不会同意别人拥有华盛顿街道之下的主权。"[1]全身都在颤抖的阿拉法特拒绝承认犹太人与尊贵禁地有任何历史渊源。

谈判者们收拾行囊回到中东，不过在那之前，克林顿违背了承诺：他完全把责任归咎于阿拉法特主席。

阿拉伯人听闻以色列的立场和态度之后，对和平进程丧失了所有信心。回到巴勒斯坦，阿拉法特又开始传播各种说法，进一步煽动民众情绪。他用《古兰经》中的一句话证明了一个疯狂的理论：所罗门圣殿其实在也门。以色列人在沙漠中跋涉了四十年，在某个时刻，他们转了个错误的弯，就去了离耶路撒冷很远很远的地方。

"你们听过示巴女王让一只鸟飞到所罗门那里去，鸟儿当天就到了的故事吧？一只鸟怎么可能飞那么快呢？因为圣殿就在附近的也门啊！"听了这话，我十分忧心，怀疑阿拉法特主席是不是已经分不清现实与幻想了。

以色列人听说巴拉克本来做好准备要在耶路撒冷问题上让步，但阿拉法特完全拒绝了以色列提出的条件；以色列人也对巴勒斯坦人完全丧失了信心。巴拉克说，阿拉法特终于露出了"真面目"，他绝非企望和平的朋友。以色列国内也很少有人对这种说法提出质疑。

双方本来离达成历史性协议只有一步之遥，结果功亏一篑，深陷危机。我听见一些本来对《奥斯陆协议》怀着热切期待的人说"要开战了"。

第二十八章

群魔

> 那是令人意想不到的一天；在那一天，很多过去的阴谋结束了，很多未来的诡计又开始了；在那一天，很多事情突然就有了解释，很多谜团变得更为神秘。
>
> ——陀思妥耶夫斯基，《群魔》(The Possessed)

被我在大马士革那风雪飘飞的几天里"盗用"名字的陀思妥耶夫斯基说他的长篇小说《群魔》反对的是所谓的"虚无主义者"，他们想要摧毁旧的社会秩序，完完全全、彻彻底底地摧毁。"我们应当宣扬毁灭，"书中一位人物感叹道，"因为——因为……不知怎么的，这想法实在太有吸引力了！" 2000年，沙龙登上尊贵禁地（圣殿山），由此引发了大规模的谋杀和屠戮，两个民族都尽失尊严和体面。那时候我常常会想起这部小说。眼前的每个人似乎都疯了：巴勒斯坦人，以色列人，国际媒体人，所有人。

巴以冲突当中，其实总有一些不成文的规定在起着维护作用，防止了冲突恶化成肆无忌惮的杀戮。很少有人会去攻击宗教场所，刺杀也被控制在最小范围内,基本不会有人把平民作为伤害的目标。现在,一切都不算数了。我亲眼在校园里见证了这一切。学生群情激愤,怒火中烧。他们刚参加完那些被冷血射杀的朋友的葬礼,手里挥舞着用来示威的水枪和用硬纸板做的AK-47,叫嚷着要以牙还牙。伊斯兰主义者赞颂发动自杀式爆炸袭击的人,说他们是英雄。巴勒斯坦受害者的人数迅速上升到数十个,又变成数百个,就连法塔赫的人也加入了激动的队伍。这感觉就像被压制下去的回忆又得到了释放和发泄,斯特恩帮和激进好战的卡桑留下的政治遗产最终赢得了胜利。至少在巴勒斯坦人这边,"第二次大起义"没有领袖、没有战略,也没有任何观念支撑,是一场彻头彻尾的灾难,一场草率的打斗;只有毁灭,只有血腥,只有疯狂。

  黑暗的乱世之中,最明智的行为自然是两耳不闻窗外事,只管好自己的一亩三分地。但我却无福享受这样的奢侈。在任何头脑清醒的人都会选择永久逃离和消失的关头,我长达五年逃离政治的生涯就这样结束了。让我义无反顾一头扎回旋涡的,并非高贵的品行,也非热爱主动出击的性格,甚至也并非对祖国的责任感。我是因为别无选择。双方互不相让,制造着恶性循环的流血事件,如同古时候人们对摩洛神的献祭。这一切迫使我回到公众视野,因为,一个社会,如果连所谓的"知识分子"都因为惜命、追求自我成就或为了讨好大众,而拒绝逆流而上、扭转被误导的公众舆论,那么这个"知识分子"就彻底失去了自己的社会作用,他所在的社会也会和他一样失落失序。在我见证的一切之中,知识分子在半岛电视台(Aljazeera)*的摄像机前滔滔不绝地迎合人群,其破坏性更甚于阿谀谄媚的御用哲学家双膝下跪,亲吻君王的戒指。

  我走上讲台,开始积极宣扬自己的观点,说"两国方案"符合

---

* 半岛电视台是立足阿拉伯世界、面向全球的著名国际性媒体,总部在卡塔尔首都多哈。

第二十八章 群魔

巴勒斯坦人和以色列人的共同利益，因此双方并非敌人，而是朋友。意料之中，我家中的邮箱里塞满了老歌新唱的死亡威胁。雅各布倒是不缠着我了，但他的继任，专门跟踪我的"沙威警长"（Inspector Javert）*，又开始与我"形影不离"。但除此之外，后面还有无法预料的事情在等着我。

丹尼斯·罗斯的书，开头就写了2000年的夏天。他用文字重现了当时的场景，说克林顿总统恳求阿拉法特主席，而后者则任性固执，拒绝了他想都想不到的最好条件。罗斯的描述进一步佐证了以色列的说法，巴拉克总理慷慨大度，而阿拉法特以怨报德，展开了血腥杀戮的新一轮起义。

阿拉法特在戴维营没有达成任何协议，这显然是个重大失误，对于自己这一系列的失败，他根本控制不住，但说实在的，他也不是那种能够发动这种阴谋的大恶人。所谓的"第二次大起义"，汇聚了各方势力，诱发因素多种多样，但罗斯显然是有意将问题简单化、模糊化了。

峰会的失败，每个当事人都有责任。巴拉克提出的任何条件都有恃强凌弱的意味，还想在没有商谈余地的问题上占便宜。阿拉法特习惯性的优柔寡断和永不止息的疑心让他无法进行合理的讨价还价。多年的反抗与斗争之后，他本有机会为巴勒斯坦争取最大的利益，再建立一个法治下的现代国家，彪炳千秋，但他没能做到。

从某一个方面来说，阿拉法特和巴拉克责任相当，他们俩都没克制住，而是将自己的失望和愤怒在全世界面前宣泄出来。大家因为到底哪里出了问题而争论不休，形成了各种阵营。而克林顿对阿拉法特主席如此苛责，也必须承担一定责任。

---

* 此处是化用维克多·雨果《悲惨世界》中人物的典故，在小说中沙威警长对主人公穷追不舍。

和平进程危机重重，悲观情绪在全国上下弥漫，我则尽了自己的一份绵薄之力，想让人们清醒理性一些。一家德国杂志社问我如何评价犹太人声称对圣殿山拥有所有权的言论，我直接否认了阿拉法特的"也门说"，非常清楚地表明，犹太人在耶路撒冷的历史根基是存在的，是源远流长的，正如"穆罕默德夜行耶路撒冷"这个流传最广的伊斯兰故事中所展现的一样。我在采访中的言论传到了耶路撒冷的穆夫提那里，他在当地媒体面前疯狂倾泻对我的愤怒。他对我本来的那点不喜欢，正慢慢变成强烈的厌恶。

在其他采访中，我又表示不认为峰会以灾难告终。我一开始就没抱太大希望，所以并不觉得谈判破裂就是世界末日了。事实上，我觉得，能见证双方这种程度的直接对话已经很好了。我对那些询问我看法的人断言，双方没有理由不能再回到谈判桌前。我和《华盛顿邮报》的李·霍克斯塔德（Lee Hockstader）讨论峰会的问题："也许我们没有达成完全一致的共识，但的确是并肩在同一片密林周围漫游。"我们需要的是冷静理性的从容思考，平心静气地去审视我们自己的利益。我坚信，暴风雨会过去，双方会回归谈判磋商。

我认为，两个民族，以及美国人，有着共同的利益。为了支撑这个论点，我举例说，圣城大学和巴伊兰大学（Bar-Ilan University）正在进行越来越密切的合作。后者是全以色列最右翼的学校，正在对拉宾遇刺事件进行研究。不管危机是否存在，圣城大学还是在美国大使馆的支持下开设了美国研究中心（American Studies Center）。

是的，一开始没人开枪进攻，中东也没有陷入停滞。贾布里勒旗下的力量和以色列之间还有安全合作。商业持续繁荣，赌场的停车场总是车满为患；游客大量涌入，双方安全机构的官员们还是在毫不费力地积累财富。阿拉法特甚至精神抖擞、兴致高昂，觉得自己向祖国人民和阿拉伯世界展示了不屈的精神，绝不对美国人和以

第二十八章　群魔

色列人卑躬屈膝。他的民众支持率一飞冲天。我则执教于新开设的美国研究课程,"幸灾乐祸"地看着学生们为《联邦党人文集》(*The Federalist Papers*)焦头烂额。

所有迹象都让人笃定地认为,戴维营峰会进入了新回合,双方开始重整队伍,为新的谈判做准备。赛义卜·埃雷卡特和巴拉克的和谈代表,律师吉拉德·舍尔(Gil'ad Sher),召开了三十多次会议,想要缩小双方的分歧。我有几个本来垂头丧气的朋友,比如马尔万和贾布里勒,又找回了一点信心,变得乐观起来。

此时沙龙粉墨登场了。父亲很喜欢一句英文格言,"天使畏惧处,愚人蜂拥入",用在这里最恰当不过。2000年9月28日沙龙去了尊贵禁地之后,就引发了长达四年激烈而血腥的斗争,留下了很多文字和影像记录。他引发的就是所谓的"第二次大起义",这是一种美化的说法,因为续集往往不尽如人意。

巴拉克处境不妙。政敌指责他作出了一些政治上的让步,于是工党失去了议会多数党地位。曾被苏联驱逐的纳坦·夏兰斯基变成强硬的扩张主义者,脱离了联盟。大选即将到来,巴拉克的新对手就是强大的沙龙,1999年利库德集团的领袖。沙龙在国外四处鼓吹,争取支持,然后宣布要前往圣殿山。巴拉克在戴维营提起了"圣中之圣"的问题,才破坏了谈判进程。所以沙龙偏要去。

沙龙一直诡计多端,很多时候为了实现脑中的疯狂念头,执行起计划来是出了名的不顾一切。他欺骗过总理,且常常与全世界为敌。我在电视上看着他大摇大摆、趾高气扬地走上尊贵禁地,就知道大祸临头了。明眼人都看得出来,他这个行为就是一个陷阱。可是等着谁来跳呢?

答案很简单。首先是巴拉克,然后是我们。很明显,沙龙希望把总理逼入绝境。如果巴拉克阻止他上山,沙龙将拿出三千年的犹太历史狠狠地责骂他。沙龙会说,巴拉克显然是要把这个地方的主权拱手让给巴勒斯坦人。相反,要是巴拉克允许他上山,一定会引发一系列的投石、暴动,巴勒斯坦的"恐怖分子"将会向全世界展现自己的"真面目"。和平进程就此告终,而罪魁祸首就是阿拉伯人的暴力行为。无论是哪种结果,巴拉克都将输掉选举。而他的继任者沙龙,根本不用回到谈判桌前,也不用应允撤出被占领土。

贾布里勒也觉得有些可疑,就对以色列外交部部长、左翼人士什洛莫·本—阿米(Shlomo Ben-Ami)承诺,只要沙龙不进入清真寺,巴勒斯坦就会保持安静。费萨尔不想惹麻烦,下令所有学校不得关闭。他不希望数百名群情激愤的年轻人跑到街上朝士兵扔石头。就连法塔赫中最激进的派系也都没有挑起冲突的准备。坦齐姆的成员们都安居家中。

并非所有巴勒斯坦领导人都如此审慎;有些人的理性思维早就受到了广泛民意的冲击,现在更是想要进一步去煽动大众情绪。马尔万、哈南·阿什拉维和穆斯塔法·巴尔古提(Mustafa Barghouti,医生,曾作为代表之一参加了马德里会议,也是技术委员会的重要成员)出现在地方电视台,他们请求观众冲上尊贵禁地,阻止沙龙上山。他们宣称,那里神圣不可侵犯,而如今有人要玷污这份圣洁,人们只能自己去保卫那里。

沙龙按计划行事。一个周四的上午,沙龙带着1500名荷枪实弹、蓄势待发的边境警察,直接上山去了阿克萨清真寺。站在穆罕默德奇迹般升天的地方,沙龙宣布以色列拥有圣殿山的主权。"我来到这里,是想传递和平的信息,"他在那支队伍的簇拥下宣布,"我相信我们能和巴勒斯坦人共处。"[1] 当然了,是在他设置的条件下。

只有少数巴勒斯坦人留意了阻止沙龙上山的号召。费萨尔和几十名穆斯林政要到场,有分寸、有礼貌地表达了他们的反对。要是后来没发生所有人都意想不到的事情,整件事可能会以沙龙象征性

第二十八章 群魔

的讲话和费萨尔象征性的反对而告终。

在通往圣殿山的阶梯最上端，穆斯林政要和警察爆发了一次小冲突。卫星将电视画面传输给全世界数以亿计的阿拉伯人，他们看到费萨尔被推来搡去，这倒也不是新鲜事了。但这次阿克萨清真寺里级别最高的神职人员也被粗暴对待了。也是无巧不成书，象征着高尚宗教地位的头巾被人从他头上推了下来，落入尘土。观众们亲眼看到，在这个穆斯林的宗教圣地，级别最高的宗教领袖竟然光着头站在那里。这种羞辱不亚于赤身裸体。在中东地区，羞耻和愤怒往往是相辅相成的。

整整一天，阿拉伯各家卫视的新闻播报员和记者都在无情而夸张地强调伊斯兰教受到的这个"奇耻大辱"。耶路撒冷的阿拉伯人怒气沸腾，可能觉得自己一开始没有去现场守卫圣所尊严，心中也怀着内疚。他们表示，绝不会错过尊贵禁地的周五礼拜，也会向以色列士兵展现自己的勇气。他们要如神话中一般，与对方一决胜负。

那个周五的早上，耶路撒冷旧城仿佛过了电。数以百计的边境警察荷枪实弹，进入旧城，严阵以待；而数十万穆斯林则从周边区域和乡村涌入各个城门。坦齐姆成员再也顾不上扮演"和平联盟"的角色，成群地来到广场上。

周五礼拜刚一结束，一群群十几岁的少年就从阿克萨清真寺冲出来，朝西墙跑去，一路上都在向士兵扔石头。边境警察从各个方向进入，这种"钳式"攻击让离开清真寺的众多礼拜者十分恐慌。士兵瞄准的都是年轻人，射的都是真子弹。几分钟之内，就有八名抗议者被枪击身亡，另有数十人受伤倒地。"阿克萨起义"就此开始。

接下来的事情一环扣着一环，暴力吞噬了被占领土。以色列的军事反击残酷无情。冲突的最初几天就射出了90万枚子弹，绝大多数的伤亡都发生在巴勒斯坦这边。冲突甚至蔓延到以色列的其他地区。在巴以之间最糟糕的一场暴乱中，有13名手无寸铁的平民遭到枪击。

可怕的循环开始了。每有新的葬礼，就必定和士兵发生新的冲突，于是又添了死者，又要举行葬礼，又引发冲突，又开枪——如此往复，没完没了。领导人和愤怒的示威者一起行进到路障、检查站、基地和定居点前，冲在人群最前端扔石头的孩子必然是最先被子弹击中的。三个星期之内，就有五十多个孩子身亡。父母、领导人，以及平民大众，对巴勒斯坦当局和其武装安全部队的对立情绪愈发浓烈，认为他们没能拿起枪杆保护自家孩子。

如果以色列人想要挑衅巴勒斯坦安全部队，让他们加入战斗，那可是最佳办法。压力越来越大，巴勒斯坦的一支支安全部队抵挡不住，纷纷反击。就连贾布里勒也阻止不了他们——要是能阻止，他早就阻止了。大起义来势汹汹，他根本无力回天。很快，持有武器的巴勒斯坦激进主义者就开始将枪口瞄准士兵、定居者，以及任何能动的"犹太东西"。

阿拉伯各大卫视记者场场必到，第一时间报道最新的场面，其中充满了血腥冲突与群情激愤。我带着越来越警惕和厌恶的情绪，看着电视播报员与记者融入激进主义者、街头活动家、受害者与暴徒的队伍中，共此死亡之舞。每天都被电视上的场景刺激，数以十万计的抗议者走上了阿拉伯各国首都的街头。

巴勒斯坦人和以色列人很快有了颇具象征意义的形象，能够体现彼此眼中对方的野蛮。我们的是一个法国人用摄像机捕捉的穆罕默德·杜拉（Mohammed al-Durrah）被射杀身亡的场景。短短几分钟之内，这个被无助的父亲保护在身后的男孩就颓然倒下，死去了。观众们看着父亲伏在儿子的尸体上痛不欲生，而士兵们还在开枪扫射，仿佛死一个巴勒斯坦男孩还远远不够。各个电视台日复一日地播放这叫人心如火灼的场景。巴勒斯坦人说，这男孩是"shaheed"，殉道的圣徒。

第二十八章 群魔

不久之后的10月12日,就轮到巴勒斯坦人展现自己的野蛮了。两名以色列人在去往军事基地的路上拐错了弯,误入拉姆安拉。他们被拽下车,带到当地的警察局,被一群野蛮的暴徒施以私刑。暴徒把双手浸在受害者的鲜血之中,仿佛在进行狂热的异教舞蹈。这次是意大利人记录下了这令人难以接受的场景,展示在全世界的电视屏幕上。

维也纳剧作家弗朗茨·格里尔帕策(Franz Grillparzer)写道:"民族情绪,可能让人性沦为兽性。"我觉得自己必须得做点什么了。

二十年前,一群教授同事到我在比尔泽特的办公室来,之后我就开始抛头露面,成为公众人物。近几年,我从政坛"消失",寻回了最基本的天性,做回了观察者和教育者,而非活动家。现在,不管有多么迟疑不决,我又一头冲回紧张打斗的旋涡中,这次甚至没有领导架构能接收我。

不用说,这次自然也没有教授敲门,为各个派系招兵买马。努力寻找政治立足点的我,感觉自己就像贝克特戏剧中的人物,寻觅着根本不存在的东西。没有领袖,一切全在"街头"。

那些日子,我也没冒险去离耶路撒冷和办公室太远的地方。约旦河西岸地区和东耶路撒冷被占领了二十年,从地缘政治的角度讲已经相当闭塞了。检查站和路障让人几乎寸步难行,暴力程度比1980年严重很多,被流弹击中或被狙击的概率也要大很多。

我继续尽己所能管理大学,同时花很多时间思考一个新的谜题:和平本来只有一步之遥,怎么会爆发这样的疯狂事件?这该如何解释?我们大学里的研究所主任,本来是位非常理智的女性,结果被战争的狂热所吞没,其表现与街头那些十几岁少年别无二致。看着她,我很清楚,巴勒斯坦大众已经集体精神错乱了。到底是什么引发了这样的疯狂?只是沙龙上山的行为吗?还是激进组织在激发大众的怒气，把这里变成之前的黎巴嫩？还是对阿拉法特和巴勒斯坦当局多年累积的失望终于爆发？《独立报》（The Independent）的罗伯特·菲斯克（Robert Fisk）将问题追溯到整个社会"在高压下爆发"[2]，他是对的吗？还是因为巴拉克执政以后加速的定居点建设？（工党政府在2001年的预算中计划投入3亿美元用于定居点建设。）

我很清楚，不断循环升级的暴力对任何一方都没有好处。当然了，双方都有信奉暴力的人，他们认为自己在这叫人发狂的血腥大屠杀中取得了成就，但始终有个叫人不得安宁的问题萦绕我心：恐怖爆炸袭击和刺杀行动停止后，又会发生什么呢？

为了寻求答案，我花了很多时间看电视，包括我们大学电视台的内容。这是不可或缺的一扇窗户，让人们直面疯狂，一切就像一部糟糕的低预算B级烂片。

为了弄清大众的心理，我回到旧城中自己最喜欢的一个地方，棉商市场附近街角的一家鹰嘴豆泥餐厅，坦齐兹王留下的建筑物也在那附近，我们正在翻修它，用作耶路撒冷研究中心的办公场所。大家认为，我们的反击是合情合理的，就算不会有什么好的结果。人们为暴力而欢呼，也明白以色列人会十倍地还以颜色。就是在这样的情况下，我便会想起陀思妥耶夫斯基的《群魔》。

贾布里勒和我常常聊天，有时候每日一谈。和往常一样，我们俩对形势作出了同样的预估。贾布里勒明白暴力行为会带来多么灾难性的后果，也尽自己的力量试图阻止暴乱；直到以色列军方出动了幽灵喷气式飞机和阿帕奇直升机。拉姆安拉和加沙的空袭行动莫名其妙地就对准了贾布里勒麾下的安全大楼，这令他阻止巴勒斯坦暴力行为的能力大大减弱。是有意为之吗？

在我看来，最重大的问题是巴方领导人中竟然找不到可以对话的人；以色列人推测，一小群邪恶的阴谋者是暴力行动的幕后策划

第二十八章 群魔

者，而我遇到的情况就是对他们这种臆测彻底的讽刺。我试图联系一些高层领导人，但他们完全无影无踪。他们并不是像革命者经常做的那样找了地方藏身，大部分可能是卧床不起，枕边摆着一瓶抗抑郁药。

说实在的，我看20世纪80年代末期那场大起义和这所谓的"续集"之间，唯一的相似之处就是两场起义爆发之时，阿拉法特和手下的高层领导都毫无准备。以色列人眼中要为这场大混乱负责的"邪恶幕后操纵者"——我们的阿拉法特主席，惊慌失措。一开始，他和手下认为人民的抗争更多是针对他们而非以色列人，害怕得脱离公众视线长达两个月。那群劣迹斑斑的腐败官员，在杰里科的赌场和汽车经销店投入了重金，现在则害怕会万金散尽。他们也找了掩护，躲起来了。

他们搞的是"双重消失"，因为领导人也从电视屏幕上销声匿迹了。之前在电视上天天都能看到阿拉法特、阿布·马赞和赛义卜·埃雷卡特，现在占据荧屏的则是其他面孔：马尔万、穆斯塔法·巴尔古提等人。他们曾经情绪高涨地预测巴勒斯坦人最终会得到公正对待，而现在和平进程结束了，我们只得到了更严格的控制，收获了更多的失望和沮丧。有意争取政治权力的穆斯塔法·巴尔古提承诺说，"阿克萨起义"将清除过去的谈判代表团及其谈好的条件。"真正的"谈判者和"真正的"条件就要来了。

电视上接连不断地播放着各种采访，旧"领袖"和新"领袖"，"分析师"和"发言人"纷纷亮相，提供的细节之多，我根本消化不了。各种言辞听得越多，我就越强烈地回忆起六日战争前夕坐在埃及新闻处听到的天真妄想。这些煽动情绪的人，正在告诉全巴勒斯坦，他们已经把以色列逼到了你死我活的最后决战阶段。

一些之前很陌生的面孔此时也偶尔出现在公众视线里。不知从哪里冒出来一些有难民营经历、手持武器的年轻一代激进主义者，告诉全国人民,要用武装斗争代替奥斯陆式的和平进程。他们经常提到的所谓的"战略",有一条是煽动 100 万阿拉伯人与犹太人为敌。他们所争取的,并非与以色列共存的民主国家;他们满脑子想象的都是黎巴嫩真主党那种模板,是为了伊斯兰教在抗争。20 世纪 80 年代早期我教过的那种崇尚和平主义的伊斯兰学生已经成为非常遥远的回忆。年轻一代激进的伊斯兰教信仰荷枪实弹,正如以色列边境警察,好战好斗的程度更是有过之而无不及。

一群这样的领导人,从各个派系汇聚而来,组成了"统一指挥部",也就是阿克萨起义的领导团体。他们有着毁灭性的指导思想,认为光靠煽动群众和发传单,就能唤回十年前大起义的荣光。他们散布的极端主义程度越严重,就越受到大众拥戴;有了拥戴,就成了半岛电视台现场录制的"真人秀"中的主角,而这个所谓的"真人秀",正是新一批"殉道者"与"英雄"的"制作中心"。

我找到了其中一位领导人,马尔万。我一直很欣赏这位拥有敏锐头脑的勇猛战士。但那些日子里他好像已经没有了头脑。他拿起了枪,这应该是他一生中最短视、最不符合道德的行为。

从开罗到阿尔及尔再到巴格达,各地的阿拉伯人都在组织大规模的游行示威,仿佛一个巨大的幽灵,使得马尔万有恃无恐,开始把"洲际大起义"挂在嘴边。数周之前,他还笃信我们就要取得最终的和平,然而现在迅速转型成地下游击队领袖,策划着一起又一起袭击事件。他公开表示,支持以"占领势力"为目标的军事行动,也就是打击士兵及定居者。[3]

之前的老师没有加入他的激进队伍,马尔万对此颇为不自在。他一直通过新闻和共同的朋友关注着我的观点。有一天,他说想和我谈谈,他肯定认为面对面坐下来就能说服我。

我们在拉姆安拉一家餐馆见面吃午饭。我是和伊马德一起去的,而马尔万的同伴是他在法塔赫高级委员会时期交的朋友。

第二十八章 群魔

"现在,到底,怎么回事?"坐下没多久,我就问他,"你觉得这些愚蠢疯狂的行为能把我们引向何处?"

马尔万一五一十地说明了自己的想法。他先是向我保证,自己还是保持着一贯的立场,始终期望着一个和平的"两国方案":"意愿比以往任何时候都要强烈。"接着他说了一句话,听起来很危险,仿佛某种古老的以色列经文:"巴勒斯坦人只懂得武力这一种语言。"(按照黑格尔的辩证逻辑,这是奴隶最终也采用了奴隶主的思维方式。)马尔万解释道,根据他对以色列政治状况的解读,对方还不会作出必要的让步,简单直接地承认"两国方案"。以色列政治精英必须要承受痛苦和惊吓,从他们政治上得意扬扬的心态中跳出来。因此,一定要流血。

"但你这个所谓的'大起义'根本传递不了任何政治信息。"我的目光锁定在他脸上,"如果你想让以色列承认你对和平的真诚投入,那现在做的事情肯定是适得其反。现在大家看到的,是你们迫切需要制造流血事件。"

"等时候到了,信息自然会清楚明了地传达出来。但很多事情还不成熟。"[4] 我没有回应,只是看着他;接着举手示意结账,掏出一些谢克尔付了钱。

"我没能说服你。"我们起身离开时,马尔万说。我也不知道该对他说什么。"船到桥头自然直,你等着瞧好了。"他向我保证。今时今日,马尔万在一个以色列监狱中服刑,被终身监禁。

* * *

2001 年年初,我觉得自己能起到的唯一作用,与第一次大起义时偷偷摸摸的地下行动完全相反。我站上了公众舞台。我写文章、开办讲座,尽己所能去宣扬理性。我觉得虽然渺茫,还是有希望的微光。克林顿还在任，巴拉克的政府尽管已经垮台，但至少在大选之前，他本人还是在任的。

2001年1月底，赶在克林顿卸任之前，巴拉克和阿拉法特做了争取和平的最后尝试。以色列和巴勒斯坦团队去了塔巴（Taba），想签订协议。双方的谈判团队都是最佳组合。以色列这边是约西·贝林、约西·萨里德等政治倾向一致的人；我们这边是阿布·阿拉、纳比勒·沙斯、赛义卜，和加沙安全部门总负责人穆罕默德·达赫兰。以色列和巴勒斯坦的谈判者都展现出充沛的精力与充足的善意，贡献了很多有创意的想法。他们弥合了重大分歧，而且这次也没谁提耶和华或安拉的问题来破坏气氛。

问题在于，本土的政治形势已经彻底改变。塔巴的协议来得太晚。阿拉法特非常矛盾，举棋不定，因为他已经考量过，和一个行将落败的政府达成协议毫无战略意义。巴拉克也是踌躇摇摆，因为不确定达成协议是否能帮他赢得选举，也很有可能根本平息不了以色列平民大众合情合理的怒火。有人持枪在图勒凯尔姆掳走了两名特拉维夫时髦的申金街区的寿司店老板，把他们带到一片田野中杀死了。这两人是到约旦河西岸地区为餐馆买花盆的。以色列人很难想象与这样的暴徒谈和平。

沙龙带着那种不怀好意的笑容，准备着一场人人都提前知道结果的大选。"和巴勒斯坦人谈和平，这想法真是荒唐。"[5] 他站在演讲台上说。以色列人对他的支持程度，正如他们将阿拉法特斥为起义背后的邪恶操纵者。他们普遍认为，巴勒斯坦当局在非法囤积远超实际需求的武器，这就是证据，说明巴勒斯坦人并不是真正想要达成有实际意义的和平协议。

2月，沙龙轻而易举就把巴拉克打得溃不成军。巴勒斯坦人此时展现了"制造神话"的高超能力。我们的发言人强颜欢笑，假装高兴地表示，一只公开表现好战倾向的鹰，好过同样好战却把自己

第二十八章 群魔

伪装成和平鸽的前突击队员。巴勒斯坦人再次掉入了多年未消失的陷阱，也是父亲特别了解的陷阱：他们认为会有"天降救星"，"世界"会以某种形式插手解决问题。而沙龙领导下的政府只会为此加速：冲突加剧，血腥事件频发，国际社会将伸出公义之手加以阻拦。然而，他们的希望，以前没有实现过，以后也不可能。

促使我回归政治的最后一个因素，是越来越加剧的"真空"状态破坏了巴勒斯坦领导集团残存的理性。5月末，以色列人试图刺杀贾布里勒。《基督教科学箴言报》（The Christian Science Monitor）进行了很准确的报道：

> 对某些以色列人来说，一个名叫贾布里勒·拉杰布的壮硕魁梧的巴勒斯坦高级警官代表了未来和平的最大希望。贾布里勒长期以来都投入到和平谈判中，多年以来一直致力于阻止好斗的巴勒斯坦人攻击以色列。周日下午晚些时候，以色列势力从坦克和飞机上往他家发射炮弹。根据拉杰布先生后来所说，如果他当时不是在房间之间走来走去，为手机寻找最佳信号，很可能就性命难保。
>
> 除了这次之外，以色列领导人在公开场合也表达过对之前多次类似行动的歉意，巴勒斯坦人想知道究竟是怎么回事。要么是中东最成熟的军队错误地袭击了一直反对暴力、保留与以色列和平谈判意愿的那些巴勒斯坦领导人，要么根本就没错。[6]

审时度势，贾布里勒作出了保持低调的正确决定。

10天后的5月31日，温和派的领导人下台了。我正在大学办公室里，费萨尔的儿子阿卜杜勒·卡迪尔·侯赛尼给我打来电话，报告了他父亲在科威特去世的消息。

之前的几个月，从未远离非暴力理念的费萨尔几乎无处不在，总是出现在勇敢保卫自己母城和遗产的地方。他非常善于"走钢丝"，不用扣动扳机也能精准打击压迫者。

费萨尔代表东耶路撒冷一群走投无路的人去筹款，这种事情他已经习以为常。那天晚上他很早就回酒店房间休息了，两个小时后，他的保镖说去看看有没有情况，却发现他已经身亡。从耶路撒冷起程时，他看着还很健康。巴勒斯坦人中传言四起，都在说是以色列人偷偷往他的咖啡里放了什么。

费萨尔去世的消息对我的打击程度，无异于亲生父亲去世。我震惊得说不出话来，在办公室完全沉默地坐了几分钟，努力控制泪水。我回想起我们亲如父子的那些年。马德里会议之后，我们关系略显紧张，彼此之前有些误会，而马尔万尽全力修补我们的关系。我难以置信地摇着头，又想起那时马尔万、费萨尔和我几乎每晚都在母亲家中见面，持续了一个月，直到事情恢复常态。"费萨尔走了。"我一遍又一遍地重复着这句话，觉得自己变成了一个孤儿。就算我们的关系已经不复从前那般单纯和亲密，他也是我深深敬佩和爱戴的人。

已经有很多重要人物聚集在了东方宫。大族长、穆夫提、商业精英和基督教主教们都前来哀悼致敬，当然也有人是为了展示自己的社会等级。我到了，东方宫的官员在人群中看到我，招手让我上前。我摇了摇头，躲在人群后面，和出租车司机们在一起坐在一个树桩上，头埋在双手之中，啜泣不已。第一次大起义，应该是我们这个民族当代史上最充满希望的时候，我们俩站在一起并肩奋斗；现在，我们的努力全都付诸东流，而费萨尔也走了。费萨尔的父亲阿卜杜勒·卡迪尔去世时，父亲是否也如我这般感觉？极度的痛苦与恐惧萦绕在我心中。现在，我们该怎么办？

第二天，我来到拉姆安拉的穆卡塔，和人群一起等待专用直升

第二十八章　群魔

机运来尸体。我见到了马尔万，他走到我面前，请我代表法塔赫为费萨尔致悼词。

他将葬在阿克萨清真寺，安眠在他父亲的身边。以色列当局竟然破天荒地有了同情心，承诺不会阻止前往耶路撒冷送葬的队伍。只要是愿意从拉姆安拉一起走过去的人，都能去阿克萨吊唁。

人群开始慢慢向前，我也挨挤在其中，想起父亲回忆自己为阿卜杜勒·卡迪尔送葬的场景，就在卡斯塔尔战斗之后的那天。一路上人群纷纷加入。遗体所过之处，有女人站在家门口饮泣。四处都树立着巴勒斯坦的旗帜。我们在毫无军队路障的情况下进入了东耶路撒冷，仿佛费萨尔的死解放了这座城市。我满怀悲哀地想着，从某种程度上来说，只有死亡才能实现费萨尔的梦想，就算只是在他下葬的这短短一天。

他被安葬在阿克萨清真寺以后，我致了悼词。在人群面前，我宣称，费萨尔不只是一个人，在耶路撒冷，他深爱的每一寸城墙、走过的每一条街巷、抚摸过的每一块石头，都留着和他有关的回忆。他大半夜冲出去帮助过或者影响过的每一个人，会继续为他见证，继承他的遗志，保持同情心和正直诚信，尽心尽力为我们受苦受难的民族和深爱的城市贡献生命与荣誉。

四十天后，在东方宫，我进行了一场准备更为充分的演讲，不过这次外面有100名荷枪实弹的士兵在街上守着，不让官员显贵和其他客人进来。我是从后墙爬进去的。我在演讲中回忆起和费萨尔的第一次见面。那天澳大利亚的宗教狂热分子烧了阿克萨清真寺，费萨尔正在被以色列士兵殴打。我还讲了1967年阿拉法特从约旦河涉水而过，为了在当地建立武装力量，他常常藏身于费萨尔的住处。此时此刻我看到士兵就在窗外，全副武装，对讲机里传出断断续续的噪音。东方宫上方盘旋着一架直升机，虽然从室内看不到，但那声音足以惊扰死者。

第二十九章
盟友

阿拉法特没有丝毫迟疑，派了人来试探我能不能接替费萨尔的工作，做巴解组织在耶路撒冷的负责人，并管理东方宫，东耶路撒冷事实上的巴勒斯坦政府。也许阿拉法特是觉得自己需要有来自耶路撒冷古老家族的人帮他迎来送往，见见各种重要人物，不时也朝以色列人比比拳头示威。之后基本上就是PECDAR的故事重演。不过这次，我被对方智取了。

费萨尔不知疲倦地工作，反抗以色列对东耶路撒冷的控制，对此我一直深感敬畏。与此同时，我又感到恐惧。毕竟，整个战场遍地烈火熊熊，只在一个角落灭火，可谓吃力不讨好，没什么前景。整个城市都被强有力的占领者包围了，他们还愿意花费数十亿资金来巩固城池，而巴勒斯坦人虽然在理论上得到了整个阿拉伯世界的支持，却只用几个子儿来保护着古城的阿拉伯身份；这种情况下，一个人的力量又有什么用呢？巴勒斯坦当局购买了大量的军火弹药，这是对《奥斯陆协议》的公然蔑视，但在耶路撒冷问题上，竟然破天荒遵守着协议的条款。巴勒斯坦当局对约旦河西岸地区村庄的投资和注意力,更甚于东耶路撒冷这个象征巴勒斯坦民族身份的中心与灵魂的地方。

在耶路撒冷为阿拉法特办事是绝对的"亏本生意";我坚信这座城市的唯一希望是和以色列达成政治协议;而现在的血腥纷争让本就糟糕的情况持续恶化,很多希望都破灭了。但这些不是我不想出山的全部原因。我对这个工作不感兴趣,还因为无法想象自己穿西服、打领带,在东方宫迎接外交人员,表现得如同耶路撒冷贵族的样子。那是我父亲和费萨尔的形象。我和出租车司机们待在一起,比和主教、族长们打交道要自在得多。

我用尽了各种拖延搪塞的技巧。为了分散压力,我开始传播一份工作文件,建议耶路撒冷的公众领导人组成一个非正式的"国会",要包括来自宗教、教育、商业和其他专业领域的代表。再由"国会"代表集体提名一位秘书长,来管理东方宫的各种事务。这个想法传播了几个月,之后偃旗息鼓了。阿拉法特没有尽力去推广,毫无疑问是因为这样一个组织可能会发展得过于独立,让他忌惮。

另外的一个策略是我本身就在忙着干的事:公开发声,力争破除整个社会的幻想;这从来都是个艰巨的任务,在我们这个社会可能还会招来杀身之祸。我决定汇总一下自己的观点,写一篇短文发表在报纸上。我的目标衍生于爱德华·赛义德借用贵格会教义所提出的"向权力说真话"。不过,我的语境和赛义德不同,这个"权力"并非领导人集团,因为他们很清楚我的想法。我要对其说实话的这个"权力",是普通民众,有阿拉伯人,也有犹太人。乱世浩劫,处处都是毁灭的惨剧,类似摩尼教的"我们"和"他们",阿拉伯人和犹太人,巴勒斯坦人和以色列人这种二元论已经没用了。两个社会都被捆绑着一同堕入地狱。我们要么团结起来,终止这场"疯狂探戈",要么共同输得一败涂地。道理简单至此。

"接下来怎么办?"("What Next?")2001年9月,这个标题

第二十九章 盟友

同时出现在阿拉伯语和希伯来语报纸上。文章要讲的道理简单直接：当我们把手枪装回套中的那一刻，就得再坐下来和平商谈了。一旦进行商谈，我们一直避免说起的那些禁忌，比如耶路撒冷、定居点和难民问题等等，都得摆到明面上来谈。但在攻克这些看似不可逾越的障碍之前，我们势必要提醒人民，双方共享着怎样的基本利益。以色列的平民大众希望安全地生活在一个犹太国家；而巴勒斯坦的百姓希望能摆脱占领，得到自由。双方的基本利益要得到保障，有个简单得惊人的解决方法：按照1967年的大概分界线，分隔出两个国家。

以色列人需要清楚，他们要保住自己的"犹太国"，就得沿着1967年的分界线，划出一个自由的巴勒斯坦国，把东耶路撒冷作为其首都。巴勒斯坦人则要知道，为了建立自己的国家，他们需要认可以色列作为犹太国家存在合理合法。难民想要回到以色列，这个权利不可能不受到限制：

> 我们拥有两项权利。在我看来，我们是有权利回去的。但我们也有权利生活在自由和独立当中。人生中会有许多时候，为了行使一些权利，就必须放弃另外的权利。

如果双方都耽于权宜之计，或因为软弱不敢出手解决此事，那么总有一天，我们会身处一个繁杂混乱的国家，既不能满足以色列对犹太国家的向往，也不是巴勒斯坦人期待的阿拉伯国家。

《接下来怎么办？》把矛头对准民族主义的狂热幻想。一开始文章似乎没什么反响，被淹没在战争的喧嚣中。倒是有些人同意我的观点，但没有很大声地表达出来，而是非常审慎地保持着距离和沉默。批评我的人则用文章做枪炮，非常正确地宣称我完全不了解公众情绪。继续暴力冲突，在他们看来是通往救赎的光明之路，在我眼里则是集体自杀行为。

当时我还在跟露西开玩笑，说自己就像眼睁睁看着观光大巴朝无底深渊疾驰而去的人；我站在路边疯狂地朝大巴挥手，想让它停下，但度假的人们沉醉在欢笑与嬉闹之中，唱着歌，相拥着吃午餐，看着眼前掠过的风景；对窗外那个做着疯狂手势的行人视而不见。

有个人对《接下来怎么办？》的看法很重要，但我还无从得知，那就是阿拉法特。等我终于知道他的观点时，这位狡猾的主席拍了拍我的背，态度坚决地叫我做费萨尔的继任。

五个月以来，我一直不遗余力地避开这位老人，不去他的地方，主要就是怕他施加压力，让我去做巴解组织的耶路撒冷负责人。《接下来怎么办？》发表后不久，我终于去找了他，请他帮忙解决给大学教职工付薪水的问题。我想，都过了这么久了，露面应该是安全的；况且不管怎么说，我发表的"异端邪说"也让自己失去了资格，不能做阿拉法特在耶路撒冷的代表了。

我走进阿拉法特的办公室，看他还是我平时熟悉的姿势，在办公桌边伏案看文件。他的顾问阿克拉姆·汉尼亚坐在桌对面。现在想想，一看到阿克拉姆满脸堆笑的样子，我就应该跟他们俩挥手问个好，转过身，径直离开。阿克拉姆这人总是在打着小算盘。我本应该有所防备的。

我坐下来，稍微有点不安，因为办公室里是一阵令人尴尬的沉默。阿克拉姆一言不发地在一张纸上写了些什么，递给阿拉法特，后者看了下纸条，终于抬起头看着我。仍然是一阵沉默，他把那张纸递给了我。上面写着费萨尔的职位依然空缺。我肯定他们在我来之前已经排练过这一出了。

"怎么样？"阿拉法特终于开了口，往椅背上靠了靠。他取下巨大的眼镜，直视着我："怎么样？"

第二十九章 盟友

我根本没料到情况会这样，顿时结巴了。"嗯，您看啊……"我详细说明了建立一个领导集团的计划，也说明了我认为个人无法胜任费萨尔过去工作的原因，"是这样的……"

但阿拉法特没有在听。

"在我看来……"

他面露不耐烦之色。我不自在地清了清嗓子。

"必须有人在耶路撒冷代表主席处理外交事务。"阿克拉姆打断了我。我不停地拨着自己那串蓝色串珠。

"听到了吧？"阿拉法特用自己那双水汪汪的大眼睛盯着我，"萨里，你可以做我的心腹。这对我来说很重要。"一听这句话，我就知道他是同意《接下来怎么办？》的观点的。

我的拖延战术适得其反，更使得命运不可逆转。"人人都知道我本来就代表了您。反正那些外交官什么的都是这么看我的。"

"对啊，那让你成为正式身份又有什么问题吗？"阿拉法特声音很轻，但非常坚持，言下之意是，如果我还拒绝，那肯定有别的原因。

我无路可退，再也无计可施。多年来我一直如走钢丝般谨慎，在不引起阿拉法特猜疑的情况下与他的官场保持距离，始终是自由之身。我从来没有向他直截了当地说过"不"，才得以维持这友好的平衡。我总能找到办法迂回脱身，比如从奥斯陆的王宫溜走。

阿克拉姆看我已经是末路穷寇，转而唱起了红脸："听我说，萨里，你反正也是要去耶路撒冷那些外交酒会的嘛。我们只不过是要你去做已经在做的事情啊。只不过有个正式身份而已。对你来说不是小事一桩嘛。"他可真是个老谋深算的政客。

"好吧，"我带着颓然的微笑开了口，"你们想的话，那就……"

"那我们就说定了。"阿克拉姆抢着说了我的话。

"很好。"阿拉法特就势接话，并立刻同意提供紧急援助，为大学的员工付薪水。

第二天,阿拉伯语和希伯来语报纸都用大标题宣布了这次任命。大家写的具体得惊人;不同文章还有略微不同的版本,来迎合目标读者的倾向。以色列左翼正需要我这样一个"牛津人"来驳斥总统摩西·卡察夫(Moshe Katzav)的说法:早前的5月份,约旦河西岸地区一个定居点附近的洞里发现了两个以色列男孩的尸体,受害之前他们喝醉了,被人用匕首刺死。之后卡察夫告诉一群进行受诫礼的男孩,巴勒斯坦人"不属于这个大陆,不属于我们的世界,其实是属于另一个星系的"。这说法可不一定是真的,我就是重要人证。

做巴解组织在耶路撒冷的负责人,让我回想起父亲在这里做市长的岁月,还有我在东方宫那个用卫生间改造的办公室为技术和政治委员会工作时的兴奋与激动。但现在的以色列总理已经不是拉宾了,而是沙龙,和平进程也已经是过去的事情,双方在交战。我上任的时候,东方宫已经成了禁区。2001年8月,以色列人风卷残云般关闭了巴勒斯坦的国家级机构,包括东方宫。他们给大门上了挂锁,禁止任何人进入。我在雅法门入口附近的帝国酒店(Imperial Hotel)二楼开了间办公室。这是一个破旧却迷人的酒店,有着强烈的奥斯曼帝国时代风情,是穷游背包客的最爱。

10月15日,我新官上任的第三天,就决定向公众说明自己的工作重心,而且要尽可能说得清晰有力。我可以抗议十几次房屋拆除事件,或抗议从十几个不同的方向蔓延而来的定居点;我也可以指责"9·11"事件之后的布什总统,因为他心中最重要的并不是我们。而他的盟友们——美国基督教原教旨主义者——则成群结队地在定居点游行,手拿《圣经》,表达对以色列占领行为的支持。但我明白,特别是在纽约和华盛顿特区遭遇恐怖袭击之后,我们需要换种办法,从更深的层次应对以色列的战略。(比如,有一天我意识到,

第二十九章 盟友

占领金匠市场其实是大计划的一部分,他们意在通过占有我们的资产,将犹太人聚居区和分散的犹太定居点连接起来。)拯救耶路撒冷的唯一希望,是重建戴维营联盟,也就是让美国在双方之间斡旋,促成协议。唯一能让大家坐回谈判桌的,是巴勒斯坦领导人强有力地表明他们反对暴力,渴望与犹太国家和平共存。

为了将这个信息传达出去,我与巴勒斯坦政治科学家和民调专家哈利勒·西卡基(Khalil Shikaki)一起参加了希伯来大学的座谈会。

前往会议地点的路上,我遇到了耶路撒冷市长的阿拉伯事务顾问沙洛姆·戈尔茨坦(Shalom Goldstein),以及家族世交纳比勒·贾巴里(Nabil Ja'bari),他是著名的希伯伦族长贾巴里的儿子。

讲堂附近的景象叫我大吃一惊,门口挤满了人。我的第一反应是当地的某个摇滚乐团要在旁边的礼堂表演,或者要放什么热门电影。"我们要不排个队看看怎么回事?"我推了推沙洛姆说。

"萨里,我觉得他们是来看你的。"他窃笑道。

"那他们可能是想看看来自另一个星系的人长什么样。"我伸手搭在沙洛姆肩膀上。

毫无疑问,讲堂里座无虚席。哈利勒先发言,他用自己十年研究得来的数据,说明公众对哈马斯和暴力行动的支持,与和平进程的进展成反比。民意调查和相关图表数据不言自明。希望越多,暴力就越少。巴勒斯坦人并非生来疯狂或热爱自杀式袭击。他们之所以越来越极端,是因为绝望。

轮到我了,我没有图表,也没有数据,也没有进行什么案例研究来证明什么。我首先讲了根本不需要提醒观众席中任何一个人的事情:巴勒斯坦起义已经无可救药地陷入了血腥杀戮。接着我提出了一个由常识支撑的观点,而在那个夏天,我说的这个常识,竟然让观众万分震惊、目瞪口呆,由此可见大家的情绪,可见在我们这个自杀式爆炸袭击随处可见的时代,常识是多么不可想象。"以色列人和巴勒斯坦人，"我告诉他们，"完全不是敌人。"观众中掀起此起彼伏、难以置信的倒吸冷气声，"要说的话，我们是战略盟友。"

观众席中只听得到咳嗽和吸气的声音。我继续说道，以色列人可能觉得美国人是真正的盟友，巴勒斯坦人则与阿拉伯人或穆斯林交好；而事实上，唯一在客观上结盟的是以色列人和巴勒斯坦人，因为不管你喜不喜欢，我们共享一个未来。未来应该比现在更好，这是我们的共同利益，这样的利益让我们在客观上结成盟友关系。

我继续向大家说明，使用暴力和武力其实是在自我毁灭："以色列不能以武力打破巴勒斯坦人争取自由的意志，正如巴勒斯坦人不可能用武力将以色列人赶回1967年前的国界。使用武力不仅无情，而且无用。只有将理性作为谈判的导向，才能达成协议，让各项条款符合两个民族的利益。

"在我们共享的未来，以色列一定要作为一个犹太国家安全存在，但巴勒斯坦人也必须得到在自己的国家独立且自由生活的保障。"

我这番讲话的基础，就是在《接下来怎么办？》中所写的那些论述。必须要把两个国家的弊病一一列出来解决，否则谈判可能会引起人民的沮丧情绪，走上极端之路。巴勒斯坦人必须放弃回归之梦，而以色列人则要停止建立"大以色列"，双方都不要再奢望单方面拥有耶路撒冷的全部主权。

我可是阿拉法特在耶路撒冷的代表，所以这番巴以同盟的言论一定会在我所属的那边引起愤怒之火。但那天在希伯来大学，我对学生们还讲到一番当时并未引起多少注意的话，其实来源于之前我对阿维森纳的解读：

> 多年前，在这片土地上行游的先知教会人类信奉神明，信奉死后的生活。今天，令人悲哀的是，我们只能在没有神明传递神讯的情况下艰难度日。我们仍然需要奇迹，而要创造奇迹

第二十九章 盟友

的关键是我们自己。正如我们的祖先笃信死后的生活,我们也必须坚定信念,相信这血腥冲突与恐怖之后我们能够重生。我们两个民族团结起来,才能有这样的生之希望,才能创造奇迹。

我说巴以是盟友,很多以色列人认为这不过是如拉曼查的梦幻骑士*一样的、属于个人的多愁善感和痴人说梦。不久后我就了解到,辛贝特和政府中有人试图将我表达和平的言辞拿去解密,认为这些话中含有密码,其实是蓄意进行暴力煽动。根据他们复杂迂回的逻辑,这样的讲话是在富有智慧地破坏"犹太国"。这是巴解组织下流肮脏的伎俩,要欺骗善良单纯的以色列人,让他们觉得我们并非外星人,也是普通人类而已。

巴勒斯坦人至少清楚我的讲话公开坦荡。我所料不虚,这番话让很多人震惊到难以置信:"这是什么样的诡辩?我们的敌人怎么可能是盟友呢?狙击手早上射杀儿童,晚上在特拉维夫的酒吧里聚会。都这样了,我们还能有什么共同利益?"

我的言论甫一被媒体公开,就有怒发冲冠的巴勒斯坦同胞要求我这个新官卸任。之前我也说过很多不招人待见的话,但现在我是费萨尔的继任了,说的话分量也更重了些。威胁和警告从四面八方涌来,一个由在犹太区离散居住的巴勒斯坦人组成的组织开始传播一份请愿书,要求解雇我。"我们要求你立刻致信巴解组织主席亚希尔·阿拉法特,"这封联名信中写道,"要求立即将萨里·努赛贝博士解雇,不再担任东耶路撒冷的政治代表。""小心!"有些人警告我。"不要挑战主席的警戒线。想想费萨尔的下场!"还有些人让我警惕"巴勒斯坦街头",也就是刺杀行动。母亲用充满智慧又难掩疲倦的声音告诉我,我是在浪费时间。"一切都是徒劳无益、

---

* 即堂吉诃德。

注定失败的。以色列人绝对不可能同意任何条件的。"她也担心我成为狂热分子的目标。

看着紧张的朋友和亲人，我说，自己对任何人都没有威胁，因为我个人不存在任何政治野心。"我不是一个政治领袖，"我对一家以色列报社的采访记者解释，"我是迫不得已才坐在这个位置上的。"

对于要求解雇我的学术界同僚，我专门予以回复：

> 诸位：
> 我读了你们要求阿拉法特主席将我从新位置上解雇的请愿书。希望你们能将我的名字也加入最后的联名签署中，因为从种种因素来说，这份任命似乎也剥夺了我自由表达的能力。

接下来的两个月，我一直在整理东耶路撒冷管理的文件和资料，感觉就像深挖一个破产的公司。我没有管理这座城市的总体规划，也没有预算。阿拉法特经常心血来潮散发钱财，根本不按照政策来，这样的习惯是滋生腐败的温床。我向一位以色列记者描述，人民"生活条件很差，使得他们的一生都非常悲惨、压抑；很多人甚至食不果腹，几乎已经忘记正常生活的模样"。长达35年的占领已经毁灭了作为公民的常识。人们变得十分消极且目光短浅，都是自扫门前雪。我希望能将他们从集体麻木中唤醒，让他们拥有"对新生活的梦想"，"我们的职责，就是将这个梦想植根在人们心中，并促成其实现"。[1]

我首先是求助于大学的团队，为东耶路撒冷制定一个全面的财政计划。几个星期以后，预算表就摆在了阿拉法特的桌上。正如我担心的那样，这次的请求又被束之高阁了。

第二个行动是在当地成立一个政治委员会，成员有重要的公务员、宗教人士、商人、政客和这座城市所剩无几的贵族。支撑这个

第二十九章 盟友

计划的设想是,和无政府状态下的单打独斗相比,我们团结在一起可以取得更为重大的成就,并且更有效地抵抗以色列的殖民统治。两个星期的合作和会议之后,我放弃了,主要出于两个原因:阿拉法特对这个委员会并不感冒,不希望其取得成功;以色列当局也插手,将其列为非法组织。

在任期间,我做的最有成效的事并不是和巴解组织共事,而是与"即刻和平"组织合作。这个组织在以色列社会的边缘化程度,已经不亚于我这个社会中的和平阵营。我们都是些散落四方的个人,在狂风之中徒劳地呼唤。

"即刻和平"中的一些领导与我在不同地点和不同场合见过面,比如我的办公室、餐馆、酒店大堂等;我们一起敲定了一篇名为《和平时机》("Time for Peace")的简短声明,大致描述了共同的愿景。暴力行动自然必须停止,也必须要恢复会谈,基础原则有三:沿1967年时的国界划分两个国家,耶路撒冷作为共同首都,难民问题要得到公正、务实的解决。我们补充了"公正"这个词,希望巴勒斯坦人支持这个声明。

我们计划能把公众调动起来,支持结束冲突。我们希望办一场签字仪式,为整个行动拉开帷幕。双方的公众人物会到场签署《和平时机》文件。按照计划,签字仪式之后,我们会组织一系列的联合和平抗议,让双方民众表态,仍然有希望,仍然能拿出解决方案,仍然有发生奇迹的可能。我联系上了那不勒斯的长官安东尼奥·巴索利诺(Antonio Bassolino),他承诺会为这次行动提供国际背书,并会在2001年12月28日那天亲自到帝国酒店参加签字仪式。

日子到了,酒店里人头攒动,一片忙碌。"即刻和平"和"黑衣女人"(Women in Black,一个勇敢的以色列反战团体)组织了一场和平游行,将一大群以色列人、巴勒斯坦人和外国支持者聚在一起。游行队伍蜿蜒地穿过耶路撒冷，停在雅法门内的酒店门口。参加签字仪式的有来自工党和梅雷兹党（Meretz Party）的以色列议会成员，还有"即刻和平"的活动家们。数百名巴勒斯坦活动家和公众领袖都到场了。将近三千人在《和平时机》文件后附的小册子上签了名。

我们情绪高涨，也满怀希望。巴索利诺、约西·萨里德、约西·贝林、露西和我一起走到能俯瞰广场的阳台上，看着那些聚集在一起的和平游行者，往他们头顶的天空中放飞了一群洁白的和平鸽。

第二天，我们就开始了公共活动，总部设在帝国酒店。在欧盟的支持下，我们开始策划一系列的重大活动。其中之一是"人链"（Human Chain）计划，开启时间定在次年6月。我们准备请数十万名以色列和巴勒斯坦人组成"人链"，从约旦河西岸地区的最北端一直排到加沙的最南端。希望能用我们的身体，划定未来的国界。

也就是在此时，我的"沙威警长"开始监视我的一举一动。

第三十章
将军

在希伯来大学的讲座中，我回溯了自己曾经在论文中探索的一个与阿维森纳相关的主题：奇迹。我问，出于意志的行为，把一件事物变成其对立面，这可能吗？站在讲台上，面对一群以色列学生和教职人员，我说，我们需要培养奇迹般的技能，将仇恨转化为理解。

他们的反应让我明白，不管大家多么期待神迹降临，我们其实根本不用这样干坐着等待。观众席中的很多人都展现出强烈的同理心，没有表现出丝毫敌意，这让我重燃希望和信仰，想起1967年在本-古里安机场首次目睹那些穿着寒酸的以色列人插队时的心境：有某种神秘的纽带维系在我们两个民族之间。我们是盟友。

我在大学的演讲也充分提醒了大家，中东政治充满了左右逢源和奸诈双面。真实情况永远和表面看上去的不一致。巴拉克这样一个讲求实际、完全不重视宗教的人，竟然因为"圣中之圣"的问题破坏了戴维营会谈；马尔万在峰会失败时还眼泪汪汪，几个月后就开始计划暴力伏击；沙龙和他的心腹们告诉全世界，自己是布什总统反恐战争的战略伙伴，而与此同时又在攻击巴勒斯坦的温和派，毁掉巴解组织管理国家的能力，给哈马斯许多可乘之机；这一切的一切，都怎么解释呢？就我个人的情况来说，正当我冒着比以往任何时候都要大的风险时，我的"沙威警长"和以色列右翼就给我贴标签，说我是巴勒斯坦恐怖主义的"笑面虎"，还是"在世的最危险的巴勒斯坦人"。

以色列故技重施，开始打击温和派，放任狂热派。他们这样做，并非因为我们争来斗去，与和平距离甚远，而是因为和平就在前方，如同果实成熟正待采摘。双方的民意调查都显示，对和平的渴望要远远强烈于嗜血暴力。这一事实令沙龙和亚辛都感到恐惧。如果说以色列人和巴勒斯坦人是和平同盟，我们的一些领导人就是联手为冲突火上浇油的一丘之貉。

2001年，我们急切地需要各种奇迹，但奇迹却很少垂怜我们。圣城大学的课常常因为打斗事件而取消。道路封锁，约旦河西岸地区和耶路撒冷之间根本无法通行，我们被迫将人文学科的上课地点从拜特哈尼纳转移到约旦河西岸地区的一所高中。

很多人在加紧活动，要将我从耶路撒冷驱逐出去。这个倒不怎么值得在意，因为我自己也希望阿拉法特能把我踢走。大学里那些头脑发热的激进人士，常常会惹得以色列士兵跑到校园里发生冲突，光是阻止他们，我就已经忙得不可开交了。

担任阿拉法特的耶路撒冷代表两个月后，我就进行了辞职的初次尝试。我提出了很多耶路撒冷城市管理方面的战略、倡议和改革建议，遭到了彻头彻尾的无视。我感觉巴解组织在耶路撒冷就是一块遮羞布，背后的事实是我们根本无力阻止以色列系统性的殖民。（每天，那条新的高速公路都会刺眼地提醒我这一点。公路的名字取得相当合适，叫"梅纳赫姆·贝京路"，将我居住的拜特哈尼纳一分为二，连接了西耶路撒冷和几个日益繁荣的定居点：内夫雅各

第三十章 将军

布、拉莫特和皮斯加特泽耶夫。）我感觉自己一千三百年来的家族史"命悬一线",一直怀着强烈的意愿思考如何重启戴维营式的和谈,而且动作要快。只有进行严肃认真的最终谈判,我们才能避免完全失去耶路撒冷的命运。

让我走人的呼声越来越强烈,我终于写了一封辞职信,带着它去面见阿拉法特。信中写道,尽管我很珍惜为巴解组织效力的机会,但更看重表达思想的自由。要是阿拉法特主席对我正在做的事情感到不悦,那我很高兴能让他省心,不用他来炒了我,我自己走人。

我递上辞职信。

"这是什么东西?"他迅速看了一遍,递回给我。

"如您所见,日期我没写。"我指了指信纸的最上方,放在他办公桌上,"您想填什么日期都可以。随您的需要,写上日期,签个名,传真到我办公室就好。"

阿拉法特习惯性地摘下眼镜,揉着眼睛。那一双眼睛因为过度缺乏睡眠和忧虑过甚而充满了红血丝:"你为什么要这样?有人给你压力了吗?"

"没有。我其实是觉得您可能为我承受了很多压力。"

阿拉法特脱口而出一句阿拉伯语,意思是"胡扯"。他把辞职信还给我,说道:"要是有人给我施加压力,逼你不能自由表达,你觉得我会屈服吗?"

阿拉法特喜欢"荡秋千",这就是个很好的例子,他小心翼翼地在温和派和激进主义者之间寻求平衡,因此往往举棋不定。不管是出于意愿,还是能力,他可能都没办法坚定支持任何一边。

2002年1月,我们在雅法门内的帝国酒店热热闹闹地发起人民和平运动那天,以色列人拦截了一艘载重4000吨的船,船上装满了伊朗制造的喀秋莎火箭炮、迫击炮,地雷和高级炸药,当时正绕过阿拉伯半岛去往加沙。以色列右翼找到了完美的事件进行政治鼓吹。耶路撒冷的巴解组织成员正在与以色列人握手，而那边其他巴解组织成员正在"武装到牙齿"。

我们和"即刻和平"计划在特拉维夫拉宾遇害的地方进行一次大规模示威，却因为恐怖袭击而告吹。我们本来设想能聚集三万多人，却没能实现，因为示威前一小时发生了一场爆炸恐袭。以色列人自然更愿意坐在家中关注那些可怕的新闻报道。

我们与"即刻和平"联合组织的"人链"计划也失败了，数月的辛苦付诸东流。为了阻止我们沿着绿线组成"人链"，以色列当局简单粗暴地"拧紧螺钉"，将一些区域关闭，别的区域就实行宵禁，把到达本—古里安机场的国际支持者们拦截下来，遣送回去。

与此同时，巴勒斯坦街头的暴力事件开始失去控制。不管原因为何，是单一还是多重，这些无情的杀戮暴露了冲突双方一个基本的区别。总体来说，巴勒斯坦人对于以色列雷霆手段的反应，是随意而情绪化的，被盲目的愤怒所驱使。所谓的"起义"，从开始到现在都没有变，一直是一系列心血来潮、错漏百出的行动。从起义被幼稚的激进主义控制的那一刻起，99%的巴勒斯坦人就再也无力抵抗以色列来势汹汹的反攻。以色列的反攻是那样坚定和冷血，而且，不管有意还是无意，他们的战略完美地破坏了巴勒斯坦当局安抚民众的能力。

终于，阿拉法特出手要求停止暴力行为（经过了很多催促和刺激），我们似乎终于迎来了峰回路转。结果，沙龙又来搅浑水了。这边刚一宣布停火，这位以色列总理就下令在光天化日之下进行了一场刺杀，地点在图勒凯尔姆，对象是一位深受尊敬和爱戴的激进活动家。命令被执行之后，巴勒斯坦人自然会回击，暴力再次升级。总是这样，每当事态有所平息，沙龙就会往里添一把火，仿佛巫师旺火熬制毒药。

第三十章 将军

当然,有数量多到令人害怕的巴勒斯坦人都持有以下态度:以色列有他们的幻影飞机,我们有我们的移动炸弹。一开始,自杀式爆炸袭击几乎都是哈马斯或伊斯兰"圣战"组织(Islamic Jihad)的手笔,这些团体受民众拥戴的程度迅速飙升。

"有十万巴勒斯坦人愿意成为敢死队员。"阿布·阿拉告诉《新闻周刊》记者约书亚·哈默(Joshua Hammer),这是他对公众情绪的观察。一些法塔赫人士不愿意被哈马斯占了上风,决定有样学样。在巴勒斯坦人中蔓延的严肃又忧郁的情绪,更是促使了很多人连续不断、自觉自愿地加入自杀式爆炸袭击的队伍。

以色列对付我们,最有力的武器一直都是羞辱。从巴勒斯坦方面来看,羞辱要么使得大家的意志更为坚强,对自治的渴望更为强烈;要么会毁灭一个人的自尊,为恐怖分子的无政府主义准备好温床。

在 1996 年的一起自杀式爆炸袭击发生之后,几乎全民都在谴责,表示对此深恶痛绝,因为那时候人们还对和平进程抱有希望。五年后的今天,这已经成了日常事件,连一点儿抗议的水花都溅不起来。我谴责这些恐怖分子,说他们疯了,很少有人敢于附和支持。

一天,露西着急忙慌地冲去学校,把努扎接回家。一枚"人体炸弹"在去往目标的路上经过学校门口,担心附近一名警察盯上自己,故而引爆了身上的爆炸背心。他的头被炸飞到学校操场上,孩子们正在那里玩耍。

贾布里勒和我一样,对这些袭击深恶痛绝。"因为反抗以色列的占领,我被他们关了十八年,"他告诉一位记者,"但我绝不会有目的地对平民发动袭击……反抗占领是一回事,仅仅因为他们是人就用有害的手段杀害他们,那性质就变了。"

贾布里勒的预防性安全研究院已经是人员零落,坚守的人员审问了一些实施自杀式爆炸袭击未遂的人。他们得出的结论是,这其中 80% 的人并不是出于"基地"组织式的宗教热忱,而是出于愤怒、沮丧和对复仇的渴望。

其中有个 35 岁的妇女，是 5 个孩子的母亲。她求别人给了她一个炸弹，之后被贾布里勒的手下逮捕了。审讯期间，她说自己的动机是羞耻。在一个检查站，士兵试图把她脱个精光，围着她跳舞，仿佛她就是个充气娃娃，而且当时前面还有一长队的汽车，都载满了阿拉伯同胞。她说，那件事情之后，自己宁愿死，也不愿意再面对同胞，要是能拉上几个以色列人垫背，那就再好不过了。

还有一位女性，年仅 24 岁，学的是新闻传媒专业。她不信教，显然也没指望做了"英雄壮举"之后自己能升入天堂。她自愿做人体炸弹，是因为在一个检查站，以色列士兵举枪强迫她亲吻一群被拦下来的阿拉伯男人。

2002 年伊始，民意调查与街面上和餐吧里传的闲谈轶事都显示，民众之间出现了叫人匪夷所思的"精神分裂"。他们渴望和平，大众歌颂暴力的场景却又随处可见、令人惊骇，仿佛是某种原始的仪式。我并未因此对巴勒斯坦人和以色列人的基本尊严丧失信心，他们只是暂时受到空想家与狂热分子的诱导，误入歧途。我毫不怀疑，假以时日，再多接触一些常识，他们就会完全甩掉包裹全身的政治狂热。

"任何形式的平民杀戮，"我对一位以色列记者坚称，"都反映了非常严重的心理疾病，需要加以注意和治疗。"我用了穆斯林能轻易理解的隐喻，说伊斯兰教中最优秀的"圣战"形式是自我克制的，要能控制自己的激情与愤怒。美国知名记者兼作家戴维·雷姆尼克（David Remnick）要为《纽约客》（The New Yorker）撰文，我再次用了这个隐喻，让他目瞪口呆。"巴勒斯坦人必须复兴基督的精神，吸收、消化他们感受到的痛苦和羞辱，加以控制，不要让这种情绪决定他们对以色列人的行动。他们必须明白，暴力行动不符合自身利益。"

第三十章 将军

母亲很快就证明，我在这里提到基督，并没有那么牵强附会。一天，我正读着与两名有犹太维也纳背景的杰出哲学家有关的资料，里面有些篇章讲的是20世纪30年代的反犹主义风潮。我一边读，一边对书中人物感同身受。公民身份、居住证、旅行证件、各种官僚化的繁文缛节、资产被没收充公的威胁，以及其他种种羞辱，所有这些问题都让他们感到窒息，感到末日将近的恐怖。我一下子就想起1947年以来我自己的家园与民族的命运。

我一直很清楚欧洲排犹风潮中种种确凿无疑的事实，以及人们最后是如何走到野蛮残酷大屠杀的那一步。但就在那时候，突然之间，这些事实与我的情感交织在一起。两位维也纳哲学家的故事，让我带着丰富的同理心洞悉了他们的命运。

那天晚上去看母亲时，我提了个问题。开头是这样的：假设在21世纪初的那几年，一位来自欧洲、学识渊博的年长犹太人，来找你的父亲咨询一件急事。假设这位先生告诉外祖父，即将有一场不可思议、惨绝人寰的大灾难降临到欧洲犹太人身上。假设这位先生又补充说，作为和巴勒斯坦人有着历史纽带的"亚伯拉罕亲戚"，他希望能求得许可，让他和同胞回到与巴勒斯坦人共享的故乡，避免大屠杀，得到安全和庇护。"你觉得外祖父会怎么回答？"我问她。

她的回答让我惊讶。本来我以为她会说很多，全是各种条件、因果和说明。但她简单直接地一挥手答道："你觉得呢？怎么可能有人拒绝？"悲悯同理之心就这样轻易划破长达五十年的痛苦，真让我叹为观止。

我很快又想出另一个故事，作为真实历史事件的戏说。我想象一名惊慌的犹太难民逃离欧洲，跳伞来到拉姆勒地区，想寻个安全的藏身之处。他拿着枪，一落到地上，就看到我外祖父围着阿拉伯头巾，站在一片田野中，手握铁锹，脸上也是一副吓坏了的表情。外祖父看到"从天而降"的持枪者就这样径直朝他走过来，难免惊惧万分，准备用铁锹把他打跑。这个欧洲人在集中营和毒气室这样的人间地狱里已经被吓怕了，此时一边跑一边看到眼前的阿拉伯人拿起了铁锹，当然要朝他开枪了。

于是，两个陌生人对彼此的情况毫不了解，完全被恐惧所驱使。犹太人希望能找到继续活下去的空间，而阿拉伯人则誓死捍卫自己的空间。

* * *

做阿拉法特的耶路撒冷代表倒是有一样好处，就是我成功搅起了不少麻烦。我因此也遭到大量的批评和威胁，但至少大家是在动嘴，这在子弹横飞、爆炸频繁的时日，可是一大进步啊。

我对于难民回归权的立场掀起了全国上下的热烈讨论。很多话，人们念咒语般地讲了半个世纪，让他们回头来审视这些话自然是有益处的，但不能保证安全。和耶路撒冷的穆夫提打了两场尖刻激烈的嘴仗之后，我终于同意配两名保镖，现在他们还跟着我。

担任圣城大学律师的贾瓦德·布洛斯邀请我到他所在的加利利地区的一个村子，去一所高中讲话，在那里我略微感受了一下公众对我观点的看法。本来那是一场筹款会，结果变成全民审判。"谁给你权利对难民回归权管东管西啊？"有人如此质问我。另一个人指责我，说我的那些言论根本不像领导集团的一员，仿佛只是"袖手旁观还要提建议"的人。一个年轻小伙子也帮腔道："在如此关头，以色列人正在想尽办法榨取巴勒斯坦人的血泪，我们需要团结，不需要分裂和削弱的内部观点。"

我坐在台上，一边是村委会负责人，另一边是贾瓦德。批评之声此起彼伏，我默默地做了点笔记。一位报纸编辑强烈谴责我对暴力的立场："你怎么能将以色列占领巴勒斯坦的暴力行为和为了反

第三十章 将军

击占领而发起的大起义相提并论呢？"

我又放任观众站起来多开了几枪，然后站起来予以回应。其实，讲堂里的这种氛围让我感到一种令人愉悦的惊讶。批评我的人，说话方式都很成熟，也很民主：公开，直接，没有安全威胁，也不进行人身攻击。那个年轻小伙子说的话特别让我震惊。我向他们表示了发自内心的感谢，提醒他们说：

> 在那些问题上，我确实不是专家，肯定没有你们懂得多，很有可能我一开始就错了，并且一错再错。我从未宣称过自己有什么特权，自己的认识就是真理。但我希望从始至终都能公开表达自己的思想。要是我试图欺骗自己，也许晚上难以安眠。我一定要对自己诚实，当然也要对你们诚实，对任何问我观点的人都要诚实。所以，请把我的话看得简单一点，这仅仅是一个人诚实的观点罢了。[1]

让我情绪起伏最剧烈的一次会议，发生在伯利恒南边的德黑舍赫（Deheisheh）难民营，那是最为严酷压抑、尘土飞扬和战火频发的难民营之一。会议地点聚集了很多来自德黑舍赫和附近地区另外三个难民营的激进主义者。驱车前往的路上，内心有个理性的声音不断劝导我，让我掉头回家。我的心脏"怦怦怦"的，仿佛要跳出胸膛，因为一直怀疑自己是否能安然无恙地回家。之前难民营里传单满天飞，指责我是叛徒，让他们丧失了夺回过去家园和土地的权利。一位法塔赫领导人写道，我没有权利去支配不属于我的东西，还要把它拱手献给不配得到的人。所以我才决定前往，不管这行为是多么冲动鲁莽，我还是觉得在难民回归权这个问题上，自己的立场对这群人的影响要比其他人大得多，所以他们有权从我这里直接听一听，并给予反馈。

我不但毫发未损地度过了那个夜晚，甚至还对民族同胞的正直和诚实有了全新的信仰，仿佛注射了一针强心剂。我们完全抛开外交礼仪和细节的束缚，激烈讨论了三个小时。人们把心中所想完全表达出来，结果文明得叫人惊喜。最后，很多人来到我面前，说他们虽然不喜欢我说的话——其实是完全不同意——但还是尊重我将其说出口的行为。至少，我是公开讨论这些有关生存的问题，而他们清楚，其他的巴解组织领导人都是在背后秘密讨论的；在别的场合不会公开，在一个可能会被愤怒的民众绑起来的难民营就更不可能。"我们尊重你的勇气和诚实。"他们对我说。我们都眼含热泪。

而在阿拉法特位于拉姆安拉的官邸，我和阿布·马赞爆发了争吵，尽管并没有去难民营讲话那么凶险，也完全没有眼泪，却不愉快得多。

本来我们开会只是说要讨论一下和巴勒斯坦当局有关的几个话题。阿拉法特刚刚把会议议程读完，阿布·马赞就举手了。他希望再加一项议程：我关于难民问题的声明。阿拉法特把这个提议记了下来。

等我们进行到这个议程，阿布·马赞开始用低沉而平静的声音说话。大体上说，我非常欣赏阿布·马赞追求现实的态度和在政治上的勇气。他出生于加利利，但在1948年与家人一起惨遭驱逐出境，在大马士革长大。他是法塔赫的创始人之一，也是最早与以色列展开对话的巴解组织人士之一。他是个体面人，从不相信很多同僚都有所沾染的机会主义。对于煽动情绪和哗众取宠的行为，他很厌恶排斥。比起很多同僚，他对以色列人的了解要深入很多，他在莫斯科大学写的毕业论文主题就是犹太复国主义的历史。

阿布·马赞发表了简短的声明，表示反对我在难民回归权问题上的公开立场。他转向我，凝视着我的双眼说，他并非极端主义者或蛊惑民心的政客："你了解我有多务实。"但现在讨论的这个具体

第三十章 将军

问题是有关谈判进程的。"你不能就这样宣布自己退而求其次的立场，不承担任何后果。"他认为，放弃回归权是战术问题。他知道，一想到数百万阿拉伯人会蜂拥越过绿线，以色列人就十分害怕。这样这个问题就变成了我们的王牌。按照马基雅维利式的现代政治逻辑——以色列人在这种游戏场上相当有天赋——我们怎么能在得不到任何回报的情况下放弃最强的力量呢？阿布·马赞是我们当时的谈判主力，他觉得我把这个谈判筹码抽走了，这样一来他的战略完全被破坏了。

会议室里鸦雀无声，所有人都盯着我们俩。

一开始，我的回应和他一样冷静。我说自己不同意他的谈判战略。过去也许管用，但现在不行了。与我们对话的以色列人已经知晓了这个公开的秘密，巴勒斯坦绝不会坚持大批难民返回原境。唯一对这秘密不知情的，是我们的难民和以色列平民。我继续说道，难民营的那些人有权知晓我们的立场，我们的国家利益要求他们接受目前的状况，不能完全纠正历史上的不公正待遇。以色列人也需要明白，我们绝没有打算让难民吞没他们的国家。如果大家都对此知情，我们在谈判中其实会更有筹码，沙龙政府不得不退而防守。

本质上，我其实是在说难民回归权已经不再是一张王牌，过去一步一步来的谈判流程已经不合时宜，应该用"整体条件"来代替。以色列掌权者已经很清楚我们会在满足一定条件的情况下放弃什么。沙龙、辛贝特、军队和其他高层政策制定者都明白我们的立场。所以干吗还要装模作样？我们对以色列人坚称要争取这项权利，其实是在为沙龙省心，他不希望以色列人信任我们。要是我们一直重复过去的口号，他们就不会信任我们。人家凭什么啊？

阿布·马赞听到这些话可不太开心。他的声调明显提高了，我也不甘示弱。"你必须对我们实话实说，"我逼问他，"你到底想要什么？一个国家，还是回归权？"

他冷静不了了："你为什么这么说？'还是'是什么意思？"

"因为归根结底就是这样。你想要一个独立的国家，还是要制定政策让所有难民返回以色列？鱼和熊掌不可兼得。"

到这一步，阿布·马赞开始倚老卖老地耍官威了："你不能再发表那样的声明了，这是命令。"

"我不用遵守你的命令，"我毫不客气地回击，自己都吓了一跳，"我只服从亚希尔·阿拉法特的命令。如果他想要我停下，就亲口告诉我。我会让主席决定我的行动。"

会议室里的人大气都没出一声。

我转身看着阿拉法特，他一直在看我们俩争吵，仿佛在观看一场乒乓球赛。老人开口了，声音柔和良善，仿佛温柔慈祥的爷爷。"萨里，我们得对黎巴嫩和智利的那些巴勒斯坦难民感同身受啊。"他只说了这么一句话，听起来像句格言。一开始似乎没人明白他到底什么意思。我们常常开玩笑说，在大是大非的问题上，他总是采取阿拉伯语中的"La a'am"政策，翻译过来就是"既说'是'又说'不'"。他就有这种似是而非的天赋。

会后，大家一致认为阿拉法特是支持我的立场的，但我也为此付出了代价。阿布·马赞疏远了我，与我失和。

当时的状况极其混乱。在报纸文章、电视台采访、公开讲话中，我都在发表一些仿佛大逆不道的叛国声明；而有些行为比我收敛很多的人，却惨遭暗杀。我在枪杀事件频发的难民营告诉人们，他们必须放弃取得历史公正的梦想；要知道，这些人的家在半个世纪前被炸毁，而他们现在还保留着家门钥匙，我要在他们面前说出这些话实属不易。阿拉法特所谓的支持只是模棱两可，也不能保证他不会在毫无预警的情况下就转而反对我。

我在自己人这边焦头烂额，而以色列政府不知道做了什么样的

第三十章 将军

预估，也决定开始反对我。当时我还不知情，但警方雇了一名安全专家，密切注意我的一举一动。他做了个关于我的资料夹，每天厚度都会增加。

2001年年底，以色列已经开始派人骚扰我，当时公共安全部部长乌齐·兰多（Uzi Landau）说我是"恐怖主义的笑面佛"。他断言，我那些反对自杀式爆炸袭击的声明，只是一个"伎俩"，是对那些行为的默许纵容，只为了诱骗以色列人，让他们自我满足、放松警惕。[2]

12月，以色列政府的行为已经超出口头攻击，这位和冲锋枪同名的以色列公共安全部部长开始瞄准目标。

约西·贝林邀请我去特拉维夫参加工党的一个小组讨论。接待的阵势让我想起去希伯来大学受到的礼遇：一大群满怀好意的人翘首以盼，想听听我的观点。用一位记者的话说，"当地和外国的媒体猛扑"到我身上，"仿佛我是阿拉法特派去的代表，要和贝林共同签署巴以和平协议"。[3]

几天后，兰多部长迈出了行动的第一步。我计划在帝国酒店召开一场面向各国外交官的招待会，庆祝标志斋月结束的开斋节（Eid ul-Fitr）。我的想法是请代表们来喝杯橙汁，吃些小点心。

距离招待会还有一个小时的时候，兰多单方面下达了禁止令。电话响起的时候我正在刮胡子，是贾瓦德·布洛斯打来的："听着，萨里，以色列警察正在酒店门口等你。他们宣布招待会是非法活动，构成安全威胁。"我刮完胡子，把牙刷放进包里，以防在监狱过夜，然后驱车前往雅法门。

我没有简单地在前门上贴个通知，而是一直等到客人们都来了，亲自解释说活动无法继续。兰多认为这是对他命令的公然挑战，将我和五名同事一并抓走了。警察包围了我们，押送我们去了俄罗斯侨民区。我这是二进宫了，海湾战争期间的服刑经历留下的欢乐回忆如潮水般涌来。我想起，还是在这所监狱，鱼龙混杂的狱友们听着广播里匪夷所思的报道，说我是个伊拉克特工，都哈哈大笑，各种讽刺奚落。现在，囚犯之间可没有这么团结和亲密了，不过警察不知道拿我们怎么办，一边听广播里的足球比赛赛况，一边给我们烟抽。两个小时后我们就被释放了。

兰多的解释是，他的行动是必要的，是为了解救犹太国家的灵魂。这样的招待会"上天不容，会助长耶路撒冷主权的丧失"。沙龙也表示支持他。"本政府已经作出非常清晰的决策，不允许巴勒斯坦当局在以色列首都耶路撒冷有所行动。"他对议会中的利库德集团说，"关闭东方宫时我们也被批评了，但这就是政策，必须如此。"

约西·萨里德在《国土报》上发表评论文章，说沙龙是被我"吓怕了"，因为我"代表了一种头脑更为清醒、考虑更为周全的非暴力反抗方式"。

以色列政府的用心昭然若揭。他们希望能掀起反以色列的指责风潮，如果计划进行得特别顺利，我将出面发表反犹发言。我很明白这一点，让办公室的人发了一篇新闻通讯："政府非但没有给代表们送去节日问候，反而选择了使用铁拳，这真是太糟糕了。"接受一家以色列报纸采访时，我努力去强调，一场传统、安静的一起吃点心的聚会，和以色列的威胁恐吓有着巨大的差异：

"努赛贝教授，12月17日，警察禁止了您在东耶路撒冷帝国酒店进行的活动，并将您拘留讯问。您对此有什么感想呢？"

"我主要是觉得惊讶。接到电话的时候，我正对着自家卫生间的镜子刮胡子。其实没怎么听明白到底是怎么回事。为了庆祝开斋节而举行的活动，我想象不出来究竟会有什么问题。"

"就您个人来说，这算是什么，幼稚还是假装幼稚？"

"我想是真的幼稚吧。我希望是这样。我自己就是个幼稚的人，我的大多数朋友都这么评价我。"

第三十章 将军

"您不生气吗？"

"不生气。我只是很惊讶，可能还觉得有点好笑。"

"好笑？"

"是啊，好笑。"

2002年新年，新的攻击接踵而至。希伯来大学的一位学者发表了一篇文章，题为《萨里·努赛贝——阿拉法特的喉舌，萨达姆的耳目》("Sari Nusseibeh—Arafat's Mouth, but Saddam's Eyes and Ears")。[4] 我对巴勒斯坦同胞说："今天，我们正站在一个十字路口，我认为，必须牢牢抓住我们能抓住的。"结果一名以色列内阁成员说我是"特洛伊木马"，通过各种花言巧语对耳根和心智都软的以色列左翼进行坑蒙拐骗。他说，这些左翼就是过于看重所谓的"良心"，已经逐渐丧失了敏锐的批判精神。我故意装出一副温和的模样，其实是处心积虑要"渗透到以色列首都的核心地带"。[5] 《耶路撒冷邮报》对我散发的一份号召停止自杀式爆炸袭击的请愿书进行了咬文嚼字、断章取义的理解：

> 努赛贝重复了巴勒斯坦当局对每次袭击的公开谴责。他从来没有进行道德审判，只是进行了成本效益的对比分析。杀戮犹太人的行为是可以接受的，这已经是他们见怪不怪的事情。我们只要明白巴勒斯坦社会就是这样的状况，就会达成一致，意识到我们不是在进行政治运动，争取国家主权；我们是在对抗杀戮，他们要对我们发动暴力清除，而这些行动得到巴勒斯坦人的广泛支持。

我被杜撰为比哈马斯领导人亚辛还要邪恶的人物，这我已经习惯了。有些攻击挺好笑的。支持以色列的杂志《国家评论》

(*National Review*)说我父亲是"阿拉伯民族主义空想家",并宣称我母亲曾与伊夫林·巴克(Evelyn Barker)有过一段激情外遇,而这位巴克是"指挥地下反犹战争的英国将军"。母亲和我看到这一段都哈哈大笑,伏倒在地。

我女儿努扎最喜欢的一个诋毁我人格的例子来自一个网站(militantislammonitor.org),上面说我的样子看起来是"当了爷爷的哈利·波特",行为却像下决心通过黑魔法掌控整个魔法界的邪恶伏地魔。魔杖一挥,我就将圣城大学变成了"著名的恐怖活动中心"。

一天,我的办公室迎来一位稀客。阿米·阿亚隆曾任以色列海军总指挥,之后担任令人闻风丧胆的辛贝特头目,最近才卸任。我最早听说他的名字,是他作为辛贝特总长发表了一篇公共声明,警告人们注意爆炸事件;爆炸发生后,他又公开讲话,说巴勒斯坦人仍然渴望和平,但也不会控制自己的军事行动。在2001年12月的法国《世界外交论衡》(*Le Monde Diplomatique*)月刊中,他对戴维营神话嗤之以鼻,说"以色列人已经非常慷慨了,而[巴勒斯坦人]拒绝了",他也不相信另一个更大的谎言,就是所谓"第二次大起义"是有计划的。[6]他明白那是绝望引起的自发反抗:"我们[以色列人]说巴勒斯坦人就像'疯子',但其实他们不是,只因面对无穷无尽的绝望。"我欣赏他的直率和准确敏锐的思想。

数月前我们在伦敦见过一面,当时他和一位著名的利库德集团成员参加伦敦政治经济学院的一场会议。会议上阿米问我,要是发起一个倡议,巴勒斯坦人是否能作出积极的回应。

"当然。何乐而不为?"

这次阿米的表情一脸严肃。他顶着剃得干干净净的光头,头顶仿佛有光,似乎里面的大脑正在高速运转。我请他坐下,问道:"有什么需要效劳的？"面对前辛贝特总长，我只能想出这么一句问候语。

他没有浪费任何时间，直截了当地解释说，我们俩在伦敦聊过之后，他写了个提案，并已经和好些巴勒斯坦人讨论过，他们都挺满意；但每个人都告诉他，想要走得更远，一定要联系我。

他后来说了件令人惊讶的事，在海军服役时，他完全不明白巴以冲突背后的原因究竟是什么。不管他和总参谋部开了多少次会，还是完全摸不着头脑。"我不笨，"他在一次采访中说，"别的高级官员也有这个问题。身在军队中，你就只熟悉军队看问题的角度。"

等他当上辛贝特总长，情况才有所改变。阿米凭借超人的智慧和强烈的学习意愿，一路攀升到以色列情报部门的顶端，甚至把过去那些可贵的军队神话抛诸脑后。他的所作所为正符合所有好官员的标准：花了很多时间到处了解情况，进行自我教育，阅读审讯报告；但同时也去了解我们的历史、文化和文学。时间一长，他脑中形成了一幅画面，听起来仿佛是我对希伯来大学学生们那番话的注脚：巴勒斯坦人和以色列人其实互为镜像。两个民族中，其实大多数人想达成和平方案，并愿意为此作出大的妥协。

阿米还得出另一个结论，铲平果园与房屋，占领土地，用南非班图斯坦式（South African-style Bantustans）的管理手段限制巴勒斯坦人——用严密布控的以色列城镇和军事区包围、割裂巴勒斯坦领土——沙龙实行的所有战术，将引发仇恨的怒火，只会催生更多的狂热行为。必须要采取措施了。

他想出了一个计划，但不太确定是否能找到愿意公开表示支持的巴勒斯坦精英。根据他的经验，阿拉伯人会和以色列人聊天，同意对方的观点，一起抽水烟、称兄道弟、邀请到家里吃饭，但绝不会在巴以联合文件上签上自己的名字。他们不会公开自己私下里非常愿意一遍遍重复的话。

阿米坐在我的办公室里,讲起我们在伦敦的对话之后,他接触了好些巴勒斯坦政治人物。他们都很赞赏他的计划,保证以后会表示支持。但他们就是不能做第一人。他们说,要是他想推进这件事,跟萨里谈谈好了。"他们觉得你的疯劲儿够了,应该能做这事。"

"什么事?"我问。

阿米在我桌上放了薄薄的一张纸。我发现他少了半截手指,是童年事故造成的。他让我读一读纸上的内容。

"我不想自己看,我想听你说。"我要亲眼看着他讲述自己的想法,这很重要。要是他给我的印象只不过又是一个想玩游戏、"强买强卖"的政治商贩,那我肯定要以自己的方式回应他,我们之间就没有再谈下去的余地了。但他和冲突双方的大部分政客不同,说话发自内心,非常真诚。

阿米像一根绷紧的弹簧,一字一句地说出纸上那些核心原则。他的思考大致如下:如果总是做零零碎碎的工作,冲突永远也得不到解决。我们必须尽快把所有争议问题摆到明面上详谈,细节之后再说。阿米的策略和《奥斯陆协议》完全相反。

他列出的基本立场和塔巴会谈的结果很接近:沿着1967年的国界线,两国分立;难民不会大量回归;建立非军事化的巴勒斯坦国;耶路撒冷是两个民族共同的首都。到这里,他所说的东西都还是老生常谈,而引起我极大兴趣的,是这个方案存在的颠覆性。"能迫使领导人最终签署协议的唯一办法,"他从纸上抬起头瞥了我一眼,"是要先争取到双方人民的支持。"他提出的这个办法核心在于自下而上,发动"草根"。这一次,轮到人民指导领导人的行动了。阿米认为100万这个数字不错:"对,我觉得100万个签名应该能成事。"

我很喜欢这个数字。百万人民迫使政客最终承认自己本来已经清楚,却因为过于恐惧或不真诚而不敢公开说的事情;想想就觉得相当优雅。就像告诉一个骗子,你盯上他了,再装模作样就完全没

第三十章 将军

意义了。阿米还是一个很理想的合作伙伴，这也让我很惊喜。他有着很敏锐的数学思维和战略头脑，完全不会感情用事。我欣赏他总是精力充沛，火力全开，而且非常自信果断，做事很有决心。很显然，这个人并没有像我一样，从小就被那些关于宇宙和世界的疑问困扰。在海军和辛贝特的经历还让他完全看透了右翼的政治煽动和左翼的天真幻想，能够明白两个民族的基本利益。我想，有了他的安全认证，也许能有机会接触到以色列的主流大众，甚至能争取到利库德集团的支持者。

"好的，我同意。"我们俩握了手。

"你不要先看看这张纸吗？"

"时候到了自然会看。"

新指派来盯梢我的那位"沙威警长"，其实跟我几年前已经见过面了。当时我觉得纯属巧合，我正在旧城示威，反对犹太极端分子偷盗阿拉伯人的资产。那一次，所有的巴勒斯坦权贵人物济济一堂。我和往常一样，跟在游行队伍后面，一根接一根地抽烟，思考着一些没有谜底的谜题。某个时刻，我向走在我身边一个留了点胡子的男人借火，以为他不过就是示威者中的一员。他给我点了烟，然后抓住机会跟我攀谈起来，用的是阿拉伯语，但偶尔有点希伯来语的痕迹。他自我介绍说叫鲁宾·巴尔科夫（Rubin Barkov），并递上名片。我们互相握手致意。

他的名字我之前听过：是为警方做安全顾问的阿拉伯问题专家。"我和费萨尔很熟，"他对我说，"我们是好朋友。"他说自己办公室的墙上挂了费萨尔的照片。整个过程中，巴尔科夫一直显得很友好热情："你要是遇到什么问题，我可以帮你。我是有些人脉的。"

我把名片放进夹克口袋里，完全忘在脑后。2002年3月，贾瓦德·布洛斯告诉我，巴尔科夫叫他安排一次会面。他想进一步了解我。

我尽可能热情好客地接待了巴尔科夫。等他坐下来开了口，我就热情不起来了。他表示了对大学的威胁，声称大学是完全非法的，应该被关闭。他语气浮夸自大，根本不像来做客，而是一个威胁对方的占有者。鲁宾脸上挂着得意扬扬的假笑。

"你是我们盯着的最危险的巴勒斯坦人，"他声明道，仿佛动物园管理员在谈自己管的动物，"你是披着羊皮的狼。"他叫我小心，我们在帝国酒店和大学进行的政治活动可能导致"不希望看到的后果"。

如果我们是在俄罗斯侨民区的一间审讯室，他这种粗鲁无礼我也就忍了，但这里可是我自己的办公室。"我被我自己的同胞攻击，"我打断他，"现在你又说我比那些爆破巴士、杀死孩子的人还要坏。"我告诉他，想干什么随他的便，想拆了尊贵禁地都没关系，但我拒绝在此忍受他的冒犯。"滚出我的办公室！"我指着门。巴尔科夫肉眼可见地颤抖着，灰溜溜地走了。

我的律师贾瓦德·布洛斯一直在旁边目睹这一切，他追了出去。"你肯定是疯了，"他在楼梯间里喊道，"你怎么能说努赛贝博士是狼？"

"你知道我个人是很喜欢萨里的，"鲁宾很激动地说，"但我也很清楚，萨里是我们最危险的巴勒斯坦敌人。"

贾瓦德言之凿凿地向他保证，我是和平人士。

"不，不，不，他骗不了我，我了解他。"

两人简短对话的最后，贾瓦德说了一个假设，到今天听起来也很有道理："你们怕萨里，人民喜欢他；因为你们不想看到温和派勇敢发声，反对难民回归和暴力。你们情愿去对付阿拉法特或亚辛，因为他们可以遂了你们的愿，给你们借口。"

大约就是在这个时候，英国《简氏外事报道》(*Jane's Foreign Report*)登载了军队夺回约旦河西岸地区、粉碎巴勒斯坦当局的计划细节。以色列将在一次大型自杀式袭击后发起攻击。"'复仇'这

第三十章　将军

个因素至关重要。这样以色列士兵就有动力消灭巴勒斯坦人……以色列大使和其他官员也可以在和外国人的谈话中解释军事行动是正义的反击。"[7]

各种言语诋毁和来自警察的攻击，特别是来自沙威警长的，让我思考起沙龙的战略。他知道如何刺激我们，从而令他的下一步行动合理化。每发生一次恐怖袭击，以色列人就能修建更多的定居点，扩大和加强他们对被占领土的控制。一次袭击之后，住房部部长纳坦·夏兰斯基进行公开招标，要在约旦河西岸地区修建700个新的住房单元。这个人特别言行不一，还写过一本关于民主的畅销书，宣称"被管理者提出不同意见，自由参政，才能保证各项权益"。几个月后，耶路撒冷一家比萨店爆炸，沙龙和手下的安全部门负责人随之又关闭了耶路撒冷城内和周围巴勒斯坦民族权力机构的几个办公室。

我估计，沙龙的计划是毁掉巴勒斯坦当局，然后建一个富有沙龙特色的定居点，让那些散居于约旦河西岸地区和加沙狭小领土上的巴勒斯坦人全部处于以色列密不透风的安全监视之下，让戴维营式的谈判变成不可能实现的梦。在耶路撒冷，以色列会利用其巨大的军事优势，对数十万心怀抵触的平民加强统治。沙龙需要的，只不过是再多来几个搞自杀式爆炸袭击的巴勒斯坦敢死队员，这样就能把责任全部推给我们，他自己为所欲为。要是动物咬人，就不得不用链子锁住。

我到阿拉法特位于拉姆安拉穆卡塔的官邸警告他大祸临头。敢死队员不是他调遣的，正如他并未中饱私囊。但他并没有尽全力去釜底抽薪，从根源上解决问题，因为他没能意识到自杀式爆炸袭击所引起的恶果。看不清套路，尤其是这种每次都搬起石头砸自己脚的愚蠢套路，也算是某种程度的疯狂吧。

那天的穆卡塔，有点像个幻影。一切按部就班、一如往常，似乎没人意识到我们即将大难临头。在一间间办公室里，阿拉法特的高级助手们还在为高官厚禄和新的豪车争破头；以色列人正在为新一轮的战争做最后准备，阿拉法特和助手们却还沉浸在能主宰自己命运的幻想中。

我争取到了和阿拉法特主席单独会面的机会。他目光模糊，双唇颤抖，似乎非常困惑。上次他和沙龙在贝鲁特围困战中交手时，还比较年轻，自信心很足，是个名副其实的领袖。现在，他不太确定自己还行不行了。我活了大半辈子，第一次觉得他很可怜。

我举了个例子来论证自己的观点。"您下象棋吗？"我问他。他满脸疑惑地望着我，没有回答。"好吧，"我继续道，"我觉得沙龙在玩的这个游戏就像象棋。"

"怎么说？"阿拉法特问道。厚重的嘴唇很苍白，没有血色。

"如您所知，在象棋中，"我解释着很简单的道理，"聪明的对手会引诱你，让你觉得走某一步是安全的，可能会赢，但其实是个陷阱。你没有意识到，对手已经往前想了好几步，目标要大很多。"他还是保持沉默，只是深深凝视着我。"阿拉法特主席，"我继续道，"以色列人这是要将军啊。"

"什么意思？"他还是不明白，"你在说什么？是谁要被将军？"

"您啊，还能有谁！"我回答，"您要被将军了！"

此时他噘起了下唇，仿佛任性的孩子。他一言不发。阿拉法特摆脱不了反殖民主义战争的老旧逻辑：他代表着巴勒斯坦的追求，为反抗压迫者而战。采用一种公开表明放弃暴力的战略，对他来说是违反本性的。

两个星期后，以色列军队袭击了阿拉法特的总部，切断了他和外部世界的联系。

第三十一章

铁拳

《圣经》上说,"我将生死、祸福陈明在你面前,所以你要拣选生命"。时机已到,每一个被卷入冲突的人,都应该选择和平、希望与生。

——乔治·沃克·布什总统,2002年6月24日

两年来,我都没去过家族的墓地;所以有一天,我去了西耶路撒冷的一个公园散步。我的目的地是一个古老的穆斯林公墓,被夹在沃尔夫森公园(Wolfson Park)和耶路撒冷档次最高的酒吧街之间,显得非常逼仄。听着年轻人成群结队地发出刺耳的嬉闹声,我找到一位14世纪先祖的陵墓。有着厚重外壁的坟墓被上了锁,但这一代爱泡吧的年轻人还是通过小小的格子窗户,往里面扔了啤酒瓶、吃了一半的糖棒,以及避孕套包装、烟头之类零零碎碎的垃圾。墓碑上没有名字,看不出来我们家族在耶路撒冷的悠久历史。两年前,我试图在这座墓上加一个小小的板子,说明长眠其中的人姓甚名谁。第二天,耶路撒冷市政当局就把板子撤了。就因为我没有许

可证。这座被遗忘的坟墓，看着让人无比伤怀，我想起努赛贝家族的三代人：14世纪的先祖，父亲，还有我。我脑中掠过一些有关时间和变化的奇思异想。我站在家族的纪念碑前，抬头看到的是阿帕奇直升机和F16战斗机轰鸣着前往约旦河西岸地区的各个城市，这是六日战争之后以色列首次发动对巴勒斯坦领土的全面入侵。

入侵已经开始。《简氏外事报道》中提及的导火索，史称"公园酒店逾越节大屠杀"（Park Hotel Passover Massacre）。2002年3月，一名哈马斯敢死队员以自杀式爆炸袭击的方式，冲入逾越节宴席中，造成30名酒店客人死亡，140人受伤。行径如此恐怖，罪行如此严重，没有任何政府能坐视不管。沙龙是肯定要采取行动的。但他和他的以色列参谋们根本对惩罚罪人不感兴趣，他们的大规模反击甚至都没有对准加沙的哈马斯。瞎子亚辛继续高枕无忧。沙龙的入侵则与《简氏外事报道》上完全一致，经过了精心策划，也非常符合逻辑常理，他发起重击，要消灭巴勒斯坦当局在约旦河西岸地区的残余部将。

入侵行动被称为"铁拳"（Iron Fist），首先是炸毁了阿拉法特的穆卡塔官邸，让他和助手们没有食物可吃，也无水电可用。阿拉法特出现在阿布扎比的电视节目上，表现出明显的帕金森病的症状，不停颤抖着，叫人感叹革命者老矣。他态度坚决，在废墟之中表示不屑。"伟大的真主，"他咕哝着，"你到现在还不了解我吗？我是随时准备就义的烈士。"下面这句话他重复了三次，"愿安拉赐予我殉道的荣光。"

坦克和装甲车遍布约旦河西岸地区各个城市，狙击手在屋顶上各就各位。平民死亡人数很多，而且对方还会攻击试图抢救伤者的救护车和医生，导致死亡人数进一步飙升。以色列人炸毁了我的儿子曾经就读的学校，那是一所倡导和平的贵格教会学校。另外还有90所学校也惨遭以色列军方的毒手。

第三十一章　铁拳

在我看来，巴勒斯坦人对此束手无策，最清楚的信号就是入侵令人们对自杀式爆炸袭击更为狂热。巴勒斯坦的民意已经被煽动到了对暴力极尽谄媚吹捧的地步，仿佛暴力是神圣的、至高无上的。伯利恒的一位民兵领导人说："要在以色列的城市发起抵抗，一路从加利利破坏到开罗。"[1]年轻人中的情况更糟糕，他们觉得"殉道英雄"是大明星。解放巴勒斯坦人民阵线的领导人告诉美国记者："数千名年轻男女已经做好了自爆的准备。这是一个新现象。你根本想不到规模有多大。"[2]所有的孩子都开始接受使用枪支和跨越火线的培训。常有所谓的"巴奸"被歇斯底里的暴民处以绞刑。

入侵完全毁灭了巴勒斯坦当局本就不强的管理能力。以色列政治学家巴鲁克·基默林（Baruch Kimmerling）用"政治屠杀"来形容以色列政府的计划。在《新左翼评论》（*New Left Review*）中，基默林给"政治屠杀"下了定义："这是一个过程，最终目标是要毁掉某个民族的前景，毁掉他们的意志，让他们对视作家园的土地不再拥有合法的自决权与主权。"[3]士兵洗劫了巴解组织的统计局，以色列警察关闭了阿拉伯商业联合会的各个办事处，除了基默林的观点，还有什么更好的解释吗？士兵还洗劫了巴勒斯坦教育部，毁坏了电脑，没收了资料档案。

贾布里勒的安全部门也早已式微，即使他下令反抗，也会不堪一击；何况他没有下令。这挡不住阿拉法特把贾布里勒列为失败者的典型——从第二次大起义开始，贾布里勒就一直在警告阿拉法特，恐怖主义会闯下大祸。在一次谈话中，脾气暴躁的阿拉法特举枪指着他，宣布他就此卸任。

英国《卫报》刊登了一篇报道称："以色列情报部门开始追踪阿拉法特政府的成员，包括萨里·努赛贝。"他们布下天罗地网，将数百名活动人士投入以色列监狱。老朋友萨米尔最小的儿子就因为一点小事，被判入狱三年。（他的另一个儿子因为杀了一名犹太定居者，已经被判终身监禁在服刑了。）身在拉姆安拉的马尔万忧心忡忡。之前以色列的"刺杀小队"对被占领土进行地毯式搜寻，他很幸运地逃生。"我不是恐怖分子，"被捕后的他说，双手握拳戴着镣铐，"但我也不算是和平主义者。我只不过是巴勒斯坦平民中的一个普通人，我只是在主张其他受压迫者也在主张的事——在缺乏别人帮助时自助的权利。"[4]

"将军"行动顺利按计划进行，约旦河西岸地区的状况滑向军阀主义。很多城镇都被所谓的"治安队"和小流氓把持，一脸稚气的年轻小伙拖着机关枪到处走。这样一来，以色列的宣传鼓吹工作就好做了。只要是热爱自由的民主国家，有哪一个会跟这样一群人坐下来谈判呢？

从拜特哈尼纳开车去耶路撒冷办公室的路上，我常常会看到拉姆安拉上空烟火升腾，似乎是哪里又燃起了葬礼的柴堆。我那两个警惕性很高的保镖经常盯着天上，防止以色列的某个小分队会从低飞的阿帕奇直升机里袭击我。黑暗之中的我们很清楚，爆炸之前，我们只会看到一道光闪过。

我在大使酒店和意大利大使一起关注了电视报道，看着以色列的推土机将穆卡塔的大部分地方夷为平地。我突然接到电话，是阿拉法特办公室内部人员打来的。我们商谈了一下，希望为困在宅邸里的人寻求某种国际保护，之后那个人将电话递给了阿拉法特。我向他承诺，一定会尽己所能帮他脱离困境。

"他们会杀了阿拉法特吗？"和我一起在大使酒店的一位大学职工问道。他就是那名曾经和哈马斯追随者在我办公室里吵了10个小时的支持法塔赫的学生。

"这个我存疑。"我知道他们不会。沙龙需要阿拉法特，这样他那句口头禅才有意义："没有能谈的人。"

第三十一章 铁拳

作为耶路撒冷的巴解组织代表，我也是孤立无援。毕竟我所在组织的领袖团体目前正躲在拉姆安拉一个被炸毁的宅邸中，指望他们给我什么预算或任何形式的帮助，那可就太荒唐了。我的职责也很少，基本上就是确保红十字会能够积极响应约旦河西岸地区和加沙各个地方发过来的紧急求救，偶尔去跟外使团体会个面，零零散散地接受些采访并公开亮相。

我尽力了，我的工作很大程度上是象征性的。坦克包围了穆卡塔，我则组织了每日的和平守夜，就像曼德拉坐牢时南非抗议者所做的那样。我们每天的抗议行动就是和各色人等走过大马士革门，坐在台阶上，手里拿着几支橄榄枝和一些蜡烛。

作为应对围困战的专家，阿拉法特成功地让很多人联合起来支持他，甚至包括那些已经厌倦他统治的人。"阿拉法特也许是个很糟糕的领袖，"很多人说，"但只要沙龙还困着他，我们就会和他站在一起。"而平民大众就不一样了。对于阿拉法特的命运，他们只不过是事不关己地耸耸肩。我了解大众民意的渠道通常是商店店主和出租车司机，而我得以各种好言相劝，哄着他们去参加抗议。

我抓住每一个时机，请客人和朋友去参加守夜活动，哪怕就是为了让我和我的伙计们有个伴儿。一天，《商业周刊》（*Business Week*）的一名记者来到大学办公室，我说服他一起去抗议现场。他在文章中称我为留着"肯尼迪发型"的"孤独预言家"，说我警告巴勒斯坦同胞"他们对以色列人发起的残忍斗争不会终结占领，只会导致灾难"。但我的所作所为显然收效甚微："为了树立非暴力的榜样，努赛贝每天午后都会带着一些人进行最温和的示威，地点在大马士革门，中世纪时耶路撒冷旧城的入口。'怎么说呢，我们之前一直在搬起石头砸自己的脚'，他告诉我。"[5]

圣城大学受影响最大的部门是库塔布位于拉姆安拉的现代传媒学院。以色列军队入侵拉姆安拉时，一个重要目标就是控制媒体，所以士兵径直奔赴电台和电视台。有些士兵还带去了不健康的家庭娱乐手段。夺取媒体之后，士兵逮捕了之前的员工，开始播放色情片。

圣城大学的教育电视台倒是有两日的"缓刑"喘息，因为我们的媒体大楼在拉姆安拉外围。被入侵期间，我们除了平时的节目，还补充了我们与联合国儿童基金会（UNICEF）一起制作的纪录片，帮助父母和孩子应对暴力留下的创伤。我们还会公布医疗服务信息，公布医院的地址、救护车服务的电话，也播放一些急救知识。

最终，坦克还是在播放动画片的时候开了进来。士兵闯入办公室，用枪逼着员工，押到地下室关了几个小时。与此同时，整栋大楼都被占领了。传媒中心变成临时监狱，关押城里被逮捕的人。

一开始，士兵悄悄用色情片代替动画片。上级官员很快终止了这种行为，命令士兵将所有的传输设备、电视摄像机和视频资料从四楼窗户扔出去。我们在新闻通讯中描述了此事，一次哈马斯制造的爆炸事件，最终导致一个制作"巴以芝麻街"的机构被毁灭：

> 圣城大学教育电视台……也遭到了彻底的破坏。在占用儿童节目时间播放色情影像之后，以色列军队进行了现场破坏，用工具狠狠砸碎了播放设备，将电脑和其他东西扔出窗外。

不知为何，在人们感到恐惧惊骇、正常生活遭受威胁、有可能陷入混乱的时候，我反而应对得最好。也许这是继承了父亲的才能，他总是准备妥当，要迈出最佳的一步——当然他也只有那么一只脚。他从不言弃，即使国土折损大半，也不放弃希望。凭着坚强的意志力，他总是能客观看待形势，并充分加以利用。他也从不惮于进行痛苦的自我审视，这是达成自我解放的必要条件。也正因为如此，在别人感到羞耻和挫败时，他总能发现新的力量。

战争情况最糟糕的时候，我做过一场讲座，在里面讲了一个听

第三十一章　铁拳

起来有些幼稚的寓言,来说明弱者有时候会拥有奇迹般的力量：假设两个人突然争吵起来,双方都不知道起因到底是什么,但都怀疑是对方恶意挑起的。其中一人成功将另一人摔倒在地,并立刻坐在后者身上,压着他的手臂叫他不得动弹。下面那人以踢腿回击,能咬哪儿就咬哪儿,只要挣脱出一只手,就竭尽全力又抓又挠。

双方似乎陷入了僵局,坐在上面的人很害怕。对,是害怕,怕自己手一松,控制得不强,也担心把下面的人放走。在下面扭动的人拼了命也不能允许这个"恶霸"得到一丝喘息休息的机会。显然,这两人不可能进行任何彬彬有礼的思想交流了。

又来了一个人,恳求上面那个人松开,下面那个人安静地躺着。现在两个人都左右为难。下面那个人怕自己安静躺着的话,上面的人不会松开手；而上面的人则担心放手的话下面的人会迅速反击来压制他。纠缠在一起难解难分的两人,都怀疑对方得彻底除掉自己才会得救。

我又假设情形变得更糟糕了些,想象两个人并非扭打在坚硬的土地上,而是在一片流沙上。不管他们是打、是咬、是互相争斗,只要一动弹,就会在流沙中陷得更深一些。这可不是什么零和博弈,而是"双输"的局面。

我之所以讲这个故事,是想谈谈扭打双方各自的优势。从纯体力角度讲,上面那个人显然是占了上风。但从心理上来讲,要放开下面那个人,其实比让他安静不动更困难。这其中存在一个矛盾,作为上面那个人,他要是改变行动,失去的东西会更多。他的选择余地比较小,筹码也比较少。

而下面那个人呢,如果努力去遏制对手,反正也不会有什么损失,所以光脚的不怕穿鞋的。因此,他的筹码更多,改变行动的话也没什么。如果他放弃挣扎,上面那个人就可能完全丧失优势。下面那个人即使停止身体上的反抗,还是能随时恢复挣扎、挠咬。他不会丧失任何优势。

要点在于，即使没有别人插手，解决问题的关键也要看下面那个人。当然，他停止挣扎还不够，还需要有意识地去了解另一个人的思想。他的确不能打败对方，但运用智慧也许能赢得他的善意。

* * *

如今回头来看，我写出这个寓言，可能间接受到了以色列哲学家和神学家戴维·哈特曼（David Hartman）曾经对我的启发：

> 你回忆一下，以色列的创建者不是那些普林斯顿或耶鲁出身的人，以色列也并不来源于美国 300 年的历史经验；创建以色列的人来自东欧和伊斯兰国家的犹太社区，心理上受过严重的创伤。犹太人的整体伤痕无法被犹太心理医生所治愈，他们需要一位巴勒斯坦分析师。所以，请帮助我治愈创伤。

当然，我们必须承认，时机不太好，我们不可能奢望赢得上面那个人的善意。此人体重超过 130 公斤，名叫沙龙。约旦河西岸地区被以色列的铁骑踏平，我的保镖们也总是紧张地注意着空中的动向，我任职的大学的传媒中心——我估计这是阿拉伯世界中关于和平共存、关于与以色列合作的最强音——被毁于一旦，《芝麻街》播放中断，插入了淫秽的内容。然而，正是在入侵期间，阿米和我开始讨论如何发起和平行动。

我的心态之所以这么积极，有个很大的原因来自一个看似毫无关系的源头：乔治·沃克·布什总统。他在巴勒斯坦人心中的形象与沙龙一般无二，都是政坛恶棍。是他为以色列入侵亮了绿灯；以色列军队围攻伯利恒圣诞教堂时，他也是袖手旁观。枪林弹雨中，一座圣母马利亚的石像被毁。要知道，克里米亚战争的导火索事件可比这小多了。然而，小布什也传递了前所未有、叫人充满希望的信息。

2002 年 6 月，布什总统在白宫玫瑰园（White House Rose Garden）发表了讲话，当时他身边还有国家安全事务助理康多莉扎·赖斯（Condoleezza Rice）、国务卿科林·鲍威尔（Colin Powell）和国防部部长唐纳德·拉姆斯菲尔德（Donald Rumsfeld）。之后一群美国人来到了我的办公室，其中包括美国领事馆的一名官员。我知道这些不速之客被讲话内容震惊了，看他们在椅子上如坐针毡的样子，再听他们之后的道歉就明白了。巴勒斯坦人的反应更为强烈。人人都说讲话是完全偏袒一方的。以色列一直在传播谣言，说根本无法与巴方谈和平，布什表示支持这个观点，也心照不宣地默许自己的"中东客户"继续武力进攻。

结果我的客人们惊讶地发现，布什的讲话反而让我情绪高涨，因为从根本上来说，我是同意他的。"长久以来，"布什总统说，"中东地区的公民都生活在死亡与恐惧之中。少数人的厌恶与痛恨让很多人的希望无从实现。"这话有什么好反驳的？又有谁能否认"极端主义和恐怖主义试图通过滥杀无辜来毁灭进步与和平。这让整个地区都蒙上了阴影。为了全人类,中东的情况必须改变"？这是事实。

太棒了！我最欣赏的是布什将以色列人的基本利益和我们联系起来。他提出的恰恰就是戴维营式的交换，以色列得到安全，我们得到巴勒斯坦国。但这绝非之前那种"不成文"的协议，而是在白宫玫瑰园正式宣布的美国官方政策。

以色列公民生活在恐怖的阴影中，这种状况不可持久延续；巴勒斯坦人生活在悲惨与占领之下，这也不可持续。从现状，我们看不到任何生活会变好的前景。以色列公民会继续成为恐怖主义的受害者，所以以色列也会继续自卫……我的愿景是两个国家能够并肩共存，共享和平与安全……以色列从1967年开始的占领会通过各方协商后的协议结束，要以联合国安理会的242号和338号决议为基础，以色列要撤回各方公认的安全国界。

字里行间说到了之前从未被纳入美国政策的很细化的一点。以色列不得不对抗的恐怖主义和不安全感，是与占领直接相关的。要结束这个，就不可能不解决那个。在那之前，以色列人所认为的"安全"一直是自成一派，完全与巴勒斯坦问题割裂开。

除此之外，我还在讲话中听到了美国外交史上从未出现过的措辞。布什总统很明确地说，由六日战争引发的所有后果都必须停止。另外，他还强烈呼吁巴勒斯坦人民"选举新的领袖，不会对恐怖行动妥协的领袖。我呼吁他们建立一个以宽容和自由为基础的真正的民主国家"。停止枪炮，终结腐败，建立一个民主国家。还是那句话，哪个正常人会反对这样的话呢？

我觉得这番讲话其实是把我们放在以色列的上风，正如我那个两个人扭打的寓言。不管是否遭遇入侵，我们都必须处理好自己的家务事。有些方面我们明明是完全把控着，却管理不善，比如约旦河西岸地区的法庭、规划和教育，把这些怪在以色列头上是无济于事的。我们失败了，是时候公开承认了。

更重要的是，"铁拳"行动让我们摆脱了可以寻求军事途径解决问题的幻想，从而成倍提高了我们真正占优势的潜力，就是和以色列人做一个存在上的交换。我们停止挣扎和撕咬，向坐在上面捶打我们的恶霸伸出友好的双手，这就是在践行自由意志。

时间已到，该渣中淘金了。我和阿米·阿亚隆频繁见面。一次，我去了他家——位于名叫凯雷姆马哈拉尔（Kerem Maharal）的莫

第三十一章 铁拳

夏夫*中,离卡尔迈勒山(Mount Carmel)不远。他的家让我不断思考着我们正在发起进行的疯狂事业——对我来说还很冒险。1948年以前,这里还是伊齐姆村(Ijzim),后来3000名村民全部被驱逐到杰宁附近的难民营。阿米的房子有一部分就是由被驱逐的阿拉伯家庭修建的。

在与以色列人的政治交往中,我很少允许自己将个人友谊掺杂进去。与阿米的相处能做到这点也不难。他非常专业,一本正经,如同瑞士工程师修建大桥,我们不会假装熟络亲密,这也让工作更容易进行。我们关注的是共同利益,而非情感。正如阿米接受采访时所说:"从一开始我就不是在交新朋友。无论如何,我要真正和别人心意相通需要很长时间。"他又借用自己那根断指补充道:"我的亲密朋友,四根半手指就能数得过来。"

距离我们第一次在我的办公室中交谈已经过了数月,我已经阅读过他那张纸,和几个朋友商谈过其中的要点之后,提出了几点修改意见。而熟知难民情感要点的露西,又提了几个与此相关的修改意见。我致电阿米告知了露西的意见,他同意了。

我们终于准备好联名签署文件了。我们将正式发布的地点选择在希腊雅典,比尔·克林顿要出席。不过,我们会先在东耶路撒冷的圣诞酒店(Christmas Hotel)举行一次初始会面。

我们把这个文件称为"目标地图"(Destination Map),希望作为布什那份"路线图"的补充。如果不知道自己想去哪里,地图是没用的。我们在文件中列出了目的地。不做糖衣粉饰,没有似是而非,不在合法性问题上吹毛求疵,也不玩文字游戏,而是直截了当,如同优秀的外科医生干净利落地切割掉肿瘤。我们的恶性肿瘤就是

---

* 莫夏夫(moshav)是以色列一种独有的定居方式,基本形式是从国家租赁土地,集体耕作劳动,共同销售。

多年的谎言与半真半假的话语。巴以冲突催生了页数以百万计的研究报告,以及无数"不成文"与"心照不宣"的条款,但我们的解决方案只有区区一页。

- 两个民族,两个国家。
- 永久国界以 1967 年 6 月 4 日的国界为基础,保留一对一交换土地的可能。
- 耶路撒冷将作为两国的共同首都(阿拉伯人聚居区的主权归巴勒斯坦所有,犹太人聚居区的主权归以色列所有)。
- 阿拉伯难民只能回归巴勒斯坦的领土,犹太人只能回归以色列的领土。
- 我们认识到巴勒斯坦难民所承受的痛苦,将成立一个国际基金会,以色列也会参与进来,给巴勒斯坦难民以补偿,并帮助他们重新过上正常生活。
- 巴勒斯坦国将解除武装。
- 双方将在签订政治协议后放弃一切追偿索赔的权利。

我们避开了尊贵禁地／圣殿山区域的主权问题,强调说这个地方的重大意义在于其神圣,而不在于充满民族主义和布尔乔亚色彩的"所有权"问题。我们认为双方都是这个地方的"守卫者",它有着崇高神圣的地位,因此不受人类的控制管辖。我们设想的安排是巴勒斯坦"将被指定为尊贵禁地的卫士,为穆斯林而守卫;以色列则是西墙的卫士,为犹太人而守卫"。

签名仪式之后,入侵期间略有消减的人身攻击再次密集起来。我的两个保镖总是令我意识到自己的观点有多么不讨喜。母亲觉得我终于疯了。"以色列人不会认真的,"她给我讲道理,"你为了他

第三十一章　铁拳

们冒被极端主义者分尸的风险，是为什么啊？"

很多人都在指责我，说我和一个"攻击我们、折磨我们、暗杀我们领袖"的人——也就是阿米——同台亮相。

"如果本来就是和平分子，也不用谈和解了。"我对他们说。

"可他就是体制的象征。"他们反驳道。

"恰恰说到点子上了。阿米就是敌人的象征。但这个敌人我们是可以合作的，因为他明白以色列的最大利益是什么，而这也符合我们的利益。我们之间的纽带就是共同利益，不是情感友爱。"

以色列的那些右翼人士提出的批评还是老一套，我都听了多年了。最仁慈的评价是，我是个活在幻想迷雾中的知识分子。以色列的军方电台引用了环保部部长察希·哈内戈比的话——此人在大起义期间曾经想审判我——说我是个"小人物"，没有任何阿拉伯人追随我。在大部分话术中，我的形象是个穿粗花呢外套、一副教授做派的恶人。以色列发行量最大的日报上登载了一篇文章，题为《萨里·努赛贝博士：小心致命珊瑚蛇伪装成的无害鲣鱼》[6]。

6月，阿米和我去希腊的一个岛为和平运动剪彩。我们在雅典卫城影子的笼罩下，和美国前总统克林顿站在一起。与此同时，在我们的故国，巴尔科夫的档案摆在了乌齐·兰多的办公桌上，这位部长觉得他拿到了我利用大学做"巴勒斯坦当局延伸组织"的证据。兰多其人，骨瘦如柴，看着不像煽动人心的政客，倒像是退休的高中理科教师，他对媒体解释道："在耶路撒冷的核心地区，有一个巴勒斯坦民族权力机构的民间政治分支，其目的是要颠覆我们对耶路撒冷的主权。希望努赛贝表面的温顺谦和不要骗过任何人。"他反驳那些称我为温和派的人："和阿拉法特比起来，他倒算是个温和派；就像和亚辛比起来，阿拉法特也算是温和派了。"换句话说，大家都是一丘之貉。

兰多部长派辛贝特的人手和60名以穷凶极恶出名的边境警察去了圣城大学的行政楼，就在洛克菲勒古物博物馆的街对面。辛贝特的负责人冲到我的办公室主任迪米特里面前，用乌齐枪指着他的头，安全栓是打开的。"迪米特里，我建议你向我们亮明身份。"他用阿拉伯语说，并自我介绍是詹姆斯队长，这个名字很不以色列，比较少见。根据迪米特里的描述，詹姆斯队长个子比较矮，瘦瘦的，穿着绿色牛仔裤和格子花呢衬衫，搭配得很难看。和兰多一样，他的外表显得与实际身份不符：不像秘密情报特工，更像个呆子程序员。

"你都知道我的名字了，还要我亮明身份做什么？"迪米特里用叫人消除敌意的语气问道——反正他是这么对我讲述的。

"把身份证给我，迪米特里！"队长不接招，厉声喝道。

"再问个问题，"迪米特里递过身份证，"你这身在哪儿买的？"

詹姆斯队长一脸茫然，问他干吗问这个。

"绿色牛仔裤和格子花呢衬衫！这搭配绝了！我保证自己永远不会去那家买衣服。"

"自作聪明。"队长压低声音，用毫无瑕疵的美式英语骂了一句。

几个说俄语的人取出电脑里的硬盘，把我所有的文件都装进箱子里——所有的档案柜都没能幸免，里面包括学生和我个人的记录以及研究成果——要运回总部。在此之前他们封了办公室，换了锁，还装上了重型钢栏，免得有人偷偷溜回来。他们宣布整栋大楼被划为封闭军事区，任何人不得进出。我的五位雇员被带去接受审讯。其他的大学教职工被枪指着，押出大楼。

整个行政系统完全关闭，而作为其命脉的数据库、文件档案和通信记录被全数没收，这当然叫人烦恼。但从某种程度上来说，这个时机可真是好。支撑我与阿米合作的整体逻辑，就是智慧的非暴力行动比武器更有效。现在我有证明这个逻辑的机会了。

第三十一章 铁拳

即便在没有办公室的时候,我的团队也已经和以色列人、美国人和欧洲人保持了多年联系。他们开始行动,联系各路记者、大使馆工作人员、公众人物、律师和政客;发出请愿,希望能得到以色列人,以及包括"白宫"在内的世界各国领导人的公开支持。

学校被关闭的第一天,就有几十个以色列和平活动家在办公楼外举行了一场静坐示威。以色列议会左翼派系的领导人约西·萨里德对政府发出严厉斥责:"这是我们政府的愚蠢行为。以色列政府常常说,要找到温和派的巴勒斯坦领导人代替亚希尔·阿拉法特,而实际上却尽全力去羞辱温和派,让他们陷入窘境,削弱他们的力量。"[7]

内部的批判,以色列政府可以轻易解决,但美国的批评就没那么容易对付了。《波士顿环球报》(Boston Globe)说,关闭我的办公室终于"证明了以色列总理沙龙的真正企图不仅是打击恐怖主义,还要残酷无情地终止巴勒斯坦的全民愿景"[8]。《纽约时报》记者安东尼·刘易斯(Anthony Lewis)也表达了同样的观点:

> [努赛贝]是新型领导人的完美范例。他爱好和平,讲求实际。以色列总理阿里埃勒·沙龙和布什总统都说过,巴勒斯坦人必须有这样一个领导人,才可能进行终止冲突的政治谈判。所以为什么把矛头对准他?
>
> 答案是,以色列政府中有很多重要人物并不真正希望实现"两国方案",也不想和改革后的巴勒斯坦领导集团进行政治谈判。他们觉得现状更好:以色列占领或紧紧控制约旦河西岸地区,犹太定居者越来越多。他们最不希望看到的,就是出现一个备受尊敬的巴勒斯坦对话者。[9]

兰多部长作出了反击。他的人翻出了我的两份文件,兰多将其公布。一份文件是贾布里勒的来信,要求我们在大学开设一些培训课，主要是法律课程，学生是他安全部门的一些人。另一封信是发给巴勒斯坦各大学的备忘录，讨论送学生参加德黑兰大学一个暑期课程的可行性。信件内容都紧紧围绕大学事务展开，包括发给所有阿拉伯领导人的信件——不管这些领导人的政权多么令人厌恶，我们还是发了信，比如其中一封是发给萨达姆·侯赛因的——都是请求为大学提供资助。

接到警察洗劫办公室的消息，我把阿米留在希腊，匆匆赶回耶路撒冷。一回到家，记者就问我，是不是有人故意发起这次行动，意图让阿米和我在雅典签署的协议作废。我很坦白地回答："在这个地方，没有事件是巧合的。"

贾瓦德·布洛斯帮我发起对关闭学校的法律质询，并为此进行争辩。这个过程花了几天时间，包括与兰多的法律顾问磋商——对方很理性，真让人赞赏——最后发现兰多的主张是我的办公室属于巴勒斯坦民族权力机构。我告诉法律顾问，事实并非如此。就这么简单。

"您愿意签署一份文件作出说明吗？还要说明以后也不会用来做巴勒斯坦当局的办公室？"她问道。

"乐意至极。"我向她保证，这个办公室和巴勒斯坦当局毫无关系，以后也绝不会有任何关系。这是大学的办公室，也会一直维持这个性质。

我的态度让她和贾瓦德·布洛斯都吃了一惊。他们可能以为我会为一些象征性的问题争辩，或者对阿拉法特表一下忠心，再欲盖弥彰地说大学和他没关系。他们不明白，就算巴勒斯坦当局要求我用这间办公室做什么相关的工作，我也会断然拒绝，而要拼命保持大学的独立性。

我签了保证书。在关闭行动后的十天内，兰多没能找到任何法律依据，只好重开学校。为了面子上好看，他说自己"欣喜若狂"，

第三十一章 铁拳

因为有巴勒斯坦的大人物承认了以色列对东耶路撒冷的主权。我当然没有承认。

好几个星期过去了,以色列当局依旧没有归还我办公室的文件。他们需要时间细细查看每一页,肯定是以为会从中发现阿克萨起义的总体规划,或某个游击活动的计划书。

我接到"沙威警长"鲁宾·巴尔科夫的电话,问我能不能一起喝个咖啡。我们约好了时间。

见面闲聊几分钟后,他开始奚落约西·贝林和其他以色列左翼领导人,说他们是胆小鬼,是"freyers",这是希伯来语中形容天真的傻瓜的粗话。"他们不是真的懂你们阿拉伯人,我是说你们的心理。"

我静静听着他这样胡说八道了一个小时。他自言自语地骂着那些左翼的胆小鬼,又说自己和亚辛聊过天。他吹嘘自己非常了解伊斯兰教,饱读早期的阿拉伯诗歌,当然也很懂得"阿拉伯人的心理"。(我敢肯定,他说的大部分内容都是从拉斐尔·保陶伊那儿现学现卖的。)他就那样絮絮叨叨,直到我觉得应该换话题了,便开口询问我办公室里那些被没收的资料和电脑。"你们看完了吗?我真的很需要你们把那些东西还回来。"

巴尔科夫的表情一下子变了。他换了一副认真严肃的语气,重复了我们上次交谈的荒唐断言:我是现存"最危险的巴勒斯坦敌人"。他靠在椅子上,甩给我了个心照不宣的眼神,仿佛我已经落入陷阱,游戏结束。"我一直在为你画像。"他鼻翼微张,食指轻轻敲打着桌面。接着,仿佛一个握有所有筹码的自信玩家,他突然从口袋里掏出几张纸:"我们在你的电脑里发现了这个。"

关闭圣城大学的办公室后,他和手下系统性地查阅了我的文件;他们仿佛一群要在神圣经文中寻找只言片语来证明自己的奇思妙想的人，找啊找啊，终于找到自认为能确凿无疑地证明我是危险人物的内容。

在数十万页的文件中，他们翻出了一封信，我在信中请求萨达姆·侯赛因为学校提供资助。我猜，可能因为在巴尔科夫眼中我曾经做过指挥飞毛腿导弹袭击的伊拉克特工，这封信就成了如山铁证。巴尔科夫和手下还在一张硬盘中发现了一些视频小样，其中之一是个30秒的动画，内容是女孩被士兵开枪击倒，还有别的什么人在扔莫洛托夫燃烧瓶。还有一个动画，表现的是整个地区的地图，阿拉伯人和犹太人手牵手站成一线，将地图一分为二，这时候远处丢来一个手榴弹，破坏了这个"人链"。

我看着眼前打印的资料，认出是我和"即刻和平"筹划"人链"活动时，拉姆安拉的一个公关公司给我的广告提案，当时我在电脑上看过一眼，但否决了。

"所以呢？"我真的不明白他给我看这些是做什么。

"所以呢？看这些东西，一个孩子从血泊中站起来，朝以色列士兵扔石头和莫洛托夫燃烧瓶一类的东西。我现在明白了，你的非暴力不合作运动就是个掩护，实际上是要进行暴力叛乱。"他觉得我企图将"人链"计划变成一场起义。（他觉得自己如X射线一样敏锐地看穿了"链"这个字是发动武装叛乱的密码。）说这些话的时候，鲁宾脸上一直挂着自信的笑容，仿佛鱼已经咬钩了。

我的怒气一直噌噌往上冒。"我用过这些东西吗？"我尖锐地质问，"我们在电视上播这些东西了吗？没有！"

他泰然自若地摆了摆手，好像在说，这不重要。

"你好好想想自己在说什么。一个公司给我做了动画，我看了以后，正因为你说的原因，决定不予采用。这动画和我的理念不符。"

他对我的回答表示不满。他的主要意思在于：我也许能够骗过那些左翼的傻瓜，但他很清楚我的秘密企图。他调动了自己所有的

第三十一章 铁拳

经验和专业素养,确定即将发生非常危险的事情,而出于专业与爱国的职责,他必须将其掐灭在萌芽中。我也许比那些一直被我倡导和平的花言巧语所欺骗的左翼要聪明,但要论才智可比不上他。我休想。保护以色列人不被我的诡计欺骗,他义不容辞。

我听着他这番话,越来越惊讶,这个人突然没那么像沙威了,反而更像"糊涂大侦探克卢索"*。我问他,能有什么人,根据什么逻辑,认为我拒用的这个公关提案是对我不利的证据。"我知道你没有公开这个,"他还是一脸洞悉阴谋般的奸笑,"但你肯定把所有朋友都召集到办公室,给他们看了,让他们支持你。"

我很生气,同时又产生一种奇怪的同情,似乎我面前的人正在迅速失去理性。这么一说,我可能是该可怜他。他花了那么大力气,却什么也没查到。他和上司乌齐·兰多一样,坚信我本性奸恶,但将我的办公室洗劫一空后,竟然只找到弃用的动画,做动画的只不过是拉姆安拉一个想象力过于狂热的 20 岁画图师。

"萨里,你骗不了我的。"这次他音调提高了,带着攻击性和威胁的意味。

我受够了。

"朋友,"我语气温柔,起身准备离开,"我觉得你工作太辛苦了。你真正需要的是度个假。显然你压力太大了。"

我转过身往门外走,听到他说:"萨里,我是了解你的。"

大约一年后,巴尔科夫传召了我在耶路撒冷法塔赫的亲密合作伙伴之一。这位朋友一走进巴尔科夫的办公室,就情不自禁地注意到桌上有个厚厚的文件夹,表面用粗黑的字体写了"萨里·努赛贝"几个大字。鲁宾告诉我的朋友,要是他做不到让我被判终身监禁,被投入以色列的监狱,就会出版一本关于我的书,说清

---

* 电影《糊涂大侦探》(*Inspector Clouseau*) 中的主角,查案很敷衍,闹出很多笑话。

楚他查出来的所有"脏事":"你们这位努赛贝博士是头号危险的以色列公敌。"

之后,我的朋友直接来到我办公室,把他的所见所闻讲述了一遍。"那家伙真是个疯子。"他一边大笑一边说。

第三十二章
"老虎"

> 我们必须接受挑战，不走捷径，明白需要付出艰巨的努力才有收获。
>
> ——我的父亲

2002年年底，我担任耶路撒冷巴解组织代表的短暂生涯接近尾声。第一个清晰的线索是阿拉法特在接受一家黎巴嫩电视台采访时表示，他又创建了一个"耶路撒冷委员会"，指派巴解组织某派系的领导人之一做会长。他显然是想挡一挡那些说我越界的批评。我抓住机会降低自己的曝光度，缺席的会议比去参加的多。

2003年1月以色列大选之前，我最终确信，自己是在浪费时间。沙龙的国家联合政府正在分崩离析，工党想要脱离"组织"，全力以赴准备大选。与我相识多年的工党高层埃夫拉伊姆·斯内（Efraim Sneh）说要在美国侨民酒店见我。他带来一份草拟的提案，称其为工党的"和平纲领"，只有一页纸，列出了一些要点。他说工党主席本—埃利泽会在几天之后将这份纲领给埃及人看。工党正在先发制人，他们要争取埃及人对他们计划的支持，还有更重要的来自阿拉法特的支持。他解释说，脱离沙龙的政府之后，他们希望能用这份同时得到埃及人与巴解组织背书的纲领作为叩问权力的返程票。

这纲领看上去又是那种含糊不清、没有方向、不会有进展的文件。但斯内很真诚，我也承诺去跟阿拉法特说和。

我想办法去了拉姆安拉的穆卡塔，又费尽心力躲开了一堆堆碎石和一辆辆坦克，穿过如第二次世界大战时的柏林般的场景，到达阿拉法特的办公室。我在那里向他解释，关于工党要脱离的传言是真的，帮助工党赢得下次选举是符合巴方国民利益的。阿拉法特带着十分复杂的表情接过提案，叫一名助手交给他手下负责联络事务的部长。从这次短暂的会面中，我感觉到他不希望我参与进来。斯内和工党中的任何人都没从他那里得到只言片语的消息。

几个星期后，斯内又非常急切地来找我。这次他想告诉我，自己的党派准备在接下来两个星期之内宣布从联合政府退出。"和平纲领"并未得到巴勒斯坦人或埃及人任何的积极反馈，他问我和阿米签署的文件能否得到阿拉法特的回应。"你有备份吗？"他一边问，一边从公文包里掏出一份。他看着文件压低声音对我说："我们准备在党内推进你这个事情。但我们要得到以色列选民的支持，就需要你的帮助。"他希望阿拉法特能明确表示为"目标地图"背书，认为有了这个背书，以色列公众就会认为工党在另一边是有合作伙伴的，进而相信只有他们能够达成最终的和平协议。

我再次回到穆卡塔。这次阿拉法特的不信任表现得更为明显。"他们为什么要这样？"我向他讲述与斯内的会面后，他带着相当怨恨的语气问。他觉得这是个诡计，以色列是想绕过他，与我直接对话。"工党需要我们。"我尽量解释着。

"什么我们？他们说的'我们'是什么意思？谁是'我们'？哪个'我们'是我们？话说回来，到底又有多少个'我们'？我自

第三十二章 "老虎"

己就是'我们'！"

很显然，要从阿拉法特那里得到积极的回应，斯内必须亲自前来。至少，老人不愿意由我来做这个中间人。之前的事情重演了，斯内和他在工党的同僚没有从阿拉法特那里得到一点回音。

我最后一次正式前往穆卡塔是去参加内阁会议。工党已经退出联合政府，以色列大选即将到来。阿拉法特宣布会议议程之后，我问他能不能把以色列大选作为附加议程。阿拉法特小声表示同意。

会议进行到讨论以色列大选的时候，赛义卜·埃雷卡特开了头，他强调并警告所有领导人，不要做任何招惹以色列极端团体的事情。轮到我说话了，所有与会人员的目光都牢牢锁定在我身上。我重复了让所谓的"大起义"如此失败的所有原因，并指出这次起义持续越久，就越没有建立有效巴勒斯坦国的可能。"命悬一线的不是工党的未来，而是我们的。"我多次表达一个观点，就是其实应该把以色列大选看作我们的大选。我们为未来的巴勒斯坦国谈判时，主要的磋商伙伴就是以色列政府。因此，促使以色列选出一个相信和支持"两国方案"的政府，是符合我们利益的。只有在以色列人认为巴勒斯坦方可靠的时候，他们才会遂我们的愿。因此我们也必须清楚地宣布对真正的终极和平的渴望。要点在于，为一个以"目标地图"为基础、清晰而毫不含糊的政治方案背书，是符合我们国民利益的。

会议室里死一般沉寂。我感觉在座大部分人是同意我的，但没有人发声表达支持。在高层政治上，他们如出一辙，都对阿拉法特有种奴性的依赖。而后者是不愿意为工党提供任何帮助的，所以这些人也不会有什么行动。

一个星期后，我在《耶路撒冷报》发表了一篇头版文章，把所有的观点重复了一遍。但这是一场必输之战。工党推举的候选人是阿夫拉姆·米茨纳（Avram Mitzna），鸽派的退役上将，海法市长。

米茨纳和他的党派尽全力让以色列公众支持他们的和平立场，甚至还想出了一个竞选口号，"米茨纳全力支持阿米·阿亚隆方案"。但公众不买账。沙龙大败工党，之后不久，我辞去了巴解组织耶路撒冷代表的职务。

辞职对我和阿拉法特的关系没有丝毫影响。他喜欢对高官部下们大吼大骂，甚至扔东西，这是出了名的。一次会议上，他狠狠打了某个人的耳光。贾布里勒还被他用枪指过。这些我从来没经历过，一直到他去世前，阿拉法特还是非常尊重我，我也很尊敬他。

所以问题不在于缺乏尊重。他就是不听我的，也不听其他任何人的，反正在我看来是这样。被困废墟之中的他越来越恐惧可能面对的挑战。他可能一时觉得我有更大的政治野心——当然是大错特错了。可能有人在传谣言，说耶路撒冷那个位子上的某人已经在为"后阿拉法特时代"投机。"谁不希望能有在哈佛和牛津受过教育的人来做巴勒斯坦当局的领导人啊？"写这话的人用了个动物的比喻，发出诘问，一个教授是否真的能成为巴勒斯坦"集群"的领导人。[1]

大部分朋友都能看出我对政治地位缺乏兴趣，最主要的例证就是我在和阿米一起做事。阿米将自己的组织称为"人民之声"（People's Voice）；我们的叫"HASHD"，是阿拉伯语的首字母缩写，意为"人民和平民主运动"。我们俩有个一致的目标是争取"人民权力"，听起来似乎是陈词滥调，但能很好地总结运动背后的逻辑。我们明白，领袖们是很清楚最终方案的大致轮廓的，他们只是没有根据认知来行动，因为没人催促他们去做。只要他们管辖的人民听到武装冲突的号角还能群情激奋，他们就可以置身事外，不去完成困难得多的任务，即制定和平谈判的细节。因此，阿米和我决定直接呼吁和调动草根群众。我们在特拉维夫的新闻发布会上说，我们的目标是要集齐百万签名，呈给决策者们，使其作为既成事实，即

第三十二章 "老虎"

两国之间签订的协议。《国土报》的老朋友丹尼·鲁宾斯坦说我们这个计划是"绕过政治建制派前往和平"。

相比之下，阿米的组织比我的起步要快得多。他的理事会中有一些以色列的金融和社会精英。一位高科技产业的亿万富翁承诺会捐钱，也会花掉自己大部分的时间来投身这项事业。他把阿米介绍给了其他潜在的捐赠者。阿米的内部小圈子里还有前国家警察总长和以色列情报机关摩萨德的一名高级官员。这个团队很快搭建了一个网站，开始一场大型宣传活动。"人民之声"的总部设在特拉维夫证券交易所附近的一个富人区。

在被外敌占领、被炮火弄得满目疮痍、毫无法度可言的巴勒斯坦，事情就没这么容易了。"阿米·阿亚隆的合作伙伴有金融家、经理人和广告专家"，一名以色列记者这样写道，与他们相比，我们给人的印象是努力"开着一辆破旧的老爷车在被占领土闭塞的土路上蹒跚而行"。[2]

此言不虚。我们的资金很紧张，十五年前我偷运一袋袋钱的那种日子早已一去不复返。一位犹太慈善家，也是我哥哥在英国的朋友，给了我们一些启动资金。我试探了一下欧洲和美国的基金会，有些表示了兴趣，但没有实质上的捐助。

资金太少，我请不起广告公司，于是我在圣城大学的员工就承担了大部分职责，一些女性组织的志愿者也来帮忙。

我们首先想在拉姆安拉举行热闹的活动，以示运动正式启动。我们广发邀请，连阿拉法特都承诺会派代表来。但在活动前夜，我听到传闻说法塔赫中央委员会的某些成员下了命令，并派出武装团伙，在大街小巷伺机出动，要破坏我们的集会。

我打了几个电话，大家一致认为活动应该推迟。要是一个和平活动的启动仪式演变成了暴乱，那就太尴尬了。一位与阿拉法特合作多年的老朋友建议我给阿拉法特主席打个电话，给他讲讲这个传言。要是阿拉法特假装什么也没听说——他肯定听说了——那我就应该知道，肯定会有麻烦，如果是那样的话，按兵不动、选择等待是比较明智的。他这番道理讲得虽然复杂，但也很在理。不出所料，阿拉法特在电话里装傻。于是我取消了那场活动。

6月初，我们正式启动活动，多家报纸刊登了整版的广告，列出了200名平民支持者。和料想的一样，这掀起了一片责骂。有二十几个署名者一接到威胁，就要求将自己除名。但我们接着做广告，连续做了三天，到第三天结束时我们已经又收集到另外2000个签名。之后，我们开始每周登报一次，每次都用加粗的字体列出迅速增长的名单。

在耶路撒冷，我们邀请了数百名民众领袖参加开斋节，一起吃饭。活动的组织者中没有提到HASHD，但大家都知道我们想干什么。邀请函上说："让我们建立以耶路撒冷为首都的独立国家的梦想能够实现。亚希尔·阿拉法特，我们的兄弟与代表，将会带领我们。"一共有500人前来出席。

双方的相关运动都势头强劲。为我们的和平愿景签名背书的巴勒斯坦人越多，阿米就越容易争取到支持者。突然之间，"100万"这个数字好像也没那么虚幻了。

在整体倾向和平的东耶路撒冷，争取到民众支持是相对容易的，而且很大程度上是象征性的。成功与否，主要取决于在巴勒斯坦人聚居区的得失，即杰宁、纳布卢斯、希伯伦、加沙和各个难民营。在那些地方，电话和网络是没用的，必须要有人挨家挨户地游说，请大家做以前从来没做过的事。巴勒斯坦人习惯了观看决策者手上拿着笔在华盛顿或开罗签署协议，从来没人把笔放到他们自己手里。更糟糕的是，我们想要人们做的，完全与公众情绪背道而驰。光是挑战一项禁忌就够难的了，我们要一次挑战多个禁忌：对暴力的狂热崇拜，对殉道者的神话，以及能够"惩罚"以色列人的幻想。除

第三十二章 "老虎"

此之外，关于难民回归权的条款，还要求大家放弃他们最为珍视的幻想，而眼下是战争时期，幻想是最甚嚣尘上的。

抛开这些心理障碍不谈，我们光是在路上来回就会面临很多实际问题。军队设立的各种检查站让被占领土变成无法预测的迷宫。你在路上开着开着车，就会遇到坦克或推土机，只好再换一条路。从 A 点到 B 点要绕很多小路，碰到很多死胡同，才能辗转来到目的地，有时候可能还到不了。

初始阶段，就算是拿巴勒斯坦身份证的人，都还得再持有军队签发的许可证，才能在被占领土各区域之间来往；而这类许可证是很难拿到的。有时候我必须临时开到田地上，自己开辟出一条路。面对同样临时的路障，我的怒气直线上涨，必须不断提醒自己：很多人比我更艰难，他们只能非法通过，有的是步行，有的是骑着驴，都冒着被狙击手击毙的危险。

从一开始我就很清楚，能帮助我们赢得全国上下支持的人，不会是学者或城市里的教授，而只能是各个地方的草根活动人士。因此，我找到了自己认识的法塔赫地方领导人，有些是第一次大起义时期的旧交。和阿米在帝国饭店举行第一场签字仪式时，我就已经找到了拉姆安拉、伯利恒和希伯伦的活动人士入伙。

我还去找了约旦河西岸地区一些来往最久的朋友，想讨论清楚为 HASHD 建立草根基础的最好办法。我最早去的几站之一，是拉姆安拉的萨米尔家。萨米尔的两个儿子都在以色列监狱中服刑，他认真听着我向他解释"目标地图"背后的逻辑，并不时赞赏地点点头。他很喜欢这个想法，但也警告我说，一定会遭到猛烈的反对，要是我不想惹上太大麻烦，就一定要去争取法塔赫重要人物的支持。他们只要说句话，就能打开所有我需要的门。

一天，有人造访了我位于阿布迪斯的大学办公室。来者是伊萨·阿布·伊拉姆（Issa Abu Iram），希伯伦地区有名的法塔赫成员。

他说想要参与到我们的倡议中来，并表示可以帮忙争取更多的支持。我始料未及，感觉仿佛这是上天赐予的礼物。我推断，他在民众里的威望能帮我们获得说服激进主义者的渠道。阿布·伊拉姆和我相识多年了。第一次大起义时他和阿布·吉哈德联系密切，一直是法塔赫高级委员会成员，后来他在枪战中打伤一名犹太定居者，被捕后在监狱中服刑9年。1992年《奥斯陆协议》签订之后他被释放，在预防性安全研究院和贾布里勒共事。（大部分针对潜在自杀式爆炸袭击者的审讯都是由他来做的。）我知道他对眼下这场战争的立场：他同意贾布里勒的说法，这是沙龙的陷阱，要让巴勒斯坦人更深地陷入暴力的泥潭。

"这件事情我们一起来做。"我向他解释了"目标地图"的一些细节后，他毫不犹豫地表态。

他的建议很简单。"要避免我们俩被枪杀"，需要从"老虎"中找到民间领袖；所谓"老虎"是街面的"黑话"，指的是在以色列监狱中坐过牢，或者曾因反追踪而被迫隐匿的人。坐过牢和逃过命，让他们在那些难民营之类民风粗犷的地方具有一定的威信，也让他们能以民族主义为基础，奋起捍卫自己的立场。别人绝不会指责他们叛国、当"巴奸"，或说他们被间谍的一页传单吓倒。最终，我们招募的所有民间领袖几乎都是"老虎"，大部分都曾在以色列监狱中坐牢多年。

我的朋友法赫德，圣城大学阿布·吉哈德政治犯事务中心的主任，成了拉姆安拉地区的负责人。我选了一个因杀"巴奸"而在监狱里待了11年的人来做图勒凯尔姆办事处的负责人。我们在希伯伦的负责人，是来自难民营的法塔赫领导人，曾坐牢10年，后来为贾布里勒工作。纳布卢斯的负责人是阿布·吉哈德曾经的助手。还有位民间领袖——恰巧是我的保镖之一——在第一次大起义期间经常在监狱进进出出，因为他是制作莫洛托夫燃烧瓶的专家。

第三十二章 "老虎"

约旦河西岸地区最为狂暴混乱的地方莫过于杰宁,这里是滋生"阿克萨大起义"极端激进主义的温床。这里的斗争比任何地方都要激烈,也都要无用。我们最终为杰宁找到的"老虎",名叫穆罕默德,是杰宁大学法务部的负责人。第一次大起义时他才16岁,在一次示威中大腿被子弹击中。他拼命逃跑,但因为腿部重伤没能跑远。以色列人把他关了起来。第二次大起义开始时,他的法学学位正读到尾声,没有加入战斗。但这没能让他躲过被捕的命运,因为辛贝特认为他一定是罪魁祸首之一。审讯者的办法还是老一套,上锁链,罩头罩,不让他睡觉,还有连续不断的逼问轰炸。

"招兵买马"之后,HASHD迅速成为被占领土上最有组织性的团体之一,也许仅次于哈马斯。当然,这也说明不了什么,因为整个市民社会都已经崩塌了。我们形成了办公室网络,现在资金也到位了,会定期进行沟通并举行会议。

让我最为兴奋的是拉姆安拉开设了活动人士培训课。要是有人能在那香烟烟雾缭绕的房间里认出我,看我穿着破旧的英式花呢上衣和我的"老虎"们(穆罕默德和另外十几个"老虎"都从杰宁赶来了)讨论战略,可能会觉得我是"刀手麦克"(Mack the Knife),在建立自己的私人军队。其实,在培训课程中,我是在为这些之前的街头战斗者解释康德的哲学思想。

我把他们当成坐在课堂上的学生,不断向他们灌输和强调一定不能丧失人性。我用了他们能懂的词汇,但要点在于,你只有在自己没丧失人性的情况下,才能谴责别人丧失人性。对于占领的抵抗,要保持正当,就必须首先保证判定正当性的原则不被破坏和玷污,而这原则就是捍卫人类尊严。这正是康德的学说,也是我父亲的思想。

实践道德理论从来就不容易,在战区更是难于登天。我们最初登载的宣传广告在一些政客中掀起了反对的声浪;但归根到底,平民百姓们在意的还是生命安危。广告登载后有好几天，丹尼·鲁宾斯坦希望能抢到独家新闻，于是四处游走探寻，终于报道了这种令人意外的反高潮。

东耶路撒冷萨拉赫丁街上一家书籍报刊店的店主说，上周买《耶路撒冷报》的人几乎都没注意到我们登在头版上部的广告。而对于占据头版大部分版面的照片，比如宵禁、战争造成的破坏、死者，他们就看得很仔细。他说，巴勒斯坦人亲眼看到和读到以色列士兵重新占领了巴勒斯坦的几座城市，很难说服他们中的任何人在以色列也有可以与之进行和平谈判的朋友。

还有更多巨大的障碍在等着我们。"老虎"穆罕默德在杰宁开设 HASHD 办事处的那一刻起，麻烦就找上门来了。"老虎"穆罕默德看起来就是个不折不扣的街头斗士，再加上走路略跛，没人能质疑他对巴勒斯坦解放事业的耿耿忠心。我们一直这样以为，直到暴徒闯进了办公室。领头的是某个难民营的年轻人，一进来就拿着手枪随意舞着，指着我们的同事。"哪个是穆罕默德啊？"他问道。"老虎"穆罕默德朝他走过去，问他想干什么。他拿枪指着"老虎"穆罕默德的胸膛，要他把办公室关了，说："你不能在这儿办公。""老虎"穆罕默德立刻给阿克萨烈士旅（Al-Aqsa Martyrs Brigade）在约旦河西岸地区的头领——此人并不喜欢 HASHD——打电话，向他说明了情况，接着把电话递给那个十几岁的持枪小伙。对方接过去，一听到对面是谁，脸色立刻变得苍白。烈士旅的头领告诉这个小伙子，再也不要踏进我们办公室半步，也别去其他地方惹麻烦。

还有一次，我去纳布卢斯的纳贾赫国立大学呼吁当地人给我们支持。我的保镖接到一个电话，警告我们不要去。途中，一个来自

第三十二章 "老虎" 543

以色列行政部门的人根据线报得知我们会有很大麻烦，也给我的耶路撒冷办公室打了电话，警告的内容差不多。

一到地方我们就清楚了，哈马斯和解放巴勒斯坦人民阵线显然不想让我们举行公开的论坛。邀请我去的大学校长担心事态可能变得不受控制。我不想给他掀起不必要的风浪。"行吧，"我告诉他，"所以他们不想听我说话。我也不想侵犯他们抗议的权利。"我同意取消公开演讲，改为在校长办公室举行会议。不过我确认了一下，当地电视台的人是到了场的。最终结果看似混乱，其实很好。除了要非常大声地压过500名愤怒的学生之外，我平静地对着摄像机传达了自己的思想，整个会议内容被转播到该地区的家家户户。

以色列那边也给我制造了几个障碍，他们行动的时机还是一如既往地违背常理。一年前，以色列当局关闭了圣城大学办公室，那是在我公开号召终止自杀式爆炸袭击之后不久，这号召还让我收到了很多阿拉伯同胞的威胁传单、信件和电话；他们把自杀式爆炸袭击看作"英雄行为"，那些人都是神圣的殉道者。现在，时隔一年，HASHD慢慢发展起来，以色列军事警察逮捕了我们的一个从激进主义者变成和平志士的同事，他当时正在去拉姆安拉参加和平会议的路上，在某个检查站被捕。还有一次，辛贝特特工在杰宁抓走了我们的几个同事去审讯，还企图把他们变成自己的线人。"你看，"他们的道理是这样的，"你们已经是线人了。你们是在为努赛贝工作，对吧？好，他是跟阿米合作的。阿米曾经是辛贝特的头领。听明白了吗？你们的上司是我们的人。"

接替兰多任以色列公共安全部部长的哈内戈比组建了一个专家特别委员会对我进行调查，以色列广播电台公布了官方调查结果，说我是一个危险的伪君子，致力于摧毁以色列。一位以色列记者评论说，要在国防部门找到确信"喜欢努赛贝的人都是最危险的人"

这个观点的高层人物"是完全没问题的",我们对以色列安全的威胁甚至超过了哈马斯。鲁宾·巴尔科夫继续把我视作藏在特洛伊木马中的坏蛋或披着羊皮的狼。

我要为鲁宾、兰多和时任部长的哈内戈比说句公道话。在我的哲学讨论背后,的确隐藏着政治目的,而且会从根本上动摇他们想要的犹太国本。把武装起义变成非暴力不合作运动,会把他们拽入另一场战斗,而他们清楚自己赢不了。

说起鲁宾,他和很多上逻辑课的本科学生一样,将战术和战略混为一谈了。像我们与"即刻和平"之前尝试过的"人链"计划,组织数千人,形成一个象征性的国界;从反面角度说,也能够让以色列人看到,如果我们决定追求一个国家而放弃"两国方案",我们能够召集起来多少人。我与阿米制定的策略中,有个不可分割的部分,要追溯到我于1987年说的话:"吞并我们吧!"要么给我们独立的国家,要么给我们投票权。两者必有其一。

我们联合倡议背后的整体逻辑是要对政客们施加压力。推论过程差不多是这样:要是以色列人可以逃避责任,也不会危害到"犹太国"的人口结构,他们就会尽己所能地多夺取我们的土地,因为他们认为,从历史角度来说,以色列对这些土地是有所有权的。巴勒斯坦领导人的反应则几乎可以从数学角度准确预测,他们只会反复絮叨绝对公平和属于自己的历史权利,这样其实等于放了以色列人一马。但双方所谓的"绝对权利"——犹太人认为这里是自己祖先的家园,巴勒斯坦人则认为以色列从自己手里抢走了国土——从根本上来说就是矛盾的,是彼此排斥的。更糟糕的是,双方越是要求更多的"历史性公平",他们真正的国家利益就越是得不到满足。公平与利益互相冲突了。

阿米和我选择的策略让鲁宾·巴尔科夫和他的同僚们感到紧张,这是可以理解的。要说服大众接受公平公正的"两国方案",最好

第三十二章 "老虎"

的办法就是让他们知道，现状威胁到了大家的基本利益。而要让他们理解这件事，最好的办法就是从人口结构的角度去说明。

我要传达的信息如下：如果不迅速进行谈判，巴勒斯坦的立国计划只能进入一个新的抗争时期，这次的目标是要在历史上的巴勒斯坦境内，建成一个由两个民族构成的国家，犹太人和巴勒斯坦人享有同等权利，履行同等义务。这就意味着犹太复国主义梦想的终结，因为他们想在巴勒斯坦的土地上为犹太人建立一个能作为家园的国家。

从以色列的角度出发，不能达成"两国方案"也会把自身置于险境。以色列迟早会发现，自己变成了一个种族主义盛行的国家，公民的安全或和平不能得到保证，就像南非的种族隔离政权一样。这样的结果就给以色列造成了战略性的难题，所以需要先发制人，采取措施去预防。因此，从战略上讲，以色列也需要一个解决方案。

阿米和我常常重复这个主题，努力说服以色列人，比起沙龙所梦想的击破约旦河西岸地区，将其变成南非式的班图斯坦区域，从被占领土完全撤军更加符合他们的长期利益。阿米接受一个采访时曾警告说，十年之内，以色列"将逐渐陷入一种情势，即以色列不再是属于犹太人的民主国家和家园"，因为地中海与约旦河之间的巴勒斯坦人会在人数上超越以色列犹太人。我也附和他的观点："这也许是达成协议的最后机会。很快，像建立巴勒斯坦国这样的领土解决方案就不会有人再提了。唯一的选择就是从人口结构下手，而阿拉伯人和犹太人都要在一个国家内争取平等权利。"[3]

第三十三章
完美犯罪

> 我们岂不都是一位父吗?
> 岂不是一位神所造的吗?
> 我们怎么以诡诈待弟兄,
> 背弃了神与我们列祖所立的约呢?
> ——出自《圣经·玛拉基书》2:10,阿布迪斯墙上的涂鸦

好的谋杀故事中,完美犯罪的恶人会平安无恙地逃脱。还有更妙的,他可能将法律玩弄于股掌之上,把责任统统归结在死者身上。受害者要么是自杀,要么就是自作自受。我之所以写这么一段话,是因为从2004年开始,我就一直见证着完美的政治犯罪,他们扼住了一个古老文明的咽喉,要让其吐出最后一丝气。

2003年12月,我们回顾一年来的辛勤工作和HASHD的重大发展。尽管周围频频发生恐怖主义爆炸袭击,还是有数十万巴勒斯坦平民与以色列平民签名支持历史性的折中方案,因为他们意识到,双方其实是存在一致利益的。不管暴力行为多么令人发指,对于恢

复常态的渴望已经不可抑制,两国人民之间逐渐形成了广泛的联合。平民百姓理智观望,从人口结构的角度去思考,意识到两个民族要么达成"一国方案",要么按照和1967年差不多的国界,变成两个独立的国家,共同享有耶路撒冷的主权。民意调查显示,双方绝大多数民众倾向于第二种选择。某一项民意调查的具体结果是,如果巴勒斯坦领导人能够支持这样的"两国方案",有在比例上占绝对优势的以色列人(70%比16%)希望本国政府也能严肃认真地谈判,达成协议。[1]

比任何人都会预测风向的沙龙决定在两个民族之间树立一道高墙。面对平民百姓想要停战和解,通过对话和妥协解决双方冲突的本能,沙龙的回应是钢铁、水泥和枪炮。

沙龙修建的六米高墙就是完美犯罪,这么说不只是因为它分割了约旦河西岸地区,还因其将东耶路撒冷与那些千年来一直与其紧密相连的村庄和城市隔绝开来。真正让沙龙这个砖石工程变成完美犯罪这种文学体裁的,是很少有人怀疑他的真正动机并非阻止恐怖主义。卡桑火箭炮能轻易飞越区区六米高的屏障。他真正的仇敌是人与人之间对话,以及大家对恢复常态的渴望。

这座高墙就是完美犯罪,因为表面目的是防止暴力,实际上却是在助长这些行为。就像把某人紧紧关在牢笼里,等他像所有正常人一样开始尖叫时,就指责他脾气暴戾,说把他关进笼子是正当的做法。

民意变幻无常。阿米和我开始计划的时候,帝国酒店的大堂里聚集了30个人——自然是远远不到100万。很多以色列人非常理性地不断向阿米重复说,我们的共识毫无意义。"是啊,是啊,萨里是个不错的家伙。要是有100万人都像他一样就好了!但是,太遗憾了,我们必须得对付巴勒斯坦那群暴民。我们不是跟他谈和平,

第三十三章　完美犯罪　　　　　　　　　　　　　　　　549

是要跟他们谈。"

阿米和他的团队最后拿到了大量的签名，一共25万个。倾向于利库德集团的选民也热情签名，和支持工党的选民一样。巴勒斯坦这边，HASHD获得的成功也出乎所有人意料。一开始人们对我说，我只能争取到一个签名，就是我自己的。现在，我争取到超过16万人的签名，很多人都冒着被家人朋友鄙视的社交风险。我们的各种成功表现在：在希伯伦附近的阿鲁布（Arroub）难民营，一共有9000名居民，其中1100人加入了HASHD。在杰宁，我们有3000名支持者和70名领导者。法赫德和他30人的团队在巴勒斯坦极端主义甚嚣尘上的加沙收集到数万个签名。

HASHD建立了非常坚实的领导层。我们和露西管理的一个和平组织亲密合作，将我们的"老虎"送去参加了为期两周的培训，涵盖领域有和平、民主、平等、内部关系和非暴力教育；他们在希伯伦附近参与组织了一个名为"无暴力，更明智"（Smarter Without Violence）的夏令营。这个夏令营为期3周，对象是9岁到14岁的少年，旨在通过艺术、运动等教育，播撒民主与非暴力的种子。夏令营负责人贾米勒·拉什迪（Jamil Rushdie）是我们领导集团的成员，也曾在以色列监狱系统中服刑9年。

我们也得以在地方政治中取得一些成就。在约旦河西岸地区南部一次工会委员的选举中，将近一半当选的人是HASHD的成员。夏令营负责人拉什迪是委员会会长。

我们将非暴力信息传递给越来越多的人。2004年，我们听从露西的建议，又刊登了一则广告，呼吁进行非暴力大起义。这次情况完全不同，人们排着队来签名。加沙的法塔赫领导人签了他的名字，纳布卢斯的总长也签了，而他的两个儿子都是被以色列人杀死的。

最终，就连阿拉法特的态度都发生了转变。一开始我就感觉，要是能让一定数量的难民象征性地回归，他还是会同意"目标地图"

的。不出我所料，沙龙还是对我们采取蔑视的态度，以色列内政部总是拒绝为我们的外国志愿者发签证，但阿拉法特却同意为我们提供每月共计一万美元的资金支持。他的权力机构已然破产，能拿出这些已经算慷慨解囊。

我们的事业还在获得越来越多的国际关注。2003年年末，阿米和我开始"路演"，最先找到了美国国防部副部长保罗·沃尔福威茨（Paul Wolfowitz），他是一名知识分子，曾经在芝加哥大学列奥·施特劳斯的门下学习过。沃尔福威茨在中东问题上的强硬态度是个传奇。左翼知识分子总说他是好战总统的"黑暗王子"。

我们几年前就见过面，一个共同的朋友帮我们安排了在五角大楼的会面。虽然之前听过种种传言，但我走进沃尔福威茨的办公室时，心里还是充满希望的。也许只是一厢情愿，但我想，列奥·施特劳斯是评论法拉比的专家和伟大学者，而他的门生不可能如传言中那么坏。的确，这位传说中的鹰派人士其实极其和蔼可亲、迷人，也很理性，他很希望听听我们的工作。

几个星期后，沃尔福威茨在乔治敦大学（Georgetown University）的外交学院（School of Foreign Service）发表演讲，介绍了布什总统的两国愿景。他对听众们宣布，有成千上万的以色列人和巴勒斯坦人支持总统的愿景。"我是怎么知道的呢？"他自问自答，"嗯，现在正在进行一个大型的草根运动……他们支持的原则，看上去基本倾向于'两国方案'的'路线图'。"他提起我们俩的会面，并总结我们的策略是"调动双方渴望和平的大多数人，这样反对［和平］的极端分子就会被孤立"。

接着，阿米和我又在白宫旁边的国家安全委员会（National Security Council）办公室见了负责人埃利奥特·艾布拉姆斯（Elliott Abrams）。他和沃尔福威茨一样，是传言中新保守主义派的思想家，坚定支持以色列。作为"白宫的总统特别助理和国家安全委员会近

第三十三章 完美犯罪

东和北非事务高级负责人",正是他让小布什和他的团队倾向于支持沙龙。就连他的私人生活似乎也是我们要逾越的障碍:他与《评论杂志》(Commentary Magazine)的犹太主编诺曼·波德霍雷茨(Norman Podhoretz)有姻亲关系。阿米觉得说服他是不可能的,但我们还是去了。

会面一开始,艾布拉姆斯如我们所料,重述了中东所有的和平阻碍:阿拉法特不可信任,需要被取代;以色列有权武力反击恐怖主义,在巴勒斯坦人放弃暴力行动之前,不应该考虑作出任何让步;要等每一个恐怖分子都入狱了,才能实施"路线图";诸如此类。他还对巴勒斯坦的腐败发表了几句观点。这些都完全在我们预料之中。

我们并不想卷入争论,于是对他的话表示同意。"对,对,对,"我们很敷衍地说,"现在开始谈正事吧。"我们对他做了简明扼要的说明:除非在后面附上两页纸,否则美国政府的"路线图"是没用的,而这两页纸上的内容恰恰符合布什总统的愿景。

我们解释说,布什总统的"路线图"的确高尚宏伟,但没有足够清楚地指出我们去向何方。方案里没有提到两国的国界问题,以及犹太定居点与难民的处理问题。我们的计划则给"路线图"提供了一个目的地。这和路线本身同样重要。我们的计划将人民置于决策者的位置,争取到了必要的大众支持;这样一来,双方的极端主义者都有所式微,他们的企图和关注点和普通人完全不同。

最后这一点引起了艾布拉姆斯的注意,办公室里的气氛变了。他坐直了,说要看看我们的文件。读了之后,他伸出一根食指指着我们。"听我说,"他解释道,"我们认为不可侵犯的并非'路线图',而是背后的愿景。那才是我们尽心尽力想要达成的。"

走访其他官员时,我们也得到了类似的回应。科林·鲍威尔请自己的发言人宣读了一份声明:"人们[比如我们]作出努力,要鼓励……和平愿景的达成，国务卿先生非常欢迎这种努力。"前国务卿沃伦·克里斯托弗（Warren Christopher）、前国防部部长和世界银行行长罗伯特·麦克纳马拉（Robert McNamara）和另外五位美国内阁成员发表了一封公开信，支持"目标地图"。他们还发表了声明：

> 我们相信，取得进展的最好办法，是在渐进过程的一开始而非尾声，说清一个公平、持久方案的所有基本原则。推迟最后的结果，只能让双方的极端主义者持续阻碍进展。

在以色列，"目标地图"算是漂亮地赢下了一场"对抗赛"。我们被邀请去2004年的赫兹利亚会议（Herzliya Conference）展示这个计划，那是以色列和全世界金融、政治、学术领域的犹太精英的年度会议。这个会议在以色列的政治分支上是偏保守派的，但通过逐渐进步演化，已经成为一个论坛，介绍关于以色列面对战略问题的新观点和思考。通常，时任总统每年都会在会上向全国致辞，这算是以色列版的国情咨文。

参会期间，我们参加了关于结束冲突的各种策略的小组讨论，并展示了自己的想法。除了我们之外，约西·贝林和亚西尔·阿比德·拉布则讨论了他们的《日内瓦协议》（Geneva Accord），而前俄罗斯夜总会保镖和以色列右翼党派"家园党"（Beiteinu Party）创始人阿维格多·利伯曼（Avigdor Lieberman）则讲了自己的想法。

《日内瓦协议》在本质上是与"目标地图"类似的，主要的不同之处在于我们着重于绕开政治建制派，直接寻求草根支持。而利伯曼的方案则完全不同，毕竟这个人在沙龙第一任期内做交通部部长时，曾建议把所有巴勒斯坦囚犯都扔到死海里淹死。利伯曼向与会人员建议，以色列吞并约旦河西岸地区的所有空置土地，并切断东耶路撒冷周边阿拉伯人口密集的区域，以及绿线沿线的瓦迪哈拉（Wadi 'Ara）地区，后者有30万阿拉伯居民。还居住在以色列境内的阿拉伯人，要是拒绝宣誓效忠"犹太复国主义之国"，将遭遇被驱逐的命运。看来夜总会保镖的确喜欢简单粗暴的解决方案啊。

讨论结束时，组织者让大家为三个方案投票。我们得到了最多的支持率：65%，而贝林的是25%，利伯曼的则是10%。

我从未想象过，自己关于巴勒斯坦人和以色列人将成为盟友的预感，竟然能得到如此强烈的证实。在这样一个充斥着恐怖、爆炸、谣言煽动、神职人员满眼怒火的时候，即便是如此保守的受众，都选择了理性。

但还远不到享受胜利的时候，因为我们只不过算是沙龙的"热身运动"。当天下午晚些时候，他发表了与加沙的"脱离计划"。会议组织者没有让大家为他的计划投票，其实应该投投看的。和我们的计划一样，他的也是最终计划，考虑到观众的构成，应该也能够轻而易举地获胜。也许约西·贝林、亚西尔·阿比德·拉布、阿米与我能够在以色列精英那里受到"红毯待遇"，只是因为能算数的只有沙龙的计划，我们的根本不值一提。

会上，战术大师沙龙把自己说成现实温和派的领袖，这仿佛是举起消防水管对自己的反对者一顿乱喷。他的行动战略其实和1973年战争时的反击一致，当时他跨越了苏伊士运河，将埃及第三军引入陷阱。

沙龙上台时，已经得出结论，自己那老一套的自治权说辞已经不管用了。让犹太定居点布满被占领土，想以此来摧毁巴勒斯坦的民族主义或防止巴勒斯坦建国，这其实是毫无意义的。多年无休无止的冲突，再加上数百万满怀怨愤的巴勒斯坦人对人口结构造成的潜在威胁，这两点都让他坚定了前面的结论。

于是，他都没象征性地流一滴眼泪，就将大以色列之梦抛弃。他决定把定居者迁出加沙，并宣布了旨在保证以色列境内的犹太人占绝对多数的单边主义，同时把约旦河西岸地区和东耶路撒冷的战略资产——定居点、大量空置的地产、水资源——用高墙封锁。这些话在大部分人听来都是兴之所至、脱口而出；其实不然，这是沙龙深思熟虑了至少十年的计划，只不过重新包装了一下。可以说，混凝土搅拌器跟随的方向，就是这位总理贪婪膨胀的胃口。

这是一个非常巧妙的计划，直接或者说故意对"目标地图"造成威胁。沙龙甚至向阿米承认，"脱离计划"背后的主要促成因素，就是我们的草根倡议。阿米对《耶路撒冷邮报》评论道，沙龙令"定居者撤离"，很明确就是为了"防止共存"。[2]（沙龙的首席顾问多夫·魏斯格拉斯给出了这样的解释：脱离计划"提供了必要剂量的'甲醛'，消解了与巴勒斯坦人在政治进程中达成一致的可能性"。）

在沙龙的计划中，获取国家利益的方法和"目标地图"中的方法大相径庭。我们致力于促进双边对话；沙龙的单边主义则创造了永久的不信任和猜疑，令低烈度的暴力事件频发，谈判无法开展。将加沙的定居者全部撤离，是典型的声东击西，这样就能转移国际社会的注意力，让他把约旦河西岸地区分割得七零八落。

待他做完"手术"，剩下的所谓"巴勒斯坦国"将功能失调、暴力频发，于是就有必要修建所谓的安全高墙；更重要的是，还会让谈判几乎永久搁置。可以预见，哈马斯和法塔赫一定会发起冲突斗争，更别说不时会有卡桑火箭炮从墙那边发射过来，这样就会向全世界证明，民主国家的以色列人忍受了多么不守规矩的邻居。与此同时，密集的以色列人口将会占有约旦河西岸地区更多的巴勒斯坦土地。当然，这个计划的关键是，双方没有对话，没有信任，不会进行谈判磋商。总而言之，就是没有以共存为目的的大型草根运动。

第三十三章 完美犯罪

自然,沙龙的讲话中对这些只字不提。之后我在大堂里游荡,陷入沉思,想揣摩沙龙讲话的含义,结果找到了前两届赫兹利亚会议的资料。我把资料带回了家,研究得越多,就越看得清晰。沙龙的优点在于,至少他非常有系统性、有决心,而且直接。他会把想要的东西直接告诉你,然后去行动。

他的策略转变从2002年的赫兹利亚会议就开始了。那次的会议有个关键环节,是讨论以色列面临的人口结构难题,这个主题永远是归在巴以冲突之下的。从犹太复国主义殖民早期,犹太领袖就非常清楚,他们是身处"阿拉伯汪洋大海"中的少数人。(这里应该补充一下,修建高墙的想法可以一直追溯到利库德集团的精神创始人泽耶夫·亚博京斯基,本书前面也有提到。亚博京斯基于1923年发表的文章《钢铁高墙:我们与阿拉伯人》["The Iron Wall: We and the Arabs"] 中就提到了这想法。)那场会议上备受瞩目的是阿尔农·索弗(Arnon Sofer)教授,他来自海法大学(Haifa University),是一名非常谦逊低调的地理学家;他的阿拉伯人口结构定时炸弹预言颇具前瞻性,在学界很出名。他在讲话中提到了人口与土地之间的矛盾。试问,以色列国怎么能保有约旦河西岸地区的大部分土地,让居住在那里的人们不享有任何权益,却又继续自称是个民主国家呢?

教授阐明他的观点,就是以色列需要立刻划定边界,不然就会被阿拉伯人淹没。他对与会的以色列精英解释说,理想的地图是把约旦河西岸地区分割成三个独立行政区,每个区都有密集的阿拉伯人口:一个从杰宁到拉姆安拉,一个从伯利恒到希伯伦,最后一个环绕杰里科。索弗教授建议三个行政区外围全部竖立电网,避免阿拉伯人涌入以色列想要保留的土地,这些土地的面积超过了整个约旦河西岸地区的一半。

听了这番讲话之后,沙龙找到教授,跟他握了手,开启了一段非常成功的合作。

一年后，在2003年的赫兹利亚会议上，沙龙发表了脱离计划的概要。那时候所谓天赐"犹地亚与撒马利亚"的说法已经成为相信弥赛亚传说的狂热人士的论点，很不入流，于是沙龙选择不提。他唯一的论点就是安全。他警告说，要是巴勒斯坦人不能停止恐怖行动，"以色列将发起单边安全行动，与巴勒斯坦人脱离接触……以色列将大大加快安全防护网的建设。今天我们已经可以看到它在成形了"。

修建安全高墙的想法从工党还属于以色列政府时就开始了，至少在工党看来，这是一项权宜之计，至少可以保护以色列社会免遭自杀式爆炸袭击者的伤害。沙龙进行了一项创新，就是把防护网也纳入索弗教授的地图中。高墙是定居点自然的延伸，也是海湾战争时引入的检查站制度的自然延伸，还是多年来修建的高速公路与水泵站等基础设施的延伸。同时也象征着以色列对整个耶路撒冷的"永久"所有权。

如果启发这个愿景的是人口结构和为以色列争得最优国境的愿望，他给出的理由则是安全。（东德也将柏林墙称为"反法西斯保护屏障"。）武装冲突持续得越长，就有越多巴勒斯坦土地供他殖民。恐怖主义让沙龙得以无视布什的"路线图"，即便这计划能保护他不承受恐怖主义带来的后果。

沙龙可以高枕无忧地等着阿拉法特给他提供掩护，让他采取1948年以来以色列最大的土地掠夺行动。那位老革命，被困在炸毁了一半的宅邸中，整天自言自语，他仍然守望着理想，但已失去采取行动的能力。以色列和美国政府都批评他是恐怖主义的起源，要把巴勒斯坦所有的悲剧和困境都怪罪在他头上。就因为他，以色列才被迫修建安全防护网。

耶路撒冷周围的高墙被称为"耶路撒冷安全隔离墙"（Jerusalem

第三十三章　完美犯罪

Security Envelope），而负责修墙的政府部门被命名为"接缝区域管理局"（Seam Zone Administration）。

高墙迅速建起，势如闪电，距离我们在阿布迪斯的老房子只有60厘米。之前，从房子的阳台上可以看到圆顶清真寺的宏伟美景，现在只能面对一块6米高的水泥板。正如1995年我们从华盛顿回来后怀疑的那样，住在这里很有可能失去耶路撒冷的居住权；如果想去看母亲，要么冒着生命危险翻墙过去，要么向绝对不可能签发许可证的官僚机构申请一个特别许可。

很快我就感受到沙龙版本的"两国方案"带来的痛苦与压力。在圣城大学，高墙不只是挡住了视线和风景。《新政治家》（*The New Statesman*）的一名记者记录了校园里正在发生的事和我头脑中的思考。他写道："努赛贝没有心存任何幻想。我们在耶路撒冷的阿拉伯大学——圣城大学——谈话，就在这座校园里，以色列的'安全屏障'横亘而过，让数百名巴勒斯坦人丧失了唯一的高等教育机会。"

大学主校园跨过了那些人想象中的、把耶路撒冷和约旦河西岸地区分割开的界线。一天上午，接缝区域管理局的人来了，胳膊下面夹着一卷卷规划图。他们后面跟着以色列军队的施工机械。他们的规划是高墙要从校园中间穿过，将三分之一的校园留在以色列那边，而所有的大楼都和耶路撒冷隔离开来。住在以色列那边的学生占整个学生人数的三分之一，必须要通过以色列设置在屏障沿线的门过来，以我对检查站的了解来看，这些门很可能经常是关闭的。

接缝区域管理局的规划者一定以为，此举会惹得我们和整个约旦河西岸地区的人一样，进行强烈抗议。通常，以色列人出现在某个区进行规划时，都会有一群阿拉伯人朝他们扔石头，保卫自己的土地不被征收。石头一扔，以色列就可以发射橡皮子弹了，暴力行为反而让高墙更有存在的理由。

我们却令他们大吃一惊。说得更公平一点，应该说是这些规划师犯了个大错，而我们充分利用了这个错误。之前设置的高墙走向，不是穿过停车场或空地这种没有情感价值的场地，而是穿过学校的足球场、篮球场，以及为新的运动场地和为植物园规划出来的土地。这正是搞公关的好机会。

我召集了圣城大学和HASHD的顾问——其实都是同一群人——思考对抗高墙的办法。我们想出来的计划比较理想化，要发起沙龙急切想规避的对话。他认为会终止以色列人和巴勒斯坦人对话的计划，最后竟然令双方的关系更为密切；自圣殿山之行后，他从未见过这种事。我们将足球场变成一个非暴力抗议的试验场，教会学生如何用观点与说服力打败以色列人，而不是扔石头和燃烧瓶。抗议持续了34天，我们赢了。

成功的先决条件是把事情说清楚。我们提出了非常详细、明确的目标，也避免对筑墙行为进行整体上的批评。我们没有否认政府有保护公民免受自杀式爆炸袭击之苦的需要，且对此予以肯定。"好的，如果你们希望保持割裂状态直到和平到来，那悉听尊便。你们的墙可以修几十米高，你们随意。"我们的话术就是如此，"但要修就沿着1967年的边界修，不要修在耶路撒冷中间，不要穿过我们的足球场。"

这6米高的屏障实在太过怪异，本来我们要打击暴力，先决条件就是控制暴力，但有了这堵高墙，暴力就很难控制得了。形势实在太紧张了，我担心任何有组织的抗议，不管之前计划得多么细，最终都只会恶化成一场暴力破坏。雪上加霜的是，很多学生认为，高墙立起，铁证如山，和以色列人的对话没起到任何作用。"你们说要架起理解之桥，而他们回来却修建了墙。"批评之声四起，人们举起塑料水枪，表示自己提出了解决问题的办法。

第三十三章　完美犯罪

我苦口婆心地向学生们解释，暴力只会为沙龙助力，才勉强把他们安抚下来。要是学生又扔了石头，势必会有伤亡；第二天在学生的葬礼上，又有高尚殉道者加入那不断增加的名单；但学校很可能会被勒令关闭，再也没有人去阻挡那些推土机了。

学校安全和维护部门的负责人纳赛尔·阿凡迪也进行了强有力的说服，为我的逻辑助力。纳赛尔是法塔赫领导人，之前坐过牢，也是HASHD的活动人士，他为贾布里勒工作过，直到入侵开始，以色列人严禁他离开阿布迪斯。他明白自己可能成为以色列暗杀组织的目标，于是谨慎地服从了命令。纳赛尔维持抗议和平性质的方式是找来了300名法塔赫成员，都是"老虎"。每天在抗议地点，他们都会唱歌、跳传统舞蹈，从早上七点一直弄到午夜。这个办法很有用；不过有那么一次，几个戴面具的学生还是朝运动场附近的以色列推土机扔了石头和燃烧瓶。守卫在现场的军队朝天空开了几枪警告他们，让他们走开。还好，没人受伤。

为了缓解紧张形势，我们每天还要做一件事，就是让足球队员穿好运动服，在球场上训练。第一次这样做时，站在边上的士兵都精神紧绷，手指放在扳机上；后来他们逐渐变成某一队的支持者，非常热情地参与到助威呐喊的队伍中。剑拔弩张的局面不见了，士兵们带着笑容走开了。一个多月的时间里，足球队踢了一场又一场比赛。每天晚上我们都组织聚会，来自阿布迪斯和附近村庄的年轻人到球场上搞社交。音乐会、食物、篝火和节日般的气氛，仿佛让人在精神上重回1968年。

我们的"抗议营"是个大帐篷，大家就在里面开会，进行考试。它还兼具国际和以色列媒体信息中心的功能。我们利用幻灯片和印刷材料，解释高墙的修筑会对大学造成多么有害的影响。

大量涌入阿布迪斯报道抗议活动的记者把我们描写得非常正面。《卫报》的一篇文章专门写到一名叫萨莫的足球运动员："'在我们国家的这片区域，已经没有操场了，没有任何东西可供我们运动了。'25岁的萨莫如是说，他在圣城大学攻读运动科学硕士学位，'这里也是让人们见面的地方。所以我们每天都希望，当天的比赛不是在这里进行的最后一场。'"

我发了一份阿拉伯语、希伯来语和英语三语的通讯稿，题为《高墙也需要把我们的校园一分为二吗？》。

大学里有将近六千名学生就读，过去几年来，我们一直活跃在鼓励巴以学术合作的最前线。过去这三年来，外面的世界充满了血腥暴力和敌视冲突，校园却很是安静，学生们只要能到学校，就会急切地前来，继续他们的研究和学习。

破坏校园的场地，在中间修筑一道高高的水泥墙，挡住对面河谷的自然景色，这只会是一份抹不去的声明，表达了恶意、侵略、政治立场和人性的沦丧。这样负面的声明，是在学生的众目睽睽之下用水泥屏障写就的，直接违背了我们努力在学校传播的正面教育价值观，比如必须破除敌意的壁垒，在双方之间架起理解的桥梁，巩固和平的前景。

523　　我在9月3日发出新闻稿，又在同一天邀请了多位总领事和外交代表来到我们的抗议营。其中，美国负责政治事务的领事在布什"路线图"执行协调人约翰·沃尔夫（John Wolf）大使的代表的陪同下前来。欧盟轮值主席国意大利的总领事詹尼·吉西（Gianni Ghisi）代表所有前来的外交官发表讲话："圣城大学是我们的合作伙伴，任何对其利益的损害都将被视作对我们利益的损害。我们将与圣城大学携手合作，渡过这段艰难时期。"总领事呼吁以色列各大学表示对圣城大学的支持，又补充道："圣城大学不仅是学术知识的实验室，也是非暴力与和平抵抗运动的实验室。"

第三十三章 完美犯罪

抗议时间已经很长了，34天，但我终于接到了从以色列军方参谋长办公室打来的电话。对方说，以色列政府已经同意把我们足球场上的墙拆掉。我们能让他们改变计划，是因为抗议的消息传到了美国国家安全事务助理康多莉扎·赖斯耳朵里，她在华盛顿与以色列官员提起此事。

拯救足球场是圣城大学的重大成就，但丝毫没能阻挡以色列无情地修建高墙。主要定居点都被套在沙龙这个水泥"套索"的范围内，他也圈走了主要的水资源和大部分优质土地。整个约旦河西岸地区有数千英亩土地被他们征收，农民失去了赖以为生的农业用地，数百座建筑物和数以万计的果树、橄榄树都必须为这参差不齐的水泥屏障让路。高墙深入约旦河西岸的某些地区，将各个村庄分割开来，造就了很多孤岛"飞地"，毁灭了建立毗邻的巴勒斯坦国的任何希望。

如果你放任一名小偷在夜晚潜入某座百货大楼，他一定会偷最好的东西。沙龙的高墙偷走的最好东西是东耶路撒冷，那里有大片土地被划归到以色列的控制之下。就在如此简单粗暴的重击之下，数千年神圣的地理分布发生了剧变。高墙将阿布迪斯附近拉撒路曾居住的阿尔扎里耶村与耶路撒冷的其他基督教古迹切断。突然之间，从圣墓教堂到伯利恒的圣诞教堂朝圣需要等待很长时间，朝圣者面前的景象很像柏林墙，也是冰冷的水泥、一圈圈铁丝网、一座座瞭望塔，还有紧握武器、暴躁易怒的士兵。约旦河西岸地区200万穆斯林无法在圆顶清真寺做礼拜，那里本是象征着我们民族集体身份认同的圣殿。

不管怎么说，我们也算是赢得了一次胜利，HASHD的行动应该扩展到收集签名之外的领域去。唯一能阻止沙龙和这个高墙的办法，就是恢复政治进程，而恢复政治进程的唯一途径就是打消沙龙的企图，不让他以封闭隔离的方式消灭涉及对话与共存的言论。要做到这一点，就又得返回来说服以色列人，回到谈判桌上是符合他们自身利益的。我们必须让他们明白，沙龙将巴勒斯坦人圈在小飞地中的政策，最终会导致南非那样的状况（有一次沙龙一不小心，竟把那些飞地直接称作"班图斯坦"）。

必须承认，他的计谋是很巧妙的，但有一个核心缺陷，就是巴勒斯坦人永远不会停止抗争，无论是用正当还是不正当的手段。以色列人可能有一天会意识到，这永无止境搅扰他们生活的骚乱，其实和我们反对"犹太国"没有任何关系，而是源于更为世俗的因素：人类生来就不会接受不公正的待遇。但等到他们明白过来，现实情况很可能已经没希望达成双方"划区而治"的方案了。因此，在"大以色列"意识形态的废墟之中，很可能出现极端主义的解决方案，比如利伯曼的"种族清洗"计划。如果真的实施了这样的计划，冲突会加剧恶化，不可能得到和平解决。而将付出代价、长期遭受痛苦的，是渴望在各自的社会中追求正常生活的以色列和巴勒斯坦的平民大众。

我们的新方向是，要么展开对话，往"两国方案"努力；要么进行非暴力不合作运动，要求以色列给予我们完整的公民身份和权益。如果以色列继续占领巴勒斯坦，我们的回应就是反种族隔离的示威活动，要求在统一的阿拉伯-以色列国中享有"一人一票"的选举权。HASHD内部开始把"安全屏障"称之为"种族隔离墙"。

阿米发表了与我相呼应的声明："很不幸，以色列正在修建的屏障会让很多人不再信仰和平。如果以色列造成了与种族隔离时代的南非类似的状况，就不可能有巴勒斯坦国，犹太人也无法享受安全宁静的家园。虽然以色列确实有自卫权，但这种修建高墙的方式将影响美好未来的前景。"

HASHD从多个途径向高墙发起反抗。海牙（Hague）的国际法院（International Court of Justice）要举行听证会，案名是"在巴勒斯坦被占领土修建高墙的法律后果"。为了支持巴勒斯坦代表

第三十三章　完美犯罪

团，我们也派了代表前去参加。我们还进一步努力，在巴勒斯坦社会推动非暴力运动的普及。我们喊着口号"架理解之桥，而非分隔之墙"，指出采纳"目标地图"的和平倡议，就能够消解建设"安全屏障"的虚假借口，从而为巴勒斯坦人和以色列人带来安全与繁荣。也许HASHD最有意义的演变发生在2004年7月，当时我们以"即刻和平"为模板发动了巴勒斯坦第一次全国性示威，也就是像该组织的集会一样，把全国各地的人都召集到一起。

我们决定在盖勒吉利耶（Qalqilya）地区举行集会，这个地区的村民因高墙遭受到的痛苦特别严重。比如，在杰尤斯（Jayyus）村，高墙让村民失去了将近70%的土地，4000棵树被连根拔起，6座地下水库被切断。高墙毁掉了该村超过一半居民的营生。

军方当然是尽全力阻止我们。他们宣布盖勒吉利耶为封闭军事区，士兵在通往那个区域的道路上设立了8个检查站。至少有15辆载着抗议者的巴士被拦了回去，还有很多同样用途的小轿车也遭遇了同等对待。但还是有数百名"神通广大"的巴勒斯坦巴士司机和出租车司机成功穿越了障碍。一共有1500名阿拉伯人到场，我们的抗议成为和平协议破产之后盖勒吉利耶规模最大的示威活动。参与者有工人、农民、店主、工程师、学生、文员，和来自耶路撒冷的活力无限的法塔赫青年。"这不是你们以色列媒体经常讲的那种普通的学术活动。"我对《耶路撒冷报道》(The Jerusalem Report)的一名以色列记者说。

示威者穿着露西设计的T恤，上面印着"无暴力，更明智"；他们举着标牌，呼吁在"目标地图"即"两国方案"的基础上达成和平协议，双方都停止暴力行为，并呼吁修建代表和平的桥梁，而非代表隔离与扩张的高墙。他们在墙上重新喷绘了涂鸦——覆盖了之前哈马斯和法塔赫激进分支阿克萨烈士旅的涂鸦——倡导对话，反对冲突。作为追求合作的象征，有些年轻人放了风筝，往以色列那边的空中飞出很远。

附近的以色列市镇卡法萨巴的长官阿米，和另外400名支持者在墙的另一边，站立的地方之前是个垃圾堆。双方用扩音器和电话交谈，阿米往空中放了一个很大的气球，上面写着"有人可对话"。

气球没能阻止高墙的修建，正如我们在圣城大学踢的足球赛也没有。形势已经不可逆转，仿佛威尔斯（H. G. Wells）小说《星际战争》（*The War of the Worlds*）中的场景，一队队推土机、水泥车和起重机在两年内对圣城地理面貌造成的改变，比一千三百年前我们家族到达耶路撒冷以来，所有贪婪暴戾的征服者所做的改变还要多。对于巴勒斯坦人来说，沙龙在耶路撒冷的所作所为，可与罗伯斯庇尔（Robespierre）斩首法王路易十六相提并论。我们巴勒斯坦人从未有过用以形成国民身份认同的君王或王室，耶路撒冷就是我们身份认同的文化、宗教和地理中心；现在，居住在约旦河西岸地区和加沙的大部分巴勒斯坦人想去耶路撒冷的话，得像先知穆罕默德那样骑着神奇的骏马才行。其他的任何办法，比如冒险翻墙，都会引来一连串的子弹。

接缝区域管理局工作到位，耶路撒冷安全隔离墙一共将近129公里，丝毫没有接近1967年以前的分界线。高墙蜿蜒曲折，在阿拉伯人的聚居区之间时而进、时而出，有些地方还深入约旦河西岸地区好几公里。当大多数巴勒斯坦人发现自己在高墙面前站错了边时，沙龙和手下的规划者则将偏远的马阿勒阿杜明和古什埃齐翁（Gush Etzion）等定居点都纳入安全墙内。

对耶路撒冷的掠夺还以其他方式继续着，比如以色列报纸《晚报》报道的暗地里将帝国酒店卖给一个追求"解放耶路撒冷土地"的定居集团。"人链"项目和HASHD运动开始的地方，现在可能会成为耶路撒冷旧城中最大的定居点之一。

尾声
夜行

> 也许,我们……被虚无与绝望围攻,放射出一束坚定的光。
> ——W. H. 奥登*

在哈佛,我和女儿努扎经常就我童话中的人物展开很长的辩论。她对露易丝和飞天毛驴的评价不错,最喜欢的是那个守卫圣墓教堂的高贵骑士,他虽然沉睡,却不改站立的姿势。但她又用少年老成的权威语气告诉我,"好像先生"这个人物就没那么有说服力了。"他是为什么服务的呢?"她发出诘问,"他是谁呢?"我试图向她解释,这个问题不可能给出直截了当的答案,正是因为这个人物的核心性格特点。"要是他真的是自己看起来的那样,我才能准确地告诉你他是谁,但他不是,也不可能是。"我把女儿搞得完全摸不着头脑。

我非常欣赏和信任努扎卓越的文学鉴赏力和品位,却也固执地捍卫自己的立场:"好像先生"确实需要留在故事中,我解释道。

---

* 这句诗和第二十一章引用的几句诗出自同一首诗:《1939年9月1日》。

我感觉必须保留他，因为对我来说，中东地区的冲突有神秘的一面，这是不能轻易战胜的。在耶路撒冷这样一个古老而神圣的城市，很多事情的实际常常与表面不一致。很多时候，报纸新闻和历史书都讲不到本质，因为在巴以冲突的中心，有些东西是很难被准确认识和把握的。据我的经验，每每在大家期望能达成重大历史成就，也就是秘密会谈或大胆的外交行动时，事情总会走向新的死胡同。

从在拉德克利夫研究院工作一年后回到耶路撒冷开始——我是2005年7月回来的——一场接一场的政治强震就在这座圣城轰隆而过。有些事情自然是没有改变的：天气；约旦河西岸地区毫不留情地扩张着的定居点；出生于俄罗斯的18岁少年在检查站向老太太吼叫着，颐指气使地发出各种命令。但沙龙总理决定从加沙撤出几千犹太定居者，这一行为被誉为能与戴高乐将军（General De Gaulle）撤离阿尔及尔的决定比肩的世界历史性事件，毫无疑问也是以色列政坛的一次革命。之前没有一个以色列领导人敢疏散哪怕一个定居点，包括拉宾和佩雷斯在内。而沙龙，这个定居点运动之父，居然就这么做了，还把整个加沙地带的犹太人都疏散走了。

然而，尽管此举开了先例，非常勇敢，沙龙的单边主义还是让情势雪上加霜。沙龙因中风昏迷，没有经历这一切，但哈马斯在巴勒斯坦议会选举中获得井喷式的胜利，这是沙龙之前种种行为造成的后果，无论有心还是无意。他的单边主义仿佛某种扭曲的镜像，推动了完全不支持对话的政治运动。我的老朋友贾布里勒·拉杰布，一直坚持与以色列就"两国方案"进行磋商谈判，从未在这个立场上退让过分毫，结果他在新议会席位的竞选中输给了一个坚信犹太人都是异教徒的大胡子哈马斯。

一个拒绝承认以色列道德合法性，号召对"犹太国"进行终极毁灭，并拒绝抛弃暴力，甚至要以此来达成目标的组织，竟然赢得了如此巨大的胜利，这对HASHD和其他宣扬和平共存的组织来说是个灾难性的结果。哈马斯和高墙,是同一枚硬币的两面。他们都狠狠地摔上了通往对话的门。

独断专行和好战精神赢得了选举,让很多人摸不着头脑。以色列右翼倒是情绪高涨:这就是他们需要的终极证明,与巴勒斯坦人根本无从谈和平。只有水泥高墙、检查站、探测无人机和偶尔的"定点刺杀"能让我们守规矩。

我扪心自问一些很难回答的问题。参加阿拉法特的葬礼后,在回来的飞机上,我阅读着《爱与黑暗的故事》,想到了那个有象征意义的场景,即露易丝、阿卜杜勒和阿摩司,一个基督徒、一个穆斯林和一个犹太人,携手种下一棵象征和平的忍冬花,这是不是又一次的异想天开?仇恨与复仇最终赢得了胜利吗?这么多年,我尽全力教给学生的那些观点:诉诸理性而非拳头,破除权威的刻板而争取自由……这些难道都是幼稚的幻想吗?宗教狂热怎么可能胜过理性?到底出了什么问题?

这又是我想解答的一个谜题。但要弄清楚,有点像跟着"大拇指汤姆"(Tom Thumb)*的卵石走出黑暗森林。必须要小心翼翼,不然很可能走错路,比如将现状归咎于伊斯兰教。事实并非表面那样,因为尽管有哈马斯这样的组织,伊斯兰教也很可能是解决方案的一部分,能够治愈我们这片被严重侵犯的土地。狂热分子总爱携带一本《古兰经》,但就是不愿意读一读其中关于犹太人和耶路撒冷的部分。同样,以色列人也应该读一读他们的先知关于压迫的言语,这才是明智的选择。

一天,为了整理一下思绪,我和圣城大学安全总负责人纳赛尔一起散了个步,就在我们一起从沙龙的推土机下救出的校园之内。

---

* 《格林童话》中的人物。

以色列军队同意把高墙移到校园边缘后,纳赛尔将那片曾经要建起分隔耶路撒冷和约旦河西岸地区的高墙的硬石头地面,变成了花木扶疏的园子,中间有一个喷泉。在这里,因为高墙而去不了耶路撒冷的村民们,能够坐一坐,抬头凝视橄榄山。他们可以在想象中漫步在祖先的城市中。

我坐在花园里,完全陷入了沉思。我的思绪在过去二十年的时光里飘飞。在我为工会联盟工作的日子里,没人能想象亚辛在加沙创立的那个不起眼的慈善机构,有一天会在沙龙的推动下控制我们整个民族的命运。现在,选举已经结束,我只感到震惊。新教育部规定的教材会让你脑子里充满各种邪恶的寓言,比如说犹太人就是十字军,必须以"现代萨拉丁"的方式被赶跑。我脑海里掠过一个个伊斯兰教重要人物:哈马斯可能会往先知穆罕默德手里放一把剑,奥马尔也一定有一把。

坐在花园里,听着喷泉中的水流汩汩,我的大脑在飞快转动。哈马斯的胜利,对很多人来说,是伊斯兰文明与西方文明划时代碰撞的最终结果,但事情并非表面上那么简单。其实,我越想就越意识到,最能证明他们将伊斯兰教曲解误用的,恰恰是他们宣称要保卫的传统,他们也用传统为自己拒绝与以色列对话的行为进行辩护。我们这边的激进主义者吸收接纳了很多欧洲革命的虚无主义却不自知。不管他们用多么华丽繁复的传统来粉饰意识形态,这其实都是现代欧洲执着于"纯净"的产物。我认为,伊斯兰教倡导四海一家的体面与包容,以及穆斯林与往昔仇敌握手言和的能力,将促成最终的胜利,因为这是有古代传统和文本基础的,比现在这些极端分子的口号根基深厚多了。

只要一想到原教旨主义者对伊斯兰教的曲解,我就会想起父亲和母亲,以及我孩提时代听过的那些故事。我从小成长于其中且无比热爱的耶路撒冷,不是地图上一个简单的点,也绝对不是一个纯粹的穆斯林之城;尽管有那么一块"无人区",它依然是人间通往圣地的门户,犹太人、基督徒和穆斯林的先知——他们都有远见卓识,有着鲜活的人性——济济一堂,尽管这些场景只存在于想象之中。这话值得一提,因为给圣地留下伤疤的政治分歧是始于宗教想象的。在这个问题上,大家必然产生交锋,也必须克服和解决。

多年来我时时想起却一次比一次让我心酸的故事,是先知穆罕默德的夜行登霄。童年时,这个故事就已经深深渗透到我心中。随着岁月流逝,它更是成为我耶路撒冷穆斯林身份认同的一部分。

大部分穆斯林都会告诉你,耶路撒冷的神圣主要是因为穆罕默德在这次夜间飞旅时,从圣石上升天;是这趟旅程让穆罕默德来到了神的面前,神对他面授机宜,讲述了穆斯林祷告和礼拜的方法。古老的故事中说,从神那里回来之后,穆罕默德领着众先知祷告。但有个问题从来没人问过:为什么穆罕默德要来耶路撒冷?穆罕默德为什么要选择那块巨石作为升天面见真主的地方?这难道不是肯定了伊斯兰教承认这块石头早先被犹太教(和基督教)赋予的神圣意义吗?

一百年前叙利亚出版的旅行书籍,毫无障碍地将尊贵禁地说成犹太人的圣殿山,就像我成长过程中所接受到的伊斯兰教思想,让我绝不怀疑地相信,圣母马利亚的儿子耶稣也是神派来的先知。

无论是童年还是成人以后,夜行的故事总是与伊斯兰教第二任哈里发奥马尔的故事密不可分。讲故事的人告诉我,从北边一路赶来的奥马尔准备进入圣城。他没有像罗马皇帝那样架着镶金的马车,在士兵的簇拥下前来,也没有像法老骑在奴隶的肩膀上过来,而是和唯一的仆从轮流骑一匹骆驼赶来。奥马尔应该是想教导我们,在神面前,就算享有最崇高政治地位的人,也并非其他任何人的主人。

来到圣城时,他把剑插回剑鞘。耶路撒冷不能用绝对的武力去征服，也不应该被血腥和掠夺玷污。奥马尔从拜占庭主教索弗洛尼乌斯那里接过城中各处的钥匙，其中包括圣墓教堂的；然后平静地步行进入城市，再移步到圣墓教堂。接着，一个犹太人为奥马尔指出了圣殿曾经矗立于其上的巨石。故事里还说，确认了位置后，他用自己的袍子把巨石擦干净，仿佛为这神圣之地服务是任何人求之不得的无上荣光；没有人能有那个胆量自称是这里的主人。

* * *

毫无疑问，现在管理我国的哈马斯立法者一想到"敌人"竟然是我们穆斯林身份的源头，就会怒气冲冲。但那些原教旨主义者要将犹太人从耶路撒冷清除出去，就必须首先用暴力破坏伊斯兰教。从最深层次的形而上学讲，犹太人和阿拉伯人是"盟友"，任何想要分割他们的企图都是现代欧洲"纯粹"民族迷思的产物，这种思想是要清洗、排除外来者，沙龙的高墙就是一个象征。

很奇怪的是，在这狂热暴戾当道的日子里，我能想到的穆斯林精神的代表之一是露西，就是我创作的童话里那个叫露易丝的女孩。她也是带有象征性的三个人物中的一个，与其他两个一起，为这被战火撕裂的土地带来和平。哈马斯大胜之后，露西是巴勒斯坦和平阵营中少数能抵挡阴郁情绪的人之一。

选举之后，《国土报》的一位记者请求采访露西，毫无疑问是预设她会悲伤哀叹的。露西在我母亲住处对面的美国侨民饭店，和记者面对面提起自己的哲学家父母，以及自己移居耶路撒冷的决定："我来这里，是因为爱上了萨里。"她说的最多的是自己成立的组织，中东非暴力与民主组织（Middle East Nonviolence and Democracy，MEND）；她的"无暴力，更明智"运动；她参与制作圣城大学版《芝麻街》，这个节目已经恢复播出，传播着相互尊重和宽容的信息。她还提到自己参与制作的两部影片，来展示她在教育和媒体领域的工作：《梦之死》（Death of a Dream）讲述了法蒂玛·穆萨的故事，她在军队检查站排队的时候，流产了；《一个女人的决心》（A Woman's Determination）讲的是一位急切想要学习法律的女性，不顾家庭反对勇敢抗争的故事。

比起那些宗教狂热分子，露西身上体现的伊斯兰教精神更淋漓尽致。我这样说，是因为她在采访中表达了对未来的希望和开放态度，并且相信我们人类可以用逻辑和意志创造奇迹。在我看来，这些思想完全符合先知穆罕默德创立的这个宗教。"未来仍然有无限可能。"她坚定地说道。巴勒斯坦人为哈马斯投票，并不是想要宗教独裁或与以色列无休止地开战。他们给哈马斯投票，是因为厌倦了法塔赫。"巴勒斯坦公众已经受够了暴力带来的苦痛。他们最渴望的就是过上正常的生活。"

作为进一步的解释，露西举了个例子，她的 MEND 里有一名图勒凯尔姆的活动人士，从哈马斯成员那里接到一个电话，对方说有兴趣跟他合作。"你看，"她告诉记者，"也不全是黑的。"就连哈马斯也能转换思想，探索对话与和平的可能。

"也不全是白的。"这位以色列记者回应说。

"你知道有什么全白的东西吗？"露西反问道，露出迷人的微笑。

我这本书记述了破碎与被侵犯土地上的生活，也许，用露西的这些智慧之语来结束是最好不过的。善与恶，白与黑，对与错，"我们"与"他们"，我们的"权益"和他们的"掠夺"，将这片圣地撕裂。只有当我们静下来聆听传统的智慧，承认耶路撒冷不能被征服或被暴力维系的时候，才能看到唯一的希望。这座城市属于三种信仰，向全世界敞开。即便沙龙树立了高墙，之后哈马斯又赢得了大选，我那个童话的结尾在我看来依然合适：三个分别来自"姊妹"宗教的人物，手牵手一同种下了一棵忍冬花。与此同时，"好像先生"站在远处提醒我们，事情永远不是表象能概括的。在耶路撒冷交错纵横的古老街巷中，奇迹与惊喜总会潜伏在某个转角处，时时提醒着你，这里不是单靠测量员挥挥杆子就能摸清楚的普通之地，这里无比神圣。

注 释

第二章 泛阿拉伯国家

1. David Hirst, *The Gun and the Olive Branch* (New York: Nation Books, 2003), p. 135.

第三章 两面三刀的承诺

1. Hirst, *The Gun and the Olive Branch*, p. 209.
2. 出处同上，p. 163。
3. 出处同上，p. 177。
4. Vincent Sheehan, personal history, 引自 Hirst, *The Gun and the Olive Branch*, p.189。
5. 出处同上，p. 161。
6. Shabtai Teveth, *Ben Gurion and the Palestinians* (New York: Doubleday Books, 1981), p.189. 另见 Benny Morris, *The Birth of the Palestinian Refugee Problem* (Cambridge: Cambridge University Press, 1989), p. 25。
7. Peel-Bericht (Berlin: Schoeken, 1938), p. 114.

第四章 希律门委员会

1. Walter Laqueur, *A History of Zionism* (New York: Schocken Books, 1976), p. 266.
2. 1947年4月23日，前巴勒斯坦总督赫伯特·塞缪尔爵士（Sir Herbert Samuel）在英国上议院发表演讲称："我不支持分治决议，因为根据我对这个国家的了解，这在地理上是完全行不通的。这个计划制造的问题会和解决的问题一样多。"

3. John Bagot Glubb, *A Soldier with the Arabs* (New York: Harper, 1957), p. 294.
4. Izzat Tannous, *The Palestinians* (New York: IGT Company, 1988), p. 570.

第五章　胡椒树

1. Hirst, *The Gun and the Olive Branch*, p. 143.
2. Adonis, Mihyar songs, 由 Kamala Bu-Deeb 节选并翻译，参见 http://www.jehat.com/jehaat/en/poets/。
3. Bertrand Russell, *Problems of Philosophy* (Oxford University Press, 2001, reprinted 1972), p. 90.

第六章　葡萄藤

1. *Le Monde*, February 29, 1968. 引自 Hirst, p. 414。
2. Hirst, *The Gun and the Olive Branch*, p. 398.
3. 出处同上，p. 400。

第七章　粉碎旧思想

1. Hirst, *The Gun and the Olive Branch*, p. 414.

第九章　蒙蒂塞洛

1. Seymour Hersh, "The Gray Zone," *The New Yorker*, May 24, 2004.
2. 引自 Hirst, *The Gun and the Olive Branch*, p. 481。
3. Leo Strauss, *Persecution and the Art of Writing* (New York: Free Press, 1952), p. 17.

第十章　柠檬树咖啡馆

1. 父亲于 1979 年 7 月在以色列报纸 *Yediot Ahronot* 上发表了这篇文章。
2. 引自 Nizar Sakhnini, "Village Leagues, " www.al-bushra.org/palestine/nizar.htm, 2005 年 1 月访问。
3. 引自 Hirst, *The Gun and the Olive Branch*, p. 493。

第十一章　沙龙

1. 她这句话出现在1969年6月15日的《星期日泰晤士报》(*The Sunday Times*)上。
2. 见Sakhnini, "Village Leagues"。

第十二章　854号军令

1. Hannah Arendt, *The Human Condition* (Chicago: University of Chicago Press, 1998), p. 186.
2. Michael C. Griffin, "A Human Rights Odyssey: In Search of Academic Freedom," April–May 1981, *The Link*, vol. 14, issue 2, p. 4.
3. Alexander Cockburn, "Return of the Terrorist: The Crimes of Ariel Sharon," *Counterpunch*, February 7, 2001.

第十三章　化装舞会

1. Bertrand Russell, "Message from Bertrand Russell to the International Conference of Parliamentarians in Cairo, February 1970," *The New York Times*, February 23, 1970.
2. 引自Hirst, *The Gun and the Olive Branch*, p. 533。
3. David Ignatius, "Arafat, Upheaval," *The Washington Post*, October 29, 2004.

第十四章　苦路杀人事件

1. Sakhnini, "Village Leagues."
2. *The Jerusalem Post*, December 24, 1986.
3. 后来的美国驻以色列大使丹尼尔·库尔策(Daniel Kurtzer)有如下说法："以色列认为，让人民去进行宗教事业，比掀起民族主义情绪更好。"引自*Ha'aretz*, Dec. 21, 2001。
4. 这位领事是莫里斯·德雷珀(Morris Draper)。
5. Avinoam Bar-Yosef, "He'll Yet Be Their Mandela," *Ha'aretz*, December 7, 2004.

第十六章　吞并我们吧！

1. David Shipler, *Arab and Jew: Wounded Spirits in the Promised Land* (London: Penguin Books, 2002), p. 216.
2. Central Bureau of Statistics, Statistical Abstract of Israel, 1992, 1994, 1996, 1997, 1998, 1999, 2000; Yesha Council Online; Peace Now; *Ha'aretz*, August 11, 1993; *Ha'aretz*, September 16, 2001.
3. 1984 Amnesty International report.

4. Hanan Ashrawi, *This Side of Peace* (New York: Simon and Schuster, 1995), p. 41.
5. Shipler, *Arab and Jew*, p. 464.
6. Lamia Lahoud, "Their Man in Jerusalem: Meet Sari Nusseibeh, Arafat's New Man in Jerusalem," *Newsweek*, July 7, 2002.

第十八章 驱魔

1. Aryeh Shalev, *The Intifada: Causes and Effects* (Jerusalem: Jerusalem Post Press, 1991), p. 36.
2. *The Jerusalem Post*, February 3, 1989. 引自 Hirst, The *Gun and the Olive Branch*, p. 19。
3. Ashrawi, *This Side of Peace*, p. 42.

第二十章 审讯

1. 此处出自1989年《国土报》(*Ha'aretz*) 记者吉迪恩·莱维 (Gideon Levy) 的采访。
2. *Ma'ariv*, June 26, 1992.
3. 关于罪名的总结出现在1989年5月5日和1989年5月21日的《纽约时报》(*The New York Times*) 上。

第二十一章 拉姆勒监狱

1. 引自 Yoram Ettinger, "Dr. Sari Nusseibeh: Be Wary of Deadly Coral Snakes Posing as Harmless Skipjack Snakes," *Yediot Ahronot*, August 20, 2002。
2. John Wallach, *The New Palestinians: The Emerging Generation of Leaders* (Rocklin, CA: Prima Publications, 1992), p. 97.

第二十二章 马德里

1. 引自 Dennis Ross, *The Missing Peace* (New York: Farrar, Straus and Giroux, 2004), p. 79。
2. 引自 Mohamed Heikal, *Secret Channels: The Inside Story of Arab-Israeli Peace Negotiations* (London: HarperCollins, 1996), p. 413。

第二十四章 奥斯陆

1. Heikal, *Secret Channels*, p. 496.

注 释   577

第二十五章　消失

1. 这些定居点包含了哈尔阿达（Har Adar）、基瓦特则夫（Givat Ze'ev）、纽基文（New Givon）、柯尔雅特色菲尔（Kiryat Sefer）、特拉锡安（Tel Zion）等地，还有希伯伦地区的定居点。
2. 沙龙这番话出自他于1998年11月15日在以色列右翼党派Tsomet Party的会议上发表的演讲。

第二十六章　豪猪与公鸡

1. Michael Rubner, "The Oslo Peace Process through Three Lenses," *Middle East Policy Council Journal 6*, no. 2 (October 1998).
2. David Hirst, "Yasser Arafat," *The Guardian*, November 11, 2004.
3. Ali Abunimah, "The Men Who Would Sell Palestine," April 27, 2003, www.countercurrents.org.
4. Sari Nusseibeh, "Islam's Jerusalem," *Jerusalem Religious Aspects* (June 2000): 75.

第二十七章　圣中之圣

1. Aryeh Dayan, "Barak Began Referring to the Holy of Holies," *Ha'aretz*, December 9, 2002.

第二十八章　群魔

1. Neil MacDonald, "Three Days to the Brink," *The Magazine*, October 12, 2000.
2. 引自James M. Wall, "In the Pressure Cooker—Middle East Tensions and the Peace Process," *The Christian Century*, November 8, 2000。
3. Marwan的话引自Arieh O'Sullivan, "Taba Talks Halted after 2 Israelis Murdered. Hamas Claims Responsibility," *The Jerusalem Post*, January 24, 2001。
4. 在2002年1月16日的《华盛顿邮报》评论文章《欲求安全？结束占领》("Want Security? End the Occupation")中，马尔万宣称，他和他的法塔赫同僚们"强烈反对针对以色列平民进行的攻击，他们是我们未来的邻居；但我也保留保护自己、反抗以色列占领我的国家和为我的自由战斗的权利"。
5. Amnon Kapeliouk, "Constructing Catastrophe," *Le Monde Diplomatique*, January 2002.
6. Cameron W. Barr, "Israel Strikes at Peacemakers," *The Christian Science Monitor*, May 22, 2001.

第二十九章　盟友

1. Vered Levy-Barzilai, "Noblesse Oblige," *Ha'aretz*, December 28, 2001.

第三十章　将军

1. Levy-Barzilai, "Noblesse Oblige."
2. 出处同上。
3. 出处同上。
4. Israel News: A collection of the week's news from Israel. January 4, 2002.
5. Gideon Saar, "Sari Nusseibeh: The Trojan Horse," *Yediot Ahronot*, January 1, 2002.
6. Interview with Alain Cypel, *Le Monde Diplomatique*, December 22, 2001.
7. 引自 John Pilger, "Tony Blair's Peacemaking Is Not What It Seems," *The New Statesman*, January 14, 2002。

第三十一章　铁拳

1. Graham Usher, "Palestine Militias Rising," *The Nation*, April 11, 2002.
2. Rabah Mohanna of the PFLP to the *Chicago Tribune*. 引自 James M. Wall, "Bombing a Peace Plan," *The Christian Century*, August 14, 2002.
3. Baruch Kimmerling, "From Barak to the Road Map," *New Left Review* 23 (September–October 2003).
4. Marwan Barghouti, "Want Security? End the Occupation," *The Washington Post*, January 16, 2002.
5. Stanley Reed and Neal Sandler, "Powell's Visit Won't Shut the Doors of Hell," *BusinessWeek*, April 22, 2002.
6. 文章作者是 Yoram Ettinger，出自 *Yediot Ahronot*, August 20, 2002。
7. Suzanne Goldenberg, "Israeli Raid Targets PLO Moderate," *The Guardian*, July 10, 2002.
8. H.D.S. Greenway, "Sharon's War on Moderate Palestinians," *The Boston Globe*, July 19, 2002.
9. Anthony Lewis, "Silencing a Palestinian Moderate," *The New York Times*, July 13, 2002.

第三十二章　"老虎"

1. Spencer Ackerman, "Bracing for Impact: Fight or Flight in an Israel with 'Intifada Fatigue,'" *New York Press*, January 16, 2002.
2. Aviv Lavie, "The Peoples' Choice," *Ha'aretz*, July 11, 2003.

3. Christopher Thompson, *The New Statesman*, December 15, 2003.

第三十三章 完美犯罪

1. Israeli public opinion poll, November 24, 2004, conducted by Hagal Hachadash. 见 http://www.geneva-accord.org/general.aspx?folderID=45&lang=en.
2. Ami Ayalon, "The Wrong Way Out," *The Jerusalem Post*, August 2, 2004.

致 谢

我万分感激所有帮助我们完成这本书的人。特别要感谢的是我们的代理，也是亲密友人的多萝西·哈尔曼（Dorothy Harman）。她和我妻子露西聊天时，首次提出让我写回忆录的建议。没有她投入的精力，这本书永远不可能写成。美国FSG出版社社长乔纳森·加拉西（Jonathan Galassi）在本书还一字未成时，就表达了坚定的信心。保罗·埃利（Paul Elie），我们无比出色的编辑，对本书进行了精雕细琢；保罗的助理卡拉·斯比塔勒维茨（Cara Spitalewitz）和凯文·道顿（Kevin Doughten）不知疲倦地工作，将这本书变成今天的样子。我还想感谢拉德克利夫研究院的工作人员，他们为这本书的萌发和成长提供了物质和学术上的支持。我还要感谢耶路撒冷的阿德尔·路西德（Adel Ruished），他十分照顾安东尼，开车带他去了约旦河西岸地区的很多地方，见了很多我的同事。

索 引

（按汉语拼音顺序排列，页码见本书边码）

1015 号军令（Military Order 1015）199–200
1020 号军令（Military Order 1020）210
1143 号军令（Military Order 1143）209
1147 号军令（Military Order 1147）209–210
300 路公交车事件（Bus 300 Affair）219
《60 分钟》（60 Minutes）292
752 号军令（Military Order 752）197–201
830 号军令（Military Order 830）176
854 号军令（Military Order 854）189–197, 208, 217
994 号军令（Military Order 994）209

A

阿巴斯，马哈茂德（Abbas, Mahmoud），参见"阿布·马赞"
阿拜德，舒凯里（Abed, Shukri）144
阿卜杜拉一世［外约旦（后改称约旦）国王］（Abdullah al-Hussein [King of Transjordan, later Jordan]）27, 43, 60, 63：被刺杀（assassination of）63–64, 110；与 1948 年战争（1948 War and）55–56, 60, 61
阿布·阿拉（Abu Ala）9, 360, 362, 403, 440, 460：与奥斯陆和平进程（Oslo peace process and）363, 369-370；与巴勒斯坦发展与重建经济理事会（PECDAR and）377, 392
阿布·阿亚西，拉德万（Abu Ayyash, Radwan）269, 296
阿布·哈吉，法赫德（Abu al-Haj, Fahed）233, 263, 293, 300, 303–304, 307, 409–410, 411
阿布·吉哈德［哈利勒·瓦齐尔的化名］（Abu Jihad [nom de guerre of Khalil al-Wazir]）175, 195–196, 207, 221, 233–234, 257, 263, 410：与第一次大起义（the first intifada and）271, 274–276, 278；被以色列突击队员暗杀（murder by Israeli commandos）196, 285–286, 291, 422；与萨里被打（Sari's beating and）261–262, 263；与 1987 年秘密和谈（secret peace negotiations of 1987

and）254, 255

阿布·拉赫迈，法耶兹（Abu Rahmeh, Fayez）250

阿布·利布德，哈桑（Abu Libdeh, Hassan）356

阿布·马赞（Abu Mazen）9, 363, 369, 464–467

阿布·塔里克（Abu Tareq）263, 279, 302, 304–305, 307

阿布·伊拉姆，伊萨（Abu Iram, Issa）503–504

阿布·伊亚德（Abu Iyad）315

阿布·扎亚德，齐亚德（Abu Zayyad, Ziad）232, 233, 269, 352, 353

阿布德·拉希姆，泰伊卜（Abd al-Rahim, Tayyib）404, 406

阿布高什村（Abu Ghosh, village of）97

阿布格莱布监狱的折磨（Abu Ghraib, torture at）143

阿布扎比（Abu Dhabi）95, 130–134, 356

阿多尼斯［原名阿里·艾哈迈德·赛义德·阿斯巴尔］（Adonis [né Ali Ahmad Said Asbar]）78

阿尔及尔咖啡馆［哈佛广场］（Café Algiers, Harvard Square）139, 142

阿凡迪，纳赛尔（Al-Afandi, Naser）278, 293, 327, 521

"阿克萨大起义"（"Al-Aqsa intifada"），参见"第二次大起义"

阿克萨烈士旅（Al-Aqsa Martyrs Brigade）506, 526

阿克萨清真寺［尊贵禁地］［圣殿山］（Al-Aqsa [Noble Sanctuary] [Temple Mount]）11–12, 19, 49, 64, 70–71, 118, 156, 297, 443, 489, 532：与戴维营峰会（Camp David Summit and）426, 456；1990年在此伤亡的巴勒斯坦人（Palestinians killed and wounded in 1990 at）292；布道（sermons at）183；沙龙2000年到访（Sharon's 2000 visit to）与第二次大起义的开始（and start of second intifada）428, 431, 432–435

阿拉伯大学联合会（Arab Federation of Universities）387

阿拉伯国家联盟（League of Arab States）59

阿拉伯解放军（Arab Liberation Army）45–46

阿拉伯解放阵线［ALF］（Arab Liberation Front [ALF]）105

阿拉伯军团（Arab Legion）45, 55, 92

阿拉伯理事会（Arab Council）233

阿拉伯民族主义（Arab nationalism）25, 30, 39, 77；另见"泛阿拉伯主义"

《阿拉伯人的思想》［保陶伊］（Arab Mind, The [Patai]）143, 146, 213

阿拉伯学院（Arab College）22, 29–30, 33

阿拉伯研究协会（Arab Studies Society）230, 231, 232, 254, 282–283, 358

《阿拉伯之声》（Voice of the Arabs）87

阿拉伯最高委员会（Arab Higher Committee）28, 34, 35, 39, 51, 140

阿拉法特，苏哈（Arafat, Suha）9, 379–380

阿拉法特，亚西尔（Arafat, Yasir）7, 11, 62, 105–106, 117, 136, 194, 207–208, 221, 222, 237, 287, 352, 363, 381, 383, 395, 414, 415–416, 443：与阿布·吉哈德（Abu Jihad and）195, 196；2000年戴维营峰会（Camp David Summit in 2000）423, 425–427, 429–430；去世和葬礼（death and funeral of）7–10；独立宣言（declaration of independence）1989, 296–297；与"目标地图"（Destination Map and）512；

索引

财政和腐败（finances and corruption）375–377, 401–407, 421, 453；与第一次大起义（the first intifada and）267, 275, 307；海湾战争与萨达姆·侯赛因（Gulf War, and Saddam Hussein）315–316, 319, 337–338, 373；与侯赛因国王（King Hussein and）80；与费萨尔·侯赛尼（Faisal Husseini and）230；与马德里会议（Madrid Conference and）341, 342, 345, 353；管理风格（management style）376, 393, 405, 415, 421, 458；以色列军队摧毁穆卡塔官邸（Muqata compound, Israeli army's destruction of）476–480, 481–483；与萨里·努赛贝（Sari Nusseibeh and）257–258, 361–362, 377, 378–380, 400, 415, 424, 444, 447–448, 453, 458, 466–467, 476–477, 481, 497–500, 501；《奥斯陆协议》与和谈（Oslo Agreement and peace negotiations）373, 374, 375, 422–423；回国（return of）383；与难民回归权（right of return and）466–467；与"第二次大起义"（the second intifada and）437, 459；与1987年秘密和谈（secret peace negotiations of 1987 and）254, 257；与"安全屏障"（Security Fence and）519；疑心（suspiciousness）402, 403, 423, 430, 498, 500；1974年联合国演讲（UN speech of 1974）8, 143

阿拉米，谢赫萨德丁［耶路撒冷大穆夫提］（El-Alami, Sheikh Sa'd el-din, mufti of Jerusalem）99, 131, 132, 382

阿拉伯联合酋长国（United Arab Emirates）95

阿伦斯，摩西（Arens, Moshe）322

阿伦特，汉娜（Arendt, Hannah）184

阿洛尼，舒拉米特（Aloni, Shulamit）232, 249

阿米尔，亚西尔（Amer, Yasser）102–103

阿米尔，伊加尔（Amir, Yigal）397

阿米拉夫，摩西（Amirav, Moshe）253–257, 259, 426

阿米特，丹尼尔（Amit, Daniel）210

阿什拉维，哈南（Ashrawi, Hanan）158, 185, 236, 413, 432；与第一次大起义（first intifada and）268；马德里会议与和平会谈（Madrid Conference and peace talks）158, 338, 340–341, 343, 344, 345, 354

阿特特库哈尼穆（Ateret Cohanim）247

阿瓦达拉，阿德尔（Awadallah, Adel）368

阿瓦德，穆巴拉克（Awad, Mubarak）179, 180, 206, 231

阿威罗伊（Averroes）412

阿维森纳（Avicenna）146–149, 152, 155, 156, 173, 215, 281, 451, 456；关于意志的理论（theory of the will）147–149

阿维亚德，珍妮特（Aviad, Janet）321

阿亚隆，阿米（Ayalon, Ami）399, 470–473, 485, 487–489, 498, 500, 507, 508, 509, 516, 525；与"人民之声"（People's Voice and）500–501, 502, 511, 512, 513–515

埃及（Egypt）337；《戴维营协议》（Camp David Accords）152–154, 160；与六日战争（Six-Day War and）87–88, 89, 93, 94；赎罪日战争（Yom Kippur War）131；另见"纳赛尔，贾迈勒·阿卜杜勒—"

埃雷卡特，赛义卜（Erekat, Saeb）325, 426, 431, 440, 499；被描述（described）338–339；马德里会议与和谈（Madrid Conference and peace negotiations）338, 341, 374

埃坦，拉斐尔［将军］（Eitan, General Rafael）235

艾布拉姆斯，埃利奥特（Abrams, Elliot）513–514

艾伦比，埃德蒙［将军］（Allenby, General Edmund）26, 27

艾略特，乔治（Eliot, George）22

艾什阿里学派（Ash'arites）122–123, 125

艾希科尔，列维（Eshkol, Levi）111

艾因凯雷姆村（Ein Kerem, village of）54, 55

《爱丽丝漫游奇境》［卡罗尔］（Alice's Adventures in Wonderland [Carroll]）4

《爱与黑暗的故事》［奥兹］（Tale of Love and Darkness, A [Oz]）10, 11, 114

安德鲁斯，L. Y.（Andrews, L. Y.）35

《安妮日记》［弗兰克］（Diary of Anne Frank, The [Frank]）67

安塔拉（'Antara）265

《安瓦尔·努赛贝之子》（"Son of Anwar Nusseibeh, The"）160

奥登，W. H.（Auden, W. H.）318, 528

奥尔默特，埃胡德（Olmert, Ehud）255, 399

奥马尔大帝［哈里发］（Omar the Great, Caliph）3, 4, 16–17, 18, 23, 29, 74, 78, 156, 393, 532

奥斯陆和平进程与《奥斯陆协议》（Oslo peace process and Oslo Agreement）6–7, 362–363, 369–365, 369–375, 398, 418, 422–423；与巴拉克（Barak and）422, 423；相关批评（critics of）374, 375, 381, 393, 396；《原则声明》（Declaration of Principles [DOP]）372, 373, 374, 381；希望幻灭（disenchantment with）421；罗斯的历史记录（Ross's history of），参见"《失落的和平》［罗斯］"

奥斯曼帝国（Ottoman Empire）：衰落（decline of）21, 25, 30；与第一次世界大战（World War I and）25, 26–27

奥斯汀，约翰（Austin, John）3, 108, 115, 121, 130

奥斯汀，约翰［夫人］（Austin, Mrs. John）119–120, 129, 130, 147

奥兹，阿摩司（Oz, Amos）10–13, 114, 163, 210

B

巴尔古提，马尔万（Barghouti, Marwan）200, 223–224, 231, 233, 242, 243, 391, 425, 431, 442, 443；被逮捕（arrest of）480；被驱逐（expulsion of）268, 310；与法塔赫高级委员会（Fatah Higher Committee and）392；与第一次大起义（first intifada and）267；与奥斯陆和谈（Oslo peace talks and）371；与第二次大起义（second intifada and）432, 437, 438–439, 456

巴尔古提，穆斯塔法（Barghouti, Mustafa）432, 437–438

巴尔科夫，鲁宾（Barkov, Rubin）473–475, 490, 493–496, 507, 508

《巴解组织代表的是人民，而非巴解组织自己》（"PLO Represents the People, Not Itself, The,"）298

巴拉克，埃胡德（Barak, Ehud）285, 425, 431–432, 440：2000年戴维营峰会（Camp David Summit in 2000）423, 425–427, 429–430, 456；1999年选举（elections of 1999）422；塔巴会谈（Taba talks）440

巴拉姆基，加比［博士］（Baramki, Dr. Gabi）158, 186, 191, 236, 270, 414–415

巴勒斯坦阿拉伯解放军（Palestine Arab

索引

Liberation Army）80

巴勒斯坦大学和高等院校雇员工会联盟
（Federation of the Union Employees in Palestinian Universities and Institutes of Higher Learning）186–188, 200, 222：与854号军令（Military Order 854 and）189–197

巴勒斯坦独立宣言［1988年］（declaration of independence, 1988 Palestinian）296–297, 305

巴勒斯坦发展与重建经济理事会［PECDAR］（Palestinian Economic Council for Development and Reconstruction [PECDAR]）376, 377, 378, 379, 380, 392, 408

巴勒斯坦飞马墙动乱［1929年］（Palestine al-Buraq Revolt of 1929）30–32, 199：英国的管理（British administration of），参见"英国"，管辖巴勒斯坦；1936年—1939年大叛乱（Great Rebellion of 1936–1939）34–37, 40；19世纪末（in late nineteenth century）22–23；犹太人大批迁居至此（mass immigration of Jews to）33, 40, 41；1947年联合国分治决议（UN partition of, 1947）40–44, 48, 60；与第一次世界大战（World War I and）25–27；与犹太复国主义（Zionism and），参见"犹太复国主义"

巴勒斯坦非暴力研究中心（Palestinian Center for the Study of Non-Violence）180

巴勒斯坦共产党（Palestinian Communist Party）176, 267, 272, 361

巴勒斯坦国民大会［1964年］（Palestine National Congress of 1964）80

巴勒斯坦教育体系（education system, Palestinian）162, 389, 392

巴勒斯坦解放阵线［PLF］（Palestine Liberation Front [PLF]）105

巴勒斯坦解放组织（"巴解组织"）［PLO］（Palestine Liberation Organization [PLO]）11, 80, 91–92, 103, 136–137, 153, 175, 207, 458：1964年《巴勒斯坦民族盟约》（Charter of 1964）80, 92；与伊斯兰教内部竞争（competition between Islamists and）208；执行委员会（Executive Committee）136, 193–194；与第一次大起义（first intifada and）266–267, 307；海湾战争期间支持萨达姆·侯赛因（Gulf War, support for Saddam Hussein in）315–316；与以色列战争（Israeli warfare with）143；与马德里会议（Madrid Conference and）341–342, 344, 345, 353, 362；与非暴力（nonviolence and）206；萨里·努赛贝在耶路撒冷的职位（Sari Nusseibeh's Jerusalem post）444–445, 447–453, 457–458, 481, 497–500；萨里·努赛贝对其看法（Sari Nusseibeh's views on）252–253；联合国大会观察员身份（Observer status at UN General Assembly）143–144；与奥斯陆和平进程（Oslo peace process and）371–375；承认以色列的存在（recognition of Israel's right to exist）288, 372；被以色列政府视为恐怖组织（regarded as terrorist organization by Israeli government）250, 341, 362；辞令（rhetoric of）205；巴勒斯坦大学员工联合会与854号军令（union for employees of Palestinian universities and Military Order 854）192–197；与亚辛（Shiekh Yassin and）199

巴勒斯坦立法委员会（Palestinian Legislative

Council）402, 403, 421

巴勒斯坦民主人民解放阵线［PDFLP］（Popular Democratic Front for the Liberation of Palestine [PDFLP]）105, 135, 193

《巴勒斯坦民族盟约》（Palestine National Covenant）80

巴勒斯坦民族权力机构［PA］（Palestinian Authority [PA]）103, 269, 398, 400, 403, 457, 512：创立政府（creation of a government）391–393；与东耶路撒冷（East Jerusalem and）444–445；与1995年选举（elections of 1995 and）398；财务和腐败（finances and corruption）375–377, 401–407, 421, 437, 453；无效管理（ineffectual government by）393, 395, 421；高等教育部（Ministry of Higher Education）413–416, 418, 531；《奥斯陆协议》与其创立（Oslo Agreement and creation of）372；安全部队（security forces）392–393, 402, 404, 405, 431, 434, 480；沙龙重新掌控约旦河西岸地区并将其摧毁（Sharon's retaking of the West Bank and destruction of the）475–483

巴勒斯坦民族主义（Palestinian nationalism）184, 188, 237, 249；与乡村地区（the countryside and）201；萨里在《耶路撒冷报》上发表相关文章（Sari's Al-Quds article on）244–245

巴勒斯坦难民（refugees, Palestinian），参见"巴以战争［1947年—1948年］""难民营""回归权"

巴勒斯坦人（Palestinians）：被吞并但享有平等权利（annexation with full rights）239–245；教育体系（education system）162, 359–360, 389, 392；被驱逐或遣送（expulsions/deportations of）47, 57, 58–59, 176, 191, 193, 195, 224, 230, 268, 270, 279, 291, 293, 309, 310–311, 349, 366, 369；被监禁（imprisonment of），参见"以色列监狱"；以色列对待温和派（moderates, Israeli treatment of）286, 319, 325, 457, 475, 491–492；国民身份认同（national identity of）172, 173；与1948年战争（1948 War and），参见"巴以战争［1947年—1948年］"；难民（refugees），参见"巴勒斯坦难民"；六日战争（Six-Day War），参见"六日战争"；部族式正义体系（"和解"）（tribal system of justice [Sulha]）166；作为下层工人阶层（as underclass of workers）171–172, 199, 249；乡村生活与文化（village life and culture of）164–167；与犹太复国主义（Zionism and），参见"犹太复国主义"，与巴勒斯坦阿拉伯人的权利与财产

巴勒斯坦人成为"人口威胁"（"demographic threat," Palestinians as）242, 508–509, 510, 516, 517, 518；与和谈（peace negotiations and）337, 338；苏联犹太人移民（Soviet Jews, immigration of）316

《巴勒斯坦邮报》（Palestine Post）44, 49

巴索利诺，安东尼奥（Bassolino, Antonio）454

巴伊兰大学（Bar-Ilan University）431

巴以冲突（Israeli-Palestinian conflict）：核心问题（the heart of）204–205；大起义（intifadas），参见"第一次大起义""第二次大起义"；双方缺乏了解（mutual lack of understanding）114–115；与非暴力（nonviolence and），参见"非暴力不合作"；"一国方案"（one-state solution），参见"一

索 引

国方案"；和谈（peace talks），参见各谈判和人员；共同未来和共同利益（shared future and mutual interests）450–451, 456, 471, 533；六日战争（Six-Day War），参见"六日战争"；"两国方案"（two-state solution），参见"两国方案"；不成文的规定（unwritten rules of）428；赎罪日战争（Yom Kippur War）131, 133, 177

巴以战争［1947—1948］（Israeli-Palestinian War, 1947–1948）13, 24, 36, 47–56, 82, 88：安瓦尔·努赛贝回忆录（Anwar Nusseibeh's memoirs），参见"努赛贝，安瓦尔"，1948年战争回忆录；巴勒斯坦难民（Palestinian refugees）38, 47–48, 55, 57, 58–59, 67, 95, 97, 368；对手准备就绪（preparedness of opponents for）44–47

《白天报》（Al-Nahar）242, 259

半岛电视台（Aljazeera）429, 438

保罗六世［教皇］（Paul VI, Pope）72

保陶伊，拉斐尔（Patai, Ralph）143, 146, 213, 493

鲍威尔，科林（Powell, Colin）485, 514

《暴力的女性：一位年轻恐怖分子的回忆录，1943—1948》［科亨］（*Woman of Violence: Memoirs of a Young Terrorist, 1943–1948* [Cohen]）340

贝尔福，亚瑟［勋爵］（Balfour, Lord Arthur）26, 27

《贝尔福宣言》（Balfour Declaration）27, 28, 32, 35

贝京，梅纳赫姆（Begin, Menachem）54, 144, 152, 153, 197, 198, 206, 218, 349, 457：与1982年入侵黎巴嫩（Lebanon invasion of 1982 and）207, 211, 218；与定居点运动（settlement movement and）177, 199

贝克，詹姆斯（Baker, James）337–344

贝林，约西（Beilin, Yossi）9, 440, 454, 467, 493, 515

贝鲁特美国大学（American University of Beirut）157

被占领土（Occupied Territories）109, 153, 205–206：以色列定居点（Israeli settlements in），参见"以色列定居点"；阿拉法特和巴解组织流亡人士回归（return of Arafat and PLO exiles to）383, 391；另见"加沙""约旦河西岸地区"

本—阿米，什洛莫（Ben-Ami, Shlomo）432

本—埃利泽，本雅明（Ben-Eliezer, Binyamin）198, 497

本—多夫，梅尔（Ben-Dov, Me'r）112

本—古里安，戴维（Ben-Gurion, David）36, 42, 43, 61, 109, 111：与驱逐巴勒斯坦阿拉伯人（expulsion of Palestinian Arabs and）47, 58–59；与1948年战争（1948 War and）56

本韦尼斯蒂，梅龙（Benvenisti, Meron）249

本雅明（"比比"）·内塔尼亚胡（Netanyahu, Benjamin "Bibi"）266, 292, 322–323, 397, 398, 422：与《奥斯陆协议》（Oslo Agreement and）375

比尔泽特大学［约旦河西岸地区］（Birzeit University, West Bank）151, 157–159, 160–162, 163, 169, 173, 375：与第一次大起义（first intifada and）268；20世纪80年代（in 1980s）177–183, 185–188, 190–192, 201, 208, 211, 212, 222–224, 236, 242, 259–260, 265–266；与联合会（unions and）185–188

比利时（Belgium）411

边沁，杰里米（Bentham, Jeremy）124

《变形记》[卡夫卡]（Metamorphosis [Kafka]）394

波德霍雷茨，诺曼（Podhoretz, Norman）513

波普尔，卡尔[爵士]（Popper, Sir Karl）123

《波士顿环球报》（Boston Globe, The）491

伯林，以赛亚（Berlin, Isaiah）163, 325

柏拉图（Plato）164

柏林墙（Berlin Wall）518–519

《布莱恩的一生》（Life of Brian）88, 105

布莱希特，贝托尔特（Brecht, Bertolt）352

布洛斯，贾瓦德（Boulos, Jawad）258, 307, 385–386, 463, 468, 474–475, 492, 493

布什，乔治·W.（Bush, George W.）449, 457, 478, 485–487：与"两国方案"（two-state solution and）486–487, 513–514, 519

D

达尔维什，拉乌夫（Darwish, Raouf）52

达尔维什，马哈茂德（Darwish, Mahmoud）296, 314, 471

达赫兰，穆罕默德（Dahlan, Mohammed）9, 392, 440：被驱逐（expulsion of）310

达扬，摩西（Dayan, Moshe）110, 111, 154, 159：与被占领土的军政府（military government of the Occupied Territories and）176, 188

大赦国际（Amnesty International）208, 236, 325

大屠杀（Holocaust）12, 462

大卫王酒店爆炸[1946年]（King David Hotel, 1946 bombing of）41, 341

代尔亚辛村（Deir Yassin, village of）118, 218：大屠杀（massacre at）54, 55, 92

戴维·伊格内修斯（Ignatius, David）208

戴维营峰会[2000年]（Camp David Summit in 2000）423, 425–427, 429–431, 456, 470

《戴维营协议》[1978年]（Camp David Accords, 1978）152–154, 160, 254

德罗思柴尔德，埃德蒙[男爵]（Rothschild, Baron Edmond de）22

德谟克利特（Democritus）127

第二次大起义（intifada, second）287, 428–439, 450, 456, 459, 470, 499

第二次世界大战（World War II）37

第一次大起义（intifada, first）9, 158, 186, 248, 265–316, 349：杀掉"通敌者"（"collaborators," killings of）293–294；宵禁（curfews during）296–297；外交倡议（diplomatic initiatives）306–308, 316；筹措资金（financing of）279, 283, 286, 301, 303–305, 310；"十四点"（Fourteen Points）270–271, 274, 305, 306；"侯赛尼文件"（the Husseini Document）286–287, 295；与以色列公众（Israeli public and）287–289；"耶路撒冷文件"（"the Jerusalem Document"）275–276, 305；组建临时政府（provisional government, creation of a）295–296；月度传单（serialized monthly leaflets）271–278, 283–284, 288, 294, 304–305, 310；"沙米尔计划"（"Shamir plan"）306, 308；开始（start of）265–268；统领团（UNC），参见"起义统一民族领导组织"；暴力行动爆发（violence, eruption of）291–292, 293–294, 305

第一次世界大战（World War I）25

东德（East Germany）518–519

东方宫（Orient House）230, 231, 233, 269, 282–283, 371, 393, 442, 443–444, 444, 449,

索引

468；与马德里会议（Madrid Conference and）345；巴勒斯坦影子政府的相关工作（Palestinian shadow government, work on）357, 358

东耶路撒冷（East Jerusalem）58, 62, 72, 167—68, 174—175, 399, 443, 444—445：与第一次大起义（first intifada and），参见"第一次大起义"；金匠市场（Goldsmith's Souk），参见"金匠市场"；以色列吞并（Israeli annexation of）99, 394；以色列定居点（Israeli settlements in）169, 172, 174, 177, 199, 236, 237, 238—239, 246—247, 342—343, 393—394, 399, 420, 424—425, 444, 457—458, 516；约旦的控制（Jordanian control over）59, 61, 62—63, 79, 98；与马德里会议（Madrid Conference and）342—344；旧城的摩洛哥区（Moroccan Quarter of the Old City）71, 100, 101, 112；苦路杀人事件（murder on Via Dolorosa）225—229, 329, 336；穆斯林聚居区（Muslim Quarter）6, 247；民族主义政治（nationalist politics in）229—230；安瓦尔·努赛贝的送葬队伍（Anwar Nusseibeh funeral procession）246—247；萨里·努赛贝的巴解组织职位（Sari Nusseibeh's PLO post）444—445, 447—453, 457—458, 481, 497—500；旧城（Old City）70—71, 76, 93, 99, 112, 155, 156, 167—169, 210, 229, 247, 342, 433—434；与《奥斯陆协议》（Oslo Agreement and）373；居住权和城市边界的变化（residency rights and changes in municipal borders）394—395；与安全墙（the Security Wall and）523—524

东耶路撒冷地区电力公司（East Jerusalem District Electricity Company）174—175

《独立报》［伦敦］（Independent, The [London]）338, 436

《独立宣言》［美国］（Declaration of Independence, U.S.）141

杜拉，穆罕默德（al-Durrah, Mohammed）435

杜鲁门，哈里·S.（Truman, Harry S.）42

E

恩德培机场人质营救行动（Entebbe airport, rescue operation at）422

F

法国（France）26

法拉比，阿布·纳斯尔（al-Farabi, Abu Nasr）145—146, 147, 182, 329, 331, 378—379, 513

法拉监狱（Al-Fara prison）209, 211

法拉内，哈马德（el-Fara'neh, Hamadeh）193

法勒、施特劳斯和吉鲁［FSG］（Farrar, Straus and Giroux）317

法鲁克国王（Farouk, King）62

《法律篇》［柏拉图］（Laws [Plato]）164

法农，弗朗茨（Fanon, Frantz）179, 267, 323

法塔赫（Fatah）91, 102, 106, 136, 160, 176, 185, 207, 220, 222, 465, 534：圣城大学学生（Al-Quds University students）412—413；阿拉伯语缩写（as Arab acronym）91；卡拉梅战役（Battle of Karameh）105, 136；中央委员会（Central Committee）10, 315, 392, 501；与哈马斯之间的冲突（clashes between Hamas and）294—295, 412—413；财政和腐败（finances and corruption）351, 352；与第一次大起义（the first intifada and），参见"第一次大起义"；与HASHD（HASHD and）503；与利

库德集团对比（Likud compared to）252, 253；"军事"与"外交"分支（"militant" and "diplomatic" arms of）262；萨里·努赛贝被招募（Sari Nusseibeh's recruitment to）91；与巴解组织对比（PLO compared with）92；与自杀式爆炸袭击（suicide bombings and）460；坦齐姆（Tanzim）262, 263, 351, 352, 432, 434；从游击运动转变为政党（transformation to a political party from guerrilla movement）350–351, 355；青年运动(youth movement)，参见"沙比巴［法塔赫青年运动］"，另见各领导人姓名

法塔赫高级委员会（Fatah Higher Committee）350, 351–352, 365, 367, 392, 503

反对黎巴嫩战争委员会（Committee Against the War in Lebanon）210

《反抗》[贝京]（Revolt, The [Begin]）349

反犹主义（anti-Semitism）461–462

泛阿拉伯主义（Pan-Arabism）25, 27, 30–31, 33, 35, 36, 63, 79, 102, 136, 153：历史（history of）22；另见"阿拉伯民族主义"

非暴力不合作（nonviolence and civil disobedience）179–180, 192, 204, 206, 208, 211, 212, 525：第一次大起义（first intifada），参见"第一次大起义"；与巴勒斯坦囚犯运动（Palestinian prisoner movement and）410–411；"安全屏障"与圣城大学（Security Fence and Al-Quds University）520–523；培训课程（training course）512；另见"努赛贝，萨里［作者］"，自2001年促进和平的措施

菲斯克，罗伯特（Fisk, Robert）436

费萨尔·本·侯赛因［阿拉伯族长］（Faisal bin Hussein [Arabian sheikh]）26, 27

费希尔女士（Fisher, Lady）105

弗吉尼亚大学（University of Virginia）141, 158

弗拉杰，艾利亚斯（Freij, Elias）174–175

福特基金会（Ford Foundation）403

复兴党（Baath Party）63

G

《钢铁高墙：我们与阿拉伯人》（"Iron Wall: We and the Arabs, The"）517

高级政治委员会（Higher Political Committee）350

《高墙也需要把我们的校园一分为二吗？》（"Does the Wall Also Need to Cut Our Campus into Two?"）522

戈登，查尔斯［将军］（Gordon, General Charles）22

戈尔巴乔夫，米哈伊尔（Gorbachev, Mikhail）346

戈尔茨坦，巴鲁克（Goldstein, Baruch）380, 381

戈尔茨坦，沙洛姆（Goldstein, Shalom）450

格拉布，约翰·巴格特［格拉布大人］（Glubb, John Bagot [Glubb Pasha]）45, 47, 55

格拉姆，菲尔（Gramm, Phil）402

格里尔帕策，弗朗茨（Grillparzer, Franz）435

格洛克，阿尔伯特［博士］（Glock, Dr. Albert）159, 164, 231, 367–368

个体意志（will, individual）213–216, 280–281, 331；另见"自由意志"

各各他山（Rock of Golgotha）71

公义会（Betzedek）417–418, 419

公园酒店逾越节大屠杀（Park Hotel Passover

索 引

Massacre）479
《古兰经》（Koran）78, 125, 323–324, 332, 426, 530
国际法学家委员会（International Commission of Jurists）197
国际货币基金组织（International Monetary Fund）401
《国际先驱论坛报》（*International Herald Tribune*）268
《国家评论》（*National Review*）470
国家指导委员会（National Guidance Committee）176, 198, 229–230, 232, 279, 387
《国土报》（*Ha'aretz*）111, 206, 324, 325, 468, 500, 533

H

哈达萨医院（Hadassah Hospital）56, 238, 245
哈佛大学（Harvard University）134, 139–140, 144–145, 221, 222, 528：阿拉伯学生协会（Arab Student Society at）144
哈佛大学拉德克利夫研究院（Radcliffe Institute at Harvard）6, 529
哈加纳（Haganah）46, 47, 50, 54, 58
哈考特，休（Harcourt, Hugh）151
哈克［意为"法律"］（Al-Haq ["The Law"]）208
哈拉尔德五世［国王］（Harald V, King）379
哈立迪，艾哈迈德（Khalidi, Ahmad）104–105, 115
哈立迪，艾哈迈德·萨迈赫（al-Khalidi, Ahmad Sameh）29
哈立迪，齐亚（al-Khalidi, Zia）23
哈立迪，瓦利德（Khalidi, Walid）104, 141, 142, 205, 221

哈立迪家族（Khalidi family）50
哈利法，萨哈尔（Khalifeh, Sahar）186
哈利姆，阿比德（al-Haleem, Abed）277–278, 299, 319
哈马德，阿布德·拉赫曼（Hamad, Abd el-Rahman）272
哈马斯（Hamas）11, 210, 306, 352, 367, 368, 450, 457, 506, 530：与圣城大学学生（Al-Quds University students and）385, 389, 412–413；1988年宪章（charter of 1988）282；与法塔赫的冲突（clashes between Fatah and）294–295, 412–413；形成（formation of）269；伊泽丁·卡桑旅（Izzeddin al-Qassam Brigade）346；反对和谈（opposition to peace talks）346, 347, 348；与《奥斯陆协议》（Oslo Agreement and）374–375；和平主义起源（pacifist origins of）180；赢得议会选举（Parliamentary elections, victory in）529–530, 531, 533–534；社会服务（social services）395；与恐怖主义（terrorism and）295, 308, 368, 369, 395, 396, 398, 399, 459, 479
哈玛米，贾米勒（Hamami, Jamil）294
哈默，约舒亚（Hammer, Joshua）460
哈姆扎·斯马迪（Smadi, Hamzeh）233, 254, 261, 262, 284：与第一次大起义（the first intifada and）276–277, 302
哈南［萨里·努赛贝的秘书］（Hanan, Sari Nusseibeh's secretary）276–277, 283–284, 309, 357
哈内戈比，察希（Hanegbi, Tzahi）255, 309, 340, 489, 507
哈柔瑞尔集体农场（Hazorea, Kibbutz）113–114

哈瑞迪派（Haredim）68
哈松内赫，阿里（Hassouneh, Ali）193, 194, 196, 221
哈特，H. L. A.（Hart, H.L.A.）163, 325
哈特曼，戴维（Hartman, David）485
哈提卜，劳希（el-Khatib, Rauhi）99
哈维尔，瓦茨拉夫（Havel, Václav）283
哈扎，艾哈迈德（Hazza', Ahmad）347–348, 350, 353
海德格尔，马丁（Heidegger, Martin）127
海德公园"演讲角"（Hyde Park, "Speakers Corner"）90–91
海法（Haifa）47
海勒，马克（Heller, Mark）317, 324, 424
海伦娜［君士坦丁大帝的母亲］（Helena, mother of Constantine the Great）18
海湾战争［1991］（Gulf War, 1991）313–315, 317–321, 336
海牙国际法庭（International Court of Justice in the Hague）525
汉尼亚，阿克拉姆（Haniyyah, Akram）279, 311, 317, 447–448；与马德里会议（Madrid Conference and）341, 345
《和平时机》文件（"Time for Peace" document）454
赫茨尔，西奥多（Herzl, Theodor）23
赫尔佐克，哈伊姆（Herzog, Chaim）222
赫鲁晓夫，尼基塔（Khrushchev, Nikita）74
赫什，西摩（Hersh, Seymour）143
赫斯特，戴维（Hirst, David）402
赫希菲尔德，亚伊尔（Hirschfeld, Yair）363, 369
赫兹利亚会议（Herzliya Conference）517–518：2004 年（2004）514–517
黑格尔，格奥尔格·威廉弗·里德里希（Hegel, Georg Friedrich Wilhelm）224, 439
"黑衣女人"（Women in Black）454
红十字会（Red Cross）481
侯赛尼，阿卜杜勒·卡迪尔（el-Husseini, Abdel Kader）45, 52–54, 55, 118, 230, 441, 442, 443
侯赛尼，费萨尔（Husseini, Faisal）118, 230–233, 246, 250, 251–252, 281–282, 292, 295–296, 307, 309, 310, 358, 363, 381, 393, 424, 425：血统（ancestry of）230；听证会（court hearings）258–259；去世和葬礼（death and funeral of）441–443；与海湾战争（Gulf War and）315；入狱（imprisonment of）252, 256–257, 263, 269, 282, 287；马德里会议与和谈（Madrid Conference and peace negotiations）337–341, 342, 343–344, 345, 353–354, 360, 374；与《奥斯陆协议》（Oslo Agreement and）374；与 1987 年秘密和谈（secret peace negotiation of 1987 and）255, 259；与沙龙到访圣殿山（Sharon's visit to the Temple Mount and）432, 433
侯赛尼，哈吉·阿明［耶路撒冷大穆夫提］（Husseini, Haj Amin, grand mufti of Jerusalem）29, 34, 35, 43, 59, 60, 61, 62
侯赛尼，穆萨·卡齐姆（al-Husseini, Musaa Kazim）28
侯赛尼家族（Husseini family）23, 50, 52, 72
"侯赛尼文件"（Husseini Document）286–287, 295
侯赛因，萨达姆（Hussein, Saddam）314–321, 338, 373, 492, 494
侯赛因［约旦国王］（Hussein, King of Jordan）82, 117, 153, 238, 263：与阿拉法特（Arafat and）80；掌权（assumes

索引

power）63–64；将巴解组织从约旦驱逐
  （expulsion of PLO from Jordan）136；
  与以色列的关系（relations with Israel）
  79–80, 110；与六日战争（Six-Day War
  and）93
华莱士，迈克（Wallace, Mike）292
《华盛顿邮报》（*Washington Post, The*）191,
  208, 380, 430
《化装舞会》[威廉斯]（*Masquerade*
  [Williams]）202–203
《怀伊协议》和相关谈判（Wye Agreement
  and negotiations）397, 398–399
回归权（right of return）446, 451, 463,
  464–467, 475, 502, 512；与"目标地图"
  （Destination Map and）489
霍夫曼，斯坦利（Hoffman, Stanley）141–42
霍克斯塔德，李（Hockstader, Lee）430
霍梅尼，阿亚图拉（Khomeini, Ayatollah）
  413
霍奇金斯，特迪（Hodgkins, Teddy）33,
  95–96

J

《基督教科学箴言报》（*Christian Science
  Monitor, The*）441
基督教原教旨主义者（Christian
  fundamentalists）449
基默林，巴鲁克（Kimmerling, Baruch）480
《吉尔伽美什》（*Gilgamesh*）180
吉西，詹尼（Ghisi, Gianni）523
"即刻和平"（Peace Now）210, 211, 219, 224,
  262, 282, 288, 321, 453–455, 459, 494, 508,
  525
集体农场成员（kibbutznik）113–115
加尼姆族长（Ghanim, Sheikh）20

加沙（Gaza）153：经济（economy of）
  395；与第一次大起义（first intifada and）
  参见"第一次大起义"；军事长官（military
  governor of）188–189；与巴勒斯坦民族
  权力机构（Palestinian Authority and），参
  见"巴勒斯坦民族权力机构"；沙龙与之
  "脱离"（Sharon's "disengagement" from）
  515–517, 518, 529；与六日战争（Six-Day
  War and）93；亚辛在此活动（Yassin's
  activities in），参见"亚辛，艾哈迈德"
《加沙—杰里科协议》[1994年]
  （Gaza-Jericho Accord of 1994）383
加扎利（al-Ghazali）125–126, 365
加扎维，伊扎特（Ghazzawi, Izzat）158：与
  第一次大起义（the first intifada and）270,
  272, 275, 302
家园党（Beiteinu Party）515
贾巴尔，阿布德（el-Jabbar, Abd）122
贾巴里，纳比勒（Ja'bari, Nabil）450
贾布里勒，艾哈迈德（Jibril, Ahmad）105
贾迈勒帕夏（Jamal Pasha）25, 26
贾乌德家族（Joudeh family）20, 72
检查站和路障（checkpoints and roadblocks）
  170, 171, 343, 399, 422, 425, 436, 502–503,
  507, 518, 529, 533
《简氏外事报道》（*Jane's Foreign Report*）
  475, 479
剑桥大学王后学院（Queen's College,
  Cambridge）83
"胶囊"（"capsule," the）192, 193, 195, 263,
  275, 276, 332
《接下来怎么办？》（"What Next?"）445–
  447, 448, 451
杰斐逊，托马斯（Jefferson, Thomas）
  140–141, 149–150, 382, 385

杰里科会议（Jericho Conference）63
解放巴勒斯坦人民阵线［PFLP］（Popular Front for the Liberation of Palestine [PFLP]）105, 116–117, 160, 185, 187, 222, 479, 506
金，马丁·路德（King, Martin Luther, Jr.）139
金匠市场（Goldsmith's Souk [Suq al-Khawajat]）6, 20, 71, 117, 236, 238, 247, 342, 364–365, 393, 449
金斯伯格，艾伦（Ginsberg, Allen）325
《警戒者之子》［阿维森纳］（Living Son of the Vigilant, The [Avicenna]）146
君士坦丁堡（Constantinople）21, 25

K

喀土穆会议［1967年］（Khartoum Conference, 1967）117
卡察夫，摩西（Katzav, Moshe）448–449
卡迪尔，萨米（Khader, Sami）196
卡恩，扎多克（Khan, Zadoc）23
卡夫卡，弗朗茨（Kafka, Franz）364, 394
卡赫，梅厄（Kahane, Meir）237
卡里恩，易卜拉欣（Kar'aeen, Ibrahim）269
卡罗尔，刘易斯（Carroll, Lewis）4, 104
卡迈勒，扎西拉（Kamal, Zahira）269
卡桑，伊泽丁（Qassam, Sheikh Izzeddin）33–34, 37, 346
卡特，吉米（Carter, Jimmy）152
开放社会基金会（Open Society Foundation）403
开罗［埃及］［巴勒斯坦"政府"所在地］（Cairo, Egypt, Palestinian "government" in）59, 60–61, 62, 80
凯比亚大屠杀［1953年］（Qibya, 1953 massacre in）198

凯希，祖海尔（Qaisi, Zuhair）303, 304
康德，伊曼纽尔（Kant, Immanuel）248, 293, 505
科恩—本迪特，丹尼尔［"红色丹尼"］（Cohn-Bendit, "Red Danny"）105
科亨，盖拉（Cohen, Geula）340
科莱克，特迪（Kollek, Teddy）110, 168, 217, 236：与东耶路撒冷的以色列定居点（Israeli settlements in East Jerusalem and）172–173, 177
科威特与海湾战争（Kuwait and the Gulf War）314–315, 317–321
克尔曼，赫伯特（Kelman, Herbert）221
克尔曼，罗丝（Kelman, Rose）221
克里米亚战争（Crimean War）71–72
克里斯托弗，沃伦（Christopher, Warren）514
克林顿，比尔（Clinton, Bill）378, 397, 440, 488, 490；2000年戴维营峰会（Camp David Summit in 2000）423, 425–427, 429–430；与奥斯陆和平会谈（Oslo peace talks and）370, 372；塔巴会谈（Taba talks）440
肯尼迪，约翰·F.（Kennedy, John F.）74
恐怖主义（terrorism）143, 206–207, 208, 219, 285, 341, 459：与哈马斯（Hamas and），参见"哈马斯"，与恐怖主义；与真主党（Hezbollah and），参见"真主党"；伊尔贡（Irgun）41, 54；"9·11"事件（9/11）449；斯特恩帮［以色列自由战士］（Stern Gang [Fighters for the Freedom of Israel]）36, 39, 40–41, 340；自杀式爆炸袭击（suicide bombings），参见"自杀式爆炸袭击"
库尔策，丹尼尔（Kurtzer, Daniel）342, 343, 344

索 引

库赖，艾哈迈德（Qurei'a, Ahmed），参见"阿布·阿拉"
库勒苏姆，乌姆（Kulthum, Umm）114
库斯勒，亚瑟（Koestler, Arthur）41
库塔布，达乌德（Kuttab, Daoud）273, 402–403, 482
卡乌齐，法齐（al-Qawukji, Fawzi）45–46
奎因，W. V. O.（Quine, W.V.O.）130, 145

L

拉宾，伊扎克（Rabin, Yitzhak）58, 220, 259, 316, 360, 362, 369, 381, 383, 395：遇刺（assassination of）396–397, 459；与第一次大起义（first intifada and）267, 306, 316；国家联合政府（Government of National Unity）218, 256–257；与《奥斯陆协议》（Oslo Agreement and）375, 396；与定居点（settlements and）381, 395, 396；与六日战争（Six-Day War and）88
拉布，哈桑·阿比德（Rabbo, Hassan Abed）304, 305
拉布，亚西尔·阿比德（Rabbo, Yasser Abed）9, 515
拉格比［英国预备学校］（Rugby [English prep school]）85–86
拉杰布，贾布里勒（Rajoub, Jibril）9, 262, 278, 318, 320, 326, 391, 403, 425, 432, 492, 500, 504：被刺杀未遂（attempted assassination of）441；被驱逐（expulsion of）310, 349；高级政治委员会和法塔赫高级委员会（Higher Political Committee and Fatah Higher Committee）349–352, 392；与巴勒斯坦安全部队（Palestinian security forces and）375, 392, 400, 431, 434, 437, 460；谋求议会席位（Parliamentary seat sought by）529；与自杀式爆炸袭击（suicide bombings and）460

拉姆勒村（Ramle, village of）97, 117
拉姆斯菲尔德，唐纳德（Rumsfeld, Donald）485
拉森，泰耶（Larsen, Terje）369
拉什迪，贾米勒（Rushdie, Jamil）512
拉耶斯，祖海尔（el-Rayyes, Zuheir）233
莱博维茨，耶沙亚胡（Leibowitz, Yeshayahu）232
莱布尼茨，戈特弗里德（Leibniz, Gottfried）148
赖斯，康多莉扎（Rice, Condoleezza）485, 523
兰多，乌齐（Landau, Uzi）467–468, 490, 492, 495, 507
劳伦斯，T. E.［阿拉伯的劳伦斯］（Lawrence, T. E. [Lawrence of Arabia]）26, 27
老布什行政府（Bush, George H. W., administration of）337：与以色列定居点（Israeli settlements and）343；与马德里会议（Madrid Conference and）336–339, 343, 346
雷勒，萨米尔（Hleileh, Samir）269, 356
雷姆尼克，戴维（Remnick, David）461
黎巴嫩（Lebanon）143, 157：1982年以色列入侵（Israeli 1982 invasion of）207, 208–209, 210, 218, 220；以色列占领南部（Israeli occupation of southern）210；《卡汉报告》（"Kahan Report"）218；萨布拉和夏提拉难民营大屠杀（massacre at Sabra and Shatila refugee camps）210–211, 218；美国海军遭受自杀式爆炸袭击（suicide bombings killing U.S. Marines in）219
《黎明报》（Al-Fajr）232, 298, 352

里根，罗纳德（Reagan, Ronald）207, 219, 237, 309

利伯曼，阿维格多（Lieberman, Avigdor）515, 524

联合国（United Nations）424：应急部队（emergency forces）87；与854号军令（Military Order 854 and）197

联合国安理会第242号决议（United Nations Security Council Resolution 242）109, 137, 288, 337, 339；第338号决议（Resolution 338）337

联合国大会（United Nations General Assembly）143–144, 266：阿拉法特1974年演讲（Arafat's 1974 speech at）8, 143；1947年分治巴勒斯坦（partition of Palestine, 1947）40–44, 48, 60

联合国儿童基金会（UNICEF）482

联合国近东巴勒斯坦难民救济和工程处［UNRWA］（United Nations Relief and Works Agency [UNRWA]）62

"两国方案"（two-state solution）142, 204–205, 218, 220–221, 237, 288–289, 352, 429, 446, 454, 472–473：与布什（Bush and）486–487, 513–514, 519；"目标地图"（Destination Map），参见"目标地图"；与第一次大起义（the first intifada and）287, 288, 298；平民运动路线（grassroots approach to）473, 500–509, 510, 511–515, 517, 525–527；与"侯赛尼文件"（the Husseini Document and）287；《没有号角，亦没有鼓声》（No Trumpets, No Drums）317, 331, 341, 356；与安瓦尔·努赛贝（Anwar Nusseibeh and）103；民意调查（opinion polls）510–511；1987年秘密和谈（secret peace negotiation of 1987）

256；定居点阻碍其进程（settlements as hindrance to）374

刘易斯，C. S.（Lewis, C. S.）120, 132–134, 140

刘易斯，安东尼（Lewis, Anthony）491–492

流浪者聚会（Party of Vagabonds）33

六日战争（Six-Day War）3, 92–94；诱因（events leading to）87–90；此后的以色列国界（Israeli borders after）109, 117

卢梭，让-雅克（Rousseau, Jean-Jacques）215

鲁宾斯坦，丹尼（Rubinstein, Danny）111, 500, 505–506

鲁宾斯坦，伊莱基姆（Rubinstein, Eliakim）346, 347

路障（roadblocks），参见"检查站和路障"

《伦理学》［亚里士多德］（Ethics [Aristotle]）182

《论公民的不服从》［梭罗］（Civil Disobedience [Thoreau]）139

罗恩，迈克尔（Rohan, Michael）118

罗思柴尔德勋爵［沃尔特］（Rothschild, Lord [Walter]）26

罗斯，丹尼斯（Ross, Dennis）283, 342, 368–369, 372, 397, 398, 421, 429, 430

罗素，伯特兰（Russell, Bertrand）81–82, 107, 125, 206

《逻辑的历史和哲学》（History and Philosophy of Logic）331

洛克，约翰（Locke, John）104, 147, 260

M

马德里会议与和谈（Madrid Conference and peace talks）158, 336–363, 368–369, 374：先前谈判（negotiations leading to）336–

索 引 599

346；巴勒斯坦政治委员会支持（Palestinian political committees to support the）350–353；巴勒斯坦影子政府（Palestinian shadow government）354–363；拉姆安拉集会支持（Ramallah rally in support of）347–348

马格内斯，朱达（Magnes, Judah）42, 44

马哈茂德，萨法迪（Safadi, Mahmoud）333

马加利特，阿维夏伊（Margalit, Avishai）106–107, 120, 142, 163, 210

马蒙［阿拔斯王朝哈里发］（al-Ma'moun, Abbasid caliph）125

马西亚斯，恩里科（Macias, Enrico）79

迈赫迪，穆赫辛（Mahdi, Muhsin）145

麦克纳马拉，罗伯特（McNamara, Robert）514

曼德拉，纳尔逊（Mandela, Nelson）326, 410, 481

猫王（Presley, Elvis）79

《没有号角，亦没有鼓声》［努赛贝与赫勒］（No Trumpets, No Drums [Nusseibeh and Heller]）317, 331, 341, 356

梅厄，果尔达（Meir, Golda）43, 110, 111, 172

梅雷兹党（Meretz Party）454

梅里多尔，达恩（Meridor, Dan）255

美国国务院（U.S. State Department）325

美国入侵巴拿马（Panama, U.S. invasion of）309

美国外交关系协会（Council on Foreign Relations, U.S.）400

美国有线电视新闻网（CNN）318

蒙蒂塞洛［杰斐逊故居］（Monticello, Jefferson's）140, 149, 286, 378, 382, 385

《梦之死》（Death of a Dream）533

米茨纳，阿夫拉姆（Mitzna, Avram）499–500

米尔森，梅纳赫姆（Milson, Menachem）198, 199, 201

米勒，阿瑟（Miller, Arthur）325

米洛，罗尼（Milo, Roni）324

《命运》（Destiny）412

莫内，让（Monnet, Jean）63

莫斯科维茨，欧文（Moskowitz, Irving）399, 424–425

"目标地图"（Destination Map）488–490, 498, 499–500, 504, 513–515, 516, 525, 526：美国的支持（U.S. support for）513–514

慕尼黑奥运会以色列运动员遇害（Munich Olympics, murder of Israeli athletes at）136

穆尔太齐赖学派（Mu'tazilites）122, 123, 125

穆罕默德（Mohammed）12, 16, 71, 108, 121, 155, 182–183, 332：夜行登霄的故事（tale of the Night Journey）5, 15, 19, 62, 430, 531–532

穆罕默德·什泰耶（Shtayyeh, Mohammed）485

穆罕默德夜行登霄（Night Journey to Jerusalem, Mohammed's）5, 15, 19, 62, 430, 531–532

穆斯林青年女性学会（Young Women's Muslim Society）276

"穆斯林兄弟会"（Muslim Brotherhood）219–220, 269

N

纳贾卜，苏莱曼（Najjab, Suleiman）361

纳贾赫国立大学（An-Najah National University）186, 414, 506–507

《纳尼亚传奇》［刘易斯］（Chronicles of

Narnia, The [Lewis]）134

纳萨尔，纳吉布（Nassar, Najib）23

纳赛尔，贾迈勒·阿卜杜勒—（Nasser, Gamal Abdul-）62, 74, 79, 87–88, 92, 94, 114

纳赛尔，贾米勒（Nasser, Jamil）269

纳沙希比，法赫里（al Nashashibi, Fakhri）165

纳沙希比家族（Nashashibi family）23, 24, 72, 166

纳特谢，穆斯塔法（Natsheh, Mustafa）233

纳西尔，汉纳（Nasir, Hanna）157–58, 186

纳西尔，穆萨（Nasir, Musa）157

纳西鲁，法希亚（Nasru, Fathiyya）359：与第一次大起义（the first intifada and）270, 272

纳扎勒，纳菲兹（Nazzal, Nafez）160–161

南非种族隔离制度（South Africa, apartheid regime in）509, 525

难民营（refugee camps）199, 236–237, 259, 464, 487, 511–512：与第一次大起义（first intifada and）266, 267

尼克松，理查德（Nixon, Richard）138

柠檬树咖啡馆［耶路撒冷］（Lemon Tree Café, Jerusalem）157, 162–163, 210, 212, 225, 229, 408

牛津大学（Oxford University）3, 5, 87, 106–108：基督教堂学院（Christ Church college）104, 147

《纽约客》（*New Yorker, The*）461

《纽约时报》（*New York Times, The*）316, 325, 491–492

《纽约书评》（*New York Review of Books, The*）425

努尔［约旦王后］（Noor, Queen of Jordan）238

努赛巴家族（Nusaybah family），参见"努赛贝家族"

努赛贝，阿布索尔［儿子］（Nusseibeh, Absal [son]）155, 239, 246, 247, 380：教育经历（education of）291, 364；萨里被捕服刑（Sari's arrest and prison term）322；萨里狱中家书（Sari's letter from prison to）333–336

努赛贝，艾哈迈德［亲戚］（Nusseibeh, Ahmad [relative]）165

努赛贝，艾哈迈德［叔叔］（Nusseibeh, Ahmad [uncle]）53–54

努赛贝，安瓦尔［父亲］（Nusseibeh, Anwar [father]）104, 129, 135, 152–153, 157, 165–67, 175, 222, 243, 257, 387, 470, 483, 497：六日战争以后（after the Six-Day War）98–99, 101–103, 109–111；与癌症病魔斗争（cancer, battle with）175, 237–238；童年的经历（childhood of）29；去世和葬礼（death and funeral of）245–248, 286；教育经历（education of）29–30；担任耶路撒冷市长（as governor of Jerusalem）3–74, 13, 72, 83–84, 449；与侯赛因国王（King Hussein and）63–64, 83–85；在1948年战争中受伤（injured in 1948 War）36, 38–39, 53, 56, 66；担任约旦驻英国大使（as Jordanian ambassador to England）13, 82, 85, 86–87；担任约旦国防部部长（as Jordanian minister of defense）13；与约旦议会（Jordanian parliament and）63；法律事业（legal career）32–33, 39–40, 62；1948年战争回忆录（memoirs of the 1948 War）13, 39, 40–41, 43, 47–58, 80, 264–265；与开罗的巴勒斯坦"政府"（Palestinian "government" in Cairo and）

索 引

59, 60, 61, 62, 80；作为泛阿拉伯主义者（as pan-Arabist）136–137, 153；与宗教（religion and）64–65；担任教师（as teacher）37；与犹太复国主义（Zionism and）36

努赛贝，巴拉克［儿子］（Nusseibeh, Buraq [son]）156, 239, 246, 247, 380：教育经历（education of）291, 364；与第一次大起义（the first intifada and）291；萨里被捕服刑（Sari's arrest and prison term）322；萨里狱中家书（Sari's letter from prison to）333–336

努赛贝，哈齐姆［伯伯］（Nusseibeh, Hazem [uncle]）73, 83, 84, 104, 144

努赛贝，哈桑［伯伯］（Nusseibeh, Hassan [uncle]）48–49, 166

努赛贝，哈特姆［亲兄弟］（Nusseibeh, Hatem [brother]）65, 83, 98, 291

努赛贝，贾迈勒［儿子］（Nusseibeh, Jamal [son]）5, 94, 141–142, 154, 156–157, 239, 247：教育经历（education of）291, 364, 365；与第一次大起义（the first intifada and）290, 292；萨里被捕服刑（Sari's arrest and prison term）322；萨里狱中家书（Sari's letter from prison to）333–336；与辛贝特的威胁（Shin Bet threats and）311–312

努赛贝，露西·奥斯汀［妻子］（Nusseibeh, Lucy Austin [wife]）53, 123, 154–156, 162–163, 185, 211, 225–226, 229, 239, 240, 261, 263, 329–330, 336, 338, 383, 394–395, 411, 454, 460, 488, 533–534：在阿布扎比（in Abu Dhabi）132–134；皈依伊斯兰教（conversion to Islam）129–130, 131；求爱（courtship）3–4, 5, 115–116, 118, 119–120；订婚（engagement）119–120,

129–130；家庭背景（family background）3–4；与第一次大起义（the first intifada and）276, 279, 290, 292, 293；婚姻（marriage of）38, 131–132；与非暴力（nonviolence and）180, 512, 533；萨里被捕服刑（Sari's arrest and prison term）321–322, 325, 331, 332–333, 339, 340；与辛贝特的威胁（Shin Bet threats and）311, 312；担任教师（as teacher）151, 158, 212；在美国（in the U.S.）138–150, 378

努赛贝，穆尼拉［亲姐妹］（Nusseibeh, Munira [sister]）38, 59, 69–70, 82, 110

努赛贝，努扎［母亲］（Nusseibeh, Nuzha [mother]）61–62, 65, 67, 82, 117, 129, 152, 238, 244, 245, 246, 258, 276, 292, 314, 315, 331, 364, 386, 462, 470, 489：1948年战争以后（after 1948 War）58, 59；六日战争以后（after Six-Day War）98；女子学校（school for girls）154；与辛贝特的威胁（Shin Bet threats and）312；与街头政治（street politics and）135–136；犹太复国主义与犹太人（Zionism and Jews）12, 66

努赛贝，努扎［女儿］（Nusseibeh, Nuzha [daughter]）6, 364, 380, 460, 470, 528

努赛贝，萨克尔［亲兄弟］（Nusseibeh, Saker [brother]）65, 83, 98

努赛贝，萨里［作者］（Nusseibeh, Sari [author]）：在阿布扎比（in Abu Dhabi）130–134, 356；与圣城大学（Al-Quds University and），参见"圣城大学"，萨里·努赛贝作为校长（Al-Quds University, Sari Nusseibeh as president of）；被捕服刑（arrest and prison term）321–335, 339–340, 352, 417, 468；作为"叛徒"被攻击（attacked as "traitor"）260–262, 263,

264；出生（birth of）38, 61–62；保镖（bodyguards）345–346, 367, 463, 481, 485, 489, 504, 506；用"重磅炸弹"争取以色列境内的平等权利（"bombshell," equal rights within Israel）237–245, 250, 508, 509；童年（childhood of）64–81；死亡威胁（death threats）242, 366–368, 429；教育经历（education of）70, 74–78, 85–86, 87, 104–105, 106–108, 113, 120–128, 134, 138–150；约旦河谷的家族农场（family farm in Jordan Valley）75, 109；第一次大起义中的角色（the first intifada, role in）269–270, 272, 274–275, 276–278, 279, 282–284, 286–287, 294, 295–298, 301, 307, 309, 310；入狱（imprisonment）163；马德里会议和影子政府（Madrid Conference and shadow government）336–369；命名（naming of）62；与非暴力（nonviolence and），参见"非暴力不合作"；《没有号角，亦没有鼓声》（No Trumpets, No Drums）317, 331, 341, 356；"一国方案"（one-state solution），参见"一国方案"；巴勒斯坦民族权力机构腐败调查（PA corruption, investigation of）404–407；用寓言展现弱者的力量（parable illustrating the strength of the weak）483–484, 487；自 2001 年促进和平的措施（peace efforts since 2001）453–455, 459, 461, 463–464, 470–473, 481, 482, 485, 487–490, 494, 500–509, 511–515, 525–527；与巴解组织和耶路撒冷的职位（PLO, Jerusalem post and）444–445, 447–453, 457–458, 481, 497–500；1987 年秘密和谈（secret peace negotiation of 1987）252–259；与辛贝特（Shin Bet and），参见"辛贝特 [以色列安全机构]"，与萨里·努赛贝；与六日战争（Six-Day War and）92–96；担任教师（as teacher）151, 152, 157–164, 169–170, 171, 173, 177–183, 212, 215, 216–217, 259–260；与"两国方案"（two-state solution and），参见"两国方案"；与大学职工联合会（union for university employees and）185–197, 222；20 世纪 90 年代在美国（in the U.S. in 1990s）365–366, 378–383；在美国攻读博士学位（in the U.S. studying for his Ph.D.）138–150；《接下来怎么办？》（"What Next?"）445–447, 448, 451

努赛贝，萨利姆 [亲戚]（Nusseibeh, Salim [cousin]）116–117, 134, 333–334, 349

努赛贝，萨伊达 [亲姐妹]（Nusseibeh, Saedah [sister]）38, 59, 66–67, 69–70, 82

努赛贝，扎基 [堂哥]（Nusseibeh, Zaki [cousin]）20, 23, 29, 68, 70, 143, 233, 236, 263, 276, 364, 393

努赛贝，扎基 [亲兄弟]（Nusseibeh, Zaki [brother]）38, 59, 67, 68, 70, 75, 79, 82–83, 89, 90, 291, 314, 356：在阿布扎比（in Abu Dhabi）95, 131, 132；与六日战争（Six-Day War and）92, 93, 94, 95

努赛贝家族（Nusseibeh family）23–24, 166："城堡"（Al-Kasr ["The Castle"]）24, 48–49, 64；管理圣墓教堂的钥匙（as doorkeepers of Church of the Holy Sepulcher）4, 18, 19–20, 24, 71, 72；耶路撒冷的历史与该家族地位（Jerusalem's history and role of）4, 15–16, 18–20

努斯鲍姆，玛莎（Nussbaum, Martha）145

诺贝尔和平奖（Nobel Peace Prize）395

诺齐克，罗伯特（Nozick, Robert）145

索 引

O

欧巴岱·本·萨米特（Ubadah ibn al-Samit）18

欧盟（European Union）454—455

欧文，罗杰（Owen, Roger）106

P

帕维亚大学讲座（University of Pavia, lecture at）280—281

派内斯，什洛莫（Pines, Shlomo）164

培根，弗朗西斯（Bacon, Francis）108

佩雷斯，西蒙（Peres, Shimon）153, 243, 263, 362, 395：国家联合政府（Government of National Unity）218, 250, 256；与"约旦方案"（"Jordanian option" and）237, 250, 253, 256；与《奥斯陆协议》（Oslo Agreement and）373, 397；与萨里见面（Sari's meeting with）250—251；与定居点运动（settlement movement and）177, 250, 397

佩里，雅各布（Peri, Ya'akov）306

佩塔提克瓦文件（Petah Tikva working paper）306—308, 316

蓬达克，罗恩（Pundak, Ron）369

琵雅芙，伊迪丝（Piaf, Edith）79

Q

齐波里，莫迪凯（Zippori, Mordechai）217

齐默尔曼，弗里茨（Zimmerman, Fritz）121—122, 331

起义统一民族领导组织（统领团）[UNC]（Unified National Leadership of the Uprising or Unified Command [UNC]）271, 272, 273, 288, 293, 350：成员被捕受审（arrest and interrogation of members of）273—274, 302, 303—305；关于其成员的猜测（speculation about members of）273

乔姆斯基，诺姆（Chomsky, Noam）374, 393

《桥报》（Gesher）352

青年土耳其党（Young Turks）21

青年卫士（Ha-shomer Ha-tzaír ["Young Guard"]）113

《全世界受苦的人》[法农]（Wretched of the Earth, The [Fanon]）179, 323

《群魔》[陀思妥耶夫斯基]（Possessed, The [Dostoyevsky]）428, 437

R

热内，让（Genet, Jean）142

人类自由（freedom, human）150, 280—281, 331：努赛贝的自由事业（Nusseibeh's Freedom course）216—217

"人链"计划（Human Chain initiative）455, 459, 494, 508

人民和平民主运动[HASHD]（People's Campaign for Peace and Democracy [HASHD]）8, 500, 501—509, 510, 511—512, 520, 524, 529："老虎"领袖（"tiger" leaders）504—505, 512, 521

"人民之声"（People's Voice）500—501, 502, 511, 512, 513—515

《日内瓦公约》（Geneva Conventions）266

《日内瓦协议》（Geneva Agreement）9

《如何以言行事》[奥斯汀]（How to Do Things with Words [Austin]）108

瑞典（Sweden）359

S

萨卜拉，阿卜杜勒—哈米德（Sabra,

Abdelhamid）122, 123, 124, 134, 145

萨达特，安瓦尔（Sadat, Anwar）131, 220：
《戴维营协议》（Camp David Accords）
152–154；1977年以色列议会演讲（speech
before the Knesset）144

萨菲耶，阿菲夫（Safieh, Afif）221

萨夫瓦特，伊斯梅尔（Safwat, Ismail）
45–46, 53, 54

萨卡基尼，哈利勒（al-Sakakini, Khalil）
29–30, 33, 62, 78

萨拉·斯托穆萨（Stroumsa, Sarah）163, 325

萨拉丁（Saladin）19, 20, 27, 71, 118

萨拉赫，蒙西尔（Salah, Munthir）413–416

《萨里·努赛贝——阿拉法特的喉舌，萨达姆的耳目》（"Sari Nusseibeh—Arafat's Mouth, but Saddam's Eyes and Ears"）469

萨里德，约西（Sarid, Yossi）221, 222, 232, 324, 440, 454, 468, 491

萨耶赫，阿卜杜勒·哈米德（Al-Sayeh, Sheikh Abdel Hamid）102

萨伊格，尤瑟夫（el-Sayegh, Yousef）376, 377

塞尔塔维，伊萨姆（Sartawi, Issam）408

《赛克斯—皮科协定》（Sykes-Picot Pact）26, 27

赛义德，爱德华（Said, Edward）325, 374, 445

桑德赫斯特皇家军事学院（Sandhurst）63

桑塔格，苏珊（Sontag, Susan）325, 425

沙比巴［法塔赫青年运动］（Shabibah [Fatah youth movement]）200, 223, 231：与第一次大起义（first intifada and）268

沙菲，海德尔·阿卜杜勒（Shafi, Dr. Haidar Abdul）345, 346–347, 348, 374

沙哈勒，摩西（Shahal, Moshe）175

沙卡，巴萨姆（Shaka'a, Bassam）176

沙龙，阿里埃勒（Sharon, General Ariel）
246, 247, 309, 398, 449, 457, 459, 468,
471–472, 491, 504, 509, 512："脱离"加沙
（"disengagement" from Gaza）515–517,
518, 529；2001年选举（elections of 2001）
440–441；2003年选举（elections of 2003）
497, 500；1982年入侵黎巴嫩（Lebanon
invasion of 1982）207, 208–209, 210, 211,
218；与《奥斯陆协议》（Oslo Agreement
and）375, 396；与凯比亚大屠杀（Qibya
massacre and）198；重新掌控约旦河西
岸地区并摧毁巴勒斯坦民族权力机构
（retaking of the West Bank and destruction
of the PA）6, 475–483, 485；与"安全屏障"
（Security Fence and），参见
"以色列安全屏障"；与定居点运动
（settlement movement and）199, 218,
238, 396, 399, 519；与乡村联盟（the
Village League and）197, 198–201, 209；
到访圣殿山与第二次大起义（visit to the
Temple Mount and second intifada）428,
431, 432–433；赎罪日战争（Yom Kippur
War）131

沙米尔，伊扎克（Shamir, Yitzhak）54,
249, 316, 318, 319, 360：国家联合政府
（Government of National Unity）218,
250, 256；马德里会议与和谈（Madrid
Conference and peace talks）337, 341–342,
344–345, 346, 362；1987年秘密和谈（secret
peace negotiations in 1987）252–257, 259

"沙米尔计划"（"Shamir Plan"）306, 308

沙斯，纳比勒（Sha'th, Nabil）440

沙特阿拉伯（Saudi Arabia）337

"闪电"（al-Buraq）5, 12, 30, 31, 155, 156

《闪电之声》（Voice of the Lightning Bolt）

134

《商业周刊》（Business Week）482

舍尔，吉拉德（Sher, Gil'ad）431

什叶派穆斯林（Shiite Muslims）329

《圣城报》（Kol Ha'Ir）259

圣城大学（Al-Quds University）90, 424, 431, 474：阿布·吉哈德政治犯事务中心（Abu-Jihad Center for Political Prisoners' Affairs）409–410, 504；美国研究中心（American Studies Center）431；校董会（the board of）385, 387, 388, 390, 415–416；和平民主促进中心（Center for the Advancement of Peace and Democracy）408；学校历史（history of）386–387；耶路撒冷研究院（Institute for Jerusalem Studies）408–409；医学院（medical school）400, 408, 414；萨里·努赛贝作为校长（Sari Nusseibeh as president of）7, 8, 37, 381–382, 385–391, 403, 407–419, 436, 447, 448, 457；与"安全屏障"（Security Fence and）519–523, 530；辛贝特关闭其行政办公室（Shin Bet's closure of administrative offices of）490–493, 507；所有学生（student body）385, 386, 389, 412–413；电视台（television station）402–403, 411, 482–483, 485, 533

圣城现代传媒学院（Al-Quds Institute for Modern Media）411, 482

圣诞教堂（Church of the Nativity）485, 524

圣地通讯社（Holy Land Press Service）276–277, 302, 308–309

圣殿山（Temple Mount），参见"阿克萨清真寺［尊贵禁地］［圣殿山］"

圣殿山忠诚者（Temple Mount Faithful）291–292

圣墓（Holy Sepulcher）17–18, 70；另见"圣墓教堂"

圣墓教堂（Church of the Holy Sepulcher）71, 83, 524, 532：努赛贝家族作为看门人（Nusseibeh family as doorkeepers of）4, 18, 19–20, 24, 71, 72

圣乔治学院（St. George's School）22, 70, 74, 75, 85, 91

圣希尔达学院（St. Hilda's College）119

圣雄甘地（Gandhi, Mahatma）179

《失落的和平》［罗斯］（Missing Peace, The [Ross]）397, 398, 429, 430

狮心王理查（Richard the Lionheart, King）20

施密特女子学院（Schmidt Girls' College）75

施特劳斯，列奥（Strauss, Leo）145–146, 147, 512, 513

"十四点"［第一次大起义］（Fourteen Points [first intifada]）270–271, 274, 305, 306

十字军东征（Crusades）19–20, 71

史密森学会（Smithsonian Institution）378, 380

始祖墓穴（Cave of the Patriarchs）380

《世界报》（Monde, Le）88

世界穆斯林大会［1922年］（World Conference of Muslims, 1922）386

《世界外交论衡》（Monde Diplomatique, Le）470

世界银行（World Bank）359, 376

舒哈德，阿卜杜勒·法塔赫（Shuhaded, Abdul Fattah）303–304

舒凯里，艾哈迈德（Shukeiri, Ahmad）91–92

赎罪日战争（Yom Kippur War）131, 133, 177

斯倍哈特，萨米尔（Sbeihat, Samir）200, 223, 224, 242, 243, 254, 261, 262：与第一次大起义（the first intifada and）270, 293,

310
斯大林，约瑟夫（Stalin, Joseph）42
斯科普斯山（Mount Scopus）44, 83
斯内，埃夫拉伊姆（Sneh, Efraim）497–499
斯帕耶尔，阿诺德（Spaer, Arnold）312–313, 325, 326, 418–419
斯特恩，亚伯拉罕（Stern, Abraham）40–41, 54
斯特恩帮［以色列自由战士］（Stern Gang [Fighters for the Freedom of Israel]）36, 39, 40–41, 340
斯特劳森，彼得（Strawson, Peter）163, 325
斯托穆萨，盖达利胡［“盖伊”］（Stroumsa, Gedaliahu [" Guy"]）142, 152, 163–164, 210, 325
苏博，谢里夫（Sbouh, Sherif）51
苏非主义（Sufism）36, 65, 127
苏联犹太人（Soviet Jews）316
梭罗，亨利·戴维（Thoreau, Henry David）139
索弗，阿尔农（Sofer, Arnon）517–518
索弗洛尼乌斯［主教］（Sephronius, Bishop）17, 18, 532
索罗斯，乔治（Soros, George）403
索普，默尔（Thorpe, Merle）317

T
塔哈，穆塔瓦基勒（Taha, Mutawakkil）284
塔维勒，雷蒙达（Tawil, Raymondah）232, 261
泰特尔鲍姆，乔尔（Teitelbaum, Joel）222
《泰晤士报》（Times）96, 163, 325
《铁窗里》（Behind Iron Bars）410
"铁拳"（Iron Fist）478–483, 487
"通敌者"被杀（"collaborators," killings of）

293–294, 480
图图，德斯蒙德（Tutu, Desmond）298
托尔金，J. R. R.（Tolkien, J.R.R.）120
托尔斯泰，列夫（Tolstoy, Leo）331, 336
陀思妥耶夫斯基，费奥多尔（Dostoyevsky, Fyodor）428, 437

W
瓦尔堡，阿比（Warburg, Aby）122, 124
瓦尔堡研究院（Warburg Institute）122, 124, 331
《瓦尔登湖》［梭罗］（Walden [Thoreau]）139
《晚报》（Ma'ariv）242, 527
威尔弗里德·伊斯拉埃尔博物馆（Wilfrid Israel Museum）113–114
威尔逊，伍德罗（Wilson, Woodrow）154, 270
威廉森，莫莉（Williamson, Molly）344, 345
威廉斯，基特（Williams, Kit）202–203
维特根斯坦，路德维希（Wittgenstein, Ludwig）108, 145
《卫报》（Guardian, The）318, 402, 480, 522
魏茨曼，哈伊姆（Weizmann, Chaim）26, 27, 36, 59
魏斯格拉斯，多夫（Weisglass, Dov）516
"文明的冲突"（"clash of civilizations"）147, 531
沃尔夫，约翰（Wolf, John）523
沃尔福威茨，保罗（Wolfowitz, Paul）512–513
乌姆·吉哈德（Um Jihad）285–286
"无暴力，更明智"夏令营（"Smarter Without Violence" summer camp）512, 533

索 引

无政府主义（anarchism）88—89
《午夜窃贼》[库斯勒]（Thieves in the Night [Koestler]）41
伍德罗·威尔逊学院[华盛顿特区]（Woodrow Wilson Institute, Washington, D.C.）365—366, 381

X
西卡基，哈利勒（Shikaki, Khalil）449, 450
西奈战争[1956年]（Sinai War of 1956）67, 87
西尼乌拉，汉纳（Siniora, Hanna）232, 233, 250：与第一次大起义（the first intifada and）269, 297
西墙[飞马墙]（Western Wall [al-Buraq]）30, 31, 101：1929年飞马墙动乱（al-Buraq Revolt of 1929）30—32, 199；与六日战争（Six-Day War and）93
西耶路撒冷[以色列控制]（West Jerusalem, Israeli-controlled）58, 101, 478；另见"东耶路撒冷""耶路撒冷"
希伯来大学（Hebrew University）44, 210, 255, 340, 469：萨里·努赛贝任教（Sari Nusseibeh as teacher at）152, 159, 163—164, 169—170, 171；萨里·努赛贝2001年发表讲话（Sari Nusseibeh's 2001 lecture at）449—452, 456
希伯伦的戈尔茨坦大屠杀和暴乱（Hebron, Goldstein massacre and riots in）380—381
希伯伦伊斯兰学院（Hebron Islamic College）212
希腊东正教大主教（Greek Orthodox Church, archbishop of）73—74
希腊化文化和哲学（Hellenistic culture and philosophy）125, 126, 127

希律门委员会（Herod's Gate Committee）50—51, 53, 55
希特勒，阿道夫（Hitler, Adolf）36
《希望》（"Hatikva"）31, 93
锡安山（Mount Zion）56
《锡安长老会纪要》（Protocols of the Elders of Zion）136
夏兰斯基，纳坦（Sharansky, Natan）422, 432, 475
夏因，尤瑟夫（Chahine, Youssef）412
宪法（rule of law, constitutional）63
宪政党（Constitutional Party）63
乡村联盟（Village League）197—201, 208, 209, 308
《想未所想》（"Thinking the Unthinkable"）142, 205
宵禁（curfews）296—297, 319, 459
谢哈德，萨米尔（Shehadeh, Sameer）158, 242, 261, 284, 350, 392, 425：被捕与受审（arrest and interrogation of）273；与"目标地图"（Destination Map and）503；与第一次大起义（the first intifada and）270, 271—272；儿子（sons of）480
谢赫，侯赛因（al-Sheikh, Hussein）348, 352
辛贝特[以色列安全机构]（Shin Bet [Israeli security service]）7, 199, 219, 220, 231, 243, 329, 399, 504—505：与圣城大学行政办公室（Al-Quds University's administrative offices and）490—493, 507；阿米·阿亚隆担任领导人（Ami Ayalon as head of）470, 471；与第一次大起义（first intifada and）266, 273—274, 276；与HASHD（HASHD and）507；与萨里·努赛贝（Sari Nusseibeh and）284, 293, 298—305, 308—313, 321—322, 339—340, 429, 451—452,

457, 493–496, 507；与佩塔提克瓦文件（Petah Tikva Prison working paper and）306–307
《新闻周刊》（Newsweek）242, 460
《新政治家》（New Statesman, The）519
《新左翼评论》（New Left Review）480
信仰者集团定居运动（Gush Emunim settler movement）176, 199, 309
《星期一报道》（Monday Report, The）276, 293
《形势》（Al-Mawqef）233–234, 240, 243
性自由（sexual freedom）217
修昔底德（Thucydides）178–179
叙利亚（Syria）422, 423：与复兴党（Baath Party and）63
学术自由（academic freedom）217
学者合唱团（Schola Cantorum）115, 116

Y
雅法（Jaffa）47–48
雅法港（Jaffa Port）35, 37
雅各比，加德（Ya'acobi, Gad）242
雅里，埃胡德（Yaari, Ehud）287
雅里，梅纳赫姆（Yaari, Menahem）191
亚博京斯基，泽耶夫（Jabotinsky, Zev）31, 42, 199, 517
亚里士多德（Aristotle）125, 126, 127, 145, 182
亚历山大二世［沙皇］（Alexander II, Czar）22
亚辛，艾哈迈德（Yassin, Sheikh Ahmad）199, 294–295, 457, 479, 493, 530：被捕（arrest of）295；与《1988年哈马斯宪章》（Hamas charter of 1988 and）282；与以色列政府对伊斯兰主义者的支持（Israeli government's support for Islamists and）199, 208, 209, 212, 219–220, 282, 286, 294；出狱（release from prison）306；与"沙米尔计划"（"Shamir plan" and）308
言论自由（speech, freedom of）217
耶路撒冷（Jerusalem）217, 526–527, 531–532：考古挖掘（archeological digs in）111–112；三教之城（as city of three faiths）534；冷战氛围（cold war atmosphere）224–225；东耶路撒冷（East Jerusalem），参见"东耶路撒冷"；历史（history of）3, 4, 16, 23；米歇雷姆区（Mea Shearim）68, 100–101；与1948年战争（1948 War and）48–56；无人区（No Man's Land）61, 66, 68–69, 72, 82, 97, 98, 100, 117, 531；旧城（Old City），参见"东耶路撒冷"；六日战争之前（prior to the Six-Day War）72–73, 82；宗教朝圣（religious pilgrimage to）72, 73；1987年秘密和谈（secret peace negotiation of 1987）256；与六日战争（Six-Day War and）93, 97–98, 99；旅游业（tourism）116；与联合国分治决议（UN partition plan and）48；另见"东耶路撒冷""西耶路撒冷［以色列控制］"
《耶路撒冷报》（Al-Quds）154, 217, 233, 244, 499：《观点的自由》（"Freedom of Opinion"）181
《耶路撒冷报道》（The Jerusalem Report）526
耶路撒冷凡·黎尔研究所（Van Leer Jerusalem Institute）237
《耶路撒冷书信》［加扎利］（Jerusalem Epistle, The [al-Ghazali]）126
《耶路撒冷邮报》（Jerusalem Post）242, 424, 469–470, 516
耶稣（Jesus）155
《一个女人的决心》（Woman's Determination,

索 引

A）533

"一国方案"（one-state solution）106, 120, 152, 159, 164, 204–205, 508, 509, 510, 525

伊德里斯，阿德南（Idris, Adnan）186

伊顿（Eton）291, 364, 365

伊尔贡（Irgun）41, 54

伊朗（Iran）209, 212, 458：与伊拉克复兴党（Iraq Baath Party and）63；海湾战争（Gulf War）314–315, 317–321

伊沙克，贾德（Ishaq, Jad）363

伊斯拉埃尔，威尔弗里德（Israel, Wilfrid）113–114

伊斯兰高级理事会（Higher Islamic Council）99, 111–112

伊斯兰教（Islam）30, 121, 331–332, 530, 533：仪式和庆典（rites and celebrations）65

伊斯兰"圣战"组织（Islamic Jihad）459

伊斯兰文明（Islamic civilization）121

伊斯兰协会（Islamic Association）199, 209

伊斯兰哲学（Islamic philosophy）121–128, 163–164, 182

伊斯兰主义者（Islamists）7, 160, 530：人数增长（growth of the）；20世纪80年代伊斯兰运动（Islamic movement in 1980s）219；哈马斯（Hamas），参见"哈马斯"；以色列为挫败巴勒斯坦世俗民族主义者而支持（Israeli support for, as foil to secular Palestinian nationalists）199, 208, 209, 212, 219–220, 294；20世纪80年代比尔泽特大学学生（students at Birzeit University in 1980s）181, 182–183, 208；与亚辛（Yassin and），参见"亚辛，艾哈迈德"

以"草根"平民手段达成"两国方案"（grassroots approach to the two-state solution）473, 500–509, 510, 511–515, 517, 525–527

以色列（Israel）：与海湾战争（Gulf War and）317–320；1982年入侵黎巴嫩（Lebanon invasion of 1982）207, 208–209；"安全屏障"（Security Fence），参见"以色列安全屏障"；另见各领导人

以色列安全屏障（Security Fence, Israeli）7, 98, 372, 511, 516, 518–527, 529, 534：与圣城大学校园（Al-Quds University campus and）519–523；作为"种族隔离墙"（as "Apartheid Wall"）525；其理念的历史（history of idea for）517, 518；沙龙的动机（Sharon's motive）511, 517；引发的暴力（violence created by）511

以色列—巴勒斯坦科学组织［IPSO］（Israeli-Palestinian Science Organization [IPSO]）191

以色列定居点（settlements, Israeli）177, 199, 235–236, 248, 366, 381, 436, 451, 475, 519：与基督教原教旨主义者（Christian fundamentalists and）449；"脱离"加沙（"disengagement" from Gaza）515–517, 518；在东耶路撒冷（in East Jerusalem），参见"东耶路撒冷，以色列定居点"；信仰者集团定居运动（Gush Emunim settler movement），参见"信仰者集团定居运动"；与马德里会议（Madrid Conference and）342–343；阻碍和平（as obstacle to peace）337；与《奥斯陆协议》（Oslo Agreement and）373, 374, 381, 393, 421；与恐怖袭击（terrorist attacks and）395, 396, 397；阻碍"两国方案"（two-state solution hindered by）374；在约旦河西岸地区（in the West Bank），参见"约旦河西岸地区"，以色列

定居点

以色列高等教育委员会（Israeli Council for Higher Education）419

以色列工党（Labor Party, Israeli）177, 237, 242, 360, 398, 422, 424, 436, 454：2003年选举（elections of 2003）499–500；"和平纲领"（"peace platform"）2003, 497–499；与安全屏障（Security Fence and）518

以色列广播电台（Israel Radio）135, 507

以色列监狱（prisons, Israeli）209, 211, 212–213, 223, 228, 278, 480：与第一次大起义（first intifada and）269, 273–274, 282, 293, 294；审讯与酷刑（interrogations and torture in）213–214, 215–216, 236, 273, 278, 280–281, 293, 301–305, 505；萨里·努赛贝被捕服刑（Sari Nusseibeh's arrest and imprisonment）321–335；巴勒斯坦囚犯运动（Palestinian prisoner movement）409–411；佩塔提克瓦文件（Petah Tikva working paper）306–308

以色列利库德集团（Likud Party, Israeli）237, 398, 424：与选举（elections and）197；与法塔赫对比（Fatah compared with）252, 253；与1987年秘密和谈（secret peace negotiations of 1987 and）252–257, 259；与定居点运动（settlement movement and）177

以色列特种部队（Israeli Special Forces）283

以色列议会（Knesset, Israeli）99, 111：萨达特1977年演讲（Sadat's 1977 speech）144

以色列自由战士［斯特恩帮］（Fighters for the Freedom of Israel [Stern Gang]）36, 39, 40–41, 340

以色列祖国党（Moledet Party, Israeli）318

以色列最高法院（Supreme Court, Israeli）418, 419

因迪克，马丁（Indyk, Martin）402

《银河系搭车客指南》［亚当斯］（*Hitchhiker's Guide to the Galaxy, The* [Adams]）322, 331

英国（Britain）139：20世纪70年代（in 1970s）118–119；管辖巴勒斯坦（Palestine administered by）26–31, 34–37, 39, 40–42, 52, 56

英国广播公司（BBC）93, 118–119

英国文化协会图书馆（British Council, library of）81–82

犹太复国主义（Zionism）12, 66, 67, 80, 465：与《贝尔福宣言》（Balfour Declaration and），参见"《贝尔福宣言》"；与第一次世界大战结束（end of World War I and）26, 27；历史（history of）22–23；与1948年战争（1948 War and）44–47；与分治巴勒斯坦（partition of Palestine and）42；与巴勒斯坦阿拉伯人的权利和财产（rights and property of Palestinian Arabs and）23, 27, 36, 58–59, 172

《犹太复国主义：历史、目标与重要性》［纳萨尔］（*Zionism: Its History, Aims, and Importance* [Nassar]）23

《"犹太国"》［赫茨尔］（*Jewish State, The* [Herzl]）23

《犹太人的思想》［保陶伊］（*Jewish Mind, The* [Patai]）143

犹太区（Jewish Quarter）167

预防性安全研究院［杰里科］（Preventive Security Academy, Jericho）400, 460, 504

索引

原子论（atomism）127–128

圆顶清真寺（Dome of the Rock）19, 22, 49, 112, 155, 229, 246, 524, 532

约旦（Jordan）：阿拉法特和巴解组织（Arafat and the PLO）258；情报服务（intelligence service）194–195；由外约旦更名（Transjordan renamed）61；另见"侯赛因［约旦国王］"

"约旦方案"（"Jordanian option"）：与佩雷斯（Peres and）237, 250, 253

约旦河西岸地区（West Bank）43, 59, 60, 61, 84, 153：无政府状态（anarchy in）219；经济状况（economy of）395, 401；与第一次大起义（first intifada and），参见"第一次大起义"；以色列的占领（Israeli occupation of）100, 116, 172；以色列定居点（Israeli settlements in）177, 199, 217–218, 235–236, 249, 250, 395, 396, 399, 516, 523, 529；约旦的控制（Jordanian control of）79, 84；军事长官（military governors of）188–189, 198；民族主义倾向长官的命运（nationalist mayors in, fate of）175–176, 198, 207；与巴勒斯坦民族权力机构（Palestinian Authority and），参见"巴勒斯坦民族权力机构"；与"安全屏障"（Security Fence and），参见"以色列安全屏障"；沙龙2002年重新掌控（Sharon's 2002 retaking of）6, 475–483, 485；与六日战争（Six-Day War and）93, 95；滑向军阀主义（warlordism, degeneration into）480

约旦河西岸地区行政管理部门（West Bank Civil Administration）209

越南团结运动（Vietnam Solidarity Campaign）89

Z

扎耶德（Zayed, Sheikh）95

斋月战争（Ramadan War）131, 133

《战争与和平》［托尔斯泰］（War and Peace [Tolstoy]）331, 336

《哲学问题》［罗素］（Problems of Philosophy [Russell]）107

真主党（Hezbollah）210, 219–220, 329–330, 438

政治屠杀（politicide）480

《芝麻街》巴以版（Sesame Street, Palestinian-Israeli version of）411, 483, 485, 533

职业培训学院（Vocational Training Institute）401

"指南针"（Matzpen）114

中东非暴力与民主组织（MEND [Middle East Nonviolence and Democracy]）533, 534

中东和平研究所［华盛顿特区］（The Institute for Middle East Peace, Washington, D.C.）317

《中东在世界经济中的地位,1800—1914》［欧文］（Middle East in the World Economy, 1800–1914, The [Owen]）106

中央情报局［CIA］（Central Intelligence Agency [CIA]）195

自杀式爆炸袭击（suicide bombings）6, 372, 381, 397, 428–429, 459–460, 469–470, 475–476, 479–480, 504, 507, 518：动机（motivation of）460–461；公园酒店逾越节大屠杀（Park Hotel Passover Massacre）479

《自由巴勒斯坦》（Free Palestine）92, 105

自由意志（free will）122, 125, 128, 487；另见"个体意志"

自治权（autonomy）177, 197, 198–199, 316, 339：与马德里和谈（Madrid peace talks and）339, 340–341, 355, 369；与《奥斯陆协议》（Oslo Agreement and）373；1987年秘密和谈（secret peace negotiation of 1987）256

祖赫克，萨拉赫（Zuheikeh, Salah）254, 255
《罪孽的语言》（"Language of Sin, The"）78
《罪与罚》[陀思妥耶夫斯基]（Crime and Punishment [Dostoyevsky]）331
尊贵禁地（Noble Sanctuary），参见"阿克萨清真寺[尊贵禁地][圣殿山]"

M 译丛
imaginist [MIRROR]

001　没有宽恕就没有未来
　　　[南非] 德斯蒙德·图图 著
002　漫漫自由路：曼德拉自传
　　　[南非] 纳尔逊·曼德拉 著
003　断臂上的花朵：人生与法律的奇幻炼金术
　　　[南非] 奥比·萨克斯 著
004　历史的终结与最后的人
　　　[美] 弗朗西斯·福山 著
005　政治秩序的起源：从前人类时代到法国大革命
　　　[美] 弗朗西斯·福山 著
006　事实即颠覆：无以名之的十年的政治写作
　　　[英] 蒂莫西·加顿艾什 著
007　苏联的最后一天：莫斯科，1991 年 12 月 25 日
　　　[爱尔兰] 康纳·奥克莱利 著
008　耳语者：斯大林时代苏联的私人生活
　　　[英] 奥兰多·费吉斯 著
009　零年：1945：现代世界诞生的时刻
　　　[荷] 伊恩·布鲁玛 著
010　大断裂：人类本性与社会秩序的重建
　　　[美] 弗朗西斯·福山 著
011　政治秩序与政治衰败：从工业革命到民主全球化
　　　[美] 弗朗西斯·福山 著
012　罪孽的报应：德国和日本的战争记忆
　　　[荷] 伊恩·布鲁玛 著
013　档案：一部个人史
　　　[英] 蒂莫西·加顿艾什 著
014　布达佩斯往事：冷战时期一个东欧家庭的秘密档案
　　　[美] 卡蒂·马顿 著
015　古拉格之恋：一个爱情与求生的真实故事
　　　[英] 奥兰多·费吉斯 著
016　信任：社会美德与创造经济繁荣
　　　[美] 弗朗西斯·福山 著
017　奥斯维辛：一部历史
　　　[英] 劳伦斯·里斯 著
018　活着回来的男人：一个普通日本兵的二战及战后生命史
　　　[日] 小熊英二 著
019　我们的后人类未来：生物科技革命的后果
　　　[美] 弗朗西斯·福山 著

020	奥斯曼帝国的衰亡：一战中东，1914—1920
	[美] 尤金·罗根 著
021	国家构建：21 世纪的国家治理与世界秩序
	[美] 弗朗西斯·福山 著
022	战争、枪炮与选票
	[英] 保罗·科利尔 著
023	金与铁：俾斯麦、布莱希罗德与德意志帝国的建立
	[美] 弗里茨·斯特恩 著
024	创造日本：1853—1964
	[荷] 伊恩·布鲁玛 著
025	娜塔莎之舞：俄罗斯文化史
	[英] 奥兰多·费吉斯 著
026	日本之镜：日本文化中的英雄与恶人
	[荷] 伊恩·布鲁玛 著
027	教宗与墨索里尼：庇护十一世与法西斯崛起秘史
	[美] 大卫·I. 科泽 著
028	明治天皇：1852—1912
	[美] 唐纳德·基恩 著
029	八月炮火
	[美] 巴巴拉·W. 塔奇曼 著
030	资本之都：21 世纪德里的美好与野蛮
	[英] 拉纳·达斯古普塔 著
031	回访历史：新东欧之旅
	[美] 伊娃·霍夫曼 著
032	克里米亚战争：被遗忘的帝国博弈
	[英] 奥兰多·费吉斯 著
033	拉丁美洲被切开的血管
	[乌拉圭] 爱德华多·加莱亚诺 著
034	不敢懈怠：曼德拉的总统岁月
	[南非] 纳尔逊·曼德拉、曼迪拉·蓝加 著
035	圣经与利剑：英国和巴勒斯坦——从青铜时代到贝尔福宣言
	[美] 巴巴拉·W. 塔奇曼 著
036	战争时期日本精神史：1931—1945
	[日] 鹤见俊辅 著
037	印尼 Etc.：众神遗落的珍珠
	[英] 伊丽莎白·皮萨尼 著
038	第三帝国的到来
	[英] 理查德·J. 埃文斯 著

039 当权的第三帝国
　　［英］理查德·J. 埃文斯 著

040 战时的第三帝国
　　［英］理查德·J. 埃文斯 著

041 耶路撒冷之前的艾希曼：平庸面具下的大屠杀刽子手
　　［德］贝蒂娜·施汤内特 著

042 残酷剧场：艺术、电影与战争阴影
　　［荷］伊恩·布鲁玛 著

043 资本主义的未来
　　［英］保罗·科利尔 著

044 救赎者：拉丁美洲的面孔与思想
　　［墨］恩里克·克劳泽 著

045 滔天洪水：第一次世界大战与全球秩序的重建
　　［英］亚当·图兹 著

046 风雨横渡：英国、奴隶和美国革命
　　［英］西蒙·沙玛 著

047 崩盘：全球金融危机如何重塑世界
　　［英］亚当·图兹 著

048 西方政治传统：近代自由主义之发展
　　［美］弗雷德里克·沃特金斯 著

049 美国的反智传统
　　［美］理查德·霍夫施塔特 著

050 东京绮梦：日本最后的前卫年代
　　［荷］伊恩·布鲁玛 著

051 身份政治：对尊严与认同的渴求
　　［美］弗朗西斯·福山 著

052 漫长的战败：日本的文化创伤、记忆与认同
　　［美］桥本明子 著

053 与屠刀为邻：幸存者、刽子手与卢旺达大屠杀的记忆
　　［法］让·哈茨菲尔德 著

054 破碎的生活：普通德国人经历的 20 世纪
　　［美］康拉德·H. 雅劳施 著

055 刚果战争：失败的利维坦与被遗忘的非洲大战
　　［美］贾森·斯特恩斯 著

056 阿拉伯人的梦想宫殿：民族主义、世俗化与现代中东的困境
　　［美］福阿德·阿贾米 著

057 贪婪已死：个人主义之后的政治
　　［英］保罗·科利尔　约翰·凯 著

058 　最底层的十亿人：贫穷国家为何失败？
　　　　[英] 保罗·科利尔 著
059 　坂本龙马与明治维新
　　　　[美] 马里乌斯·詹森 著
060 　创造欧洲人：现代性的诞生与欧洲文化的形塑
　　　　[英] 奥兰多·费吉斯 著
061 　圣巴托罗缪大屠杀：16世纪一桩国家罪行的谜团
　　　　[法] 阿莱特·茹阿纳 著
062 　无尽沧桑：一纸婚约与一个普通法国家族的浮沉，1700—1900
　　　　[英] 艾玛·罗斯柴尔德 著
063 　何故为敌：1941年一个巴尔干小镇的族群冲突、身份认同与历史记忆
　　　　[美] 马克斯·伯格霍尔兹 著
064 　狼性时代：第三帝国余波中的德国与德国人，1945—1955
　　　　[德] 哈拉尔德·耶纳 著
065 　毁灭与重生：二战后欧洲文明的重建
　　　　[英] 保罗·贝茨 著
066 　现代日本的缔造
　　　　[美] 马里乌斯·詹森 著
067 　故国曾在：我的巴勒斯坦人生
　　　　[巴勒斯坦] 萨里·努赛贝 著